위기감

위험지각의 새 조망

THE FEELING OF RISK

New Perspectives on Risk Perception

위기감
위험지각의 새 조망

Paul Slovic 지음

이영애, 이나경, 이현주 옮김

Σ 시그마프레스

위기감 : 위험지각의 새 조망

발행일 | 2016년 3월 25일 1쇄 발행

저자 | Paul Slovic
역자 | 이영애, 이나경, 이현주
발행인 | 강학경
발행처 | (주)시그마프레스
디자인 | 강영주
편집 | 김성남

등록번호 | 제10-2642호
주소 | 서울시 영등포구 양평로 22길 21 선유도코오롱디지털타워 A401~403호
전자우편 | sigma@spress.co.kr
홈페이지 | http://www.sigmapress.co.kr
전화 | (02)323-4845, (02)2062-5184~8
팩스 | (02)323-4197

ISBN | 978-89-6866-668-1

The Feeling of Risk: New Perspectives on Risk Perception

＊ 책값은 책 뒤표지에 있습니다.

이 도서의 국립중앙도서관 출판예정도서목록(CIP)은 서지정보유통지원시스템 홈페이지(http://
seoji.nl.go.kr)와 국가자료공동목록시스템(http://www.nl.go.kr/kolisnet)에서 이용하실 수 있습
니다.(CIP제어번호 : CIP2016006725)

| 역자 서문 |

이 책은 2010년 Paul Slovic이 집필한 *The Feeling of Risk: New Perspectives on Risk Perception*의 번역서이다. Slovic이 책의 모든 내용을 쓰지 않았으나, 각 장은 그가 각 위험 분야의 학자들과 공동연구하여 전문 학술지에 출판한 논문을 다시 정리한 것이다. Slovic이 서론에서 언급하였지만, 이 책은 2000년에 출판된 *The Perception of Risk* 이후 위험을 다룬 연구들을 수록하였다. 이 책은 위험지각에서 분석적 생각보다는 감정이 중요하며 사람들의 위험지각은 자신이 속한 문화의 가치관을 나타낸다고 시사한다.

본인은 이 책의 역자 중 한 사람으로 Slovic이 집필한 *The Perception of Risk*를 2008년에 위험판단심리학이라는 제목으로 ㈜시그마프레스에서 출판했다. 원래의 제목에서 perception은 태도와 판단을 포함하므로 판단이라는 말로 바꾸어 썼고, 이 책의 내용이 위험과 관련된 심리과정이므로 심리학이라는 말을 추가하였다. 이후 이화여대에서 필수교양과목으로 "위험판단심리학" 강좌를 개설하고 이 책을 교재로 사용하였다. 수강생들은 이 과목에서 위험에 관한 폭넓은 지식과 정책당국의 위험관리가 중요함을 배웠다.

새로 출판되는 책의 제목을 위기감: 위험지각의 새 조망으로 정했다. 저자인 Slovic은 심리학자로서 위험과 관련된 판단과 결정에서 위험의 느낌을 강조하였다. 우리나라에서는 재난에 대처하는 과정에서 비현실적 낙관주의가 만연하다. '설마'라는 안전 위주의 심리 때문에 자연재해와 과학기술관련 재해를 수없이 겪으면서도 사람들은 경험에서 배우지 못한다. 태풍, 홍수, 건축물 붕괴, 해상사고, 화학물질 운반사고 등의 조그만 사고가 걷잡을 수 없는 재난이 된다. 위험사고를 줄이려면 개인 각자는 재해의 위험을 철저히 학습하고, 위험관리 당국은 재해 위험의 심각성을 인지하고 관련법을 만들어 재난을 방지해야 한다. 이 책은 특히 여러 사람들이 왜 위기감을 서로 다르게 느끼는지를 보여준다. 이 책은 위험을 새로운 틀을 통해 이해함으로써 재난 방지와 재난안전교육에 많은 도움을 줄 것이다.

본인은 2004년 이후 우리나라에서 처음으로 위험지각을 함께 연구해 온 이나경 · 이현주 박사와 이 책을 공동으로 번역하였다. 두 분께 감사드린다. 이 책을 출판해주신 ㈜시그마프레스의 강학경 사장님과 편집을 맡아 수고해주신 김성남 선생님께 감사드린다.

2016년 2월, 이영애

| 저자 서문 |

이 책의 각 장을 맡아서 위험지각 연구를 새로운 세기로 확장시키는 데 중요한 역할을 해준 공동 저자들에게 진심으로 감사한다. 여러분과 함께 일할 수 있는 기쁨 또한 대단히 컸다.

서론에서 언급하듯이, 이 일의 격려와 지지는 Clyde Coombs와 Ward Edwards의 연구와 지도, 그리고 판단, 결정 내리기, 위험분석 분야에 있던 그들의 학생과 동료의 노력으로 20세기 중반에 시작되었다. 누구보다도 Paul J. Hoffman, Lew Goldberg, Sarah Lichtenstein, Baruch Fischhoff, Amos Tversky, Danny Kahneman, 그리고 Howard Kunreuther는 이 분야에서 나의 초기 노력을 고취시켰다.

또한 연구비를 지원해준 여러 공공 및 민간 기관에 감사한다. 특히 위험과 결정 내리기에 관한 연구의 1차적 후원자로서 National Science Foundation의 Decison, Risk and Management Science Program에 감사한다. 다른 후원자로 펜실베이니아대학교의 Annenberg Public Policy Center를 통해 후원한 Annenberg 재단, 그리고 Paul Brest of the Hewlett 재단이 있다.

이 책의 편집을 맡아서 집필 기간 내내 유익한 지도를 아끼지 않고 나를 격려해준 Earthscan 출판사의 Risk, Society and Policy Series의 편집장, Ragnar Lofstedt에게 감사한다. Alison Kuzners 역시 편집을 위해 뛰어난 지도와 지지를 제공했다.

책을 만들면서 그 내용을 모으고 탁월한 능력으로 여러 시각적 세부도 꼼꼼하게 살펴준 Leisha Wharfield에게 특별히 감사한다. 그녀의 숙련된 노력이 없이는 이 책이 출판되기 어려웠을 것이다. 그녀는 Valerie Dayhuff, Jennifer Kristiansen, Jozee Adamson, Cecelia Hagen, 그리고 Janet Macha의 유능한 보조를 받았다. Decision Research에 있는 나의 다른 동료들의 지지와 격려가 또한 감사하다. 감사뿐이다!

이 책을 1959년 이후 내 옆에 있었던 훌륭한 여성 Roz Slovic과 나의 자녀들 Scott, Steven, Lauren, 그리고 Danie에게 다시 한 번 바친다. Scott과 Lauren은 이 책의 한 부분을 나와 함께 썼다.

2010년 6월, 오리건 주 유진에서

Paul Slovic

| 서론 |

이보다 먼저 출판된 필자의 책 *The Perception of Risk*(한글 번역판, 위험판단심리학)는 20세기 후반 25년간 발생한 위험을 기술한 논문을 제시했다. *The Feeling of Risk: New Perspectives on Risk Perception* 제목을 단 이 책(한글 번역판, 위기감: 위험지각의 새 조망)은 21세기 첫 10년간의 위험지각 연구를 기술한 것이다.

느낌으로서 위험

이 책은 '심리측정 패러다임' 중심의 첫 번째 책과 같은 전통을 따르지만, 이론과 실제적 함의에서 새로운 길을 모색한다. 지난번 책(Slovic, 2000a)의 마지막 장에서 Finucane 등은 한 활동의 위험과 이익을 평가하는 데 지침이 되는 긍정적/부정적 느낌을 살피는 사람들의 인지 과정이 감정추단이라고 소개하였다. 이 입장에 따르면, 정보는 정서 또는 느낌을 전달해야 의미가 있다. '느낌으로서 위험'이라는 생각은 여러 연구에서 지속적으로 중요한 역할을 했고 이 책의 제목과 1부에서 특히 강조되었다.

'위기감'이라는 구체적 내용으로 연구를 시작하기 전, 나의 관심을 이 주제로 이끈 긴 여정을 잠시 돌아보고자 한다.

필자는 1959년 위험을 주제로 연구를 시작하였다. 나의 첫 멘토인 Clyde Coombs는 사람들이 최대의 기댓값을 가지고 도박을 선택한다는 이론을 검증하려고 준비한 원고를 내게 주었다(Coombs & Pruitt, 1960). 나는 심리학자들이 도박을 주제로 연구할 수 있다는 생각에 마음을 빼앗겨 내 첫 연구는 Coombs의 실험을 반복해서 확장하기로 계획하였다. 거의 50년이 지난 지금도 나는 여전히 간단한 도박에 관한 연구를 하고 있다(1장 참조).

1959년 당시에는 느낌이 사람들의 위험 판단과 결정에 중요한 역할을 한다고 생각해본 적이 거의 없었다. 내 두 번째 멘토인 Ward Edwards는 심리학을 '결정 내리기 이론'에 소개하였다(Edwards, 1954). 핵심은 이상적 결정자인 '경제적 인간'은 기댓값(Coombs가 검증한) 또는 기대효용이라는 주관적 값을 최대화하는 선택을 할 수 있는 유식한, 감각적인, 그리고 합리적인 사람이었다. Edwards는 Coombs와 마찬가지로 사람들이 실제로 어떻게 행동하는지를 기술하는 이 세 가지 가정을 의심하고 심리학자들에게 경제 이론을 검증할 수 있는 경험적 연구를 수행하도록 격려했다. Edwards는 효용의 개념을 원래 Jeremy Bentham(1789/1823)이 개념화한 것처럼 대상이 주는 쾌감이나 고통에 집중된다고 보았다. Edwards는 효용의 개념을 사회심리학자 Kurt Lewin(1946)이 제시한 유인의 개념과 비슷하게 보았다. 따라서 Edwards(1954)는 "심리학자들이 효용에 관한 실험연구를 유인에 관한 실험연구로 여길 수 있다"(p. 389)고 말했다.

Edwards에 의해 고무된 연구자들은 효용을, 내재된 심리과정을 고려하지 않고, 사람들이 선택한 결과를 관찰함으로써 측정할 수 있는 가치 표현으로 연구하기 시작하였다. 이 시대의 이론들은 확률과 지불액을 의식적이고, 신중한 그리고 보다 기계적 과정으로 기술하였다.

1970년경 연구 방향에 변화가 있었는데, 그때는 Amos Tversky와 Danny Kahneman의 선구적 연구가 사람들의 확률판단과 위험감수 결정을 '추단'이라는 환상적 심적 방략으로 설명하기 시작한 시기였다(Kahneman et al., 1982). 예를 들어, 사람들은 어떤 상황에서 한 사건의 확률을, 가용성 추단이라는 과정에 따라, 그 사건의 과거 사례가 얼마나 쉽게 회상되는지 또는 그 사건이 얼마나 쉽게 상상되는지에 따라 판단한다는 것이었다. 후속 연구들은 사람들이 한 사건의 발생 확률을 그 사건이 모집단에서 발생할 확률과 비슷하게 판단한다는 대표성 추단 과정도 밝혔다. 선택을 주제로 하는 연구들은 다른 심적 방략들도 밝혔는데, 속성에 따른 제거, 속성에 따른 선택 등이 있다.

추단 방략이 점차 많이 발견되는 가운데, 나는 사람들이 복잡한 거리를 횡단할 때 안전한 시점을 어떻게 결정하는지 알고 싶었다. 그들은 확률과 효용 또는 이들의 합산 결과를 계산하지 않았고, 알려진 판단 추단은 이에 관한 아무런 통찰도 제시하지 않았다.

몇 년이 지나서 나는 그 답을 알았다. 우리에게 가용되는 정보는 언제 길을 건널지를 결정할 때, 또는 위험이 포함된 모든 결정을 할 때 긍정적 그리고 부정적 느낌을 전달한다. 이런 희미한 인식은 복잡한 고속도로에서 내 차에 가스가 떨어졌을 때 발생했다. 가스충전소로 가려면 내가 고속도로를 가로질러 걸어서 가야 했다. 나는 길을 건너는 데 안전한 거리를 염두에 두면서, 내 쪽을 향해 고속으로 달려오는 차량을 훑어보았다. 나는 도로 안쪽으로 몇 발자국을 내딛기를 수차례 시도했지만 나와 가장 가까운 차가 내 몸속까지 냉기를 보낼 정도로 쾌속으로 질주하는 바람에 다시 원위치로 돌아오곤 하였다. 내 정서가 침착하게 안정되었을 때 비로소 나는 길을 건너기 시작해서 충전소까지 갈 수 있었다. 어떤 숫자 계산도 나를 돕지 못하고 나의 느낌만이 나를 도왔다.

이 경험이 나중에 나에게 느낌으로서 위험이라는 생각을 갖게 해주었지만, 그것이 신중하고 기계적 방략의 정보처리를 검토했던 나의 지속된 연구를 바꾸지는 못했다.

내 생각은 다소 느리게 바뀌었다. 내 동료와 나는 네바다 주 공무원들로부터 만일 정부가 라스베이거스에서 90마일 떨어진 곳에 고준위 방폐장을 설치하기로 결정하면 남부 네바다에 발생할 적대적인 경제적 충격의 잠재력에 대비해 충고를 해 달라는 요청을 받았다. 우리는 그러한 시설이 휴가 또는 은퇴 또는 사업을 시작하려고 네바다를 찾는 사람들을 단념시킬 것인지 그들에게 묻고자 했다. 우리는 또한 그 답이 신뢰롭지 않다는 것을 알았다. 이전의 조사는 사람들이 원자력 발전소가 근처에 생긴다면 유명한 해변에서 수영을 중단할 것이라고 주장했다. 그러나 해변에 오는 사람들 수가 줄어들지 않았음이 관찰되었다.

조사 질문은 확실히 실제 행동을 예측하는 데 한계가 있는데, 특히 누구도 경험해보지 않은 고유한 시설일 경우, 그리고 먼 미래에 일어날 사건에 대한 반응에서 그러하다. 수십 년 동안 상인들은 자신의 제품을 최대한 많이 팔기 위해 제품과 연합된 이미지와 연상을 평가했다. 상인들의 접근에 따라 Szalay와 Deese(1978)가 개발한 이미지 연구방법을 빌려서, '콜로라도'라는 단어를 들었을 때 마음에 떠오르는 단어가 무엇인지 그 반응으로 사람들이 방문한 도시와 주에 대한 선호를 처음으로 검증하였다. 우리는 방폐장이 극단적 위험지각과 낙인화와 일관된 여러 강한 부정적 이미지를 불러일으켰음을 발견했다. 우리는 공무원들에게 적대적 사건과 대중성이 네바다 주를 고도로 부정적 이미지를 가진 핵폐기물과 연결시키고 있는 한, 그 주를 방문하는 사람들이 줄어들 것이라고 충고했다.

우리는 또한 다른 연구에서 나타나고 있는 위험과 느낌 간의 연결을 감지하기 시작했다. 우리의 최초 위험지각 연구는 지각된 위험과 수용된 위험이 재해로 유발된 두려운 느낌과 밀접하게 연합되었음을 발견했다(Fischhoff et al., 1978). 다른 중요한 초기의 발견은 지각된 위험과 지각된 이익은 여러 재해에 걸쳐서 역상관이 있다는 것이었다. 느낌으로서 위험에 대한 이러한 역상관의 적절성은 15년 후 내 제자 Ali Alhakami가 박사학위 논문으로 이 주제를 연구하기로 결정했을 때 분명해졌다. 그는 이 역상관의 정도가 사람들이 한 활동을 좋거나 나쁘다고 판단하는 정도와 관련되어 있음을 발견했다(Alhakami & Slovic, 1994). 이 통찰은 다른 통제된 실험실 실험(Finucane et al., 2000a)으로 지지되었으며, 감정추단의 기초가 되었고(Slovic et al., 2002), 느낌이 위험/이익 판단과 결정에 중요한 단서로 작용한다고 주장하는 모델이 되었다. 사람들이 어떤 활동을 좋아하면 그 이익은 높고 위험은 낮다고 판단하며, 어떤 활동을 좋아하지 않으면 그 이익은 낮고 위험은 높다고 반대로 판단하는 경향이 있다. 이런 역상관으로 구조화된 판단은 위험과 이익이 활동에 걸쳐 긍정적으로 상관되는 환경에는 해당하지 않는다.

느낌으로서 위험의 발달에서 또 다른 중요한 단계가 Alida Benthin의 박사학위 논문에서 나왔다(Benthin et al., 1993). 그는 이미지와 연상을 사용하여 흡연, 음주, 마리화나, 성관계처럼 청년에게 위험한 행동 또는 건강증진 행동(운동과 좌석벨트 착용)과 연합된 청년의 위험과 이익 지각을 연구하였다. 긍정적 그리고 부정적 이미지 점수들이 표적 행동과 연결되었음을 잘 예측한다고 밝혀졌다. 한 활동에 빈번한 참여자가 보고한 이미지와 연상이 비참여자가 보고한 연상보다 더 호의적이었다.

이 결과들은 느낌으로서 위험이라는 개념을 구성하는 뼈대가 되었다. 이제 위험과 결정 내리기 문헌에서 여러 발견들이 서로 연결됨을 볼 것이다. Chris Hsee와 동료들은 정보가 판단과 결정에 사용되기 위해서는 느낌을 전달한다는 의미에서 평가되어야 한다고 보았다(Hsee, 1996b). 사람들이 10 중 1과 같은 빈도로 표현된 위험 대 10%와 같은 백분율로 표현된 위험에 서로 다르게 반응한다는 Slovic 등(2000b)의 초창기 발견은 "누가 10 중 1에 속하는가? 그녀가 어떤 나쁜 일을 하고 있는가?"와 같은 빈도 양식으로 만든 이미지와 느낌과 연결된다.

감정의 중요성은 지난 반세기 동안 여러 학자들의 연구가 연결되면서 주목을 받았다. Charles Osgood(Osgood et al., 1957)은 단어의 의미를 이해하는 데 긍정적/부정적 감정의 중요성을 보여주었다. 감정은 동물이 학습하고(Mowrer, 1960a, b), 사람이 합리적 행동을 동기화하고 선도하고(Damasio, 1994), 그리고 사람의 생각의 본질을 설명하는(Berkowitz, 2000) 중요한 요인이라고 알려졌다. 거의 같은 시기에 나와 동료들은 이 연구의 많은 부분을 우리의 개관 논문인 '감정추단'(Slovic et al., 2002)에 통합시키고 있었다. George Loewenstein은 동료들과 비슷한 이야기를 만들어 "느낌으로서 위험"(Loewenstein et al., 2001)이라는 개관 논문을 만들어 우리에게 주었다.

이런 식으로 여러 해에 걸쳐서 개인의 경험과 다양한 연구에서 나온 결과들의 자극을 받아, 나는 인간의 보통 행동과 위험지각과 특히 위험 결정에서 느낌의 중요한 역할을 인정하게 되었다.

이런 것들을 배경으로, 이 책의 1부는 감정추단과 느낌으로서 위험이라는 렌즈를 통해 최근에 연구된 다양한 위험판단과 결정을 설명한다. Bateman 등이 집필한 첫 장은 사람들의 도박을 연구하기 시작한 지 50년이 지났지만 이런 실험 패러다임으로부터 여전히 무엇인가 배울 것이 있음을 보여준다. 우리는 9달러를 얻을 확률이 7/36이고, 그 밖에는 아무것도 없는 간단한 도박에 초점을 두었다. Hsee의 평가성 개념과 일관되게, 9달러를 얻는 매우 친숙한 결과가 평가하기 어렵다. 이 맥락에서 9달러가 얼마나 좋은지 또는 나쁜지 확실한 느낌이 없다. 그 결과, 9달러는 그 도박에서 가중치가 전혀 없다. 그 도박에 5센트 손실이라는 다른 결과를 추가하면 9달러에 긍정적 느낌을 주입할 수 있다. 9달러를 얻는 것이 작은 손실과 비교해서 매우 좋다는 느낌을 주기 때문이다. 9달러는 (좋다고) 평가되고 판단에서 가중치를 갖게 되므로 작은 손실이 있는 도박을 아무 손실이 없는 도박보다 매력적으로 만든다.

두 번째 장은 광범위한 개인적 또는 사회적 위험에 반응할 때 느낌의 중요성을 보여준다. 위험에 관한 체험적 생각을 분석적 생각과 구분하기 위하여 Slovic 등은 체험적 정서 반응(느낌으로서 위험)이 생생한 이미지, 시간적 접근성, 그리고 분석적 평가에서는 미미한 역할을 하는 기타 변수들과 연합되는 방법들을 보여주었다. 분석적/체험적 반응 간의 차이는 정책수립자들에게 딜레마가 되는데, 그들은 부적절한 두려움을 찾기 위해 신중한 접근(손익 분석)을 따라야 하고(예 : Sunstein, 2005) 전문가들이 심의에서 자주 놓치는 대중에게 민감한 중요한 가치를 존중해야 하기 때문이다(예 : NRC, 1966). 이 딜레마는 Kahan 등이 집필한 12장에 자세히 나와 있다.

Slovic(2000a) 책에서 Fetherstonhaugh 등(1997)이 집필한 24장은 초창기 심리물리학 연구에서 관찰된 감각 지각의 무감각과 비슷한 생명의 가치에 대한 무감각을 보여주었다. 빛 에너지의 일정한 증가는 원래의 강도가 클 때보다 작을 때 지각된 밝기를 더 크게 증가시키는 것처럼, 일정한 수의 생명을 살리기도 처음에 위험에 처한 생명의 수가 더 적을수록 더 가치 있다고 여기는 것이 일종의 '심리물리적 무감각'이다. 나중에 나온 연구는 이 무감각을 큰 수에서 '의미를 느끼는' 능력의 한계와 연결시켰다. 3~6장은 사람들을 돕도록 동기화시키는 결정에서 느낌의 중요성을 이해하는 것이 중요하다는 연구들을 기술한다.

Dickert와 Slovic의 연구(3장)는 주의가 위험에 처한 사람들에 대한 느낌을 생성하는 데 중요함을 보여준다. 한 실험은 도움이 필요한 한 아이에 대한 동정심이 그 아이의 이미지가 주의를 분산시키는 맥락에서 제시되었을 때 줄어든다는 것을 보여준다. 두 번째 연구는 아이의 이미지가 기억에서 만들어질 때보다 눈에 보일 때 더 큰 동정심 판단이 이루어짐을 발견했다.

4장에 소개된 Small, Loewenstein과 Slovic 연구는 기부자가 한 굶주린 아프리카 아이가 수백만 명 중 하나라는 것을 알고 나면 기부가 크게 줄어든다는 것을 밝힌다. 다른 연구는 사람들이 스스로 좋은 기분을 만들기 위해 타인을 돕는다고 밝힌다(예 : Andreoni, 1990). 4장에 나와 있는 자료는 도움을 필요로 하는 사람이 '도달할 수 없는' 곳에 있다는 것을 알면 도움을 주려는 좋은 느낌이 줄어든다고 시사한다. 이것은 비합리적이다. 도울 수 없는 사람들이 있다는 생각 때문에 도울 수 있는 사람들 돕기를 단념해서는 안 된다.

5장은 생명을 구하려는 태도와 행동은 신중한 생각이나 도덕적 판단의 결과에서 나온 이성적 행동보다는 도덕적 직관과 연합된 느낌의 영향을 더 많이 받는다고 주장한다. 도덕적 직관은 다수의 생명 손실에 무감각한 경향이 있으므로, 느낌이 경각심을 전달하지 않더라도 인간의 대량 학대를 막고 중지하는 법과 기관을 만들도록 도덕적 판단에 호소해야 한다.

6장은 집단 비극에 대한 무감각을 문제 삼는다. Paul Slovic은 사람들이 냉담한 통계 숫자로 나타내는 대규모의 인간과 환경 파국의 의미를 이해하기 어렵다고 말한다. 작가이자 생태비평가인 Scott Slovic은 작가들이 이런 무감각을 극복하고 이야기를 통해 느낌과 의미를 창조하는 몇 가지 방법을 소개한다. 이야기는 수량 정보만으로 감지할 수 없는 환경에 대한 위협을 포함하므로 크고 복잡한 문제들을 이해하는 데 도움을 줄 수 있다.

7장은 흡연 시작이 분석적 위험 평가보다는 체험적 생각(느낌)에 기초한다고 주장하고, 젊은이들이 그들이 처한 위험을 이해하지 못하는 몇 가지 중요한 이유를 소개한다. 8장은 아시아 쓰나미가 스웨덴 사람들의 삶에 미친 영향(600명의 스웨덴 사람들이 사망했음)을 설명하는 데 감정 조망을 적용한다. 그 연구는 최근의 주요 자연재해에 관한 생각이 불러일으킨 부정적 감정이 미래를 더 비관적 입장으로 이끈다고 시사한다. 감정은 일상적 판단에 주입되어 소비, 건강, 사회적 상호작용 그리고 재정 결정에 상당한 영향을 준다.

문화, 인지, 위험

2부는 문화 요인과 인지의 상호작용을 통하여 위험을 설명한다. 처음 3개 장(9~11장)은 '백인남자효과'를 출발점으로 인종, 성차, 인지를 심층 분석한다. 이 효과를 밝힌 Flynn 등(1994)의 원래 연구는 미국의 30%에 해당하는 백인 남자가 다양한 재해에 걸친 위험을 매우 낮게 지각한다고 밝혔다. 9장에서, Finucane과 동료들은 원래 연구를 반복 확장해서 백인 남자와 다른 응답자가 사회정치적 태도에서 매우 다르다고 밝혔다. Finucane 등은 다른 사람들보다 백인 남자에게 세상은 안전해 보이고 위험한 활동은 더 이롭게 보인다고 추측했다. 동일한 전국 조사 자료를 사용하여 Satterfield 등(10장)은 차별과 부당한 경험과 연결된 취약성은 이런 느낌을 경험한 백인 남자조차도 위험을 비교적 더 높게 느끼게 하는 주요한 동인임을 보여준다. Kahan과 동료들은 11장에서 백인 남자가 왜 여자와 소수자보다 더 적게 위험을 느끼는지를 새롭게 설명한다. 이 입장에 따르면, 개인은 자신의 문화적 정체성을 지지하는 방식으로 위험을 선택적으로 인정하거나 버린다. 백인남자효과는 위계주의적/개인주의적 백인 남자들이 자신의 문화적 정체성을 구성하는 활동을 지지한다는 주장을 나타낸다.

초창기 위험지각 연구는 전문가와 대중 간의 의견이 상당히 다르고 특히 대중은 변화에 저항한다고 주장했다(Slovic, 2000a). Cass Sunstein은 2005년 이 문헌을 철처하게 분석하여 법이 대중의 위험지각에 어떻게 반응해야 하는지를 규범적으로 설명했다(Sunstein, 2005). 수많은 사회적/인지적 기제가 대중이 위험을 과장시킨다고 걱정하면서, Sunstein은 위험 공황으로부터 '심의 민주주의'를 보호하는 몇몇 제도의 중요 기제를 제안하였다. Kahan 등이 저술한 12

장은 Sunstein의 연구를 개관한 것으로 문화 인지의 조망에서 그의 주장을 비평한다. 한 모델을 통하여 개인은 합리적 또는 비합리적 판단자로 행동하지 않고 오히려 위험을 문화적으로 평가한다고 제안한다.

Satterfield 등이 집필한 13장은 문화를 다른 방식으로 검토하면서, 조지아에 있는 밀집된 아프리카계 미국인 지역사회가 환경청으로부터 주변의 살충제 제조 공장이 방출한 화학물질로 동네가 심하게 오염되었다는 말을 들었을 때 발생한 절망과 파괴적인 삶을 다룬다. 비정상적 과잉위험과 연합된 과학기술, 제품 그리고 장소에 관해 잘 알려진 효과 중 하나가 낙인화이다 (Gregory et al., 1995). Satterfield 등은 위험이 낙인화된 지역사회에서 살도록 강요된 삶의 느낌이 어떤지를 전달한다.

새로운 심리측정 연구

Slovic(2000a)과 이 책에 제시된 많은 연구는 '심리측정 패러다임'에서 나왔다. 이 패러다임의 이론적 틀은 광범위한 심리적, 사회적, 제도적, 문화적 요인의 영향을 받은 사람들이 주관적으로 위험을 정의한다고 가정한다. 이 패러다임은 적절하게 설계된 조사 도구로 이 요인들과 그들의 상관관계를 수량화하고 모델로 만들어서 당면한 재해에 대한 개인과 사회의 반응을 기술할 수 있다고 가정한다.

3부는 심리측정 패러다임을 구체적이고 새로운 재해 영역에 적용한 몇몇 최근 연구들을 짧게 제시한다.

Finucane, Slovic과 Mertz(14장)는 수혈에 관한 미국인의 태도를 검토했다. 자료를 수집할 1997년 당시, 수혈은 낙인화된 활동으로서 많은 사람들이 미국의 혈액 공급이 안전하지 않다고 믿었다. 저자들은 수혈에서 오는 위험지각을 알아내는 연구 방법이 이 일을 위한 지침을 제공한다고 결론 내린다.

Savadori 등(15장)은 의학과 음식물에 응용되는 생물과학기술과 연합된 위험지각에 관한 전문가와 대중 표본을 비교했다. 대중과 비교하여 전문가들은 모든 생물과학 응용에서 위험을 적게 지각했지만, 두 집단은 음식과 관련된 응용에서 오는 위험이 의학관련 응용에서 오는 위험보다 더 높다고 판단했다.

1987~1991년 동안 스웨덴과 캐나다에서 실시된 전국적 조사는 조제약의 위험과 이익 지각을 검토했다. Slovic 등이 기술한 16장은 대략 10년 후 미국에서 비슷하게 나온 전국적 조사 결과를 제시한다. 조제약은 다른 화학물질과는 매우 다르게 이익이 높고 위험이 낮다고 지각되

었다.

Burns와 Slovic(17장)은 기본적 심리측정 조사가 어떻게 도심지역에서 발생한 테러 공격의 결과를 모델링하는 데 중요한 직관을 제공할 수 있는지 보여준다. 별로 놀랍지 않지만, 테러 행동은 비테러 사건(사고, 질병)보다 직접적 손해를 주기 때문에 훨씬 경각심을 불러일으킨다. 그러나 모든 테러가 똑같지는 않다. 질병의 에이전트(예 : 탄저균)가 폭탄보다 더 무섭고 테러자의 동기가 위험지각에 문제가 된다. 그러나 4~6장에 제시된 발견과 일관되게, 희생자 수 (0~495명 범위)는 문제가 되지 않았다. 그 연구는 탐색에 불과했지만 이런 중요한 위험 영역에서 정책 결정자들에게 유익한 연구 모델을 제공한다.

Kahan 등(18장)은 '문화 인지'의 틀 안에서 연구를 하면서 평등주의와 공동체주의 세계관을 가진 사람들이 위계주의와 개인주의 세계관을 가진 사람들보다 나노과학에서 오는 위험을 크게 그리고 이익은 작게 지각한다는 것을 발견하였다.

위험지식과 위험소통

4부는 지식과 소통의 광범위한 맥락 안에서 위험지각을 검토한다.

위험지각 연구에서 나타난 가장 중요한 이론적 틀은 '위험의 사회확산' 틀이다. 이 틀은 매체와 소통에 관한 연구, 심리측정과 문화 접근에 기초한 위험지각 연구, 그리고 위험에 대한 조직의 반응 연구에서 나온 발견들을 통합하려고 한다. 19장은 Kasperson 등이 1988년에 소개한 이후 15년 동안 이루어진 틀에 관한 연구들을 개관한다. 여러 응용 중 사회 확산은 위험이 유도한 낙인과 그 정책적 함의를 연구하는 데 특히 유용하다.

위험에 관한 많은 정보가 통계와 확률 형태로 제시된다. 20장에서 Peters 등은 수리력이 낮은 사람들이 위험 정보를 적절히 이해하지 못함을 보여주면서 숫자 개념의 중요성을 소개한다. 보건 위험소통을 계획하는 사람들은 수리력이 낮은 사람들이 더 나은 보건 관리를 위한 결정을 돕기 위해 무엇을 해야 하는지를 고려해야 한다.

위험을 숫자로 이해하는 것보다 더 기본적인 것은 숫자화된 결과를 이해하는 것이다. 위험지각은 층층으로 이루어지는데 표면적 지식(예 : 흡연은 해롭다)에서 시작해서 더 깊은 수준의 이해(예 : 흡연으로 어떤 해로움이 생기고 그런 경험은 어떻게 느껴지는지)로 이어진다. 21장에서 Weinstein 등은 흡연이 건강에 해로운 효과를 가져온다는 것을 사람들이 알지만, 그들은 이런 해로운 결과의 본질과 심각성을 기본적으로 이해하지 못함을 보여준다. 흡연으로 인한 질병을 나타내는 그림은 담배 광고에서 수천만 달러로 전달되는 긍정적 이미지와 역행되는 부정적 감정 반응과 지식을 부추긴다. 이런 가정을 지지하면서 22장에서 Peters 등은 통제된 실험을 통하여 담배 갑에 그림을 넣는 것이 흡연 시작을 감소시키고 금연을 증가시키는 데 도움을 준다고 보여준다.

여기서 어디로 갈 것인가?

지난 50년 동안 위험 상황에서 이루어진 판단과 결정이 의미 있게 향상한 것을 바라보면 매우 흐뭇하다. 컴퓨터, 인터넷 검증, 고도로 정확한 시뮬레이션, 신경이미지, 세상 사람들과 쉽사리 소통하고 협동할 수 있는 능력은 혁신과 발견을 가속화했다.

특히 이제부터 앞으로 50년간 대규모의 비극에 대한 무감각을 극복할 수 있는 방법을 찾기를 희망한다. 새로운 교육 방법은 수많은 숫자들이 내재된 현실을 이해하는 방법을 가르쳐줄 것이므로, 사람과 자연을 대량으로 학살하는 일을 효과적으로 막고 중지할 수 있다. 또한 위험의 느낌을 잘 이해하여 과학기술의 분석에서 느낌을 통하여 서로 다른 세상과 문화에서 사는 사람들과도 위험을 더 효과적으로 소통하고 더 현명한 결정을 내릴 수 있기를 희망한다. 신경이미지를 만드는 세련된 방법은 위험지각에 가치 있는 새로운 통찰을 추가할 것이다. 그런데 간단한 도박 연구가 앞으로 반세기 동안에도 여전히 우리의 방법론적 도구의 일부가 될 수 있을까? 그 문제는 장담할 수 없을 것 같다.

2부　문화, 인지 그리고 위험　　　　129

4부　위험지식과 위험소통　319

1부

느낌으로서
위험

1

감정추단과
간단한 도박의 매력

Ian Bateman, Sam Dent, Ellen Peters, Paul Slovic & Chris Starmer [*]

서론

결정 연구에서 도박은 생물학의 초파리처럼 실험실 밖에 중요한 함의를 가진 기초과정을 검토하는 데 주축이 되었다. 판단과 결정 연구자들은 사람들이 어떤 도박을 좋아하는지 50년 이상 연구했다. 이 장은 도박을 사용해서 밝혀진 '선호 구성'(Lichtenstein & Slovic, 2006)에 추가하여 일련의 실험을 통해 삶의 가장 중요한 도박에서 감정, 이성, 위험 그리고 합리성이 어떻게 상호작용하는지를 보고자 한다.

최근에는 광범위한 결정행동을 이해하는 데 '감정'을 많이 사용하였다(Loewenstein et al., 2001; Slovic et al., 2002; Peters et al., 2006a). 이 장에서는 간단한 도박을 사용한 실험연구를 통하여 판단과 결정의 선택에서 감정의 역할과 이와 상관된 '평가성'을 검토한다. 처음에 핵심 개념의 이론적 배경을 제시하고, 작은 손실이 도박의 매력을 증가시키는 비정상적 결과를 보여주는 실험을 소개한다. 그다음 이 비정상성이 감정에 기초한다는 가설을 세우고 이 가설을 검증하고 확증하는 몇몇 실험을 제시한다. 끝으로, 간단한 실험실 도박에서 관찰된, 미묘하고 맥락에 의존한 가치평가가 실험실 밖의 여러 유형의 중요한 결정에서도 발생한다는 증거를 논의한다.

[*] Reprinted from Bateman, I., Dent, S., Peters, E., Slovic, P. and Starmer, C. (2007) 'The affect heuristic and the attractiveness of simple gamples', *Journal of Behavioral Decision Making*, vol 20, no 4, pp.365–380.

배경과 이론 : 감정의 중요성

이 장에서는 자극의 긍정적 또는 부정적 특징과 연합되어 경험되는 느낌 상태를 언급하기 위하여 감정이라는 말을 사용한다. Slovic 등(2002)은 긍정적 그리고 부정적 감정이 표시된 이미지가 판단과 결정을 이끈다는 광범위한 증거를 제시한다. 이 증거에 비추어, 그들은 사람들이 판단을 하는 데 '감정추단'을 사용한다고 말한다. 즉 판단 또는 결정을 내리는 과정에서 사람들은 그 과제의 심적 표상과 의식적 또는 무의식적으로 연합된 긍정적 · 부정적 느낌을 참조한다. 상상가능성, 기억가능성 그리고 유사성이 확률판단(예 : 가용성과 대표성 추단)의 단서로 기여하듯이, 감정은 여러 중요한 판단과 결정의 단서로 기여한다(Kahneman, 2003). 감정 반응은 급하고 자동적으로 발생하는 경향이 있다. 따라서 언제 어디서나 쉽게 가용할 수 있는 감정에 기초한 인상은 장점과 단점을 저울질하거나 기억에서 적절한 예를 인출하거나 특히 요구되는 판단이나 결정이 복잡하거나 인지적 자원이 제한될 때, 더 빠르고 더 쉽게 사용할 수 있고 때로는 더 효율적이다.

'평가성' 개념은 결정 과정에서 감정의 역할을 매개하는 기제이다. 감정적 인상은 긍정적 또는 부정적 강도뿐 아니라 정확성에서도 다르다. 감정적 인상의 정확성이 판단에 상당한 영향을 준다는 증거가 점차 증가하고 있다. 특히 Hsee(1996a, b, 1998)는 감정적 인상의 정확성이 판단과 결정에서 갖는 의미 또는 중요성 간의 상호작용을 설명하기 위하여 평가성 개념을 제안하였다. Hsee(1996b)는 평가성을 실험을 통해 알아보기 위하여 사람들에게 중고 음악 사전을 산다고 가정하라고 말했다. 합동평가 조건에서 참여자들은 두 개의 사전 A(1만 단어가 들어간 새것 같은)와 B(2만 단어가 들어간 낡은 표지)를 보고 각각에 대하여 얼마를 지불할 것인지를 질문 받았다. 사람들은 사전 B에 훨씬 더 높은 금액을 기꺼이 지불하고자 했는데, 아마도 단어 수가 많았기 때문으로 보인다. 그러나 한 집단은 A만을 평가하고 다른 집단은 B만을 평가했을 때, 사전 A를 기꺼이 사겠다고 제시한 평균 평가 점수가 사전 B보다 훨씬 더 높았다. Hsee는 이러한 역전을 평가성 원리로 설명한다. 그는 직접 비교할 수 없는 분리평가에서는 사전에 들어간 단어 수를 비교하기가 어려운데, 그 이유는 평가자가 1만(또는 2만) 단어가 얼마나 많은지 정확하게 평가할 수 없기 때문이라고 말한다. 그러나 그 결함 속성은 그것이 정확하게 좋다/나쁘다 반응으로 번역된다는 의미에서 평가가 가능하므로 독립평가가 더 많은 가중치를 가진다. 여러 사람들은 독립평가에서 낡은 표지의 사전을 비매력적으로 그리고 새것과 같은 사전을 매력적이라고 생각한다. 합동평가에서 구매자는 B가 단어 수라는 더 중요한 속성에서 우수하다는 것을 알 수 있다. 따라서 단어 수는 비교 과정을 통해 평가가 가능해진다.

평가성 원리에 따르면, 평가적 판단이나 선택에서 자극 속성의 가중치는 그 속성값(또는 선택지들에 걸친 속성 비교)이 감정 인상에 얼마나 쉽게 또는 정확하게 그려지는지에 비례한다. 다른 말로 하면, 감정은 정보에 의미를 부여하고(Osgood et al., 1957; Mowrer, 1960a, b) 이 감정적 의미의 정확성이 판단과 결정에 영향을 미친다. 평가성은 따라서 인상변량과 인상형성과제에서 그 가중치 간의 일반적 관계로 볼 수 있다(Mellers et al., 1992).

평가성에 관한 Hsee의 연구를 주목해야 하는 이유는 매우 중요한 속성일지라도 그것이 판단자 또는 결정자의 감정적 참조의 틀 안에서 정확하게 해석되지 않을 수 있기 때문이다. 이 연구 결과는 매우 광범위한 맥락에서 나타난다. Hsee(1998)는 평가성 효과를 컵에 담긴 아이스크림의 양과 같은 친숙한 속성에서도 보여주었다. Slovic 등(2002)은 몇 명의 생명을 구할지에 관한 선택지를 결정할 때도 비슷한 효과를 보여주었다.

평가성과 도박의 매력

이 절에서는 도박 판단과 초창기 결정 연구 결과를 평가성으로 설명한다. 다음 절에서도 역시 도박을 써서 이 설명을 검증한 새 연구들을 논의한다.

몇몇 연구들은 간단한 도박의 매력 평가는 지불액보다 확률의 영향을 더 받는다고 밝혔다. 그 증거가 Slovic과 Lichtenstein(1968a), Goldstein과 Einhorn(1987), Schkade와 Johnson(1989) 그리고 현재 오리건대학교에 재직하는 저자들의 최근 예비연구 자료에서 발견되었다. 이 예비연구에서 확률과 지불액의 상대적 중요성이 16개 도박으로 평가되었는데, 이 도박들은 4수준의 이길 확률(7/36, 14/36, 21/36, 28/36)과 4수준의 지불액(3달러, 6달러, 9달러, 12달러)을 포함하였다. 오리건대학교 학생들(N=297)은 16개 도박에 무선할당되어 도박의 매력을 0(전혀 매력적이지 않은 내기)에서 20(대단히 매력적인 내기)으로 평가했다. 평균 평가는 표 1.1에 나와 있다. 도박의 매력은 확률이 증가하면서 일정하게 증가했으며, 가장 큰 매력(통계적으로 의미 있는 차이)은 2개의 가장 높은 확률(21/36과 28/36)과 2개의 가장 낮은 확률(7/36과 14/36)이 비교되었을 때 발생하였다. 평균 매력은 지불액이 4수준에 걸쳐 증가하면서 거의 바뀌지 않았다(평균 차이는 통계적으로 의미가 없었음). 같은 확률이지만 지불액이 30달러, 60달러, 90달러, 그리고 120달러로 증가한 후속 연구에서도 기본적으로 지불액의 영향은 동일하게 약하게 나타났다.[1]

평가성은 이 결과를 한 가지로 해석한다. Hsee의 추리를 따르면, 0에서 1로 일정하게 표시되는 확률은 비교적 정확한 감정 반응을 만든다. 즉 0에 가까운 확률은 소득을 얻을 수 있는

표 1.1 예비연구에서 평균 매력 평가

확률	지불액				
	3달러	6달러	9달러	12달러	평균
7/36	5.3	5.3	8.9	6.2	6.4
14/36	6.5	7.8	8.4	9.0	7.9
21/36	12.8	13.8	11.9	12.2	12.7
28/36	13.2	13.3	15.0	14.5	14.0
평균	9.5	10.1	11.2	10.8	

주 : 각 응답자는 하나의 확률/지불액 조합(예 : 6달러 소득 확률이 36 중 14)을 보고 그 도박의 매력을 0(전혀 매력적이지 않은)에서 20(매우 매력적인)까지의 척도상에 평가하라는 말을 들었다.

'불충분한' 기회로 해석된다. 대조적으로, 표 1.1과 같은 지불액 결과는 다른 맥락이 없는 상황에서 감정 반응이 비교적 덜 분명하다. 자신에게 "9달러가 얼마나 가치 있는가?"라고 물어보라. 이 질문은 다른 맥락이 없으면 분명한 답을 기대하기 어렵다. 추상적이고 맥락이 없는 상황에서 9달러의 가치를 평가하기 어렵지만, 다른 맥락이 추가되면 같은 액수의 돈이라도 '느낌이 살아난다'(Slovic et al., 2002). 식당에서 30달러 음식 계산서에 추가되는 9달러 팁은 웨이터에게 즉각적으로 가치 있다고 판단되지만, 2,000달러 봉급에 추가되는 9달러 인상은 피고용인에게 매우 불쾌하다고 판단된다. 이 연구의 맥락에서, 확률이 금전적 결과보다 더 평가하기 쉽다고 여겨지는 한, 평가성은 매력 평가가 지불액보다 확률에 비교적 더 민감하다고 함축한다.[2]

다음에서는 맥락이 자극의 평가에 영향을 준다는 가설을 검증하기 위하여 한 자극에 대한 감정과 중요성이 간단한 도박을 판단하고 결정하는 데 어떤 영향을 주는지 알아본다.

평가성 원리 검증 : 기본 과제

그림 1.1에 나와 있는 결정 과제를 보자. 이 과제에서 사람들은 9달러 소득 확률을 7/36로(그 밖에 아무 소득 없음) 제시하는 내기의 매력을 평가하기로 되어 있다. 이것을 US 기본 과제(자료가 미국에서 수집되었음)라고 부를 것이다. 이 내기는 룰렛 바퀴에 표시된 숫자로 설명되어 있고 참여자는 그 매력을 0(전혀 매력적이지 않은 내기)에서 20(매우 매력적인 내기)까지 20개 간격이 있는 척도에 표시한다. 앞 절의 추리를 적용하면, 소득 확률(7/36)은 비교적 정확한 감정적 인상을 남긴다고 기대된다. 이 내기는 소득보다 손실 확률이 훨씬 더 큰 비매력적 승산을 가지고 있다. 대조적으로 9달러의 감정적 인상은 희미한데 그 이유는 다른 특정한 맥락이 없어서 이 금액을 평가하기가 어렵기 때문이다. 따라서 9달러가 제공하는 인상은 7/36이라는 소득 확률이

내기의 매력 평가

다음 내기가 얼마나 매력적인지 평가하라.

9달러 소득 확률이 7/36

이것은 당신이 내기에 이겨서 9달러를 얻을 기회가 36회 중 7회이고 36회 중 29회는 아무것도 얻지 못하는 내기이다.

원의 둘레를 따라 36개의 숫자를 표시한 룰렛 바퀴를 잘 보라. 만일 공이 1과 7 사이의 7개 숫자 중 어느 하나에 도달하면, 당신은 9달러를 얻게 된다. 만일 공이 8~36 사이의 숫자에 도달하면 당신은 아무것도 얻지 못한다.

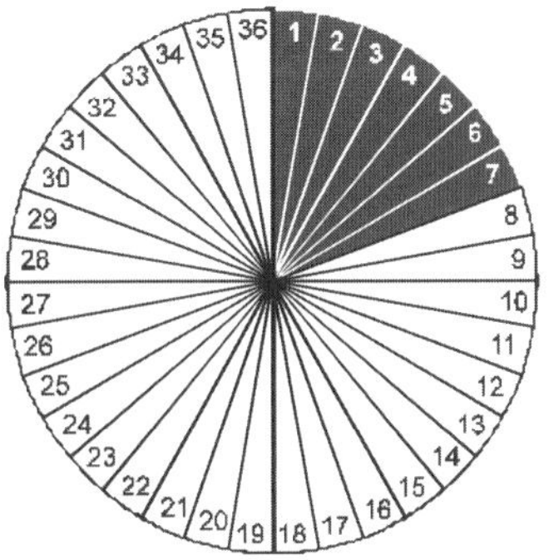

이 내기의 매력에 대한 당신의 생각을 아래의 평가 척도상의 한 숫자에 원으로 표시하라.

맞는 답과 틀린 답은 없으며, 단지 이 내기의 매력에 대한 당신의 의견을 알아보려는 것이다.

0 1 2 3 4 5 6 7 8 9 10 11 12 13 14 15 16 17 18 19 20

전혀 매력적이지   보통으로   매우
않은 내기   매력적인 내기   매력적인 내기

그림 1.1 매력 평가 과제에 대한 지시

내놓는 비교적 정확하고 비매력적 인상의 지배를 받는다.

이 과제를 변경하여 수정한 도박은 다음과 같다.

9달러 소득 확률이 7/36

5센트 손실 확률이 29/36

첫 번째 도박은 그림 1.1에 나와 있다. 두 번째 도박에서 '아무 소득 없음'이 '5센트 손실'로 바뀐다. 이 과제를 US-5라고 부른다. 이 새 과제는 기본 과제와 같고 다른 점은 29/36 확률과 연합된 제로 성과가 매우 작은 5센트 손실로 바뀌었다는 것이다. 결과적으로, 수정된 도박은 기본 과제의 지배를 받으므로 동일성 원리를 내세우는 어떠한 선호이론도 수정된 도박이 엄격하게 더 나쁘다고 본다.

평가성 원리는 그 반대를 시사하는데, 그 이유는 지불액 차원에 추가된 매우 작은 손실이 9 달러 평가에 새 맥락을 제공하기 때문이다. 9달러 소득과 5센트 손실의 조합은 매우 매력적인 소득/손실 비율임에 주목하라. 따라서 작은 손실의 도입은 도박이 평가되는 새 조망을 제공한다. 한편 9달러라는 부정확한 인상은 평균화 과정에서 거의 가중치를 갖지 못하지만, (9달러, −5센트)라는 더 정확하고 이제는 호의적 인상이 잠재적으로 더 큰 가중치를 가진다. 따라서 평가성 논리를 따르면 수정된 도박은 원칙상 더 높은 평가를 받는다.

수년에 걸쳐서 이 과제를 포함하여 이와 관련된 과제들을 다룬 여러 연구가 미국과 영국에서 수행되었다. 이제 거기서 나온 결과들을 처음으로 한데 모아서 보겠다.[3]

원래 연구는 오리건대학교에서 세 집단의 학생들로 수행되었다. 각 집단은 US 기본(7/36로 9달러 소득, 아무 소득 없음), US−5(7/36로 9달러 소득, 5센트 손실), 또는 US−25(7/36로 9달러 소득, 25센트 손실) 중 하나의 도박만을 그림 1.1 하단에 나와 있는 0~20의 매력 척도에 평가하기로 되어 있었다. 결과는 표 1.2에 나와 있다. US−5 도박은 US−25에 비해($p < .05$) 아무 손실이 없는 도박보다($p < .001$) 더 매력적으로 평가되었다. 도박 US−25가 도박 US−5보다 덜 매력적으로 평가되었으나, 그 차이는 통계적으로 의미가 없었다.

이 결과는 영국에서 105명(대략 35명씩 세 집단)의 이스트앵글리아대학교(UEA) 학생들을 대상으로 반복되었다. 한 집단은 소득이 9달러 대신에 9파운드라는 점을 제외하고 US 기본 집단과 동일한 과제(UK 기본)를 접했다. 오리건대학교 실험에서와 같이, UEA 실험은 기본 과제에서 아무 소득이 없는 과제를 작은 손실(5펜스)이 있는 과제(UK−5)로 바꾼 두 번째 과제와 25 펜스의 더 큰(그러나 여전히 적은) 손실이 있는 세 번째 과제(UK−25)를 포함시켰다.

세 과제에 대한 평균 매력 평가가 표 1.3에 나와 있다. 전체 결과 패턴은 이미 미국에서 얻어진 것과 거의 같았다. t-검증과 Mann-Whitney 검사(이들은 항상 일치했다)를 적용했을 때 UK 기본과 UK−5가 $p < .05$ 수준에서 달랐으며(25펜스 손실이 있는 도박이 덜 매력적이라는 원래의 US 연구 결과를 반복하였지만) UK−5와 UK−25는 의미 있게 다르지 않았다.

표 1.2 세 도박의 매력 평가를 보여주는 기저 연구

집단	도박	평균 평가
US 기본	7/36 +9달러, 29/36 아무 소득 없음	9.4
US−5	7/36 +9달러, 29/36 −5센트	14.9
US−25	7/36 +9달러, 29/36 −25센트	11.7

표 1.3 세 과제의 평균 매력 평가

집단	도박	평균 평가
UK 기본	7/36 +9파운드, 29/36 아무 소득 없음	9.28
UK−5	7/36 +9파운드, 29/36 −5펜스	13.24
UK−25	7/36 +9파운드, 29/36 −25펜스	12.61

합동평가

작은 손실이 있는 도박의 증가된 매력은 9달러 또는 9파운드에 대한 올바른 인식의 증가 때문이라기보다는 작은 위험 감수의 매력 때문이 아닐까? UK에서 이루어진 한 추가 연구가 이를 설명한다. UEA에서 44명의 참여자들은 UK 기본과 UK−5 도박을 함께 보았다. 그들은 각 게임의 매력을 0~20의 척도에서 평가하였다. 그 결과는 위에서 보여준 집단 간 결과를 거의 그대로 반영하였다. 합동평가 조건에서 기본 도박은 작은 손실이 있는 도박(평균 평가 9.82)보다 더 매력적(평균 평가 13.09)이라고 판단되었다. 그 차이는 통계적으로 의미가 있었다($t = 2.50$, $p < .02$). Hsee(1996b)가 합동평가에서 독립평가로 가는 과정에서 보여준 선호 역전과 동일한 현상이 이 세 도박에서 똑같이 발생했다. 이 결과들은 참여자들이 작은 손실의 위험을 매력적으로 평가한다는 가설을 지지하지 않는다. 이들은 또한 작은 손실을 추가하거나 비교를 위해 다른 도박을 추가함으로써, 이 도박들을 평가할 수 있는 맥락을 만들어내는 몇 가지 방식을 보여준다(이런 종류의 맥락 효과의 예를 더 보려면 Parducci, 1995와 Birnbaum, 1999 참조).

다른 변동

후속 연구가 플라츠버그에 있는 뉴욕주립대(SUNY)에서 50명씩 5개 집단으로 수행되었다. 각 참여자는 하나의 도박만 평가하기로 되어 있었다(Bateman et al., 2006). 도박은 US 기본과 US−5와 비슷한 NY 기본과 NY−5에 2개를 추가한 새 도박이었다. 추가한 도박 중 NY+5는 작은 손실을 작은 소득으로 바꾼 것이고, NY 기본×10은 기본 문제이지만 계수가 10씩 증가하는 소득 결과를 낸다. 각 집단의 참여자는 한 도박만을 평가하였다. 결과는 표 1.4에 나와 있다.

　　NY 기본과 NY−5를 비교하면 이제 집단 간 도박 연구에서 친숙한 효과가 보인다. 즉 작은 손실의 도입이 평균 매력 평가를 증가시킨다($t = 3.31$, $p < .001$). 흥미롭게도, 9달러 또는 5센트 소득 가능성을 제공하는 NY+5에 대한 평균이 11.40이었다. 이 도박이 NY 기본보다 여전히 의미 있게 높지만($t = 2.81$, $p < .01$), 5센트의 손실을 주는 NY−5 평균보다 약간 낮다. NY+5

표 1.4 SUNY 플라츠버그 과제의 평균 매력 평가

집단	도박	평균 평가
NY 기본	7/36 +9달러, 20/36 0센트	8.66
NY−5	7/36 +9달러, 29/36 −5센트	12.20
NY+5	7/36 +9달러, 29/36 +5센트	11.40
NY 기본×10	7/36 +90달러, 29/36 +5센트	10.48

와 NY−5의 평균 평가 간의 차이가 통계적으로 의미 있는 차이는 아니지만, 그들의 상대적 순서는 NY+5를 높게 평가한 응답자 백분율(24%만이 16 이상으로 평가)이 NY−5를 높게 평가한 응답자 백분율(42%가 16 이상으로 평가)보다 약간 작기 때문에 생긴 것으로 보인다. NY−5 내기의 긍정적 감정에 비해 9달러가 아닌 5센트 소득 전망은 NY+5 내기를 다소 부정적으로 보이게 만든 원인으로 추측된다. 즉 NY−5는 가능한 지불액에 비해 '충분한 손실'을 제공하지만, NY+5의 5센트는 '형편없는 소득'으로 지각될 수 있다. 그러나 NY+5는 손실가능성이 없기 때문에 NY−5보다 낮은 평가를 더 적게 받은 결과, NY−5에 대한 평가의 분포 변량(33.0)이 NY+5에 대한 변량(23.4)보다 더 크지만, 이 차이는 통계적으로 의미가 없다(Levene의 통계 검증 1.89, $p = .17$).

NY 기본×10에 대한 평균 평가는 단지 10.48이었다. 이것은 기본 문제 평가보다 의미 있게 더 높지 않고 그 1/10 크기의 소득과 비슷한 NY−5와 NY+5에 대한 평가보다 낮았다. 이 결과는 평가 반응 척도가 지불액의 변화에 특히 민감하지 않다는 또 다른 증거를 제공한다.

종합하면, 이 결과는 도박에서 지불액 패턴의 작은 변화(기댓값에서)가 도박을 평가하는 데 매우 큰 효과를 가지지만, 큰 변화(기댓값에서)는 무시할 정도의 효과임을 보여준다. 연구자들은 이 효과를 자연스러운 감정 반응의 결과라고 해석했다. 이 주장의 근거는 감정에 기초한 가설이 어떤 경우에는 기대에 어긋난 결과를 의미 있게 만들 수 있는 방법을 제공한다는 데 있다. 특히 왜 작은 손실의 도입이 매력을 증가시키는가? UK에서의 합동평가 연구는 작은 손실의 위험에 대하여 매력에 기초한 설명을 지지하지 않았다. 대신에 연구자들은 감정과 평가성이 이 비정상적 효과를 신뢰롭게 설명한다고 시사했다.

이 장의 끝에서 감정에 기초한 이 설명을 지지하는 주목할 만한 증거를 제공하려고 한다. 그전에 이 결과를 비평하는 두 연구로 돌아가보자.

반응 양식의 강건함

이제까지 소개된 연구 결과들은 모두 비슷한 반응 양식을 쓴 평가 과제에서 나왔다는 제한점이 있다. 결과들이 과제 유형에 특화되어 있기 때문에 그런 결과가 나왔다고 볼 수 있다. 반응 척도가 10을 중심으로 0~20점 범위에서 매력을 표시하게 제한되어 있었음을 상기하라. 확률 역시 경계를 가지며 중간점이 0.5이다. 표 1.1에서 확률이 14/36에서 21/36로 (중간점을 지나서) 가면서 평균 매력이 도약함을 주목하라. 아마 경계가 있는 선형적 매력 척도상에 (중간점 아래로) 7/36을 사영하는 것이 같은 척도상에 작은 손실의 도움 없이 9달러를 사영하는 것보다 단순히 더 쉬울 수 있다. 만일 그렇다면 연구자들이 관찰한 효과는 이 특수한 반응 척도의 특징이지, 도박 자극에 대한 감정 반응의 일반적 결과가 아닐 수도 있다.

우리 연구자들은 경계가 없고 중간점이 없는 반응 유형을 써서 이 연구를 반복함으로써 우리의 추측을 우선 검증하고자 한다. 특별히 201명의 오리건대학교 학생들에게 도박(US 기본 또는 US-5)의 매력을 원을 그려 표시하게 하였다. 지시에 따라 도박이 매력적일수록 그려야 할 원을 더 크게 그리게 하였다.[4] 98명이 US 기본을 평가하였고 103명이 US-5 도박을 판단하였다. 서로 다른 크기의 원으로 점수판을 만들어서 각 반응 위에 놓고 그려진 각각의 원에 숫자를 할당했다. 그림 1.2에 제시된 중앙치 반응은 US-5($p < .01$, 중앙치 검증) 매력이 통계적으로 의미 있게 더 강함을 보여주었다. 따라서 5센트 손실 효과는 0~20 매력 척도에 의존하지 않는다.

이 반복 연구가 확신을 주지만, '원' 반응 양식이 여전히 처음 반응 양식과 비슷한 결과를 제시하는 이유는 두 과제 모두가 응답자에게 한 도박의 매력만 평가하게 하기 때문이다. 따라서 두 번째 검증은 평가 과제보다는 선택 과제에서 원래의 효과를 검증하기 위하여 수행되었다. US와 UK에서 수행된 두 연구는 반응 양식으로 선택을 사용하였다.

선택 실험은 확실한 소득에 대비하여 기본 도박(US 기본 또는 UK 기본)과 작은 손실 도박(US-5 또는 UK-5)의 매력을 비교한다. 물론 확실한 소득이 크면, 여러 사람들이 그것을 선택하므로 두 도박의 매력의 차이가 희미해진다. 이 연구에서 확실한 소득으로 두 개의 서로 다른 값을 사용하였는데, 한 값은 다른 값의 반이었다.

US 연구는 96명의 오리건대학교 학생들에게 도박을 할 것인지 또는 확실한 소득 4달러를 받을 것인지를 두고 선택을 하게 하였다. 45명의 학생들에게 도박은 US 기본이었고, 51명의 학생들에게 도박은 US-5였다. 4달러보다 US 기본을 선택한 학생은 29.9%인 데 비해 US-5를 선택한 학생은 35.5%였다. 이 차이는 통계적으로 의미가 없었다($x^2 = 1.83$, $p < .20$). 동일한 참여자들이 확실한 소득 2달러에 대하여 두 번째 선택을 하였다. 또 다시 확실한 소득 2달

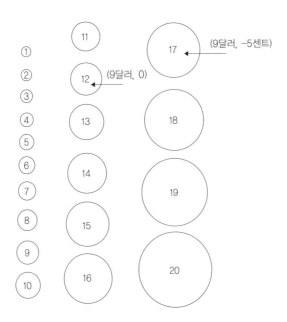

그림 1.2 두 도박의 매력을 나타내는 중간 크기의 원들

러보다 작은 손실(US−5)을 선택한 61.0%를 US 기본을 선택한 33.3%와 비교하면 참여자들이 US−5를 US 기본보다 더 선호한 것이다. 이 차이는 통계적으로 의미가 있었다(x^2 = 7.22, $p <$ .01).

    UK 연구는 스코틀랜드 애버딘에 사는 120명의 성인을 대상으로 지불액이 파운드와 펜스로 계산되는 것만 제외하고 동일한 설계로 검증되었다. 결과는 US 연구와 매우 비슷했다. 확실한 소득 4파운드에 비해, 응답자의 36.73%가 UK−5를 그리고 33.3%가 UK 기본을 선택하였다. 이 차이는 통계적으로 의미가 없었다. 그러나 US 연구에서처럼 2파운드의 확실한 소득보다 5 펜스 손실(UK−5) 도박(63.3%)이 손실이 없는 도박(41.7%)에 비해 훨씬 더 많이 선택되었다(p < .02).

    종합하면, 원 그리고 선택을 사용한 연구들은 작은 손실이 있는 도박의 매력이 반응 양식에 걸쳐서 일반화됨을 시사한다.

감정 설명의 직접 검증

감정 평가

5센트 손실 효과를 감정적으로 설명하면, 지불액 조합(9달러, 아무 소득 없음) 안에 있는 9달러는 평가될 수 없지만, 5센트 손실 추가는 9달러가 '느낌을 갖게' 만들어서 매력 판단에서 가중치를 갖게 한다는 것이다. 이와 다른 해석을 찾기 위하여, 감정 설명을 더 직접 검증할 수 있는 실험을 설계하고 수행하였다.

이 검증에서 참여자들은 도박의 전반적 매력을 평가했을 뿐 아니라 진술된 확률과 지불액

자, 이 실험에 참여한 100명을 상상하라.
그 100명이 당신이 방금 평가한 내기를 주목하고 있다고 하자.

9달러 소득 확률이 7/36
5센트 손실 확률이 29/36

우선 7/36이라는 승산을 생각하라. 100명 중 몇 명이 이 확률을 싫어하고, 몇 명이 이 확률을 좋아할 것이라고 생각하는가? 이것을 7/36 아래 빈 공간에 숫자로 표시하라. 이 숫자는 더해서 100이 되어야 한다.

다음에 내기의 지불액, 즉 9달러 소득 또는 5센트 손실에 대하여 동일하게 반응하라. 100명 중 몇 명이 이 두 지불액을 싫어할까, 몇 명이 이것을 중립적으로 느낄까, 몇 명이 이것을 좋아할까? 이 사람들의 수를 지불액 아래 빈 공간에 쓰라.

범주 부호	7/36	사람 수	9달러 또는 −5센트	사람 수
−3	매우 싫어함	_____	매우 싫어함	_____
−2	보통으로 싫어함	_____	보통으로 싫어함	_____
−1	약간 싫어함	_____	약간 싫어함	_____
0	중립	_____	중립	_____
1	약간 좋아함	_____	약간 좋아함	_____
2	보통으로 좋아함	_____	보통으로 좋아함	_____
3	매우 좋아함	_____	매우 좋아함	_____
	전체	_____	전체	_____
		(100이 되어야 함)		(100이 되어야 함)

그림 1.3 첫 번째 유인 평가 실험의 지시와 부호화

의 유인을 평가하라는 말을 들었다. 두 실험 중 첫 번째 실험에서 33명의 오리건대학교 학생들은 US 기본의 매력을, 34명은 US-5의 매력을 평가했다. 친숙한 결과로서 약간의 손실이 있는 도박이 더 매력적으로 평가되었다($t = 1.82$, $p < .05$, 일방검증). 매력 평가 이외에 참여자들은 7/36 확률과 지불액 조합(9달러, 소득 없음 또는 9달러, 5센트 손실)에 대한 감정 유인을 평가했는데, 방법은 100명 중 몇 명이 이런 선택을 좋아할 것인지 싫어할 것인지를 표시하는 것이었다(그림 1.3 지시 참조). 7개의 반응 범주는 그 분석에 대하여 −3(매우 싫어함)에서 +3(매우 좋아함)으로 부호화되었다. 평균과 상관계수는 표 1.5에 나와 있다.

표 1.5에서 결과는 5센트 손실 효과의 감정 설명을 지지한다. 첫째, 확률 7/36에 대한 평균 감정은 두 도박 모두에서 약간 부정적이었고, 두 도박 간에 의미 있게 다르지 않았다. 그러나 지불액에 대한 호감은 (9달러, 아무 소득 없음)보다 (9달러, −5센트) 조합에서 훨씬 컸다($t = 2.71$, $p < .01$). 매력 평가와 유인 간의 상관은 참여자에 걸쳐 역시 고무적이다. 매력은 아무 손실이 없는 도박에서는 주로 확률에 대한 호감과 그리고 5센트 손실 조건에서는 지불액에 대한 호감과 상관되었다. 따라서 5센트 손실이 도박 지불액의 의미와 중요성을 높이는 것 같았다.

두 번째 직접 검증에서 285명의 오리건대학교 학생들이 세 도박 중 어느 하나의 매력을 평가했다. 세 도박은 US 기본, US-5, 새 도박 US+5(즉 9달러 소득 확률 7/36, 5센트 소득 확률 29/36)였다.

평가를 한 후, 그들은 9달러의 결과를 어떻게 느끼는지 매우 나쁜(−4)에서 보통(0)을 거쳐 매우 좋은(+4)까지 9점 척도에 표시하라는 말을 들었다. 그다음 그들은 어느 도박을 보았는지에 따라 소득 없음, 5센트 손실 또는 5센트 소득과 같은 다른 도박의 결과를 평가하라는 말을 들었다. 표 1.6에 나와 있는 결과는 또 다시 감정에 기초한 설명을 지지한다. 이전과 마찬가지

표 1.5 첫 번째 감정 평가 실험의 결과

	US 기본 (7/36 9달러, 아무 소득 없음)	US-5 (7/36 9달러, −5센트)
확률 7/36에 대한 호감[a]	−0.07	−0.16
지불액에 대한 호감[a]	0.16	0.92
(9달러, 아무 소득 없음) 또는 (9달러, −5센트)		
0~20 매력 평가와의 상관		
확률에 대한 호감	0.52	0.10
지불액에 대한 호감	0.21	0.60

주 : [a]평균값 – 매우 싫은(−3)과 매우 좋은(+3) 사이의 7개 범주 감정 평가

로, 5센트 손실은 (9달러, 소득 없음) 도박에 비해 매력을 증가시켰다(*t* = 5.73, *p* < .001). 5센트 소득 도박은 5센트 손실 도박보다 덜 매력적이었음에 주목하라. 이 차이가 통계적 의미는 없었지만, 결과는 이전의 발견을 반복하였다. 표 1.6 역시 9달러에 대한 감정 유인이 다른 두 조건에 비해 US-5에서 상당히 더 긍정적이었음을 보여준다. 9달러가 소득 없음과 짝 지어졌을 때는 감정 평가의 40%가 보통이었는 데 비해 9달러가 −5센트와 짝 지어졌을 때는 21%만이 보통이었다. 비슷하게, +3과 +4(매우 좋음) 평가의 백분율이 US 기본에 대하여 단지 9%인 데 비하여 US-5에 대해서는 44%였다. 이 결과는 9달러가 작은 손실과 짝 지어졌을 때 진정으로 '느낌을 갖게 되었다'는 가설을 확실히 지지한다.[5]

'다른 성과'로 돌아가면 유인은 소득이 전혀 없을 때보다 5센트 손실을 포함할 때 훨씬 더 긍정적이었다(*t* = 7.3, *p* < .001). 5센트 손실은 5센트 소득보다 약간 더 우호적으로 평가되었으나, 이 차이는 통계적으로 의미가 없었다.

감정 평가는 참여자에 걸쳐서 매력 평가와 상관이 있었다. 9달러에 대한 감정은 각 조건의 매력과 정적으로 상관이 있었으나, 가장 높은 상관(*r* = 0.73)은 9달러가 5센트 손실과 조합되었을 때 발생하였다. 다른 성과에 대한 감정이 매력과 가장 높게 상관되었을 때는 그 성과가 5센트 손실일 때였다. 흥미롭게도, 그 상관은 정적이었다(*r* = 0.36, *p* < .05). 5센트 손실이 더 매력적일수록 그 도박이 더 매력적이었으며, 이는 5센트 손실이 '충분한' 손실이라는 연구자들의 추측과 일관된다.

이 결과는 9달러와 5센트 손실의 조합이 그 도박에 특별한 감정적 특성을 불러일으키면서 9달러 지불액과 5센트 손실 모두의 매력과 중요성을 높였음을 보여준다.

감정을 입증하려면, 특히 다른 자극 특성의 평가성이 낮을 때, 판단과 결정에 영향을 미칠

표 1.6 두 번째 감정 평가 연구의 결과

	조건		
	US 기본 (9달러, 소득 없음)	US-5 (9달러, −5센트)	US+5 (9달러, +5센트)
매력(0~20)	7.2	12.8	11.8
9달러에 대한 감정	0.4	1.8	1.0
다른 성과에 대한 감정			
(0, −5센트, +5센트)	−1.5	0.4	0.3
N	72	72	141

주 : 감정에 대한 평가척도로 범위는 −4(매우 나쁜)에서 +4(매우 좋은)까지임

정도로 자극 표상의 미묘한 특징이 느낌을 조작해야 한다. 한 예는 책의 조건('거의 새것' 대 '표지가 낡은')에서 무엇이 중요한지를 보여준 Hsee의 연구였다. 연구자들은 9달러 도박에서 아무 소득이 없는 것을 '낡은 표지'의 변형으로 간주하였다. 두 가지 평가 조건에서 각각 50명의 피츠버그 참여자들이 다음 사항을 비교하였다.

US-소득 없음 9달러 소득 확률이 7/36이고, 아무 소득이 없는 확률이 29/36이다.

US-손실 없음 9달러 소득 확률이 7/36이고, 아무 손실이 없는 확률이 29/36이다.

우리는 '아무 손실이 없는'이라는 더 긍정적 어조가 '아무 소득이 없는'(US-소득 없음) 조건보다 아무 손실이 없는(손실 없음) 조건을 더 매력적으로 평가할 것이라고 예측했다. 이 예측은 정확했다. US-소득 없음 도박은 평균 9.0으로 평가되었지만, US-손실 없음 도박은 성과가 0인 도박으로서 '아무 손실이 없는'이라고 틀이 다시 짜여져서 훨씬 높은 평균 평가 13.2를 받았다($t = 3.8$, $p < .001$). 흥미롭게도, '아무 손실이 없는' 내기가 받은 13.2라는 평가는 90달러의 잠재적 지불액을 가진 내기에 대한 평가보다 의미 있게 더 컸다($t = 2.51$, $p < .02$). 이것은 NY 기본×10 내기(7/36×90달러, 29/36 아무 소득 없음)로 이에 대한 평균 평가는 10.48이었다.

논의

이런 간단한 도박에 수백 명을 참여시켜서 무엇을 알게 되었는가? 도박의 매력이 순수한 소득만 포함하는 기본 과제(9달러 또는 9파운드 소득 확률이 7/36, 아무 소득이 없는 확률이 29/36)보다는 작은 손실을 함께 포함할 때 비교적 향상되었음을 알았다. 이 효과는 숫자 평가 척도뿐만 아니라 자유롭게 그린 원의 크기로 매력을 표현했을 때에도 발생했다. 이 효과는 도박과 확실한 소득 간의 선택에서도 발생했다. 어떤 사람들은 단순히 손실의 기회를 추가함으로써 도박을 더 흥미롭거나 흥분되게 만든다는 이유로 이 기본 효과를 무시하지만, 나란히 비교하면 손실이 없는 도박이 매력에서 확실히 유리함을 보여주기 때문에 이 설명은 틀리다.[6]

이 발견이 일반 이론으로 정착되기에는 확실히 비좁은 출발점이지만, 이 구상은 감정이 설명 요인으로 부각되고 도박의 성분 특성이 유인(즉 좋음, 나쁨, 또는 호감)을 근거로 평가되는 실험에 의해 감정 설명이 지지되었을 때 더 강화되었다. 9달러 성과는 '아무 소득이 없는' 맥락에서 다소 중립적 느낌을 불러일으켰다. '손실 없음' 도박의 평범한 매력은 소득 확률 7/36과 연합된 다소 부정적 느낌에 의해 주도되었다. 그러나 9달러가 5센트 손실과 짝 지어질 때 호의적으로 보이고 도박의 매력에 기여하는 중요한 요인이 된다. 이 결과는 판단과 결정에 광범위하게 영향을 미친다고 알려진 평가성 개념과 일관된다(Hsee, 1996a). 평가성의 본질은 감정이 정보의 의미를 전달한다는 것이다. 감정이 없으면 정보는 의미를 잃고 결정에서 가중치를 갖지 못한다.

넓은 조망에서 보면, 여기 소개된 간단한 도박 연구는 효용과 선호를 '구성'하는 데 맥락의 중요성을 시사한다. 평생 학습은 사람들에게 9달러 또는 9파운드와 같은 친숙한 양의 분명한 가치를 고취시킨다. 대신에 이 가치는 맥락에 크게 의존한다. 이런 의미에서 5센트 손실 효과와 다양한 관찰들 사이의 연결은 전체 자산(평가하기가 다소 어려운)보다는 Kahneman과 Tversky(1979)의 소득과 손실('좋다'와 '나쁘다'로 정의되는 전망론의 가치함수를 제안한다. 실제로 여기서 발견된 내용들은 선호라는 더 넓은 개념에 기여하는데, 중요한 선호는 사람 안에 있지 않고 유출되기를 기다리면서 유출되거나 결정되는 바로 그 과정 동안 구성된다(Slovic, 1995; Lichtenstein & Slovic, 2006). 이 일반적 이야기에서 Peters 등(2006b)은 9달러 소득과 5센트 손실의 수량적 비교에서 작은 손실 효과는 '수리력이 높은' 사람들이 수리력이 낮은 사람들에 비해 더 많은 의미를 이끌어냈기 때문이라고 설명했다.

실제 성과로 결정을 일반화하기

이 장에서 기술된 실험들은 모두 가설적 지불액으로 수행되었지만, 감정이 유도한 맥락 의존성이 현금을 지불하는 도박만큼 강하다는 증거가 있다. 실제로 Bateman 등(2006)은 UK 기본 도박과 UK-5 도박이 13개의 다양한 항목 세트 안에 포함된 연구를 수행하였다(예 : 5파운드가 들어 있는 봉투 받기, 11개 벨기에 초콜릿이 담긴 상자 받기, 중간 크기의 콘플레이크 상자 공짜로 받기 등등). 각 항목의 매력이 0~20 척도에 평가되어 있었다. 처음에 참여자들은 각 항목을 평가한 후, 11개 중 2개를 무작위로 선택하여 더 매력적으로 평가된 항목을 받았다. 따라서 한 쌍에서 가장 매력적 항목이 그 도박 중 하나이면, 실제로 그 도박을 통해 9파운드 또는 다른 성과(0 또는 -5펜스)를 받았다. 두 개의 실제 도박이 처음 받은 평가는 이 장에서 소개된 가설적 도박의 평가와 같았다. 5펜스 손실이 있는 도박이 훨씬 더 매력적으로 평가되었다.

한 심사자는 이 결과가 손실을 포함하는 도박에 일반화되는지를 물었다. 아마 9달러 손실은 9달러 소득보다 더 정확한 감정적 인상을 남길 것이다. 이 연구에서 이 가설을 검증하지는 않았다. 그러나 집단 살인과 몰살에서 발생하는 숫자로 표시된 다수의 생명 손실은 거의 또는 전혀 감정을 전달하지 못한다는 증거가 많다(Slovic, 2007). 그러나 1,000달러, 또는 100만 달러, 또는 복권에서 수억 달러를 나타내는(예 : Associated Press, 2001 참조) 큰 숫자들은 특수한 감정적 '현저함' 또는 의미를 수반한다(Albers, 2001).

이 결과가 구매가격 또는 판매가격이라는 말로 평가되는 도박에 일반화되는지도 물을 수 있다. 왜냐하면 가격은 기점화와 조정에 의해 구성되어 왔음을 보여주었고 손실이 있거나 손실이 없는 도박 모두에서 기점(9달러)은 같았기 때문에, 손실이 있는 도박에 대하여 거의 또는 아무런 이익을 기대하지 않았을 것이다.

다른 심사자는 5센트 손실 도박이 매력적이라고 답한 참여자들이 저지른 실수의 심각성을 물었다. 이 효과의 경계는 얼마인가? 부정적 성과를 가져오는 도박의 매력이 제로 성과 도박의 매력과 같아지기까지 손실이 얼마나 커야 할까? 손실을 25센트 또는 25펜스까지 증가시켜서 손실 도박의 매력을 US-5 또는 UK-5에 비해 약간 감소시켰으나, 손실 도박은 기본 도박보다 여전히 의미 있게 더 매력적으로 남아 있었다. 이 연구에서 손실이 25센트(펜스) 이상 더 큰 도박은 검토해보지 않았다.

되돌아보면, 이 연구는 감정이 유도한 맥락 효과의 중요성이 입증되기에는 조망이 너무 좁았다. 더 광범위한 조망을 택했더라면 5센트 손실 효과에 내재된 것과 비슷한 감정적 과정이 경제, 사회, 정치와 같은 여러 분야에서 선호 구성에 어떻게 기여하는지를 설명할 수 있었을 것이다. 예를 들어, 선택 실험에서 잘 알려진 비대칭적 지배 효과를 보자. Huber 등(1982)이 처음으로 수행한 연구에서 비대칭적 지배는 다른 항목이 아닌 선택 세트 안에 있는 한 항목에 의해 이루어진다. Huber 등은 한 선택 세트에 지배적 항목을 추가하면 그 세트를 택할 확률이 증가함을 관찰하였다. 이 결과는 새 항목의 추가가 원래 세트의 구성원을 택할 확률을 증가시킬 수 없다는 거의 모든 선택 이론의 기본 가정을 위반한다(또한 Bateman et al., 2005 참조). 비대칭적 지배는 이 장에서 소개된 5센트 손실 효과를 닮았다. 만일 X가 원래 선택 세트에서 Y와 짝 지어 있으면, Y가 아닌 X에 의해 지배되는 새로운 항목 Z는 X를 '좋아 보이게' 만들고 따라서 Y와의 경쟁에서 X의 매력을 높게 만든다. 5센트 손실이 9달러를 좋게 보이게 만드는 효과와 비슷함을 주목하라. Doyle 등(1999)은 식품점에서의 실제 구매에서 비대칭적 효과를 보여주었다. 그들은 이 효과는 강건하고, 크기도 크고, 실제적 중요성을 가진다고 결론을 내렸다.

감정적 과정이 중요함을 보여주는 다른 판단과 결정 맥락은 휴가 목적지 선호, 직업과 은퇴(Slovic et al., 1991c), 위험지각(Loewenstein et al., 2001; Slovic et al., 2004), 소모품 공황(Mitchell, 1989; Powell, 2001), 마케팅과 광고(Packard, 1957; Clark, 1988), 보험구매(Hsee & Kunreuther, 2000), 배심원에 의한 형벌 판정(Kahneman et al., 1998), 환경 보호(Slovic & Slovic, 2004/2005) 그리고 생명구조 기회에 대한 반응 또는 무반응(Fetherstonhaugh et al., 1997; Slovic et al., 2002; Slovic, 2007)을 포함한다.

감정과 합리성

감정추단의 작용을 깊게 생각해보면, 합리성이 분석적 마음의 산물일 뿐만 아니라 체험적 마음의 산물이라는 신경과학자 Antonio Damasio(1994)의 다음과 같은 주장을 충분히 이해할 수 있다.

사람의 추리 방략은 정서와 느낌을 뚜렷이 표현하는 생물학적 조정 기제의 추진력이 없으면 진화 또는 한 개인을 통해 발달하지 못했을 것이다. 더욱이 추리 방략이 확립되었다 해도 그 효과적인 전개는 상당한 정도로 느낌을 경험할 수 있는 지속적 능력에 의존한다(p. xii).

이런 입장과 일관되게 Damasio는 뇌손상이 그로 인해 예상되는 행동성과에 느낌을 결합할 수 있는 능력을 손상시킬 때 좋은 결정을 내리기 어려움을 보여주었다. 그러나 감정적 느낌이 항상 유익하지는 않다. 강한 느낌이 사람들로 하여금 확률과 성과 간 차이에 둔감하게 할 수 있다(Loewenstein et al., 2001; Rottenstreich & Hsee, 2001; Sunstein, 2003; Hsee & Rottenstreich, 2004).

그 밖에 감정은 때때로 맥락과 경험에 강하게 의존함으로써 사람들을 속이기도 한다(Slovic, 2001; Slovic et al., 2002). 이 장에서 보았듯이, 감정은 객관적으로 열등한 도박을 어떤 상황에서는 매우 매력적으로 보이게 이끈다. 앞으로의 연구에서 하나의 도전은 언제 감정이 좋은 판단과 결정을 촉진시키고 언제 틀린 판단을 이끄는지를 파악하는 것이다.

✢

1. 지불액이 확률보다 가중치를 더 받는 상황도 있다. 이것은 사람들이 도박을 가격으로 평가할 때(예 : Lichtenstein & Slovic, 1971; Goldstein & Einhorn, 1987; Schkade & Johnson, 1989) 그리고 복권과 같이 도박이 흥분될 정도로 매우 높은 이익을 제공할 때(Lowenstein et al., 2001) 발생한다. 몇몇 쌍의 도박에서 선호는 선택의 첫 번째 이유로서 도박의 최소한의 이익에 주목하는 '우선권 추단(priority heuristic)'으로 예측될 수 있다(Brandstätter et al., 2006). 그러나 우선권 추단은 이 연구의 초점인 비정상적 선호 유형을 예측하지 않는다.

2. 이 해석은 Hsee 등(1999)이 제안한 평가성, 감정, 그리고 금전적 가치 간의 연결과 일관된다. 그들은 다음과 같이 말했다.

   …한 속성은 비록 그 가치가 분명히 주어진다 해도 평가하기 어렵다. 예를 들어, 누구나 돈이 무엇인지 안다… 그러나 한 선택지의 금전적 속성은 만일 결정자가 주어진 맥락에서 그 속성의 평가성을 알지 못하면 평가하기 어렵다… 한 속성을 평가하기 어렵다고 말하는 것은… 그 결정자가 주어진 맥락에서 그

가치의 바람직함을 정하기 어렵다는 것을 의미한다(p. 580).

3. 초창기 연구에 대한 동기는 감정과 평가성에 관한 우리의 관심을 앞당겼다. 오히려 조화 개념(notion of compatibility)(Slovic et al., 1990a)이 원래의 설계를 자극했다. 그러나 최근 연구는 이 연구들을 해석해서 우리가 새 연구를 감정 추단의 틀 안에서 설계하도록 이끌었다.

4. 특히 도박의 매력을 0~20 척도상에 표시하는 대신에 응답자들은 "설문지 뒷면에 원을 그려서 내기의 매력을 느낌으로 나타내시오. 만일 내기가 덜 매력적이면 작은 원을 그리시오. 만일 내기가 매우 매력적으로 보이면 큰 원을 그리시오. 만일 내기의 매력이 중간 정도이면 중간 크기의 원을 그리시오"라는 지시를 받았다.

5. 손실 조건에서 9달러의 더 큰 매력은 위에서 보고된 선택 연구가 제기한 당황스러운 질문에 답할 수도 있다. 그 질문은 "왜 US-5 그리고 UK-5가 손실 없음보다는 4달러(4파운드)라는 확실한 이익과 짝 지어졌을 때 매력을 약간 더 받았을까?"이다. 손실 내기에서 9달러라는 비교적 더 큰 매력은 기점화 과정을 통해 4달러 대안의 매력도 높였을 것이다. 2달러(파운드)의 확실한 이익은 비록 작지만 9달러 기점이 받은 영향만큼 큰 영향을 받지 않았을 것이다. 이러한 추리에서 나온 답은 감정을 직접 평가하기 위해 앞서 기술된 방법을 써서 검증될 수 있다.

6. 이 장의 심사자는 제로 성과가 왜 5센트 손실이나 5센트 이익만큼 좋은 수준을 제공하지 못하는지를 묻는다. "사람들이 성과에서 비율을 취하고 0으로 나누는 법을 모르기 때문인가?" 우리 생각에는 9달러를 얻을 확률이 7/36이라는 표시 바로 아래 쓰인 도박에 관한 기술이 작은 손실과 작은 이익에 주의를 불러일으킨 것 같았다. 아무 소득이 없다는 성과는 텍스트에서 그 도박 바로 아래가 아닌 다른 두 곳에서 나타났다(그림 1.1 참조). 이것이 9달러를 0과 비교하려는 경향을 감소시켰을 것이다. 또한 제로 성과라는 효과가 아마 그 기술의 미묘한 측면에 매우 민감할 수 있다. 플라츠버그에서의 반복 연구에서 보았듯이, 도박을 기술할 때 아무것도 얻지 못할 확률이 29/36라고 쓰는 것이 그 매력을 높이지 못했고, 사실 아무것도 잃지 않을 확률이 29/36라는 도박이 산출한 매력보다 훨씬 더 낮은 평가를 산출했다.

2 장

분석으로서 위험과 느낌으로서 위험 : 감정, 이성, 위험, 합리성에 대한 생각

Paul Slovic, Melissa L. Finucane, Ellen Peters & Donald G. MacGregor [*]

서론

현대 사회에서 위험을 다루는 세 가지 기본 방식이 있다. 느낌으로서 위험은 위험에 대한 빠른 본능적, 직관적 반응을 말한다. 분석으로서 위험은 재해관리를 위해 논리적, 이성적, 과학적 추리를 도모하는 것이다. 고대의 본능과 현대의 과학적 분석이 마찰을 일으키면, 세 번째 현실로 정치로서 위험을 고통스럽게 의식하게 된다. 위험분석학회 회원들은 위험을 과학적으로 분석하는 데 매우 익숙하고, Slovic(1999)은 정치적 측면을 자세히 분석했다. 이 장에서는 심리학과 인지신경과학 최근 연구들이 오랜 진화 과정의 중요한 흔적으로 '느낌으로서 위험'이 무엇을 말해주는지 검토한다.

　직관적 느낌은 위험을 평가하는 주도적 방법으로서 Garry Trudeau(그림 2.1)의 만화에 재치 있게 잘 묘사되어 있다. 만화를 보면, 거리에서 마주친 두 사람은 위험과 위험완화 요인들을 체계적으로 분석하면서 서로 인사를 할지 말지를 결정한다. 이러한 상황에 처한 어느 누구도, 자신의 생명이 아무리 위험해도 결코 이런 분석을 하지 않을 것이다. 거의 모든 위험분석은 나중에 기술될 '체험적' 방식에 의해 재빨리 자동적으로 다루어진다.

[*]　Reprinted from Slovic, P., Finucane, M.L., Peters, E. and MacGregor, D.G. (2004) 'Risk as analysis and risk as feelings: Some thoughts about affect, reason, risk, and rationality', *Risk Analysis*, vol 24, pp.311-322.

그림 2.1 일상의 속셈

Copyright © 1994 G. B. Trudeau. Reprinted with permission.

배경과 이론 : 감정의 중요성

정서(예 : 공포)가 느낌으로서 위험에서 확실히 중요한 역할을 하지만, 여기서는 감정이라고 불리는 '정서의 약한 휘파람'에 초점을 둔다. 여기서 사용된 '감정'은 (1) 의식적으로 또는 (무)의식적으로 경험되고 (2) 자극의 긍정적 또는 부정적 특징을 구분하는 '좋다' 또는 '나쁘다'의 구체적 특징을 뜻한다. 감정반응이 얼마나 급하게 자동적으로 발생하는지는, '보물' 또는 '증오'와 같은 단어와 연합된 느낌이 얼마나 빨리 감지되는지 주목하면 알 수 있다. 이런 느낌에 의존하는 것이 '감정추단'의 특징이다. 이 장에서는 저자를 포함한 여러 연구자들의 다양한 연구 경로를 통해 감정추단이 어떻게 발달하였는지 추적하고자 한다. 또한 추단이 위험을 지각하고 평가하는 방식에 어떻게 영향을 주는지, 더 일반적으로, 추단이 사람들의 결정에 영향을 미치는 방식에서 중요한 실질적 함의를 논의한다.

두 가지 방식의 생각

감정은 생각하기, 지식획득, 그리고 정보처리를 설명하는 이론에서도 중요한 역할을 한다(Sloman, 1996; Chaiken & Trope, 1999; Kahneman & Frederick, 2002). Epstein(1994)은 생각을 다음과 같이 보았다.

> 사람들이 현실을 근본적으로 서로 다른 두 가지 방식으로 이해한다는 증거가 일상적 삶에서 적지 않다. 하나는 직관적, 자동적, 자연적, 비언어적, 서술적, 체험적으로, 다른 하나는 분석적, 신중한, 언어적, 이성적으로 명명된다(p. 710).

표 2.1은 Epstein이 보는 생각 방식을 더 자세히 비교한다. 체험체계의 한 주된 특징은 생각이 감정에 기초한다는 것이다. 분석이 결정 상황에서 확실히 중요하지만, 감정과 정서에 의존하는 것이 복잡하고, 불확실하고 때로는 험난한 세계로 나아가는 데 더 빠르고, 쉽고, 효율적인 방식이다. 여러 학자들은 행동을 동기화시키는 직접적이고 일차적인 역할을 감정에 부여했다(Mowrer, 1960a; Tomkins, 1962, 1963; Zajonc, 1980; Clark & Fiske, 1982; Le Doux, 1996; Forgas, 2000; Barrett & Salovey, 2002). Epstein(1994)이 취한 입장은 다음과 같다.

> 체험체계는 감정 경험과 밀접하게 연합되어 있다고 가정되는데… 여기서 감정은 사람이 자주 의식하지 못하는 미묘한 느낌을 말한다. 사람이 정서적으로 의미 있는 사건에 반응할 때… 체험체계는 사건과 관련된 정서를 포함하여 기억 저장고를 자동적으로 추적한다. 활성화된 느낌이 유쾌하면, 유쾌한 느낌이 산출할 거라 예상되는 행동과 생각이 동기화된다. 느낌이 불쾌하면, 불쾌한 느낌을 회피할 수 있다고 예상되는 행동과 생각이 동기화된다(p. 716).

Epstein은 표 2.1의 우측을 '이성체계'라고 명명했으나, 저자들은 그것을 '분석체계'로 바꾸어 명명했는데, 두 체계 모두가 강한 합리성을 가지고 있기 때문이다. 사람들이 오랜 진화 과정을 거치면서 생존이 가능했던 것은 결국 체험체계가 있었기 때문이다. 확률이론, 위험 평가, 그리고 결정분석이 나오기 오래전부터 사람들은 직관, 본능, 직감을 통해 특정 동물에게 접근해도 안전한지 또는 특정 물을 마셔도 안전한지 알 수 있었다. 삶이 더 복잡해지고 환경을 더 많이 통제할수 있게 되자 체험적 생각의 합리성을 끌어올릴 분석도구가 발명되었다. 결국 분석적 생각은 합

표 2.1 두 가지 방식의 생각 : 체험체계와 분석체계의 비교

체험체계	분석체계
1. 전체적	1. 분석적
2. 감정적 : 유쾌-고통 중심	2. 논리적 : 이성 중심(무엇이 이해되는지)
3. 연합적 연결	3. 논리적 연결
4. 행동이 과거 경험의 '진동'에 의해 매개됨	4. 행동이 사건의 의식적 평가에 의해 매개됨
5. 현실을 구체적 이미지, 은유, 담화로 약호화함	5. 현실을 추상적 상징, 단어, 숫자로 약호화함
6. 빠른 처리 : 즉각적 행동으로	6. 느린 처리 : 지연된 행동으로
7. 자명하게 타당한 : 체험이 믿음임	7. 논리와 증거를 통한 정당화 요구

리성의 받침대 위에 올려져서 합리성의 동의어로 묘사되었다. 감정과 정서는 이성과 충돌한다고 보여졌다.

감정의 중요성은 점차 연구자들의 인정을 받게 되었다. 결정에서 감정의 중요성을 강하게 주장한 초창기 학자 Zajonc(1980)은 자극에 대한 첫 반응으로 감정 반응은 자동적으로 발생하고 곧바로 정보처리와 판단을 이끈다고 주장했다. 만일 Zajonc이 옳다면, 감정 반응은 사람이 복잡한, 불확실한 때로는 험난한 세계로 빠르고 효율적으로 나아가기를 돕는 정향 기제로 기여한다. 감정과 결정 내리기에 관한 중요한 연구 역시 Janis와 Mann(1977), Johnson과 Tversky (1983), Schwarz와 Clore(1988), Kahneman과 Snell(1990), Isen(1993), Rozin 등(1993), Wilson 등(1993), Loewenstein(1996), Mellers 등(1997), Kahneman 등(1998), Mellers(2000), Loewen-stein 등(2001), Rottenstreich와 Hsee(2001) 그리고 Slovic 등(2002)을 중심으로 이루어졌다.

신경학자 Damasio(1994)는 결정에서 감정과 정서의 역할을 가장 종합적이고 고무적인 이론으로 설명하였다. '무엇이 뇌에서 행동을 합리적으로 하게 하는지'를 결정하는 답을 찾는 과정에서 Damasio는 생각은 지각 표상과 상징 표상을 광범위하게 포함하는 이미지로 주로 만들어진다고 주장하였다. 평생의 학습은 이 이미지들이 내장 또는 신체 상태와 직접 또는 간접적으로 연결되어 긍정적 느낌과 부정적 느낌으로 '표시되도록' 이끈다. 부정적 느낌의 신체 표시가 미래의 결과 이미지와 연결될 때 그것은 경보음을 낸다. 긍정적 표시가 결과 이미지와 연합되면 그것은 유인을 표시한다. Damasio는 긍정적 그리고 부정적 느낌의 신체 표시가 결정 과정의 정확성과 효율성을 증가시키므로, 뇌손상을 당해서 이런 표시를 가지고 있지 않은 사람들은 결정 내리기에서 수행이 저하된다는 가설을 세웠다.

우리는 체험적 생각과 분석적 생각이 상호작용하면서 '감정과 추리의 춤'이 지속됨을 깨달는다(Finucane et al., 2003). 분석을 하지 않아도 '문제가 없다'고 생각하지만(예 : 낙하하는 물체 피하기), 감정의 지시를 받지 않고 분석적 생각을 합리적으로 하기 매우 어렵다. 감정은 합리적 행동의 기본이다. Damasio(1994)의 생각은 다음과 같다.

사람들의 이성적 방략은 정서와 느낌을 주로 표현하는 생물학적 조절기제가 인도하는 힘이 없이 진화 또는 개인을 통해 발달할 수 없었다. 더욱이 추리방략이 확립된 후에도 그 효과적 발달은 상당한 정도가 느낌을 경험할 수 있는 지속된 능력에 의존한다(p. xii).

감정추단

판단이나 결정을 내리는 과정에서 경험하는 독특한 느낌은 개인과 과제의 특징뿐 아니라 이 둘의 상호작용에 의존한다. 사람은 감정적으로 반응하는 방식에서 그리고 체험적 생각에 의지하는 경향에서 다르다(Gasper & Clore, 1998; Peters & Slovic, 2000). 이 장에서 보겠지만, 과제는 정보의 평가성에서 다르다. 이러한 차이는 자극 이미지가 다양한 방식의 인상 또는 해석을 초래하는 감정적 특징을 만든다. 실제의 또는 상상된 자극의 현저한 특징은 감정적/도구적 차원에서 만들어진 이미지(지각적/상징적 해석)를 불러일으킨다.

감정 정보의 인상은 자극 이미지가 개인의 '감정 풀'을 만드는 데 기여한다. 마음에 있는 여러 이미지는 서로 다른 정도의 감정으로 꼬리표를 달거나 표시된다. 감정 풀은 이미지와 (의식적으로 또는 무의식적으로) 연합된 긍정적/부정적 표시를 가진다. 표시의 강도는 이미지와 함께 변한다.

사람들은 판단을 내리는 과정에서 감정 풀을 '감지'하거나 그로부터 조언을 구한다. 상상가능성, 기억가능성, 유사성이 확률판단의 단서로 기여하듯이(예 : 가용성과 대표성 추단)(Kahneman et al., 1982), 감정도 여러 중요한 판단(확률판단을 포함하여)의 단서로 기여한다. 전반적으로, 쉽게 가용할 수 있는 감정적 인상은 요구된 판단이나 결정이 복잡하거나 심적 자원이 제한될 때, 장점과 단점의 가중치를 따지거나 기억으로부터 적절한 예를 인출하기보다 더 쉽다. 연구자들은 감정 사용이 특징인 이런 심적 지름길을 "추단"이라고 명명하였다(Finucane et al., 2000a).

감정추단에 대한 경험적 지지

감정추단을 지지하는 여러 경험적 연구 중 몇 개만 보기로 하자.

초창기 연구 : 위험지각에서 두려움과 분노

느낌으로서 위험의 증거는 위험지각에 관한 초창기 심리측정 연구들(Fischhoff et al., 1978; Slovic, 1987)에 있었다. 그 연구들은 두려움이라는 느낌이 대중이 광범위한 재해 위험을 지각하고 수용하는 데 주된 결정인자임을 보여주었다. Sandman(1989)은 두려움이 자발성, 치명성, 공평성과 연합됨을 주목하고, 이 특징들을 그의 '분노 모델'에 통합시켰다. 그는 대중들의 위험 평가가 전문가들의 평가(예 : 재해 분석에서 사망자 수 통계)와 달랐던 주된 이유를 분노에 대한 의존으로 보았다.

위험과 이익 판단

초창기 위험지각 연구는 위험과 이익이 세상에서는 정적으로 상관되어 있는 데 비해, 사람의 마음과 판단에서는 부적으로 상관되어 있다는 사실도 발견하였다(Fischhoff et al., 1978). 이 발견이 무엇을 뜻하는지는 Alhakami와 Slovic(1994)의 연구에서 비로소 분명해졌다. 그들은 한 활동(예 : 살충제 사용)의 지각된 위험과 지각된 이익의 반비례 관계는 좋은/나쁜, 괜찮은/지독한, 두려운/두렵지 않은 등등의 양극 척도로 측정되는 그 활동과 연합된 긍정적 또는 부정적 감정 강도와 연결되어 있음을 발견했다. 이 결과는 어떤 활동이나 과학기술에 관한 판단은 그에 관한 생각뿐 아니라 그에 관한 느낌에도 기초한다는 것을 함축한다. 한 활동에 관한 느낌이 호의적이

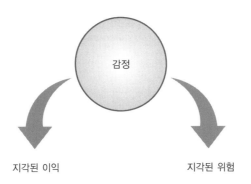

그림 2.2 Alhakami와 Slovic(1994)이 관찰한 위험/이익의 혼합을 설명하는 감정추단 모델

주 : 위험과 이익 판단은 자극 항목의 전반적 감정 평가에서 나온다.

출처 : Finucane et al.(2000a)

면, 위험이 낮고 이익은 높다고 판단하고, 만일 그 느낌이 비호의적이면, 반대로 위험이 높고 이익이 낮다고 판단하는 경향이 있다. 이 모델에 따르면, Zajonc이 시사했듯이, 감정은 위험과 이익을 판단하기 전에 미리 그 판단을 지시한다. '감정추단'(그림 2.2 참조)이라고 부르는 이 과정은 만일 감정이 위험/이익 지각을 이끈다면, 이익 정보 제공은 위험지각을 바꾸게 하고 또 위험 정보 제공은 이익지각을 바꾸게 한다고 시사한다. 예를 들어, 원자력과 같은 과학기술의 이익이 높다고 말하는 정보는 더 긍정적 감정을 주도하여 원자력의 지각된 위험을 감소시킬 수 있다(그림 2.3).

　　Finucane 등(2000a)은 세 가지 과학기술 각각의 지각된 이익을 증가 또는 감소시키거나 또는 지각된 위험을 증가 또는 감소시켜서 감정을 조작하도록 설계된 4가지 서로 다른 종류의 정보를 제공하여 이 실험을 수행하였다. 예측은 확증되었다. 설계에 따르면 제공된 정보와 조작되

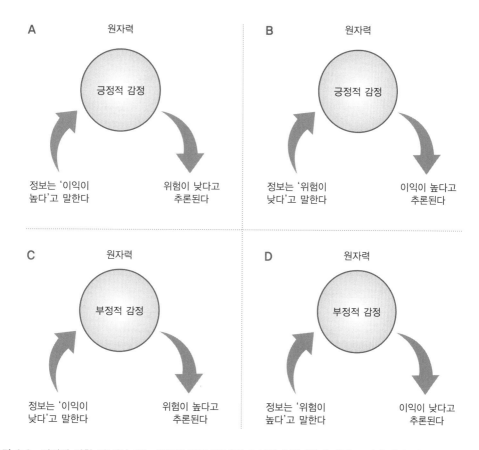

그림 2.3　이익에 관한 정보(A) 또는 위험에 관한 정보(B)가 어떻게 원자력에 대한 긍정적 감정 평가를 증가시켜서 주어진 정보와 감정적으로 일치하는 위험과 이익을 추록하도록 이끄는지를 보여주는 모델. 비슷하게, 정보는 C와 D처럼 원자력에 대한 전반적 감정 평가를 부정적으로 만들어서 이 부정적 느낌과 일치하는 위험과 이익을 추론하는 결과를 초래한다.

지 않은 변수 간에는 아무런 논리적 관계가 없었기 때문에 이 자료는 위험과 이익 판단은, 적어도 부분적으로, 전체적 감정 평가(제공된 정보에 따라 영향을 받는)에 따라 영향을 받는다는 이론을 지지한다. 감정추단을 지지하는 다른 증거는 Finucane 등의 두 번째 실험에서 나왔는데, 지각된 위험과 이익 간의 반비례 관계는 시간을 제한하여 분석적 사고의 기회가 감소되었을 때 크게 증가했다는 결과였다. 이 두 실험이 중요한 이유는 감정이 판단에 직접 영향을 주는 것이지 사전의 분석적 평가에 대한 단순한 반응이 아님을 이들이 보여주기 때문이다.

그림 2.2 모델을 지지하는 결과가 독물학과 재정이라는 매우 다른 두 영역에서 나왔다. Slovic 등(1997b)은 영국 독물학회 회원들에게 설문조사를 실시한 결과 이 전문가들 역시 위험과 이익 판단에서 동일한 반비례 관계를 내놓았음을 발견했다. 예상대로, 반비례 관계의 강도는 판단되는 재해 항목에 대한 독물학자들의 감정반응을 통해 매개된다는 것을 발견하였다. 두 번째 연구에서는 동일한 독물학자들에게 30개의 화학제품(예 : 벤젠, 아스피린, 간접흡연, 음식에 포함된 다이옥신) 각각에 대한 '빠른 직관적 평가'를 감정 척도(나쁘다-좋다)에 표시하라고 말하였다. 다음에, 그들에게 규제기관이 관심을 갖기 시작하는 노출 수준인 1/100 미만의 작은 노출 수준으로 정의된 화학제품과 연합된 위험 정도를 판단하라고 말하였다. 합리적으로, 노출 수준이 매우 낮기 때문에 위험 판단이 일률적으로 낮고 변동이 적어서 감정 평가와 거의 또는 전혀 상관이 없을 것이라고 기대했다. 그러나 여러 화학제품에 걸쳐서 매우 작은 노출에 대한 감정 평가와 판단된 위험 간에는 강한 상관이 있었다. 감정 평가가 강하게 부정적일 때 매우 작은 노출에 대한 판단된 위험은 높았고, 감정이 긍정적일 때 판단된 위험은 낮았다. 거의 모든 응답자(97명 중 95명)가 이런 부적 상관(상관의 중앙치는 −.50이었다)을 보여주었다. 중요한 것은 위험과 이익 판단 간에 강한 반비례 관계를 내놓았던 첫 번째 연구의 독물학자들이 두 번째 연구에서도 감정과 위험 판단 간에 높은 일치를 나타내는 경향이 컸다는 점이다. 다른 말로 하면, 두 개의 서로 다른 과제에 걸친 화학제품 위험 판단에서 감정 과정에 의지하는 독물학자들이 많았다.

재정 분야에서, Ganzach(2001)는 주식 분석가들이 전반적 태도에서 친숙하지 않은 주식의 위험과 이익을 판단하는 기초로 그들이 지지하는 모델을 발견하였다. 그들은 주식이 좋다고 지각되면 그 주식의 이익이 높고 위험이 낮은 반면, 나쁘다고 지각된 주식은 이익이 낮고 위험이 높다고 판단하였다. 그러나 친숙한 주식에 대해서는 지각된 위험과 이익이 정적으로 상관되었다.

확률, 상대적 빈도 그리고 위험의 판단

감정추단은 Loewenstein 등(2001)이 제안한 '느낌으로서 위험' 모델과 Epstein(1994), Sloman (1996) 등이 제안한 이중과정론과 공통점이 있다. Epstein은 사람들이 두 개의 상호작용하는 병렬처리과정에서 현실을 파악한다고 주장한다. 합리적 체계는 이미 수립된 논리규칙과 증거(예 : 확률론)를 가지고 작용하는 신중한 분석적 체계이다. 체험체계는 감정적 느낌이 결합된 이미지, 은유, 담화로 현실을 약호화한다.

체험체계의 영향을 입증하기 위하여 Denes-Raj와 Epstein(1994)은 단지에서 빨간색 젤리빈을 꺼내면 1달러를 얻을 수 있을 때, 사람들은 빨간색 젤리빈 수가 비록 적지만 이길 확률이 더 높은 사발(예 : 10개 중 1개)보다 절대적 수가 많지만 빨간색 젤리빈의 비율이 작은 사발(예 : 100개 중 7개)을 택하는 경우가 많았음을 보여주었다. 이들은 확률을 거스른다고 생각했지만 빨간색 빈이 많았을 때를 더 좋은 기회로 느꼈다고 보고했다.

Epstein의 참여자들이 분모(사발 안에 들어 있는 전체 빈의 수)를 무시하고 분자(즉 사발 안에 들어 있는 빨간색 빈의 수)를 상상하는 심적 방략을 따랐다고 말할 수 있다. 감정추단과 일관되게, 이기는 빈에 대한 이미지가 선택을 동기화하는 긍정적 감정을 전달한다.

젤리빈 실험이 어이없어 보이지만, 분자에 관한 상상은 비직관적이고 필연적인 방식으로 판단에 영향을 미칠 감정을 초래한다. Slovic 등(2000b)은 경험이 많은 법심리학자들과 정신과 의사들에게 정신질환자가 병원에서 퇴원한 후 6개월 이내에 폭력을 쓸 확률을 판단하게 한 일련의 연구에서 이를 입증하였다. 중요한 발견은 다른 전문가로부터 상대적 빈도(예 : 존스 씨와 비슷한 100명의 환자 중 10명이 다른 사람들에게 폭력을 쓸 것으로 추정된다)로 환자의 폭력 위험에 대한 평가를 받은 임상학자들이 통계적으로 '동일한' 위험을 확률(예 : 존스 씨와 비슷한 환자들이 다른 사람들에게 폭력을 쓸 확률은 10%로 추정되었다)로 제시받은 임상학자들보다 그 후 존스 씨를 더 위험하다고 말하였다는 것이다.

예상대로, 임상학자들은 존스 씨와 비슷한 100명당 20명의 환자들이 폭력을 쓴다고 추정된다는 말을 들었을 때 41%가 그 환자를 퇴원시키기를 거부했다. 그러나 다른 임상학자 집단이 존스 씨와 비슷한 환자들이 폭력을 쓸 확률이 20%로 추정된다는 말을 들었을 때, 단지 21%가 그 환자를 퇴원시키기를 거부했다. 비슷한 결과가 Yamagishi(1997) 연구에서 발견되었는데, 판단자들이 1만 명당 1,286명이 사망하는 질병이 전체 인구의 24.14%가 사망하는 질병보다 더 위험하다고 평가했다는 것이다.

후속 연구들은 10% 또는 20%와 같이 개개의 확률 형태의 위험 표현은 어느 누구에게도 해를 미칠 것 같지 않은 한 사람의 자비로운 이미지를 주도했으며, 동일한 확률을 빈도로 표현하는 것은 폭력적 환자들의 이미지(예 : 어떤 놈이 미쳐서 누군가를 죽이려 한다)를 위협적으로 만들었음을 보여주었다. 이렇게 감정이 실린 이미지가 상대적 빈도의 틀에 반응할 때 더 큰 위험지각을 유도하였다.

빈도 양식이 감정이 실린 이미지를 만들어내지만, 이야기와 담화 형태가 이런 면에서 더 나은 것 같다. Hendrickx 등(1989)은 경고가 더 효과적인 때는 상해를 상대적 빈도로 제시했을 때보다 생생한, 감정이 실린 시나리오와 일화로 제시했을 때라고 밝혔다. Sanfey와 Hastie(1998)는 막대그래프 또는 표로 정보를 받은 응답자들에 비하여 담화로 정보를 받은 응답자들이 일련의 마라톤 주자들의 수행을 더 정확하게 평가하였음을 발견하였다. 더욱이 Pennington과 Hastie (1998)는 배심원들이 유죄 또는 무죄에 관한 자신의 판단 과정을 돕기 위한 판결 증거를 담화와 같은 요약문으로 구성하는 것을 발견하였다.

확률과 빈도 판단에서 가용성추단으로 여겨졌던 편향(Tversky & Kahneman, 1973)은 부분적으로는 감정 때문이다. 가용성은 회상이나 상상이 쉬울 뿐 아니라 기억되고 상상된 심상이 감정의 꼬리표를 가지고 있기 때문에 작용하는 것 같다. 예를 들어, Lichtenstein 등(1978)은 빈도 판단에서 잘 알려진 사망 원인(예 : 사고, 자살, 화재, 폭풍, 암)은 비교적 과도추정되고 잘 알려지지 않은 원인(예 : 당뇨, 뇌일혈, 천식, 폐결핵)은 과소추정되는 이유를 설명하기 위하여 가용성을 불러냈다. 대중에게 잘 알려진 원인들은 감정적으로 더 충전되고 세상을 떠들썩하게 만들므로 매체에서 보여주는 눈에 띄는 현저함과 비교적 과도추정되는 빈도 모두를 설명한다.

비율 지배

비율이나 백분율 또는 확률은 판단과제에서 큰 가중치를 가지며 평가를 쉽게 해주는 일반적 정보 표현 양식이다. 비율이나 확률의 지배는 사람들에게 두 성과를 내는 도박의 매력을 평가하게 한 Slovic과 Lichtenstein(1968b)의 초창기 연구에서 분명히 드러났다. 도박의 매력은 단일한 성과보다는 소득과 손실 확률의 조합으로 훨씬 더 강하게 결정되었다(Goldstein & Einhorn, 1987; Ordóñnez & Benson, 1997).

Slovic 등(2002)은 확률 지배의 한계를 알아보려고 한 집단의 참여자들에게 간단한 도박 (7/36, 9달러 소득)의 매력을 0~20점 척도에서 평가하게 했고, 두 번째 집단에게는 작은 손실이 있는 비슷한 도박(7/36, 9달러 소득; 29/36, 5센트 손실)의 매력을 같은 척도에서 평가하게 하였다. 자료는 경제이론의 조망에서 보면 비정상적이었지만, 감정추단의 조망에서는 예측할수 있었던 결과였다. 첫 번째 도박에서 평균 매력은 9.4였다. 5센트의 손실이 추가되었을 때, 평균 매력은 14.9로 뛰어올랐고 이 평균 주변의 반응 분포와 아무 손실이 없었던 도박을 판단한 집단의 반응 분포 간에 아무런 중복이 없었다.

　Slovic은 각 참여자가 4수준의 확률(7/36, 14/36, 21/36, 28/36)에 걸쳐 4수준의 지불액(한 연구에서는 3달러, 6달러, 9달러, 12달러, 다른 연구에서는 30달러, 60달러, 90달러, 120달러) 으로 만들어진 16개의 도박 중 하나를 평가한 것을 모아 분석하였다. 참여자들은 매력을 판단할 때 확률과 지불액 각각에 비슷한 가중치를 두었다고 생각했으나, Slovic은 그들이 실제로는 지불액보다 확률에 5~16배 더 큰 가중치를 두었음을 발견하였다.

　저자들은 이 신기한 발견을 감정 사영으로 설명할 수 있다는 가설을 세웠다. 이 입장에 따르면, 확률이 비교적 정확하게 매력 척도에 사영되는 이유는 확률에는 상한선과 하한선이 있어서 사람들은 주어진 값이 이 범위의 어디에 떨어지는지를 알기 때문이라는 것이다. 대조적으로, 금전적 성과(예 : 9달러)를 척도에 사용하기가 혼란스러운데, 이는 9달러가 좋은지 나쁜지, 매력적인지 매력적이지 않은지 알 수 없음을 반영한다. 따라서 손실 없이 9달러 소득을 제공하는 도박이 형성한 인상은 오히려 소득 확률 7/36이라는 매력적이지 않은 인상의 지배를 받는다. 그러나 지불액에 매우 적은 손실 추가는 9달러 지불액의 조망에 의미를 준다. 9달러 소득의 가능성과 5센트 손실의 조합은 매우 매력적인 승패 비율이므로 척도의 상단에 비교적 정확하게 사영된다. 9달러라는 부정확한 사영은 평균화 과정에서 가중치가 거의 없는 반면, 이제 (9달러−5센트)의 더 정확하고 호의적인 인상은 더 많은 가중치를 수반하고 그 도박의 전반적 호감을 증가시킨다.

　비율 지배는 Baron(1997), Fetherstonhaugh 등(1997), Jenni와 Loewenstein(1997) 그리고 Friedrich 등(1999)의 연구에서 '인명 구조'라는 매우 다른 맥락에서 강력한 방식으로 떠오른다. 이 연구들은 서로 다른 방식을 통해 구한 인명의 수를 직접 비교하지 않는 한, 평가는 구한 실제 인명의 수보다는 구한 인명의 비율에 의해 지배된다는 것을 발견하였다.

　인명 구조 연구(Fetherstonhaugh et al., 1997)의 결과가 중요한 이유는 구체적 인명 수가 정확한 감정적 의미를 전달하지 못한다는 결과가 마치 도박에서 지불액(9달러)이 구체적 의미를 주지 못한다는 결론과 비슷함을 함축하고 있기 때문이다. 도박 연구는 비슷한 실험을 인명 구조에 제시했다. 공항의 안전에 관한 결정 맥락에서 연구자들은 사람들에게 비행기의 불시착 사고에 대비하여 사용할 수 있는 새 장비 구매의 매력도를 평가하게 하였다. 한 조건에서 참여자들은 새 장비가 그런 사고의 위험에서 150명을 구할 수 있다는 말을 들었다. 두 번째 집단의 참여자들은 새 장비가 위험에서 150명 중 98%를 구할 수 있다는 말을 들었다. 150명을 구하기는 희미하게 좋으므로 단지 약한 평가를 받고, 한편 무엇인가의 98% 구하기는 분명히 매우 좋으므로 새 장비 구매의 지지가 98%의 조건에서 훨씬 더 클 것으로 기대되었다. 연구자들은 구

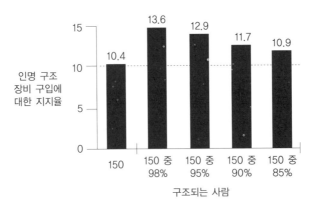

그림 2.4 150명 구조보다 150명 중 특정 백분율에 해당하는 사람 구조받은 더 높은 지지

출처 : Slovic et al.(2002) © 2002 Cambridge University Press. Reprinted with permission.

조되는 사람 수가 더 적더라도 높은 백분율 정보가 더 큰 지지를 선도할 것이라고 예측했다. 이 예측은 Slovic 등(2002)이 보고한 결과에 의해 확인되었다(그림 2.4 참조).

확률에 대한 무감각

성과는 앞의 실험에서 비율의 지배를 받았던 돈과 생명의 양처럼 감정적으로 항상 애매하지 않다. 결과가 복권 당첨이나 암처럼 예리하고 강한 감정적 의미를 가질 때 확률 변화가 거의 가중치를 갖지 못하는 반대 현상이 발생한다. Loewenstein 등(2001)이 관찰하였듯이, 복권 당첨에 대한 개인의 이미지와 느낌은 당첨 비율이 1천만 분의 1이든 1만 분의 1이든 비슷하다. 연구자들은 강한 긍정적 또는 부정적 결과를 함축하는 가중치가 큰 매우 작은 확률보다, 가능성에 민감한 실무율 특징을 갖는 불확실한 상황에서의 반응에 주목했다. 그들은 이것이 도박의 유행 또는 사고 확률이 낮은 사건의 보험 구매와 같은 여러 역설적 연구 결과를 동시에 설명하는 데 도움을 준다고 주장한다. 이것은 또한 원자력과 극소량의 독극물 노출이 초래하는 걱정스러운 결과가 매우 작은 확률임에도 불구하고 사회가 왜 이러한 정보에 지속적으로 반응하는지를 설명한다. 이 주장을 지지하는 Rottenstreich와 Hsee(2001)는 도박의 잠재적 성과가 정서적으로 강력하면 그 매력 또는 비매력은 .99만큼 큰 확률에서 .01만큼 작은 확률까지의 변화에 비교적 무감각해짐을 보여준다.

감정과 보험

Hsee와 Kunreuther(2000)는 감정이 보험 구매에 미치는 영향을 보여주었다. 한 연구에서 그들은 사람들이 소중한 골동품 시계(더 이상 작동하지 않고 수선도 불가능함)를 새 도시로 운반하면서 발생할 수 있는 분실에 대비하여 '개인적으로 특수한 느낌이 없는' 비슷한 시계에 지불하는 보험의 2배를 기꺼이 지불하려는 것을 발견하였다. 분실될 경우, 보험은 두 경우 모두에서 100달러를 지불하였다. 비슷하게, Hsee와 Menon(1999)은 학생들이 중고차를 새로 구입할 때 두 차의 예상 수리비용과 보증 가격이 같아도 평범해 보이는 스테이션 웨건을 구입할 때보다 개폐식 지붕이 있는 예쁜 차를 구입할 때 보증서를 더 기꺼이 사고자 했음을 발견했다.

체험체계의 붕괴

이 장을 통하여 저자들은 감정추단을 인류의 진화 과정에서 위험 평가와 생존을 지배한 체험적 생각의 중추로 묘사했다. 그러나 추단이 효과적이고 적응적인 반응을 제공하지만 때로는 문제에 휘말리게 만드는 것처럼 감정적 의존이 사람을 오도할 수 있다. 실제로 감정적/체험적 본능을 따른 결과가 항상 최적이었다면, 이성적/분석적 체계가 진화할 필요가 없었을 것이고 탁월한 삶을 유지하지 못했을 것이다.

체험체계가 사람을 오도하는 두 가지 방법이 있다. 하나는 사람들의 행동을 통제하기 원하는 사람들이 감정반응을 고의적으로 조작하는 데서 초래한다(광고와 마케팅이 이 조작에 해당한다). 다른 것은 체험체계의 자연스러운 한계와 감정 표상에 순응하지 못하는 환경 자극에서 초래한다. 후자의 문제는 아래에서 논의된다.

판단과 결정은 감정의 조작과 체험체계의 타고난 편향 때문에 틀릴 수 있다. 예를 들어, 감정체계는 사람들이 0과는 거리가 먼 큰 차이(예 : 500명과 600명의 사망자 차이)를 제대로 평가하지 못하고, 대응하지 못하는 비용을 치르면서도 환경의 작은 변화(예 : 0명과 1명의 사망자 차이)에 민감하게 반응하도록 설계된 것처럼 보인다. Fetherstonhaugh 등(1997)은 이것을 "심리물리적 무감각"이라고 불렀다. Albert Szent-Gyorgi는 이에 대해 다음과 같이 말했다. "나는 한 사람이 고통당하는 것을 보면 마음이 괴로워서 그를 위해 내 생명의 위험을 감수하고자 한다. 그다음 나는 1억 명이 죽게 될 큰 도시들을 분쇄하겠다고 비인격적으로 말한다. 나는 한 사람의 고통에 1억을 곱할 수가 없다."

사람들이 평가해야 하는 성과가 성질상 신체의 내장기관과 관련될 때 비슷한 문제가 생긴다. 내장 요인은 배고픔, 목마름, 성적 욕구, 정서, 고통, 약물 갈망과 같은 욕구 상태를 포함한다. 이들은 행동에 강력한 영향을 주는 직접적, 쾌락적 효과가 있다. 이 내장 요인들은 지금 이 순간에 강력한 느낌을 산출하지만, 직접 회상하거나 예측하기가 어려우므로 중독 현상에 중요한 역할을 한다(Loewenstein, 1999).

현재 경험되고 있는 내장 요인들이 행동에 불균형한 영향력을 미치는 데 비해, 지연된 내장 요인들은 결정에서 무시되거나 심각하게 검토되지 못한다. 오늘의 고통, 배고픔, 분노 등은 명백하지만, 미래에 예측되는 동일한 감각들은 가중치를 거의 받지 못한다(p. 240).

흡연 결정

흡연은 담배를 한 번에 한 개비만 태우지만, 여러 해에 걸쳐서 수백 또는 수천 개비를 태우는 위험한 활동이다. 흡연 결정이 합리적이지 못한 이유는 성과가 시간에 걸쳐서 매우 느리게 변하고, 나타나는 시간적 시점이 멀고, 내장 반응을 포함하므로 체험적 생각이 당면하는 어려움이 크기 때문이다.

여러 해 동안 흡연 초보자들은 그림 2.1에서 보여준 '일상의 속셈'과 비슷하게, 흡연의 이익보다 위험을 합리적으로 따지는 '젊은 경제학자'로 묘사되었다. 그러나 최근 연구는 다른 그림을 그린다. 새로운 설명(Slovic, 2001)은 자신이 장래 당면할 흡연의 위험이나 양을 거의 의식적으로 생각하지 않는 체험적으로 행동하는 젊은 흡연자들을 보여준다. 대신에 그들은 순간의 충동에 이끌려서 친구들과 즐거움을 함께하는 방법으로, 흡연을 새롭고 흥분되는 것으로 즐긴다. '골초'가 된 후에도 흡연자 중 많은 사람들은 자신이 얼마나 오래 흡연했는지, 현재 하루에 몇 개비의 담배를 태우는지, 또는 이전에 금연 시도에서 몇 번이나 실패했는지와 무관하게 곧 금연하기를 기대한다. 여러 사람들이 금연을 시도하지만 그중 일부만 실제로 금연을 한다. 이 문제는 니코틴 중독으로, 어린 흡연자들이 이름만 알고 있고 깊이 중독되기까지 이를 체험적으로 이해하지 못하는 내장 반응이다.

흡연으로부터 여러 젊은이들을 보호하려는 체험체계의 실패는 설문지 질문에 대한 흡연자들의 반응에서 분명하게 그 증거를 찾을 수 있다. 즉 "만일 모든 것이 끝났다고 생각하면, 당신은 다시 흡연을 시작하겠는가?"라는 질문에 성인 흡연자의 85% 그리고 젊은 흡연자(대략 14~22세)의 80%가 "아니요"라고 답했다(Slovic, 2001). 더욱이 니코틴 중독이라고 지각하는 사람일수록, 더 자주 금연을 시도한 사람일수록, 더 오랫동안 흡연한 사람일수록, 현재 매일 피우는 담배 개비 수가 더 많은 사람일수록, 그들은 이 질문에 "아니요"라고 답하는 경향이 더 컸다.

이 자료는 대부분의 초보 흡연자들이 장래 자신이 흡연의 위험을 어떻게 지각할 것인지 또는 건강과 흡연 요구의 교환을 어떻게 평가할지를 판단할 수 있는 경험이 없음을 지적한다. 이 것은 '유식한 합리적 선택 모델'의 강한 부정을 뜻한다. 이 결과는 흡연자들이 흡연을 처음 시작할 때 위험을 거의 생각하지 않는다고 지적하는 연구 결과와 잘 들어맞는다. 그들은 즐거움과 흥분을 기대하면서 행동에 미혹되는 것으로 보인다. 사람들은 흡연을 시작한 후에 그리고 건강의 위험에 관한 새 정보를 얻은 후에 비로소 위험을 생각하기 시작한다.

이 연구 결과들은 행동 결정 이론들이 제시하는 '결정 효용'과 '경험 효용' 간의 구분을 강조한다(Kahneman & Snell, 1992; Kahneman, 1994; Loewenstein & Schkade, 1999). 결정할 때 예측되는 또는 기대되는 효용은 실제로 발생하는 쾌락적 경험의 질 그리고 강도와 자주 크게 다르다.

정서, 이성, 위험 관리

이제 사람의 합리적 행동의 기초로서 정서, 감정, 이성 간의 복잡한 상호작용을 이해하기 시작하고 있는 시점에서, 앞으로의 도전은 위험관리가 무엇을 뜻하는지를 창의적으로 생각하는 것이다. 하나는 위험한 사건이 일으키는 강한 정서를 누그러뜨리기 위하여 이성을 어떻게 적용하는가이다. 다른 하나는 경험 부재가 남긴 '냉철하게 합리적인' 상황에 필요한 '느낌이라는 쓴약'을 어떻게 주입할 것인가이다.

위험분석이 체험적 생각으로부터 이익을 얻을 수 있을까?

이 질문에 대한 답은 거의 확실히 "예"이다. 수학논리를 증명하거나 체스에서 이동을 선택하는 '원형적 분석 연습'조차도 체험적 지침으로부터 이익을 얻는다. 수학자들은 증명이 '좋아 보이는지'를 느낌으로 알고 체스 전문가들은 저장된 수많은 승리 패턴에 기초하여 의도한 이동이 '옳다고 느끼는지'를 가늠한다(deGroot, 1978). 의뢰인의 결정 문제를 해결하려고 모델을 구축하는 분석가들은 더 나은 모델 구축이 필요하다는 신호로서 현재 모델에 관한 의뢰인의 거북한 감각에 의존하라는 지시를 받는다(Phillips, 1984). 느낌이 빠졌기 때문에 실패했던 분석의 가장 충격적인 예는 담배회사 필립모리스가 저지른 잘못이었다. 그 회사는 체코 정부로부터 병에 걸린 흡연자들을 치료하는 데 드는 비용분석을 의뢰받았다. 비용을 매우 좁은 개념으로 사용한 결과, 그 분석은 흡연자들이 젊어서 사망하면 정부에 이익을 준다는 결론을 내렸다. 그 분석은 크나큰 적개심을 일으켜서 필립모리스는 사과하라는 압력을 받았다(*New York Times*, 2001).

우리들은 어디에서인가 분석이 무지 또는 과학적 불확실성 정도뿐 아니라 두려움, 평등, 통제력 등과 같이 사람들의 관심을 불러일으키는 위험 특성에 기초하는 '더 부드러운' 가치에 민감할 필요가 있다고 주장하였다. 이를 위한 청사진이 "위험 이해 : 민주 사회에서 결정 내리기"라는 학술 보고서에 나와 있다(NRC, 1996). '사전경고 원리'의 혁신(Wiener, 2002)은 누군가가 과학기술 위험 평가를 지나치게 좁게 보는 것의 한계를 극복하기 위한 또 다른 접근을 나타낸다.

누군가는 "통계는 눈물이 말라버린 인간이다"라고 관찰하였다. 우리들의 심리물리적 무감각 연구들은 통계적 사망자 수 결여의 잠재성을 보여주므로 "그 눈물을 어떻게 다시 되돌려놓을 수 있을까?"라는 질문을 제기한다. 이 일을 위한 유익한 시도들이 있다. 집회 조직자들은 매년 권총으로 사망한 38,000명에 대하여 의회가 무엇인가를 하게 하기 위하여 수도 워싱턴에 38,000켤레의 구두를 큰 무더기로 쌓아 올렸다. 2001년 9월 11일 이후, 여러 신문들은 희생자들의 일대기를 12일 동안 또는 매일 출판해서 그들의 특징을 모두 신문에 알렸다. 작가들과 예술가들은 비극에 의미를 주는 글의 힘을 인식시켰다. "안네 프랑크의 일기"와 엘리 비젤의 "밤"은 "600만 명이 사망했다"라는 통계보다 가정에서 대학살의 의미를 더 강력하게 학습하도록 만들었다.

'느낌으로서 위험'이 테러 위협 대처에 어떻게 도움을 줄 수 있을까?

Rottenstreich와 Hsee(2001)의 연구는 강한 느낌과 연합된 사건들은 확률이 작아도 사람들을 압도할 수 있음을 보여준다. 느낌으로서 위험이 놀라운 결과에 과중한 가중치를 부과하므로, 분석으로서 위험에 호소하여 그런 결과 확률을 조망할 필요가 있다. 예를 들어, 공포 느낌이 테러분자들에 대비할 권총 구매를 고려하게 할 때, 분석적 자아는 가정에서 총기 사용이 낯선 혐오스러운 침입자에게 해를 주기보다 자기 자신이나 친구 또는 가족 구성원에게 해를 줄 가능성이 22배 더 크다는 것을 마음에 새겨야 한다.

어떤 상황에서는 느낌으로서 위험이 분석으로서 위험보다 그 기량이 뛰어날 수 있다. 적절한 예가 로스앤젤레스 국제공항에서 15만 개의 보관된 짐을 검색하는 것의 어려움을 논의하는 2002년 3월 27일 뉴스기사이다. X선, 컴퓨터 그리고 다른 최신 도구들을 활용하는 가장 최선의 분석 방안은 느리고 부정확하다. 해결책은 훈련된 개의 코에 의존하는 것이다.

테러와 같은 문제는 수량적으로 위험분석 용량을 월등하게 많이 강요한다. 재해 생성 과정모델들은 너무 엉성해서 어디서, 언제 그리고 어떻게 다음 공격이 펼쳐질지 분명하고 정확한예측을 하지 못한다. 넘어야 할 장애물이 높고, 불확실성이 많고, 시간이 부족할 때 위험분석의 역할은 무엇인가? 이러한 상황에서 생존을 향상시키기 위하여 감정적 단서를 본능적 처리에 의존하면서, 진화를 통해 갈고닦아 온 뇌 기제를 사용하면서 유용하게 사용할 수 있는 개의코와 견줄 만한 것이 사람에게 있는가? 체험적 위험분석 기술을 연마시키고 검사하는 데 어떤연구가 필요한가?

결론

의미는 감정에 의존하기 때문에, 진정한 의미를 고찰하려면 냉정해야 한다. 따라서 '의미 있는' 정보를 모으고 유포시키는 거대한 노력과 비용을 정당화하면서 당연하게 받아들이는 의미가 착각일 수 있다. 위험에 관한 난해한 측정치나 통계치는 말할 필요도 없고, 금전의 양이나 위험에 처한 생명의 수와 같은 간단한 수에조차 감정을 불어넣지 않는 한, 아무리 지적인 사람이라도 그 의미를 이해하고 적절한 행동을 취할 수 있다고 생각하지 않는다.

감정추단 연구들은 합리성이 분석적 마음의 산물일 뿐 아니라, 체험적 마음의 산물이기도 하다는 Damasio의 주장을 수용하는 데 도움을 준다. 체험체계 안에서 지각과 감정적 느낌의 통합은 Jeremy Bentham 이후 경제 이론이 가정한 일종의 높은 수준의 최대화 과정으로 보인다. 이 느낌들이 효용의 신경적 그리고 심리적 본질을 형성한다. 이런 의미에서 감정추단은 여러 중요한 상황에서 사람들을 합리적 행위자로 가능하게 한다. 그러나 모든 상황에서 그런 것은 아니다. 감정추단은 사람들이 자신의 결정 결과를 얼마나 좋아하게 될 것인지 경험을 통해 정확하게 예측할 수 있을 때 훌륭하게 작용한다. 결과가 예상했던 바와 크게 달라졌을 때 감정추단은 처참한 실패를 경험한다.

감정적 합리성에 관한 과학적 연구는 아직 유년기에 있다. 사람들에게 감정추단을 이해시키고 이를 위험분석과 다른 가치 있는 노력에 유익하게 사용하도록 계획된 미래의 연구에서 무엇이 성취될 것인지를 고찰하는 것은 흥미진진하다.

3장

동정심 유발에서 주의 기제

Stephan Dickert & Paul Slovic[*]

서론

타인의 고충은 관찰자의 정서 반응을 일으킨다. 감정이입 반응과 타인을 도우려는 의지의 연결은 정서 반응과 친사회적 행동 연구의 최신 주제이다. 공감, 동정심, 연민, 고민, 애석함 그리고 예상되는 후회와 같은 느낌은 지원이나 금전적 기부를 필요로 하는 사람에게 도움을 주는 결정에 관여한다(Batson, 1990; Kogut & Ritov, 2005a; Batson et al., 2007; Loewenstein & Small, 2007; Small et al., 2007; Dickert, 2008).

친사회적 행동에서 정서의 역할이 분명해지면서, 연구는 무엇이 사람을 돕는 데 적절한 느낌을 생성하는가라는 중요한 질문에 매달렸다. Slovic(2007)은 이미지와 주의가 불쌍한 사람에 대한 정서 반응에 선행하는 단서라는 모델을 제시하였다. 이미지는 행동 선택의 신호로 기여하는 감정 꼬리표를 포함한다(Damasio, 1994; Peters & Slovic, 2000; Slovic et al., 2002). 이 기제의 직접 결과는 희생자를 이미지로 만들 때 교감신경계가 반응할 경향이 더 크다는 것이다. 실제로 조망 취하기 연구(예 : Davis, 1994; Batson et al., 2007)는 이 입장을 지지하고 지각자와 비슷한 희생자에 대하여 더 많은 공감을 보여준다(Loewenstein & Small, 2007). 그 밖에 사람들은 집단 희생자보다는 개별 희생자에 대하여 더 많은 것을 '느낀다.' 그 이유는 확인된 단일 희생자의 이미지가 더 생생하고 구체적이기 때문이다(Jenni & Loewenstein, 1997; Kogut &

* Reprinted from Dickert, S. and Slovic, P.(2009) 'Attentional mechanisms in the generation of sympathy', *Judgment and Decision Making*, vol 4, pp. 297-306.

Ritov, 2005a; Slovic, 2007; Västfjäll et al., 2009).

개인보다 집단을 덜 단일하게 지각하는 경향은 형태주의 지각이론과 밀접하게 연결된 (Hamilton & Sherman, 1996) 일종의 연합으로서 지각과정이 다른 더 복잡한 심리과정인 인상 형성과 밀접하게 관련됨을 나타낸다(Kahneman, 2003; Glöckner & Betsch, 2008). 형태주의 지각 원리와 인상형성을 연결시켜보면, 지각과정이 여러 사람을 동일한 방식으로 처리하는 능력에 한계를 나타내듯이 심리과정도 여러 희생자들에게 동일하게 연민을 느끼는 능력에 제한이 있다. 이것은 Slovic(2007)이 가정하였듯이, 지각과 주의 과정이 감정 반응에 영향을 줄 수 있음을 보여준다.

정서와 주의의 상호작용

정서와 주의의 상호작용은 정서가 주의 초점에 미치는 선택적 효과를 보여주었다(예 : Fox, 2002). 적절한 감정 자극은 중립적 감정 자극보다 더 빨리 처리되고 주의를 더 오래 받는다 (Eastwood et al., 2001). 정서 자극(위협적이거나 공포스러운 자극)이 행동 반응(예 : 정향반응 시간)에 미치는 명백한 효과를 기초로 연구자들은 시각과정을 조정하는 주의와 정서의 신경망 조직을 제안하였다(Vuilleumier & Driver, 2007). 주의과제에서 정서적으로 의미 있는 자극을 조정한다는 것은 주의와 정서 신경계 간의 빠른 소통을 허용하는 신경망조직이 있음을 시사한다 (Bush et al., 2000). 정서는 감정적으로 뚜렷한 물체에 주의를 향하게 할 수 있고(Vuilleumier et al., 2003; Vuilleumier, 2005; Ochsner & Phelps, 2007), 주의는 자극에 대한 정서 반응을 억제할 뿐 아니라 고양시키고 유발시킴으로써 정서 반응에 영향을 준다(Fenske & Raymond, 2006). 주의 이동 능력은 개인의 부정적 정서 상태를 조절하는 데 도움을 주고(Gross, 2002; Rueda et al., 2005; Posner & Rothbart, 2007), 공간적 성질을 가진 초점주의는 뒤따르는 더 정교한 정서 처리를 촉진시키고 정서 발생에도 큰 영향을 준다(Holmes et al., 2003).

주의가 정서 유발에 미치는 효과는 시각장의 특정 장소에 주의를 주면 다른 자극에 대한 정서가 억제된다는 일련의 통찰력 있는 실험에서 밝혀졌다(Raymond et al., 2003; Fenske et al., 2004, 2005). 연구자들은 방해자극의 무시(주의 주지 않기)가 감정뿐 아니라 다른 차원에서도 그 자극의 가치를 저하시켰음을 일관되게 보여주는 현상을 '주의억제가설'이라고 명명했다 (Fenske & Raymond, 2006). 예를 들어, 방해자극으로 웃는 얼굴과 중립적 얼굴 모두가 주의를 준 표적 얼굴보다 덜 신뢰롭게 보였으며, 추상적 몬드리안 자극도 주의를 받지 못했을 때 덜 명랑하게 평가되었다.

이 장에서는 주의가 동점심 유발을 촉진시킨다는 효과를 검토하여 주의억제가설을 확장시키고자 한다. 집단과 개인이 인지(Hamilton & Sherman, 1996; Ariely, 2001)와 정서 차원에서 서로 다르게 처리되는데, 즉 확인된 한 명의 희생자에 대한 감정 반응이 집단 희생자들에 비해서 더 강했다(Slovic, 2007). 여러 개인이 모인 집단 특유의 특성은 어떤 개인에 대한 주의가 다른 희생자들의 존재로 감소될 수 있다는 것이다. 만일 주의 초점이 실제로 개인 희생자에 대한 공감을 촉진시킨다면, 집단의 다른 구성원들은 단 한 명의 개인 구성원을 위해 주의분산의 역할을 한다. 그렇다면 개인 희생자에 대한 동정심은 각 개인에게 주의를 얼마나 잘 분산시키는지에 의존한다.

우리 연구자들은 두 실험에서 도움이 필요한 희생자들에게 공감 반응을 요하는 위치에 참여자들을 배치하고 그들이 각각의 표적 희생자에게 시각적으로 주의를 분산시킬 수 있는지 알아보는 패러다임을 사용했다. 개별 표적으로부터 주의분산은 정서 반응을 감소시킨다고 예상되었다. 다른 희생자 형태의 시각적 방해자는 표적 희생자를 향한 동정심을 생성하는 데 필요한 주의에 부정적 영향을 줄 것이고, 동정심 판단은 표적 희생자가 다른 희생자들과 함께 있을 때보다 혼자 있을 때 더 높을 것이라는 가설을 세웠다. 이 밖에 이러한 정서 반응이 온라인으로 평가되었을 때(즉, 시각적으로 표적 그림에 초점을 맞추고 있는 동안)와 기억으로 이루어졌을 때 평가가 서로 다를 것인지에 관심이 있었다. Hastie와 Park(1986)은 기억으로부터의 판단이 자연스러운 온라인 판단보다 더 노력이 들므로 표적에 주의를 주기가 기억보다는 온라인으로 판단할 때 더 쉽다고 제안했다. 감정 반응은 이미지 표상이 주의를 받고 더 생생할 때 더 강하다고 생각된다(Slovic et al., 2002; Pham, 2007). 기억 인출에 기초한 판단은 덜 생생한 인상을 형성하고(예 : Reyna & Brainerd, 1995), 나중에 더 약한 정서 반응을 선도한다.

실험 1

방법

참여자

오리건대학교에서 58명이 참여했으며 이 중 79%가 여자이고 평균 연령은 21.9세(표준편차는 4.5)였다. 모든 참여자는 정상 또는 정상으로 교정된 시력을 가지고 있었다.

설계와 재료

온라인 대 기억 판단자들 그리고 방해물 있음 대 없음이 2 × 2 요인으로 피험자 내 설계(모든 참여자가 4조건에 참여함)로 조작되었다. 참여자들은 표적 그림 이전 또는 이후에 나타난 공간 단서에 따라 확인된 희생자에 대한 그들의 동정심을 평가했다. 온라인 판단은 표적 그림 이전에 제시된 공간적 단서에 의해, 기억 판단은 표적 그림 제시 이후에 나타난 단서에 의해 이루어졌다. 따라서 온라인 판단 조건에서 참여자들은 표적 그림이 나타날 특정 장소에 초점을 주고 그림에 주의를 하는 동안 동정심 판단을 할 수 있었다. 기억 조건에서, 공간적 단서는 표적 그림 제시 후에 나타났으며, 동정심 판단은 기억 표상에 기초했다. 표적 그림은 7개의 방해 희생자 그림 옆에 또는 단독으로 제시되었다. 일차 종속 변수는 표적 그림에 대한 동정심 평가였다. 동정심 평가의 반응시간도 기록되었다.

표적과 방해 그림은 8개 그림으로 구성된 세트에 포함되었다(4개는 여아, 4개는 남아 Kogut & Ritov, 2005a, b에서 선택한 것이다). 참여자는 각각의 그림을 네 조건에서 동일한 횟수로 보았다. 각 조건에서 표적 희생자를 포함한 8개 그림이 2회 제시되어 모두 64회의 시행이 이루어졌다.

장치와 절차

참여자들은 17인치 컴퓨터 스크린(1024 × 768) 앞 65cm 지점에 앉아서 생명을 위협하는 질병 때문에 재정적 기여를 필요로 하는 아동의 그림을 볼 것이라는 말을 들었다. 참여자들은 가장 높은 평균 동정심 점수를 받은 아동이 실험자들로부터 기부를 받게 된다는 말도 들었다. 각각의 시행은 그림 3.1에 보이는 것처럼 스크린 중앙에 150ms 동안 제시되는 고정 십자점과 함

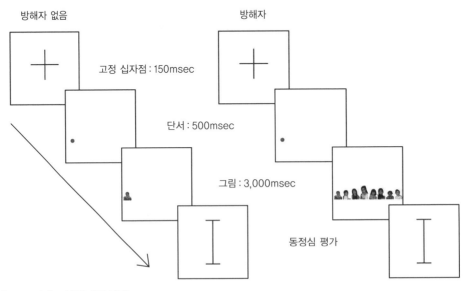

그림 3.1 설계 도식(온라인 판단)

께 시작되었다. 온라인 판단 조건에서 빨간 점 단서(크기 = 0.5°)는 나중에 표적 그림(크기 = 4.5°)이 나타나게 될 공간과 동일한 8개의 가능한 장소(수평선 상) 중 하나에 나타났다. 점 단서는 500ms 동안, 그림은 3,000ms 동안, 그리고 점과 그림 사이에 150ms 동안 빈 스크린이 중간에 남겨진다. 표적 그림을 본 후 참여자들은 수직 척도(300픽셀 = 8.7°, 0 = 동정심이 전혀 없음에서 300 = 매우 큰 동정심까지) 상에 그들이 동정심을 얼마나 크게 느끼는지를 마우스의 이동처럼 수직으로 이동하는 커서로 평가했다. 기억 판단 조건은 온라인 판단 조건과 동일했으나 그림이 단서 이전에 제시되기 때문에 참여자들이 하나(또는 8개)를 먼저 보지만, 그림이 사라지고 공간 단서가 제시된 후에만 표적을 확인할 수 있었다. 제시된 그림의 순서는 그림 순서가 동정심에 미치는 영향을 막기 위하여 역균형화되었다.

결과

동정심 판단

동정심 평가는 각 조건에 속한 그림들에 걸쳐서 평균되었다. 그림 3.2에 나와 있는 결과는 온라인 또는 기억 판단과 무관하게 표적 희생자가 방해 희생자 없이 제시되었을 때 높은 동정심 평가를 받았음을 말해준다. 동정심 평가는 표적 희생자가 방해자들과 함께 제시되고 기억 판단이 이루어질 때 가장 낮았다.

판단 방식과 방해자 유무를 피험자 내 요인으로 분산분석을 반복한 결과 판단 방식의 의미 있는 주 효과가 나왔는데, 동정심 평가는 기억(M = 173.7, SD = 72.5)보다 온라인(M = 179.6,

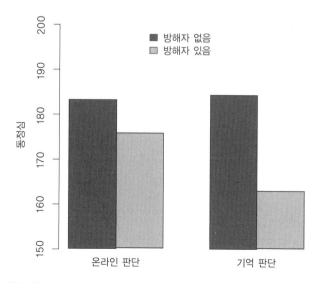

그림 3.2 실험 1에 대한 평균 동정심 평가

$SD = 70.8$)에서 더 높았으며, 그 차이는 의미가 있었다 : $F(1, 57) = 4.8$, $p < .05$, $\eta_p^2 = 0.08$. 참여자들은 방해자가 있었을 때($M = 169.5$, $SD = 73.2$)보다 방해자가 없었을 때($M = 183.4$, $SD = 70.1$) 표적 그림에 더 높은 동정심 평가 점수를 주었으며 그 차이는 의미가 있었다 : $F(1, 57) = 10.7$, $p < .01$, $\eta_p^2 = 0.16$. 이 상호작용을 밝히기 위하여 단순대비를 수행한 결과, 방해자가 없는 표적의 기억 판단($M = 184.4$, $SD = 70.1$)이 방해자가 있는 표적보다 더 높은 동정심 평가($M = 163.1$, $SD = 75.0$)를 받아서 그 차이가 의미 있었다 : $t(57) = 3.8$, $p < .01$, Cohen's $d = .51$. 이 차이가 온라인 판단에서는 여전히 경계적으로 의미가 있는데, 방해자가 있었던 표적($M = 175.8$, $SD = 71.2$)보다 방해자가 없었던 표적에 대하여 동정심 평가가 더 높았으며($M = 183.3$, $SD = 70.2$), 이 차이에 대한 $t(57) = 1.8$, $p < .08$, Cohen's $d = 0.24$였다.

방해자가 있었던 기억 조건에서 관찰된 동정심 판단 감소는 참여자들이 어느 표적 그림을 평가하고 있는지 기억하지 못하고 평균적으로 판단을 했기 때문이었다. 만일 이것이 사실이라면, 특히 방해자가 있었던 기억 판단조건에서 더 낮은 분산의 동정심 반응을 기대하게 되었을 것이다. 그러나 다른 조건에 비하여 이 조건에서 감소된 분산의 증거를 찾지 못했다. 실제로 F 검증은 네 조건 모두에서 분산이 비슷함을 드러냈다 : $Fs < 1.1$, $ps > .31$. 참여자들이 기억 조건에서 평균 판단을 하고 있었다는 가능성을 배제하기 위하여 개별 그림의 동정심 판단에서 의미 있는 차이가 있는지를 검토했다. 만일 참여자들이 어느 그림을 판단해야 하는지 회상하지 못했다면, 그들의 반응은 온라인 조건과 비교해서 체계적으로 다를 것이라고 예상했다. 동정심 평가를 종속변수로 2개의 판단 조건(온라인 대 기억)×8개 그림을 반복 측정한 분산분석은 특정 그림이 다른 그림보다 더 동정심을 불러일으켰음을 나타냈다 : $F(7, 399) = 56.4$, $p < .001$, $\eta^2 = 0.50$. 그러나 이 평가가 판단 조건과 상호작용을 하지 않았음을 보여주었으므로 : $F(7, 399) = 1.7$, $p = .10$, $\eta^2 = 0.03$, 개별 그림에 대한 평가 차이가 판단 조건에 의존한다는 아무런 증거가 없었다.

반응시간 분석

비슷한 2×2 반복 측정 분산분석이 각 조건의 참여자들의 평균 반응시간에 대하여 수행되었다. 결과는 기억 판단이 온라인 판단보다 더 오래 걸렸음을 보여주었고 : $F(1, 57) = 9.8$, $p < .01$, $\eta_p^2 = 0.15$, 참여자들의 반응시간은 방해자들이 있었을 때 더 느려졌다 : $F(1, 57) = 23.4$, $p < .001$, $\eta_p^2 = 0.29$. 이 밖에 이 두 조건의 상호작용 역시 의미가 있었다 : $F(1, 57) = 15.7$, $p < .001$, $\eta_p^2 = 0.22$. 그림 3.3에서 볼 수 있듯이, 방해자가 있었던 기억 판단 조건에서 반응시간이 길어졌다. 이 조건에서 참여자들은 우선 이전에 보았던 그림들 중 어느 것이 동정심 평가

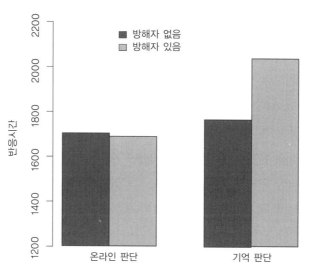

그림 3.3 실험 1에 대한 평균 반응시간

를 표시하기 전의 단서와 일치하는지를 회상해야 했다. 반응시간이 다른 조건들에서 비슷하다는 것은 이 조건에서 기억 인출의 어려움과 방해자의 복합 효과가 더 긴 반응시간을 초래했음을 뜻한다.

참여자들의 동정심 판단과 반응시간의 상관관계도 알아보았다. 더 빠른 반응시간이 네 조건 각각에서 더 높은 동정심 평가를 수반했지만(rs는 $-.24$에서 $-.01$의 범위였다), 상관은 단지 온라인 판단/방해자가 없는 조건에서 전통적으로 의미 있는 수준에 접근했다 : $r(57) = -.24$, $p <$ .08. 그러나 모든 관찰에 걸쳐서 동정심 평가와 반응시간 간의 상관은 통계적으로 의미가 있었다 : $r(230) = -.13$, $p = .037$.

논의

실험 1은 동정심 유발에서 주의의 역할을 연구하기 위하여 설계되었다. 결과는 단일 표적 희생자가 다른 방해 희생자와 함께 제시되었을 때보다 단독으로 제시되었을 때 동정심을 더 불러일으킨다는 가설을 지지했으며, 이는 정서 반응이 희생자의 수가 증가할수록 더 감소한다는 발견과 일치한다(Slovic, 2007). 이 효과는 온라인뿐 아니라 기억 판단에서도 나타났지만, 그 효과는 감정 판단이 기억에 기초할 때 특히 뚜렷했다. 온라인 처리는 더 생생한 심상을 가능하게 하므로 기억 처리보다 더 강한 공감을 가능하게 하는데, 이는 지각 연구(Hamilton & Sherman, 1996)를 감정(예 : Loewenstein et al., 2001; Slovic et al., 2002)과 잘 연결하는 설명이다.

실험 1의 결과를 다르게 설명하면, 기억 판단/방해자 조건에서 동정심 평가가 낮은 이유는 단순히 참여자들이 어느 표적을 평가하기로 되어 있는지 정확하게 확인하기가 불가능했기 때문이라는 것이다. 그러나 비슷한 결과(덜 뚜렷하지만)가 온라인 판단 조건에서 얻어졌는데, 이것은 표적 그림의 인출 실패에 전적으로 초점을 맞추어 설명될 수 없다. 더욱이 만일 참여자들이 기억 판단/방해자 조건에서 개별 그림을 확인하지 못하고 평균적으로 평가했다면, 우리는 이 조건에서 개별 그림의 평가가 거의 차이가 없다고 예상했을 것이다. 이것은 옳지 않았으며, 개별 그림에 대한 동정심 평가의 차이는 판단 조건에 의존하지 않았다. 그럼에도 불구하고 우리는 정확한 표적 확인이 공감 반응에서 작용하는 역할을 분명히 하기 위하여 이 문제를 곧바로 실험 2에서 알아보고자 한다.

실험 2

실험 2는 실험 1의 보편적 발견을 반복하고 낮은 동정심 평가가 표적 그림의 인출 실패가 아님을 확인하고자 추진되었다. 방해자 수를 줄이고 그림을 보는 시간을 늘려서 약호화를 더 촉진시켰다. 참여자들이 회고를 통해 정말로 표적을 확인할 수 있었는지 검증하기 위한 조작을 추가했다. 더욱이 공감 유발에 미치는 주의의 효과가 다른 문화에도 일반화되는지 검증하기 위하여 다른 상황에서 기본 발견을 반복하려는 입장을 취했다.

방법

참여자

독일 본대학교 학생들과 주민 48명(53%가 여자)이 이 연구에 참여했으며 이들의 평균 연령은 25.7세(표준편차는 7.4)였다. 이들은 이 검사에 응하고 이와 관련이 없는 다른 실험에 참여하는 대가로 12유로를 받았다.

설계와 재료

설계와 재료는 실험 1에서 사용된 것과 비슷했다. 참여자들은 모두 64회의 시행을 통해 그림을 보았고, 그중에서 밝혀지지 않은 질병으로 고생할 가능성이 있는 8명의 아동 중 한 명에 대한 동정심을 평가했다. 관심을 가진 두 변수(판단 방식과 방해자 유무)는 실험 1과 같은 식으로 조작되었다. 그러나 실험 1과는 달리 방해자 그림의 수를 3개로 줄여서 판단 방식에 따라 시행을 묶는 구간 설계를 사용하였다. 참여자의 절반은 첫 32시행을 온라인 판단을 하였고 나머지 32시행은 기억 판단을 하였으며, 이 순서가 다른 참여자 절반에 대해서는 반대였다. 각 구간 안에서 표적 그림은 방해자와 함께 그리고 방해자 없이 무작위로 나타났다. 표적과 방해자 그림은 4개 위치, 즉 중앙 고정 십자점의 위, 아래, 오른쪽, 왼쪽에 나타났다. 실험 1에서와 같이 방해자 변수는 판단 방식과 함께 엇갈렸다. 공간 단서가 시행의 반에서는 그림 전에 나타났고, 시행의 다른 반에서는 그림 후에 나타났다. 공간 단서는 500ms 동안 그리고 그림은 4,000ms 동안 제시되었다. 각 시행 끝에 참여자들은 표적 그림에 대한 자신의 회고적 동정심 수준을 이동가능한 척도(500픽셀 = 13.8°, 0 = 공감이 전혀 없음에서 500 = 공감이 매우 큼까지)에 평가했다.

64시행을 끝낸 후, 24개의 조작 체크 시행이 추가되었으며 거기서 참여자들은 표적 그림을 정확하게 확인해야 했다. 표적 그림에 대한 정확한 확인은 방해자가 있는 기억 조건의 시행에서만 관심을 가졌다. 따라서 조작 체크 시행은 기억 판단 조건과 비슷한 구조를 가지고 있다. 즉 각 시행에서 고정 십자점 다음에 4개의 그림이 제시되고 그 뒤에 단서가 따랐다. 참여자들은 검사 그림이 단서에 의해 확인된 표적 그림과 일치하는지 판단하라는 말을 들었다. 세 가지 조작 체크 시행이 사용되었고, 각 유형은 모두 8번 제시되었다. 검사 그림은 (1) 표적 그림과 같거나, (2) 표적 그림과 같지 않지만 연구에 사용된 그림의 일부이거나, (3) 표적 그림과 같지 않고 64회의 실험 시행에서 사용된 그림과 완전히 다른 세트에 속한 것이었다.

결과

조작 체크

전체적으로, 각 참여자는 조작 체크 시행의 87% 이상을 정확하게 답했고, 세 조작 체크 시행의 75% 미만으로 반응한 사람은 없었다. 우리는 이것을 증거로 기억 조건에서 표적 그림이 방해자와 함께 제시되었을 때 참여자들은 정확한 이미지 표상에 대한 동정심 판단을 기초로 표적 그림을 정확하게 확인할 수 있었다고 본다.

동정심 판단

일차 분석은 구획된 온라인과 기억 판단의 순서가 의미 있는 차이를 내지 않았음을 확증했으며, 이것은 2(온라인 대 기억 판단)×2(방해자 있음 대 방해자 없음) 피험자 내 설계에 대한 추가 분석을 간단히 할 수 있었음을 정당화시켰다. 판단 방식과 방해자 유무로 분산분석을 한 결과 방해자의 의미 있는 주 효과가 나왔다 : $F(1, 47) = 4.19$, $p < .05$, $\eta_p^2 = 0.08$. 참여자들은 방해자가 있었을 때($M = 218.8$, $SD = 90.6$)보다 없었을 때 더 높은 동정심 판단을 보였다($M = 230.5$, $SD = 69.4$). 판단 방식에 대한 주 효과는 예상대로 참여자들의 온라인 판단($M = 227.3$, $SD = 86.6$)이 기억 판단($M = 222.0$, $SD = 73.8$)보다 더 높은 동정심 판단을 나타냈다. 끝으로, 판단

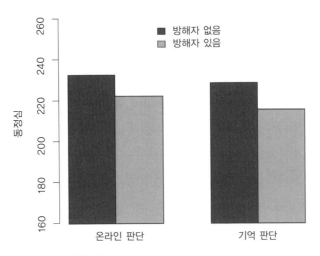

그림 3.4 실험 2에 대한 평균 동정심 평가

방식과 방해자 유무 간의 상호작용이 의미가 없었지만 : $F(1, 47) < 1$, $p = .72$, $\eta_p^2 = 0.01$, 간단한 대비는 참여자들이 방해자가 없으면($M = 228.5$, $SD = 71.0$) 방해자가 있을 때($M = 215.5$, $SD = 76.5$)보다 더 높은 동정심 판단을 하였지만, 이것은 단지 기억 판단 조건에서만 그러했다 : $t(47) = 4.06$, $p < .001$, Cohen's $d = 0.59$. 이 효과가 의미는 없었지만 참여자들이 온라인 판단을 할 때도 나타났다(방해자가 있을 때 그리고 없었을 때 각각 $M = 222.1$, $SD = 105.3$ 그리고 $M = 232.4$, $SD = 67.8$) : $t(47) = 1.13$, $p = 0.26$, Cohen's $d = 0.16$. 그림 3.4를 자세히 참조하라.

실험 1에서와 같이, 방해자가 있는 기억 조건에서 동정심 판단의 감소가 참여자가 회고를 통해 표적 그림을 확인할 수 없었기 때문이 아니라 대신에 평균적으로 판단을 했기 때문인지를 검사했다. 2 판단 조건(온라인 대 기억) × 8 그림 반복 측정 변량분석은 동정심 평가가 그림에 따라 달랐지만 : $F(7, 329) = 13.5$, $p < .001$, $\eta^2 = 0.22$, 의미 있는 상호작용이 없는 것으로 보아 : $F(7, 329) = 0.4$, $p = .87$, $\eta^2 = 0.01$, 이것은 기억 또는 온라인 조건에서 그림을 본 것과는 무관했다.

반응시간 결과

반응시간에 대하여 앞서와 같은 2 × 2 요인 변량분석은 의미 있는 판단 방식 주 효과, $F(1, 47) = 26.52$, $p < .001$, $\eta_p^2 = 0.36$ 그리고 방해자 효과, $F(1, 47) = 10.75$, $p = 0.01$, $\eta_p^2 = 0.19$를 보여주었다. 예상대로, 동정심 판단은 기억보다는 온라인으로 이루어질 때 더 빨랐다. 이 밖에 동정심 판단은 표적이 방해자 없이 제시되었을 때 더 빨랐다. 주 효과와 별도로, 판단 방식과 방해자의 상호작용 역시 의미 있었다 : $F(1, 47) = 11.37$, $p = 0.01$, $\eta_p^2 = 0.20$. 그림 3.5는 방해자가

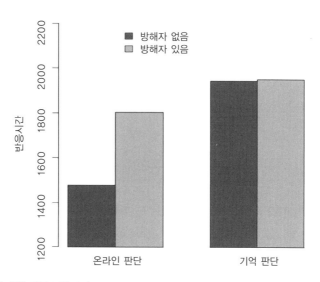

그림 3.5 실험 2에 대한 평균 반응시간

있었을 때 판단이 보통 느렸지만 판단이 온라인으로 이루어졌을 때 이 효과가 있었음을 보여준다 : $t(47)$ = 5.5, p < .001, Cohen's d = 0.79. 기억 조건에서 판단자의 반응시간에 미치는 방해자 효과는 미미했다 : $t(47)$ = 0.1, p = 0.93, Cohen's d = 0.01. 실험 1과는 달리 반응시간이 동정심 평가와 상관이 있음을 찾지 못했다 : (rs가 0.14~0.02 범위였음), ps > 0.35.

논의

실험 2는 방해자 제시가 기억 조건에서 참여자의 표적 그림의 성공적 인출 여부를 통제하는 동안 개별 표적에 대한 정서 반응을 감소시킨다는 발견을 반복하고 확장하기 위해 계획되었다. 예측한 대로 참여자들은 방해자 희생자들이 동시에 제시되었을 때 개인 희생자에 대한 동정심 평가를 더 낮추었다. 이 밖에 실험 2의 기억 조건에서 동정심 판단은 예측한 대로 온라인 판단보다 더 낮았지만, 의미 있게 낮지는 않았다.[1] 실험에 걸쳐서 방해자 수를 7명에서 3명으로 감소시키는 것이 동정심 판단에 미치는 방해 효과를 제거하지 못했다. 그러나 실험 1에 비해서 실험 2 참여자들의 동정심이 보통 더 낮았다.

실험 2에서 반응시간은 실험 1과 약간 달랐다. 기억 판단은 두 실험 모두에서 온라인 판단보다 더 오래 걸렸으나, 방해자 효과가 실험 1에서는 기억 조건에서 가장 뚜렷했고, 실험 2에서는 온라인 조건에서 가장 뚜렷했다. 방해자 7명이 3명보다 더 주의를 분산시키므로, 실험 2에 비하여 실험 1의 기억 조건에서 더 느린 판단을 초래한 것으로 예상되었다. 그러나 참여자들이 실험 2의 온라인 판단/방해자 없음 조건에서 방해자 조건에 비해 왜 더 빨랐는지는 분명하지 않지만, 방해자와 표적 간 거리의 변화 때문일 수 있었다. 이 밖에 소수의 방해자가 표적의 동정심 평가에 기초가 되는 더 느린, 더 많은 비교 과정을 선도하는 것이 가능하다. Hyde와 Spelke(2009)는 얼마나 작은 그리고 큰 수가 처리되는가에는 근본적 차이가 있으며, 성인들은 작은 숫자(즉 1~3)를 개별적으로 비교되는 분리된 대상으로 다룬다는 것을 보여준다.

일반 논의

두 실험이 방해자와 판단 방식이 정서 발생에 영향을 준다는 가설을 검증하기 위하여 수행되었다. 특히 이 연구들은 주의가 공감의 선행 단서인지를 검증하기 위하여 Slovic(2007)이 제안한 대로 설계되었다. 두 실험에 걸쳐서 타인에 대한 동정심은 다른 방해 희생자가 함께 있었을 때 더 낮았다. 이 밖에 동정심 판단이 기억보다는 온라인으로 이루어졌을 때 더 높았다는 증거를 찾았다. 이 결과 모두는 표적에 대한 주의가 강한 정서 반응을 일으킨다고 지적한다. 반응시간에서 기억 판단이 온라인 판단보다 더 오래 걸렸으며, 이는 기억 판단의 인출과정이 온라인 판단보다 더 어려움을 나타낸다. 더 긴 반응시간과 더 낮은 동정심 평가의 일치는 동정심 판단이 정서 반응의 타이밍에 민감함을 나타내는 부분적 증거임을 보여준다. 대면과 희생자에 대한 정서 반응 간의 더 큰 시간적 거리는 생생함과 새로움 같은 동정심 결정자와 관련된다(Loewenstein & Small, 2007). 이 결과는 다른 사람들에 대한 공감과 자주 관찰되는 여러 희생자들에 대한 공감의 감소가 부분적으로는 분할된 주의의 결과임을 시사한다. 이 결과는 주의 기제가 사회−정서 평가에 어떻게 영향을 주는지 탐구하는 과정에서 최근 이루어진 발전에 기여하고, 얼굴(Fenske et al., 2005; Raymond et al., 2005)의 진실성과 명랑성(Fenske et al., 2004) 판단에 미치는 주의의 방해적 효과를 검토한 Fenske와 그의 동료들(예 : Fenske & Raymond, 2006)의 연구를 확장시킨다.

연구 결과는 주의 효과가 일방적이지 않고 정서 반응을 촉진할 뿐 아니라 방해할 수도 있다는 조망에서 최선으로 보인다. 따라서 이 연구는 표적 희생자 옆에 방해 희생자가 늘어서 있을 때 지각 체계의 주의 제약 때문에 희생자가 혼자 있을 때와 비슷한 정도로 동정심이 발생되지 않음을 시사한다(예 : Posner & Raichle, 1994). 더욱이 이 연구 결과는, 감정 반응의 선행 단서가 주의 초점임을 시사하면서, 친사회적 행동 연구에서 보고된 확인된 희생자와 단일성 효과(예 : Kogut & Ritov, 2005a, b; Small et al., 2007)도 새롭게 조명한다.

이 연구에서 표적 희생자의 방해자로 다른 희생자들을 사용했다. 동정심 평가에 미치는 주의 효과는 방해자로 다른 희생자 사용에 한정되어 있지 않고 다른 종류의 자극에도 해당한다고 볼 수 있다. 그러나 사람의 얼굴은 다르게 처리되는 경향이 있고 다른 자극에 비해 더 주의를 끈다는 증거가 있다(Ro et al., 2001; Lavie et al., 2003; Downing et al., 2006; Theeuwes & Van der Stigchel, 2006). 실제로 Ro 등은 얼굴이 다른 보통 물체와 비교해서 주의를 더 끈다고 시사했으며, Theeuwes와 Van der Stigchel은 다른 물체와 사람의 얼굴 변별은 사전 주의와 무의식적 처리에 기초한다고 주장했는데, 이것은 자동적으로 초점 주의를 얼굴로 끌어당기는 것이다.

다른 설명과 제한점

지각 경험이 감정 평가로 어떻게 바뀌는지(단순한 노출 효과와 지각적 유창성)에 관한 다른 설명은 앞의 결과를 잠재적으로 정확히 밝힌다. 그러나 참여자들이 각각의 희생자를 동일한 시간 동안 보았다는 사실은 단순 노출 효과일 가능성이 적다는 이론에 기초해서 설명한다(Zajonc, 1968; Murphy & Zajonc, 1993). 개인 희생자가 단독으로 제시되었을 때 더 높은 동정심을 받았다는 결과는 다른 방해 희생자들이 있었을 때 그 방해자들이 참여자가 개별 표적에 주는 주의에 영향을 미쳤다는 것으로 더 잘 설명될 수 있다. 지각 유창성에 관한 다른 연구(예 : Winkielman et al., 2003)는 쉬운 인지 과정이 서로 다른 정서 반응을 유발한다고 가정했다. 동정심 평가가 인지적 요구가 가장 많은 방해자/기억 조건에서 가장 낮았음을 떠올려보라. 그러나 방해자 효과는 인지적 요구가 적은 온라인 판단 조건에서도 있었다. 더욱이 지각 유창성 설명은 처리의 용이함이 확실히 긍정적 감정을 초래함을 시사한다. 그러나 공감은 보통 부정적 느낌을 줄이기 위하여 친사회적 행동을 동기화하는 명백히 부정적 유인을 가진 각성 상태로 분류된다(Batson, 1990).

이 연구 설계에서 가능한 제한점은 방해자에 대한 동정심 판단을 수집하지 않았다는 것으로, 이것은 주의를 받은 표적이 주의를 받지 못한 방해자들보다 더 동정심을 받았는지를 직접 비교할 수 있게 해주었을 것이다. 이 밖에 지각체계와 정서의 연결에 관심이 있었기 때문에 특히 초점 시각 주의의 역할을 연구했는데 이 주의는 다른 형태의 주의에 대한 명백한 결론을 허용하지 않는다(Posner & Rothbart, 2007).

함의와 추후 연구

앞의 연구는 주의와 감정 체계 간의 흥미로운 관계를 나타내며, 이것은 느낌의 발생과 느낌이 행동에 미치는 결과를 이해하는 데 중요하다. 도움이 필요한 사람들을 집단으로 제시하는 방법은 어느 한 개인에게 주의를 주기 어렵게 만들고 낮은 동정심을 유도한다. 결과적으로, 더 큰 감정이입과 타인을 도우려는 높은 의지를 유발하려면 주의 과정을 이용한(예 : 단일 제시) 제시 양식을 사용하는 것이 더 좋다. 친사회적 행동을 구체화하는 연구 과제를 사용하였지만, 이 장에서 논의된 주의 기제는 정서와 결정 내리기(기부 효과와 같은) 관련성에 이용할 수 있다. 추후 연구는 어떤 주의가 선호와 가치 평가의 구성과 관련된 감정 반응의 선행 단서인지를 언급해야 한다.

☖

1. 파워를 크게 하기 위해 두 실험을 조합해서 동정심 자료를 재분석했다. 결과는 참여자들이 방해자가 있을 때(M = 191.8, SD = 85.5)에 비해 방해자가 없을 때(M = 205, SD = 73.1) 더 높은 동정심을 나타냈다 : $F(1, 105)$ = 14.0, $p < .001$, η^2 = 0.12. 동정심은 기억(M = 195.6, SD = 77.0)보다 온라인(M = 201.2, SD = 82.4)으로 판단했을 때 더 높았다 : $F(1, 105)$ = 4.1, $p < .05$, η^2 = 0.04. 방해자 유무와 판단 양식 간의 상호작용 역시 의미가 있었다 : $F(1, 105)$ = 4.6, $p < .001$, η^2 = 0.04. 주목할 점은 동정심이 온라인과 기억 조건 모두에서 표적이 방해자가 없었을 때 더 높았다는 점이다 : 각각 $t(105)$ = 1.86, p = 0.065 그리고 $t(105)$ = 5.2, $p < .01$.

4장

동정심과 냉담 : 신중한 생각이 확인된 희생자와 통계적 희생자 기부에 미치는 영향

Deborah A. Small, George Loewenstein & Paul Slovic[*]

난 결코 대중을 구원하려고 하지 않는다. 난 다만 한 개인을 바라볼 뿐이다.

– 테레사 수녀

자선단체는 제3세계에 사는 수천 명의 굶주린 아동을 위한 모금에 애쓰고, 자동차 사고로 인한 사망자 수를 줄이려는 단체는 고속도로 안전 속도 제한에 대한 대중의 지지를 높이기 위해 애쓴다. 그러나 사람들은 구체적으로 확인된 희생자에만 관심이 있다. 1987년, 아기 제시카가 텍사스 집 근처 우물에 빠졌을 때 사람들은 70만 달러 이상을 기부했다. 비슷하게, 이라크의 부상병 알리의 곤경이 전쟁 중 유럽의 뉴스 매체에 보도되자 그의 진료를 위해 275,000파운드가 모금되었다. 하와이 근처 태평양에 표류된 배 위에 좌초된 개를 구하기 위하여 48,000달러 이상이 모금되었다(Song, 2002).

이 사례들은 확인된 희생자가 생기면 사람들이 매우 열정적이고 너그러워짐을 보여준다. 그러나 많은 도움이 필요해도 아무것도 주지 않는 사람은 이기적이고 냉담해 보인다. 이 장에서는 통계적 희생자와 확인된 희생자 양쪽이 불러일으키는 비일관된 동정심이 교육을 통해 제거되는지를 검토하고자 한다.

기부의 모순을 탈피하는 것이 중요한 이유는 큰 액수의 돈이 한 사람의 희생자에게 집중되

[*] Reprinted from Small, D. A., Loewenstein, G. and Slovic, P.(2007) 'Sympathy and callousness: Affect and deliberations in donation decisions', *Organizational Behavior and Human Decision Processes*, vol 102, pp.143-153.

는 것이 비효율적이기 때문이다. 여러 사례에서 자원이 희생자들에게 골고루 퍼져서 작은 액수라도 최선으로 쓰일 때 사회는 더 부유해질 것이다. 그러나 어떤 목적을 위해 기부하기로 결정할 때 사람들은 그 기부의 예상되는 유익을 계산하지 않는다. 오히려 선택은 자연스러운 감정 반응에 기초해서 직관적으로 이루어진다(예 : Schwarz & Clore, 1983a; Slovic et al., 2002). 확인된 희생자가 동정심을 불러일으켜서 사람들이 기부하도록 감동시킬 가능성이 더 많은 한, 통계적 희생자보다는 확인된 희생자에게 과도한 자원이 할당될 가능성이 크다(Small & Loewenstein, 2003).

사람들이 교육을 받으면 생명의 가치를 일관성 있게 평가할 수 있을까? 실용적 조망에서 보면, 생명을 동등하게 평가하는 것이 정상이다. 그러나 생명의 가치가 얼마인가 또는 도움을 필요로 하는 사람에게 얼마를 주어야 하는가라는 질문의 정답은 없다. 그러므로 '확인된 희생자 효과'가 확인된 희생자에게 너무 많이 주고 통계적 희생자에게 너무 적게 주는 편파성이라고 주장할 수 없다. 편파성은 단순히 사람들이 비일관적으로 마음을 쓰는 것이다. 그러므로 흥미롭고 실용적인 두 번째 질문은 그 효과의 수정 방향에 있다. 확인된 희생자 효과를 비편파적으로 만들어서 통계적 희생자와 확인된 희생자를 보다 일관적으로 처리하게 하는 것이 통계적 희생자에 대한 너그러움을 증가시키고 확인된 희생자를 향한 너그러움을 줄일 수 있을까?

확인된 희생자 효과

앞의 연구는 확인된 희생자 효과 배후의 두 가지 요인을 서술한다. 첫째, 생명을 불투명한 시장 가치로 평가할 때 사람들은 생명의 절대 수보다는 비율에 더 큰 민감성을 보인다(Baron, 1997; Fetherstonhaugh et al., 1997; Jenni & Loewenstein, 1997; Friedrich et al., 1999). 예를 들어, 200 명이 살고 있는 작은 지역사회 안에서 10명이 사망한 사건이나 재난은 큰 관심을 불러일으킨다. 200명 중 10명은 비교적 큰 비율이다. 그러나 동일한 사건이나 재난이 수백만 명 중 10명의 사망을 초래한다면 사람들의 관심은 훨씬 더 줄어든다. 수백만 명 중 10명은 단순히 '통 속의 물 한 방울'에 불과하다.

'참조집단 효과'가 생기는 이유는, 생명의 절대적 수가 막연하게 느껴지므로, 진술된 수의 생명을 구하는 것이 좋은지 나쁜지 평가하기가 어렵기 때문이다(Slovic et al., 2002). 그러나 생명의 비율은 척도의 범위가 0~100%이므로 해석하기가 비교적 쉽다. 높은 비율은 구조할 사람의 절대적 수가 적어도 인명 구조 개입을 더 강하게 촉진시킨다. 대조적으로 작은 비율이지만 절대적으로 큰 수의 인명 구조 개입은 더 약한 지지를 불러일으키는 경향이 있다.

평가를 지배하는 비율에서는 참조집단(분모)이 현저해야 한다. 직관적으로, 확인된 희생자는 그 자체가 참조집단이고 구해야 할 '아기 제시카'가 있을 뿐이다. 그러므로 확인된 희생자는 참조집단에서 가능한 가장 높은 비율(1 중 1, 또는 100%)을 나타낸다. 확인된 희생자를 대하는 예외적으로 너그러운 행동은 참조집단의 비율과 함께 이타적 행동을 증가시키는 경향에서 나온다.

비율 효과 이외에, 확인된 희생자와 통계적 희생자 간에는 질적 구분이 또한 있다. Small과 Loewenstein(2003) 그리고 Kogut와 Ritov(2005a) 모두는 참조집단을 조정했을 때조차 사람들이 통계적 희생자보다 확인된 희생자를 더 많이 도왔음을 발견하였다. 한 연구에서 Small과 Loewenstein(2003)은 자산을 보유한 행운의 참여자들이 그 일부를 자산을 잃은 '희생자'에게 기여할 수 있는 상황을 만들어내기 위하여 독재자 게임을 수정하였다. 희생자(단순히 수에 기초한)의 신원은 이미 결정되었거나(확인된) 또는 결정 중에 있거나, 아직 결정되지 않았다(미확인된). 결정된 희생자에게 주는 선물은 미확인된 희생자에게 주는 선물보다 의미 있게 더 컸다. 어려운 가족에게 집을 지어주는 해비타트에 대한 기부를 검토한 현장 실험은 이 결과를 반복했다. 실험에서 희생자 확인은 응답자에게 그 가족이 '선택되었다' 또는 '선택될 것이다'라고 알려줌으로써 조작되었다. 어느 조건에서도 응답자들은 어느 가족이 선택되었다거나 선택될 것이다라는 말을 듣지 않았으며, 조건 간의 유일한 차이는 결정이 이미 이루어졌는지 여부였다. 자선단체에 대한 기부는 그 가족이 이미 결정되었을 때 의미 있게 컸다. Kogut와 Ritov(2005a)도 확인된 한 명의 희생자(이름과 얼굴로 확인된)가 집단으로 확인된 희생자들보다 그리고 미확인된 한 명 또는 집단 희생자들보다 더 큰 정서적 고통과 더 많은 기부를 유도했음을 발견했다. 더욱이 정서적 고통은 부분적으로 기부의 차이를 설명했다.

이 결과는 확인된 표적이 통계적 표적보다 더 강력한 정서 반응을 자극한다는 연구자들의 추측과 비슷하다. 사회인지에서 이중과정 모델은 신중한 생각과 감정적 생각 두 가지를 가정한다(예 : Epstein, 1994; Sloman, 1996; Chaiken & Trope, 1999; Kahneman & Frederick, 2002). 감정적 방식은 생각의 표적이 구체적이고, 개인적이고 생생할 때를 포함하면서 다양한 요인의 지배를 받는다(Epstein, 1994; Sherman et al., 1999). 신중한 방식은 대조적으로 추상적이고 비개인적 표적에 의해 유발될 가능성이 더 크다. 확인된 희생자 효과는 그 희생자가 감정 체계를 자극해서 더 큰 동정심을 불러일으키는 발산적 방식의 생각에서 나온다.

실제로 확인은 느낌을 강화시킨다는 증거가 있다. 확인된 가해자(긍정적 느낌보다는 부정적 느낌을 불러일으키는 표적)와 통계적 가해자에 대하여 취해진 처벌 행동을 비교한 연구에서 Small과 Loewenstein(2005)은 확인된 가해자를 향한 더 큰 분노를 발견하고 확인에 대한 감정 반응이 처벌에 미치는 효과를 매개한다고 보고하였다. 따라서 확인된 희생자와 통계적 희생자에 대한 기부의 차이가 비슷하게 감정(동정심)에 의해 매개된다고 할 수 있다.

두 가지 가설

Zajonc(1980)을 비롯한 몇몇 학자들은 감정체계는 빠르고 자동적인 체계이므로 느리고 노력이 드는 신중한 체계보다 먼저 출력된다고 제안하였다(Epstein, 1994; Wilson & Brekke, 1994; Shiv & Fedorikhin, 1999; Wilson et al., 2000; Strack & Deutsch, 2004도 참조). 이와 관련된 연구는 신중한 생각을 유도함으로써 초기의 감정 반응을 약화시키거나 능가할 수 있음을 보여주었다 (Wilson & Brekke, 1994; Wilson et al., 2000). 전체적으로, 이 연구는 사람들에게 곤경의 범위에 가중치를 두고 돈의 다른 용도를 신중하게 생각하도록 유도하여 확인된 희생자에 미치는 감정 반응의 효력을 줄일 수 있다고 시사한다. 그러나 감정체계의 탁월성은 통계적 희생자에 대한 동정처럼, 초기의 감정 반응이 약할 때 이를 신중한 생각으로 보완해도 별로 달라지지 않는데, 그 이유는 신중한 생각도 초기의 약한 감정 반응과 비슷하게 냉담하기 때문이다. 이 논리는 확인에 관한 추리가 확인된 희생자에게 주는 기부를 감소시키지만 통계적 희생자에게 주는 기부는 증가시키지 못하는 너그러움의 비대칭 효과를 함축한다. 이러한 비대칭성은 확인 효과를 두 가지로 예측한다.

가설 1. 생명의 가치를 분석적으로 생각하기는 확인된 희생자에 대한 기부를 감소시킬 것이다.

가설 2. 생명의 가치를 분석적으로 생각하기는 통계적 희생자에 대한 기부에 아무 효과가 없을 것이다.

이 두 가설이 다음에 보고되는 4개 연구에서 검증하려는 주요 예측이다.

연구 개관

네 연구 각각은 사람들이 확인된 희생자와 통계적 희생자에 관한 결정을 내릴 때 분석적 생각의 수준을 조작하고자 시도되었다. 연구 1은 확인된 희생자 효과를 분명히 알려주었을 때 확인된 희생자와 통계적 희생자에 대한 너그러움을 검토한다. 연구 2는 연구 1 결과의 잠재적이고 인위적인 설명을 제거한다. 연구 3은 동일한 교훈을 외적으로 명료한 방식보다는 암묵적으로 가르치고자 한다. 확인된 희생자에 대한 기부 요청과 병행해서 희생자 통계를 제공함으로써 사람들이 두 표적 모두를 접하지만, 그들에게 어떠한 편향도 직접 알리지 않는다. 끝으로, 연구 4는 계산 점화 대 느낌 점화가 두 표적(확인된 그리고 통계적) 모두에 대한 기부 결정에 어떤 영향을 주는지 검토한다.

연구 1

이 연구는 기부자에게 사람들이 보통 통계적 희생자보다 확인된 희생자에게 더 많이 기부한다고 알려준 후, 확인된 희생자 또는 통계적 희생자에 대한 너그러움을 검토했다. 우리는 개입이 두 종류의 희생자에 대한 기부 행동에 미치는 효과를 검증했다.

방법

실험은 2 × 2 피험자 간 설계로 구성되었다. 첫 번째 요인은 희생자 확인으로서 각 참여자는 확인된 희생자 또는 통계적 희생자에 관한 요약문을 받았다. 두 번째 요인은 개입으로서, 참여자의 절반에게는 확인된 희생자와 통계적 희생자에게 주는 기부에 차이가 있음을 보여주는 연구를 간단히 알려주었고, 다른 절반에게는 이런 개입이 전혀 없었다.

참여자

실험자는 펜실베이니아대학교의 학생관에 혼자 앉아 있는 학생(N = 121)에게 접근하여 5달러를 주고 짧은 설문 조사를 완성해 달라고 요청했다. 실험자는 서로 다른 유형의 자선 요청 중 각 참여자가 어떤 유형을 받았는지 알지 못했고 구체적 연구 가설을 모르고 있었다.

절차

참여자는 다양한 과학기술 제품 사용법에 관한 설문지를 완성했다. 설문지는 현재의 연구와 무관했으며 아무런 실험 조작을 포함하고 있지 않았다. 설문지를 완성한 후, 각 참여자는 1달러 지폐로 5달러, 영수증, 빈 봉투 그리고 자선 요청 편지를 받았다. 실험자는 참여자에게 영수증에 서명하기 전에 편지를 잘 읽고 편지와 영수증을 봉투에 넣어 봉한 후 제출하라고 지시했다.

편지는 참여자가 방금 받은 5달러 중 얼마이든 아동구호기관(세이브 더 칠드런)에 기부할 수 있다고 알려주었다. 모든 참여자는 "얼마가 됐든 기부된 돈은 남아프리카와 에티오피아의 심각한 식량 위기를 완화하는 쪽으로 갈 것이다"라는 말을 들었다. 실제로 그 기부금은 아동구호기관으로 직접 갔다.

개입

참여자의 절반(무작위로 할당)은 먼저 희생자 확인에 관한 간단한 연구 결과를 읽는다. 요약문은 다음과 같다.

사회과학자가 수행한 어떤 연구 결과를 이야기해주겠다. 이 연구는 사람들이 보통 문제가 있는 사람의 통계보다는 문제가 있는 특정한 사람에게 더 강하게 반응함을 보여준다. 예를 들어, '아기 제시카'가 1989년 텍사스에서 우물에 빠졌을 때, 사람들은 그 아기를 구하기 위하여 70만 달러 이상의 성금을 보냈다. 통계—예를 들어 수천 명의 아동이 내년에 자동차 사고로 거의 확실히 사망하게 된다—는 이와 같은 강한 반응을 불러일으키지는 않는다.

희생자 확인

통계적 희생자 조건에서 자선 요청 편지는 아프리카의 굶주림을 다룬 아동구호기관의 웹에서 인용한 사실적 정보를 기술했다. 확인된 희생자 조건에서 참여자는 어린 여아의 사진을 보았고 그녀에 관한 짧은 글을 읽었다. 사진과 짧은 글 역시 웹에서 직접 인용되었다. 인용 내용은 부록에 나와 있다.

끝으로, 편지는 모든 참여자에게 다음과 같이 지시했다.

이제 기부금이 어떻게 사용되는지 알게 되었으니, 다음 지면을 완성하고 그것을 얼마이든 기부금과 함께 봉투에 넣으시오. 기부를 하지 않기로 결정을 했더라도 그 양식을 완성해서 봉투에 넣어 제출하시오.

다음 지면에서는 참여자에게 기부 액수를 0, 1, 2, 3, 4, 5달러로 표시하고, 그 상황에서 자신의 감정과 도덕적 반응을 1(전혀 아님)에서 5(대단히)로 5점 척도상에 표시하라고 요청했다. 거기 포함된 질문은 다음과 같다. (1) 이 상황이 당신을 얼마나 불편하게 만드는가? (2) 그 대상에 관한 글을 읽을 때 당신은 얼마나 동정심을 느꼈는가? (3) 그 대상을 돕는 것이 당신의 도덕적 책임이라고 얼마나 크게 느끼는가? (4) 기술된 상황에 의해 당신은 얼마나 감동을 받았는가? (5) 그 대상을 돕기 위하여 당신이 돈을 주는 것이 얼마나 적절하다는 느낌이 드는가? 이 5개 항목은 신뢰로운 척도(α = 0.87)를 산출했으므로 이를 느낌으로 부를 것이다.

실험자는 참여자에게 편지를 읽을 공간과 몇 분의 시간을 주었고, 참여자는 실험자로부터 어떠한 사회적 압력도 받지 않고 개별적으로 선택한 양만큼 기부를 하였다.

결과와 논의

그림 4.1은 4가지 처치 각각의 평균을 나타낸다. 행동에 미치는 기부 조작의 효과를 평가하기 위하여, 참여자의 기부를 2(희생자 유형) × 2(개입 여부) 분산분석을 실시하였다. 두 요인 모두 주 효과를 나타냈다. 확인된 희생자를 접한 참여자(M = 2.12달러, SD = 2.13달러)가 통계적 희생자를 접한 참여자(M = 1.21달러, SD = 1.67달러)보다 더 많이 기부하였다 : $F(1, 115)$ = 6.75, $p < .05$, η_p^2 = 0.06. 개입(M = 1.31달러, SD = 1.82달러)은 비개입(M = 2.00달러, SD = 2.03달러)에 비해 기부를 감소시켰다 : $F(1, 115)$ = 4.15, $p < .05$, η_p^2 = 0.04. 그러나 처치 간의 의미 있는 상호작용($F(1, 115)$ = 5.32, $p < .05$, η_p^2 = 0.04)에서 드러났듯이, 개입은 2 희생자 조건에서 확인된 희생자에 대해서만 기부를 감소시켜서 너그러움의 비대칭성을 드러낸다. 사후 대비 검사는 확인된 비개입 조건(M = 2.83달러, SD = 2.10달러)이 다른 세 조건(M = 1.26달러, SD = 1.74달러)에 비해 의미 있게 더 높은 기부를 드러낸다 : $t(117)$ = −4.06, $p < .001$.

종속변수인 기부액에서 제로 기부액이 많아 비정상 분포가 나왔기 때문에 자료를 순위로짓모형(Kennedy, 1998)으로도 분석을 하였다. 결과는 단순 분산분석에서 얻은 것과 일관되게 확인된 희생자 효과는 의미 있었으며 : $x^2(1)$ = 10.06, $p < .01$, 개입은 효과가 없었고 : $x^2(1)$ = .01, p = .92, 확인된 희생자와 개입 간의 상호작용이 의미 있었다 : $x^2(1)$ = 4.72, $p < .03$. 모든 후속 연구에서 주된 분석을 순위로짓모형으로 반복하여 질적으로 비슷한 결과를 얻었지만, 분산분석 결과만 보고하기로 한다.

느낌을 종속변수로 사용한 2원 분산분석은 희생자 유형[$F(1, 114)$ = 1.80, p = 0.18] 또는 개입 여부[$F(1, 114)$ = 0.24, p = 0.63]에서 의미 있는 주 효과가 없었으며, 상호작용도 의미가 없

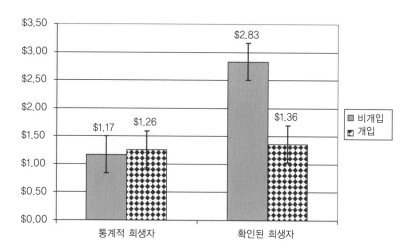

그림 4.1 연구 1에서 희생자 확인 학습이 기부에 미치는 효과

었다 : $F(1, 114) = 2.00$, $p = 0.16$. 느낌 요인 점수를 느낌 척도를 수정한 5개 항목 각각으로 대치했을 때도 같은 패턴이 유지되었다. 그러나 느낌과 기부 간의 상관은 흥미로운 패턴을 나타낸다. 기부가 비교적 적었던 세 칸(통계적/비개입, 통계적/개입, 확인된/개입)에서 3개 느낌 항목의 요인 점수와 기부 간의 피어슨 상관은 모두 비교적 작았다(각각 0.39, 0.33, 0.34). 그러나 확인된/비개입 조건에서 느낌과 기부 간의 상관은 비교적 강했다 : $r = 0.55$, $p < .01$. 이것은 적어도 사람들이 확인된 희생자를 접할 때 감정과 행동이 특별해짐을 시사한다.

이 결과는 기부에 대한 선택을 더 분석적으로 생각하게 사람들을 압박하면 비대칭 효과가 나온다는 우리의 예측과 일관된다. 감정적 표적인 확인된 희생자에 대한 반응은 개입을 통해 부적 영향을 받지만, 비감정적 표적인 통계적 희생자에 대한 반응은 개입에 의해 의미 있게 영향을 받지 않는다.

연구 2

연구 1의 제한점은 실험 후 알게 된 '잠재적 요구 효과'이다. 참여자는 편향을 학습한 후 연구자를 기쁘게 하기 위하여 기부액에 관한 자신의 충동적 의도를 수정했을 수 있다. 만일 이것이 사실이라면 참여자는 확인된 희생자에게 덜 주고 통계적 희생자에게 더 많이 준다고 예상된다. 그러나 참여자는 그 편향이 확인된 희생자에게 주는 기부에 특별히 국한된다고 추론했을 수 있다. 개입은 사람들이 통계적 희생자보다 확인된 희생자에게 '더 많이' 준다고 진술했는데, '더 많이'는 잠재적으로 '너무 많이'로 해석될 수 있었다. 만일 이것이 사실이라면 연구 1의 결과는 확인된 희생자 자체에 대한 학습보다는 단순히 실험적 요구 때문일 수 있다.

만일 연구 1의 개입이 "사람들이 확인된 희생자에게 더 많이 준다"고 말하는 대신 "사람들은 통계적 희생자에게 더 적게 준다"고 말했다면 결과가 반대로 나왔을까? 실제로 여러 연구는 인지의 틀이 판단에 미치는 강력한 영향을 보여주었다. 연구 2에서는 개입 시 편향을 기술하는 데 사용된 서로 다른 틀이 기부 수준에 영향을 주는지 검증하고자 한다.

방법
연구 2는 2×2 요인설계를 사용해서 (1) 희생자 유형과 (2) 개입의 틀을 조작했다. 참여자의 절반은 확인된 희생자 그리고 다른 절반은 통계적 희생자에 노출되었다. 목표가 연구 1처럼 개입 유무를 비교하기보다는 개입에서 틀의 차이를 검증하는 것이기 때문에 개입에 기술된 기부의 차이는 '확인된 희생자에게 더 많이'와 같은 틀로 쓰여졌다. 다른 절반에게 그 차이는 '통계적 희생자에게 더 적게'라는 틀로 쓰여졌다.

참여자

연구 1에서와 같이 가설을 모르는 실험자가 펜실베이니아대학교 주변의 공공장소에 혼자 있는 사람에게 접근하여 5달러를 주면서 짧은 설문지를 완성해 달라고 요청하였다. 표본은 설문지 완성에 동의한 99명이었다.

절차

기본 절차는 연구 1을 따랐다. 참여자가 설문지를 완성한 후, 실험자는 1달러 지폐로 5달러를 지불하고 참여자에게 영수증, 봉투 그리고 기부요청서를 주었다. 실험자는 참여자에게 기부요청서를 읽고 그것을 영수증과 함께 봉투에 넣고 봉해서 제출하라고 지시했다.

틀과 개입

연구 1에서 드러난 개입에 대한 반응이 개입의 틀 때문이라는 가능성을 검증하기 위하여 피험자 간 틀을 조작했다. 참여자의 절반은 확인된 희생자에게 더 많이 주는 틀로 만든 개입을 읽었다.

… 연구는 사람들이 보통 문제가 있는 사람들의 통계보다는 문제가 있는 특정한 사람에게 더 강하게 반응함을 보여준다. 예를 들어, '아기 제시카'가 1989년 텍사스에서 우물에 빠졌을 때 사람들은 그 아기를 구하기 위해 70만 달러 이상의 성금을 보냈다. 예를 들어, 통계―1만 명의 아동이 내년에 자동차 사고로 거의 확실히 사망하게 된다―는 이와 같은 강한 반응을 잘 불러일으키지 못한다.

다른 절반은 통계적 희생자에게 더 적게 주는 틀로 만든 개입을 읽었다.

… 연구는 사람들이 보통 문제가 있는 특정한 사람보다 문제가 있는 사람들의 통계에 덜 강하게 반응함을 보여준다. 예를 들어, 통계―1만 명의 아동이 내년에 자동차 사고로 거의 확실히 사망하게 된다―는 이와 같은 강한 반응을 잘 불러일으키지 못한다. 그러나 '아기 제시카'가 1989년 텍사스에서 우물에 빠졌을 때 사람들은 그 아이를 구하기 위해 70만 달러 이상의 성금을 보냈다.

기부 이유에 대하여 기술된 모든 다른 정보는 연구 1과 같다.

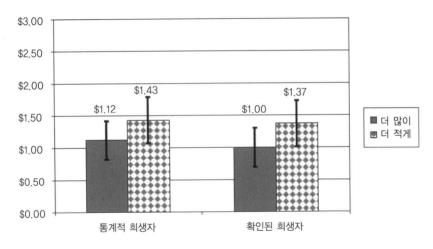

그림 4.2 연구 2에서 틀이 기부에 미치는 제로 효과

결과

그림 4.2는 결과의 기본 패턴을 나타낸다. 연구 2는 기부에 대한 2(희생자 유형) × 2(틀 유형) 분산분석을 수행했다. 그래프에서 희생자 유형이 기부에 미치는 주 효과가 있어 보이지만, 통계적 분석은 어느 요인도 의미 있는 주 효과[각각 $F(1, 95) = 0.073$, $p = 0.79$ 그리고 $F(1, 95) = 1.00$, $p = 0.32$]. 그리고 통계적 상호작용[$F(1, 95) = 0.01$, $p = 0.94$]도 드러내지 않았다. 가장 중요한 것은, '더 적은' 틀보다는 '더 많은' 틀에서 (상대적으로 또는 절대적으로) 확인된 희생자에게 더 많이 주는 경향이 자료에서 관찰되지 않는다. 각 틀 안에서 희생자 유형의 단순 효과를 검증하였다. 틀은 통계적 희생자에게 주는 기부에 의미 있는 영향을 주지 않았고[$F(1, 95) = 0.073$, $p = 0.79$] 확인된 희생자에게 주는 기부에도 영향을 주지 않았다[$F(1, 95) = 1.009$, $p = 0.32$].

이 연구에서 아무런 틀 효과가 없는 것은 연구 1의 개입 결과가 개입의 틀 또는 실험적 요구로 귀인할 수 없음을 나타낸다. 틀이 여러 맥락에서 분명히 중요하지만, X에 더 많이 Y에 더 적게와 같은 차이의 틀은 문제가 되지 않아 보인다. 개입에서 사람들이 확인된 희생자에게 너무 많이 준다고 진술되었다면, 실험적 요구가 예상되었을 것이다. 그러나 '더 많이' 그리고 '더 적게'라는 말은 정확한 기부 수준을 전달하지 않으므로 참여자는 연구자가 원하는 효과를 알 수 없다.

연구 3

연구 3에서는 더 암묵적 방식으로 확인된 희생자 편향을 제거하고자 한다. 참여자에게 차이를 직접 알려주기보다는 통계적 희생자와 확인된 희생자 요약문을 동시에 제시하여 확인된 희생자에게 돈을 얼마나 줄 수 있는지 물었다.

Kogut와 Ritov(2005b)는 사람들에게 한 명의 확인된 희생자 또는 한 집단의 확인된 희생자에게 또는 이 두 집단 모두에게 얼마이든 줄 수 있거나 아무것도 주지 않을 수도 있는 기회를 주었다. 분리해서 평가했을 때 그들은 확인된 집단보다 확인된 한 명에게 더 많이 주었지만, 함께 평가했을 때 그들은 각각에게 비슷한 양을 주었다. 더욱이 많은 사람들이 기부를 하지만 평균 기부액은 합동평가보다 분리평가에서 더 높았다. 이 결과는 아마도 합동평가가 비교를 통해 분석적이고 신중한 생각을 요하기 때문임을 시사한다.

연구 3에서는 확인된 희생자를 통계적 희생자와 합동으로 제시한다. 이 중복 제시는 참여자가 가장 중요한 정보를 접했을 때 가장 많이 준다는 추가 효과를 가진다. 그러나 이 제시는 돌봄을 줄일 수 있다는 가설을 세웠는데, 희생자 통계가 잠재적 기부자에게 도움을 받지 못하게 될 다른 희생자를 상기시킬 수 있기 때문이다. 이 합동 제시는 사람들이 여러 희생자 돕기의 중요성과 한 명의 희생자 돕기의 상대적 중요성을 비교하게 할 것이다.

방법

이 연구는 세 조건, (1) 확인된 희생자, (2) 통계적 희생자, (3) 통계 정보와 함께 확인된 희생자로 구성되었다. 세 번째 조건은 '암묵적' 개입으로 쓰였다.

참여자

가설을 모르는 실험자가 펜실베이니아대학교 본관과 정원에 혼자 앉아 있는 사람에게 접근해서 짧은 설문지를 5달러를 받고 완성해줄 수 있는지 물었다. 159명이 참여에 동의했다.

절차

연구 1과 2와 마찬가지로, 참여자는 다양한 과학기술 제품 사용법에 관한 설문지를 완성하였다. 설문지를 완성한 후, 각 참여자는 1달러 지폐로 5달러, 영수증, 빈 봉투 그리고 아동구호기관에 기부할 기회를 알리는 자선요청서를 받았다.

확인된 희생자와 통계적 희생자에 대한 요약문은 연구 1과 2에 사용되었던 것과 동일했다.

확인된 희생자 + 통계 정보 조건에서는 통계적 희생자 조건에서 제공된 통계 정보 추가와 함께 확인된 희생자 조건과 동일한 요청서를 받았다. 다른 말로 하면, 참여자는 확인된 희생자를 도울 것인지를 선택해야 하는 상황에서 희생자 통계도 접했다. 또 다시, 기부요청서는 모든 참여자에게 자신의 기부액을 지면에 적고 그것을 기부할 돈과 함께 봉투에 넣으라고 지시했다.

결과와 논의

이 연구의 중심 가설은 확인된 희생자와 통계 정보 합동 제시가 확인된 희생자 단독 제시에 비해 기부를 줄일 것이라는 것이다. 그림 4.3에 보고된 세 조건의 평균이 이 패턴과 일치한다. 기부의 일방향 분산분석은 의미 있는 희생자 확인 효과를 드러냈다[$F(2) = 5.67$, $p < .01$, $\eta_p^2 = 0.07$]. 그다음 짝진 비교 상관(Bonferroni-adjusted pairwise comparison)은 확인된 희생자만 접한 사람들이 희생자 통계를 접한 사람들보다 더 많은($p < .01$), 또한 확인된 희생자를 통계와 함께 접한 사람들보다 더 많은 기부를 했다($p < .05$). 따라서 중심 가설이 지지되었다. 통계만 접한 사람들과 희생자 통계와 함께 확인된 희생자를 접한 사람들 간에는 차이가 없었다($p = 1.0$).

확실히 통계 정보는 확인된 희생자에 대한 기부 경향을 감소시킨다. 이 결과는 기부의 차이를 학습한 후 확인된 희생자에 대하여 더 적은 기부를 하는 경향과 일치한다. 통계와 개인 희생자를 공동으로 평가했을 때, 기부 동기는 확실히 덜 강제적이 된다. 이것은 부분적으로 통계가 결정을 내릴 때 확인된 희생자에 대한 개인의 감정 반응에 덜 의존하기 때문에 발생한다.

이 연구와 이전 두 연구에서 나온 개입의 비대칭 효과는 두 종류의 희생자 제시에 대한 반응에 고유한 처리 차이에서 초래되었다고 주장했다. 그러나 다른 설명이 가능하다. 사람들이 통

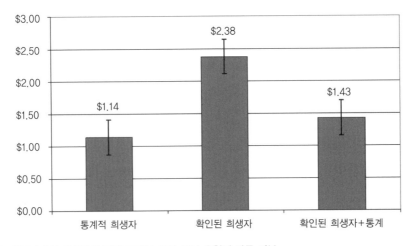

그림 4.3 연구 3에서 희생자의 분리 그리고 합동 제시 유형에 따른 기부

계적 희생자에 기부하지 않는 이유는 어떠한 기부든 문제에 합당한 기부를 하지 못할 것이라고 느끼기 때문이다. 이 설명은 사람들이 희생자의 절대수뿐 아니라 참조 집단의 크기에도 민감함을 보여주는 앞서 개관한 문헌과 일관된다(Baron, 1997; Fetherstonhaugh et al., 1997; Jenni & Loewenstein, 1997). 실제로 '통 속의 물 한 방울' 효과는 앞서 두 연구의 통계적 대 확인된 희생자 처리의 불일치에 기여했지만 학습을 통한 개입 효과를 이 효과로 설명하기는 어렵다. 다음 연구에서 정보처리방식을 직접 조작함으로써(예 : 느낌에 기초한 대 계산에 기초한) 이와 같은 혼란을 피하겠다.

연구 4

이 장의 선행 연구들과 달리 연구 4는 명시적 또는 암묵적 희생자 확인 효과를 학습시키지 않는다. 대신에 계산이나 느낌에 기초해서 생각을 유도하는 개입을 사용한다. 이렇게 함으로써 연구자들은 확인된 또는 통계적 희생자에 대한 지배적 반응과 반대로 반응하는 것이 가능한지 검증하고자 한다. 중요한 것은 이 접근이 처리 방식과 통 속의 물 한 방울 효과 간의 혼동을 피하는 것이다. 후자가 처리 방식만을 염두에 둔 개입에 의해 영향을 받는다고 기대하지 않는다.

생각의 방식을 바꾸어서 몇몇 서로 다른 패턴을 선도할 수 있었다. 첫째, 희생자에 대한 초기 반응이 강력하고 단호하면 생각의 방식이 기부에 영향을 줄 수 없었다. 대신에 처리 방식이 신축성이 있고 표적에 느슨하게 의존하면 느낌에 기초한 처리의 유도가 더 큰 보살핌과 기부를, 한편 계산에 기초한 처리의 유도는 보살핌과 기부를 더 줄이도록 선도할 수 있었다.

감정의 일차성과 일치하여, 느낌이 자동적으로 일어나지 않는 곳에 느낌을 추가하기보다 느낌에 기초한 반응과 반대로 반응하는 것이 더 낫다. 이 추리가 옳다면, 계산 방식으로 생각을 유도하는 것이 확인된 희생자에 대한 보살핌을 줄여야 하는데, 그 이유는 확인된 희생자에 대한 초기의 감정 반응이 신중한 생각에 의해 경감될 수 있기 때문이다. 대조적으로 통계적 희생자에 대한 보살핌은 유도된 느낌의 영향을 덜 받아야 한다.

방법

이 연구는 Hsee와 Rottenstreich(2004)가 계산 방식 대 느낌 방식의 처리를 조작하기 위하여 개발한 점화 과제를 사용하였다. 이 점화 과제는 희생자 확인 조작과 교차된 2(희생자 유형) × 2(점화 유형) 피험자 간 설계로 계획되었다.

참여자

펜실베이니아대학교 교정에 있는 학생들과 일반인($N = 165$)을 불러서 짧은 설문지를 완성하게 하였다. 각자는 설문지 묶음과 1달러 지폐로 5달러를 받았다.

절차

설문지 묶음은 연구 1, 2, 3과 같이 과학기술 제품 사용법에 관한 설문지로 구성되었다. 둘째, 묶음에는 점화 조작으로 쓰이는 짧은 설문지가 있었다. 계산을 점화하는 조건에서 설문지의 제목은 '계산 설문지'였다. 참여자는 질문에 대한 답을 계산하기 위하여 신중하게 생각하라는 다음과 같은 지시를 받았다. 5개의 질문이 있는데 이들은 첫 번째 질문과 모두 비슷하다. 대표적 질문은 "만일 한 물체가 매분 5피트 이동하면, 그것이 360초 안에 얼마나 이동하겠는가? _____ 피트."였다.

느낌 점화 조건에서 설문지의 제목은 '인상 설문지'였고, 참여자는 질문의 느낌에 기초하여 답하라는 지시를 받았다. 대표적 질문은 "'아기'라는 말을 들을 때 어떤 느낌인가? 당신의 지배적 느낌을 한 단어로 기술하시오. _____ ."였다.

점화 과제를 포함하여 질문 묶음을 완성한 후, 참여자는 1달러 지폐로 5달러, 봉투, 영수증 그리고 이전 연구와 같은 성질의 기부요청서를 받았는데, 기부요청서는 이전 연구와 다름없이 자리를 떠나기 전에 읽으라고 지시받았다.

결과와 논의

그림 4.4에서와 같이 4조건의 평균은 계산적 생각이 확인된 희생자에 대한 호소를 줄이고, 느낌에 기초한 생각은 통계적 희생자의 호소를 향상시키지 않는다는 가설을 지지한다. 양방향 분산 분석은 점화 조작이 너그러움에 경계적 효과를 : $F(1, 160) = 3.49$, $p = 0.063$, $\eta_p^2 = 0.02$, 희생자의 주 효과는 없음을 : $F(1, 160) = 0.87$, $p = 0.35$, $\eta_p^2 = 0.01$ 드러낸다. 계산을 점화했을 때, 참여자는 느낌을 점화했을 때보다 확인된 희생자에게 더 적게 기부했다 : $F(1, 160) = 3.49$, $p <$ .01, $\eta_p^2 = 0.05$. 그러나 점화가 통계적 희생자에 대한 기부에는 아무런 효과를 미치지 않았다 : $F(1, 160) = 0.87$, $p = 0.35$, $\eta_p^2 = 0.01$.

이 결과는 처리 방식, 특히 감정과 신중한 생각이 확인된 희생자 효과와 그 효과에 미치는 명시적 그리고 암묵적 교육의 효력에서 중요한 역할을 한다는 것을 강하게 지지한다. 분석적 생각의 점화는 느낌에 기초한 생각의 점화에 비해 확인된 희생자에 대한 기부를 줄였다. 그러나 느낌에 기초한 점화가 통계적 희생자에 대하여는 뚜렷한 효과를 나타내지 못했으며, 이는

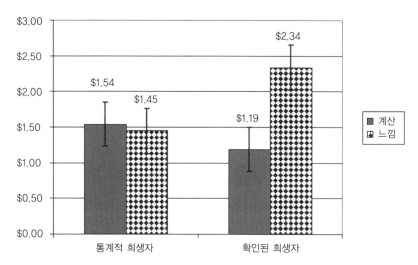

그림 4.4 연구 4에서처리 점화 후의 기부액

통계적 희생자에 대한 느낌의 생성이 어려움을 뜻한다.

일반 논의

희생자는 불균형한 수준의 동정심을 일으킨다. 이 장에서 연구자들은 신중한 생각을 통하여 편파성을 없애고 통계적 희생자와 확인된 희생자에 대한 기부의 불일치를 줄인다고 밝혔다. 신중한 생각은 확인된 희생자를 평가할 때 동정심에 의존하는 것을 줄인다고 주장할 수 있다.

이 결과는 '감정추단'(Slovic et al., 2002)과 '정보의 느낌'(Schwarz & Clore, 1983a) 틀을 상기시킨다. 감정추단(Slovic et al., 2002)과 일관된, 동정심을 일으키는 자극은 확인된 희생자에 높은 가치를 두게 만든다.

'정보의 느낌' 틀(Schwarz & Clore, 1983a)에서 중요한 측면은 느낌이 평가 판단에 미치는 효력은 그 느낌의 지각된 정보 가치에 의존한다는 것이다. 개입(연구 1) 또는 추가 통계(연구 2) 형태로 추가 정보가 주어질 때 너그러움이 줄어든다는 우리 연구에서 나온 결과는 그런 말로 해석될 수 있었다. 이런 개입은 사람들로 하여금 기부액 결정에서 개입이 없었을 때보다 그들의 느낌이 덜 적절하다고 믿게 했을 것이다.

신중한 생각이 동정심을 절감시킨다는 발견은, 감정 반응이 신중한 처리 과정을 통해 경감되거나 통제되는(Epstein, 1994; Shiv & Fedorikhin, 1999; Wilson et al., 2000; Strack & Deutsch, 2004 참조), 2 체계 접근을 지지한다. 확인된 희생자에게 주는 기부가 개입 후에 줄어들었지만, 그 느낌은 지속된다. 편견에 관한 연구에서 Wilson 등(2000)은 나중에 틀리다고 판단된 초기의 부정적 정보가 명시적 수준은 아니지만 암묵적 수준에서 지속적 인상을 남겼음을 보여주었다. 기본적으로, 사람들이 역량과 동기를 가지면 불신했던 초기의 감정적 태도를 명시적으로 지울 수 있지만, 이 태도는 암묵적으로 보존된다. 따라서 이 연구에서 개입 후 확인된 희생자에 대한 기부 감소는 참여자의 명시적 태도에서만 나타나는 변화이다.

해결되지 않은 문제는 사람들이 동정심을 어떻게 관리하고 그로부터 그들의 판단과 결정이 오염되는 것을 어떻게 막는가이다. Wilson 등(1998)은 오염을 피하기 위하여 사람들이 택하는 5가지 방략으로 노출 통제, 준비, 저항, 교정 그리고 행동 통제를 제시했다. 이 중 어느 것도 개입에 포함될 수 있다. 참여자는 동정심 요청에 대한 노출을 통제하기 위한 수단으로 개입을 읽은 후 자선 요청을 건너뛸 수 있고, 자신의 느낌에 대비하여 심적 방어를 강화함으로써 스스로를 준비시킬 수 있고, 일단 노출된 자신의 느낌에 저항할 수 있고, 끝으로, 자신의 동정심 효과를 취소하기 위한 시도를 할 수 있고/또는 행동에 영향을 미치는 느낌을 막을 수 있다. 앞으로의 연구는 효율적이고 공정한 결정을 하고자 시도할 때 원치 않는 동정심을 수정하는 데 포함된 심적 방략의 혼합물을 하나씩 떼어내기 위해 심혈을 기울여야 할 것이다.

이 연구 결과는 비율에서 분모가 증가하면서 생명의 가치를 더 낮게 평가함을 보여주는 비율 추리에 관한 연구와도 잘 들어맞는다(Baron, 1997; Fetherstonhaugh et al., 1997; Jenni & Loewenstein, 1997; Friedrich et al., 1999). 이 장의 연구 3은 통계 정보가 확인된 희생자를 향한 너그러움을 줄였음을 보여준다. 이 효과가 발생가능한 기제는 분모를 크게 점화시키는 것이다. 그러나 다른 연구는 큰 분모를 점화시킬 가능성이 낮은 다른 방법(명시적 교육과 분석적 마음 세트의 유도)이 비슷한 효과가 있음을 보여준다. 따라서 비율 효과가 확인된 희생자에게 불균형한 가중치를 두게 확실히 기여하지만 비율 효과 단독으로 확인된 희생자 효과를 설명하기는 어렵다.

사회복지를 위한 함의

이 연구에서 나온 결과는 다소 실망적이다. 확인된 희생자에 관한 교육이 희생자 유형과 무관하게 비슷한 액수를 기부하게 이끈다. 따라서 교육은 적어도 두 유형의 희생자에 대한 사람들의 일관성을 증가시켰다. 그러나 개입은 전반적 돌봄에 해로운 효과를 미쳤는데, 그 이유는 사람들이 확인된 희생자 조건에서는 개입 후에 적게 기부했지만 통계적 희생자들에게는 더 많이 주지 않았기 때문이다. 이 상황에서 통찰은 냉담을 가르치는 것 같다.

어떤 면에서 이 결론은 제대로 수립되었다. 규모와 무관하게 어떠한 재난이든, 세계에서 그

재난에서 발생한 또는 발생하고 있는 가장 나쁜 것을 생각하는 것은 거의 항상 가능하다. 2001년 9/11 사건을 르완다 학살과 비교하면 하찮아 보인다. 그러나 르완다 학살은 아프리카의 AIDS 문제와 비교하면 별로 심각하지 않다. 문제를 분석적으로 생각하면, 보살핌을 대규모 재난에 걸맞게 크게 증가시키지 않고도 동정심을 소규모의 재난에 걸맞게 쉽게 축소할 수 있다고 이 연구는 시사한다.

그러나 이러한 단순한 해석이 목적을 다소 벗어난 것 같다는 생각이 든다. 현재 진행되고 있는 더 정확한 설명은 어떤 상황에서는 희생자에 대한 감정 반응이 신중한 반응과 다를 수 있다는 것이다. 신중한 생각이 때로는 더 많은 기부를 유도할 수 있다. 통계적 희생자와 확인된 희생자 간의 차이와는 대조적으로, 도움을 필요로 하는 희생자가 외국인이거나 인종 또는 사회 경제 수준이 우리와 다르면, 절실하게 동정하지는 못하지만 그들의 처지는 그들이 기부를 받아 마땅하다는 생각을 유도한다. 그런 경우에 4개 연구에서 제시된 것과 같이 신중한 생각을 고무하는 개입은 더 적게보다는 더 많은 너그러움을 유도한다고 추측한다.

이를 지지하는 결과가 Skitka 등(2002)의 연구에 분명히 나와 있다. 이 연구에서 참여자는 AIDS 질병에 감염된 정도가 서로 다른 몇몇 사람들에 관한 사연을 읽었다. 각 사례에 대하여 참여자는 그 환자가 자신의 상황에 대하여 비난을 받아 마땅한지 그리고 약물 처방을 위한 보조금을 받을 대상으로 얼마나 가치가 있는지를 판단했다. 참여자의 절반은 신중한 생각을 방해하는 인지적 부담을 가지고 이 과제를 수행했다. 인지적 부담을 가진 상태에서 스스로를 진보주의자 또는 보수주의자로 기술한 참여자 모두는 비난을 받지 말아야 할 사람들보다 비난을 받아야 할 사람들에게 더 적은 보조금을 제공하였다. 보수주의자들은 인지적 부담이 없을 때 이와 같은 패턴을 따랐으나, 진보주의자들은 비난을 받아야 할 사람들에 대하여도 비난을 받지 말아야 할 사람들과 마찬가지로 같은 양의 도움을 제공했다. 따라서 신중한 생각은 적어도 진보주의자들의 너그러움을 증가시켰다.

신중함이 감정을 생성할 수 있다는 다른 증거가 Drolet와 Luce(2004)의 연구에서 나왔다. 그들은 인지적 부담이 정서가 실린 결정을 바꾸는 데 따르는 감정적 동요를 경감시킨다는 것을 발견하였다. 이것은 감정이 항상 탁월하지 않음을 시사한다. 오히려 어떤 상황에서 인지 자원은 감정을 생성하는 데 필요하다. 추후 연구는 언제 감정이 자동적이 되고 언제 신중한 생각을 요하는지 자세한 설명이 필요해 보인다.

차선의 낙관주의

만일 아기 제시카와 알리 아바스와 같은 확인된 희생자에게 가는 보조금과 도움이 다른 더 절박한 희생자에게 전환된다면 사회복지는 확실히 향상될 것이다. 그러나 보조금 1달러당 최저 이익을 균등화하지 못함은 여전히 '차선의' 낙관주의(Loewenstein et al., 2006)와 일관된다. 아기 제시카와 알리 아바스를 위한 돈이 그렇게 집중적으로 쓰이지 않았다면 이론적으로는 더 많은 생명을 구할 수 있었겠지만, 확인된 희생자 효과의 부재는 여하튼 주고자 하는 충동을 감소시켰을 것이다. 따라서 확인된 희생자가 지원 할당을 다소 왜곡하겠지만, 그 효력은 다른 어떤 노력보다 더 많은 것을 생성한다. 자선은 공공의 목적을 위한 모금을 위하여 아이를 광고로 쓸 때 적어도 암묵적으로 이 점을 확실히 깨닫는다.

결론

종합하면 이 연구의 결과는 확인된 희생자에 대한 동정심이 신중한 생각을 통해 줄어들지만, 통계적 희생자에 대한 동정심은 일관성 있게 낮음을 보여준다. 이 패턴은 명료한 비편파적 개입을 포함해서, 통계와 분석적 마음 세트의 점화를 제공하여 신중한 생각을 다양하게 조작해도 그대로 유지된다.

이 발견은 특정한 자극이 자연스럽게 다른 자극보다 더 많은 감정을 불러일으키므로 인지적으로 신중한 생각은 선택이 감정적으로 이루어질 때 보통 생기는 성과를 침식할 수 있다는 일반적 생각을 지지한다. 이런 사례에서 사람들에게 자신의 선택을 생각하라는 격려가 사회복지에 비호의적 효과를 가져왔다. 앞으로의 연구는 신중함이 너그러움을 증가시키고 사회적 이익을 산출시킬 수 있는 조건을 만들어야 할 것이다.

부록 A : 통계적 희생자

말라위에서 식량 부족이 300만 명 이상의 아이들에게 영향을 미치고 있다.

잠비아에서는 심한 가뭄 피해로 2000년 이후 옥수수 생산이 42% 감소하였다. 그 결과 300만 명으로 추정되는 잠비아인들이 굶주림에 시달린다.

인구의 3분의 1에 해당하는 400만 명의 앙골라인들이 자기 집을 떠나야 할 상황이 되었다. 에티오피아에 사는 1,100만 명이 즉각적 식량 구호를 필요로 한다.

부록 B : 확인된 희생자

당신이 기부하는 돈이 얼마이든 아프리카 말리에 사는 7세 여아 로키아에게 간다. 로키아는 절망적으로 가난하고, 심한 굶주림과 기근의 위협을 받고 있다. 그 여아의 삶은 당신의 금전적 기부를 받으면 더 좋아질 것이다. 당신의 지지와 다른 후원자의 지지와 함께, 아동구호기관인 세이브 더 칠드런은 로키아의 가족과 그 지역사회의 다른 사람들을 위해 의료와 위생뿐 아니라 교육도 제공할 것이다.

5장

희생자가 많을수록
줄어드는 관심

Paul Slovic[*]

파국을 정의하는 요소는 그 해로운 결과의 규모이다. 사회는 파국의 피해를 막거나 경감시키기 위하여 부단히 노력하고 정교한 과학기술로 잠재적 또는 실제의 손실을 정확하게 평가하고 소통해야 한다. 이러한 노력은 사람들이 파국이 초래하는 숫자를 이해하고 그에 대하여 적절히 행동할 수 있다고 가정한다.

그러나 최근 행동주의 연구는 이 근본적 가정을 의심한다. 사람들은 큰 숫자를 잘 이해하지 못한다. 실제로 큰 숫자는 감정(느낌)을 전달하지 않으면 의미를 결여하므로 결정에서 가중치가 작아진다. 그 결과, 합리적 결정 모형이 이것을 설명하지 못한다는 모순이 있다. 요컨대 사람들은 어려운 처지에 있는 한 사람을 도와주려고 적극적으로 반응하지만, 민족말살과 같은 대중적 비극을 막지 못하고 자연재해의 잠재적 손실을 줄이기 위해 적절한 조치를 취하지 못한다. 이것이 비합리적으로 보이는데, 그 이유는 부분적으로 숫자가 점점 더 커질수록 사람들이 둔감해지고 행동을 동기화하는 데 필요한 정서나 느낌이 생기지 않기 때문이다(Slovic, 2007).

필자는 집단 비극에 대한 둔감성을 합리화하는 특정한 상황을 확인하고 이 문제를 축소시키거나 극복할 만한 방략을 간단히 말하겠다.

---

[*] Reprinted from Slovic, P.(2010) 'The more who die, the less we care', in E. Michel-Kerjan and P. Slovic (eds) *The Irrational Economist: Making Decisions in a Dangerous World*, PublicAffairs, New York. Portions of this chapter appeared in the 2007 paper 'If I look at the mass I shall never act: Psychic numbing and genocide', *Judgment and Decision Making*, vol 2, pp. 79−95.

배경과 이론 : 감정의 중요성

현대 사회에서 위험관리는 두 가지 방식의 생각에 의존한다. 느낌으로서 위험은 사람들이 위험에 본능적으로 그리고 직관적으로 반응한다고 말한다. 분석으로서 위험은 재해관리(이 책의 2장 참조)에 영향을 미치는 논리, 이성, 수량화 그리고 신중한 생각을 포함한다. 분석에 비해서 느낌은 복잡하고, 불확실하고, 위험한 세상을 더 빠르고, 쉽고, 효율적인 방법으로 항해하게 한다. 느낌은 합리적 행동의 기본이지만 사람들을 오도하는 수가 있다. 이런 상황에서 이성과 분석도 필요하다.

공포는 정서의 하나로 느낌으로서 위험에서 매우 중요한 역할을 하지만, 여기서는 감정이라 불리는 '정서의 어렴풋한 속삭임'에 초점을 맞추고자 한다. 감정은 의식적 자각과 함께 또는 이런 자각이 없이 경험되는 '좋다' 또는 '나쁘다'라는 구체적 느낌을 말한다. 긍정적/부정적 느낌은 급격히 그리고 자동적으로 발생하는데, '환희' 또는 '증오'라는 말과 연합된 느낌이 얼마나 빨리 감지되는지 주목하면 이를 알 수 있다. 여러 심리학 문헌들이 정보의 의미를 전달하고 행동을 동기화하는 데 감정의 중요성을 입증했다. 감정이 없으면 정보는 의미를 잃고 판단과 결정에 사용되지 않는다.

생명의 파국적 손실을 직면하기

심상과 감정을 상당히 정확하고 효율적으로 사용하는 느낌으로서 위험은 그 합리성에도 불구하고, 다소 어둡고 비합리적인 면이 있다. 감정은 중요한 방식으로 사람들을 오도한다. 특히 문제가 되는 것은 느낌에 의존할 때 파국적 생명 손실의 의미를 이해하기가 어렵다는 것이다. 다음에 살펴볼 연구에서 재난 통계는 그 숫자가 아무리 크더라도 정서나 느낌을 결여하고 있음을 보여준다. 그 결과, 통계는 재난의 진정한 의미를 전달하지 못하고 그것을 막기 위한 적절한 행동을 동기화하지 못한다.

대규모 생명 손실에 대한 둔감성 배후의 심리 요인은 사람들의 악의, 자연재해 또는 과학기술 사고가 초래하는 파국적 피해를 설명한다. 특히 여기 기술된 심리적 근거는 전반적 경고가 부과하는 희미하고 먼 위협뿐 아니라 핵무기의 존재가 부과하는 위협에 사람들이 반응하지 못함을 설명한다. 비슷한 둔감성이 전 세계 심지어 주변의 수백만 명이 시달리는 기아, 빈곤 그리고 질병 문제에 적절히 반응하지 못하게 만든다. 이제 다포 상황에 초점을 두고 몰살의 맥락에서 이 문제를 검토한다.

다포 몰살

2003년 2월 이후 아프리카 수단 서부 다포(Darfur) 지역에 사는 주민 수십만 명이 정부군에 의해 살해되었으며 수백만 명은 난민 캠프의 안전이 의심된다는 이유로 불타버린 마을을 두고 도피하라는 압력을 받았다. 이것은 자료로 충분히 입증되었지만 세계가 이를 외면했다. 다포 사건은 제2차 세계대전 이후 강대국과 그 시민들이 무관심하게 반응한 일련의 긴 집단 살인 중 가장 최근의 일이다. 퓰리처상을 받은 *A Problem from Hell: America and the Age of Genocide*라는 책에서 저자인 Samantha Power는 지난 세기에 발생한 수많은 몰살 중 여러 사례를 꼼꼼하게 써놓았다. 각 사례에서 미국의 반응은 부적절했다. 그녀는 "미국 대통령 중 어느 누구도 몰살을 막을 대책을 세우지 않았고, 미국 대통령 중 어느 누구도 그 사건 발생에 대한 자신의 무관심을 결코 정치적으로 고통스러워하지 않았다"(Power, 2003, p. xxi)고 결론 내렸다.

UN은 제2차 세계대전 동안 발생한 대학살과 같은 인간성에 거슬리는 추악한 범죄가 '결코 다시' 발생해서는 안 된다는 희망에서 1948년 몰살 죄의 방지와 처벌에 관한 협정을 채택하였다. 결국 140개국이 몰살 협정에 비준했지만, 잠재적 공격을 막거나 진행 중인 대학살을 중지시키기 위하여 결코 그 협정이 빛을 발한 적이 없었다. 다포는 몰살 개입에 실패한 데 대하여 특히 가혹한 빛을 발하였다. Richard Just(2008)는 다음과 같이 관찰하였다.

> … 우리는 다포에 관한 넘쳐나는 정보를 가지고 있는데… 어떠한 몰살도 그것이 발생하는 동안 그렇게 철저하게 서류로 만들어지지 않았을 텐데… 몰살은 지속된다. 우리는 우리가 중단시키지 못한 것을 서류로 만든다. 진실은 어느 누구도 자유롭게 놓아두지 않는다(p. 36). …우리가 어떻게 그렇게 많은 것을 알 수 있었으며 그렇게 아무것도 할 수 없었을까?(p. 38)

감정, 분석, 그리고 생명의 가치

이 제목은 인명 구조에 어떻게 가치를 부여할 것인가라는 중요한 질문을 제기한다. 분석적 답은 기본 원리나 근본적 가치를 기대한다. 인권에 관한 UN의 보편적 선언 1조는 "모든 사람은 자유롭게 태어나서 동등한 위엄과 권리를 가진다"고 주장한다. 사람들은 이로부터 각자의 생명은 동등한 가치를 가진다고 추론한다. 만일 그렇다면, N명을 구조하는 가치를 합리적으로 계산하면 한 명의 생명을 구조하는 가치에 N을 곱해서 그림 5.1과 같은 선형함수로 표현된다.

많은 수의 생명 손실은 집단이나 지역사회의 사회적 구조와 성장력을 위협하기 때문에 불균

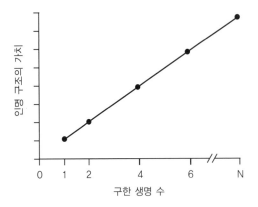

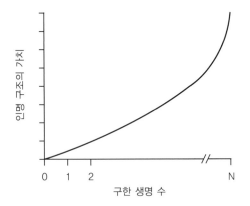

그림 5.1 인명 구조의 가치에 대한 규범 모델 : 각 사람의 생명의 가치는 동일하다

출처 : Slovic(2007)

그림 5.2 또 다른 규범 모델 : 큰 손실은 집단 또는 사회의 성장력을 위협한다

출처 : Slovic(2007)

형하게 더 심각하다고 판단하는 주장도 있다(그림 5.2). 젊은이와 노인 중 누구에게 더 큰 가치를 주어야 하는지, 또는 정부가 자국민의 생명에 더 큰 가중치를 줄 의무가 있는지 등등은 문제의 경계에서 논란이 생기지만 생명의 평등성에 근접하는 조망은 오히려 논쟁의 여지가 없다.

사람들은 실제로 생명의 가치를 어떻게 보는가? 연구가 제공하는 증거는 그림 5.1과 그림 5.2에서 보여준 규범적(합리적) 모형과는 매우 다른 감정적 그리고 직관적 생각과 연결된 두 개의 기술적 모형을 지지한다. 이 두 개의 기술적 모형 모두 몰살에 대한 냉담과 일관되게 큰 수의 생명 손실에 둔감한 반응을 나타낸다.

심리물리적 모델

감정 반응과 그 결과에 따라 구할 생명의 수에 두는 가치는 '심리물리적 함수'를 따르는데 이 함수는 밝기, 크기, 무게 그리고 자산과 같은 지각적 그리고 인지적 실체의 광범위하고 큰 변화에 대한 축소된 민감성을 나타낸다.

심리물리적 연구가 보여주듯이, 자극의 크기가 일정하게 증가함에 따라 반응 크기의 증가는 점점 더 줄어든다. 이 원리를 생명의 가치에 적용하면, 점점 더 커지는 생명 손실의 수를 제대로 평가하지 못하는 무능력이 '심리물리적 무감각'을 초래함을 시사한다(그림 5.3 참조). 그림 5.3은 한 사람의 생명을 구할 때, 그 사람이 첫 번째이거나 유일한 사람이면 그 가치가 크지만 위험에 처한 생명의 전체 수가 증가하면서 그 가치는 점차 감소하는 함수를 나타낸다. 따라서 심리적으로 한 명 구조의 중요성은 보다 큰 위험을 배경으로 희미해지므로 사람들은 87명 구

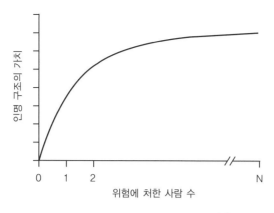

그림 5.3 인명 구조가 어떤 가치를 가지는지를 기술하는 심리물리적 모델

출처 : Slovic(2007)

하기와 88명 구하기 간의 큰 차이를 '느끼지' 못하고 그 차이에 가치를 두지도 않는다.

필자의 동료 David Fetherstonhaugh, Steven Johnson, James Friedrich, 그리고 필자(1997)는 심리물리적 무감각의 잠재력을 여러 종류의 인명 구조 프로그램을 도입한 후 연구지원에 참여할 의지를 평가하는 맥락에서 알아보았다. 연구기금을 제공하는 가설적 기관을 포함시킨 연구에서 응답자는 한 의학연구소가 몇 명을 살려야 1,000만 달러의 연구기금을 받을 만한 자격이 있는지 질문을 받았다. 응답자의 거의 3분의 2가 연구기금이 보장하는 최소한의 기부 요건으로 15,000명이 위험에 처해 있을 때 평균 9,000명의 인명 구조(암묵적으로 1,111달러에 1명 구하기)가 290,000명이 위험에 처해 있을 때 평균 10만 명의 인명 구조(암묵적으로 100달러에 1명 구하기)보다 더 유익하다고 보았다. 따라서 응답자들은 작은 집단에서 9,000명을 구조하기가 더 큰 집단에서 이보다 10배 더 많은 생명을 구조하기보다 더 가치가 있다고 보았다. 동일한 연구는 또한 르완다 난민 캠프에서 4,500명을 구할 수 있는 원조를 주려는 사람들의 의지가 위험에 처한 사람의 수가 많은 캠프에 대하여 더 줄어드는 것을 발견하였다.

최근에 거침없고, 용기 있는, 친근한 뉴스를 통해 전달된 남아시아와 미국 걸프 해안의 자연재해에 관한 생생한 이미지와 그곳의 개별 희생자의 이야기는 전 세계로부터 하염없는 동정과 인도주의적 원조를 분출시켰다. 희생자를 생생하고, 개별적인 취재를 통해 부각시켜서 살해를 중지시키는 개입을 동기화할 수 있다는 희망이 보였다.

연구는 사람들이 확인된 희생자를 미확인된 통계적 희생자보다 더 기꺼이 도왔음을 보여준다. 그러나 조심스럽게 주목할 부분이 필자와 동료들의 공동연구에서 찾아볼 수 있다. 그 연구에서 심리학 실험 참여 대가로 참여자에게 5달러를 주었고 그에게 5달러까지 아동구호기관(세이브 더 칠드런)에 기부할 수 있다고 말해주었다(Small et al., 2007). 한 조건에서 응답자들은 7

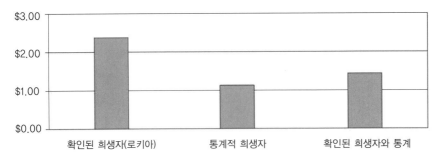

그림 5.4 평균 기부액

출처 : Reprinted from Small, D. A., Loewenstein, G. and Slovic, P. (2007) 'Sympathy and Callousness: The Impactof Deliberative Thought on Donations to Identifiable and Statistical Victims', *Organizational Behavior and Human Decision Processes*, vol 102, pp. 143-153. Copyright © 2007, with permission from Elsevier.

세의 로키아라는 아프리카 여아의 사진을 제시받고 이 확인된 희생자에게 줄 음식을 살 돈을 기부하라는 말을 들었다. 그들은 수백만의 아프리카 사람들을 굶주림에서 구하기 위해 일하는 동일한 구호기관에 기부하라는 말을 들은 두 번째 집단보다 2배 더 많은 돈을 기부하였다. 세 번째 집단은 로키아에게 기부하라는 말을 들었지만 두 번째 집단에게 보여준 더 큰 희생자 통계(굶주린 수백만 명)를 제시받았다. 불행히도, 로키아 이야기와 대규모의 통계적 현실의 중복은 로키아에게 주는 기부를 줄였다(그림 5.4 참조).

왜 이런 일이 발생했을까? 통계의 존재는 기부의 동기화에 필요한 정서 연결에 기본이 되는 로키아에 대한 주의를 줄였을 것이다. 또는 개인의 작은 기부로 도움을 받지 못하는 수백만 명이 있다는 사실은 기부를 금지하는 부정적 느낌을 만들었을 것이다. 이것은 더 큰 난민 캠프에서 4,500명을 돕지 못한 것과 비슷하다. 이러한 반응의 합리성이 의심된다. 우리가 구할 수 없는 다른 많은 사람들이 있기 때문에 한 명 또는 4,500명을 돕는 것을 단념해서는 안 된다!

요약하면, 심리물리적 무감각에 관한 연구가 중요한 이유는 그 연구가 인명 구조 행동을 동기화하는 데 필요한 느낌이 그림 5.1과 그림 5.2에 나와 있는 규범/합리성 모델들과 일관되지 않음을 보여주기 때문이다. 그림 5.3에 나타난 비선형성은 큰 비극을 배경으로 생명의 손실 증가를 무가치하게 간주하는 것과 일관된다. 이것이 다포에서 전체 사망자 수가 20만이 아니고 40만에 가깝다는 것을 알고도 그 차이를 전혀 느끼지 못한 이유를 설명할 수 있다. 그러나 이 것이 몰살에 대한 냉담을 충분히 설명할 수 없는 이유는, 나중에 생명 손실이 증가하면서 민감성이 감소하지만, 초기의 생명 손실에 대한 반응은 강하고 지속적으로 유지됨을 함축하기 때문이다. 두 번째 기술적 모형에 대한 증거는 잇달아 발생하는 많은 생명 손실에 대한 냉담을 설명하는 데 잘 들어맞는다.

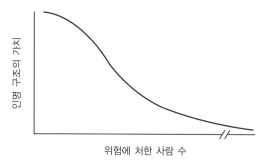

그림 5.5 인명 구조의 가치를 평가할 때 심리적 무감각으로 동정심 붕괴를 나타내는 모델

출처 : Slovic(2007)

동정심 붕괴

미국 작가 Annie Dillard는 신문에서 "머리를 지치게 하는 숫자는 마음을 느긋하게 만든다"라는 제목을 본다.[1] 그녀는 '동정심 피로'라고 쓰고, "어떤 숫자에서 다른 사람들이 나의 눈을 흐리게 할까?"(Dillard, 1999, p. 131)라고 질문한다.

　Dillard의 질문에 행동주의 연구가 답하기 시작하였다. 사회심리학자들의 연구는 집단과 달리 한 개인을 심리적으로 일관된 단위로 본다. 이것은 집단보다는 개인에 관한 보다 집중적 정보처리와 더 강한 인상을 선도한다. 이와 일치하는 한 이스라엘 연구는 사람들이 8명의 희생자 집단을 고려할 때보다 한 명의 희생자를 고려할 때 더 많은 절망과 동정심을 느끼고 더 많은 도움을 제공한다고 밝혔다(Kogut & Ritov, 2005a, b). 스웨덴에서 수행된 추후 연구는 사람들이 2명의 희생자 각각보다 이 한 쌍의 희생자 모두에게 더 적은 동정을 느꼈고 더 적은 금액을 기부했다고 밝혔다(Västfjäll et al., 2009). Annie Dillard가 묻는 눈을 흐리게 하는 숫자는 2명의 작은 집단에서 시작하는 것 같다.

　심리물리적 모형에 따른 인명 구조의 둔감성은 불안정하다. 그러나 방금 기술된 연구들은 더 불안한 심리적 경향을 시사한다. 사람들이 느낄 수 있는 용량은 제한되어 있다. 인명 구조의 가치평가가 주의나 이미지 느낌에 의존하는 한 그것은 그림 5.5에 나와 있는 함수를 따르며, 거기서 정서 또는 감정적 느낌은 $N = 1$일 때 최고이지만 $N = 2$일 때 낮아지고 N이 단지 어떤 높은 값의 '통계치'가 되는 시점에서 붕괴한다. 한편 Robert J. Lifton은 히로시마 폭탄투하의 무서운 여파 동안 구조 작업자들을 기능하게 만들었던 느낌 '끄기'를 기술하는 데 '정신적 무감각'이라는 말을 사용하였다(Lifton, 1967). 그림 5.5는 전혀 유익하지 않은 정신적 무감각을 나타낸다. 오히려 그것은 이전에 반복적으로 보았던 집단 살인과 몰살에 대한 반응과 일관된 냉담과 나태를 선도한다.

도덕적 직관의 실패

신중하게 생각하는 데는 노력이 필요하다. 다행히 진화는 사람들에게 세련된 인지와 지각 기제를 갖추게 하여 깊게 생각하지 않고도 일상적인 삶을 효율적으로 유지하게 한다.

사람들이 위험을 어떻게 다루는지 보자. 확률이론, 위험 평가, 그리고 결정분석을 발견하기 오래전에는 경험에 의해 단련된 직관, 본능, 그리고 직감이 특정 동물에게 접근해도 안전한지 특정 물을 마셔도 안전한지를 말해주었다. 삶이 더 복잡해지고 사람들이 환경을 통제할 수 있게 되면서 분석적 생각은 체험적 반응의 합리성을 끌어올릴 정도로 진화했다. 이제 독물학과 분석화학에 기대어 그 물을 마셔도 안전한지뿐 아니라 그것이 어떻게 보이는지 또는 어떤 맛을 내는지도 알 수 있게 되었다. 그러나 사람들은 더 쉬운 통로로서 여전히 느낌을 사용한다.

위험에 관한 한 도덕적 쟁점을 자연스럽고 쉽게 다루는 방법은 직관에 의존하는 것이다. '그것이 얼마나 나쁜가?' 자, 그것이 얼마나 나쁘게 느껴지는가? 옳고 그름을 결정하기 위하여 법적 체계가 시도하는 것처럼, 이성과 논리적 분석을 적용할 수 있다. 그러나 버지니아대학교 심리학자 Jonathan Haidt가 보여주었듯이, 직관적 느낌을 비평하거나, 필요하다면 그것을 지우기 위하여 노력을 하지 않는 한 도덕적 직관이 먼저 와서 도덕적 판단을 지배한다(Haidt, 2001, 2007).

불행하게도, 도덕적 직관은 사람들이 생명과 환경을 크게 위협하는 몰살과 다른 재난을 직면하지 못하게 한다. 사람들은 도덕적 직관을 신뢰하지 않는다. 그것은 주의와 느낌에 의존하는데 이들은 2와 같이 작은 숫자는 말할 것도 없고, 큰 희생자 숫자들을 상기하고 장기간 유지하기가 어렵다. 도덕적 직관을 그대로 두면, 그 장치는 자기 집과 밀접한 그리고 상상하기 쉬운 개별 희생자와 감각적인 이야기를 선호하게 될 것이다. 타인을 돌보기 위한 거대한 용량은 돕지 못할 사람들에 대한 생각에서 오는 부정적 느낌에 의해 동기를 잃을 수 있다. 또는 개인적 그리고 지역적 관심을 재촉하느라 도덕적 직관은 지워질 수 있다. 타인에 대한 동정은 사회심리학자인 Daniel Batson에 따르면 "자기 관심에 의해 쉽게 망가질 허약한 꽃"(Batson, 1990, pp. 344–345)으로 특징지어졌다. 몰살과 다른 집단 비극을 접하면 적절하게 행동하기 위하여 직관에만 의존할 수 없다.

무엇을 할까?

몰살의 회초리를 중지시키고 수천 명이 자연재난으로 멸망하지 않도록 시민과 지도자를 일깨우는 것이 반복적으로 실패한다는 빈번한 관찰과 기록에 의해 지지되는 행동주의 연구는 강하고 중요한 메시지를 보낸다. 도덕적 직관은 자주 사람들을 실패로 이끈다. 도덕적 직관은, 사람들이 폭행에 의해 행동이 강요될 때 집단적 인명 손실을 조용히 외면하도록 그들을 부추긴다. 이것은 도덕적 나침반으로 볼 때 전혀 약점이 아니다.

다행히 사람들은 이런 문제를 언급하기 위하여 이성과 논의에 기초한 도덕적 판단이라는 2차 기제를 진화시켰다. 인류애를 거스르는 몰살과 집단 범죄의 경우에, 조용한 목격자로 있기보다는 이러한 비극에 반응하기 위하여 국가가 사전에 개입하여 국가 간의 법적 그리고 정치적 구조를 강화시킴으로써 이 기제에 종사하는 데 초점을 두어야 한다. UN은 부분적으로 그러한 쟁점을 다루기 위하여 만들어진 기구였지만 특권 안에서 만들어진 구조적 문제가 쟁점 해결을 비효율적으로 만들었다. 도덕적 직관의 실패를 인식한 후, 더 급박하고 중요한 제도적 협정이 개발되었다. 과정을 지속시키는 것은 법과 제도이기 때문에 주의가 산만해지고 느낌이 별로 없이 한가할 때, 몰살에 대항하여 싸우는 데 필요한 것은 사람들을 압박하여 강력한 조치를 끈질기게 추구하게 만드는 것이다.

다른 곳에서, 필자는 국제법과 국내법은 관리들에게 몰살에 대한 반응으로 행동 또는 무행동을 정당화하는 이유를 공적으로 심의해서 제출하도록 요구해야 한다고 제안하였다(Slovic, 2009). 만일 압력을 받으면, 공적 정당화 요구는 사람들이 죽게 내버려두기보다는 구명 행동의 압력을 높일 것이다.

넘어야 할 말뚝은 높다. 인명의 파국적 손실에 대하여 사람들의 마음이 어떻게 둔감해지는지 이해하지 못하고 이런 인식에 대하여 행동을 취하지 못하면 우리는 다음 세기에 발생할 수 있는 몰살과 이전 세기의 순진한 사람들에 대한 집단적 학대를 수동적으로 목격한 데 대한 비난을 받는다. 또한 다른 파국적 사건의 손상을 줄이기 위하여 우리가 적절한 행동을 취하지 못할 가능성 역시 증가한다.

❖

1. 그녀는 세상이 무시하는 큰 손실을 솔직하게 생각하려고 애쓴다. 즉 '200만 명 이상의 아이들이 설사로 사망하고 80만 명의 아이들이 홍역으로 사망한다. 우리는 이를 모른 척하는가? 스탈린은 우크라이나에서 한 해에 700만 명을 굶어 죽게 하였다. 폴 포트는 200만 명의 캄보디아인을 죽였다…'(Dillard, 1999, p. 130).

6장

숫자와 신경 : 환경 위험의 감정적 이해

Scott Slovic & Paul Slovic[*]

> 중국에는 현재 11억 9,850만 명이 살고 있다. 이것이 무엇을 뜻하는지 느끼려면, 당신이 가진 특이성, 중요성, 복잡성, 그리고 사랑 중 무언가에 1,198,500,000을 곱해보라. 이해 할 수 있는가? 말도 안 된다.
>
> — Annie Dillard, *For the Time Being*(1999, p.87)

Annie Dillard의 인용구에 나온 곱셈을 할 사람이 누구일까? Dillard는 '말도 안 된다'라고 농담 한다. 단순히 산수 문제를 풀어보라. 숫자 정보는 이해하기가 매우 어려운데, 그 숫자가 사물의 양(사람 수)이든 자연에서 발생하는 갑작스러운 대변동 또는 느리고 거의 지각할 수 없는 체계 적 변화이든 어느 것을 기술해도 마찬가지다. 환경 위험은 사람들에게 노출된 위험과 사람들이 자연세계에 미치는 위험 모두를 추상적이고 수량적인 담화의 무감각하고 둔감한 효과를 극복하 는 데 부적합한 말로 자주 기술한다.

    과거 10년 동안 인지과학은 숫자와 이야기, 추상적 정보와 체험적 담화가 함께 작동하도록 상호작용을 허용할 때 사람이 한 종으로서 최선을 생각한다는 주장을 점차 지지했다. 심리학 자인 Seymour Epstein은 "인지적 그리고 심리역동적 무의식의 통합"(1994)이라는 논문에서 사 람은 위험과 이익을 포함하여 현실을 이해하는 데 두 개의 상호작용하는 병렬체계를 써서 정보 처리를 한다고 주장했다. 그중 하나는 신중하고, 논리적이고, 증거에 기초한 '합리적 체계'이 고 다른 하나는 '경험체계'로 현실을 느낌이나 감정과 연합된 이미지, 은유, 이야기로 약호화한

[*] Reprinted from Slovic, S. and Slovic, P.(2004/2005) 'Numbers and nerves: Toward an affective apprehension of environmental risk', *Whole Terrain*, vol 13, pp.14-18.

다. 다른 말로 하면, 숫자도 필요하고 신경도 필요하다는 것이다.

최근 여러 학자들은 숫자를 사용한 담화의 무감각한 효과에 좌절을 표하면서 인지과학의 발견을 확증하였다. 1996년 출판된 *The Book of Yaak*의 "예술의 순수한 뿌리"라는 수필에서 Rick Bass는 바로 다음과 같이 말하면서 논의의 핵심을 지적한다.

숫자는 중요하지만, 그것이 전부가 아니다. 어떤 이유이든, 이미지가 숫자보다 사람들을 더 강하게 그리고 더 깊게 감동시킨다. 숫자가 일으키는 정서를 이미지가 일으키는 정서만큼 오랫동안 간직할 수 없다. 사람들은 사실과 숫자에 금방 무감각해진다(p. 87).

그러나 Bass는 그의 글에서 과도한 자연자원 수확, 미개척지와 가까운 지역사회 파괴에 전혀 동요하지 않는 정부와 조직 관리들과 딱딱한 정보를 소통하는 데 언어가 부적합하다고 고민한다. 그는 "나는 이 글 전체를 약한 모래 언덕과 같은 숫자 언덕으로 생각했다. 그러나 나는 현재 이 숫자들을 인내할 수가 없다. 이 짧은 겨울 날 단어가 필요하다는 외침이 내 안의 공간에 있다"(p. 93)고 말한다. 사람들은 숫자로 세상을 이해하는 과학자와 경제학자조차도 정서를 단어와 이미지와 이야기로 외치고 싶어 한다. 과학자와 일반인 모두에게 환경의 역경을 인식하는 데 도움을 줄 수 있는 '담화식 언어'의 기능은 무엇인가?

지난 몇 해 동안 우리는 사회과학과 환경관련 문헌들이 위험을 인식하고 소통하기 위해 정서와 언어를 강조하였다고 논의했다. 환경과 관련된 글과 당시 심리학의 경험적 연구에서 공유했던 이해는 반복적으로 관찰되었다. 심리학자로서 그리고 문학 비평가로서 우리의 대화는 부자가 공동으로 일을 착수하게 고무시켰고, 우리의 전문적 관심이 일치하는 곳을 검토하기로 힘을 모았다. 이 글에서 전공이 함께 수렴되는 분야를 간단히 탐색하고 Bill McKibben의 책 하나로 족해: 외아이 가족을 위한 개인적 그리고 환경적 주장(*Maybe One: A Personal and Environmental Argument for Single-Child Families*)(1998)을 인구 과밀이 부과한 생태학적 위험을 성공적으로 전달하기 위하여 정서를 사용한 이야기의 예로 제공하겠다.

심리학자들은 환경 위험을 이해하기 위하여 정서나 감정의 중요성을 강조한다. 감정은 '좋다' 또는 '나쁘다'의 구체적 특성이고 감정 반응은 빠르게 자동적으로 발생한다. '보물' 또는 '증오'라는 단어의 느낌을 얼마나 빨리 감지하게 되는지 주목하라. Antonio Damasio는 1994년 자신의 저서 데카르트의 오류: 정서, 이성, 그리고 사람의 뇌(*Decartes' Error: Emotion, Reason and the Human Brain*)에서 결정을 내릴 때 감정의 역할을 설명한다. Damasio는 뇌가 합리적 행동을 결정하는 과정에서 사람의 생각은 주로 지각적 그리고 상징적 표상을 포함하는 광범위한 이미지로부터 만들어진다고 주장한다. 평생 학습은 이 심상을 직접 또는 간접적으로 신체적 상태와 연결된 긍정적/부정적 느낌으로 표시한다. 부정적 느낌은 장래의 성과와 연결될 때 경고음을 낸다. 성과 이미지와 연합된 긍정적 느낌은 유인을 표시한다.

위험지각과 결정에서 감정의 역할을 연구하는 학자들은 (1) 감정은 정보의 의미를 전달하고 (2) 감정이 없으면 정보는 의미를 잃고 판단과 결정에 사용되지 못하므로 (3) 감정은 합리적 행동의 핵심요소라고 주장한다(Slovic et al., 2002). 이 생각들은 다양한 맥락에서 위험지각과 직접 관련된다. George Loewenstein과 그의 동료들은 "위험의 느낌"(2001)이라는 논문에서 걱정, 공포, 두려움 또는 불안과 같은 정서는 위험과 이익의 논리적·인지적 평가보다 위험감수에 더 현저한 효과가 있다고 밝힌다. 그들이 주장하기로는, 사람들이 거미, 뱀, 높은 장소와 같은 자극에는 본능적으로 반응하지만, 진화는 총, 햄버거, 자동차, 흡연 그리고 안전하지 못한 성관계와 같은 객관적으로 위험한 자극에는 적절한 공포를 가지고 반응하게 사람들을 준비시키지 못했다는 것이다.

진화는 또한 사람의 마음이 큰 충격을 잘 이해하지 못하고 적절히 반응하지 못하는 대가로 환경의 작은 변화(예 : 0명 사망과 1명 사망의 차이)에 민감하게 만들었다. Robert Jay Lifton과 Greg Mitchell은 이와 같은 큰 충격에 대한 둔감성을 "정신적 무감각"이라고 말하는데 이 말을 David Fetherstonhaugh와 그의 동료들이 숫자에 대한 둔감성을 말하기 위해 "심리물리적 무감각"이라고 다시 썼다(Lifton, 1967; Lifton & Mitchell, 1995; Fetherstonhaugh et al., 1997). Annie Dillard의 중국인 11억 9,850만 명은 정확히 사람의 마음을 무감각하게 하는 '메마른 통계치'이다. 매일 빈곤과 굶주림으로 사망하는 35,000명의 아이들에 대한 무관심을 비난하면서 주제를 바꾼 신문 제목은 다음과 같다.

아이 한 명의 사망은 큰 뉴스이지만, 아이들 100만 명의 사망은 전혀 뉴스거리가 되지 못한다 (Cohen & Solomon, 1994).

'심리물리적 무감각'이란 개념이 환경 위험에 강력한 함의를 가진다. 여러 사람이 광대한 숲을 파괴하는 것보다 한 그루 나무의 손실을 걱정하고 모든 새 종류의 멸종보다 한 마리 새의 운명을 더 우려하는 것이 이런 이유에 있다. 사람들이 살 수 없는 행성의 위협보다 한 아이가 고통받는 것이 더 마음에 사무친 것도 이런 이유 때문이다.

"통계는 눈물이 메마른 사람이다"라고 사람들이 말한다면, 눈물을 어떻게 되찾을 수 있고 따라서 합리적 행동에 필요한 느낌을 어떻게 전달할 수 있을까? 지구 기후 변화의 위험은 숲의 파괴와 다양한 생물의 손실을 포함하여 수량적 자료를 제시하지 않고는 전달될 수 없지만, 이와 같은 현대의 환경 현상이 이야기나 이미지로 제시되지 않으면 본능적, 정서적 의미를 갖기가 어렵다. 지구상의 기후 변화를 매력적이고 친근하게 말하기 어렵지만, Mitchell Thomashow는 이 일이 어떻게 가능한지를 그의 책 생물권을 집으로 가져오라: 지구상 환경 변화를 지각하기(*Bring the Biosphere Home: Learning to Perceive Global Environmental Change*)(2002)에서 보여준다.

분석과 이야기, 정보와 이미지 간의 팽팽한 줄다리기 밧줄을 걷는 현대의 환경 저술가 Bill McKibben은 기후 변화(1989), 텔레비전의 개인적·문화적 함의(1992), 그리고 인간 유전 공학(2003)과 같은 주제를 다룬다. McKibben의 1998년 저서 하나로 족해: 외아이 가족을 위한 개인적 그리고 환경적 주장은 저자가 관여하는 중요한 환경 주제인 인구과밀과 번식의 책임에서 쟁점과 인구 증가가 생태학에 미치는 영향과 같이 수량적 자료를 요하는 주제를 흥미롭게 이야기한다.

McKibben의 접근은 망원경을 보듯이 멀리 있는 것을 앞으로 이동시켜 번식과 같은 친숙한 개인적 측면을 다룬 후 더 넓은 바깥으로 이동하여 쟁점의 더 추상적 측면을 다룬다. 이야기와 같은 산문으로 개인 문제를 지구 문제로 전환하는 방식은 생명의 번식을 결정하는 데 필수로 생각되는 과학적 정보와 타협하지 않고도 주제를 접근가능하고 의미 있게 만든다. 한 가지가 관습적 인구 관련 문헌과 다른데, 그 이유는 번식 결정에 저자의 개인적 이야기를 사용한 것뿐만 아니라 외아이의 성장에서 정서와 발달 경험에 관한 저자 개인의 관심 때문이다. "나는 4살 딸 소피 때문에 그 일을 했다. 형제자매가 없이 자라는 것이 그녀의 정신이나 마음을 손상시키지 않음을 확신하기 원했다"라고 그는 설명한다. 그 책의 마지막 장은 '전통이 명령하는 것보다 훨씬 작은 가족을 부양하는 부모가 되거나 또는 가족을 전혀 부양하지 않는 것'이 무엇을 의미하는지 검토한다. 자녀와 부모의 단순한 물질적 실재가 아니고 정서적 안정에 초점을 두면서, McKibben은 '보통 추상적이었던 질문을 매우 개인적이고 즉각적인 것으로 만들기'를 희망한다(p. 11).

하나로 족해의 첫 장은 저자가 자신의 양육방법이 자신의 딸 소피를 엉망으로 만들지 않을까 하는 두려움으로 시작하고 마지막 장은 일상의 즐거운 오후와 저녁에 딸과 함께 놀면서 함께 배우는 것으로 결론을 내린다. 이 중간에 McKibben은 가족, 종, 국가 그리고 자아에 관해 여러 장을 할애하였으며, 그 주제들은 아동심리학, 인구생물학, 자원경제학, 오염과 피임, 그리고 올버니 뉴욕주립대학 도서관 지하실에서 작업하던 일과 워싱턴 D.C.에서 Toni Falbo와의 면접 등을 포함하여 개인적 이야기와 연구 경험을 제시하였다.

하나로 족해의 생태학적 이야기를 설명하는 최선의 방법은 '자아'를 다룬 8장의 첫 절을 언급하는 것이다. 그 장은 McKibben이 오타와 병원에서 정관절제를 받았던 자신의 경험을 말하는 것으로 시작된다. 전체 이야기는 3쪽이지만, 전적으로 개인적이고 접근하기 쉬운 정관절제를 전체 주제로 삼는다. 이것은 분명히 그가 논의하고 있는 주제를 실천하면서 살았던 한 작가이다. 의료 절차를 이야기한 후 McKibben은 생각을 되돌려 사람들이 왜 스스로를 번식하도록 생물학적으로 프로그래밍되었는지, 그리고 어떻게 그 프로그램을 거스르는 방법으로 행동하게 되는지를 물으면서 번식의 정서적, 철학적, 그리고 종교적 차원까지도 탐색한다. 이 논의는 이성적이고 존경스럽고, 심지어 동정적이기도 하다. McKibben은 자기 친구와 친지들이 성숙을 위한 유일한 그리고 공통적인 길이 한 아이를 때로는 많은 아이들을 키우는 것이라고 지적하면서 아이를 갖고 싶어 하는 독단적이고 개인적 이유를 말한다. 그러나 그는 "이제 많은 아이들을 양육하는 것이 지구의 최선의 선과 충돌하는 시대에 우리가 살고 있다"(p. 196)는 사실을 탐색한 결과, 아이들을 더 갖지 않기로 선택한 자신의 결정과정을 독자가 걷게 한다. McKibben의 하나로 족해를 읽은 후, Dillard의 '1,198,500,000명'의 의미가 결국 형태를 갖추기 시작한다.

어떠한 문학 작품에든 한정된 청중이 있지만, 관념학, 정치학, 생물학처럼 쟁점을 명료하게 말하는 문헌이나 잡지에는 청중의 범위가 더 좁다고 주장할 수 있다. 그러나 사람의 번식과 같은 생태학적으로 중요한 쟁점에 관한 새로운 조망을 일반 대중에게 보급시키기 위해서는 새로운 담화 유형이 발달해야 하는데, 경험을 기술하는 새 방법, 통계를 이야기로 바꾸는 새 방략, 숫자와 신경 모두의 의미를 표명하는 새 방식 등이다. 개별 나무 수만큼 많은 숲이 필요하고, 개별 새만큼 많은 종이 필요하다. 이야기는 환경 위험을 포함하여 수량적 정보만으로 이해할 수 없는 크고, 복잡한 문제를 이해하는 데 도움을 줄 수 있는 힘을 가진다. 심리학과 이야기의 수렴은 사회과학자와 자연과학자, 인문학자와 예술가 간의 협동을 초대하는 사람들이 지속적으로 추구하는 바이다.

흡연자 : 합리적 행동자인가 합리적 바보인가?

Paul Slovic[*]

나는 흡연을 하지 않으며 주변에서 흡연하는 것을 상관하지 않지만, 스스로가 흡연을 선택했다면 그는 흡연할 권리가 있다고 본다. 그러나 내가 이해할 수 없는 것은 흡연자들 스스로가 흡연을 선택했음에도 불구하고 왜 그들에게 담배 회사를 수백만 달러에 소송하도록 허용하는가이다.

아무도 누군가에게 흡연을 하라고 강요하지 않는다. 내가 기억하기로 우리는 흡연의 위험을 항상 경고받았다. 만일 내가 흡연을 선택한다면, 나는 폐암이든 또는 담배를 피우다 잠이 들어서 집에 불이 나든 그 선택이 초래하는 결과를 마땅히 지불해야 한다.

이 일 전체가 담배 회사에 절대로 공정하지 않다. 그러나 이 일로부터 무엇인가 배울 수 있다. 아마 나는 흡연을 시작해서 언제인가 부자로 죽을 것이고 전 재산을 내 아이들과 손자들에게 남길 것이다.[1]

미국 내 여러 법적 전장에서 담배 회사를 위해 일하는 변호사들은 흡연자들이 흡연이 건강에 미치는 위험을 잘 알고 있으면서도 흡연의 이익이 위험을 훨씬 능가하기 때문에 흡연을 하기로 합리적 결정을 내린다는 주장에 많이 의존한다. 그런 '사정에 밝은 소비자'는 병에 걸려도 불평할 이유가 아무것도 없다고 변호사들은 주장한다.

흡연자 각자는 자신의 흡연 결정이 위험을 수반한다는 것을 정말로 잘 알고 이해하는가? 이 질문은 어린 사람에게 특히 중요한데, 그 이유는 대부분의 흡연자가 아동기와 청소년기에 흡

[*] Reprinted from Slovic, P. (2001) 'Cigarette smokers: Rational actors or rational fools?', in P. Slovic (ed) *Smoking: Risk, Perception and Policy*, Sage, Thousand Oaks, CA.

그림 7.1 누구나가 아는 일

출처 : Copyright © 1999 Mike Thompson. Reprinted with permission.

연을 시작하기 때문이다. 수년간 흡연의 위험을 일반 대중에게 집중적으로 알린 후, 미국 청소년과 성인은 흡연이 건강에 위험하다는 것을 안다고 널리 믿게 되었다. 신문 편집장과 만화 편집자들에게 편지를 보내는 사람들과는 별도로(그림 7.1 참조), 이 '사실'을 가장 열광적이고 경험적으로 보여주는 예시는 Viscusi(1992; Viscusi, 1990, 1991도 참조)가 보고한 흡연 위험지각 연구에서 나온다.

설문 자료를 분석하면서 Viscusi는 젊은 흡연자가 흡연의 위험을 잘 알고 있을 뿐 아니라 그 위험을 과대추정한다는 의미에서 그들이 과잉유식하다는 결론을 내렸다. 그는 이러한 과대추정에도 불구하고, 젊은이들이 자신이 가진 정보를 합리적으로 조작한다고 결론을 내렸다. 이 장에서는 이와 반대되는 입장을 체험적 생각과 감정이 판단과 결정에 미치는 강력한 영향을 보여주는 인지심리학 연구에 기초하여 제시한다. 이 연구의 일부는 다음 절에서 기술한다. 이 장의 마지막 절에서는 체험적 생각이 흡연자를 어떻게 오도하여 흡연의 위험을 과소추정하게 하는지를 보여주는 아넨버그 조사연구 2에서 나온 자료를 검토하면서 Viscusi의 입장과 반대되는 입장을 제시하겠다.

체험적 생각과 감정추단

이 절은 판단과 결정을 이끄는 감정의 중요성을 기술하는 이론적 틀을 소개한다. 감정은 '좋다' 또는 '나쁘다'의 구체적 성질로서 (1) 의식적 자각이 있기도 하고 없을 수도 있는 느낌 상태로 경험되고 (2) 자극의 긍정적 또는 부정적 성질을 구분한다. 감정 반응이 얼마나 빠르고 자동적으로 발생하는지는 '보물' 또는 '증오'라는 단어와 연합된 당신의 느낌을 주목하면 알 수 있다. Finucane 등(2000a)에 따르면, 그런 느낌에 의존한 결정을 '감정추단'이라고 특징지을 수 있다. 다음에서는 감정추단이 발달한 경로를 다양한 연구에 걸쳐서 추적하고자 한다. 집중적 개관은 Slovic 등(2002)에서 찾아볼 수 있다.

배경

결정에서 감정의 중요성을 일찍이 강조한 사람은 Zajonc(1980)이었다. 그는 자극에 대한 자동적 첫 반응으로 감정 반응이 정보처리와 판단을 이끈다고 주장했다. Zajonc에 따르면, 모든 지각은 약간의 감정을 포함한다. "사람들은 단순히 '집'을 보지 않고, 멋진 집, 추한 집, 또는 번드레한 집을 본다"(p. 154). 그는 나중에 "사람들이 여러 대안의 장점과 단점을 고려하여 합리적 방식으로 결정을 내린다고 생각하지만 이것은 실제로 사실이 아닐 수 있다. 자주 '나는 X로 정했어'는 '나는 X를 좋아했어'와 다름없다. 사람들은 '좋아하는' 자동차를 사고, '매력적이라고' 생각하는 직업과 집을 선택한 후, 여러 이유를 들어 이런 선택을 정당화한다"고 추가한다(p. 155).

감정은 생각하기, 알기 그리고 정보처리의 '이중과정론'에서 중심 역할을 한다. Epstein (1994)은 "사람들이 현실을 두 가지 근본적으로 다른 방식으로, 하나는 직관적, 자동적, 자연적, 비언어적, 담화적, 그리고 체험적으로 또 다른 하나는 분석적, 신중한, 언어적, 그리고 합리적으로 인식한다는 증거가 없지 않다"(p. 710)고 관찰하였다. 표 7.1은 이 두 체계를 더 자세히 비교한다. 체험체계의 특징 중 하나는 그 기초가 감정에 있다는 것이다. 분석이 여러 결정 상황에서 확실히 중요하지만 감정과 정서는 더 빨리, 더 쉽게, 더 효율적인 방식으로 복잡하고, 불확실하고 다소 위험한 세상을 항해한다. 여러 학자들은 행동의 동기 유발에 감정이 직접적이고 일차적인 역할을 한다고 보았다. Epstein은 이 입장을 다음과 같이 기술한다.

체험체계는 감정 경험과 밀접하게 연합되어 있으며… 감정은 자주 의식하지 못하는 미묘한 느낌을 말한다. 사람이 정서적으로 심각한 사건에 반응할 때 체험체계는 자동적으로 사건과 관련된 기억 저장고와 기억에 수반되는 정서를 찾는다. 만일 활성화된 느낌이 유쾌하면 그 느낌을 재생하는 데 예상되는 행동과 생각을 동기화한다. 만일 그 느낌이 불쾌하면 불쾌한 느낌을 피한다고 예상되는 행동과 생각을 동기화한다(p. 716).

감정의 동기적 역할을 강조하면서 Mowrer(1960a)는 이미지에 대한 조건 정서 반응을 직접 '보통의 현명한 적응 방식으로 수행을 안내하고 통제하는'(p. 30, Mowrer, 1960b 참조) 미래의

표 7.1 두 가지 생각 양식 : 체험적 체계와 합리적 체계

체험적 체계	합리적 체계
1. 전체적	1. 분석적
2. 감정적 : 유쾌/고통	2. 논리적 : 이성(감지할 수 있는)
3. 연합적 연결	3. 논리적 연결
4. 행동이 과거 경험의 '진동'에 의해 매개됨	4. 행동이 사건의 의식적 평가에 의해 매개됨
5. 현실을 구체적 이미지/은유/담화로 약호화	5. 현실을 추상적 상징/단어/숫자로 약호화
6. 즉각적 행동으로 빠르게 처리	6. 지연된 행동으로 느리게 처리
7. 자명하게 타당한 : '경험이 신념이다'	7. 논리와 증거를 통한 정당화 요구

출처 : Adapted from Epstein(1994)

소득과 손실로 개념화했다. Mowrer는 유기체가 선택지점에서 '생각에 잠겨 있게' 놓아두지 않도록 주의해야 한다고 경고하면서, 자극과 반응 간에 개입하는 기대(확률)와 같은 순수하게 인지적 변수를 가정한 학자들을 비평하였다. Mowrer의 해결책은 기대를 행동을 선도하는 동기로 기여하는 (희망과 공포와 같은 조건화된 정서로서) 더 역동적으로 보는 것이었다.

결정에서 감정의 역할을 가장 종합적이고 역동적으로 설명한 이론 중 하나가 신경학자인 Antonio Damasio의 데카르트의 오류: 정서, 이성, 그리고 사람의 뇌(1994)에 소개되었다. Damasio는 복내측 전두피질이 손상된 환자들의 지능, 기억, 논리적 사고는 손상되지 않았지만 '느끼는' 능력, 즉 감정적 느낌과 정서를 예상되는 행동 결과와 연합하는 능력이 손상되었음을 관찰하였다. 이 환자들을 면밀하게 관찰하고 몇몇의 실험 연구를 결합하여 Damasio는 이런 유형의 뇌손상이 개인에게 최선의 이익이 되는 합리적 결정 능력을 파괴하는 반사회적 성격을 유도한다고 주장하였다(Damasio et al., 1990). 이러한 손상으로 고생하는 사람은 지적으로 분석적 추리가 가능하더라도 사회적으로 기능장애가 된다. Damasio(1994)는 특별히 심각한 사례를 다음 관찰에서 제시한다.

그에게 합리적 행동에 필요 충분하다고 보통 생각되는 도구는 변함이 없었다. 그는 필요한 지식, 주의, 그리고 기억을 가지고, 정확한 언어를 구사하고, 계산을 하고, 추상적 문제와 씨름할 수도 있었다. 그가 내리는 결정에 수반되는 심각한 문제가 하나 있었는데, 그것은 느낌을 경험하는 능력의 현저한 변화였다. 특정한 뇌 영역의 상해 결과 이성의 결함과 느낌의 손상이 두드러졌고, 이런 상관은 나에게 느낌이 이성이라는 기계장치의 통합적 요소임을 깨닫게 하였다 (p. xii).

'뇌 내부의 무엇이 합리적 행동을 가능하게 하는가'를 결정하는 과정에서 Damasio는 생각은 소리, 냄새, 실제의 또는 상상의 시각적 인상, 아이디어 그리고 단어를 포함한 광범위하게 구성된 이미지에서 주로 만들어진다고 주장한다. 평생 학습은 이 이미지들이 신체 또는 몸 상태와 직접 또는 간접으로 연결된 긍정적 그리고 부정적 느낌으로 '표시되게' 이끈다(Mowrer와 다른 학습심리학자들은 이를 조건형성이라고 부른다). '요약하면, 신체적 표시들은 2차 정서로부터 생성되는 느낌이다. 이 정서와 느낌은 학습에 의해 특정 시나리오의 미래 성과를 예측하도록 연결되어 있다'(Damasio, 1994, p. 174). 부정적 신체 표시가 미래의 성과 이미지와 연결되면, 그 표시는 경고음을 울린다. 긍정적 표시가 성과 이미지와 연합되면, 그 표시는 유인의 횃불이다. Damasio는 신체 표시는 결정과정의 정확성과 효율성을 증가시키고, 그 표시가 없으면 개인의 미래, 사회 전통, 그리고 도덕 원리의 감각과 일치하는 결정을 허용하는 합리성을 감소시켜 수행을 저하시킨다고 결론을 내린다.

행동을 동기화하는(예 : Mowrer, 1960a, b; Epstein, 1994) 감정-표시 이미지에 관한 아이디어(예 : Damasio, 1994)에 기초하면, 감정은 여러 형태의 판단과 결정의 기본 성분으로 묘사된다. 특히 Finucane 등(2000a)은 사람들이 판단을 하는 데 감정추단을 사용한다고 제안하였다. 즉 마음속에 있는 대상과 사건들의 표상이 서로 다른 정도로 감정 꼬리표를 달고 있다. 판단 또는 결정을 내리는 과정에서, 사람들은 표상과 의식적으로 또는 무의식적으로 연합된 모든 긍정적 그리고 부정적 꼬리표를 달고 있는 '감정 풀'에 의견을 묻거나 그것을 참조한다. 상상력, 기억력, 유사성이 확률 판단을 위한 단서로 기여하듯이(예 : Tversky & Kahneman, 1974에서 처음 기술한 가용성 그리고 대표성 추단), 감정추단은 여러 중요한 판단 단서로 기여한다. 요구된 판단이나 결정이 복잡하거나 심적 자원이 제한될 때 장점과 단점의 비중을 따지거나 기억으로부터 여러 적절한 예를 인출하기보다 감정적 인상에 의존하는 것이 훨씬 더 쉽고 더 효율적일 수 있다. 심적 지름길의 이런 특징은 감정 사용을 추단이라고 명명하도록 유도한다.

경험적 증거

이 절은 감정추단의 조작을 보여주는 일련의 다양한 연구에서 밝혀진 내용들을 제시하고 통합한다.

통제된 노출을 통한 선호 조작

감정의 근본적 성질과 중요성은 Robert Zajonc과 그의 동료들(예 : Zajonc, 1968 참조)의 주목할 만한 일련의 연구에서 반복적으로 제시되었다. 자극 노출의 개념이 이 연구들 모두에서 핵심이다. 주된 발견은 대상이 반복적으로 제시되면 '단순 노출'이 이 대상에 대한 긍정적 태도 또는 선호를 만들 수 있다는 것이다.

일상적 연구에서, 무의미한 어구, 얼굴 또는 한자와 같은 자극이 여러 빈도로 제시된다. 나중 회기에서 사람들은 이 자극에 대한 호감, 친숙성 또는 이 두 가지를 판단한다. 자극에 빈번하게 노출될수록 반응은 더 긍정적이다. Bornstein(1989)이 1968년과 1987년 사이에 출판한 단순 노출 연구의 메타 분석은 노출–감정 관계를 검토하는 200개 이상의 실험을 포함하였다. 강화를 받지 않은 단순 노출은 시각적, 청각적, 미각적, 추상적, 사회적 자극에 대한 감정을 상당히 고양시켰다.

Winkielman 등(1997)은 '식역하 점화 패러다임'을 사용한 연구에서 감정이 판단에 미치는 속도를 보여주었다. 참여자는 웃는 얼굴, 찡그린 얼굴, 또는 중립적 다각형에 1/250초 동안 노출되었는데, 이 기간은 그 자극을 재인하거나 회상할 수 없을 정도로 매우 짧았다. 이 노출에 이어 즉각적으로 한자와 같은 표의문자를 2초간 제시받은 후, 참여자는 그에 대한 호감을 척도에 평가하기로 되어 있었다. 평균 호감 평가는 웃는 얼굴이 선행된 표의문자에서 의미 있게 더 높았다. 이 효과는 지속되었다. 두 번째 회기에서, 표의문자는 첫 회기에서 자극과 연합되지 않은 '다른 얼굴'로 점화되었다. 이 두 번째 점화는 효과가 없었는데 그 이유는 첫 번째 점화 효과가 그대로 남아 있었기 때문이다.

Sherman 등(1998)은 참여자에게 한자와 그에 해당하는 영어 의미 학습에서 유도된 선호가 유지되는지를 검사했다. 목록의 반은 의미가 긍정적(예 : 아름다움)이었고 다른 반은 부정적(예 : 질병)이었다. 참여자들은 한자를 쌍으로 제시받고 선호하는 한자를 택한 후 그 글자의 뜻을 검사받았다. 참여자들은 시행의 70%에서 긍정적 의미를 가진 낱자를 선호했다. 다음에 그 낱자들이 중립적 의미(책상, 리넨)와 함께 제시되었고 참여자들은 이것이 그 낱자의 '진짜' 뜻이라는 말을 들었다. 검사 절차가 반복되었고, 참여자들이 새 의미를 학습했음에도 불구하고 선호는 그대로 남아 있었다. 처음에 긍정적 의미와 짝 지어진 낱자는 여전히 선호되는 경향이 있었다.

이 연구들과 이와 관련된 여러 다른 연구들은 감정의 원인이 의식적으로 지각되는지 분명하지 않지만 감정이 선호의 강한 조건인자임을 보여주었다. 이들은 인지 평가를 반드시 요구하지 않는 감정 또는 정서 평가 조건이 있다는 것을 지적하면서 감정이 인지와 독립되어 있음을 보여주었다. 감정 반응 양식은 인지 부담이 없어서 훨씬 더 빠르므로 여러 상황에서 상당히 적응적 가치를 가진다.

이미지, 감정, 의사결정

방금 살펴본 문헌과 일관되게, 실험실에서 수행되지 않은 몇몇 연구들 역시 이미지, 감정, 의사결정 간의 강한 관련성을 보여주었다. 이 중 여러 연구는 단어연상기법을 써서 사람들이 일상경험에서 학습한 감정 연결을 발견하였다. 이 방법은 참여자에게 단어 또는 짧은 단어 구를 표적 자극으로 제시하고 마음에 첫 번째로 떠오르는 생각이나 이미지를 보고하게 한다. 이 과정이 3회에서 6회까지 또는 더 이상 아무런 연상이 생성되지 않을 때까지 반복된다. 이미지를 끌어낸 후, 참여자는 자신이 내놓은 각 이미지를 0을 중심으로 긍정적(+2)에서 부정적(−2) 범위의 척도 상에 평가하라는 말을 듣는다. 전반적 지표를 얻기 위하여 평가점수를 합산하거나 평균한다.

이 방법은 어떤 도시 또는 주를 좋아하는지에 영향을 주는 감정적 의미(Slovic et al., 1991c)뿐 아니라 원자력과 같은 과학기술을 지지하는지 또는 반대하는지(Peters & Slovic, 1996)를 측정하는 데 성공적으로 사용되었다. 표 7.2는 한 응답자가 두 도시 각각에 대하여 연상되는 이미지를 인출한 후, 나중에 각각의 이미지를 감정적으로 평가하는 과제에서 사용된 방법을 나타낸다. 이 참여자는 덴버보다 샌디에이고를 감정적으로 더 좋아함을 보여준다. Slovic 등

표 7.2 한 응답자의 이미지와 평가점수의 합

자극	이미지 숫자	이미지	이미지 평가
샌디에이고	1	매우 멋진	2
샌디에이고	2	좋은 해변	2
샌디에이고	3	동물원	2
샌디에이고	4	혼잡한 고속도로	1
샌디에이고	5	길 찾기가 쉬움	1
샌디에이고	6	아름다운 도시	2
전체			10
덴버	1	높은	2
덴버	2	사람들이 많은	0
덴버	3	시원한	2
덴버	4	아름다운	1
덴버	5	혼잡한 공항	−2
덴버	6	혼잡한 거리	−2
전체			1

주 : 이 자료를 기초로 사람들이 휴가지로 샌디에이고를 택한다고 예측할 수 있다.
출처 : Slovic et al.(1991c)

(1991c)은 이와 같이 합산된 이미지 점수가 그 도시에 살 것인지 또는 방문할 것인지에 대한 표현된 선호를 높게 예측함을 보여주었다. 한 연구에서 연구자들은 이미지 점수가 다가올 18개월 동안 실제 휴가지를 예측했음을 발견하였다.

후속 연구는 단어 연상에 의해 감정이 실린 이미지가 주식시장에서 새 회사에 대한 투자 선호(MacGregor et al., 2000) 그리고 흡연이나 운동 같은 건강위협과 건강향상 행동에 참여 여부(Benthin et al., 1995)를 예측한다고 밝혔다.

위험과 이익 판단에서 감정추단

앞서 보고된 종류의 발견과 관련하여 감정추단을 선도한 연구는 Fischhoff 등(1978)이 보고한 초기의 위험지각 연구에 그 기원을 두고 있었다. 이 연구와 후속된 반복 연구에서 밝혀진 결과 중 하나는 위험지각과 위험에 대한 사회의 반응은 재해가 두려운 느낌을 일으키는 정도와 강하게 연결되어 있다는 것이었다(Slovic, 1987 참조). 따라서 암과 연합된 활동(예 : 사람들을 방사선 또는 독한 화학물질에 노출시키는 활동)은 덜 위험한 형태의 질병, 부상, 사망과 연합된 활동(예 : 사고)보다 더 위험하므로 더 많은 규제가 필요해 보인다.

Fischhoff 등(1978)의 연구에서 나온 두 번째 발견은 감정추단이 밝힌 도구적 측면이었다. 그것은 위험과 이익 판단이 부적으로 상관된다는 것이다. 여러 재해에서 지각된 이익이 클수록 지각된 위험이 더 낮았고, 반대도 지각된 이익이 낮을수록 지각된 위험이 더 높았다. 흡연, 음주, 식품첨가제는 위험이 높고 이익이 낮아 보이지만, 백신, 항생제, X선은 이익이 높고 상대적으로 위험이 낮아 보인다. 이 부적 관계가 주목할 만한데 그 이유는 한 활동의 소득이나 이익의 성질이 위험의 성질과 구분되고 질적으로 다르더라도 이런 관계가 발생하기 때문이다. 이

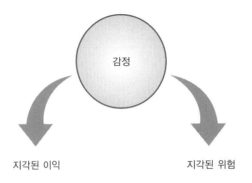

그림 7.2 Alhakami와 Slovic(1994)이 관찰한 위험/이익의 혼합을 설명하는 감정추단 모델

주 : 위험과 이익 판단은 자극 항목의 전반적 감정 평가를 참고로 이루어진다.

출처 : Finucane et al.(2000a)

반비례 관계가 사람들의 마음에서 생성된다고 생각되는 이유는 위험과 이익이 세상에서는 (만일 상관이 있다면) 정적으로 상관되는 경향이 있다는 사실 때문이다. 큰 이익을 가져오는 활동은 위험이 높거나 낮을 수 있지만, 이익이 낮은 활동은 위험이 높지 않을 가능성이 크다(만일 이익이 낮은데 위험이 높다면 그 활동이나 대상은 배척된다).[2]

Alhakami와 Slovic(1994)의 연구는 한 활동(살충제)의 지각된 위험과 지각된 이익 간의 반비례 관계가 그 활동과 연합된 긍정적 또는 부정적 감정의 강도와 연결되었음을 발견하였다. 이 결과는 한 활동이나 과학기술에 관한 판단이 그에 관한 개인의 생각뿐 아니라 느낌에도 기초한다고 함축한다. 한 활동을 좋아하는 사람은 그 활동의 위험은 낮고 이익은 높은 것으로 판단하고, 만일 그것을 좋아하지 않으면 반대로 위험을 높게 그리고 이익은 낮게 판단하는 경향이 있다.

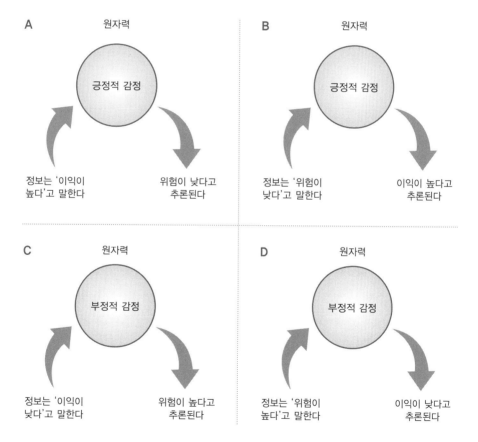

그림 7.3 이익정보(A) 또는 위험정보(B)가 어떻게 원자력의 전반적 감정 평가를 증가시켜서 주어진 정보와 감정적으로 일치하는 위험과 이익을 추론하게 선도하는지를 보여주는 모델. 비슷하게, 정보는 C와 D처럼 원자력의 전반적 감정 평가를 감소시켜서 A와 B와는 반대되는 추론을 초래하게 한다.

출처 : Finucane et al.(2000a)

이 발견은 그림 7.2에 나와 있는 것과 같이 감정추단이 위험과 이익 지각을 선도한다는 사실을 시사한다. 만일 그렇다면, 위험정보 제공이 이익과 위험 지각을 바꾸어야 한다(그림 7.3 참조). 어떤 과학기술의 이익이 크다고 말하는 정보는 더 긍정적 감정을 유도하고 차례로 지각된 위험을 감소시킨다. 실제로 Finucane 등(2000a)은 감정 조작을 위해 지각된 위험을 증가 또는 감소시킨 그리고 지각된 이익을 증가 또는 감소시킨 네 종류의 서로 다른 정보를 제공하여 이 실험을 수행하였다. 각 사례에서 제공된 정보(예 : 위험에 관한 정보)와 조작되지 않은 변수(예 : 이익) 간에는 실제로 아무런 논리적 관계가 없었다. 제공된 정보가 지각된 위험 또는 지각된 이익으로 바뀌었을 때, 감정적으로 일치하는 반비례 효과가 그림 7.3에서와 같이 조작되지 않은 속성에서 관찰되었다. 이 발견은 위험과 이익 판단이 적어도 부분적으로 전반적 감정 평가에 의해 인과적으로 결정된다는 이론을 지지한다.

감정추단 역시 분석적으로 생각할 기회를 줄이기 위해 시간을 압박하면(감정적 고려를 더 자유롭게 허용하면) 지각된 이익과 위험 간의 반비례 관계를 더 증강시키게 된다. 두 번째 연구에서 Finucane 등(2000a)은 지각된 위험과 이익의 반비례 관계는 시간 압박하에서 예측대로 증가함을 보여주었다. 이익과 위험 판단을 검토한 이 두 실험이 중요한 이유는 이들이 감정이 판단에 직접 영향을 미친다는 Zajonc(1980)의 주장이 단순히 사전의 분석적 평가에 대한 반응이 아님을 지지하기 때문이다.

흡연 결정은 충분한 정보를 가지고 합리적으로 이루어지는가?

Viscusi의 설명과 그 단점

흡연 : 위험한 결정(*Smoking : Making the Risky Decision*)이라는 그의 책에서 Viscusi(1992)는 다음과 같이 묻는다. "사람들이 흡연을 시작할 당시 자신의 행동 결과를 이해하고 합리적으로 결정하는가?"(p. 11) 그는 계속해서 "사람들이 스스로 결정을 해야 할 때 흡연의 위험에 관해 이용할 수 있는 정보를 통합해서 건전한 결정을 내리는지"(p. 12)라는 말로 적절한 합리성 검사를 정의한다. Viscusi는 개인이 미래에 다른 것을 선호할 수 있다는 가능성을 이를 검사하는 아무런 정보도 제공하지 않고 "20세 흡연자가 자신의 미래 건강을 충분히 예측하고 있는가?"(p. 119)라고 질문한다.

Viscusi(1992)가 신뢰하는 일차적 자료는 16세 이상 3,000명 이상을 대상으로 실시된 설문지에서 나왔는데, 거기서 응답자는 "100명의 흡연자 중 몇 명이 흡연으로 인해 폐암에 걸린다고 생각하는가?"라는 질문을 받았다. 이 질문의 답을 분석한 결과, Viscusi는 응답자들이 흡연자가 폐암에 걸리는 확률을 대단히 과대추정함을 발견했다.[3] 그들은 흡연으로 인한 사망률과 기대수명 손실을 과대추정하였다. 더욱이 젊은이(16~21세)는 이 위험을 성인보다 더 심하게 과대추정하였다. Viscusi는 또한 젊은이와 성인 모두의 흡연 위험지각이 사람들의 흡연 여부와 흡연량을 예측했다고 밝혔다.

Viscusi(1992)는 이 자료가 합리적 학습 모델로서 소비자들이 정보에 적절하게 반응하고 흡연의 위험과 이익의 합리적 교환관계를 인식하고 있음을 지지한다고 주장한다. 그는 젊은이에 관한 자신의 발견이 "위험을 전혀 인식하지 못한 이른 나이에 흡연에 유혹되고 있는 사람들의 모델과 강하게 모순된다"(p. 143)고 결론 내린다. Viscusi는 더 나아가 젊은이가 너무 유식해서 그들의 자각을 일깨우기 위해 계획된 정보 캠페인의 정당화가 불필요하다고 결론을 내린다. 끝으로, 그는 "무지한 결정자를 흡연의 잠재적 재해에 노출시키는, 즉 18세에 흡연을 허용하는 사회 정책이 별로 위험하지 않다"(p. 149)고 말한다. Viscusi의 자료와 결론은 흡연의 위험을 알고 있으면서 유식한, 합리적 선택을 한 병든 흡연자가 가져온 법적 문제를 받아넘기기 위하여 담배 회사가 쓰는 방어를 지지하는 데 힘을 실어주는 것으로 보인다.[4]

Viscusi의 주장이 처음 보기에는 체험적 생각의 입장뿐 아니라 그의 분석적 조망에도 장점이 있는 것처럼 보인다. 체험적 입장에서 흡연과 암의 연합은 해로운 행동을 피하기 위한 강력한 동기를 자극할 만큼 충분히 부정적 감정을 만들어야 한다. 이 입장과 일관되게 여러 사람들은 흡연을 하지 않기로 결정하거나 금연을 한다. 흡연을 시작하거나 그 습관을 유지하는 소수는 그들로 하여금 이익이 위험을 능가한다는 결론을 유도한 유식한 체험적 또는 분석적 생각에 기초해서 그런 행동을 하고 있을 것이다.

다른 한편, 체험적 생각에 의존한 몇몇 방식이 흡연자들로 하여금 위험을 제대로 평가하지 못하고 최선의 이익이 되지 않는 방식으로 행동을 유도했을 수 있다. 특히 Viscusi가 믿기에 위험의 과대평가를 유도한 정보에 대한 노출이 이를 잘 설명한다. 주된 노출은 긍정적 이미지와 감정을 흡연과 연합시키도록 계획된 대중적 광고 캠페인이다. Kool Natural Lights에 대한 최근 광고는 담배 갑에 아름다운 폭포수 그림을 보여준다. 그 밖에도 자연적이라는 단어가 광고에서 13회나 나왔다.

담배 광고 내용보다 더 미묘한 것은 광고에 반복해서 노출된 후 초래되는 '단순노출효과'(Zajonc, 1968; Bornstein, 1989) 역시 일반 흡연과 특정 브랜드의 담배를 긍정적 감정과 연결시킨다. 감정추단을 통하여, 이 긍정적 감정은 흡연에 대한 개인의 매력을 향상시킬 뿐만 아니라 위험지각을 억누른다고 예측된다(Finucane et al., 2000a).

체험적 조망에서 보면 '보는 것이 믿는 것이고' 특히 젊은이는 친구나 자신의 흡연에서 시각적 해로움을 거의 또는 전혀 보지 못한다. 이런 의미에서 흡연 위험은 '활용되지'(Tversky & Kahneman, 1973) 않는다.

Viscusi의 주장은 필자가 행한 몇몇 선행연구(Slovic, 1998a, 2000b, c)에서 지적했듯이 몇 가지 중요한 면을 빠뜨리고 있다. 여기서 체험적 생각과 관련된 두 가지에 초점을 두겠다. 첫 번째는 흡연의 반복적 성질과 오랜 시간에 걸친 위험의 누적이다. 두 번째는 젊은이가 흡연 중독의 위험을 인식하지 못한다는 것이다.

담배를 피울 때 보통 한 번에 한 개비를 피운다. 하루에 한 갑씩 40년간 흡연한 사람은 대략 30만 번 담배불을 켰다. 여러 흡연자들은 오랫동안의 흡연이 위험과 연합되어 있음을 잘 알고 있지만, 자신이 그 위험에 빠지기 전에 더 적은 양의 흡연으로 위험을 피할 수 있다고 생각한다. 여러 젊은이는 특히 단지 몇 년간의 흡연은 무시해도 될 정도로 별로 위험하지 않다고 생각한다. 그들은 비흡연 젊은이에 비해 단기간의 흡연은 안전하다고 믿는 경향이 더 강하다 (Slovic, 1998a, 2000c).

흡연이 가까운 미래에는 적어도 안전할 것이라고 믿는 젊은 흡연자의 신념은 금연의 어려움에 무지하고 이를 과소평가하는 경향과 쉽게 조합된다. 최근 연구는 청년들이 가끔 흡연을 하더라도 이를 시작한 지 며칠 또는 몇 주가 지나면 니코틴에 의존한다는 증거를 보여준다(Di-Franza et al., 2000). 여러 젊은이는 흡연 결정을 후회하고 금연 시도에 성공하지 못한다. 1989년 청년들을 대상으로 실시된 조사연구는 흡연 청년의 74%가 금연을 심각하게 생각해보았으며, 49%가 조사 이전 6개월간 금연을 시도했다고 보고했다(Allen et al., 1993). 미시건대학교에서 미래 추적 연구의 일부로 실시한 종단연구는 가끔 담배를 피우는 고등학교 3학년의 85%가 그리고 하루에 한 갑을 피우는 학생들의 32%가 앞으로 5년 안에 아마도 또는 확실히 흡연을 하지 않을 것이라고 예측했음을 발견했다. 그러나 5년 또는 6년 후에 수행된 추후 연구에서 하루에 적어도 한 갑 이상을 피웠던 학생 중 단지 13%만이 금연을 했고 69%는 여전히 흡연을 하고 있었다. 하루에 1~5개비를 피웠던 학생들 중에서는 단지 30%만이 금연을 했고(60%가 금연을 할 것으로 예측했다) 44%는 실제로 담배 소비를 더 늘렸다(Johnston et al., 1993; Centers for Disease Control and Prevention, 1994).

이 연구와 다른 연구에서 나타나는 신념 패턴은 젊은 흡연자가 건강이 손상되기 전에 흡연을 중단할 수 있다는 기대를 가지고 담배 한 개비가 거의 또는 전혀 위험하지 않다고 지각하는 것이다. 실제로, 높은 비율의 젊은 흡연자들이 흡연을 오래 지속한 결과 습관적 흡연으로 위험에 처한다.

새 자료 : 체험적 생각의 지배

Viscusi는 흡연자의 위험지각과 유식한 선택이 분석적 생각에 따른 선견지명이라고 가정한다. Viscusci(1992)는 젊은 경제학자로서 초보 흡연자가 담뱃불을 켜는 운명적 결정을 하기까지 흡연의 장점과 단점의 비중을 따지는 모습을 묘사한다. "사람들은 흡연의 이익에 두는 가중치가 위험에서 오는 손실 평가를 능가하면 흡연을 합리적으로 선택한다고 본다"(p. 135). 그러나 흡

표 7.3 초보 흡연자의 지각과 기대(백분율)

질문/응답	성인 흡연자 (N = 310)	젊은 흡연자 (N = 478)
Q 19a. 흡연을 처음 시작했을 때 당신은 흡연이 건강에 어떤 영향을 준다고 얼마나 많이 생각했습니까?		
많이	5.8	13.8
약간	15.5	38.9
전혀	78.4	46.9
모르겠음/거절함	0.3	0.4
Q 19c. 당신은 이제 흡연이 건강에 얼마나 많은 영향을 준다고 생각합니까?		
많이	53.9	54.6
약간	32.9	36.0
전혀	12.3	8.6
모르겠음/거절함	1.0	0.8
Q 19d. 흡연을 시작한 이후 당신은 흡연을 시작할 당시 잘 모르고 있었던 건강상의 위험을 들어본 적이 있습니까?		
예	54.8	33.5
아니요	43.9	66.3
모르겠음/거절함	1.3	0.2
Q 19e. 흡연을 처음 시작했을 때 당신은 흡연이 미래 건강에 어떤 영향을 줄지 또는 무엇인가 새롭고 흥분되는 것을 시도하고 있다고 얼마나 많이 생각했습니까?		
미래 건강을 생각함	4.5	21.1
새롭고 흥분되는 무엇인가를 시도한다고 생각함	67.4	58.0
기타	18.1	11.5
모르겠음/거절함	10.0	9.4
Q 19f. 당신이 흡연을 처음 시작했을 때, 당신은 흡연을 얼마나 오래 지속할 생각이었습니까?		
며칠	3.9	9.4
몇 달	4.5	6.5
1년 미만	3.2	7.7
1~5년	4.8	10.2
5년 이상	7.4	4.8
생각해보지 않았음	75.8	61.3
모르겠음/거절함	0.3	0.0

연자의 단기 조망과 자신의 중독 통제력을 과소평가한다는 증거는 체험과 감정의 강제적 힘이 여러 젊은이로 하여금 나중에 실수로 간주될 흡연 결정을 유도한다는 것이다.

이 증거는 1999년 가을과 1999~2000년 겨울 펜실베이니아대학교 아넨버그 대중정책센터를 대신하여 전국적으로 3,500명 이상에게 전화를 걸어 수집한 자료에서 나왔다. 무작위로 전화를 걸어 선택된 가정에서 14세 이상의 거주자 한 명이 무작위로 면접에 선택되었다. 젊은이가 특히 많이 표집되었다. 14~22세의 '젊은이 표본'에서는 2,002명이 면접을 찬성했고 23~95세의 성인 표본에서는 1,504명이 면접을 완성했다. 젊은이 표본에서 478명이 흡연자였고 1,524명이 비흡연자였으며, 성인 중 310명이 흡연자였고 1,194명이 비흡연자였다.[5]

체험적 방식이 느낌에 기초한 자동적 과정이고 의식적 자각에 항상 접근할 수 없음을 회상하라. 체험적으로 행동하는 사람들은 자신이 의식적으로 신중하게 생각하고 있다고 인식하지 못한다. 체험적 생각은 조사 반응에 분명히 나와 있다(표 7.3 참조). 조사 대상인 성인 흡연자에게 흡연을 처음 시작했을 때 흡연이 건강에 어떤 영향을 준다고 얼마나 많이 생각했는지 질문했을 때 그중 거의 80%가 "전혀 그렇지 않다"고 답했다(질문 19a). 젊은 흡연자들은 흡연을 시작했을 때 건강을 많이 생각한 것처럼 보였지만, 그들의 답은 여전히 "전혀 그렇지 않다"였다. 그러나 이제 흡연을 하고 있으면서 그들 대부분은 건강에 관해 심각하게 생각하고 있다고 말했다(질문 19c). 흡연자 중 상당한 비율이 흡연을 시작한 이후 흡연을 시작했을 때는 알지 못했던 건강상의 위험을 들었다고 말했다(질문 19d).

가장 현저한 것은 질문 19e와 19f에 대한 답이다. 초보 흡연자들은 건강을 생각하기(19e)보다는 '새롭고 흥분되는 무엇인가를 시도하기'를 생각하고 있었다. 그들이 흡연을 처음 시작했을 당시 흡연을 얼마나 오래 지속할 것이라고 생각했는지 물었을 때, 젊은이와 성인 대다수가 그에 대하여 생각해보지 않았다고 답했다(19f).

표 7.4 "당신은 금연을 시도해보았다면, 몇 번이나 시도해보았습니까?"에 대한 반응(백분율)

횟수	성인 흡연자(N = 310)	젊은 흡연자(N = 478)
0	21.3	38.1
1	16.8	21.8
2~4	38.4	30.1
5~9	11.6	4.0
10+	9.4	4.8
모르겠음/거절함	2.6	1.3

표 7.5 금연에 대한 조망(백분율)

질문/응답	성인 흡연자(N = 310)	젊은 흡연자(N = 478)
Q 29. 당신은 금연할 계획이 있습니까?		
예	65.5	83.7
아니요	30.6	13.2
모르겠음/거절함	3.9	3.1
Q 29a. 당신은 언제 금연할 계획입니까?		
앞으로 6개월	49.3	57.0
6개월~1년	24.1	19.5
앞으로 1년 후	15.8	18.2
모르겠음/거절함	10.8	5.2
Q 29b. 1년 후에 다시 전화를 했을 때 당신은 금연을 한 상태일까요?		
예	77.8	83.3
아니요	11.4	9.8
모르겠음/거절함	10.7	6.9

아넨버그 조사에서 나온 자료는 많은 흡연자들이 흡연을 지속하기를 원치 않았고 지속할 것이라고 기대하지도 않았다. 흡연자의 다수가 금연을 한 번 이상 시도했으며(표 7.4), 성인의 65%와 젊은이의 84%가 금연을 계획했다고 말했다(표 7.5, 질문 29). 금연을 계획한 사람 중 성인의 78% 그리고 젊은이의 72%가 1년 안에 그렇게 할 것을 계획하고 있었다(표 7.5, 질문 29a). 연구자가 1년 안에 그들에게 전화를 걸어서 금연에 성공했는지 알아보겠다고 했을 때(표 7.5, 질문 29b), 성인의 78% 그리고 젊은이의 83%가 예라고 답했다.

표 7.6과 표 7.7은 금연에 관한 동일한 3개의 질문에 대한 응답을 과거에 금연을 시도한 횟수에 따라(표 7.6) 그리고 개인의 흡연 기간에 따라(표 7.7) 제시한다. 표 7.6에서 금연을 전혀 시도하지 않은 성인을 제외하고 상당한 수의 흡연자가 그들이 이전에 금연에 성공하지 못한 적이 몇 번 있었으나, 금연을 계획했고(질문 29) 1년 안에 금연할 것을 계획하고 있었다(질문 29a와 29b). 따라서 10회 또는 그 이상 시도한 젊은이들 중 91.3%가 여전히 금연을 하기로 계획했고, 그중 85.7%가 앞으로 1년 안에 그렇게 할 것을 예상하고 있었다(질문 29a). 질문 29b에서 금연 여부를 1년으로 한정시켜 물었을 때는 더 낮았지만(61.1%), '아니요'라는 응답(16.7%)보다 여전히 훨씬 더 컸다.

금연에 대한 비슷한 낙관주의가 장기 흡연자들 가운데 분명했다(표 7.7). 5년 이상 흡연자들 중에서조차 성인의 64% 그리고 젊은이의 80%가 금연을 계획하였고, 이들의 대부분이 1년 안에 금연을 계획하고 있었다. 5년 이상 성인 흡연자 연령의 중앙치가 41세였고, 이것은 그들이

표 7.6 과거에 금연을 시도한 횟수에 따른 금연 계획(백분율)

질문/응답	금연 시도 횟수							
	0		1~4		5~9		10+	
	성인 흡연자	젊은 흡연자	성인 흡연자	젊은 흡연자	성인 흡연자	젊은 흡연자	성인 흡연자	젊은 흡연자
Q 29. 당신은 금연할 계획이 있습니까?								
예	39.4	74.7	67.8	89.5	88.9	100.0	79.3	91.3
아니요	54.6	22.0	28.1	7.7	11.1	0.0	20.7	8.7
모르겠음	6.1	3.3	4.1	2.8	0.0	0.0	0.0	0.0
Q 29a. 당신은 언제 금연할 계획입니까?								
앞으로 6개월	38.5	56.6	46.6	55.5	62.5	57.9	52.2	76.2
6개월~1년	26.9	15.4	27.6	23.0	18.8	21.0	17.4	9.5
앞으로 1년 후	15.4	23.5	17.2	16.3	15.6	15.8	8.7	9.5
모르겠음	19.2	4.4	8.6	5.9	3.1	5.3	21.7	4.8
Q 29b. 1년 후에 다시 전화를 했을 때 당신은 금연을 한 상태일까요?								
예	88.2	86.7	81.4	85.0	69.2	66.7	56.2	61.1
아니요	0.0	7.1	9.3	9.2	19.2	26.7	25.0	16.7
모르겠음	11.8	6.1	9.3	5.8	11.5	6.7	18.8	22.2

실제로 20년 이상 흡연을 해 왔음을 뜻한다(5년 이상이 면접에 제시된 응답 택지 중 가장 긴 시간이었다). 성인 흡연자들이 1년 안에 금연하겠다는 젊은 흡연자들만큼 낙관적인 점은 주목할 만하다.

앞에서 흡연자들이 처음 흡연을 시작했을 당시 건강의 위험을 생각하지 않았는데 아마도 단기간의 흡연은 거의 또는 아무런 해가 없다고 생각해서 안심했기 때문이었을 것이다. 필자는 이 결과를 고교생 흡연자들을 표본으로 이미 관찰했고(Slovic, 2000c), 이 연구 결과는 필자의 연구 결과를 반복한다. "하루에 담배 한 갑을 피우기 시작한 16세 젊은이를 상상하라"고 말했을 때, 성인 흡연자의 29.7% 그리고 젊은 흡연자의 26.4%가 "처음 몇 년간은 그 사람에게 위험이 전혀 없다"라는 말에 동의했다. 이 동의는 비흡연자들 중에서 더 낮았다(성인의 경우 18.8% 그리고 젊은이의 경우 20.6%). "누군가가 흡연을 시작할 경우 흡연이 새 흡연자의 건강에 심각한 피해를 주는 데 얼마나 오래 걸린다고 생각하는가?"라고 물었을 때, 성인 흡연자의 44.8%와 젊은 흡연자의 32.0%가 5년 또는 그 이상이라고 답했다.

표 7.7 흡연기간에 따른 금연계획(백분율)

질문/응답	흡연 기간							
	1개월		1년		1~5년		5년 이상	
	성인 흡연자	젊은 흡연자	성인 흡연자	젊은 흡연자	성인 흡연자	젊은 흡연자	성인 흡연자	젊은 흡연자
Q 29. 당신은 금연할 계획이 있습니까?								
예	–	81.4	–	82.5	74.2	87.3	63.7	80.2
아니요	–	15.2	–	14.3	25.8	11.0	32.2	15.9
모르겠음	–	3.4	–	3.2	0.0	1.8	4.1	4.0
Q 29a. 당신은 언제 금연할 계획입니까?								
앞으로 6개월	–	85.4	–	55.8	39.1	15.8	50.0	54.5
6개월~1년	–	6.2	–	28.8	17.4	21.6	25.6	16.8
앞으로 1년 후	–	2.1	–	7.7	17.4	22.1	15.7	23.8
모르겠음	–	6.2	–	7.7	26.1	4.5	8.7	5.0
Q 29b. 1년 후에 다시 전화를 했을 때 당신은 금연을 한 상태일까요?								
예	–	90.9	–	86.4	92.3	81.5	75.4	80.6
아니요	–	6.8	–	6.8	7.7	10.3	12.3	12.5
모르겠음	–	2.3	–	6.8	0.0	8.2	12.3	6.9

중독

Loewenstein(1999)은 중독을 '내장 요인'이 통제하는 행동 부류의 극단적 형태라는 이론적 조망을 제시했다. 내장 요인은 배고픔, 목마름, 성적 욕구, 기분과 정서, 신체적 고통과 같은 욕구 상태 그리고 중독의 경우 약물과 담배에 대한 심한 갈망을 포함한다. 체험적 조망에서 보면, 불가능하지는 않지만 자신의 내장 경험을 제대로 평가하기가 매우 어렵다. Loewenstein은 "현재 경험되는 내장 요인은 행동에 불균형한 영향을 주는 데 비해 지연된 내장 요인은 결정에서 무시되거나 심각하게 과소평가된다. 오늘날의 고통, 배고픔, 분노 등은 분명하게 감지되지만, 미래에 예상되는 동일한 감각은 거의 가중치를 받지 못한다"(p. 240)고 관찰하였다.

아넨버그 조사연구는 금연의 어려움을 보여주는 방대한 증거를 제공한다. 첫째, 앞서 표 7.4에서 보여주듯이, 여러 성인 흡연자와 젊은 흡연자가 보통 1회 이상 금연을 시도했다. 둘째, 금연에 성공하지 못한 이들 대부분은 가까운 미래에 금연하기로 계획하고 있었다(표 7.5~7.7). 단기간 흡연은 안전하고 금연도 용이하다는 흡연자의 잘못된 판단은 성인 흡연자 7.4% 그리고 젊은 흡연자 4.8%에서 나왔지만(표 7.3, 질문 19f), 자신이 흡연을 시작했을 당시에는 5년 이상 흡연할 것으로 예상했다. 성인 흡연자 87.1% 그리고 젊은 흡연자 26.4%가 5년 이상 흡연을 했

표 7.8 "당신은 담배에 중독되었다고 생각합니까?"라는 질문에 대한 응답(백분율)

질문/응답	성인 흡연자			젊은 흡연자		
	예	아니요	모르겠음	예	아니요	모르겠음
Q 30. 당신은 금연을 해보았다면 몇 번이나 시도했습니까?						
0	59.1	37.9	3.0	41.2	57.7	1.1
1	76.9	23.1	0.0	56.7	43.3	0.0
2~4	78.2	21.0	0.8	75.7	24.3	0.0
5~9	91.7	8.3	0.0	73.7	26.3	0.0
10+	93.1	6.9	0.0	91.3	8.7	0.0
Q 31. 당신은 얼마나 오래 흡연을 했습니까?						
2, 3개월 미만	–	–	–	3.4	96.6	0.0
대략 1년	–	–	–	33.3	65.1	1.6
1~5년	64.5	35.5	0.0	64.5	35.5	0.0
5년 이상	79.6	19.6	0.7	88.1	11.1	0.8
모든 응답자	76.4	22.6	1.0	58.8	40.4	0.8

다고 보고했다.

그들에게 담배에 중독이 되었는지 물었을 때, 성인 흡연자의 76.4% 그리고 젊은 흡연자의 58.8%가 '예'라고 답했다(표 7.8의 아랫줄). 자신이 중독되었다고 생각하는 성인과 젊은이의 비율은 금연 시도의 수와 흡연 기간이 늘어날수록 증가했다(표 7.8, 질문 30과 31).

Viscusi의 수량적 위험 추정치의 비신뢰성

Viscusi(1992)는 흡연 위험지각에서 자신의 수량적 질문의 타당성에 큰 가중치를 두었다. 그러나 100명의 흡연자 중 폐암 환자 수를 물은 그의 질문에 대한 답의 신뢰성에 몇 가지 의문점이 있었다. 첫째, 그는 응답자에게 자신이 아닌 다른 100명의 흡연자들에 대한 위험을 추정하라고 말했다. 자신에 대한 답은 아마 낙관주의 편향 때문에 더 낮았을 것이다(Weinstein, 1998). 둘째, Tversky와 Koehler(1994)가 개발하고 검증한 이론적 모형으로 '지지이론'은 한 사건(예 : 폐암)의 확률을 판단하라고 요청받은 응답자가 여러 사건 맥락에서 동일한 사건의 확률을 판단하라고 요청받은 응답자보다 더 높은 확률을 추정했음을 보여준다. 셋째, 젊은 흡연자는 분석적 생각보다는 장기간 흡연을 기대하지 않는 체험적 생각에 주로 의존하므로 흡연자 중 폐암의 비율을 추적하는 데 세심한 주의를 기울이지 않았을 것이다. 따라서 젊은 흡연자는 머릿속에 확고한 수량적 추정치를 가지고 있지 않았을 것이다.

아넨버그 조사연구는 먼저 Viscusi 경향의 질문을 반복하고 Tversky와 Koehler의 이론이 시

표 7.9 100명의 흡연자 중 폐암으로 사망한다고 판단된 사망자 수

	성인 표본(N = 1,416)		젊은이 표본(N = 2,002)	
	평균	표준편차	평균	표준편차
질문 1	48.5	27.4	60.4	25.1
	r_{13} = 0.33		r_{13} = 0.19	
질문 3	23.5	17.5	28.3	19.4
백분율 Q3 < Q1	72.6		80.9	

사하는 방향으로 질문 형식에 변화를 주어 이 의혹을 검사하였다. 조사연구의 초기에 응답자는 "평생 담배를 피운 남녀 100명을 상상하라. 당신은 이 100명 중 몇 명이 폐암으로 사망할 것으로 생각하는가?"라는 질문을 받았다. 곧바로 100명의 비흡연자 중 몇 명이 폐암으로 사망할 것인지를 묻는 비슷한 질문을 받았다. 세 번째 질문은 동일한 100명의 흡연자 중 (1) 자동차 사고, (2) 심장병, (3) 뇌일혈, (4) 폐암, (5) 기타 원인(1, 2, 3 순서는 무작위적이었다)으로 인한 사망자 수를 추정하라는 질문을 받았다.

표 7.9는 첫 번째와 세 번째 질문에서 물은 100명의 흡연자 중 폐암 사망자의 추정치 평균과 표준편차를 나타낸다. 폐암 하나만 물은 첫 번째 질문에서 답은 Viscusi의 조사연구에서 얻은 범위 안에 있었으며, 젊은이 표본의 추정치는 성인 표본의 추정치보다 컸다(60.4 대 48.5). 그러나 폐암 추정치가 다른 사망 원인들이 포함된 맥락에서는(질문 3) 50% 이상 줄어들었다. 질문 3에서 다른 사망 원인들이 주어졌을 때 자신의 첫 번째 추정치를 줄인 응답자의 비율이

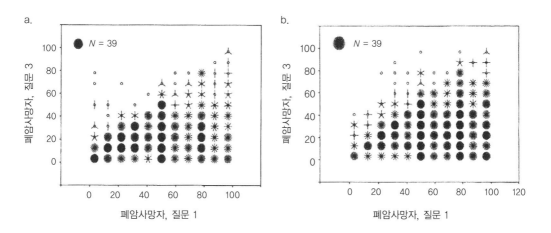

그림 7.4 성인과 젊은이 응답자 100명의 흡연자와 폐암사망자 추정치 간의 관계를 보여주는 해바라기 그림

주 : 질문 1은 폐암만을 물었고 질문 3은 폐암과 다른 사망 원인을 물었다. 열린 원은 한 명의 응답자를 나타내고, 한 지점에 여러 사례가 있는 것은 해바라기 꽃잎 수로 나타냈다.

72.6%(성인)와 80.9%(젊은이)였다. 더욱이 신뢰도 형태로서 두 추정치 간의 상관은 매우 낮았는데, 성인의 경우 0.33 그리고 젊은이의 경우 0.19였다(그림 7.4와 7.5 참조). 이 결과는 대학생 표본으로 이전에 얻은 결과(Slovic, 2000b)를 반복하고 확장한 것이다. 이 결과는 응답자가 판단할 다른 원인의 수를 단순히 바꾸어서 폐암(또는 흡연으로 인한 다른 질병의 원인)의 추정치를 광범위하게 얻을 수 있음을 보여준다.

폐암 위험의 수량적 판단이 그 조사연구에서 다른 방식으로 나올 수 있었지만, 이 판단 역시 신뢰롭지 못했다. 그 조사연구의 질문 6 역시 두 가지 형태로 물었는데, "만일 당신이 하루에 담배 한 갑을 피운다면, 당신이 폐암에 걸릴 확률이 얼마나 늘어난다고 생각하는가?"라고 물었다.[6] 가능한 반응은 다음과 같았다.

질문 6, 양식 A   질문 6, 양식 B

전혀   전혀

2배   2배

5배   3배

10~20배   5배

50배   10배 이상

질문 6의 결과는 표 7.10에 나와 있다. 두 형태 모두에서 추정된 폐암 증가율은 성인보다 젊은이에서 더 높았음에 주목하라. 더 현저한 것은 10배 이상 증가한다고 추정한 성인 흡연자가 양식 A에서는 41.1%였으나 양식 B에서는 단지 14.6%였다. 젊은이의 경우, 해당하는 수치는 57.1%(A)와 30.9%였다(B). 따라서 흡연이 폐암에 영향을 미친다고 추정된 효과의 크기는 질문 1과 3에서 발견하였듯이 반응 양식에 상당히 의존함을 알 수 있다.

표 7.10 질문 6 : 폐암 증가에 대한 반응 분포(백분율)

양식 A	성인 흡연자 (N = 153)	젊은 흡연자 (N = 245)	양식 B	성인 흡연자 (N = 157)	젊은 흡연자 (N = 233)
전혀	9.2	2.9	전혀	14.6	4.3
2배	28.1	24.5	2배	36.9	13.7
5배	16.3	15.5	3배	10.8	17.6
10~20배	25.5	35.1	5배	19.1	31.3
50배	15.6	22.0	10배 이상	14.6	30.9
모르겠음/거절함	5.2	0.0	모르겠음/거절함	3.8	2.2

Viscusi(1992)가 의존하는 다른 수량적 위험 반응은 "21세 남자(여자)에 대한 평균 기대 수명이 53(59)세였다. 당신은 흡연 남자(여자)의 평균 기대 수명이 몇 살이라고 생각하는가?"라는 질문에서 나왔다. 여기서도 Viscusi의 응답자들은 위험을 인식하고 과대추정하기조차 하였다. 평균 기대 수명의 손실은 11.5년이었다.

아넨버그 조사연구는 하루에 담배 한 갑을 피우는 것이 "당신의 생명을 어느 정도 단축시킬 것인가?"라고 물으면서 두 가지로 변형시킨 질문을 포함시켰다. 가능한 반응은 다음과 같았다.

질문 7, 양식 A	질문 7, 양식 B
전혀	전혀
1년	수개월
5~10년	1년
15년	2~3년
20년 이상	5~10년

표 7.11을 보면 두 양식에서 모두 젊은 흡연자들은 성인 흡연자보다 기대 수명 손실을 더 크게 추정하였다. 그러나 더 중요한 것은 반응 척도 양식의 영향이 강했다는 것이다. 성인의 경우, 5년 이상의 생명 단축을 추정한 사람들이 양식 A에서는 표본의 77.0%였으나, 양식 B에서는 단지 48.1%였다. 젊은 흡연자의 경우 해당하는 백분율이 82.7%(A)와 52%(B)였다.

비흡연자의 자료(여기에 나와 있지 않지만)는 표 7.10과 표 7.11에 나와 있는 흡연자의 결과와 매우 비슷한 패턴을 나타낸다. 종합하면, 이 결과와 표 7.9에 나와 있는 결과들은 조사연구의 응답자가 젊은이이거나 성인이거나 똑같이 흡연의 위험에 관해 신뢰할 만한 수량적 지식을 가지고 있지 않았음을 말해준다. 그들이 제공한 판단은 반응 선택지가 어떤 틀을 가지고 있

표 7.11 질문 7 : 수명 감소에 대한 반응 분포(백분율)

양식 A	성인 흡연자 (N = 152)	젊은 흡연자 (N = 230)	양식 B	성인 흡연자 (N = 158)	젊은 흡연자 (N = 248)
전혀	6.6	1.7	전혀	9.5	3.2
1년	9.9	13.0	수개월	6.3	10.1
5~10년	53.3	50.9	1년	5.7	5.2
15년	11.2	18.3	2~3년	20.3	26.6
20년 이상	12.5	13.5	5~10년	48.1	52.2
모르겠음/거절함	6.6	2.6	모르겠음/거절함	10.1	2.8

었는지에 의존했다. 이 결론은 이와 같은 질문 형태처럼 수량적 판단의 의존성을 보여주는 다른 이론적 그리고 경험적 연구와 일관된다(예 : Slovic et al., 2000b; Tversky & Koehler, 1994). 이것은 또한 흡연자들이 그들이 무릅쓰는 위험을 분석적으로 생각하지 않는다는 입장과 일관된다.

합리성의 실패

Viscusi(1992)는 흡연자가 정보를 가지고 합리적으로 흡연을 결정한다고 주장한다. Viscusi는 합리적 모델의 실패를 보여주는 핵심 질문은 흡연자에게 흡연 결정 당시로 되돌아가서 그 선택을 반복할 것인지를 물었을 때 그가 또다시 동일한 선택을 하지 않을 것이라고 응답한 질문이라고 주장했다. 필자는 오리건대학교의 흡연자들에 대한 작은 조사연구와 오리건 주민들 선거에서 그 질문을 물었다(Slovic, 2000b). 아넨버그 전화 조사연구는 모든 흡연자에게 "당신이 만일 그 결정을 다시 한다면, 당신은 흡연을 시작하겠는가?"라고 물었다. 표 7.12에 나와 있는 결과는 분명하다. 성인 흡연자의 85% 그리고 젊은 흡연자의 80%가 '아니요'라고 답했다. 더욱이 표에 나와 있는 응답 패턴은 젊은이와 성인 흡연자에 대한 응답 패턴이 비슷했다. 흡연에 더 많이 중독되어 있다고 느낄수록, 금연을 더 자주 시도했을수록, 더 오랫동안 흡연했을수록, 그리고 매일 더 많은 양의 담배를 소비했을수록 '아니요'라고 말하는 사람이 더 많았다.[7]

Viscusi의 핵심 질문인 "흡연을 시작할 당시, 사람들은 자신의 행동 결과를 이해하고 합리적 결정을 했다고 생각하는가?"를 회상해보라. 여기 제시된 자료는 이 질문에 대한 답이 아니요라고 말해준다. 대부분의 초보 흡연자들은 미래에 흡연이 가져올 위험이 얼마나 큰지 그리고 건강과 흡연의 관계를 어떻게 평가해야 하는지 잘 인식하지 못한다.

이것은 유식한 합리적 선택을 강하게 거부한다. 이것은 흡연자가 흡연을 시작할 때 위험을 의식적으로 거의 생각하고 있지 않음을 말해주는 연구 결과와 잘 들어맞는다. 흡연자는 즐거움과 흥분을 기대하는 행동에 유혹되는 것 같다. 여러 흡연자들은 그들이 흡연을 시작하고 건강 위험에 관해 새 정보를 얻은 후에 비로소 위험을 생각하기 시작한다. 이전의 흡연 결정을 부인하기 원하는 비율은 오랫동안 담배를 피웠던 사람들, 현재 담배를 많이 피우는 사람들, 흡연에서 오는 심각한 위험을 스스로 지각하는 사람들, 금연을 가장 많이 시도한 사람들, 그리고 자신의 중독을 깨달은 사람들에 의해 증가하는데, 이것은 해롭다고 생각하는 행동을 통제할 수 없는 사람들의 슬픈 모습을 그린다.

이런 근심스러운 연구 결과들은 행동결정을 연구하는 학자들이 제안한 결정 효용성과 경험 효용성 간의 구분을 강조한다(Kahneman & Snell, 1992; Kahneman, 1997; Loewenstein & Sch-

표 7.12 흡연 : 다시 시작하겠는가?(백분율)

질문/응답	성인 흡연자(N = 310)		젊은 흡연자(N = 478)	
	예	아니요	예	아니요
전체	11.9	85.5	17.0	80.1
Q 32. 당신은 담배에 중독되었다고 생각합니까?				
예	11.4	86.9	13.9	84.3
아니요	14.3	81.4	21.8	74.6
평균 이상	7.7	90.4	7.1	92.9
평균과 같음	11.1	85.6	15.3	80.9
평균 미만	16.2	83.8	20.4	77.0
Q 30. 금연을 몇 번 시도했습니까?				
0	27.3	66.7	22.5	73.1
1~4	9.4	88.3	14.5	83.9
5~9	8.3	91.7	10.5	84.2
10+	0.0	100.0	4.4	95.6
Q 31. 얼마나 오랜 기간 흡연을 했습니까?				
수개월	–	–	22.0	74.6
1년	–	–	20.6	76.2
1~5년	19.4	80.7	16.7	79.4
5년 초과	11.1	86.3	13.5	86.5
Q 26. 지난 30일 동안 하루에 담배를 몇 개비 피웠습니까?				
1 미만	16.1	83.9	25.3	69.5
1~5	10.5	89.5	18.9	77.5
6~10	10.0	88.0	19.4	79.6
11~14	11.1	86.1	13.4	83.6
15~19	15.4	82.0	5.9	91.2
20	10.4	85.1	7.0	93.0
20 초과	11.4	86.4	12.1	87.9

kade, 1999). 이런 구분은 복권 당첨과 같은 좋은 성과, 하반신마비 또는 에이즈를 경험한 사람에 관한 여러 연구에서 나온다. 복권 당첨은 사람들이 기대했던 것보다 그들을 훨씬 덜 행복하게 하고 하반신마비에 적응하거나 에이즈를 경험한 사람들은 예상했던 것보다 훨씬 덜 불행하다(Brickman et al., 1978). 흡연의 경우, 결정 효용성과 경험 효용성 간의 차이는 Loewenstein의 중독과 관련된 내장 설명의 다양성을 강조한다.

흡연자 : 합리적 행동자인가 합리적 바보인가?

합리성은 분석적 마음뿐만 아니라 체험적 마음의 산물이다. Damasio(1994)의 관찰은 다음과 같다.

사람의 이성적 방략은 정서와 느낌을 표현하는 생리적 조절 기제를 인도하는 힘이 없이는 진화나 발달이 불가능했을 것이다. 더욱이 이성적 방략이 수립되었다 해도… 그 효과적 전개는 상당한 정도로 느낌을 경험하는 지속적 능력에 의존한다(p. xii).

희한하게도, 체험체계 안에 있는 지각과 감정적 느낌의 통합은 Jeremy Bentham 시대 이후 경제학자들이 가정한 높은 수준의 최대화 과정과 같은 종류이다. 이런 의미에서 감정추단은 사람들이 여러 중요한 상황에서 합리적 행동자로 기능하게 하지만 모든 상황에서 그러한 것은 아니다. 감정추단은 사람들의 경험이 결정의 결과를 얼마나 좋아하게 될 것인지 정확하게 예상할 수 있게 할 때 최대한 근사하게 작용한다. 담배 흡연에서 잘 예시된 그런 상황에서 합리적 행동자는 합리적 바보가 된다.[8]

1. 이 인용구는 2000년 4월 12일 오리건 주 유진에서 출판된 *Register-Guard* 편집자에게 온 편지에서 나왔다.
2. 이 반비례 관계는 상관관계가 동일한 활동을 판단하는 사람들에 걸쳐 계산된 경우에도 발견된다. 따라서 어떤 사람은 원자력의 위험이 높고 이익이 낮다고 판단할 수 있고, 다른 사람은 위험이 낮고 이익이 높다고 판단할 수 있다.
3. 평균 추정치는 100 중 43이었으며, 이것은 Viscusi(1992)가 단지 100중 10~15라고 주장한 것과 비교되는 값이다. 비슷한 과대추정이 폐암 발생률이 아닌 사망률에 관한 질문을 받았을 때 발견되었다.
4. Viscusi(1992)는 자신의 발견을 다음과 같이 해석한다. "흡연 위험을 다른 가치를 두는 속성과 교환을 한다는 상당한 증거가 있다. 이 행동은 합리적 행동 모형과 일관되지만, 흡연 비율이 충분히 유식한 시장 맥락에서 널리 퍼지게 될 것 같지는 않다"(p. 144). Viscusi의 먼지 덮인 책 표지 위에 인용된 다른 학자들은 Viscusi의 주장을 인정하는 것으로 보인다. 예일대학교 법대의 Alan Schwartz의 추천사를 보기로 하자.

이 책은 인지심리학과 위험의 경제학 두 학문을 조합하여 흡연 논쟁에 중요한 기여를 한다. Viscusi는 모든 연령 집단에 있는 사람들이 이론이 예측하는 대로 흡연 위험을 과대추정하므로 사람들이 사실에 대한 자신의 지각이 주어졌을 때 흡연 결정을 존중하면서 합리적으로 행동을 한다고 보여준다. 이런 발견

후에 흡연 결정은 소비자들이 만족스럽지 못한 건강 결정을 하기 때문이 아니라 제3효과의 결과에서만 정당하게 조절될 수 있다.

조지메이슨대학교의 Robert D. Tollison은 다음과 같이 주장한다.

Viscusi의 책은 특정한 유형의 위험으로부터 소비자와 노동자를 보호하는 데 있어서 지연된 정부 역할의 재평가를 위한 지적 기초와 틀을 제공할 것이다. 정부가 또다시 소비자와 노동자를 흡연의 위험으로부터 보호하기 위하여 재해 경고를 포장 위로 위임하고, 텔레비전 광고를 제한시키고, 흡연이 허용된 장소를 제한시키는 데 너무 열중한 것이 전혀 놀랍지 않게 되었다. Viscusi는 정부의 행동을 분석하고 사람들에게 과대보호의 늪을 빠져나갈 어떤 흥미로운 통로를 제공한다.

5. 흡연자는 자신이 적어도 하루에 담배 한 개비를 지난 30일간 피웠다고 말한 사람으로 정의된다.

6. 이것은 Viscusi가 사용한 질문이 아니었고, 오히려 그것은 흡연과 연합된 폐암 위험에 대한 수량적 추정치를 이끌어내는 또 다른 방법으로 선택되었다.

7. 자신의 건강에 흡연이 위험하다는 지각 역시 젊은 그리고 성인 흡연자들 모두에서 '아니요' 응답과 강하게 상관되었다.

8. 필자는 합리적 바보의 개념을 Amartya Sen(1977)의 경제 이론의 행동적 근거에 대한 신랄한 비평에서 빌려 왔다.

8장

쓰나미 재난 이후
감정, 위험지각 그리고 미래 낙관

Daniel Västfjäll, Ellen Peters & Paul Slovic[*]

서론

자연재난과 테러같이 중요한 사회 사건은 사람들의 생각과 느낌에 지대한 영향을 미친다. 사람들은 사건에 직면하면 정서적으로 반응하는 경향이 있다(Lerner et al., 2003). 2004년 동아시아 쓰나미 재난은 쓰나미 파도로 직접 타격을 받은 나라들뿐만 아니라 여러 나라에 심각한 심리적 충격을 주었다. 재난 당시 그 지역을 방문한 스웨덴 여행자 수가 꽤 많았는데, 쓰나미로 사망했거나 실종된 스웨덴 사람들이 600명 이상이었다. 그 결과 쓰나미 재난이 스웨덴에서 주요 비극으로 생각되었다(Grandien et al., 2005). 대중매체의 주목을 받은 이 비극의 결과(Mann, 2007)는 많은 스웨덴 사람들이 매우 혼란스러웠고 슬픔을 느꼈다는 것이다(Grandien et al., 2005).

그런 사건이 초래한 느낌은 일상의 결정에 충격을 줄 수 있다. 판단과 결정을 다룬 연구들은 선호가 다양한 맥락 요인(부수적 감정이나 기분)을 기초로 구성되고(Johnson & Tversky, 1983; Lichtenstein & Slovic, 2006; Peters, 2006) 사람들은 결정을 내릴 때 감정 반응에 의존하는 경향이 있음(Slovic et al., 2002; Pfister & Böhm, 2008 참조)을 보여주었다.

감정은 좋거나 나쁘다는 구체적 성질을 가진 느낌 상태로 체험되며(자각될 수도 있고 안 될 수도 있는) 자극의 긍정적 또는 부정적 성질을 구분한다고 정의된다.[1] 판단과 결정에서 이렇게 느낌에 의존하는 것을 일찍이 감정추단(Finucane et al., 2000a; Slovic et al., 2002)이라고 불

---

* Reprinted from Västfjäll, D., Peters, E. and Slovic, P. (2008) 'Affect, risk perception and future optimism after the tsunami disaster', *Judgment and Decision Making*, vol 3, no 1, pp.64–72.

렀다. 판단과 결정에서 감정을 다룬 앞서 연구들은 통합된 감정(대상의 심적 표상에 부쳐진 감정, Slovic et al., 2002)에 초점을 맞추었다. 그러나 판단에서 감정의 근원은 매우 다양하다. 여러 연구는 판단할 표적과 무관한 감정 상태가 판단과 결정에 영향을 준다는 것을 보여준다(Schwarz & Clore, 1983b; Isen, 1997). Johnson과 Tversky(1983)는 신문기사를 읽으면서 유발된 감정(즉 기분 상태)이 후속되는 위험판단에 영향을 준다고 보고했다.

그러나 판단에 미치는 우발적 감정 효과는 안정된, 불변하는 또는 피할 수 없는 사실이 아니고, 표적에 대한 감정 반응이 신뢰롭고 적절하면 그 감정은 개인이 결정을 시도하는 곳에서 건설적 과정으로 보아야 한다(Clore & Huntsinger, 2007). 이 주장의 핵심은 평가적 판단을 하라는 말을 들었을 때 사람들은 이 판단을 하기 위해 정보를 추구한다는 생각이다. 사람들은 결정을 할 때 그들이 활용할 수 있는 정보는 무엇이든 사용하는 경향이 있다(Schwarz, 2004; Clore & Huntsinger, 2007). 대상을 평가하기 위해 적절한 또는 현저한 정보가 없으면 사람들은 표적에 대한 감정 반응을 사용한다(Pham, 1998; de Vries et al., 2008). 사람들은 기분이 좋으면 기분이 나쁠 때보다 대상을 호의적으로 판단하는(기분일치)(Schwarz & Clore, 1983b; 기분 불일치 효과에 관한 논의는 Andrade, 2005 참조) 경향이 있다. 여기서 중요한 점은 사람들이 자신의 우발적 기분을 표적에 대한 반응으로 잘못 귀인한다는 것이다. 오귀인은 판단에서 보여준 감정 반응의 진단적 가치를 검증하는 정보를 도입하면 바뀔 수 있다. Schwarz와 Clore(1983b)의 연구에서 참여자가 자신의 기분을 유도한 단순한 회상 단서(화창한 날씨 대 흐린 날씨)를 받았을 때 그의 기분은 웰빙 판단에 더 이상 영향을 주지 않았다. 중요한 것은 판단과제에 대한 조작된 감정 반응의 진단적 가치지 감정 반응 그 자체가 아니다(Schwarz, 2004).

우발적 기분은 판단에 사용되는 여러 체험적 정보 중 하나에 불과하다. 정보처리의 용이성과 유창성은 유익한 판단과 결정에서 중요한 체험적 요인이다(Schwarz & Clore, 2007). 유창성이 결정에 미치는 효과를 검토한 연구에서 참여자는 선택 이유를 더 많이 생성했을 때 선택을 미루는 경향이 컸다(Novemsky et al., 2007). 지각 유창성(지각 처리의 주관적 용이성) 연구는 읽기 쉬운 색깔로 인쇄된 진술문이 더 진실로 지각된다는 것을 발견하였다(읽기 쉬운 활자 크기도 진술문을 진실로 시인할 확률을 높인다)(Reber & Schwarz, 1999). Schwarz(2004, p. 341)는 "생각에 수반되는 주관적 체험이 당연히 유익한 것 같다"고 언급했다. 따라서 체험을 통한 느낌이 판단에 미치는 영향을 한층 더 조절할 수도 있다. 이를 지지하는 Lerner와 Gonzalez(2005)는 유창성 조작이 구체적 정서가 위험지각에 미치는 효과에 영향을 준다고 밝혔다.

이 연구를 이끄는 개념 모델은 다음과 같다.

1. 자연재난과 같은 중요한 사건들은 재난의 영향을 직접 받지 않은 사람들의 체험된 감정에도 영향을 준다.

2. 체험된 감정은 나중에 다양한 감정 판단과 인지 판단에 영향을 준다.

3. 판단 과제에 미치는 우발적 감정의 영향은 판단에서 체험된 느낌의 진단적 가치를 검증하는 정보(유창성 조작과 같은)를 도입하면 감소된다.

특히 최근에 주요 자연재난을 체험한 감정이 웰빙(Schwarz & Clore, 1983b)과 미래의 비관적/낙관적 생각(Wright & Bower, 1992)에 영향을 준다는 예언을 검증했다. 앞서 연구는 표준의 기분 유도 절차(자서전적 회고 또는 감정-유도 시나리오)를 써서 실험실 안에서 유도된 기분 효과를 보여주었다. 우리는 참여자들에게 최근에 발생한 적절한 주요 환경재난을 생각하라는 지시로 감정을 유도하였다.

이 연구 방략은 감정 평가와 개인과 사회의 미래 사건 평가를 쓰나미 상기 집단과 통제 집단을 대상으로 비교하는 것이었다. 연구자들은 쓰나미를 상기한 참여자가 사건과 연합된 부정적 감정을 분출할 것이라는 가설을 세웠다. 연구자들은 또한 이 효과가 웰빙뿐 아니라 낙관적/비관적 생각의 판단으로 번질 것이라고 예측했다.

연구 1에서 두 조건의 참여자들은 모두 비관적 미래(Pavot & Diener, 1993)를 평가했다. 미래시간조망(future time perspective, FTP) 척도는 삶의 나머지 시간에 대한 지각을 측정하고자 개발되었다(Carstensen, 2006). 연구 1에서 FTP 척도가 종속 변수였고 쓰나미를 상기한 집단이 통제 집단보다 삶을 더 한정되고 제한적으로 지각하리라고 예측하였다. 연구 2에서 쓰나미 상기 집단의 절반은 추가 실험 조작(생각의 용이성)(Schwarz, 2004)을 받았다. 참여자들은 미래의 다양한 긍정적 그리고 부정적 사건의 위험(Lerner & Gonzalez, 2005)을 추정하였다. 다른 재난의 예를 마음에 떠올리는 용이성 조작이 미래의 위험을 판단할 때 체험하는 느낌의 진단값에 영향을 주겠지만, 그것이 느낌 그 자체를 바꾸지는 않는다고 예측했다.

연구 1. 미래시간조망

사람들이 나이가 들면서 시간이 더 한정되고, 폐쇄되고, 유한함을 체험한다(Carstensen, 2006). 그러나 생활연령이 미래를 지각하는 유일한 결정인자는 아니다. Fung과 Carstensen(2006)은 젊은이가 주요 환경 사건(SARS와 같은 중증 호흡기 증후군)을 직면했을 때 한정된 시간조망을 나타내는 행동인 정서적 목표를 최우선으로 함을 보여주었다. 이 발견을 기초로, 쓰나미를 상기한 참여자는 통제 조건의 참여자보다 미래를 더 제한된 시간조망으로 체험할 것이라는 가설을 세웠다. 그 밖에 쓰나미를 상기한 참여자는 다른 집단에 비해 더 강한 감정과 축소된 웰빙을 체험하게 되므로 이런 차이가 조건 간 가설의 차이를 설명한다고 예측했다.

방법과 측정

남자 28명과 여자 77명이 참여하였으며, 이들의 평균 연령은 25.3세(SD = 4.1)였다. 자료는 스웨덴에서 쓰나미 재난 후 2005년 봄 3~5개월 동안 수집되었다. 쓰나미는 당시 스웨덴 매체에서 여전히 적극적으로 다루어졌다(Mann, 2007).

느낌에 대한 접근을 조작하기 위하여 이 연구는 Lerner 등(2003) 그리고 이미지와 결정 내리기 연구(Slovic, 1995)에서 개발된 기법을 응용하였다. 집단 간 설계에서 참여자의 절반은 '쓰나미'라는 말을 들었을 때 마음에 떠오르는 처음 세 이미지를 쓰라는 말을 들었다. 나머지 절반(통제 집단)은 중립 단어('둥근')에 대해 떠오르는 이미지를 쓰라는 말을 들었다. 사전검사는 이 점화 조작이 감정을[2] 쓰나미 재난과 연합하게 만들었음을 보여주었고(Siemer & Reisenzein, 1998) 이 두 조건에서 감정의 상대적 영향력을 연구할 기회를 제공해주었다.

실험 조작 후 참여자는 일련의 질문에 답했다. 미래시간조망을 측정하기 위하여 FTP 척도(Lang & Carstensen, 2002)를 변형하여 사용하였다. 이 측정에는 8개 항목이 포함된다.

1. 여러 기회가 미래에 나를 기다리고 있다.
2. 나의 미래는 가능성으로 채워져 있다.
3. 내 삶의 대부분이 내 앞에 놓여 있다.
4. 내 미래는 나에게 무한한 것 같다.
5. 내 삶에는 새 계획을 세울 많은 시간이 있다.
6. 나는 시간을 다 써버린 느낌이 든다.
7. 내 미래에는 제한된 가능성만 있다.
8. 나는 나이가 들면서 시간이 더 한정되어 있음을 경험하기 시작한다.

참여자는 각 질문에 대하여 "각 질문이 당신을 얼마나 잘 기술하는가"를 1(전혀)과 7(매우 잘) 사이의 숫자에 동그라미로 표시하였다. 측정치는 문항에 따라 반대로 채점하여 8개 항목을 평균하여(Cronbach α = 0.77) 하나의 지표를 산출했으며, 높은 점수는 더 폐쇄된 또는 한정된 미래시간조망을 나타낸다. 그 밖에 Pavot과 Diener(1993)의 주관적 웰빙 척도뿐 아니라 기분과 구체적 정서 척도(Västfjäll et al., 2002)도 실시했다. 기분 척도는 유인과 활성화 각각을 알아보기 위하여 앞서 연구(Västfjäll et al., 2002)에서 사용된 6개 형용사 쌍으로 구성되었다. 수면-각성, 우둔한-활기찬, 수동적-능동적이 활성화를 정의하기 위하여 사용되었고, 불쾌한-유쾌한, 슬픈-기쁜, 낙담한-행복한이 유인을 정의하기 위해 사용되었다. 참여자는 자신의 현재 느낌과 가장 잘 일치하는 번호(범위 = -4~+4)에 동그라미를 하라는 말을 들었다. 각 차원을 나타내는 3개의 형용사는 유인과 활성화 각각과 일치하는 2개의 지표 변수로 평균되었다.

구체적 정서 척도는 슬픈, 낙담한, 불안한, 걱정스러운, 두려운, 화난으로 구성되었다. 참여자는 각각의 정서를 얼마나 강하게 느끼는지 0(전혀)에서 6(대단히)까지의 단일 척도상에 있는 번호에 동그라미로 표시하여 평가하라는 말을 들었다.

결과와 논의

통제 조건보다 쓰나미 상기 조건에서 감정이 더 부정적이었음을 보여주기 위하여, 기분과 정서 평가의 개별 변수에 대하여 일련의 t-검증이 실시되었다. 부정적 감정 평가가 실험 조건에서 의미 있게 더 높았음은 조작이 성공적임을 시사한다(표 8.1 참조).

1차 연구 가설을 검증하기 위하여 통제 조건보다 쓰나미 상기 조건에서 웰빙은 더 낮고 미래시간조망은 더 한정적이어야 한다. 예측한 대로, 쓰나미를 상기한 참여자는 자신의 전반적 웰빙(M = 3.81)을 통제 조건의 참여자(M = 4.50)보다 더 낮게 평가했다 : $t(103) = 9.09$, $p <$ .001. 비슷하게, 미래시간조망은 통제 조건(M = 3.22)보다 쓰나미 상기 조건(M = 4.80)에서 더 한정적이었다 : $t(103) = 2.92$, $p < .001$.

표 8.1 실험 조건과 통제 조건에서 얻어진 기분과 구체적 정서 평가에 대한 평균과 추리통계(df = 102)

측정치	쓰나미 상기	통제	t	$p <$
기분척도				
유인	-1.11	0.67	13.20	0.01
활성화	1.33	0.20	9.16	0.01
정서척도				
슬픈	2.71	0.99	14.42	0.001
낙담한	2.14	1.08	8.11	0.001
불안한	2.34	1.02	6.92	0.01
두려운	1.99	0.53	9.40	0.001
걱정스러운	2.25	0.87	10.65	0.001
화난	2.04	0.46	15.19	0.001

부정적 감정을 증가시킨 실험 조작이 다음에 주관적 웰빙을 감소시켰다는 결과는 Schwarz와 Clore(1983b)의 발견을 반복한 것이다. 미래시간조망이 체험된 감정과 함께 바뀌었다는 결과는 새로운 발견이다. 감정이 미래시간조망 판단에 영향을 주었음을 더 보여주기 위하여 매개 분석을 수행했다. 감정과 웰빙 평가 모두가 실험 조건에서 더 부정적이었기 때문에 웰빙(감정의 전반적 대리 자격으로서)이 조건 효과를 미래시간조망에 매개했는지를 검사하기로 결정하였다. 감정의 전반적 측정치로서 웰빙 선택은 현재의 느낌은 감정적 웰빙이라는 더 포괄적 평가 안으로 통합됨을 시사하는 행복에 관한 문헌에 의거했다(Schwarz & Clore, 1983b; Schwarz & Strack, 1999). 그러나 주관적 웰빙 측정은 체험된 느낌과 다른 측면을 포함하고(예 : 삶의 상황)(Diener, 1984; Pavot & Diener, 1993) 매개분석에서 한 변수로 사용될 때 그것은 현재의 감정보다 더 보수적일 수 있다.[3] 매개를 검증하기 위하여 일련의 회귀모델이 평가되었다(Baron & Kenny, 1986). 매개 정도를 검토하기 위하여, 먼저 주관적 웰빙을 조건 변수에 대하여, 그다음 미래시간조망을 조건 변수에 대하여, 그리고 마지막으로 미래시간조망을 조건 변수와 주관적 웰빙 모두에 대하여 회귀시켰다. 조건이 미래시간조망에 미치는 영향은 주관적 웰빙의 영향이 매개 정도를 설명할 때 약간 감소했다.

이 회귀분석의 결과는 그림 8.1에 나와 있다. 주관적 웰빙은 조건이 미래시간조망에 미치는 영향을 매개했다. 특히 (1) 조건이 주관적 웰빙을 예측하였으며[$F_{(1, 103)} = 8.59$, 회귀가중치 = 0.27, $p < .05$] (2) 조건이 미래시간조망을 예측했으며[$F_{(1, 103)} = 82.69$, 회귀가중치 = 0.67, $p < .01$] (3) 주관적 웰빙은 미래시간조망을 예측했으며[$F_{(1, 103)} = 25.91$, 회귀가중치 = 0.45, $p < .01$] (4) 조건 변수는 주관적 웰빙을 통제할 때 의미 있게 떨어졌다[$F_{(2, 102)} = 6.37$, 회귀가중치 = −0.08, ns].

종합하면 이 결과는 쓰나미 재난과 같이 중요한 환경 사건에 대한 생각은 부정적 느낌(웰빙 평가뿐만 아니라 구체적 정서/기분 평가)을 유도한다고 시사한다. 이 느낌은 다음에 사람들이 자신의 미래를 어떻게 생각하는지에 영향을 준다. 부정적 느낌은 사람들을 더 비관적으로 유도하여 앞으로 시간이 별로 없고 따라서 가능성이 별로 없다는 입장을 취하게 한다. 미래시간조망 척도가 원래 개인차를 측정하기 위하여 개발되었으나(Lang & Carstensen, 2002), 여기서의 발견은 그 척도가 집단 간 종속 변수의 차이를 측정하는 데 사용될 수 있음을 시사한다. 여기서 발견된 내용과 대조적으로, 앞서 연구는 미래시간조망 측정이 비교적 현재의 기분과 무관함을 보여주었다(Lang & Carstensen, 2002). 그러나 이 연구들은 기분을 실험적으로 조작하지 않았기 때문에 기분 효과가 얻어지지 않았다. 미래시간조망 척도는 여기서 비관주의를 측정하기 위하여 사용되었으며 기분과 비관주의-낙관주의 연결은 기분을 다룬 문헌

그림 8.1 조건과 주관적 웰빙이 미래시간조망에 미치는 영향의 매개분석

에 잘 나와 있다(Wright & Bower, 1992; Isen, 1997). 실험 조건 참여자가 더 한정된 미래시간 조망을 체험했다는 발견은 체험된 감정을 실험변수로 포함하지 않은 이전 연구에서 예측되었으나(Fung & Carstensen, 2006), 우리 연구자들은 이 연구를 확장하여 웰빙이 그 효과를 매개함을 보여주었다.

한정된 미래시간조망이 여러 해로운 결과를 가져올 수 있는데, 장기적 건강 행동과 웰빙을 희생하면서 음식과 돈을 즉시 써버리는 소비 선호와 같은 행동이다(Shiv et al., 2005). 연구 2에서 개인의 미래 삶의 서로 다른 영역에서 위험지각을 연구하고 또한 판단에 미치는 느낌의 부정적 영향을 상쇄시키는 잠재적 측정치를 검증한다.

연구 2. 미래 삶의 예측과 생각의 용이성

연구 2에서는 미래에 대한 비관주의가 서로 다른 결정 영역에 걸친 미래 사건의 위험 추정치로 평가되었다. 연구 1에서와 같이 집단 간 비교가 사용되었다(쓰나미 상기 대 통제 집단). 이 밖에 마음에 떠오르는 다른 자연재해에 대한 생각의 용이성이 위험지각에 미치는 느낌의 파급효과를 조절할 수 있는지 평가했다. 이전 연구는 생각이나 느낌의 용이성 또는 유창성이 판단에 미치는 그런 생각과 느낌의 파급효과를 결정함을 보여주었다(Schwarz, 2004). 예를 들어, 심장병의 위험을 증가시키는 8가지 행동(비교적 어려운 과제임)을 열거하라는 말을 들은 참여자는 3개(쉬운 과제임)(Rothman & Schwarz, 1998)를 열거하라는 말을 들은 참여자보다 심장병 문제에 강했다고 보고하는 경향이 많았다. 이 결과에 관한 설명은 8가지 열거 조건에 있었던 참여자들은 예를 생각하기가 얼마나 어려운지를 알고, 이 어려움을 기초로 그들이 심장병에 비교적 강하다고 생각했다는 것이다.

이 논리를 기초로, 참여자에게 지난 100년 동안 발생한 주요 자연재해 중 6개(어려운) 또는 2개(쉬운)를 열거하라고 말했다. 연구자들은 어려운 조건에 있는 참여자들이 그런 사건의 희소성을 깨닫고 위험판단의 기초로서 쓰나미 재난이 주는 우발적 감정에서 자신감을 덜 체험할 것으로 예측했다. 다른 말로 하면, 예를 열거하면서 체험한 어려움은 쓰나미 재난이 상기시키는 감정을 판단에 덜 진단적으로 만든다(Pham, 1998).

연구 2의 설계는 Lerner와 Gonzalez(2005)의 연구 1과 매우 비슷하지만, 한 가지 중요한 차이가 있다. 구체적 정서 효과보다는 위험지각이 유도한 일반화된 기분 효과가 연구의 초점이 된다. (구체적 정서에 대한 Lerner와 Gonzalez의 발견과 병행하여) 생각의 용이성 조작이 판단에 미치는 우발적 감정 효과와 상호작용하면서 쉬운 조건에서는 그렇지 않겠지만, 어려운 조건에서 위험을 비편파적으로 추정할 것이라고 예측한다. 그러나 쓰나미 상기가 유도한 감정이 사람들로 하여금 6개 대 2개의 주요 재난을 열거할 수 있는 용이성에 직접 의존하지 않기 때문에, 웰빙 평가가 생각의 용이성 조작에 의해 비교적 영향을 받지 않을 것이라고 예측할 수 있다. 따라서 한 실험 조작(쓰나미 상기 대 통제)이 웰빙과 위험지각 모두에 영향을 줄 것이고, 한편 두 번째 실험 조작(생각의 용이성)은 위험지각에만 영향을 줄 것이라고 예측한다.

방법과 측정

남자 50명과 여자 75명이 참여하였으며, 이들의 평균 연령은 27.1세(SD = 6.2)였다. 연구는 스웨덴에서 쓰나미 이후 3~4개월 동안 수행되었다.

연구 1에서 사용된 쓰나미 상기 조작에 추가하여, 쓰나미 조건 참여자의 절반은 '생각의 용이성' 조작을 받았는데(Schwarz, 2004), 거기서 그들은 지난 100년 동안 발생한 주요 자연재난 중 6개(어려운) 또는 2개(쉬운)를 열거하라는 말을 들었다.[4] 이 실험 조작 후에 참여자는 일련의 질문에 답했다. 위험지각을 측정하기 위하여 Lerner와 Gonzalez(2005)가 개발한 척도를 수정하여 사용했다. 참여자는 15개 사건 각각이 자신의 삶에서 발생할 가능성을 1(극히 드문)에서 7(매우 있을 듯한)로 표시하였다. 이 측정은 미래의 비관주의를 알아본다는 점에서 미래시간조망 척도와 비슷하다. 그러나 삶의 나머지 시간에 관한 구체적 질문과 개인의 상황이 바뀔 가능성을 묻기보다, 위험지각 척도는 참여자에게 서로 다른 영역(사회, 건강, 금전, 여가)에서 다양한 긍정적 그리고 부정적 사건의 가능성을 판단하라고 말했다. 15개 항목은 다음과 같다.

1. 나는 내 일을 즐긴다.
2. 나는 50세 이전에 심장마비를 경험했다.
3. 내 업적이 신문에 실렸다.
4. 나는 직업을 잘못 택했다.
5. 나는 부자와 결혼했다.

6. 나는 내 직업에서 인정을 받았다.

7. 나는 지난 6개월간 취업하지 못했다.

8. 내가 처음 직업을 가진 후 내 수입이 2배가 되었다.

9. 내 잇몸에 문제가 생겼다.

10. 나는 취업면접에서 나를 당황시킨 일을 했다.

11. 나는 반 친구들 앞에서 우둔한 말을 했다.

12. 나는 밤에 15분 이상 길을 잃었다.

13. 나는 비행기에서 난기류를 만났다.

14. 나는 60세 때 호의적인 의료 검진을 받았다.

15. 나는 휴가 중에 위험한 뱀을 만났다.

위의 15개 항목에 걸친 측정치를 평균하여(문항에 따라서는 역채점을 함) 전체적으로 비관적 미래 위험 지표(Cronbach의 α = 0.89)로 사용하였다. 이 밖에 연구 1에서 사용된 Pavot와 Diener(1993)의 웰빙 척도를 실시하였다.[5]

전반적으로, 소수의 자연재난(쉬운 조건)을 열거하라는 말을 들은 쓰나미 상기 조건의 참여자는 통제 조건과 어려운 쓰나미 상기(여러 자연재난을 열거하는) 조건에 있는 참여자보다 더 비관적 위험 추정치를 나타낼 것으로 예측했다. 더욱이 쓰나미 상기 조건의 참여자는 생각의 용이성 조작과는 독립적으로 통제 조건의 참여자보다 더 낮은 웰빙을 보고할 것으로 예상했다.

결과와 논의

가설을 검증하기 위하여 참여자의 웰빙 평가와 위험 추정치 모두에 대해 세 가지 대비를 수행했다. 예상대로, 통제 조건의 참여자(M = 4.86)는 어려운 쓰나미 상기 조건의 참여자(M = 3.95, $t(74)$ = 3.30, $p < .05$)와 쉬운 쓰나미 상기 조건의 참여자(M = 3.82, $t(82)$ = 3.79, $p < .05$)보다 더 높은 웰빙 점수를 보고하였다. 어려운 조건과 쉬운 조건에서는 차이가 없었다($t(88)$ = 0.43, ns).

위험 추정에서 통제 조건의 참여자(M = −0.19)는 쉬운 쓰나미 상기 조건의 참여자(M = −0.96, $t(74)$ = 5.18, $p < .01$)보다 의미 있게 더 적은 비관적 추정치를, 그러나 어려운 쓰나미 상기 조건의 참여자(M = −0.22, $t(73)$ = −0.13, ns)와는 비슷한 추정치를 보고하였다.

종합하면, 이 결과는 쓰나미 생각이 지각된 웰빙을 감소시켰고 위험 추정을 체계적으로 편파시켰음을 시사한다. 이 밖에 위험 추정에 미치는 효과가 참여자가 소수 대 다수의 자연재난을 열거하는 용이성에 의해 조정되었다. 유창성 논리(Schwarz, 2004)와 기분 효과(Schwarz & Clore, 2007)를 조합하면, 다수의 재난 열거(어려운 조건)가 주는 어렵고/낮은 유창성 체험은 참여자가 위험 추정에 관한 자신의 느낌의 진단값을 의심하게 만들었다. 이 결과는 유창성과 결정에 관한 앞서 연구(Lerner & Gonzalez, 2005; Novemsky et al., 2007)와 일관된다. 이렇게 반복된 결과 이외에, 연구자들은 생각의 용이성 조작이 후속하는 웰빙 평가에 별로 영향을 주지 않았음을 발견하였다. Schwarz(2004)는 주관적 유창성 체험이 유식한 판단을 돕는 상위인지를 체험하게 한다고 시사했다. 위험 추정의 대리역으로 느낌의 타당성과 적절성이 유창성 조작에 의해 의심을 받았지만, 느낌의 타당성 그 자체가 이 조작에 의해 의심을 받아야 할 이유가 없다. 그러나 앞서 연구는 유창성 경험이 긍정적 감정을 생성하여 쉬운 조건과 어려운 조건 간에 얻어진 차이를 잠재적으로 촉구할 수 있었음을 주목했다(Rober et al., 2004). 왜 유창성이 긍정적 감정으로 특징지어지는지를 보여주는 몇몇 시사점에서, 그 범위는 지각적 조화부터 쉬운 정보처리의 적응적 가치까지 광범위했다(Schwarz & Clore, 2007). 유창성 조작이 현재 연구에서 긍정적 감정을 유도했다는 가능성을 완전히 논박할 수 없지만, 웰빙 평가가 어려운 대 쉬운 조건에서 비슷하다는 것은 그 효과가 적었음을 시사한다. 더 중요한 것은 쉬운 조건의 참여자가 어려운 조건의 참여자보다 더 긍정적 감정을 가졌지만, 이 느낌은 판단 과제에 영향력을 미치지 못했다는 점이다. 만일 유창성과 연합된 긍정적 감정이 위험 추정으로 번지면, 쉬운 조건의 참여자가 어려운 조건의 참여자보다 미래의 부정적 결과의 위험을 더 낮게 평가했을 것이다. 그러나 그 반대의 패턴이 발견되었으며, 이는 유창성 경험과 연합된 긍정적 감정이 실험 조작으로 이끌어낸 부정적 감정을 바꾸지도 않았고 판단과제에 영향을 주지도 않았음을 시사한다.

일반 논의

이 연구 결과는 최근 경험한 주요 자연재난의 부정적 감정이 미래를 더 비관적으로 보게 한다는 것을 시사한다. 최근 쓰나미 재난을 상기한 참여자는 자신의 삶에 가능성이 별로 없으며 시간이 한정되어 있고(연구 1) 자신의 미래에 부정적 사건의 위험이 높고 긍정적 사건의 기회는 낮다고 느꼈다(연구 2). 이 결과는 주요 사건이 이끌어낸 정서가 판단과 결정에 미치는 효과를 보여주는 다른 연구(Lerner et al., 2003)와 일관된다. 일상적 판단에서 감정 주입의 함의는 광범위하다. 판단은 재난 지역을 여행할 때 지각되는 위험처럼 그 감정이 적절하다고 고려될 때뿐 아니라 소비, 건강, 사회, 재정 영역과 같은 일상적 결정을 할 때도 감정의 영향을 받는다.

정서와 기분이 보통 특이한 방식으로 결정되는데(Morris, 1999), 이는 느낌이 개인의 일상적 결정에 미치는 전반적 효과가 개인마다 상당히 다르다는 것을 시사한다. 그러므로 사회에 미치는 느낌의 순수 효과는 그 사회의 평균 기분에 따라 달라진다(Hirschliefer & Shumway, 2003). 그러나 전체 사회 또는 국가에 중요하거나 적절한 사건이 이끌어낸 감정이 개인의 결정뿐 아니라 사회의 결정에 미치는 파급력은 훨씬 더 동질적이고 광범위하다. 우리 연구는 전체 전집에서 이러한 유형의 국가적 기분 변화를 직접 측정하지 않았기 때문에 이 문제를 직접 언급하지 않는다. 대신에 이 연구는 자연재난의 여파를 최근에 체험한 사람들을 표본으로 연구했다. 여기서 사용된 실험 접근이 전체 전집에 미치는 효과를 대표한다고 확실히 결론을 내리기 어렵지만, 다른 자료와 비교하면 참여자의 반응이 더 큰 전집의 반응과 닮았음을 시사한다. 쓰나미 직후 그리고 6개월 후 스웨덴을 대표하는 표본을 사용하여 수행된 다른 연구들에서, 이 연구에서 발견된 것과 비슷한 효과가 발견되었으며 이는 여기서 사용된 실험 조작이 쓰나미 재난과 연합된 느낌의 효과를 연구하는 데 비교적 타당한 접근이었음을 시사한다(Västfjäll et al., 2007).

이것은 주요 자연재난이 이끌어낸 감정과 그것이 판단에 미치는 효과가 다른 유형의 기분 효과와 다름을 시사하는가? 자연재난/주요 사건들이 정서에 미치는 영향을 알아보는 연구는 일반화된 불안과 우울증(Lau et al., 2006), 부정적 웰빙(Grandien et al., 2005) 그리고 부정적 구체적 정서(Lerner et al., 2003)가 보통 때보다 증가하는 경향을 발견하였다. 연구 1에서 나온 결과는 실험 조작이 구체적인 부정적 정서와 부적 기분의 일반적 증가를 가져왔다는 점에서 이런 부정적 반응의 증가와 일치한다. 또다시 이 결과는 쓰나미 직후 스웨덴의 대표적 표본에서 나온 일반화된 부정적 반응 결과와 일관된다. 앞서 지적하였듯이, 정상적 기분변화와 자연재난에 의한 기분변화 간의 주된 차이는 국가적 기분은 여러 사람에 걸쳐 매우 동질적인 큰 규모의 반응이라는 사실에 있다. 더욱이 이런 유형의 감정은 불확실성(얼마나 많은 사람들이 사망했는가? 내가 아는 사람 중 휴가 차 태국에 간 사람이 있는가?)과 연합된 새 정보(매체, 다른 사람들 등으로부터)(Mann, 2007)에 의해 지속적으로 지지되므로 정상적 기분 변화처럼 빨리 시들지 않는다(Russell, 2003). 이런 유형의 감정적 음조 또는 감정적 배경은, 따라서 기분 체계의 만성적 손상과 더 비슷하다(Morris, 1999). 그러나 연구는 만성적 감정이 정상적인 우발적 기분과 비슷한 방식으로 위험지각과 판단에 영향을 준다고 보여주었다(Gasper & Clore, 1998). 이러한 이유 때문에 우리 연구 결과는 판단에 미치는 감정의 영향력에 관한 어떤 유형의 연구에도 유익할 것이다.

또 다른 중요한 발견은 행동에 미치는 잠재적으로 큰 감정의 영향력이 다른 재난의 예를 마음에 떠올리는 용이성을 간단히 조작해서 완화되었다는 것이다. 다른 자연재난을 여러 개(두세 개와 대조적으로) 열거해야 했던 참여자가 자신의 느낌이 위험 추정에 미치는 효과를 수정하였다는 결과는 상위인지 과정이 판단에 중요한 편파적/비편파적 효과를 가진다는 생각과 일관된다(Schwarz et al., 2007). 판단의 수정 정도는 참여자가 사용하는 순수한 이론에 의존한다(Schwarz, 2004). 이 사례의 경우, 참여자가 자연재난이 비교적 드문 현상임을 깨닫고 자신의 감정 반응에 최소한 의존함으로써 자신의 느낌이 위험 추정에 미치는 효과를 수정하려고 시도한 것 같다. 그러나 이것은 참여자가 자신의 반응과 무엇이 그런 반응을 일으켰는지를 의식하고, 그 느낌이 어떻게 판단으로 번지는지에 관한 순수 이론을 가졌음을 가정한다고 본다. 이 연구 결과는 이 수정 효과에 관여된 정확한 심리적 기제를 추론하는 데 사용될 수 없고 이 문제를 해결할 미래의 연구가 필요하다. 그러나 수정 과정이 간단한 조작을 통해 비교적 쉽게 이끌어낼 수 있다는 단순한 사실이 일상적 판단에 중요한 함의를 가진다.

재난 후 여행에 관한 위험 혐오(Grandien et al., 2005) 그리고 테러에 관한 감정적 이미지가 현저하게 만들어질 때 과잉 보험(Hsee & Kunreuther, 2000)과 같이 중요한 자연재난과 연합된 느낌의 여러 부정적 효과는 일상적 결정에 미치는 느낌의 효과를 포함해서 낮은 확률의 사건을 단순히 상기시킴으로써 완화될 수 있었다. 그러나 그 사건의 확률이 낮다고 단순히 말하기보다(서술에 의한 경험)(Hertwig et al., 2004), 유창성 조작을 통해 사람들로 하여금 그 사건의 확률을 낮게(상위인지 느낌을 통해) 체험시키는 것이다. 그러한 조작은 비편파적 정보를 제공하는 전통적 수단보다 더 효과적이라고 증명할 수 있다(Schwarz et al., 2007). 이 장의 범위를 넘어서지만, 미래의 연구는 더 나아가 이 문제를 체험적 정보에 의존하는 기법과 단순한 서술에 의존하는 비편파적 기법을 대조해서 말해야 한다. 그러나 체험적 느낌이 유창성 조작에 의해 비교적 영향을 받지 않는다는 발견은 감정의 잠재적 영향력이 오랜 시간 동안 지속됨을 시사한다. 이 발견의 함의는 비편파적 방략은 그 기분이 지속되는 동안 각각의 새 판단에 반복적으로 사용될 필요가 있다는 것이다.

유창성 효과를 방해하는 다른 힘은 동기화된 정보처리이다. Rothman과 Schwarz(1998)는 참여자가 한 문제를 주의 깊게 생각하도록 동기화될 때 유창성 효과가 반대로 될 수 있음을 발견했다. 따라서 감정이 실린 위험지각을 비편파적으로 만들기 위하여 낮은 유창성에 의존한 방략들이 예상과 달리 이 방략을 사용하지 않는 사람들의 판단과 비슷한 편파적 판단을 여전히 나타낸다.

전반적으로 이 연구는 중요한 환경 사건들이 심리적 파문을 널리 대규모로 퍼뜨린다고 제안하는데, 그 결과는 실제의 재난에서 멀리 떨어진 사람들과 사회가 자신의 일상적 결정 행동을 변화시킨다는 것이다. 여기 보고된 발견은 재난 이후 대중의 위험지각과 결정 행동을 더 잘 이해하는 데 사용될 수 있다. 더욱이 이 연구는 때로는 느낌이 행동에 미치는 부정적 영향력을 방해하는 수단을 개발하기 위한 첫 단계이다.

⚜

1. 감정 반응은 급하게 그리고 자동적으로 발생하며, 자극 속성, 물리적 자극, 개인의 즉각적 환경, 생각과 기억, 또는 자기감수체 단서(proprioceptive cues)가 이끌어낸다(Schwarz & Clore, 2007). 감정 형태의 하나로 기분은 비교적 안정되고 유순한 감정 상태로서 구체적인 초점 대상이 없고(Morris, 1999), 한편 감정의 다른 형태인 정서는 더 강하고 짧게 지속된다. 우발적 감정은 환경 또는 내적 자극이 가져오는 기분 상태와 같다. 통합적 감정은 표적 또는 표적의 심적 표상이 이끌어낸다.

2. 사전검사는 이 절차가 보통 슬픔, 우울 그리고 불안과 같은 부정적 느낌을 고조시키고 아무런 구체적 정서가 없는 것이 더 뚜렷함을 보여주었다.

3. 매개 변수로서 유인 기분 지표(valence mood index) 또는 복합 구체적 정서 지표(composite specific emotion index) 분석은 웰빙 평가와 비슷한 결과를 산출했다(각각 $r = 0.71$ 그리고 0.68, $p < .01$).

4. 생각의 용이함 조작은 쓰나미 상기 조건에서만 사용되었는데, 그 이유는 연구 가설이 이 실험 조건에서 조작의 비편파성 효과에 관한 것이기 때문이다.

5. 기분과 개별적 정서 척도는 이 연구에 포함되지 않았다. 여기서는 웰빙만이 감정 측정치로 포함되었으며 그 이유는 선행 연구들과 연구 1이 일관되게 부정적 감정 평가가 두 조건을 구분시켰으며, 더욱이 이 평가가 웰빙 평가와 공변했음을 보여줬기 때문이다(위 3번 내용 참조).

2부

문화, 인지
그리고
위험

9장

성차와 인종과 위험지각 : 백인남자효과

Melissa L. Finucane, Paul Slovic, C. K. Mertz, James Flynn & Terre Satterfield[*]

서론

남자는 여자에 비해 위험을 더 낮게 평가하는 경향이 있다(예 : Brody, 1984; Steger & Witt, 1989; Gwartney-Gibbs & Lach, 1991; Gutteling & Wiegman, 1993; Stern et al., 1993; Flynn et al., 1994 참조). 현재 위험지각에서 성차의 원인에 대해 밝혀진 것이 별로 없으며, 소수의 연구들이 인종과 관련하여 위험지각의 차이를 설명하고 있을 뿐이다. Flynn 등(1994)은 성차 또는 인종이 사회정치적 요인과 결합하여 위험지각에 영향을 미친다고 시사한다. 이 장의 목적은 성차와 인종이 다양한 사회정치적 요인과 연합하여 위험지각에 어떻게 영향을 미치는지 알아보는 것이다. 지금 소개하는 연구에서는 여러 소수 집단에서 표집된 많은 사람들이 광범위한 사회정치적 주제를 어떻게 생각하는지 물었다. 연구 결과에 따르면 백인 남자는 세계와 사회조직에 대한 일반 태도(세계관과 신뢰라고 부름)와 낙인에서 다른 집단과 차이가 있으며, 이런 효과는 Flynn 등의 연구 결과가 보여주는 것보다 훨씬 복잡하다. 더욱이 우리는 성차와 인종 문제가 위험에 대한 공적 논의에서 다루어지면 강한 정서 반응을 유발할 수 있는, 정치적으로 대단히 민감한 주제라는 사실을 알았다. 이 장의 두 번째 목표는 성과 인종이 다른 사람들이 위험을 어떻게 다르게 지각하는지를 보여주는 것이다.

전통적인 이론은 위험지각의 차이가 합리성과 교육의 차이에서 나온다고 보았다. '비합리

[*] Reprinted from Finucane, M. L., Slovic, P., Mertz, C. K., Flynn, J. and Satterfield, T. A.(2000b) 'Gender, race, and perceived risk: The "white male" effect', *Health, Risk, & Society*, vol 2, no 2, pp.159-172.

성' 관점에 따르면, 사망률 또는 다른 '객관적' 지표에서 벗어난 위험지각은 복잡한 과학기술 정보를 이해하지 못하는 데서 발생한다고 생각된다(Cohen, 1983; Cross, 1998 참조). 위험규제자와 건강위험소통 담당자는 사람들이 더 많은 정보를 제공받으면 과학적 무지가 감소되고 더 나은 결정을 한다고 믿는다. 즉 사람들이 제품이나 과학기술 특성에 관한 정보를 더 완전히 사용한다면 이들의 위험지각은 훨씬 더 정확해진다고 보았다(Bettman et al., 1987). 사람들이 사실을 경청만 해도 전문가와 동일한 결론에 도달한다고 믿는 사람들도 있다(Wandersman & Hallman, 1993 참조). 그러나 원자력 캠페인에서 경험한 것처럼, 대중의 위험 평가를 변화시키려는 엄청난 노력에도 불구하고 대중과 전문가는 의견 일치를 이루지 못했다. 전문가와 비교하여 대중은 어떤 위험은 과대평가하고 어떤 위험은 과소평가하는 경향이 있다(Adler & Pittle, 1984; Svenson et al., 1985 참조). 더욱이 과학기술 문제를 해결하는 과정에서 일어나는 위험 논쟁은 갈등을 불러일으키기도 한다(Kunreuther & Slovic, 1996).

성차 연구는 남자와 여자의 위험지각 차이가 합리성 또는 교육의 차이가 아님을 보여준다 (Gardner & Gould, 1989). Barke 등(1997)은 남녀 과학자 사이에서 위험지각의 차이를 발견하였다. 즉 위험에 대한 과학적 이해와 위험 평가 절차를 잘 알고 있는 남자와 여자 사이에서도 여전히 위험지각의 차이가 나타난다. Slovic 등(1997a)은 영국독극물학회 여자 회원이 남자 회원보다 위험을 더 높게 판단했다는 결과를 얻었다(Kraus et al., 1992; Slovic et al., 1995 참조). 뿐만 아니라 최고 수준의 교육을 받은 전문가 집단도 위험 평가 질문방식에 의해 영향을 받는 편향된 위험판단을 보였다. McNeil 등(1982)은 의사들이 객관적으로 동일한 확률임에도 불구하고 사망률보다 생존율로 제시되는 폐암 치료법을 더 선호하는 결과를 얻었다.

위험지각을 성차로 설명하려는 다른 입장은 남녀의 생물학적 차이에 기반하고 있다. 그러나 최근 연구 결과(예 : Flynn et al., 1994; Slovic, 1997 참조)는 순수한 생물학적 접근을 지지하지 않는다. Flynn, Slovic과 동료들은 (1) 위험지각에서 유색인 남자와 여자의 유사성이 백인 남자와 여자의 유사성보다 더 크고, (2) 백인 남자의 위험지각과 태도는 다른 모든 사람들과 차이가 있음을 발견하였다. 생물학적 설명은 남자와 여자의 위험지각의 차이가 인종을 초월한다는 의미를 내포한다.

Flynn 등(1994)의 연구에서 1,512명의 미국인에게 25개의 위험항목을 다음과 같은 척도상에서 평가하게 하였다 : (1) 매우 낮은 위험, (2) 낮은 위험, (3) 중간 위험, (4) 높은 위험. 연구 결과에 따르면 '높은 위험'이라고 반응한 백분율이 모든 항목에서 남자보다 여자에서 더 높게 나타났다. 이와 비슷하게 모든 위험항목에서 높은 위험 반응의 백분율이 백인 응답자보다 유색인 응답자에서 더 높았다. 그림 9.1은 백인 남자, 백인 여자, 유색인 남자, 유색인 여자의 평

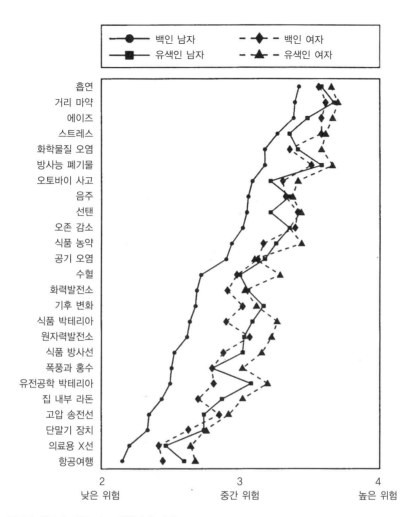

그림 9.1 인종과 성차에 따른 평균 위험지각 평가

출처 : Flynn et al.(1994). Reprinted with permission.

균 위험 평가 중에서 가장 눈에 띄는 결과를 보여준다. 25개의 모든 위험항목에서 백인 남자의 위험 평가가 다른 세 집단의 평균보다 확실히 낮았다.

'백인남자효과'는 위험을 극단적으로 낮게 평가하는 백인 남자의 약 30%가 그 원인이었다. 위험지각이 낮은 백인 남자들과 나머지 응답자들을 비교한 결과, 이들은 수입과 교육수준이 더 높고 정치적으로 더 보수적인 성향을 가지고 있었다. 이들은 또한 제도와 권위를 신뢰하고, 반평등주의 관점을 가지며, 위험관리에서 시민에게 결정권이 주어지는 것을 싫어하는 등 나머지 집단과 매우 다른 태도를 가지고 있었다.

사회정치적 요인의 역할 : 세계관, 신뢰 그리고 통제력에서 개인차

앞에서 기술한 연구 결과는 세계관, 신뢰, 통제, 그 밖의 다른 사회정치적 요인들이 위험판단에서 성차와 인종 차이를 결정하는 핵심요인이므로 위험지각은 과학기술의 심오한 가치와 그것이 사회에 미치는 영향력을 반영한다는 가설을 이끌어냈다(Barke et al., 1997). 다른 사람들과 비교하여 백인 남자는 과학기술을 만들어내고, 관리하고, 통제하는 위치에 있고, 과학기술로부터 얻는 이익도 더 많기 때문에 위험을 더 낮게 지각하는 것일 수 있다. 여자와 유색인 남자가 위험을 더 높게 지각하는 이유는 과학기술의 영향을 덜 받기 때문일 것이다. 실제로 몇몇 연구는 위험 지각이 개인의 의사결정 수준(예 : 액화석유가스와 같은 위험물 사용에 대한 크고 작은 의사결정 능력)과 각자가 재해에서 얻는 이익(예 : 직접, 간접 또는 대립)과 관련이 있음을 보여준다(예 : Kuyper & Vlek, 1984; Baird, 1986; Bord & O'Connor, 1997 참조).

성차와 인종에 따른 사회정치적 요인의 차이를 이해하는 것이 중요한 이유는 엘리트 집단의 세계관으로 대중의 위험수용을 설명하기 어렵기 때문이다. 지금부터 백인 남자가 광범위한 재해에서 보이는 낮은 위험지각과 위계주의와 반평등주의 입장을 여러 면에서 찾고자 한다.

방법

광범위한 재해(위험물, 위험 사건)에 걸친 위험지각을 알아보기 위해 전화조사 방법으로 자료를 수집하였다. 이 조사에는 세계관, 신뢰, 인구통계 변수가 포함되었다. 또한 화학물질과 방사능 폐기물 수송과 관련된 지역과 제품에 잠재된 낙인 위험의 불리한 효과에 대한 응답자의 인식도 알아보았다(Gregory et al., 1995 참조).

절차

1997년 9월 27일부터 1998년 2월 3일까지 18세 이상의 미국 거주자를 계층별 무작위 표집으로 전화조사가 진행되었다. 피면접자의 46.8%에 해당하는 총 1,204명의 자료가 연구에 사용되었다. 세 인종집단(아프리카계 미국인, 히스패닉, 아시아인)은 분석의 신뢰도를 높이기 위해 과표집되었다. 인종과 민족성을 확인하는 질문으로 "당신의 인종 또는 민족은 무엇입니까?", "당신은 자신이 백인, 히스패닉, 흑인, 아시아인, 북미 인디언, 복합인종 또는 복합민족, 또는 그 밖의 어떤 다른 인종이라고 생각하십니까?"라고 물었다 이런 질문은 자기 정의에 의존하는 것으로 Cooper(1994)에 따르면 미국에서 '법에 기초한 유일한 인종 분류법'이다. 최종 조사 자료에는 백인 672명, 아프리카계 미국인 217명, 히스패닉 180명, 아시아인 101명, 북미 인디언, 복합인

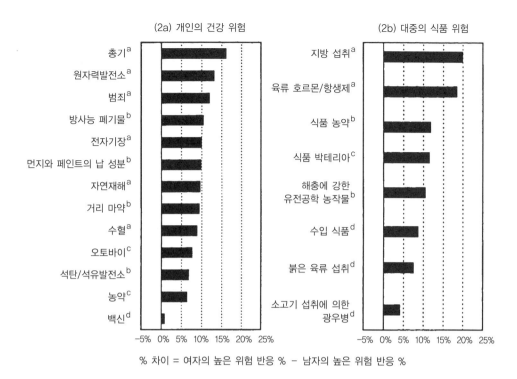

그림 9.2 (a) 개인(당신과 당신의 가족)의 건강 위험지각과 (b) 미국 대중의 식품 위험지각에 대한 남자와 여자의 높은 위험 반응의 백분율 차이

주 : [a] 카이검증에서 $p < .001$ 수준에서 의미 있음 [b] 카이검증에서 $p < .05$ 수준에서 의미 있음
[c] 카이검증에서 $p < .01$ 수준에서 의미 있음 [d] 카이검증에서 의미 없음

출처 : 1997 전국적 위험 조사, $N = 859$, 인종과 성에 가중치를 둔 자료임.

종, 그 밖의 인종 34명이 포함되었다. 면접은 영어와 스페인어로 이루어졌다. 참여자의 평균 연령은 43.5세였고, 남자 45%와 여자 55%로 구성되었다. 평균 면접 시간은 약 35분이었다. 인종과 성차 특징이 모두 포함된 제시자료는 가중치를 주지 않은 것이다. 그 밖의 결과는 1997년 미국 인구 조사 추정치에 가중치를 주어 표본 크기가 859명이 되었다. 유색인 집단에 속한 각 인종집단은 미국 유색인 전집을 대표하도록 자료에 가중치가 주어졌다.

조사 설계

조사에서는 환경과 건강 재해에 대한 여러 질문이 제시되었지만 여기서는 이 장과 관련된 항목들만 포함한다.

모든 응답자에게 '당신과 가족'의 건강과 안전을 생각하면서 13개의 위험한 활동과 과학기술(예 : 수혈, 오토바이, 원자력발전소, 백신)을 '매우 낮은 위험, 낮은 위험, 보통 위험, 높은

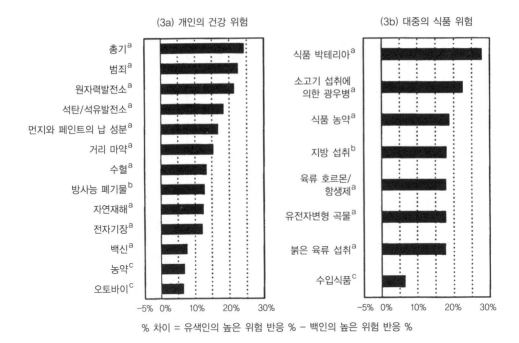

(3a) 개인의 건강 위험

총기[a]
범죄[a]
원자력발전소[a]
석탄/석유발전소[a]
먼지와 페인트의 납 성분[a]
거리 마약[a]
수혈[a]
방사능 폐기물[b]
자연재해[a]
전자기장[a]
백신[a]
농약[c]
오토바이[c]

(3b) 대중의 식품 위험

식품 박테리아[a]
소고기 섭취에 의한 광우병[a]
식품 농약[a]
지방 섭취[b]
육류 호르몬/항생제[a]
유전자변형 곡물[a]
붉은 육류 섭취[a]
수입식품[c]

-5% 0% 10% 20% 30%

% 차이 = 유색인의 높은 위험 반응 % – 백인의 높은 위험 반응 %

그림 9.3 (a) 개인의 건강 위험지각(당신과 당신의 가족)과 (b) 미국 대중의 식품 위험지각에 대한 백인과 유색인의 높은 위험 반응의 백분율 차이

주 : [a] 카이검증에서 $p < .001$ 수준에서 의미 있음 [b] 카이검증에서 $p < .01$ 수준에서 의미 있음 [c] 카이검증에서 의미 없음

출처 : 1997 전국적 위험 조사, $N = 859$, 인종과 성별에 대하여 가중치를 둔 자료임.

위험'의 척도상에서 평가하라고 요청하였다. 우리는 이 자료가 개인의 위험지각을 보여준다고 보았으며, 다른 질문들에서는 '전체 미국 대중'에게 19개의 위험한 활동과 과학기술이 얼마나 위험한지를 동일한 4단계의 척도상에서 평가하라고 하였다(개인과 가족을 대상으로 물은 13개의 항목이 모두 포함되었다).

특히 8개의 추가 항목은 식품 위험(예 : 식품 박테리아, 육류 호르몬과 항생제, 지방 섭취)에 대한 것으로 응답자는 위에 기술한 척도상에서 국민의 위험 수준을 평가했다.

마지막으로 모든 응답자는 낙인, 세계관, 신뢰, 인구통계 변수(성과 인종 포함)의 영향과 관련된 일련의 질문에 답하였다.

결과

위험지각

성차

모든 항목에서 '높은 위험'에 대한 반응 백분율이 남자보다 여자에서 더 높았다(그림 9.2a 참조). 비슷한 패턴이 건강 위험의 평가와 식품 위험의 평가에서도 발견되었다(그림 9.2b 참조).

인종 차이

개인(당신과 가족)에게 '높은 위험'이라고 평가한 백인과 유색인 사이의 백분율 차이를 검토한 결과, 모든 항목에서 '높은 위험'에 대한 반응 백분율이 유색인에서 더 높았다(그림 9.3a 참조). 비슷한 패턴이 건강 위험의 평가와 식품 위험의 평가에서도 발견되었다(그림 9.3b 참조).

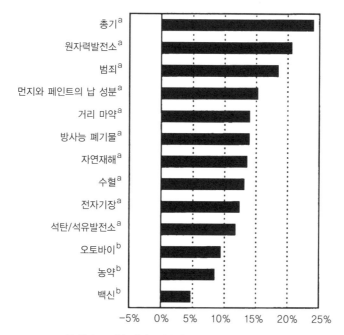

% 차이 = 다른 집단들의 높은 위험 반응 % − 백인 남자의 높은 위험 반응 %

그림 9.4 백인 남자와 다른 모든 집단의 높은 위험 반응 백분율 차이 : 개인(당신과 가족)에 미치는 지각된 건강 위험

주 : [a] 카이검증에서 $p < .001$ 수준에서 의미 있음 [b] 카이검증에서 $p < .01$ 수준에서 의미 있음

출처 : 1997 전국적 위험 조사, $N = 859$, 인종과 성별에 가중치가 주어진 자료임.

백인남자효과

개인과 대중에게 '높은 위험'이라고 평가한 백인 남자와 나머지 표본 집단 사이의 차이를 검토한 결과, 백인 남자의 반응이 모든 항목에서 더 낮았다(그림 9.4와 9.5 참조). 즉 백인 남자는 위험 평가에서 언제나 '높은 위험'에 더 적게 반응했다. 이것은 특히 총기, 원자력발전소, 간접흡연, 다중 성적 파트너, 거리 마약에서 두드러졌다.

이와 비슷하게 개인과 대중에 미치는 위험 평가에서도 백인 남자는 다른 사람들과 달랐다. 개인에 대한 위험의 평균 평가가 백인 여자, 유색인 남자, 유색인 여자보다 백인 남자에서 더 낮게 나타났다(그림 9.6a 참조). 아시아 남자(2.68)가 백인 남자(2.80)보다 오토바이에서 더 낮은 위험 평가를 보인 것을 제외하고는 개인에 대한 위험 평가를 각 인종 집단에서 여자와 남자를 구분하여 살펴보았을 때도 이런 비슷한 패턴이 나타났다(그림 9.6b 참조).

미국 대중에 미치는 위험 평가를 살펴보면 백인 남자는 백인 여자, 유색인 남자, 유색인 여자와 다르다는 것을 알 수 있다(그림 9.7a 참조). 유색인 여자는 여러 항목(예 : 먼지와 페인트

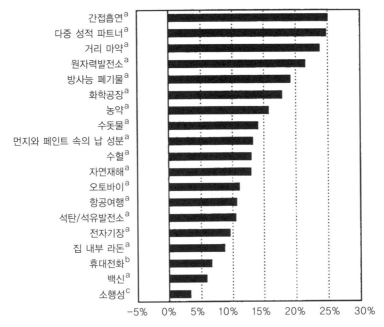

% 차이 = 다른 모든 집단의 높은 위험 반응 % − 백인 남자의 높은 반응 %

그림 9.5 백인 남자와 다른 집단들의 높은 위험 반응에서 백분율 차이 : 미국 대중에 미치는 지각된 건강 위험

주 : [a] 카이검증에서 $p < .001$ 수준에서 의미 있음 [b] 카이검증에서 $p < .01$ 수준에서 의미 있음
[c] 카이검증에서 $p < .05$ 수준에서 의미 있음

출처 : 1997 전국적 위험 조사, $N = 859$, 인종과 성별에 대하여 가중치가 주어진 자료임.

의 납 성분, 수혈)에서 가장 높은 위험 추정치를 보여준다. 대중에 대한 남자와 여자의 위험 평가를 각 인종집단별로 살펴보면(그림 9.7b 참조), 아시아 남자는 여러 항목(예 : 오토바이, 수돗물, 백신, 휴대전화)에서 백인 남자와 비슷하거나 더 높다. 어떤 위험(예 : 농약)은 다른 위험(예 : 오토바이)보다 집단 간 위험 평가에서 차이가 더 크게 나타났다.

미국 대중에 미치는 식품 재해에서 백인 남자의 위험지각은 백인 여자, 유색인 남자, 유색인 여자와 비교하여 모든 항목에서 평균보다 더 낮았다(그림 9.8a 참조). 유색인 여자는 여러 항목(예 : 박테리아와 농약)에서 가장 높은 위험 반응을 보였다. 남자와 여자의 평가를 각 인종집단

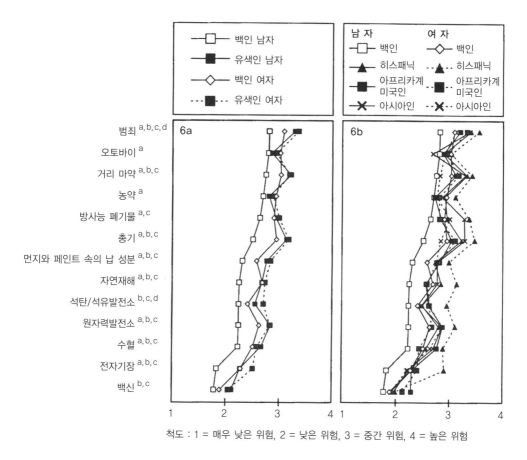

그림 9.6 (a) 백인과 유색인 남자와 여자, 그리고 (b) 백인, 히스패닉, 아프리카계 미국인, 아시아 남자와 여자의 개인과 가족에 미치는 평균 위험지각

6a, Tukey 사후 짝진 비교는 [a] 백인 남자와 백인 여자 사이에, [b] 백인 남자와 유색인 여자 사이에, [c] 백인 남자와 유색인 남자 사이에, [d] 백인 여자와 유색인 여자 사이에 각각 의미 있는 차이를 보여주었다. 6b에 대한 비교 결과는 요청을 하면 얻을 수 있다.

주 : 자료 (a)는 인종과 성에 가중치가 주어졌고($N = 859$), 자료 (b)는 가중치가 주어지지 않았다($N = 1,170$).

출처 : 1997 전국적 위험 조사

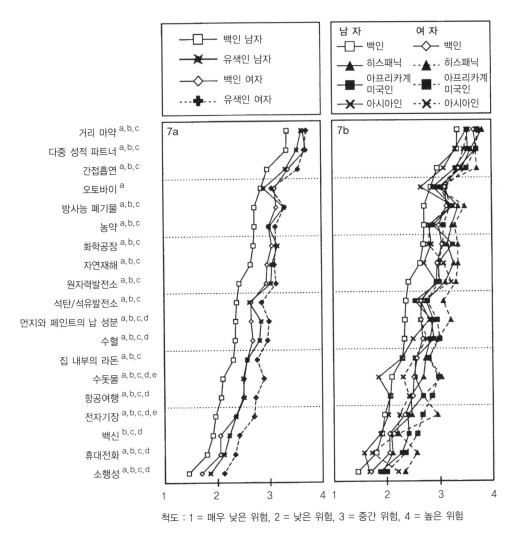

그림 9.7 (a) 백인과 유색인 남자와 여자, 그리고 (b) 백인, 히스패닉, 아프리카계 미국인, 아시아 남자와 여자의 미국 대중에 미치는 지각된 위험 평균 평가

7a, Tukey 사후 짝진 비교는 [a] 백인 남자와 백인 여자 사이에, [b] 백인 남자와 유색인 여자 사이에, [c] 백인 남자와 유색인 여자 사이에, [d] 백인 여자와 유색인 여자 사이에, [e] 유색인 남자와 유색인 여자 사이에 각각 의미 있는 차이를 보여주었다. 7b에 대한 비교 결과는 요청을 하면 얻을 수 있다.

주 : 자료 (a)는 인종과 성에 가중치가 주어졌고($N = 859$), 자료 (b)는 가중치가 주어지지 않았다($N = 1,170$).

출처 : 1997 전국적 위험 조사

별로 살펴보면, '백인남자효과'가 더 작은 것을 알 수 있다. 아시아 남자는 수입식품, 붉은 육류, 육류의 호르몬과 항생제 같은 여러 식품 위험에서 백인 남자보다 위험을 더 낮게 평가하였다(그림 9.8b 참조).

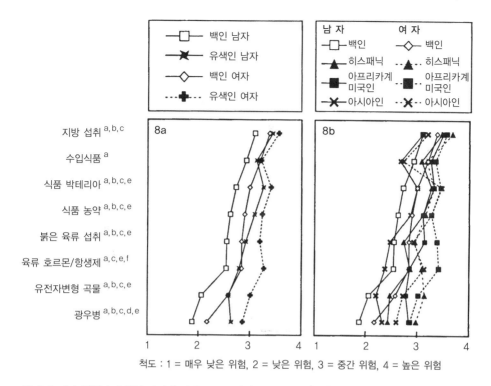

그림 9.8 (a) 백인과 유색인 남자와 여자, 그리고 (b) 백인, 히스패닉, 아프리카계 미국인, 아시아 남자와 여자의 미국 대중에 미치는 지각된 위험의 평균 평가

8a, Tukey 사후 짝진 비교는 [a] 백인 남자와 백인 여자 사이에, [b] 백인 남자와 유색인 남자 사이에, [c] 백인 남자와 유색인 여자 사이에, [d] 백인 여자와 유색인 남자 사이에, [e] 백인 여자와 유색인 여자 사이에, [f] 유색인 남자와 유색인 여자 사이에 각각 의미 있는 차이를 보여주었다. 8b에 대한 비교 결과는 요청을 하면 얻을 수 있다.

주 : 자료 (a)는 인종과 성에 대하여 가중치가 주어졌고(N = 859), 자료 (b)는 가중치가 주어지지 않았다(N = 1, 170).

출처 : 1997 전국적 위험 조사

행동의도

성차와 인종 차이는 위험활동과 과학기술에 대한 행동의도를 측정하는 항목에서도 나타났다(표본의 절반을 대상으로 조사하였다 : N = 426). 예를 들어, "만일 의사가 수혈을 권유하면 혈액은행이 제공하는 혈액을 수혈받을 것이다"라는 진술문에 대한 반응을 보면, 동의하지 않거나 강하게 동의하지 않는다는 여자의 비율이 남자보다 더 높았다(44.3% 대 23.6%, N = 426). 동의하지 않거나 강하게 동의하지 않는다고 반응하는 히스패닉이 백인보다 더 많았고(44.7% 대 30.5%), 마찬가지로 동의하지 않거나 강하게 동의하지 않은 아프리카계 미국인이 백인보다 더 많았다(43.6% 대 30.5%). 동의하지 않거나 강하게 동의하지 않는다고 반응한 백인 남자는 아시아 여자보다 더 적었지만(23.0% 대 42.9%), 아시아 남자(17.6%)보다는 더 많았다. 카이검증 결과 아시아 남자와 백인 남자를 제외하고 모든 차이는 $p < .05$ 수준에서 의미가 있었다.

사회정치적 요인

백인 남자는 나머지 집단과 무엇이 다를까? 세계관, 신뢰, 그리고 장소와 제품을 낙인화하는 화학물질과 방사능 폐기물 재해의 잠재력을 묻는 일련의 태도 질문에서 백인 남자는 다른 집단과 차이가 있었다. (아래 항목들에서 모든 분석은 전체 미국 인구에 대응되도록 성차와 인종에 가중치를 준 자료가 사용되었다 : $N = 859$. 카이검증에서 항목 (c)를 제외한 모든 차이는 $p < .05$ 수준에서 의미가 있었다.)

세계관

백인 남자는 위계주의와 개인주의 세계관 점수가 더 높았고 운명주의와 평등주의 세계관 점수는 더 낮았다. 운명주의는 진술문 (a)로, 위계주의는 (b)와 (c)로, 평등주의는 (d)와 (e)로, 개인주의는 (f)와 (g)로 측정되었다. 특히 모든 다른 응답자와 비교하여 백인 남자의 백분율은 다음과 같은 진술문에서 높게 나타났다.

(a) "나는 내 건강에 위험이 되는 것들을 통제할 힘이 거의 없다"에 동의하지 않는다.(83.4% 대 76.3%)

(b) "나는 차별대우를 받는다고 느낄 때가 종종 있다"에 동의하지 않는다.(81.3% 대 67.6%)

(c) 위험이 매우 작다면 전체 사회를 위해 개인의 동의 없이 개인에게 위험이 부과되는 것에 동의한다.(20.8% 대 15.6%)

(d) 더 공정한 부의 분배가 필요하다는 데 동의하지 않는다.(40.1% 대 23.3%)

(e) 우리가 평등권에서 너무 멀어져 있다는 데 동의한다.(49.8% 대 37.5%)

(f) 능력이 많을수록 소득도 더 높아야 한다는 데 동의한다.(88.9% 대 81.6%)

(g) 정부는 개인의 위험감수 활동을 규제해야 한다.(86.8% 대 74.6%)

신뢰

백인 남자의 과학기술에 대한 신뢰는 더 높지만 정부에 대한 신뢰는 더 낮은데 아마도 정책과 결정을 통제하고 싶어 하기 때문인 것 같다. 이들은 다른 사람들보다 다음과 같은 진술문을 인정하는 경향이 더 높았다.

- 원자력발전소 근처에 살고 있는 사람들이 안전하다는 생각이 들지 않으면 폐쇄를 결정하는 투표권이 있어야 한다는 데 동의하지 않는다.(34.3% 대 12.9%)
- 연방정부가 과학기술의 위험을 잘 관리하고 있다는 데 동의하지 않는다.(74.7% 대 67.8%)

낙인

백인 남자는 화학물질과 방사능 폐기물 노출 위험에 대한 대중의 부정적인 반응을 덜 걱정한다. 그들은 다른 집단보다 다음과 같은 진술문을 인정하는 경향이 더 높다.

- 핵 폐기물과 화학 폐기물의 운반을 위한 고속도로 선정이 근처 주택가격을 하락시킨다는 데 동의하지 않는다.(40.5% 대 16.4%)
- 방사능 폐기물 운반이 농장을 통과하게 되면 대중의 농산물 구매가 감소한다는 데 동의하지 않는다.(59.9% 대 32.0%)

그 밖의 인구통계 변수

성차와 인종이 연령, 수입, 교육, 정치적 성향 같은 다른 변수들과 상관되기 때문에 우리는 이런 변수들을 통제한 후에도 성차와 인종이 여전히 위험지각의 의미 있는 예측변수인지를 보기 위해 회귀분석을 실시하였다. 분석 결과 성차, 인종 그리고 '백인 남자'는 다른 변수들이 통계적으로 통제된 후에도 매우 의미 있는 예측변수로 드러났다.

논의

우리 조사에서 남자는 여자보다 광범위한 항목들에서 위험을 더 낮게 평가하고 있었다. 이 결과는 다른 여러 선행연구들과 일치한다(예 : Brody, 1984; Steger & Witt, 1989; Gwartney-Gibbs & Lach, 1991; Gutteling & Wiegman, 1993; Stern et al., 1993; Flynn et al., 1994). 또한 백인은 유색인보다 위험을 더 낮게 평가하였다. 유색인 여자의 위험 평가가 가장 높았다. 다양한 항목에서 일관되게 가장 낮은 위험 평가를 보인 집단은 백인 남자였고 이것은 Flynn 등(1994)의 연구 결과를 반복한다. 몇 가지 예외도 발견되었다. 백인 남자와 비교하여 아시아 남자가 6개 항목(오토바이, 수돗물, 휴대전화, 수입식품, 붉은 육류 섭취, 육류 호르몬/항생제)에서 더 낮은 위험 평가를 보였다. 더욱이 사회정치적 태도에서 백인 남자와 다른 집단들 간의 의미 있는 차이가 발견되었다. 다른 표본과 비교하여 백인 남자는 위계주의, 개인주의 그리고 반평등주의 입장에 더 많이 공감했고, 과학기술 관리자들을 더 신뢰했고 정부에 대한 신뢰는 더 낮았고, 재해 때문에 발생하는 지역의 잠재적 낙인효과에 덜 민감하였다. 이런 결과는 이들이 전문가를 더 신뢰하고 대중이 지배하는 사회 과정에 대한 확신이 더 적다는 것을 시사한다.

이 연구 결과는 생물학적으로 위험지각의 남녀 차이를 설명할 수 없다는 의견을 지지한다. 생물학적 요인에 기초한 설명은 인종에 상관없이 남녀의 차이를 주장한다. 이 연구에서는 적어도 환경과 건강 재해에서 이런 설명이 맞지 않다고 밝혀졌다. 다른 집단과 비교하여 백인 남자가 개인의 성취, 혁신과 자기규제, 전문가와 위험 지지자에 대한 신뢰, 지역기반 의사결정과 규제 과정에서 편협성을 보이는 우리의 결과에는 사회정치적 설명이 더 잘 들어맞는다. 다른 집단과 비교할 때 백인 남자는, 세계는 안전하고 위험활동은 이익을 가져온다고 여긴다. 반대로 개인의 성취에 가치를 덜 두면서 부의 공정한 분배와 지역기반 규제를 강조하는 사람들은 여러 위험한 과학기술과 활동에 위험이 내포되어 있다고 본다. 백인 남자와 비교하여 여자와 유색인 남자가 권력과 통제권을 갖는 지위에 있는 경우가 드물고 과학기술과 기관에서 얻는 이익도 적고 차별대우에 취약하기 때문에 세상을 더 위험하다고 지각한다. 성차와 인종 차이를 확실하게 규명하기 위해서는 위험판단에서 사회정치적 요인의 역할을 더 많이 연구할 필요가 있다. 위험을 보통 낮게 지각하는 백인 남자는 위험에서 다른 것을 보고 있는지도 모른다.

우리의 자료는 백인 남자가 다른 집단과 차이가 있음을 보여주지만, 또한 '다른' 범주에 속하는 남녀와 인종 집단 사이의 위험지각의 이질성도 보여준다. 즉 위험지각은 아프리카계 미국인, 아시아인, 히스패닉 여자와 남자 사이에도 상당히 다르다. 이런 이질성은 위험에 직면한 개인의 특성이 중요하다는 것을 보여준다. 연구자들은 이런 집단 내 개인 간 차이를 더 많이 연구해야 한다. 우리 연구에서는 더 상세한 분석을 하지 못하였지만 Flynn 등(1994)은 백인 남자의 약 30%가 극단적으로 낮은 위험지각을 보여주었다고 밝혔다. 이들의 연구는 남녀/인종 집단이 위험지각이 특히 높거나 낮은 하위집단으로 세분화될 수 있음을 시사한다.

더욱이 남녀/인종 집단을 사회정치적 태도에 따라 분류하였지만 사회정치적 태도가 집단 안에서 다를 수 있다는 사실을 배제하지 못한다. 즉 어쩌면 어떤 사람은 다른 사람들보다 남녀와 인종에 상관없이 개인주의 또는 평등주의 쪽으로 더 기울어 있을 수 있다. 어떤 백인 남자들은 지역기반 규제와 부의 동등한 분배에 대한 관점에서 전형적인 히스패닉 여자와 비슷할 수 있다. 또 어떤 아프리카계 미국 여자들은 개인성취와 보상을 지지하는 성향이 전형적인 백인 남자와 비슷할 수 있다. 특정 시각으로 사회 인구통계 집단을 분류하는 것은 사회정치적 태도와 위험지각과 관련된 개인차를 간과할 수 있다.

개인의 특성에 의존하는 사회적 구성물로 위험을 보는 것은 중요한 질문들을 제기한다. 백인 남자가 지배하지 않는 사회에서 남녀/인종에 따라 위험지각이 어떻게 다를까? 모계사회에서는 여자가 위험을 더 많이 감수할까? 그리고 아시아 또는 아프리카 국가에서는 유색인이 백인보다 위험을 더 낮게 지각할까? 더욱이 백인 남자의 시각으로 지배되는 사회에서 여자가 기꺼이 위험감수를 하는 활동도 있다(예 : 흡연).

세계관, 신뢰, 잠재적 제품과 지역 낙인에 대한 민감성의 차이가 문화와 하위문화 사이의 위험지각의 차이를 설명할 수 있을까?

우리는 어떤 재해(예 : 수돗물, 유전자변형 곡물)에서 다른 재해(예 : 방사능 폐기물, 지방 섭취)보다 위험지각의 차이가 더 크다는 결과를 발견하였는데, 후속 연구는 재해의 종류를 고려해야 할 것이다. 백인 남자보다 아시아 남자의 더 낮은 위험지각이 몇몇 항목에서 발견되었고, 이는 평가되는 위험항목의 특성과 평가를 하는 개인 사이의 상호작용이 존재한다는 것을 보여준다. 아마도 과학기술 위험이 아니라 가정과 관련된 위험이 평가되었다면 백인 여자의 위험지각이 가장 낮게 나타났을 수도 있다.

여러 다양한 사회문화 집단들 사이의 위험지각의 차이는 활용 측면에서도 중요하다. 현재 소수집단의 사회정치적 태도와 위험지각에 대해 알려진 것이 거의 없지만, 아마도 이들은 특정 과학기술과 활동으로부터 위험에 가장 많이 노출되어 있거나 (또는 가장 이익이 큰) 사람들일 수 있다. 지각에 영향을 미치는 복잡한 요인들을 이해하지 못하고는 위험소통과 규제를 담당하는 사람들이 목표 집단에 맞춘 메시지 또는 정책을 제시하기란 어려운 일이다.

종합하면 남녀와 인종 간 위험지각의 차이를 설명하려는 노력이 성공하려면 사회적 역할, 지위 차별화, 정치적 가치, 공정성 개념을 통합해야 한다. 백인 남자의 세계관으로 위험지각을 설명하려는 시도는 성공하지 못한다. 위험 논란을 피하면서 가장 좋은 문제해결 방법은 관련된 전체 집단이 논의와 협상에 참여하는 것이다. 이런 접근이 많은 거래비용을 발생시키기 때문에 어떤 사람들에게는 두려운 일이 될 수 있다. 그러나 현재 원자력발전소에서 화학물질 오염에 이르기까지 수많은 위험 관리에서 일어나고 있는 교착상태는 사회적 갈등이 매우 비싼 비용과 경제적 손실을 야기한다는 것을 보여준다. 의사결정–공유 접근이 현재 시도되고 있는 접근보다 문제를 더 잘 해결할지는 경험적인 연구를 통해 답을 구해야 할 것이다. 이런 연구는 위험지각이 수많은 가치가 포함된 판단과 경제적 그리고 건강의 이익과 손실에 대한 정의가 집단마다 다르다는 필연성에 주의를 기울이면서 수행되어야 한다. 미국 내 다양한 집단이 가지는 복잡한 관점을 인식하는 것이 사회의 의사결정 효과와 위험소통과 관리를 효율적으로 증가시키는 첫걸음이라는 것을 명심해야 할 것이다.

10장

위험한 상황에서 차별, 취약성, 정의

Terre Satterfield, C. K. Mertz & Paul Slovic[*]

서론

이 장은 건강과 환경위험에 대해 아프리카계 미국인, 히스패닉, 아시아인, 영국계 미국인이 생각하는 차별, 취약성, 정의를 살펴본다. 우리는 건강과 환경위험 연구를 토대로(Flynn et al., 1994; Slovic, 1987, 1999), (1) 환경정의와 연계된 신념과 (2) 차별과 경제적/신체적 취약성이 위험지각에 미치는 영향을 알아본다.

최근 성차, 인종, 환경가치, 환경위험의 상호 관련성에 관심이 많다. 친환경 관점과 연계된 가치, 신념, 태도가 성차와 관련이 있다는 증거가 여러 연구에서 발견되었다(Stern et al., 1993; Davidson & Freudenburg, 1996; Bord & O'Connor, 1997). Kalof 등(2002)은 백인(더 적은 찬성)과 히스패닉(더 많은 찬성), 백인 남자(더 적은 찬성)와 백인 여자(더 많은 찬성) 간에 친환경 신념에서 의미 있는 차이를 발견하였다.

건강과 환경위험의 지각에 미치는 성차 효과를 다룬 연구를 살펴보면 여자가 남자보다 더 위험을 혐오한다(Gutteling & Wiegman, 1993; Davidson & Freudenburg, 1996). Flynn과 동료들(Flynn et al., 1994)은 유색인 미국인이 백인보다 위험을 더 높게 지각하는 현상을 '백인남자효과'라고 명명하였다. 이들은 또한 백인 남자의 위험지각이 다른 사람들과 차이가 있음을 발견하였다. 25개의 환경-건강 위험항목에서 백인 남자는 유색인(남자와 여자)과 백인 여자보다

* Reprinted from Satterfield, T. A., Mertz, C. K. and Slovic, P.(2004) 'Discrimination, vulnerability, and justice in the face of risk,' *Risk Analysis*, vol 24, no 1, pp.115-129.

위험을 더 낮게 평가하였다. 백인 여자의 위험지각은 유색인의 위험지각과 매우 비슷하였다. Mohai와 Bryant(1998) 연구는 아프리카계 미국인이 백인보다 환경위험을 더 많이 걱정하고, 특히 지역사회의 환경과 공해로부터 안전과 건강을 많이 걱정한다고 보고했다. 이와 비슷하게 Jones(1998)는 아프리카계 미국인이 원자력과 독소 위험을 크게 걱정한다고 밝혔다. 이런 차이는 특정 위험에서도 나타났다. 공기 오염에 대한 최근 연구에서 위험지각의 차이는 백인 남자와 유색인 여자 사이에서 가장 컸고, 남자와 여자의 차이는 백인과 유색인 사이의 차이보다 더 작았다(Johnson, 2002).

위험지각에서 남녀와 인종 차이의 원인은 백인 남자와 비교하여 여자와 소수자가 가진 상대적으로 더 약한 공적 의사결정권(Gutteling & Wiegman, 1993), 양육자로서 여자의 역할(Bord & O'Connor, 1997), 소수자가 직면한 환경위험 노출 가능성(Mohai & Bryant, 1998), 수입, 교육 그리고 정치적 성향(Flynn et al., 1994)으로 귀인된다. 지금까지 환경정의와 위험지각의 관계, 또는 취약성 지각과 위험지각의 관계를 다룬 연구는 거의 없었다.

환경정의의 주제는 공업화의 부산물로 발생하는 위험 부담이 소수집단에 치우쳐 있다는 것이다. 전미흑인지위향상협회(NAACP)와 Bullard(1990)의 초기 연구는 과학기술 재해가 소수집단의 지역사회에 더 집중되어 있고 개선가능성도 더 적다는 사실을 밝혔다. 이 주제는 분배, 처우, 보상이 불공평한 여러 구체적 상황을 보여주면서(Sexton & Anderson, 1993; Zimmerman, 1993; Greenberg & Schneider, 1995; Graham et al., 1999), 다양한 오염물질(Beck, 1992, 1999), 재해폐기물, 유독성 시설 부지 등의 배치에 관심을 모았다. 법과 규제가 환경건강 위험의 분배에서 널리 퍼진 불공평성을 문제 삼을 필요가 있다는 주장이 나오고 환경정의 운동이 급증하고 있는 현실에서 응답자들이 환경정의를 지지하는 것은 당연해 보인다(Greenberg, 1993; Szasz, 1994; Taylor, 2000; Lester et al., 2001). 또한 환경정의 문제를 지지하는지 또는 거부하는지를 묻는 신념 진술이 위험지각과 연계되어 검토된다.

위험에 대한 취약성은 지역사회의 정치 경제에 관심을 가진 지리학자들에 의해 그 지역이 기아, 빈곤 또는 자연재해의 충격, 위기 또는 스트레스 요인으로부터 회복할 수 있는지를 통해 연구되었다(Watts & Bohle, 1993). 그러나 지각된 취약성과 위험지각의 관계를 검증한 연구는 소수에 불과하다. 성차와 위험을 다룬 논문에서 Bord와 O'Connor(1997)는 "여자는 질병과 신체적 쇠약에 대한 지각된 취약성이 더 강하다"고 주장하였다(p. 832). 연구자들은 백인 여자의 높은 위험지각은 이런 지각된 취약성의 산물로 해석하였다. 독물학 지식과 위험지각에 관한 Kraus 등(1992)의 연구는 지각된 취약성을 대중의 화학물질 공포에 대한 독물학자의 태도를 매개하는 핵심요인으로 명시한다. 독물학자들은 동물에 비해 사람은 화학물질의 적대적인 효과에 덜 취약하다고 믿고, 동물 연구를 신뢰하지 않고, 대중이 적은 양의 농약에 불필요하게 놀란다고 생각한다.

앞서 기술된 연구들은 취약성을 상해에 대한 높은 민감성이라는 일반적 느낌으로 정의한다. 이런 생각은 차별의 행동 무력화 효과를 강조하는 초기 사회심리학 연구들과 매우 비슷하다(Jones, 1998). 차별을 취약성의 한 차원으로 다루는 것도 큰 무리는 없겠지만, 더 완벽한 정의는 취약성을 여러 차원으로 표현하는 것이다. 따라서 여기서 발전된 취약성의 조작적 정의는 지각된 개인의 허약, 지각된 경제적 불안정, 신체적 취약성(예 : 나쁜 건강과 연계된 것들)에 관한 생각 모두를 포함한다.

연구 문제

이 장은 위험에 대하여 정의와 취약성이 주도하는 반응을 비롯하여 인구통계 요인에 관심을 가지고 4개의 핵심 연구 문제를 제기한다. 첫째, 가장 기본 질문은 Mohai와 Bryant(1998) 그리고 Jones(1998)가 주장하는 '걱정 차이' 또는 Flynn 등(1994)의 '백인남자효과'가 전국적 대표 표본과 아프리카계 미국인과 히스패닉을 대표하는 과표집된 소수자 집단에서도 발견되는가이다.

특히 독소, 원자력, 석탄/석유시설과 관련된 건강과 환경안전 문제에서 백인 남자는 다른 집단(유색인 남자, 백인 여자와 유색인 여자)과 비교하여 걱정을 덜하는가? 둘째, 차별 경험, 그리고 더 광범위하게 취약성이 이런 걱정/효과를 어느 정도 주도하는가? 셋째, 환경정의에 대한 신념 그리고/또는 환경정의에 대한 사회정치적 자각이 위험지각을 얼마나 설명할 수 있는가? 넷째, 취약성과 불의가 설명되면 위험지각에서 백인과 유색인의 차이가 감소되거나 사라질까? 그리고 이런 새로운 변수가 교육 또는 수입보다 더 중요할까?

방법

여기 제시된 자료는 지각된 위험, 문화 세계관, 신뢰, 환경가치, 차별, 사회취약성, 환경정의를 알아보기 위해 전국에서 전화조사 방법으로 수집되었다. 구체적인 질문은 결과에서 자세히 살펴볼 것이다. 조사는 위험, 인종, 성차 사이의 관련성을 검토하고 자료의 신뢰도를 높이기 위해 유색인 집단을 과표집하였다. 여기서는 이 장과 관련된 조사 자료만 논의한다.

조사 실시

18세 이상의 미국 거주자를 계층별 무작위 표본을 대상으로 전화조사가 1997년 9월 27일에서

1998년 2월 3일까지 진행되었다. 조사 대상자로 선정될 확률은 전화를 보유한 모든 미국 가구에서 동일하였다. 전화번호는 아시아인이 75% 이상이고 히스패닉과 흑인이 80% 이상인 인구조사 표준지역의 전화국번을 사용하여 무작위로 돌려졌다. 아시아인 집단의 경우 미국 전화교환국에서 찾은 성(姓)을 가지고 표본이 만들어졌다.

전체 반응률 46.8%에 해당하는 총 1,204개의 면접 자료가 수집되었다. 아시아인 표본의 반응률은 32.6%였고 히스패닉 표본의 반응률은 54.4%에 달하였다. 평균 연령은 43.5세였고, 남자 비율은 45%, 여자 비율은 55.5%였다. 평균 면접 시간은 약 35분이었다. 표본은 백인 672명, 히스패닉 180명, 아프리카계 미국인 217명, 아시아인 101명, 북미 인디언 22명, 그 밖에 자신을 '다른 인종'으로 기술한 12명으로 구성되었다. 이 12명의 인구통계 특성은 알 수 없어서 이들을 제외한 1,192명의 표본 자료가 분석되었다. 경우에 따라 아프리카계 미국인, 히스패닉, 아시아인, 북미 인디언 집단을 합하여 '유색인' 남자 또는 여자 집단으로 분류하였다. 미국 전집의 인구 구성 비율에 맞추기 위하여 각 인종표본에 가중치를 준 결과 289명의 백인 남자, 383명의 백인 여자, 245명의 유색인 남자, 275명의 유색인 여자 집단이 만들어졌다.

결과

위험 평가

위험지각 연구는 재해 특성 또는 위험 대상이 위험지각에 강력한 영향을 미친다고 말한다. 특히 두렵고, 치명적이고, 비자발적이고, 불공정하고, 개인이 통제할 수 없고, 신뢰할 수 없는 기관에 의해 발생하는 위험은 강력한 위험-혐오 반응을 불러일으킨다(Slovic, 1987, 1992; Slovic et al., 1979).

이 연구에서 응답자들은 19개의 상이한 위험을 평가하였다. 대부분의 위험항목은 과학기술 재해와 관련되었다(예 : 농약, 석탄/석유발전소, 방사능 폐기물, 페인트와 먼지 속의 납 성분). 그 밖에도 건강-위험 행동(다중 성적 파트너, 거리 마약), 자연현상의 산물(소행성, 자연재난), 소비재 관련 위험(오토바이, 휴대전화)이 있었다. 응답자들은 각 위험대상이 미국 대중에게 위험한 정도를 매우 낮은 위험, 낮은 위험, 중간 위험, 높은 위험 척도상에서 평가하였다.[1] 이 응답 범주는 1~4의 숫자로 변환되었다. 위험지각 지표는 각 응답자가 19개의 개별 위험항목 평가 점수를 평균한 것이었다. 이 지표의 Cronbach α는 0.90으로 높은 신뢰도를 보여준다.

인종, 민족(히스패닉 응답자들), 성차에 따른 평균 위험 평가가 그림 10.1에 제시되어 있다.[2] '거리 마약'과 '다중 성적 파트너'에 대한 평균 위험점수가 가장 높았다. 가장 낮은 점수는 백신, 휴대전화, 소행성에서 나타났다.

그림 10.1은 자신을 아프리카계 미국인, 히스패닉, 아시아인, 미국 인디언 또는 다중 인종으로 생각하는 모든 남자와 여자 응답자들을 유색인 남자와 유색인 여자로 표시하였다. 그림은 백인 남자가 유색인 여자, 유색인 남자, 백인 여자에 비하여 위험을 낮게 평가하고 있는 모습을 보여준다. 이런 패턴이 19개 재해 중 18개에서 일관되게 나타나고 있다. 예외인 경우가 두 가지 있다. 첫째, '오토바이'에서는 유색인 남자와 백인 남자가 비슷하고 이들의 위험지각은 백인과 유색인 여자와 비교하여 약간 더 낮다. 둘째, 유색인 여자가 다른 집단보다 더 높은 위험 평가를 보인다. Tukey 사후검증 결과에서는 유색인 여자의 위험 평가가 전체 19개의 위험항목에서 백인 남자보다 더 높았다. 이들은 11개 위험항목에서는 백인 여자와 유의미한 차이를 보였고 10개 항목에서는 유색인 남자와 유의미한 차이를 보였다.[3] 이런 결과는 '백인 남자'가 유

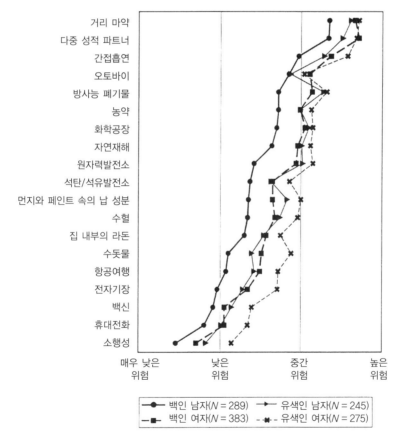

그림 10.1 미국 대중의 위험지각 : 인종과 성차에 따른 평균 – 백인 대 유색인

주 : '유색인'은 히스패닉, 아프리카계 미국인, 아시아인, 미국 인디언, 다중인종 집단을 포함한다.
출처 : 1997 전국적 위험 조사

일하게 '특이한' 집단이라고 보기 어렵고 비록 정도는 약하지만 유색인 여자도 비전형적인 패턴을 보인다고 할 수 있다.

아프리카계 미국인, 히스패닉, 아시아인, 미국 인디언, 다중 인종을 간단하게 유색인으로 범주화하는 것은 명백한 환원주의이다. 그러나 인종과 성차에 따른 특수한 반응에 대한 상세한 설명은 인종 또는 이들의 집단 간 차이를 어떤 일관된 패턴으로 보여주지 않는다. 아프리카계 미국인, 히스패닉, 아시아인 응답자의 어떤 단일집단(남자 또는 여자) 또는 복합집단(남자와 여자)도 일관되게 위험을 혐오하거나 수용하지 않았다. 그러나 남자와 여자의 집단 내 차이(아프리카계 미국인 남자를 아프리카계 미국인 여자와 비교 등)를 비교하면 유색인 집단에 있는 여자들은 위험을 더 높게 평가하는 모습을 보인다. 아프리카계 미국인과 히스패닉 여자의 위험 평가 평균은 19개 항목 중 13개에서 남자보다 더 높았다. 아시아 여자는 19개 항목 중 5개에서만 더 높은 위험 평가를 보였다.

이 결과는 백인 남자가 다른 남자 또는 여자 집단보다 더 낮은 위험지각을 보인다는 초기 '백인남자효과' 연구들과 일치한다(Flynn et al., 1994; Finucane et al., 2000b). 이런 초기 연구들(Flynn et al., 1994; Finucane et al., 2000b)과 마찬가지로 우리 역시 백인 남자 일부가 위험 평가를 매우 낮게 하고 있다는 것을 발견하였다. 이들이 백인 남자 전체의 위험 평가를 끌어내리고 있었다. 이 백인 남자 하위집단은 위험지각 지표에서 가장 낮은 평균점수를 받은 백인 남자를 시작으로 나머지 백인 남자의 평균점수가 다른 사람들(모든 여자와 모든 유색인 남자)의 평균점수와 일치할 때까지 백인 남자를 추가하는 방식으로 만들어졌다. 백인 남자의 48%가 이 하위집단에 속하였다. 이 백인 남자 하위집단은 과학, 과학기술, 산업에서 얻는 이익이 위험을 상쇄한다고 생각하고 시민이 주도하는 의사결정을 반기지 않았다(예 : 이들은 평등주의보다는 권위주의를 표방하였다). 이들은 또한 다른 응답자들보다 교육수준이 더 높고, 정치적 성향은 더 보수적이고, 수입도 더 많았다.[4] 동일한 자료를 이용한 Finucane 등(2000b)의 연구 결과에 따르면 백인 남자는 평등주의보다는 개인주의와 운명주의 세계관을 가지는 경향이 있었고 다른 사람들보다 위험사건의 낙인효과를 두려워하지 않았다(예 : 방사능 폐기물의 운반 경로에 근접한 지역에서 발생하는 자산과 사업의 낙인효과).[5]

여기서 소수자 집단을 광범위하게 과표집한 결과로 확증된 '백인남자효과'는 따라서 소수자 집단, 특히 아프리카계 미국인이 환경에 대해 걱정을 하지 않는다고 이해한 것이 틀렸음을 보여준다(Jones et al., 1984). 그리고 Mohai와 Bryant(1998) 그리고 Jones(1998)의 예측대로 백인 남자효과는 건강과 환경재해, 특히 독소와 원자력 재해에서 가장 확실하게 나타났다.

사회정치적 표출로서 위험

차별과 사회취약성

(1) 아프리카계 미국인의 건강과 환경 위험지각이 대부분의 유색인 남자와 모든 여자 집단과 비슷하고 (2) 상당수의 백인 남자가 다른 사람들에 비해 세상을 덜 위험하게 보는 데 대한 설명이 필요하다. Flynn 등(1994)은 연령, 교육, 수입뿐만 아니라 과학기술의 중요성 지각을 통제하였을 때도 성과 인종은 위험을 예측하는 매우 중요한 요인이라는 사실을 발견하였다. 이것은 사회정치적 변수(인구통계 변수가 아니라)가 위험지각에서 성과 인종 효과를 설명한다는 결론에 도달하게 하였다. 추측하건대 백인 남자는 환경위험과 관련된 중요한 과학기술을 생산하고, 관리하고, 통제하고, 이롭게 만들기 때문에 세상을 덜 위험하다고 지각할 것이다. 여자와 유색인 남자가 세상을 더 위험하다고 지각하는 이유는 자신의 지역사회에서 발생하는 일과 생명을 통제할 힘이 없기 때문이다. 앞에서 언급하였듯이, Bord와 O'Connor(1997)는 백인 여자의 높은 위험지각을 지각된 취약성으로 해석하였다.

위험지각에 미치는 성차와 인종 효과의 취약성과 사회정치적 기반을 더 상세하게 검토하기 위해, 우리는 먼저 응답자들의 위험 평가와 그들이 느끼는 차별과 취약성 사이에 어떤 관계가 있는지 살펴보았다. 차별에 대한 자기보고와 취약성 표현은 6개 질문으로 작성되었다. 조사 항목은 다음과 같다.

1. 나는 종종 차별을 받는다고 느낀다.
2. 나는 삶이 망가졌다고 느낀다.
3. 나 같은 사람은 경제성장으로부터 어떤 이익도 얻지 못한다.
4. 나는 건강에 해가 되는 위험을 통제할 수 없다.
5. 당신의 건강상태는 매우 좋은, 좋은, 평균, 나쁜 중에서 어디에 해당합니까?
6. 당신이 받고 있는 의료관리의 질은 어느 정도라고 생각합니까?

이 항목들을 가지고 인종에 관계없이 "차별을 받고 있다고 느낀다"는 응답자들이 누구인지 알아본다. 더 자세히 말하면, 이 질문들은 자신의 삶을 통제할 수 없다고 느끼고, 경제적 기회에서 얻는 이익이 적다고 느끼고, 다른 사람들이 받고 있는 의료 지원을 받지 못한다고 느끼는 사람들을 확인하게 해준다. 6개의 취약성 질문에 대한 응답 빈도 분포가 표 10.1에 나와 있다.

백인 남자와 백인 여자는 차별/취약성 항목에서 유색인 응답자들과 상당한 차이를 보였다. 집단별로 비교해보면, 백인 남자(81.3%)와 백인 여자(78.3%)의 대다수는 차별을 받는다고 느끼지 않지만, 유색인 남자(49.4%)와 유색인 여자(50.6%)의 절반은 차별을 자주 느낀다고 보고

표 10.1 취약성 지표를 구성하고 있는 항목들의 분포

항목	백인 남자 (%)	백인 여자 (%)	유색인 남자 (%)	유색인 여자 (%)
나는 종종 차별을 받는다고 느낀다.*				
매우 동의한다/동의한다	18.0	20.9	49.4	50.6
전혀 동의하지 않는다/동의하지 않는다	81.3	78.3	49.8	48.0
나는 삶이 망가졌다고 느낀다.*				
매우 동의한다/동의한다	7.3	12.3	23.3	21.8
전혀 동의하지 않는다/동의하지 않는다	92.4	87.5	75.5	77.8
나 같은 사람은 경제성장으로부터 어떤 이익도 얻지 못한다.*				
매우 동의한다/동의한다	29.4	41.3	43.7	54.6
전혀 동의하지 않는다/동의하지 않는다	69.2	56.7	53.9	43.3
나는 건강에 해가 되는 위험을 통제할 수 없다.*				
매우 동의한다/동의한다	16.3	19.1	31.4	29.5
전혀 동의하지 않는다/동의하지 않는다	83.4	80.7	67.4	69.5
당신의 건강상태는 매우 좋은, 좋은, 평균, 나쁜 중에서 어디에 해당합니까?**				
매우 좋은/좋은	82.7	84.6	76.7	76.0
평균/나쁜	17.0	15.4	23.3	24.0
당신이 받고 있는 의료건강관리의 질은 어느 정도라고 생각합니까?*				
매우 좋은/좋은	81.3	78.6	66.9	66.2
평균/나쁜	18.7	20.6	32.7	33.8
사회취약성 지표 평균**	1.96	2.05	2.24	2.30
N	289	383	245	275

주 : 백분율이 합해도 100이 되지 않는다. (부적합한 답지는 제외했기 때문)

* 카이검증에서 $p < .0001$ 수준에서 의미 있음.

** 카이검증에서 $p < .01$ 수준에서 의미 있음.

*** 사회취약성 지표 : 백인 남자와 다른 집단, 백인 여자와 다른 집단 사이에 각각 의미 있는 차이가 있었다(Tukey, $p < .05$).

출처 : 1997 전국적 위험 조사

하였다. 유색인 여자(54.6%)의 절반이 "나 같은 사람은 경제성장으로부터 어떤 이익도 얻지 못한다"고 보고하는 반면에 백인 남자는 동일한 진술문에 동의하는 비율이 29.4%밖에 되지 않았다. 백인 여자와 유색인 남자의 경우에는 동의하지 않는 비율이 41.3%와 43.7% 사이였다. 건강상태 질문에서 대다수의 응답자들은 '매우 좋은'과 '좋은'에 동의하지 않았으나, 건강에 해가 되는 위험을 통제할 수 없다는 항목에 대하여 '동의하지 않는다'의 백분율이 다른 집단보다 백인 남자에서 더 높게 나왔다.

각 응답자의 사회취약성 점수는 6개 항목의 평균점수를 계산하여 얻어졌다. 이 지표에서 높

은 점수는 사회취약성이 높다는 의미이다. 개별 항목에서 반응은 1점(매우 동의하지 않는다/매우 좋은)에서 4점(매우 동의한다/나쁜)으로 변환되었다. 6개 항목에 대한 Cronbach α가 0.65로 나왔다. 알파값이 높지는 않지만 요인분석 결과 6개 항목이 모두 하나의 요인으로 분류되었기 때문에 이 지표가 분석에 적합하다고 보았다(DeVellis, 1991). 취약성 지표에서 나온 합산 평균점수를 비교하는 것이 유익해 보인다. 최저 점수를 받은 집단은 백인 남자로 평균 취약성 점수는 1.96이었고, 최고 점수는 유색인 여자 집단으로 2.30이었다. 백인 남자와 다른 집단들 간의 차이는 의미가 있었고 백인 여자와 다른 집단들 사이의 차이도 의미 있었다(이 지표의 활용에 대해서는 159~160쪽에서 상세히 기술하였다).

차별과 위험

여기서 "나는 종종 차별을 받는다고 느낀다"는 항목이 특히 유용하다. 이 항목의 반응 패턴은 다른 취약성 항목들을 대표한다. 이 '차별' 진술문에 동의하는 응답자와 동의하지 않는 응답자의 19개 항목 평균점수를 비교하였다. 그림 10.2는 차별 진술문에 동의하는 사람이 동의하지 않는 사람보다 19개 모든 재해 항목에서 위험을 더 높게 평가했음을 보여준다. 더욱이 위험 점수에서 가장 큰 차이는 방사능 폐기물, 화학공장, 페인트와 먼지의 납 성분, 석탄/석유발전소, 집 내부의 라돈, 전자기장과 같은 환경과 건강 재해에서 나타났다. 방사능 폐기물은 여러 위험 연구에서 가장 두렵게 지각되는 과학기술 재해이다(Slovic, 1987). 납의 존재는 아동의 발달장애와 관련이 있다(Bellinger et al., 1987; Agency for Toxic Substances and Disease Registry(ATSDR), 2007; Needleman et al., 1990). 먼지와 배관시설의 납 성분은 도시 빈곤층에서 많이 발견된다. 지각된 위험의 차이가 신의 행위(소행성을 제외한 자연재난)에서는 현저하지 않았다. 매우 친숙한 위험(오토바이)과 개인적으로 통제할 수 있는 위험(다중 성적 파트너, 간접흡연)에서도 차이가 크지 않았다.

환경정의와 위험

취약성과 차별은 위의 지표 항목에 따라 주관적 표현으로 특징지어진다.[7] 오염된 지역사회에 살고 있는 아프리카계 미국인이 독소에 노출된 경험을 차별과 연결시킨다는 사실을 생각하면 이 방법은 논리적이다(Satterfield et al., 2001). 그러나 위험판단이 전적으로 주관적이지 않고 개인의 사회 맥락과 관련되어 발달하는 경우도 있다. 환경을 걱정하는 소수자 지역사회에서, 사회 맥락은 소수자 지역사회에 불공정하게 부과된 재해와 독소의 틀로 특징지어진다. 즉 소수자 집단이 생각하는 위험 문제는 과학기술, 과학 또는 경제 문제가 아니라 정의와 공정성의 문제이다

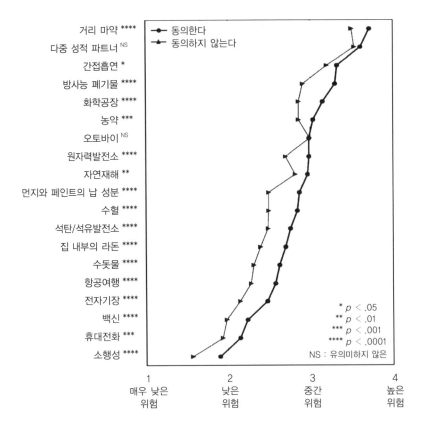

그림 10.2 "나는 종종 차별을 받는다고 느낀다" 반응에 따른 위험지각 평균

출처 : 1997 전국적 위험 조사

(Vaughan, 1994, p. 172). 더욱이 몇몇 학자들은 환경정의 운동을 이데올로기의 문제로 보고 독소 노출을 인종차별의 집요한 표출로 해석한다(Capek, 1993; Taylor, 2000, pp. 514-515).

이런 이유 때문에 대중의 삶에서 위험 분포의 공평성에 대한 사회 판단과 설명을 포함한 문제들을 환경정의에 포함시켰다. 우리는 환경정의 가설을 지지하고 위험 시설이 소수집단에 집중되지 말아야 한다고 생각하는 응답자를 찾아내는 질문을 개발하였다. 이러한 환경정의 문항은 다음과 같다.

- 나는 위험시설이 소수자 지역사회에 더 많이 분포되어 있다고 생각한다.
- 다수자에 비해 소수자 지역사회는 경제적인 이유 때문에 산업화 오염을 수용할 수밖에 없다.
- 소수자 지역사회는 그들 가까이 위험시설 설치를 막을 수 있는 정치적 힘이 없다.
- 정부는 소수자 지역사회에 위험시설 설치를 제한해야 한다.

표 10.2는 성과 인종에 걸쳐 네 집단의 응답에서 나타난 빈도 분포이다. 다시 한 번 백인 남자의 판단을 유색인 남자와 여자의 판단과 비교할 때 상당한 차이가 있었다. 처음 세 질문에서 백인 남자의 의견은 백인 여자와 매우 비슷하다. 이 두 집단의 점수 분포는 세 질문의 어떤 것에서도 5%를 넘지 않는다. 네 번째 질문에서 백인 남자(63.7%)보다 약간 더 많은 백인 여자(71.8%)가 "정부는 소수자 지역사회에 위험시설 설치를 제한해야 한다"에 동의하였다. 반대로 백인 남자의 반응 변화는 유색인 여자에 비하여 상당히 컸다. 백인 남자와 백인 여자에 비하여 약 19~20% 더 많은 유색인 여자와 유색인 남자가 "소수자 지역사회는 그들 가까이 위험시설 설치를 막을 수 있는 정치적 힘이 없다"에 동의하였다. 이와 비슷하게 백인 남자에 비하여 27.2% 더 많은 유색인 여자와 17% 더 많은 유색인 남자가 "정부는 소수자 지역사회에 위험시설 설치를 제한해야 한다"에 동의하였다. 또한 유색인 남자와 유색인 여자의 환경정의에 대한 관점이 다르지 않다는 사실을 지적할 필요가 있다. 평균 지표점수(4점 척도에 기초한)가 표 10.2 하단에 제시되어 있다.

표 10.2 환경정의 지표를 구성하고 있는 항목에서 분포

항목	백인 남자 (%)	백인 여자 (%)	유색인 남자 (%)	유색인 여자 (%)
나는 위험시설이 소수자 지역사회에 더 많이 분포되어 있다고 생각한다.*				
매우 동의한다/동의한다	50.5	47.0	66.5	71.6
전혀 동의하지 않는다/동의하지 않는다	43.6	46.0	29.8	24.7
다수자에 비해 소수자 지역사회는 경제적인 이유 때문에 산업화 오염을 수용할 수밖에 없다.*				
매우 동의한다/동의한다	54.0	57.2	76.3	76.4
전혀 동의하지 않는다/동의하지 않는다	41.2	37.9	21.6	20.2
소수자 지역사회는 그들 가까이 위험시설 설치를 막을 수 있는 정치적 힘이 없다.*				
매우 동의한다/동의한다	56.4	56.1	76.3	75.3
전혀 동의하지 않는다/동의하지 않는다	42.2	39.7	22.0	21.8
정부는 소수자 지역사회에 위험시설 설치를 제한해야 한다.*				
매우 동의한다/동의한다	63.7	71.8	80.8	90.9
전혀 동의하지 않는다/동의하지 않는다	30.5	21.2	17.6	8.0
환경정의 평균 지표**	2.58	2.64	2.88	2.96
N	289.0	383.0	245.0	275.0

주 : 백분율이 합해서 100이 되지 않는다(부적합한 답지는 제외했기 때문).

* 카이검증에서 $p < .0001$에서 의미 있음.

** 환경정의 지표 : 백인 남자와 유색인 남자 사이에 의미 있는 차이가 있었다.

출처 : 1997 전국적 위험 조사

각 응답자의 환경정의 점수는 네 항목의 평균점수를 가지고 산출되었다. 점수가 높을수록 더 높게 지각된 환경정의를 나타낸다. 네 항목의 Cronbach 알파값 0.79는 환경정의 지표의 내적 일관성을 증명한다. 표 10.2에 있는 점수를 보면 유색인 남자와 여자 사이의 점수 차이가 0.08밖에 되지 않는다. 반대로 백인 남자와 유색인 남자의 점수 차이는 0.30이고 백인 남자와 유색인 여자의 점수 차이는 0.38이었다.

앞서 차별과 마찬가지로 환경정의 지표에서도 위험 평가와 관련하여 한 항목이 특히 유용한 것으로 드러났다. 그림 10.3은 "정부는 소수자 지역사회에 위험시설 설치를 제한해야 한다"는 진술문에 동의하지 않는 사람들이 이 진술문에 동의하는 사람들보다 위험을 일정하게 낮게 평가한다는 것을 보여준다. 그림 10.3은 평균 위험 점수의 차이가 방사능 폐기물, 농약, 수돗물, 그리고 휴대전화에서 가장 크다는 것을 나타낸다.

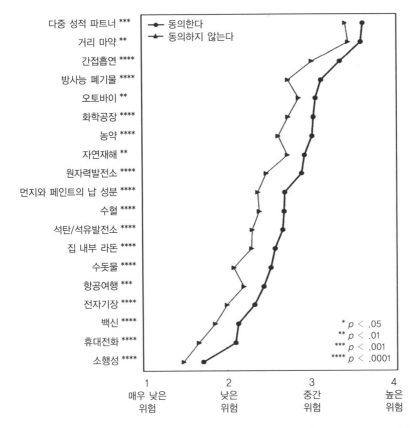

그림 10.3 "정부는 소수자 지역사회에 위험시설 설치를 제한해야 한다" 반응에 따른 위험지각 평균

출처 : 1997 전국적 위험 조사 : US population as a whole

환경정의와 사회취약성을 위험에 적용하기

사회취약성 지표와 환경정의 지표에서 얻어진 연구 결과를 위험지각에 적용하는 문제는 두 위험 평가 지표에서 응답자의 '높은' 반응과 '낮은' 반응을 비교하여 검증될 수 있다. 이런 비교는 두 지표 분포를 비슷한 크기의 높은, 중간 그리고 낮은 집단으로 구분하여 수행되었다. 취약성 지표가 '높은' 사람들의 평균점수가 2.3점이었으며, 낮은 응답자의 평균점수는 1.8을 넘지 않았다. 환경정의가 높은 집단의 응답자들이 3.0 또는 그 이상의 점수를 얻었고, 낮은 집단의 응답자들은 최대 2.5점을 얻었다. 두 지표에서 모두 '높은' 응답자들은 '정의/취약성 모두가 높은 하위집단'으로 분류되었다(n = 129). 이와 비슷하게 두 지표가 모두 낮은 응답자들은 '취약성/정의 모두가 낮은 하위집단'에 속하였다(n = 161). 그 결과가 그림 10.4에 제시되어 있다.

사회정의/취약성이 높은 집단에 비하여 낮은 집단의 응답자들이 보여주는 일관되게 낮은 위험 평가는 사회정의와 취약성의 결합이 강력한 위험 예측인자가 될 수 있음을 보여준다. 두

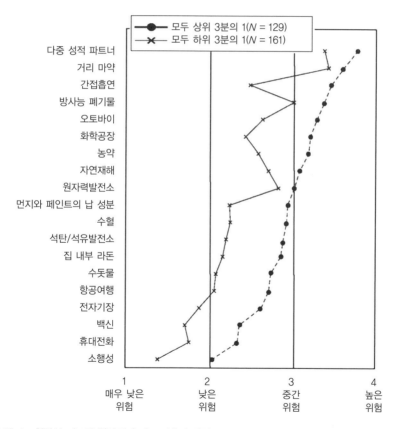

그림 10.4 취약성 지표와 환경정의 지표 점수가 상위 3분의 1과 하위 3분의 1에 속한 응답자에 따른 위험지각 평균

출처 : 1997 전국적 위험 조사 : US population as a whole

표 10.3 사회취약성과 환경정의 평균 지표 점수 : 위험지각이 낮은 백인 남자 대 다른 집단[a]

변수/척도	낮은 위험지각 백인 남자 (*n* = 157)	낮지 않은 위험 지각 백인 남자 (*n* = 169)	다른 집단 (*n* = 533)	Tukey 검증 의미 있는 차이[b]
사회취약성	1.84	2.08	2.13	a b
환경정의	2.43	2.72	2.75	a b

주 : [a] 주 8 참조. [b] Tukey 검증(*p* < .05)으로. a : 낮은 위험 백인 남자 대 낮지 않은 위험 백인 남자 사이에. b : 낮은 위험 백인 남자 대 다른 집단 사이 각각에서 차이가 의미 있음.

출처 : 1997 전국적 위험 조사(가중치가 주어진 자료임)

집단의 위험 평가는 한 항목에서도 비슷하지 않았다. 오히려 오토바이와 다중 성 파트너 같은 자발적이고 그 결과를 잘 아는 위험을 제외하면 집단 간 차이가 상당히 컸다. 모든 위험항목에서 두 집단의 평균 차이는 0.37 이상으로 통계적으로 의미가 있었다. 더 중요한 것은 19개 항목 중 13개에서 0.60 이상의 차이가 있었고, 방사능 폐기물, 원자력발전소, 화학공장, 석탄/석유 발전소, 페인트와 먼지의 납 성분, 집 내부의 라돈에서는 0.69 이상 큰 차이가 있었다.[8]

환경정의, 사회취약성 그리고 백인남자효과

'백인남자효과'의 재검토

위의 지표들을 위험지각에 적용하여 '백인남자효과'의 안정성을 재검토하는 데 사용하였다. 즉 높은 환경정의와 사회취약성 점수의 배경을 설명하고 나면 '백인남자효과'는 어떻게 될까? 그림 10.1에 처음 보고된 위험 평가를 보면, 백인 남자의 위험 반응은 모든 여자와 유색인 남자의 반응보다 일관성 있게 더 낮았다. '백인 남자'의 분리된 선분은 그래프 좌측을 차지했다. 그러나 취약성과 환경정의 점수가 모두 높은 응답자들의 평가점수를 검토하면, 이런 효과는 크게 달라진다. 취약성과 환경정의 점수가 모두 높은 응답자가 비교적 적어서 그 결과는 시사적으로만 간주된다(백인 남자, *n* = 34; 백인 여자, *n* = 40; 유색인 남자, *n* = 53; 유색인 여자, *n* = 95).[9] 오히려 유색인 여자가 이 집단에 더 많다. 유색인 여자 응답자의 3분의 1(34.5%)이 취약성/환경정의 모두가 높은 집단에 속하며, 이것은 백인 남자의 11.8%와 비교된다. 그림 10.5는 표본 중 취약성/환경정의 모두가 하위 표본의 위험 평가를 보여준다.

그림 10.5에서 취약성과 환경정의 지표 모두에서 높은 점수를 기록한 네 집단의 위험 평가를 비교하면 백인 남자의 위험 평가가 모든 여자와 유색인 남자와 더 이상 차이가 없음을 보여준다. 백인 남자를 나타내는 선분이 모든 다른 집단의 선분들과 뒤섞여 있다. 즉 앞서 그림 10.1에서 보여주었던 성차와 인종 효과의 많은 부분이 사회취약성과 환경정의 모두가 높

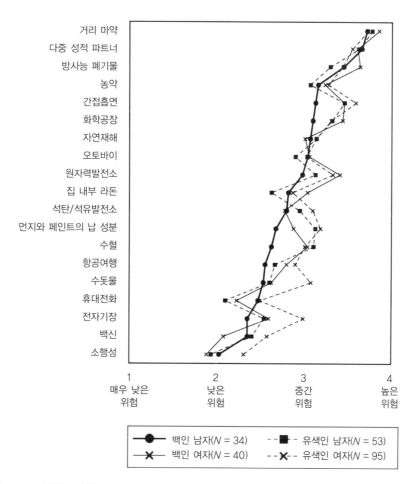

거리 마약
다중 성적 파트너
방사능 폐기물
농약
간접흡연
화학공장
자연재해
오토바이
원자력발전소
집 내부 라돈
석탄/석유발전소
먼지와 페인트의 납 성분
수혈
항공여행
수돗물
휴대전화
전자기장
백신
소행성

1 매우 낮은 위험
2 낮은 위험
3 중간 위험
4 높은 위험

━●━ 백인 남자(N = 34) - ■ - 유색인 남자(N = 53)
━✕━ 백인 여자(N = 40) - ✕ - 유색인 여자(N = 95)

그림 10.5 사회취약성/환경정의와 인종/성차에 따른 위험지각 평균

출처 : 1997 전국적 위험 조사

을 때 사라졌다.

백인남자효과의 회귀분석

'백인남자효과'가 취약성과 환경정의 효과인지 또는 인구통계 효과(예 : 인종 또는 성차에서 나온)인지를 결정하기 위해 먼저 인종과 성차를 기초로 위험 반응을 예측하는 회귀모델을 검증하고(모델 1), 이 모델을 확장하여 사회취약성과 환경정의 측정치가 인종-성차 효과를 설명할 수 있는지 알아보았다. 2단계 분석 결과가 표 10.4에 나와 있다.

표 10.4에서 성차와 인종만 포함하고 있는 모델 1은 매우 의미 있었다($F_{(2, 1189)}$ = 87.03, p < .0001). 성차(0.28)와 인종(-0.22)의 표준화계수는 여자와 유색인의 높은 위험지각을 시사한

다. 그러나 사회취약성과 환경정의를 통제한 모델 2에서는 이런 효과가 감소되었다. 인종과 성차는 여전히 위험지각에서 중요한 예측요인이었지만 모델 2에서 인종의 표준화계수(−0.10)가 감소되었다. 성차의 표준화계수(0.24)는 새로운 두 요인이 통제된 후에 약간 감소했다.

사회취약성과 환경정의 둘의 결합은 위험지각 변량의 16.68%를 설명하였다. 인종과 성차를 모델에 추가하자 그들은 변량의 설명력을 6.8% 증가시켰다. 그 결과 네 변수가 위험지각 변량의 23.46%를 설명할 수 있었다. 인종과 성이 위험지각 예측에 독립적인 효과가 있는지를 검증하기 위해 설명 변량의 비율 변화를 R^2로 검증했다. 결과에서 성차와 인종의 설명력이 약간 줄어들었지만 여전히 의미 있었다. 1% 미만의 증가를 보인 인종에 비하여 성차는 R^2을 5.81% 증가시켰는데, 사회취약성과 환경정의를 제외하고 효과가 가장 컸다. R^2 변화에 대한 각각의 F값은 $F(3, 1180)=88.49$, $p < .0001$과 $F(1, 1179) = 14.85$, $p < .001$이었다. 따라서 사회취약성과 환경정의에 대한 신념은 위험지각의 중요한 예측요인이지만, 이들이 성차와 인종 효과를 완벽하게 설명하지는 못한다. 특히 성차는 그것만으로 강력한 효과를 발휘한다. 인종은 작지만 여전히 중요하고 건강 위험지각에 영향을 미친다.

표 10.4 위험지각 예측 회귀모델

독립변수	표준화계수	R^2	R^2에서 증가분
모델 1			
성차	0.28****		
인종	−0.22****		
F 값	87.03		
$p > F$	0.00001		
R^2	0.1277		
모델 2			
처음 투입된 2개의 변수			
사회취약성	0.27****		
환경정의	0.18****	0.1668	
성차	0.24****	0.2249	0.0581
인종	−0.10***	0.2346	0.0097
F값(완전모형)	90.33		
$p > F$	0.0001		

주 : 성차 : 남자 = 0, 여자 = 1; 인종 : 유색인 = 0, 백인 = 1

*** $p < .001$, **** $p < .0001$.

출처 : 1997 전국적 위험 조사

표 10.5 다른 사회-인구통계 변수들에서 위험지각 지표를 예측하는 회귀모델

독립변수	표준화계수	R^2	R^2에서 증가분
모델 3			
처음 투입된 2개 변수			
사회취약성	0.20****		
환경정의	0.19****	0.1615	
성차	0.22****	0.2199	0.0584
교육	−0.18****	0.2464	0.0265
인종	−0.09**	0.2547	0.0083
예배 참석	0.08**	0.2604	0.0057
정치성향	−0.05	0.2622	0.0018
연령	0.02	0.2627	0.0005
수입	−0.01	0.2627	0.0001
F값(완전모형)	41.54		
$p > F$	0.0001		

주 : 코딩－성차 : 남자 = 0, 여자 = 1; 인종 : 유색인 = 0, 백인 = 1; 정치성향 : 1 = 매우 진보적, 5 = 매우 보수적; 예배 참석 : 전혀 = 1, 일주일에 한 번 이상 = 5; 교육 : 8년 이하 = 1, 박사 이상 = 8

* $p < .05$, ** $p < .01$, *** $p < .001$, **** $p < .0001$.

출처 : 1997 전국적 위험 조사

요약하면 4개의 변수 모두가 위험지각의 중요한 독립변수로 작용하고 있는데, 사회취약성과 성이 가장 강력한 요인이고 그다음으로 환경정의 그리고 인종 순으로 작용한다.

백인남자효과가 연령, 교육, 수입, 정치성향(진보 대 보수), 예배 참석 여부에 의해 설명되는지를 알아보기 위해 추가로 회귀분석을 실시하였다. 취약성 계수(0.20)는 이런 다른 변수를 통제한 후에 약간 더 낮아졌다. 다른 연구자(예 : Finucane et al., 2000b)가 지적한 것처럼 교육수준은 위험의 중요한 예측요인으로 드러났다. 위에 있는 모든 변수를 회귀분석에 투입하고 난 후에도 성차와 인종은 위험지각의 강력한 예측요인으로 남았다(표 10.5 참조).

논의

4가지 중요한 결과가 나왔다. 첫째, 이 결과는 백인 남자는 다른 집단보다 위험을 더 낮게 평가한다는 미국 전집에서 발견된 '백인남자효과'를 반복 검증하였다.[10] 더욱이 유색인 여자는 다른 어떤 집단보다 위험을 더 높게 평가하였다. 따라서 백인 남자만이 '비전형적 집단'이라고 말할

수 없다. 이 결과는 또한 아프리카계 미국인이 건강과 관련된 환경위험을 더 많이 걱정한다는 Mohai와 Bryant(1998) 그리고 Jones(1998)의 주장을 지지한다. 둘째, 차별과 사회취약성과 정의의 평가적 판단에 대한 강한 확증적 느낌 그리고 환경의 불공평성 배상 요구에 대한 강한 지지는 높은 환경 건강 위험지각과 연합되어 있었다. 이것은 주관적인 취약성과 환경정의 평가가 위험지각의 주요 요인이라는 것을 보여준다. 셋째, 사회취약성과 환경정의 모두가 높은 백인 남자는 다른 집단(백인 여자, 유색인 남자, 유색인 여자)과 비슷한 방식으로 위험을 평가하였다. 넷째, 사회취약성, 성차, 환경정의와 인종은 건강과 환경 위험지각의 중요한 예측요인이었다. 성차와 인종은 강력한 위험 예측요인이었지만 이 두 변수(특히 인종)가 가지는 영향력의 일부는 사회취약성과 환경 불공평성 측정치에 의해 설명되었다.

이 연구는 (1) 모든 집단에서 높은 취약성/높은 불공평성 조망이 원래의 백인남자효과를 약화시킨 하위표본의 크기가 상대적으로 작았고, (2) 우리가 개발한 지표가 취약성과 환경 불공평성을 측정하는 첫 시도였던 만큼 충분하지 못하다는 사실을 지적할 필요가 있다. 회귀분석에 의하면 우리의 측정치는 위험지각에 미치는 인종과 성차 효과의 일부만을 책임지고 있다. 위험에서 가장 강력한 예측요인인 성차에 대한 설명은 여전히 난제로 남았다. 성차 효과를 잘 설명하기 위해서는 두 지표를 확장하는 연구가 필요하다.

성차와 위험에 대한 개관 논문에서 Davidson과 Freudenburg(1996)는 양육자로 규정된 사회적 역할 때문에 여자에게 건강과 안전 문제와 관련된 위험이 더 두드러진다는 가설이 위험지각에서 백인 남자와 여자의 차이를 가장 잘 설명한다고 주장하였다. 이것은 특히 취약성 지표에 관한 한 실질적인 출발점이 될 수도 있다. 그러나 양육자 가설은 백인 여자와 유색인 여자의 위험지각과 비슷한 유색인 남자의 위험지각을 설명하지 못한다. 이 연구에서 지각자의 주관적이고 사회정치적인 관점과 관련된 약간의 통찰을 얻었지만 우리는 여전히 상이한 위험이 서로 다른 지각자에게 어떤 의미가 있는지를 잘 알지 못한다. Gustafson은 "설문지에 있는 위험이 남자와 여자에게 항상 동일한 의미라고 보기 어렵다"고 주장하였다(Gustafson, 1998, p. 807). 비슷하게 남자가 여자와 마찬가지로 강력범죄를 두려워하고 위험하다고 지각한다. 그렇지만 의미 연구에서 나온 결과를 보면, 남자는 신체적 폭력을 '강력범죄'로 보는 반면에 여자는 강간과 다른 형태의 성폭력을 두려워하고 이것을 '강력범죄'라고 생각한다.

우리의 연구 결과는 위험소통과 위험개선에 유용하다. 위험소통과 개선을 관리하는 위험규제자들이 사용하는 절차들은 위험, 사회취약성, 환경정의 간의 지각된 관계에 관한 여러 집단의 관점을 민감하게 파악함으로써 이익을 얻을 수 있다. 예를 들어, 높은 위험 평가가 지각자의 주관적 취약성의 산물이라면 이런 상태는 위험 메시지에 대한 반응과 활용에도 영향을 미칠 것이다. 따라서 메시지는 가능한 결과에 대한 개인의 높아진 감수성 때문에 불안, 오해, 부정, 저항에 봉착한다. 정의와 관련된 다른 맥락에서, Vaughan(1995)은 소수자 지역사회에 살고 있는 사람들에게 행동예방수칙을 전달하는 위험전문가는 자신의 정보가 만성적 위험 노출을 전문적으로 논의한다고 생각하지만, 위험 정보를 받는 사람들은 정의의 분배 또는 위험 노출과 인종 평등의 관계를 떠올리는 데 주목했다. 위험소통자는 예를 들어, 지역 A(소수자 지역사회)에서 그들의 활동이 지역 B(다수자 지역사회)에서 일어나고 있는 것과 어떻게 비슷한지를 생각해보거나 또는 정의와 위험 노출의 문제가 관련 맥락에서 어떻게 다루어져야 하는지를 신중하게 생각할 수 있도록 메시지를 정의와 관련하여 작성해야 한다.

이와 비슷하게 Satterfield 등(2001)은 위험개선 상황에서 방재복과 장비로 완전무장한 작업자가 소수자 지역사회로 들어가는 모습은 지역주민들에게 정의와 취약성과 관련된 결론을 유발하는 신호라고 주장한다. 오염된 아프리카계 미국인 지역사회에서 "무거운 장비와 방재복을 착용한 모습은 주민들로 하여금 그들이 몇 년간 보호받았다고 말하거나 또는 사회 쓰레기라는 생각을 하게 만든다"는 것이다. 개선 상황에서 일어나는 이런 슬픈 아이러니는 위험에 노출된 지역사회를 지키기 위한 해결책이 걱정을 더욱 악화시킨다는 것을 보여준다.

마지막으로 주관적인 사회정치적 요인(취약성과 정의)이 위험지각에 영향을 미친다는 사실을 충분히 지각하고 있다면 우리의 위험지각이 위험의 다양한 의미와 위험관리의 다양한 경험이 책임 있게 그리고 순수하게 반영되는 정책으로 나아갈 수 있는 위험지각을 형성해야 할 것이다.

✛

1. 응답자들은 '당신과 가족'의 건강과 안전이라는 말로 이 항목들을 평가하라는 말을 들었다. 이 결과 패턴은 미국 대중에서 발견된 결과와 비슷했다.
2. '인종'이라는 말은 인종에 따른 집단의 생물물리적 특징을 구분하기 위한 노력이 실패하자 사회과학에서 이견이 분분했던 주제였다. '인종' 구조는 그럼에도 불구하고 대중의 삶에서 중요한 의미를 가지며 중요한 사회적 기반으로 남아 있기 때문에 그것을 통해 사람들은 자신을 정의하고 타인에 의해 정의된다.
3. Bonferroni 검사가 수행되었을 때 유색인 여자와 백인 여자 사이에 문항 8(11이 아님)에서 의미 있는 차이가 발견되었다. Bonferroni 검사는 유색인 남자와 유색인 여자 사이의 의미 있는 차이의 수를 Tukey 사후 검증에서 10에서 2로 줄였다.

4. 남자의 낮은 위험지각(대 위험지각이 낮은 백인 남자, 백인 여자, 그리고 유색인 남자와 여자)(Finu-cane, 2000b)을 구분시키는 구체적 인구통계 그리고 태도 변수가 아래 나와 있다. 보고된 비교는 $p <$ .05에서 통계적으로 의미가 있다. 응답자 집단 간의 연령 분포에는 차이가 없었다. 그러나 백인 남자는 대학교 또는 졸업 후 학위를 가지고 있었고(46.0%가 대학교 또는 졸업 후 학위소지 대 다른 집단은 26.7%), 수입이 더 높았으며(58.3%가 45,000달러 이상 대 32.2%), 정치적으로 더 보수적이었다(45.3% 대 34.3%). 그들은 다음과 같은 경향을 가졌다.

- 자신이 속한 지역사회의 산업체로부터 얻는 이익이 위험보다 더 크다는 데 동의한다.(69.1% 대 55.9%)
- 과학과 과학기술로부터 얻는 이익이 그들이 만들어내는 위험을 능가한다는 데 동의한다.(69.1% 대 54.4%)
- 공정한 체계 안에서 능력이 있는 사람이 더 많이 벌어야 한다는 데 동의한다.(89.9% 대 83.2%)
- 높은 지위에 있는 사람들이 권력을 남용하는 경향이 있다는 데 동의하지 않는다.(30.2% 대 18.4%)
- 이 세상은 더 평등한 부의 분배를 필요로 한다는 데 동의하지 않는다.(54.0% 대 24.3%)
- 원자력발전소 부근에 사는 사람들은 발전소가 안전하게 가동되지 않는다고 생각하면 투표를 해서 발전소를 폐쇄해야 한다는 데 동의하지 않는다.(46.8% 대 15.3%)
- 그들이 사는 곳에 심각한 환경 건강 문제가 있다는 데 동의하지 않는다.(80.6% 대 62.3%)

5. 흥미롭게도, Finucane 등(2000b)은 백인 남자는 자신이 모르게 사회에 부과된 작은 위험을 수용할 수 있다고 믿었지만, 위험을 관리하는 기관에 대한 그들의 신뢰가 제한되었다는 것은 그들이 (다른 집단보다) 위험을 스스로 통제하기를 원하는 것이라고 지적한다.

6. 이 세트의 항목들 중 일부는 부분적으로 Srole(1965)의 초기 '정치적 불화' 질문 세트에서 아이디어를 얻었다.

7. 우리는 차별이 취약성과 차별의 느낌으로 인과적으로 설명된다고 생각하지 않는다.

8. 위험을 낮게 지각하는 백인 남자 집단('결과' 부분에서 정의된)의 취약성과 정의 지수 점수는 다른 유색인 집단뿐만 아니라 모든 다른 백인 남자의 평균점수보다 의미 있게 더 낮았다. 이 자료는 표 10.3에 기록되어 있다.

9. 여기서 표본 크기는 222명이고 가중치가 주어지지 않았는데 그 이유는 우리가 인종과 성차 효과를 찾고 있기 때문이다. 앞서의 표본 크기 n = 129는 과표집된 집단을 다시 미국 전집 안에서 그들이 해당하는 비율로 조정하기 위하여 가중치가 주어졌음을 반영한다.

10. 흥미롭게도 Greenberg와 Schneider(1995)는 '여러 재해로 스트레스를 겪는 이웃들과 실제로 함께 살고 있는 남자와 여자 중에서'(p. 503) 위험지각의 성차가 발견되지 않았다고 보고했다. 그들은 남자가 여자와 마찬가지로 숫자와 문자로 '정면으로'(p. 509) 재해의 위협을 받는다고 주장한다. 그들은 스트레스를 받지 않는 이웃들과 함께 사는 남자와 여자의 자료에서 나온 차이가 '백인남자효과'와 일관된다는 발견은 자신의 자료가 극도로 낮은 관심을 표현한 백인 남자 집단에서 나온 가공물로 간주한다. 실

제로 스트레스를 받고 있는 이웃과 함께 사는 경험이 위험지각을 바꿀 수 있으므로 이것은 사실을 부정하지 못한다.

11장

문화와 정체성보호 인지 : 위험지각에서 백인남자효과 설명

Dan M. Kahan, Donald Braman, John Gastil, Paul Slovic & C. K. Mertz[*]

공포는 차별적이다. 위험지각이 성차와 인종에 걸쳐서 차이가 있음을 보고하는 여러 연구가 있다. 환경오염, 총기, 수혈, 붉은 육류 섭취에 이르기까지 여러 위험에서 남자보다 여자가 그리고 백인보다 소수자 집단이 걱정을 더 많이 한다(Brody, 1984; Steger & Witt, 1989; Gutteling & Wiegman, 1993; Stern et al., 1993; Flynn et al., 1994; Davidson & Freudenburg, 1996; Bord & O'Connor, 1997; Jones, 1998; Mohai & Bryant, 1998; Kalof et al., 2002; Satterfield et al., 2004).

위험지각이 서로 다른 이유를 설명할 수 있는 주목할 만한 이론이 현재는 없다. 여자와 소수자 집단이 위험에 관한 과학 정보에 접근하기 어렵거나 이를 이해하기 어렵기 때문이라는 주장은 납득하기 어렵다. 교육 수준을 통제해도 성차와 인종 차이가 나타난다. 성차는 위험 평가를 담당하는 전문적인 과학자들 사이에서도 나타난다(Kraus et al., 1992; Barke et al., 1997; Slovic, 1999).

양육자의 역할 때문에 여자가 위험에 더 민감하다는 주장도 만족스럽지 못하다. 이런 주장은 인종의 차이를 설명하지 못할 뿐 아니라, 백인 남자보다 생물학적 또는 사회적으로 양육자의 성향이 결코 더 강하지 않은 아프리카계 미국 남자의 위험지각이 여자와 비슷한 결과를 설명할 수 없다(Flynn et al., 1994).

여자와 아프리카계 미국인은 백인 남자에 비해 정치적 힘이 작다고 느끼고 정부의 권위를

---

[*] Abridged from Kahan, D. M., Braman, D., Gastil, J., Slovic, P. and Mertz, C. K. (2007) 'Culture and identity-protective cognition: Explaining the white-male effect in risk perception', *Journal of Empirical Legal Studies*, vol 4, pp.465-505.

덜 신뢰한다. 이런 지각이 그들을 위험에 더 취약하게 만들 수 있다. 이런 태도가 중요한 역할을 한다는 연구도 있지만, 이런 요인을 통제해도 위험지각에서 성차와 인종 차이는 여전히 발견된다(Satterfield et al., 2004).

이 장에서 우리는 새로운 설명을 시도한다. 선행연구들은 위험지각에서 성차와 인종 차이를 위험에 회의적인 백인 남자에서 찾았다(Flynn et al., 1994). 공포를 모르는 이 남자 집단의 왜곡된 지각 현상을 '백인남자효과'라고 한다(Finucane et al., 2000b). 백인 남자는 일반인보다 다소 강한 반평등주의 세계관과 개인주의 태도를 가졌음을 발견한 연구도 있다(Finucane et al., 2000b; Palmer, 2003). 이런 결과는 백인남자효과가 위계주의와 개인주의 세계관의 결합이나 위험에 대한 극단적 회의주의에서 나왔음을 시사한다.

우리는 이 가설을 검증하기 위한 연구를 설계하였다. 연구 결과는 백인남자효과가 문화적 세계관의 차이에서 발생한 것임을 강력하게 지지한다. 대단위 표본에서 성차와 인종 그 자체가 다양한 재해의 위험지각에 영향을 미치지 않았다. 이 특성들은 위험한 활동과 관련된 사회적 역할에서 성차 또는 인종 차이 또는 이 둘을 특징짓는 그들의 구별된 세계관과 결합될 때에만 위험지각에 영향을 미쳤다.

연구 결과는 위험 상황에서 누가 공포를 느끼고 누가 공포를 느끼지 않는지에 대한 전통적인 설명을 복잡하게 만든다. 사람은 자신의 문화적 가치가 표현되는 방식에 따라 위험 주장을 선택적으로 수용하거나 또는 무시한다. 특히 사회의 위험 부담이 문화적 소임에 따라 만들어진 사회적 역할에 필수적인 활동에 겨냥될 때 사람들이 극단적인 회의론을 취하는 것은 자연스러운 일이다. 따라서 백인남자효과가 보여주는 위험 무감각은 위계적이고 개인주의인 백인 남자를 괴롭히고 있는 일종의 문화정체성 위협에 대한 방어 반응으로 볼 수 있다.

개인주의/위계주의 백인 남자가 이런 위협에 취약한 유일한 집단이라고 보기 어렵다. 여자, 아프리카계 미국인 그리고 평등주의/공동체주의 세계관을 가진 백인 남자를 비롯하여 다른 집단도 독특한 위험지각 패턴을 만들어내는 문화정체성 위협에 직면한다. 또한 위험규제가 문화와 정체성 이해에 미치는 파급력은 고도의 과학기술 문제들이 왜 흥분과 불화의 정치적 갈등을 불러일으키는지를 설명하는 데 도움을 준다(Slovic, 1999).

이 연구는 문화에 기초한 정체성 위협이 위험지각에 어떤 영향을 미치는지를 알아보기 위해 수행되었다. 연구의 배경이 되는 이론을 먼저 설명하고, 연구 설계와 결과를 상세하게 기술한다. 마지막으로 중요한 연구 결과를 간단하게 요약한 후에 위험지각과 위험규제에서 이를 어떻게 활용할 수 있는지 논의한다.

이론적 배경 : 문화, 위험, 정체성 위협

우리는 개인을 포함하여 특히 위험지각에서 성차와 인종의 차이가 경쟁적인 문화규범에 의해 발생하는 불안한 정체성과 역할에서 벗어나려는 동기가 초래한 인지 때문이라고 가정하였다. 이 가설은 위험지각에 영향을 미치는 문화이론과 인지에 영향을 미치는 집단구성원 이론을 통합하여 나왔다.

위험의 문화이론

위험지각의 문화이론(Douglas & Wildavsky, 1982; Rayner, 1992)은 사람들의 위험지각이 사회가 어떻게 조직되어야 하는지에 관한 비전과 관련된다고 주장한다. 이 이론에 따르면, 사람은 위험이 자신의 문화규범에 반대되는지 또는 일치하는지에 따라 위험을 선택적으로 거부하거나 수용한다. 표면적으로는 위험과 이익을 따지는 도구적이고 고도로 전문적인 논쟁이 실제로는 "이상적인 사회를 두고 계속 진행 중인 논쟁의 산물이다"(Douglas & Wildavsky, 1982, p. 36).

논쟁의 정점에는 경쟁 규범 또는 '세계관'을 구분하는 Mary Douglas(1970)의 '집단-격자' 분류체계가 있다(그림 11.1). '집단' 차원은 '개인의 삶이 집단에 의해 유지되고 침투되어 있는 정도'(Douglas, 1982, p. 202)를 나타낸다. 낮은 집단주의 또는 개인주의 관점을 가진 사람들은 독

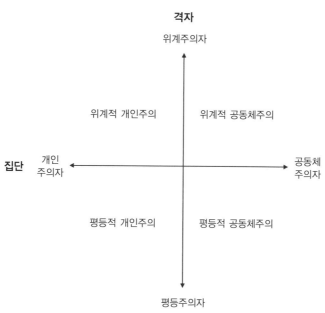

그림 11.1 '집단 격자' 세계관 유형

립성을 원하고 경쟁적인 경향이 있다. 높은 집단주의 또는 공동체주의 세계관을 가진 사람들은 상호 의존하는 결속이 필요한 조건에서 광범위한 활동을 통해 빈번한 상호작용을 중요하게 생각한다(Rayner, 1992, p. 86). '격자' 차원은 하나의 세계관 안에서 사회 분화의 정도와 중요성을 측정한다. 높은 격자 또는 위계주의 세계관을 가진 사람들은 '관료주의 체계와 가문을 유지하기 위해 성차, 인종 같은 외현적이고 공적인 사회 범주를 기초로 자원, 기회, 존경, 호감이 분배되어야 한다고 생각한다(Gross & Rayner, 1985, p. 6). 낮은 격자 집단은 성차, 연령, 가족 때문에 어떤 사회적 역할에서 제외되는 사람이 한 명도 없어야 한다는 평등주의에 가치를 둔다(Rayner, 1992, p. 86). '위계주의'와 '평등주의'라는 한 축과 '개인주의'와 '공동체주의'라는 다른 한 축을 교차시키면 비슷한 생각을 가진 사람들끼리의 집단이 형성된다(Douglas, 1982; Thompson et al., 1990).

문화이론이 가정하는 이런 선호는 위험규제에 대한 정치적 갈등을 다음과 같이 설명한다. 평등주의와 공동체주의 세계관을 가진 사람들은 환경과 과학기술 위험에 민감하고, 사회적 불평등을 만들어내거나 사리사욕을 정당화하는 상업적 활동을 규제하려고 한다. 개인주의자들은 환경 위험을 위선이라고 무시하고 시장의 자율성과 개인의 자유를 중요하게 생각한다. 위계주의자들도 환경 파국에 대한 주장이 국가와 정부 엘리트의 능력을 위협한다고 생각한다(Douglas & Wildavsky, 1982; Wildavsky & Dake, 1990). Douglas와 Wildavsky의 이론에 기초한 여러 경험연구들은 환경과 과학기술 위험에 대하여 일반인과 전문가의 지각이 다르다고 보았다(Wildavsky & Dake, 1990; Dake, 1991; Jenkins-Smith & Smith, 1994; Peters & Slovic, 1996; Ellis & Thompson, 1997; Marris et al., 1998; Gyawali, 1999; Steg & Sievers, 2000; Jekins-Smith, 2001; Poortinga et al., 2002).

정체성보호 인지

집단 멤버십은 "세상에 있는 거의 모든 범주의 자극에 관한 정보처리 방식에 영향을 미칠 수 있다"(Baumeister & Leary, 1995, p. 504)고 알려져 있다. 사람들은 내집단 구성원과 공통된 신념을 수용하는 경향이 있다. 그들은 또한 사실과 반대되는 정보와 직면하게 되면 자신의 신념을 잘 수정하려고 하지 않는데, 특히 이 정보가 내집단보다 지식이 부족하고 신뢰하기 어렵다고 생각하는 외집단에서 나온 것이면 더욱 그렇다(Clark & Maass, 1988; MacKie et al., 1992; MacKie & Quellar, 2000).

정체성보호 인지는 이런 역동성을 설명하기 위해 제안된 기제이다. 이 이론은 개인의 웰빙이 물질적 이익뿐만 아니라 지위와 자존감 획득의 기회를 포함한 비물질적 이익을 제공하는 집단 멤버십과 복잡하게 얽혀 있다고 주장한다. 집단 신념에 대한 도전은 개인과 다른 집단 구성원 사이의 분열을 조장하거나, 집단 내부의 중요한 관행을 방해하거나, 또는 집단의 사회적 능력에 의문을 제기함으로써 개인의 웰빙을 약화시킬 수 있다. 따라서 자기의 정체성을 방어하는 도구로 개인은 소속된 집단과 연합되어 있는 신념을 지지할 수밖에 없다(Cohen et al., 2000, 2007; Cohen, 2003).

정체성보호 인지는 집단 멤버십이 여러 형태의 논리적 사고와 어떻게 상호작용하는지를 보여주는 연구들을 통해 가장 확실하게 그 존재가 증명된다. 설사 집단 멤버십에 가치를 두지 않는 사람일지라도 자신이 관계를 맺고 있는 사람들의 관점을 자기 신념의 정확성을 보여주는 지침으로 생각하고 신뢰한다. 실험연구들은 신념 형성에 미치는 집단 멤버십의 효과가 이런 추단에 한정되지 않고, 집단 내 지각되는 우세한 신념은 비판적이고 신중한 분석을 의미하는 체계적인 추론과정의 정보처리에도 영향을 미친다는 것을 보여준다(Cohen, 2003). 결과적으로 집단 신념을 따르려는 갈망은 추단과 체계적 추론의 동기가 된다. 정보처리에 미치는 집단 멤버십의 이런 동기효과는 개인이 집단 신념이 확증되는 것을 대단한 정서적 그리고 심적 투자로 본다는 추리로 잘 설명된다(Giner-Sorolla & Chaiken, 1997; Chen et al., 1999).

통합 : 문화-정체성보호 위험지각

위험지각에서 문화이론과 정체성보호 인지가 결합된 이론은 두 이론 모두에게 이익을 준다. 후자는 전자의 부족한 점을 보충하면서, 개인이 집단-격자 유형과 연합된 신념을 형성하는 이유를 설명한다. Douglas(1986)와 다른 문화학자들(Thompson et al., 1990)은 개인이 집단과 동일한 신념을 수용하는 이유로 이런 신념이 집단의 이익을 증진시킨다고 가정하는 기능주의자의 설명을 제시하였다. 정체성보호 인지는 개인의 이익 지각을 고집하는 심리 기제를 공급하여 기능주의자가 설명하기 괴로워했던 어려움으로부터 문화이론을 해방시켰다(Balkin, 1998, p. 176-180; Boudon, 1998).

위험의 문화이론은 정체성보호 인지를 형성하는 집단과 그와 관련된 신념을 현실적이고 생생한 그림으로 제공한다. 인지에 미치는 내집단 효과가 실험실에서는 인위적으로 계획된 집단을 기초로 별로 중요하지 않은 문제를 다루면서 발생할 수 있다. 그렇지만 현실에서 사람들은 여러 집단과 관련되어 있다. 그들은 교회에 다니면서 동시에 헬스클럽 회원이고, 직장인이면서 프로 스포츠 팀의 열성팬이고, 시민이면서 이웃주민이기도 하다. 특정한 주제를 서로 다르게 생각하는 다수로 구성된 여러 집단 안에서 자신의 우세한 신념과 관련된 정체성보호 인지를 가지고 반응하는 것이 그리 쉽지 않을 뿐 아니라 논리적으로 불가능해 보인다.

'집단-격자' 도식은 개인의 정체성을 형성하고, 집단기호를 결정하는 매우 인색한 분류체계로서 단순히 점수를 매겨 좋아하고 싫어하는 사람들을 정하는 것 이상의 현저한 자기 소속을 나타낸다. 이런 유형의 문화적 집단 멤버십과 사회 위험에 대한 신념 사이에 수립된 경험적 상관관계는 정체성-동기 인지가 엄청난 결과를 초래하는 주제에 관한 현실 세계의 갈등에 기여하고 있다는 가설을 검증하는 데 비옥한 배경으로 작용한다.

이런 가설 중에는 위험지각에서 성차와 인종 차이가 관련된다는 가설이 있다. 이런 특성이 사회 위험에 관해 어떤 수준의 동의를 예측하는데 그 이유는 성차와 인종이 집단-격자 도식에서 정체성 생성과 관계가 있기 때문이다. 이런 경우 일단 개인의 문화 세계관이 설명되면 위험지각에서 인구통계적 차이가 사라질 것이라고 예측한다.

그러나 세계관을 통제하고 난 후에도 뚜렷한 문화적 성질의 성차 또는 인종 차이가 발견된다. 특정 문화규범은 무엇보다 사회역할에서 성차와 인종 차이를 더 두드러지게 할 가능성이 있다. 예를 들어, 위계주의 규범은 의무와 권리, 이익과 임무를 친족, 인종, 성차, 연령 같은 외현적이고 불변적인 특성에 명시적으로 연결시키고 있다(Rayner, 1992, p. 86). 이런 위계주의 규범들은 평등주의보다 자존감을 부여하거나 남자와 여자, 소수자와 백인에게 적절한 종류의 활동을 구분시킬 가능성이 더 높다. 이런 역할 차이가 존재하는 곳이라면, 위험 회의주의 또는 위험 수용과 같은 정체성보호 형태의 기회가 문화적으로 정의된 집단 안에서 성차와 인종에 따라 달라질 것이다. 즉 남자인지 여자인지, 백인인지 소수자인지의 문화적 정체성에 따라 상상의 위험한 활동이 가능해지거나 방해받을 수 있다. 이 효과가 충분히 강력하면, 문화-정체성 보호 인지가 위험지각에서 '백인남자효과'의 미스터리를 풀어줄 것이다.

연구 설계

개요

위험지각에서 문화 세계관, 정체성보호 인지, 인구통계 변수 사이의 관계를 검증하기 위해서 우리는 대규모 설문조사를 실시하였다. 표본은 18세 이상 미국인 1,844명을 무작위로 선정해서 전화 인터뷰를 요청하였다. 다양한 인종의 문화 세계관 효과를 검증하기 위해 위험지각에서 백인과 가장 큰 차이가 있다고 예측한 아프리카계 미국인 242명이 선정되었다.[1] 더 자세히 설명하겠지만, 참여자의 사회위험지각, 문화 세계관, 그리고 개인 특성이 수집되었다.

연구의 기본 전제는 사람들의 위험지각 분포가 위험지각이 어떻게 형성되는지 통찰할 기회를 준다는 것이다. 한 가지 중요한 관점은 사람들이 기대효용과 일치하는 방식으로 정보를 처리한다는 주장이다(Viscusi, 1983). 또 다른 관점은 사람들이 인지적 제한과 편향의 결과로 위험정보 처리에서 체계적인 오류를 낸다는 주장이다(Sunstein, 2005). 이 이론들은 위험지각의 결정요인을 서로 다르게 예측하지만, 문화 세계관이 결정요인의 하나라고 예측하고 있지 않다. 어떤 입장도 평등주의, 공동체주의보다 위계주의, 개인주의가 위험정보에 더 많이 또는 더 적게 접근한다거나 또는 이들 중 어느 것이 더 합리적인지조차 생각하지 않는다. 만일 다른 개인 특성들이 설명된 후에도 개인의 세계관과 위험지각 사이에 강력한 상관관계가 존재한다면, 이런 결과는 문화가 정체성보호 인지를 유발한다는 우리의 추측을 강력하게 지지할 것이다.

가설

연구의 가설은 문화−정체성보호 인지가 위험지각에서 두 종류의 변화를 만들어낸다는 것이다. 첫째, 세계관이 다른 사람들은 자신의 규범이 위험활동의 가치에서 충돌할 때 서로 다르게 된다. 둘째, 세계관을 공유한 사람들은 자신이 공유한 규범이 그러한 활동이 포함하는 사회역할과 관련하여 성차 또는 인종 차이를 집중 조명할 때 성차 또는 인종에 따라 갈라진다. 이 기본 가설을 검증하기 위하여 환경, 총기, 낙태 세 가지 위험이 선정되었다.

환경위험

환경위험의 지각은 위험의 문화이론 연구에서 인종과 성차를 잘 드러내는 핵심 현상으로 알려져 있다. Douglas와 Wildavsky(1982)의 주장과 일관되게 위계주의와 개인주의 세계관은 환경위험을 별로 걱정하지 않지만 평등주의와 공동체주의 세계관은 환경위험을 강조할 것이라고 가정하였다. 세계관이 정치와 종교 성향과 같은 정체성보호 인지의 다른 잠재적 집단 특성을 포함하여 어떤 개인 특성보다 위험지각에 더 강하게 영향을 미칠 것으로 예측하였다.

우리는 또한 환경위험에서 백인남자효과가 문화이론의 격자 또는 평등주의−위계주의 차원에 따른 차이에서 유래한다고 가정하였다. 위계주의 세계관은 여자의 역할은 가정에 그리고 남자의 역할은 시민사회와 공적인 활동에 있다고 본다. 따라서 환경위험을 주장하는 행위는 사회와 정부 엘리트의 능력과 특권에 대한 도전으로 지각되기 때문에(Douglas & Wildavsky, 1982), 소수자 세계관이 평등주의일 때, 특히 백인이면서 위계주의 세계관을 가진 사람들은 자신의 정체성에 가장 큰 위협이 되는 소수자 주장을 극단적으로 무시하는 자세를 취할 가능성이 높다.

개인주의 세계관을 가진 사람들은 남자와 여자, 백인과 소수자 모두를 시장경제의 역할 수행에서 높이 평가한다. 따라서 개인주의 세계관은 남녀와 인종에 걸쳐서 상업 활동의 위험 주장을 균등하게 회의적으로 볼 것이다. 마찬가지로 평등주의와 공동체주의가 나타내는 환경과 과학기술 위험에 대한 걱정도 비교적 균등할 것이다.

총기 위험

총기규제에 대한 논쟁에서는 서로 상반되는 위험 주장이 나타날 수 있다. 통제를 찬성하는 사람들은 너무 약한 통제 때문에 총기범죄와 총기사고가 증가한다고 생각하는 반면에(예 : Cook & Ludwig, 2000), 반대자들은 너무 강한 통제로 인해 무고한 사람들이 범죄로부터 스스로를 방어할 수 있는 능력을 빼앗기고 있다고 주장한다(예 : Lott, 2000).

이 연구는 두 위험 중 어느 것을 더 중요하게 보는지는 문화적 관점에 달려 있다고 가정했다. 위계주의와 개인주의는 총기가 위계적인 사회 역할(사냥꾼, 보호자, 아버지)과 연합되어 있고, 위계주의와 개인주의 덕목(용기, 정직, 기사도, 자립, 힘)과도 연합되어 있기 때문에 이런 성향을 가진 사람들은 무방비 상태를 더 많이 걱정할 것이다. 상대적으로 평등주의와 공동체주의 성향의 응답자는 총기가 가부장제도, 인종차별주의, 타인의 웰빙을 불신하거나 관심에 두지 않기 때문에 총기폭력을 더 걱정할 것이다(Kahan & Braman, 2003). 다시 말하면 이런 문화적 영향력이 정체성보호 인지를 포함하여 다른 개인특성들보다 클 것으로 예측하였다.

남자와 백인이 여자와 아프리카계 미국인보다 총기에 더 우호적이라는 사실은 널리 알려져 있다(예 : Smith, 2000). '백인남자효과'도 세계관 차이에서 발생한다고 가정하였다. 총기가 가능하게 만드는 사회 역할과 총기가 상징하는 덕목은 사회에서 인정하는 남자의 고정관념에 해당한다(Buckner, 1994). 더군다나 미국 남부의 역사에서 총기 소유는 백인 남자의 지위를 상징하는 것으로 백인의 특권이었다(Hofstadter, 1970, p. 84). 따라서 총기규제로 정체성의 위협을 가장 많이 받고, 총기 위험의 주장에 가장 회의적인 태도를 갖게 되는 사람들이 개인주의와 위계주의 세계관을 가지 백인 남자이다. 여자와 소수자 중에서 위계주의와 개인주의 세계관을 가진 사람들은 상대적으로 덜 회의적인 태도를 보여야 하는데 총기에서 정체성을 찾을 일이 별로 없기 때문이다. 평등주의와 공동체주의 성향인 사람들은 인종과 남녀 역할 때문에 총기에 반감을 가지는 것이 아니기 때문에 백인과 소수자, 남자와 여자에 관계없이 이들의 세계관은 총기 위험에 민감할 것이다.

낙태 위험

위계주의와 개인주의 세계관을 가진 백인 남자가 자기 지위에 위협을 느끼는 유일한 집단은 아니다. 위계주의 세계관을 가진 여자도 비슷한 도전을 경험하는데, 성공적인 전문직 여자가 중시하는 규범이 가정주부의 전통적인 가부장적 규범과 경쟁이 된다. Luker(1984)에 의하면, 이것은 낙태에 관한 정치적 논쟁을 불러일으키는 지위 갈등으로서, 낙태의 자유는 여자의 가장 고귀한 사회역할이 모성이라고 보는 위계주의를 넘어서 평등주의 또는 개인주의 규범의 상승을 상징한다고 볼 수 있다.

우리 연구자들은 이런 문화에 바탕을 둔 세계관 불일치가 낙태 위험에 영향을 미치는 정체성보호 인지를 만들 것이라고 추측하였으며, 이 주제는 새로운 낙태 규제법 제정에서도 중요한 요인이었다(Siegel, 2007).[2] 연구자들은 문화적 합의와 일치하는 신념을 가진 위계주의자들은 평등주의자 또는 개인주의자들보다 낙태를 더 위험하게 여길 것이라는 가설을 세웠다. 더욱이 낙태가 상징하는 모성 폄하로 정체성 위협을 가장 크게 느끼는 위계주의 여자가 낙태가 위험하다는 주장을 가장 적극적으로 수용할 것이고, 위계주의 남자들에게는 낙태 위험이 별로 걱정을 주지 않을 것이라고 예상했다. 평등주의와 개인주의 규범은 남자뿐 아니라 여자에게도 전문가 역할의 지위를 부여하기 때문에, 이런 세계관을 가진 남자와 여자는 낙태가 실제로는 안전하다는 관점을 지지할 것이라고 추측했다. 또한 낙태 위험지각에서 인종 효과는 인종과 문화적 관점의 상관관계 또는 인종과 세계관 간의 상호작용에서 발생할 것으로 예상하였다.

측정

문화 세계관

설문지는 32개의 세계관 항목을 포함하였으며 응답자는 진술문에 동의하는 정도를 4점 척도 상에 표시하게 되어 있었다. 이들은 위험의 문화이론을 다룬 선행연구에서 이미 사용된(Dake, 1991; Peters & Slovic, 1996; Ellis & Thompson, 1997) 것을 응용하거나 사전 조사를 기반으로 개발된 새로운 항목들이었다.

진술문은 두 가지 신뢰 척도로 이루어져 있었다. 즉 Douglas의 분류체계에서 집단 차원에 따른 공동체주의-개인주의(α = 0.77)와 격자 차원에 따른 평등주의-위계주의(α = 0.81)이다. 공동체주의-개인주의 척도는 개인 대 집단의 이익에 대한 관심(예 : 정부는 개인의 자유와 선택을 제한하더라도 사회 목표를 달성하기 위해 더 많은 것을 해야 한다)과 개인과 지역사회 사이에서 개인의 욕구가 어디에 위치해야 하는지(예 : 오늘날 사람들은 자신이 하고 있는 것보다 사회가 더 많은 것을 해주기를 기대하고 있다)를 측정하며, 점수가 높을수록 개인주의 성향을 나타낸다. 평등주의-위계주의 척도는 집단 계층에 대한 태도(예 : 우리나라는 평등한 권리와는 거리가 멀다)와 우세한 규범과 역할로부터의 이탈(특정 문화 가치가 다른 것보다 더 좋다는 생각은 구식이고 틀렸다)을 측정하며, 점수가 높을수록 위계주의 성향을 나타낸다. 각 척도에 해당하는 항목의 점수를 평균하여 세계관(개인주의와 위계주의) 점수가 얻어졌다.

분석에서 모든 응답자는 각 척도에서 나온 점수와 중앙값에 따라 '위계주의자', '평등주의자', '개인주의자', '공동체주의자'로 분류되었다. 집단–격자 틀의 사분면 각각에 해당하는 집단이 형성된다는 예측과 일치하게(Douglas, 1982; Thompson et al., 1990), 응답자는 '위계주의적 개인주의', '위계주의적 공동체주의', '평등주의적 개인주의', '평등주의적 공동체주의'로 각각 분류되었다.

기타 개인 특성

응답자의 성, 인종, 연령뿐만 아니라 위험지각과 관련이 있다고 알려진 다른 개인 특성들에 대한 자료도 수집하였다. 교육수준, 수입, 거주 지역 같은 인구통계 변수들도 추가되었다. 개인의 위험추구성향을 측정하기 위해 감각추구 척도에서 위험 행동을 추구하는 개인의 성향을 가장 잘 드러낸다고 알려진 두 항목이 선정되었다(Stephenson et al., 2003).

또한 정체성보호 인지의 기초라고 알려진 집단 소속감 정보도 수집하였다. 응답자에게 예배 참석 여부도 물었다. 정치적 성향은 '매우 진보적'에서 '매우 보수적'까지 7점 척도상에서 측정되었다. 마지막으로 정당 지지도는 '강한 공화당'에서 '강한 민주당'에 이르는 5점 척도로 평가되었다.

위험지각

환경–위험지각.   원자력, 지구온난화, 대기오염이 환경위험으로 선정되었다. 응답자는 위험이 심각하다는 진술문에 동의하는 정도를 4점 척도에서 평가하였다. 단일 환경–위험지각 척도를 만들기 위해 평균값이 산출되었고($\alpha = 0.72$), 높은 점수는 환경 위험을 많이 걱정한다는 것을 뜻했다.

총기–위험지각.   과도한 그리고 불충분한 총기규제가 얼마나 위험한지를 평가하는 총기논쟁과 관련된 질문들이 포함되었다. 이런 대립되는 위험지각을 검사하기 위해서 개인과 사회 안전을 촉진시키거나 약화시키는 총기 효과를 반대로 말하는 진술문에 동의하는 정도를 표시하였다. 위험 평가는 양적뿐만 아니라 질적인 경우도 많기 때문에(Slovic et al., 1979), 응답자에게 서로 대립되는 두 개의 '두려운' 항목에 반응하도록 요청하였다. 한 항목에서는 자기 또는 사랑하는 사람이 불충분한 총기규제로 사망하거나 부상을 당했다고 했을 때 어떻게 느낄지를 평가하였다. 다른 항목에서는 과도한 총기규제법으로 자기와 사랑하는 사람을 범죄로부터 보호하지 못했을 때 어떻게 느낄지 평가하였다. 두 항목은 하나의 척도로 결합되었고($\alpha = 0.83$), 높은 점수는 총기 소유가 사회 안전을 감소시킨다고 걱정을 많이 함을 뜻했다.

낙태-위험지각. 낙태 위험지각은 "낙태하는 여자는 자기 건강을 해치고 있다"라는 진술문에 동의하는 정도를 표시하게 하여 측정되었다.

결과

결과는 두 단계로 제시된다. 첫째, 인구통계 특성, 세계관, 그리고 이 두 변수의 결합을 기초로 위험지각 평균 원점수를 보고한다. 둘째, 연구가설을 검증하기 위해 각 위험지각에서 문화와 기타 개인 특성의 상대적 효과 또는 상호작용 효과를 평가할 수 있는 다중회귀분석을 실시하고 결과를 보고한다.

사전분석 : 평균 위험지각 비교

백인남자효과가 나타났다(그림 11.2). 백인 남자는 측정된 모든 위험에서 걱정을 가장 적게 하였다. 백인 여자, 유색인 남자와 여자의 걱정은 위험에 따라 달랐다.

　　문화 효과도 분명했다(그림 11.3). 예측한 대로 위계주의와 개인주의, 특히 이 두 세계관을

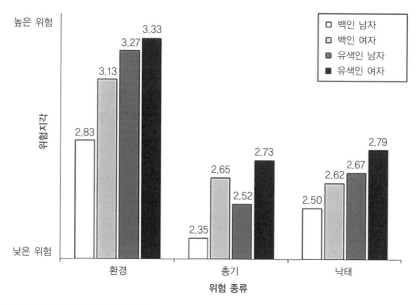

그림 11.2　위험지각에서 '백인남자효과'

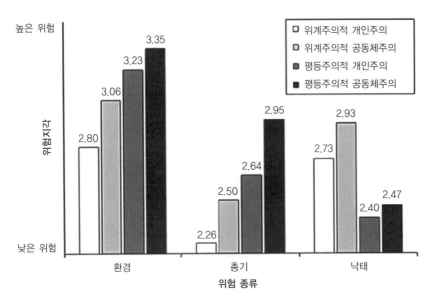

그림 11.3 위험지각에서 문화 세계관의 영향

함께 가진 사람들은 환경과 총기 위험 걱정을 가장 적게 한 반면에 평등주의와 공동체주의자들은 걱정을 가장 많이 하고 있었다. 낙태 위험에서는 반대로 위계주의와 공동체주의를 모두 가진 사람들의 걱정이 가장 크게 나타났다. 평등주의자들, 특히 평등주의적 개인주의로 분류된 사람들이 여자의 건강에 미치는 낙태 위험을 가장 적게 걱정하였다. 이런 패턴은 집단–격자 문화 성향이 예측하는 결과와 일치했다.

인구통계 특성과 문화 세계관을 결합하여 위험지각을 분석한 결과, 백인남자효과는 세계관에 따라 달라졌다(표 11.1, 그림 11.4).[3] 백인 남자의 평균 위험지각과 백인 여자 및 소수자의

표 11.1 문화집단 내에서 백인 남자와 다른 사람들의 평균 위험지각

	환경 위험		총기 위험		낙태 위험	
	백인 남자	다른 모든 사람들	백인 남자	다른 모든 사람들	백인 남자	다른 모든 사람들
위계주의	2.66	3.02*†	2.13	2.47*†	2.61	2.92*†
평등주의	3.18	3.33*†	2.80	2.81†	2.27	2.41†
개인주의	2.73	3.10*†	2.19	2.53*†	2.49	2.66*
공동체주의	3.05	3.29*†	2.72	2.80†	2.52	2.64

주 : 위험지각이 4점 척도상에 표시된다. 진한 고딕체는 서로 반대되는 문화 세계관을 가진 백인 남자 집단 사이에 의미 있는 차이($p \leq 0.01$)를 나타낸다. *는 동일한 문화 세계관을 가진 백인 남자와 의미 있는 차이($p \leq 0.05$)를 나타낸다. †는 서로 반대되는 문화 세계관을 가진 집단과 의미 있는 차이($p \leq 0.05$)를 나타낸다.

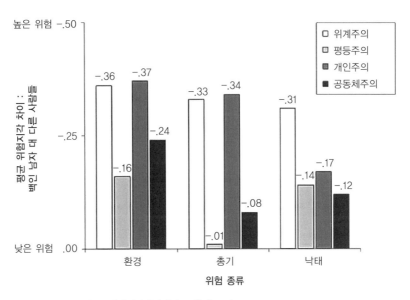

그림 11.4 문화집단에 따른 위험지각에서 '백인남자효과'의 크기

평균 위험지각 사이의 차이는 위계주의 세계관과 개인주의 세계관을 가진 사람들 중에서 가장 두드러졌다. 백인 남자와 다른 사람들 사이의 위험지각 차이가 평등주의와 공동체주의 세계관을 가진 사람들 사이에서는 작았고 총기 위험과 낙태 위험에서는 별로 의미가 없었다.

이런 패턴은 백인남자효과가 정체성보호 인지의 문화특수적인 형태와 상호작용한다는 가설을 시사한다. 그러나 확실한 검증을 위해서는 다중회귀분석을 통하여 인구통계 특성과 문화 관점의 영향을 알아보아야 한다.

논의

핵심 결과 요약

이 연구는 백인남자효과를 문화규범에 맞추어 형성한 정체성보호 인지로 설명할 수 있는지 알아보기 위해 수행되었다. 연구 결과는 우리의 가설을 강력하게 지지한다.

재해 유형에 따라 위험지각과 세계관 사이의 관계는 달라졌다. 환경 위험에서 평등주의와 공동체주의 세계관은 위험에 민감했고, 위계주의와 개인주의는 위험에 회의적이었다. 낙태 위험 민감성은 반대로 위계주의 세계관이 강한 응답자에게서 점차 증가하였고, 개인주의와 평등주의 세계관에 동의하는 사람일수록 감소하였다. 총기 위험의 경고 유형에 따른 위험지각은 문화적 관점에 의존하였다. 응답자가 평등주의와 공동체주의 세계관을 가질수록 불충분한 규제가 총기사고와 범죄를 일으킨다고 걱정을 하였지만, 위계주의와 개인주의자들은 과도한 규제가 범죄로부터 자신을 보호하는 준법 능력을 약화시킨다고 걱정하였다. 이 효과는 다른 개인 특성에 비하여 정체성보호 인지를 만들어낸다고 보는 집단소속감(정당과 예배 참석)을 비롯하여 위험지각에 훨씬 더 큰 영향을 미치는 것으로 나타났다.

위험지각에서 인구통계 변수의 차이는 문화 차이에서 나왔다. 남녀 차이는 특정 세계관과 결합하였을 때만 위험지각에 영향을 미쳤다. 환경과 낙태 위험 걱정에 미치는 남녀 차이의 영향은 위계주의 세계관에 따라 달랐다. 이와 비슷하게 남자가 위계주의 또는 개인주의 세계관을 가지고 있으면 총기 위험에 대한 공포가 더 적었다. 인종 차이도 역시 세계관에 의존하고 있었다. 문화적 관점의 통제는 아프리카계 미국인이 환경 위험 또는 총기 위험에 대해 더 많은 걱정을 하고 있지 않음을 드러냈다.

세계관의 영향은 위험지각과 정체성보호 인지 간의 가설적 관계와 일치한다. 총기소유와 연합된 위계주의와 개인주의 규범은 총기 위험을 강하게 부정했다. 총기가 무엇보다 가장 안전하다고 생각하는 사람들은 위계주의와 개인주의 백인 남자들이었다. 공포를 모르는 이들의 태도를 정체성보호 인지로 설명할 수 있는데, 이들은 자신의 문화 공동체 안에서 사회 역할을 수행하고 개인의 덕목을 보여주기 위해 총기를 가장 많이 필요로 하는 사람들이기 때문이다.

정체성보호 인지는 또한 환경 위험지각에서 백인남자효과를 설명할 수 있다. 태도와 관련된 남녀와 인종 차이는 위계주의 백인 남자에게 원인이 있었다. 이들의 극단적인 위험 회의론은 위험지각의 문화이론으로 이해될 수 있는데, 시장경제가 위험하다는 주장에 암묵적으로 내재된 사회와 정부 엘리트의 능력 폄하에 의해 이들의 정체성이 가장 큰 위협을 받기 때문이다(Douglas & Wildavsky, 1982). 위계주의 여자는 위협을 덜 받고 따라서 위험에 대한 회의도 더 적게 보이는데 이들의 정체성이 가정주부 역할에 있기 때문이다. 환경 위험 주장은 개인주의자들의 정체성에 도전하는데, 이들은 시장에서의 성공을 개인의 덕목과 동일하게 보기 때문이다. 그러나 우리의 가설처럼, 개인주의 규범은 상업과 전문 역할을 남자와 여자 모두의 지위 상승으로 간주하기 때문에 성차와 상관없이 위험에 회의적인 응답자들에게서 개인주의 세계관이 발견되었다. 또한 남자와 아프리카계 미국인 여자는 환경 위험 주장을 수용하는 정도가 비슷했는데, 이런 성향은 문화적 세계관을 통제한 후에도 백인보다 더 높지 않았다.

위계주의와 개인주의 백인 남자가 정체성 위협에 의해 서로 다른 위험지각을 만들어내는 유일한 집단은 아니다. 낙태에서 위험을 지각하는 백인 여자에게 위계주의는 더 강하게 내재되어 있다. 낙태 권리가 전문적인 역할보다 가정주부 역할을 수행하는 여자의 지위를 중요하게 보는 위계주의 규범을 폄하하고 있는 한, 위계주의 여자는 낙태 위험에 더 민감할 것이다.

실생활 활용을 위한 제언

이 연구 결과는 실생활에서 중요하게 활용될 수 있다. 위험지각과 세계관 사이의 관계는 위험규제와 소통 모두에 영향을 미친다.[4]

위험규제

보통 위험규제자들은 위험한 활동과 그것을 줄이기 위한 측정치를 평가하기 위해 위험-이익 분석을 사용한다(예 : Revesz, 1999). 이런 접근에서 분석가는 위험한 활동과 연합된 이익에 대한 대중의 평가를 수용한다(Viscusi, 1983). 그러나 많은 분석가들이 이런 활동과 연합된 대중의 위험 평가를 절하하는 경향이 있는데 대중의 판단이 인지적 편향 또는 오류에 의해 왜곡될 가능성이 높다고 보기 때문이다(예 : Breyer, 1993; Margolis, 1996; Sunstein, 2005).

이 연구는 이런 위험규제 전략을 복잡하게 만든다. 세계관과 위험지각 사이의 관계는 대중이 평가하는 위험활동의 위험과 이익의 경계를 희미하게 한다. 위험지각의 문화이론은 활동이 얼마나 위험한지에 대한 관점은 그 활동에 대한 도덕적 평가와 일치한다고 주장한다. 따라서 전문 위험규제자가 위험에 대한 대중의 평가를 무식한 것이라고 무시한다면 세계관에 맞추어 활동에 부여하는 그들의 이익을 고려하지 않는 것이다.

동시에 우리의 결과는 규제자가 대중이 위험활동에 부여하는 가치를 보장해야 한다는 가정을 의심하게 한다. 법은 개인의 안전에 대한 가치를 존중해야 한다는 자유민주주의 배경을 근거로 위험한 활동에 대한 대중의 이익을 받아들인다. 그러나 일단 위험지각과 세계관 사이의 연결이 알려지면, 위험에 대한 개인의 인내심이 결코 '안전' 선호를 반영하지 않는다는 것이 분명해진다. 특정 위험을 무시하거나 선택할 때 개인은 이상적인 사회에 대한 편파적인 문화 관점을 취한다(Kahan, 2007). 위험규제 정책이 이런 요구에 반응해야 하는지는 분명하지 않다. 예를 들어 어떤 사람은 법이 백인남자효과에서 나타나는 낮은 환경 위험 평가를 거부해야 한다고 주장할 수 있는데, 이런 평가가 단순히 오류가 많아서가 아니라 부적절한 위계주의와 개인주의 규범을 반영하고 있기 때문이다. 또는 어떤 사람은 총기규제가 개인 안전의 욕구에서 나온 것이 아니라 법에서 평등주의 또는 공동체주의 규범을 세우기 위한 편협한 욕구에서 나온 것이라는 근거를 들어 더 엄격한 총기규제를 요구할지도 모른다. 우리는 이 주제에 대해 어떤 주장도 하지 않는다. 단지 위험지각의 문화이론이 보여주는 규범적 복잡성에 주의를 기울일 뿐이다.

위험소통

우리 연구는 위험소통에서 더 잘 활용될 수 있다. 위험지각에서 세계관의 영향은 경험적 진실의 확인과 전파로 위험에 대한 대중의 깨우침이 일어날 수 있다는 가정이 엄청난 실수라는 것을 보여준다. 이런 위험과 연합된 활동이 특정 세계관을 상징하고 있다면, 정체성보호 인지는 개인으로 하여금 문화규범과 일치시키려는 방향으로 과학 정보를 더 신뢰하거나 또는 무시하게 만든다.

그렇다고 위험에 대해 대중을 교육시키는 것이 불가능하다는 결론을 내리려는 것은 아니다. 개인의 중요한 문화적 합의에 걸맞게 위험 정보가 변환되어야 한다는 의미이다. 정보가 진실인 것만 가지고는 충분하지 않다. 수용할 수 있는 사회적 의미가 담겨 있는 방식으로 제시되어야 한다.

이런 점에서 특히 정체성 확인과 인지에 대한 실험 연구가 요구된다. 몇몇 연구자는 개인 또는 집단이 확인한 자극에 노출된 사람들은 그 후 동년배의 지배적인 신념과 반대되는 정보를 처리할 때 편향을 덜 보인다고 했다(Cohen et al., 2000, 2007; Sherman & Cohen, 2002). 현실 세계의 정책 논쟁 맥락에서도 그 효과를 이용해서 정보 확산의 조건을 확인하는 것이 다양한 문화적 신념을 가진 시민들을 그들의 공통된 복지에 영향을 미치는 사실에 수렴할 수 있다(Kahan et al., 2006).

이 장에서 소개한 증거는 이런 종류의 전략을 사용하려는 위험소통가에게 매우 유용할 것이다. 이 연구는 위험 정보의 처리에서 정체성보호로 작용하는 세계관을 확인함으로써 정보처리자의 가치를 폄하하지 않고 인정하는 방법을 위험소통가에게 제공한다.

결론

이 연구의 목적은 위험지각의 차이, 특히 인종과 성차에 따른 위험지각의 차이를 설명하는 것이었다. 연구 가설과 자료가 지지하듯이 이런 차이의 근원은 문화적 정체성을 보호하려는 동기에 있다. Douglas와 Wildavsky(1982)가 요약하였듯이, 사람들은 위험한 활동의 위험성을 문화적 평가와 일치시키려고 한다. 집단의 신념에 도전하는 정보를 접하면 개인의 정체성은 위협을 받게 되어 있고(Cohen et al., 2007), 결과적으로 위계주의와 평등주의 사이에 그리고 개인주의와 공동체주의 세계관 사이에서 위험규제를 두고 정치적 갈등이 일어난다.

비슷한 역동성으로 위험지각에서 성차와 인종 차이를 설명할 수 있다. 다양한 삶의 방식은 위험한 활동과 관련된 사회 역할에서 성차와 인종 차이를 만들어낸다. 따라서 남자와 여자, 백인과 소수자는 자신의 정체성이 의존하고 있는 활동을 보호받기 위해 위험에 대한 상이한 태도를 형성한다.

우리가 제시한 자료는 실용적인 측면에서 중요하다. 규범 측면에서 우리 자료는 위험에 대한 정체성보호 태도가 위험 규제자를 안내하는 사회복지 미적분학으로 어떻게 변환되어야 하는지에 대한 어려운 질문을 제기한다. 우리 자료는 세련된 위험소통 양식이 필요하다는 것을 보여주는데, 그중 하나가 대중이 경험적으로 건전한 위험 정보를 수용할 때 정체성보호 저항을 피하도록 하는 것이다.

공포는 차별적이다. 그러나 과거에 우리가 알고 있었던 것보다는 더 공평한 방식으로 차별이 일어나고 있다. 여자와 소수자는 여러 위험에서 더 많은 공포를 보이는데, 그 이유는 남자, 특히 개인주의와 위계주의 백인 남자가 정체성 위협에 공포를 더 많이 느끼기 때문이다. 이들은 위험하고 규제 대상인 활동의 법적 수용을 요구하는 과정에서 정체성 위협을 느낀다. 위계주의와 개인주의 백인 남자가 정체성보호 인지 때문에 위험에 대해 극단적인 태도를 보이는 유일한 집단이 아니다. 이 현상은 어디서나 나타난다.

이 결과는 위험지각에서 오랫동안 자리 잡고 있는 차이의 본질이 무엇인지를 해결해준다. 그러나 이와 동시에 민주적 의사결정으로 합리적인 위험규제를 시도하려는 사람들에게는 도덕적 측면에서 새로운 도전이기도 하다.

부록 : 설문 항목

항목은 4점 반응 척도를 사용한다(1 = 강한 동의, 2 = 동의, 3 = 반대, 4 = 강한 반대).

문화적 세계관 항목

평등주의–위계주의 척도

'E'로 시작하는 항목들은 반대되는 내용이다.

H사기	범죄자들과 복지사기꾼들은 모든 기회를 취하는 데 비해 보통 시민들은 부스러기만 챙기는 것 같다.
H평등	이 나라에서 평등한 권리를 강하게 주장하기는 힘든 상황이다.
H여성적	사회 전반이 너무 부드럽고 여성적이 되었다.
H급격한 차별 1	최근에는 흑인에 대한 차별만큼 백인에 대한 차별도 크다.
H급격한 차별 2	흑인, 여자, 동성애자 그리고 다른 집단이 평등한 권리를 원하기보다 그들은 자신의 집단을 위한 특수한 권리를 원한다.

H가족전통	오늘날 사회의 많은 문제가 남자가 일하고 여자가 가정을 지키는 전통적 가족의 붕괴에서 온다.
H여자권리	여권운동이 빠른 속도로 진보했다.
E차별	소수자에 대한 차별은 우리 사회에서 여전히 심각한 문제이다.
E다양성	세상을 보는 방식에서 자신의 문화가 다른 문화보다 더 낫다는 생각은 구식이고 잘못되었다.
E동성연애자	여자이든 남자이든 동성애자 커플은 이성 커플과 마찬가지로 결혼할 권리가 있다.
E급격한 평등	우리는 부자와 가난한 자, 백인과 유색인, 그리고 남자와 여자 사이의 불평등을 과감하게 줄일 필요가 있다.
E과격한	부모들은 자녀들에게 더 민감하게 격려하고 덜 '과격하고 완강해야' 한다.
E부	부의 분배가 더 공평하게 이루어지려면 우리 사회가 더 잘살아야 한다.
E남녀차별주의자	우리는 근본적으로 여자를 차별하는 남녀차별주의자 사회에 산다.

공동체주의-개인주의 척도

'S'로 시작하는 항목들은 반대되는 내용이다.

I즐기기	사업에 성공하는 사람들은 자신에게 어울리는 부를 즐길 권리가 있다.
I문제해결	정부가 모든 사람의 문제를 해결하는 시간을 단축하면 우리는 모두 더 잘살 수 있다.
I정부낭비	정부 규제가 항상 사람들의 시간과 돈을 낭비한다.
I간섭	정부가 우리의 일상생활을 지나치게 간섭한다.
I시장	자유시장 — 정부 프로그램이 아닌 — 은 사람들에게 그들이 필요한 것들을 제공하는 최선의 방법이다.
I필요	오늘날 많은 사람들이 자신이 해야 할 일들을 사회가 해주기를 기대한다.
I필요한	도움을 필요로 하는 사람을 돕도록 사회에게 요청하는 것은 잘못이다.
I프라이버시	정부가 사람들에게 어떻게 살아야 하는지 말하기를 중지해야 한다.
I이익	열심히 일을 하는 것의 주된 동기는 개인이 이익을 얻는 것이다.
I보호	사람들을 자신으로부터 보호하는 것이 정부의 일이 아니다.
I책임	사회는 개인에게 무엇을 할 것인지 말을 하지 않고 개인이 자신의 삶을 책임

I시도	우리 정부는 너무 많은 사람들을 위해 너무 많은 일을 시도한다. 우리는 사람들이 스스로를 보살피도록 해야 한다.
S해로움	정부는 스스로를 상해하는 사람들을 보살피는 법을 만들 필요가 있다.
S선택제	정부는 사람들이 사회를 위한 선에 방해되는 선택을 하는 것을 제한해야 한다.
S요구	모든 사람의 기본 요구를 만족시키는 것이 사회의 책임이다.
S보호	정부는 수단이 개인의 자유와 선택을 제한하더라도 사회의 목표를 진척시키기 위하여 더 많은 것을 해야 한다.
S의존	사람들은 필요할 때 정부 도움에 의존해야 한다.

지도록 할 때 최선으로 작용한다.

위험지각 항목

환경 위험

환경	환경오염은 우리나라의 대중 건강에 심각한 위험이다.
지구온난	지구온난화는 지구의 미래에 심각한 위험을 준다.
원자력	원자력발전소 근방에 사는 것은 위험하다.

총기 위험

집사고	집에 총을 두면, 누군가가 우발적으로 총을 맞을 심각한 위험이 있다.
집방어	집에 총을 두는 것이 침입자로부터 스스로를 방어하기 위한 효과적 방법이다.
사회안전	우리 사회에 총이 많을수록 사회는 덜 안전해진다.
권총 범죄	권총을 숨기고 다니도록 허용하면 폭력 범죄를 일으킬 사람들이 거의 없다.
두려움 1	총기규제법이 엄격하지 않아 내가 또는 사랑하는 사람들이 부상을 당하거나 사망한다는 생각을 하면 괴로워진다.
두려움 2	총기규제법이 나 자신이나 내가 사랑하는 사람들을 방어할 능력을 간섭한다고 생각하면 괴로워진다.

낙태 위험

유산	유산을 하는 여자들은 건강이 위험에 처한다.

1. 소수자의 위험지각을 검토한 연구는 별로 없다. 그러나 한 연구는 타이완-미국인 남자가 백인 미국 남자와 마찬가지로 건강과 과학기술 위험을 백인 여자, 타이완-미국인 여자, 아프리카계 미국인 그리고 멕시칸 미국인에 비하여 낮게 평가하였음을 발견하였다(Palmer, 2003). Finucane 등(2000b)은 아시아 남자들이 특정한 위험지각에서 백인 미국 남자와 더 비슷하다고 했다.

2. 미국 대법원은 사실상 최근에 연방 정부의 부분적 유산법을 후원하는 기반으로 가혹한 우울증과 자존심 손실로부터 여자들을 보호하는 정부의 합법적 관심을 인용했다(Gonzales v. Carhart, 127 S. Ct. 1610, 1634(2007)).

3. 아프리카계 미국인 과표본은 이번 분석에서 제외되었는데 '누구나'에서 개인 평균을 계산할 때 백인 여자와 다른 소수자와 달리 아프리카계 미국인의 지각에 가중치를 많이 주는 것을 피하기 위함이었다.

4. 문화 세계관이 위험지각에 미치는 영향의 규범적 그리고 규정적 중요성에 대한 논의는 Kahan 등 (2006) 그리고 Kahan과 Braman(2006a) 참조.

위험에 대한 Sunstein의
문화평가

Dan M. Kahan, Paul Slovic, Donald Braman & John Gastil[*]

대중의 복리를 지키고 … 동시에 서민적 정부의 정신과 형태를 보존하는 것이 우리가 지
향하는 위대한 목표이다.

– James Madison(1787)

두려워해야 하는 유일한 대상은 두려움 그 자체이다.

– Franklin D. Roosevelt(1933)

효과적인 위험규제는 민주주의를 위협할 수 있다. 민주사회에서 국민의 복지는 환경참사와 경
제침체로부터 질병과 테러에 이르는 모든 종류의 자연과 인공 재해를 줄이는 능력에 달려 있다.
한편 이런 위험에 합리적인 대응이 필요하다는 주장 역시 순수하게 신중한 정책 결정을 위협하
므로 민주사회의 도전이 된다. 효과적인 위험규제는 전염병, 독극물, 경제에 대한 수준 높은 전
문적 형태의 과학 정보에 의존한다. 대다수 시민은 이런 정보에 접근하기 어렵고, 이해력도 부
족하고, 이해하고 싶어 하지도 않는다. 그렇다면 왜 위험규제법은 정치와 무관한 위험전문가의
이성적 판단과 반대되는 평범한 시민의 무지한 의견을 고려해야 할까?

이런 질문이 강요하는 것은 위험지각 연구를 가장 중요한 정책과학으로 만드는 일이다. 위
험지각 연구자들은 사회과학에서 쓰는 여러 방법을 사용하여 개인이 느끼는 다양한 재해의 심
각성과 이를 완화하는 조치의 효율성을 이해하려고 한다. 이들은 대중이 위험에 관한 최선의
과학정보를 지녀야 한다고 생각하지 않는다. 그러나 이런 정보를 기초로 민주적 정책 결정 절

[*] Reprinted from Kahan, D. M., Slovic, P., Braman, D. and Gastil, J.(2006) 'Fear of democracy: A cultural cri-
tique of Sunstein on risk,' *Harvard Law Review*, vol 119, pp.1071–1109.

차를 개발하려는 사람은 이 분야가 제공하는 통찰이 없이는 성공을 기대하기 어렵다.

Cass Sunstein의 저서인 공포법 : 사전예방 원칙을 넘어서(*Laws of Fear: Beyond the Precautionary Principle*)(2005)는 정확히 이런 측면에서 위험지각 분야에 중요한 공헌을 한다. Sunstein의 관점에서 민주적 위험규제의 주요 요소는 공포이다. 경험적 연구 결과들을 능숙하게 종합하면서, Sunstein은 다양한 사회위험에 대해 과장된 위험수치를 형성하도록 대중을 내몰고 있는 수많은 사회 인지 기제를 열거한다. 그는 또한 이런 치명적인 '위험 패닉'(p. 1) 영향으로부터 '심의 민주주의'를 보호하는 제도적 장치를 제안한다. 여기에는 중요한 공공가치를 비합리적인 대중의 공포로부터 분리시키는 전문가의 손익분석과 대중을 무시하고 전문가에게 민감하게 반응하는 법을 제정하는 행정절차가 포함된다. 최근 몇 해 동안 Sunstein의 광범위하고, 지적이고, 적절한 연구에 대적할 만한 위험지각 연구가 거의 없다.

Sunstein의 설명이 능수능란하기는 하지만 그는 위험지각 분야에서 일어나고 있는 최근의 혁신적인 발전에 주의를 기울이지 않고 있다. 여러 연구들은 '문화 세계관'이 위험한 활동에 대한 정서 평가, 경험적 정보에 대한 이해와 기억, 위험 정보의 출처에 대한 신뢰 성향을 포함하여 개인의 위험지각 기제에 스며들고 있음을 시사한다. 결과적으로 개인은 위험에 대한 신념을 이상적인 사회에 대한 자신의 비전에 일치시킨다. '문화 인지'라고 부르는 이 현상은 지구 온난화, 총기 규제, 에이즈 바이러스의 확산, 낙태로 인한 건강 위험 등 다양한 위험 문제에서 대중이 전문가의 의견에 동의하지 않는 이유를 설명할 수 있을 뿐만 아니라, 또한 전문가들 간의 의견 불일치가 발생하는 이유와 강력한 정치적 갈등이 일어나는 이유도 설명해준다.

문화 인지 현상은 Sunstein의 공포법에 포함된 분석을 강하게 비판한다. 일단 문화의 영향을 설명하고 나면, Sunstein이 군중 히스테리라고 지적한 현상이 여러 문화적 시각 차이에서 일어나는 일종의 복잡한 지위 경쟁임이 드러난다. 대중의 위험 감수성에 대한 이런 새로운 설명은 법이 대중의 위험지각에 어떻게 반응해야 하는지를 기술한 Sunstein의 규범 이론의 기초를 위태롭게 한다. 시민의 공포는 사회가 어떻게 조직되어야 하는지에 대한 그들의 문화 비전의 표현이기 때문에 '중요한 가치'와 '비합리적인 공포'를 분리할 수 있다는 생각은 착각이다. 이런 상황에서 위험 전문가의 손익분석에 의존하는 것은 개인의 덕목과 집단 정의에 대한 정치적 논쟁을 전략적으로 회피하기 위한 장치일 뿐 대중의 가치를 합리적으로 집행하는 전략이 되지 못한다.

그러나 불행하게도 위험지각을 문화 인지로 설명하려는 시도가 위험규제를 민주적으로 결정하는 과정의 복잡성을 감소시켰는지는 분명하지 않다. 문화 인지에 기초한 위험지각 이론은 위험소통을 구조화하는 방법에 초점을 둔다. 위험지각을 문화 가치와 연결함으로써 진짜 위험이 무엇이고 위험 완화에 효과적인 전략이 무엇인지를 대중에게 알리는 여러 새로운 전략이 만들어졌다. 이런 이론은 위험규제 차원을 더 쉽게 다루기도 하지만 동시에 그 차원을 더 평가하기 어렵게 만들기도 한다. 위험 논쟁이 더 나은 삶을 위한 진정한 논쟁이라면 흔한 규제 시스템 안에서 다양한 이익을 제공하는 방법보다 대중의 감수성을 과학과 조화시키는 방법이 민주적 규제에 더 바람직하다. 공포 그 자체는 민주 사회, 또는 다원주의 사회가 걱정을 해야 한다는 것인데, 위험에 대한 정부의 반응이 비합리적이어서가 아니라 위험규제가 원래 편협성을 내포하기 때문이다.

우리 연구는 Sunstein의 공포법에 대한 이런 반응을 네 단계로 살펴본다. 첫째, Sunstein의 설명을 반복 검증한다. Sunstein의 이론은 위험지각의 두 경쟁 모델로 개인을 합리적 계량기로 보는 모델과 비합리적 계량기로 보는 모델을 논의하는 가운데 가장 잘 이해될 수 있다.

둘째, Sunstein의 설명이 간과하고 있는 역동성을 문화 인지로 설명한다. 우리는 문화 인지가 위험지각의 또 다른 모델을 어떻게 지지하고 있는지를 보여준다. 즉 위험지각에서 개인을 합리적 계량기 또는 비합리적 계량기도 아닌 문화평가자로 보는 모형이다. 셋째, 우리는 이 모델을 Sunstein의 규범적 그리고 규정적 설명에 도전하는 이론으로 사용한다.

마지막으로 우리는 위험지각의 문화평가자 모델이 위험규제와 자유민주주의 사이의 긴장을 어떤 방식으로 기술하는지를 살펴본다. 놀랍게도 이런 긴장에 대응하는 한 가지 반응이 Sunstein과 같은 비합리적 계량기 이론에 기초한 정책을 만드는 것인데, 이런 모델은 대중의 위험지각에서 문화적 토대를 간과한다.

Sunstein과 '비합리적 계량기' 모델

위험지각 분야는 상반된 두 이론의 활기찬 논쟁을 통해 발전되었다. 여기서 '합리적 계량기' 또는 '비합리적 계량기'라고 부르는 두 이론은 개인의 위험 판단 성질과 위험에 대한 법의 대응 방식에서 격렬하게 다툰다. Sunstein의 주장은 이 논쟁 맥락에서 가장 이해하기 쉽다. 이 연구에서는 합리적 계량기와 비합리적 계량기 사이의 논쟁 요점들을 기술하고 비합리적 계량기 모델에 대한 Sunstein의 궤변을 살펴본다.

개인의 위험지각에서 두 가지 개념 : 합리적 대 비합리적 계량

신고전주의 경제학의 가정과 방법에 기초한 합리적 계량기 모델은 개인이 기대효용을 최대화하는 방식으로 위험을 판단한다고 주장한다. 위험한 직무 선택(예 : 건설 노동자, Viscusi, 1983, p.

37), 위험한 소비재 구매(예 : 체인톱, Schwartz, 1988, p. 358), 건강에 해로운 개인 취향(흡연, Viscusi, 1992; 안전하지 않은 성경험, Philipson & Posner, 1993, pp. 57-83)과 관련된 모든 결정은 손실과 이익을 고려한 결과이다.

그러나 사람들은 불완전한 정보 때문에 힘들어하고, 오류를 범하고, 또한 자신에게 분명히 최대한 이익이 되는 것을 실행할 역량이 부족하다. 기회의 변동과 시장에 기초한 사회적 선택의 결과가 가져온 효용최대화로부터의 이탈은 사람들이 서로를 거부하게 만든다. 따라서 완벽하게 합리적인 방식으로 위험에 대처하는 사람은 한 명도 없지만 사람들은 스스로 합리적인 것처럼 행동한다(Viscusi, 1983, p. 4; Schwartz, 1988, pp. 374-384).

합리적 계량기 모델은 정부의 위험규제를 두고 제한적 역할을 권고한다. 사람들이 마음대로 자신의 웰빙을 최대화하는 선택을 한다면, 위험을 규제하는 조직이나 기관의 존재는 불필요할 뿐만 아니라 사회의 부와 개인의 자유를 파괴한다(Viscusi, 1983, p. 4; Schwartz, 1988, p. 383). 규제 개입이 확실하게 일어나야 하는 유일한 상황은 효용최대화를 추구하는 사람들이 타인을 위험에 노출시키고 예상된 손실을 전혀 부담하지 않는 때이다. 그러나 이런 상황에 대처하기 위해 규제를 적용할 때 합리적 계량기 모델에 따르면, 규제자들은 어떤 종류의 위험 감수가 사회적으로 바람직한지를 전적으로 자신의 판단에 의존해서는 안 된다는 것이다. 이들은 규제의 기준을 위험활동의 손해와 이익 모두를 완벽하게 내면화시킨 사람의 행동에 포함된 선호를 기초로 삼고자 한다. 결과적으로 위험에 대한 규제 반응은 시장과 집단행동에서 드러나는 개인 반응과 비슷하다(Viscusi, 1983, p. 114-135).

반대로 비합리적 계량기 모델은 사람들이, 개인과 집단 모두, 자신의 효용을 최대화하지 못하는 방식으로 위험 문제에 접근한다고 주장한다. 사회심리학과 행동경제학에 기초한 이 모델은 위험지각을 왜곡하는 대중의 인지적 한계와 결함을 열거한다(Noll & Krier, 1990; Slovic, 2000a, pp. 1-50). 즉 개인은 쉽게 기억나는 위험(원자력 사고)은 과대추정하고 그렇지 않은 위험(예 : 땅콩버터의 암 발병, Kasperson et al., 1988, p. 178; Noll & Krier, 1990, pp. 754-755; Slovic, 2000a, pp. 37-38)은 무시하는 경향이 있다. 사람들이 개인 수준에서 일으키는 위험추정 오류들은 타인과 상호작용하면서 더욱 과장된다. 사회에 영향을 미치는 다양한 기제가 대중의 위험지각을 강화하고 무지를 발생시킨다(Kasperson et al., 1988, pp. 179-186).

비합리적 계량기 모델은 정부의 규제를 보다 공격적으로 만들라고 권장한다. 위험지각을 왜곡시키는 인지적 결함과 사회적 강요가 일반 대중에게 가장 큰 영향을 주는 데 비해, 과학 교육을 받은 전문가들은 이런 영향에 덜 취약하다. 이들은 정확한 정보에 대한 접근과 이해가 용이하고, 다양한 위험행동과 연합된 손익 계산이 가능하고, 소통을 통해 다른 사람들과 합의에 도달할 수 있기 때문이다(Margolis, 1996, p. 71-97). 따라서 위험에 대한 대중의 오해에서 비롯한 왜곡을 피하기 위해서는 환경 규제, 소비자 보호, 작업장 안전 문제를 정치와 격리된 전문가에게 맡기는 것이 합리적이다(Slovic, 2000a, pp. 137-153, 285-315).[1]

우리는 가장 순수한 형태의 합리적 계량기와 비합리적 계량기 모델을 기술하였다. 물론 두 모델을 모두 포함하고 있는 중간 모델도 있다.[2] 비합리적 모델을 주장하는 어떤 학자는 제한된 합리성에 있어서 일반인과 전문가의 위험 평가 차이를 구분하는 데 조심스럽다. 전문가는 모든 위험 주제를 일원화된 기대효용 측정법으로 다루려고 한다면 대중은 이런 측정에 반항하는 질적 평가를 위험 평가에 포함시키려고 한다(Slovic, 2000a, pp. 137-153, 285-315).[3] 그러나 위험지각 연구에서 순수한 합리적 계량기 모델과 비합리적 계량기 모델은 누구이든 특정 연구자의 주장이 어떤 의미인지를 파악하는 데 유용한 참고 자료가 될 수 있다.

위험에 관한 Sunstein의 입장

공포법에서 Sunstein의 주장은 비합리적 계량기 모델의 전제들을 절대적 형태로 나타내고 있다. 뿐만 아니라 대중의 위험지각과 왜곡을 보호하기 위한 위험규제 방안의 역동성을 체계적으로 기술함으로써 Sunstein의 이론은 비합리적 계량기 모델이 법 제정에 기여할 수 있는 가장 유익한 설명으로 보인다.

서술

위험지각의 비합리적 계량기 모델에 대한 Sunstein의 개념에는 두 가지 요소가 포함되어 있다. 첫 번째는 위험을 체계적으로 잘못 평가하는 개인의 심리기제이다. 두 번째는 개인이 상호작용할 때 위험 평가를 확대시키는 사회 영향이다.

전자에 해당하는 것으로 '가용성 추단'이 있다. 이 현상은 특정한 위험이 주는 '불행한 예를 얼마나 쉽게 생각해낼 수 있는지'에 기초하여 '위험의 강도를 평가하는' 경향이다(p. 36; Slovic, 2000a, p. 37-38). 원자력은 스리마일섬과 체르노빌 사건 때문에 경각심을 일으킨다. 또는 사람들이 "비소와 낡은 레이스"라는 영화 때문에 독성물질 위험의 발생 비율을 높게 추정한다. 가용성은 대중의 판단을 쉽게 왜곡시킬 수 있는데, 위험한 과학기술 또는 화학물질이 사회에 기여하는 무수히 많은 이익보다 이들이 초래한 불행이 대중의 기억에 더 깊게 박혀 있고 미디어의 초점이 될 가능성이 훨씬 더 높기 때문이다(Margolis, 1996, pp. 94-97).

대중의 위험지각을 왜곡하는 또 다른 기제는 '확률 무시'이다. 이것은 발생가능성이 거의 없는 사건을 '최악의 시나리오에 초점을 맞추는' 독단적 성향을 가진 사람들을 특징짓는 Sunstein

의 용어이다(p. 35). 기대효용을 최대화하는 사람은 결과가 발생할 확률에 따라 행동과 연합된 손익을 절감해야 한다(Sklansky, 1999, pp. 9-11). 실험연구에 따르면, 사람들은 공포와 같은 강한 부정적인 정서를 일으키는 결과를 평가할 때 자신의 부정적 정서를 피하기 위하여 작은 확률에 둔감해지면서 큰 손실을 감수하는 방식으로 행동한다(Rottenstreich & Hsee, 2001). Sunstein에게 이런 결과는 평범한 시민이 비용이 많이 드는 위험방지책과 위험감소절차를 지지할 가능성이 높다는 것을 의미한다. 그의 주장에 따르면 독성물질 제거를 위한 엄청난 투자와 탄저병 검사를 위한 번거로운 절차가 이런 사례에 해당한다(pp. 83-85).

그 밖의 다른 기제들은 사람들이 위험한 과학기술의 이익에 무감각하게 만든다. 한 예가 '손실혐오'이다. 사람들은 현재 상태에서 이익보다 손실을 원하지 않는다(p. 41).[4] 또 다른 현상으로 사람들은 현재 소유하고 있는 물건의 가치를 그것을 소유하기 전보다 더 높게 평가하는 보유효과가 있다(Kahneman et al., 1991, p. 193). 그 결과 손실이 발생할 가능성이 있는 행동을 하지 않으려고 한다(p. 42). 또 사람들은 '현상유지편향'을 나타낸다(Kahneman et al., 1991, p. 193). 이익의 가능성에도 불구하고 위험한 행동을 실행에 옮기지 않고 이를 정당화하기 위하여 '후회보다 안전이 더 낫다'는 격언으로 후퇴한다(p. 47).[5] 동시에 이런 성향들은 사람들을 보수적으로 만들어서 새로 도입되는 위험 또는 현존하는 위험의 악화로 생기는 잠재적 손실에만 집착하고 이익에는 관심을 두지 않게 하여 새로운 과학기술을 막으려고 한다. Sunstein에 따르면, 이것이 왜 전문가는 석탄과 같은 화석 에너지보다 원자력 위험을 더 낮게 보고, 일반인은 원자력 위험을 걱정하는지를 설명한다(p. 47).

왜곡의 또 다른 기제는 감정이다. 위험활동에서 발생하는 정서반응은 사람들이 그 활동을 얼마나 위험하다고 생각하는지를 예측해주는 중요한 요인 중 하나이다(Finucane et al., 2000a; Loewenstein et al., 2001; Slovic et al., 2004). 또한 Sunstein은 이런 감정 효과가 거의 다른 모든 위험지각 기제의 기초라고 생각한다. 가용성은 위험이 불러일으키는 불행이라는 이미지가 얼마나 정서적으로 강렬한지에 따라 달라진다(pp. 38-39). 강렬한 정서가 발생하면 사람들은 부정적 결과에 초점을 맞추지 확률에 초점을 맞추지 않는다(p. 64). 또한 사람들은 보수적으로 행동하고 현상유지편향 또는 손실혐오를 나타내는데 자신이 현재 소유하고 있는 것의 손실을 예상하면 두렵기 때문이다(p. 41).

Sunstein에 따르면, 이런 심리 기제가 위험지각에 미치는 왜곡 효과는 두 가지 사회 영향에 의해 강화된다. Sunstein은 첫 번째 사회 영향을 '가용성 폭포'라고 부른다. 높은 감정 가치를 가진 위험사건이 쉽게 주의를 집중시키고 기억되는 것처럼 이런 사건은 점점 더 많은 사람들에게 가용되는 폭포효과가 일어난다(p. 96). Sunstein은 이런 편향의 예로 워싱턴지역의 총기 사건과 광우병 논쟁을 들고 있다(p. 94). 가용성 폭포는 사회가 타 종교인, 외국인, 이민자, 동성애자, 청소년 범죄단, 약물 중독자를 위험의 출처로 지각하는 도덕적 패닉을 설명해준다(p. 98).

'집단 극화'는 Sunstein이 제안하는 두 번째 사회 영향으로 집단이 위험을 심의하는 과정에서 개인의 편향을 증가시킨다(Lord et al., 1979). 이런 논의에 참여하게 되면 개인의 의견은 중요하지 않게 된다고 Sunstein은 주장한다. 반대로 집단 논의는 초기 의견보다 더 극단적인 의견을 채택하면서 끝난다(p. 98). 논의가 시작되면 약간 우세한 관점을 지지하는 논증이 제시되고 이런 논증은 이 관점을 지지하는 사람들에게 확신을 준다. 이런 효과는 다수의 의견에 자신의 의견을 일치시키려는 무의식적 욕구에 의해 그리고 조롱받는 소수가 되는 것을 꺼리는 경향에 의해 강화된다.

Sunstein은 '위험 패닉'을 강조하면서 공포를 느끼지 말아야 할 때 공포를 느끼고 똑같은 역동성에 의해 사람들이 공포를 느껴야 할 때 공포를 느끼지 않게 될 수도 있다고 주장한다(p. 1). 또한 어떤 한 상태는 거의 항상 반대 상태를 포함하는데, 많은 위험이 서로 상쇄되기 때문에 이것은 어느 정도는 맞는 말이다. 원자력 위험을 지나치게 걱정하는 사회가 화석연료와 연합된 위험(예 : 지구온난화, 산성비; pp. 27-28)에는 너무 적은 관심을 보인다. 살충제 DDT의 발암효과에 공포를 느끼는 사회가 살충 효과가 적은 물질을 사용한 결과 말라리아 사고가 증가하는 상황에는 충분한 주의를 기울이지 않는다(p. 32).

지나친 공포와 불충분한 공포 각각의 문제가 비슷한데, Sunstein에 따르면 위험감소 규제의 미온적 경제 효과 때문이다. Sunstein은 정부 규제를 시행하는 데 드는 비용으로 700만 달러에서 1,500만 달러가 한 생명의 기대손실과 연합되어 있음을 보여주는 연구를 인용한다(pp. 32-33; Keeney, 1990; Hahn et al., 2000). 위험강도(수돗물의 비소 양)를 약간 감소시키기 위한 많은 값비싼 프로그램들은 구할 수 있는 생명보다 더 많은 생명을 희생시킨다(pp. 28-29).

따라서 대중의 위험지각에서 지나친 공포와 불충분한 공포 중 어느 것이 더 나은지 말하기 어렵다. 그러나 Sunstein의 설명에서 얻을 수 있는 한 가지 결론은 어떤 위험에 대해서는 정서와 히스테리로 반응하고 어떤 위험은 완전히 무시하는 대중이 결코 옳을 수 없다는 것이다. 대중의 건강을 가장 위협하고 있는 위험은 그들의 위험 평가일지도 모른다.

규범과 규정

Sunstein은 대중의 위험지각에서 일어나는 왜곡뿐만 아니라 이런 왜곡된 위험지각에 대한 법적 대응도 언급했다. 그는 대중의 위험 평가를 그대로 수용하는 '포퓰리즘 시스템'을 거부한다. 또한 공포법에서 그는 대중의 감수성에 과도하게 반응하는 '사전예방원칙'을 비판한다. 환경론자와 규제자의 지지를 받고 있는 이 원칙은(pp. 15-18) 어떤 활동에 '피해의 성질 또는 위험 우도가 과학적으로 불확실할 때, 피해가 발생하지 않는다는 과학적 증거를 보여주기 전까지 이런 활동을 예방하는 쪽으로 결정이 이루어져야 한다'는 것이다(p. 19).[6] 민주적 집행기관의 이런 접근은 '낮은 확률 위험'에 비합리적 공포로 반응하게 만드는 대중의 다양한 기제―가용성, 확률 무시, 현상유지 효과, 다양한 사회 영향―와 연관된다고 Sunstein은 주장한다(p. 26). 특정 위험에 대한 고집은 파생되는 위험에 대한 부주의와 규제 비용의 부정적 사회 영향을 항상 수반하기 때문에, 사전예방 원칙은 '인간의 삶을 더 쉽고 더 편리하고 더 건강하게 만드는 과학기술과 전략을 포기하는 사회로 나아가게 한다'(p. 25).

불행하게도 대중의 이런 비합리성은 교육으로 개선될 수 없다고 Sunstein은 주장한다. 대중에게 과장된 위험지각을 형성하는 동일한 기제가 과학 정보를 합리적으로 처리하지 못하게 작용한다. 예를 들어, 사람들이 확률을 무시하기 때문에 위험 정보를 정확하게 알려주어도 사람들은 나쁜 결과에 주의를 기울이고 공포를 느낀다(p. 123). 위험이 얼마나 작은지를 강조하기보다는 주제를 바꾸어 다른 것을 논의하면서 시간을 버는 방식으로 비합리적인 공포를 불식시키는 것이 더 좋은 방법이라고 Sunstein은 주장한다(p. 125).

대중에게 정보를 제공하는 사람이 과학자와 규제자만이 아니기 때문에 이런 방해전략이 대중의 불안을 진정시키지 못한다. 누구보다도 '테러리스트… 환경운동가'도 확률무시와 위험과 관련된 역동성을 전략적으로 이용하여 많은 것을 할 수 있다(p. 65). 미디어도 경제적인 자기 이익을 위하여 그 활동의 대표성과 무관하게 사람들의 주목을 끄는 불행한 정보를 보고하여 위험 히스테리를 증가시킨다(p. 103).

Sunstein에게 대중의 위험 평가를 괴롭히는 정신질환을 치료하는 방법은 한 가지뿐이다. 독립된 전문가 단체에 규제권을 위임하는 것이다. 만일 규제에 대한 대중의 요구가 정당하지 못한 공포에 의해 왜곡될 가능성이 있으면, 실제 위험을 더 잘 판단할 수 있는 독립된 공무원에게 역할을 위임하는 것이다(p. 126).

이런 전문가는 위험추정에서 나타나는 대중의 왜곡으로부터 비교적 자유롭다고 Sunstein은 주장한다. Sunstein은 심리학의 이중처리이론을 기초로 두 종류의 정보처리체계를 제안한다. 사고체계 1은 과장된 위험추정을 유발하는 추단에 기초한 사고로 빠르고, 직관적이고, 오류에 취약하다. 사고체계 2는 신중하고, 계산적이며, 느리지만 오류가 적다(p. 68).[7] 훈련받은 과학 전문가는 위험 평가에서 사고체계 2를 더 많이 사용한다고 기대되었다(pp. 85-87).

Sunstein은 정치적으로 독립된 전문가는 자신의 권위를 이용하여 위험 평가를 비민주적으로 만들지 않는다고 주장한다. 그의 관찰에 의하면 건전하게 기능하는 정부는 심의를 강조하는 민주주의를 추구한다(p. 1). 이런 정부는 대중의 불안을 수용하면서 심의에 기초한 합의에 따라 위험에 대처한다(p. 1). 따라서 '만일 대중의 공포에 반응하는 대표기관이 오류에 취약하다면, 어느 정도 격리된 기관을 만드는 것이 적절하다. 민주적인 정부는 국민의 가치에 반응하는 것이지 국민의 실수에 반응해서는 안 된다'(p. 126).

대중의 잘못된 지각과 대중의 가치를 구별하기 위해 전문적인 규제자가 사용해야 하는 중요한 원리가 손익분석이다. 이 기법을 사용하여 규제자는 위험한 과학기술과 연합되어 있는 손실 확률과 규모에 대한 자신의 계산과 개인 생명의 가치를 비교함으로써 위험경감 측정치의 효율성을 평가한다(p. 131).[8]

Sunstein은 이런 방법이 완벽하지 않다는 것을 인정하였지만, 손익분석이 민주주의 사회에서 합리적인 위험규제에 없어서는 안 될 도구라고 주장한다. 이것이 가용성, 확률무시, 감정의 왜곡효과를 제거하기 때문에, 사고체계 1의 추단과 편향에 대항하는 사고체계 2를 활성화시켜 대중의 공포에 대응할 수 있는 중요한 방법이라고 보았다(p. 130).

Sunstein은 손익분석이 단지 출발점을 제공하는 것이고 법을 결정하는 유일한 요인으로 생각하지 않았다(p. 174). 생각해보면, 책임 있는 법제정자라면 빈곤층의 복지, 멸종 위기의 동물보호, 청정지역 보존 등에 포함되어 있는 가치들이 경제적으로 비효율적인 규제를 유지하는 비용을 치를 만한 가치가 있다고 결정할 수도 있다(p. 129).

Sunstein의 심의를 강조하는 민주주의에는 드물게 특별한 거부권이 존재하지만, 전문가가 여러 위험에 배정하는 위험 규모의 재고요청에는 거부권을 거의 행사하지 않는다.

여기서 Sunstein(2002, pp. 1122-1137, Slovic, 2000a 검토)은 전문가와 일반인의 위험지각의 불일치가 지식이 아닌 가치에 있다고 보는 '경쟁적 합리성' 가설에 강한 의심을 표현한다. "전문가는 사실을 자각하지만 평범한 사람들은 그렇지 않다"(p. 86). "따라서 상이한 가치가 아니라 비합리성의 형태가 전문가와 평범한 사람들의 상이한 위험판단을 설명하는 데 도움이 된다"(p. 86). 독립 기관에 의한 손익분석이 위험한 과학기술의 손실 지각에서 대중의 비합리성을 근절시킨다.

문화평가자 모델

Sunstein의 설명은 위험지각에 관한 종합적이고 통합된 경험적 연구들에 기반을 둔다. 그러나 이 문헌은 Sunstein이 놓쳐버린 중요한 역동성으로 '문화 세계관'의 영향을 다루고 있다. Sunstein의 설명에서 세계관이 어떻게 배제되었는지를 측정하기 위하여, 위험지각의 합리적 계량기 모델과 비합리적 계량기 모델의 대안으로 먼저 위험지각의 최신 연구들을 요약하려고 한다.

문화 인지 : 이론과 증거

문화 인지는 위험에 대한 사회 논쟁에서 사실보다 문화가 앞선다고 주장한다. 문화 가치가 개인이 환경 규제, 총기 사용 금지, 약물 범죄 등에 어떤 중요성을 결부시키는지를 결정하기 때문에 문화가 사실보다 앞설 수 있다. 더 중요하게, 정책의 결과에 대한 개인의 생각이 문화적 가치에 의해 결정된다는 점에서 문화가 사실보다 앞선다. 개인은 좋은 사회에 대한 자신의 선호가 지지되는 방식으로 사실을 선택적으로 신뢰하기도 하고 무시하기도 한다.

문화가 사실보다 앞선다는 주장은 위험 문화이론의 주요 전제이다.[9] 인류학자 Mary Douglas와 정책 과학자 Aaron Wildavsky(1982)의 유명한 문화이론은 평등주의, 개인주의, 위계주의와 같은 세계관을 이루고 있는 가치들에 환경과 과학기술 위험에 대한 논쟁을 연결하고 있다. 이 설명에서 평등주의자는 환경 재해에 민감하고, 이 민감성 감소는 사회적 불평등을 야기하는 시장경제 활동을 정당화시킨다. 반대로 개인주의자는 시장경제의 자율성과 개인의 통제권을 제한하는 환경운동가들을 무시한다. 위계주의자는 환경참사의 경고를 사회와 정부 엘리트의 능력을 위협하는 것으로 지각하기 때문에 비슷하게 회의적이다.

위험지각에서 문화 차이를 다르게 설명할 수 있지만[10] 문화 인지는 독특한 심리측정 이론을 제공한다.[11] 이 관점에서 세계관의 영향은 위험지각을 결정하는 다양한 심리적·사회적 기제의 대안이 아니고 그 구성요소이다. 이런 기제들이 문화에서 발생된다고 문화 인지는 주장한다. 즉 이 기제들이 가리키는 위험지각의 방향은 개인의 문화적 가치에 달려 있다.

감정추단을 보자. 위험활동에서 정서 반응이 위험지각에 강한 영향을 미치는 것은 분명하지만(Slovic et al., 2004), 이 정서 반응이 긍정적인지 또는 부정적인지는 무엇이 결정하는가? 문화 인지 이론에 따르면 답은 문화이다. 개인의 세계관이 총기 소유, 원자력(Peters et al., 2004), 붉은 육류 소비(Allen & Ng, 2003)와 같은 다양한 활동에 사회적 의미를 부여하고, 이것은 다시 개인이 이런 활동에 불안하게 반응할지 또는 침착하게 반응할지를 결정한다. 이런 설명은 정서가 아무런 생각 없이 일어나는 감정의 해일이 아니라 오히려 사회규범에 의해 형성된 가치가 포함된 판단이라는 것을 인지하고 있다.[12]

비슷한 설명이 확률 무시에도 적용된다. 나쁜 결과가 강한 부정적 감정의 집중적 주의를 받으면 사람들은 이 결과의 불가능성에 덜 민감해진다. 그러나 개인의 감정 반응의 유인과 강도가 위험활동(총기, 원자력, 약물중독 등)의 문화적 평가의 영향을 받으면, 확률 무시는 문화에 의존하게 된다.

가용성 역시 문화의 영향을 받을 가능성이 높다. 지각된 위험 강도는 개인이 위험과 연합된 불행한 사건들을 얼마나 쉽게 인출할 수 있는지에 달려 있다. 그러나 어떤 사람이 이런 불행에 얼마나 쉽게 주의를 기울이는지도 재해에 두는 개인의 가치에 달려 있다. 따라서 사람들은 인지부조화를 회피하기 위해 어떤 활동(예 : 총기 소유, 상업)에 대한 그들의 관점을 강화하는 정보에 선택적으로 주의를 기울일 가능성이 높다.[13]

문화는 또한 위험지각에서 사회 영향의 효과를 증감시킨다. 대부분의 사람들은 아동용 백신의 자폐증 유발 여부, 실리콘 유방 시술의 면역기능 약화 여부, 총기 소유의 범죄 감소 여부를 스스로 결정할 위치에 있지 않다. 따라서 이들은 고도의 과학기술에 관한 경험적 증거의 지지 여부와 같은 위험 주장을 믿어야 할지 말지를 결정할 때 다른 사람에게 의존해야 한다. 이들이 신뢰하는 사람들은 세계관을 공유하는 사람들이고, 감정, 확률 무시, 가용성 그리고 유사한 기제에 의해 특정 주장을 하고 있을 가능성이 높은 사람들이라는 사실은 그리 놀랍지 않다. 따라서 문화집단들 사이에서 위험지각의 차이가 나타나고 특정 문화집단 내의 위험지각은 비슷한 경향을 보이게 된다. 집단 극화와 폭포 효과도 역시 문화에 의존한다.

최신 연구들이 이런 설명을 지지한다. 연구자들은 다양한 방법으로 특히 원자력과 같은 환경위험지각에서 문화 세계관의 영향을 보여주었다(Dake, 1991; Peters & Slovic, 1996, p. 1445 -1451; Jenkins-Smith, 2001, pp. 107-111).

우리는 문화 인지의 영향을 밝히려고 전국적으로 위험과 문화를 조사했다.[14] 이 연구는 '집단'과 '격자' 차원에서 삶의 방식을 범주화하는 유명한 Douglas의 분류법을 사용하였다(Douglas, 1970, p. viii). 집단 차원에서 '높은' 사람들은 광범위한 활동에서 다른 사람들과의 상호작용을 중요하게 생각한다. 집단 차원에서 '낮은' 사람들은 반대로 자립적이고 경쟁적인 경향이 있다(Rayner, 1992, pp. 87-88). 격자 차원에서 '높은' 사람들은 자원, 기회, 존경 등이 성차, 인종과 같은 사회적 범주를 기초로 분배되어야 한다고 생각한다(Gross & Rayner, 1985). '낮은' 격자 집단은 성차 또는 연령 때문에 사회적 역할에서 제외되는 일이 발생해서는 안 된다고 생각한다(Rayner, 1992, p. 87). 민족학 재료를 집중적으로 개관하고, 전문가 집단과 논의를 거치고, 광범위하고 다양한 조사 항목을 사건검사한 후, 우리는 두 개의 신뢰할 만한 태도 척도를 개발하였다. 개인주의-연대주의, 위계주의-평등주의 척도는 집단/격자 분류법에 따라 서로 다른 사분면에 위치하는 사람들의 핵심가치가 갈등적인 이유를 설명한다(Kahan et al., 2005, pp. 38-40).

무작위로 1,800명을 뽑아서 실시한 전국적 조사에서 우리는 위험지각에 미치는 세계관의 영향을 측정하기 위해 이 척도를 이용하였다. 우리의 결과는 환경 위험지각과 문화 세계관의 관계에 대한 Douglas와 Wildavsky의 결론과 일치하였다. 평등주의와 연대주의 경향이 높은 사람일수록 지구온난화, 원자력, 대기오염을 더 많이 걱정하는 반면에 위계주의와 개인주의 경향이 강할수록 더 적게 걱정하였다(Kahan et al., 2005, p. 15).

우리는 총기 위험지각과 세계관 사이에서도 비슷한 관계를 발견하였다. 평등주의자와 연대주의자는 개인의 총기 소유가 범죄와 사고를 증가시켜서 대중의 안전에 해가 된다고 믿는다. 반대로 위계주의자와 개인주의자는 개인의 총기 소유 제한이 범죄로부터 개인을 보호할 수 없게 만들기 때문에 대중의 안전에 위협이 된다고 믿는다(Kahan et al., 2005, pp. 18-21). 총기 위험에 대한 지각이 이렇게 상반되는 이유는 서로 다른 문화적 가치에 포함되어 있는 총기의 긍정적 그리고 부정적 의미 때문이다(Kahan & Braman, 2003, pp. 1299-1302).

총기와 환경 위험에서는 위계주의와 개인주의의 관점이 연대주의와 평등주의와 다르지만, 다른 주제에서는 개인주의와 위계주의 사이에서 관점의 차이가 발견된다. 예를 들어, 위계주의자는 약물, 문란한 성생활과 같은 사회 위험과 마리화나와 같은 개인 위험을 걱정하지만 개인주의자는 그렇지 않다(Cultural Cognition Project, 2006a). 이와 비슷하게 평등주의자와 개인주의자는 낙태, 수술을 통한 에이즈 바이러스 감염처럼 개인 위험을 별로 걱정하지 않지만, 위계주의자는 이런 위험을 많이 걱정한다(Cultural Cognition Project, 2006b). 이런 양상은 세계관의 논리와 일치한다. 위계주의자는 보수적인 규범에 저항하는 행동을 도덕적으로 못마땅하게 생각하고, 전통에서 벗어난 행동은 위험하다고 생각한다. 평등주의자는 사람들을 계층화하는 규범을 못마땅하게 생각하고, 개인주의자는 개인의 선택을 제한하는 규범을 좋아하지 않기 때문에 이런 사람들은 예외적 행동에 대해 온건한 태도를 가진다.

문화평가 대 합리적 그리고 비합리적 계량기

문화 인지 현상을 지지하는 경험적 증거는 차별화된 위험지각 모델을 제안하였다. 우리는 이것을 '문화평가자' 모델이라고 부르는데, 문화 가치가 개인이 어떤 결과의 위험 수용을 감수하는지뿐만 아니라 어떤 위험 주장을 신뢰할지를 결정하는 데 결정적인 역할을 한다고 강조하기 때문이다.

이 명칭은 또한 개인의 위험지각이 합리적 또는 비합리적인 기대효용 계량기 모델과 관련이 없다는 우리의 생각을 보여준다. 실제로 대부분의 사람들에게 이런 계량기는 전적으로 불필요하다. 연구들에 의하면 위험한 활동(원자력에서 총기 소유까지)의 이익과 손해에 대한 개인의 지각은 반비례 관계를 보인다.[15] 판단 요소가 주입된 정서에 이끌리고 타인과 기본적 유대를 보존하려는 동기 때문에 사람들은 이런 활동의 손해와 이익을 지각할 때 자연스럽게 문화 규범에 따른 긍정적 또는 부정적인 사회적 의미와 일치시킨다.

종합하면, 위험에 대한 태도는 각자의 특별한 삶의 방식에 따라 결정된다. 이들의 위험지각을 보험통계로 평가해서 정확할 수도 있고 또는 정확하지 않을 수도 있다. 이런 평가에 근거한 정책은 통계에 따라 사회 이익에 도움이 될 수도 있고 그렇지 않을 수도 있다. 그러나 개인이 위험하다고 보는 활동과 효과적이라고 보는 정책은 사회정의와 개인덕목의 일관된 시각을 포함한다.

Sunstein을 문화적으로 평가하기

우리는 Sunstein의 비합리적 계량기 모델이 문화 인지 현상을 무시한다고 제안했다. 지금부터 이런 무시가 위험지각을 괴롭히는 Sunstein의 병리학적 진단과 그가 제안하는 제도 개선에서 빗나가고 있음을 다루려고 한다.

서술의 결핍

위험지각을 서술하면서 Sunstein은 대중과 전문가의 위험 평가에서 분명한 차이를 주장한다. 대중의 위험 평가는 강렬한 정서와 함께 미미한 위험에 강박적으로 주의를 기울이게 만드는 다양한 인지적·사회적 역동성으로 왜곡되어 있다. 반대로 전문가의 위험 평가는 분석적인 사고체계 2와 연합된 균형과 정확성으로 특징지을 수 있다.

문화평가자 모형은 Sunstein의 비합리적 계량기 모델이 만족스럽게 설명하지 못하는 현상을 상세하게 설명할 수 있다. 그 현상들은 대중 간 위험지각의 차이, 상이한 주제에 따른 대중의 위험지각 차이, 위험 전문가들 간의 의견 차이, 위험규제를 둘러싼 정치적 갈등을 포함한다.

개인차

대중의 위험지각은 전문가와 다를 뿐만 아니라 그들 사이에서도 차이가 있다. 이런 불일치가 우연은 아니다. 위험지각은 성차, 인종, 정치성향, 종교와 높은 상관관계가 있고, 이 관계는 교육과 그 밖의 다른 정보 영향을 통제해도 유지된다.[16]

이런 체계적인 개인차는 위험지각의 합리적 계량기 모델에 도전한다. 개인이 기대효용을 최대화하는 방식으로 반응한다는 생각은 위험활동에서 얻는 이익에서 차이가 있다는 것을 의미한다. 그러나 만일 개인이 위험 정보를 합리적으로 처리한다면, 다양한 위험 규모 추정에서 발생하는 차이는 사람들의 지적 패턴의 차이가 아니고 단지 소음에 해당한다.

비합리적 계량기 모델도 이런 차이를 설명하지 못한다. 가용성, 확률 무시, 감정의 왜곡효과에 남자가 여자보다 더 또는 덜 취약하고, 소수자보다 백인이 더 또는 덜 취약하고, 민주당원보다 공화당원이 더 또는 덜 취약하고, 기독교인 또는 유대교인보다 천주교인이 더 또는 덜 취약하다고 생각할 수 있는 근거가 없기 때문이다.[17]

Sunstein은 사회 영향을 강조함으로써 위험지각이 문화에 따라 다른 이유를 제시한다. 처음에는 공간에 걸친 지각 분포의 차이가 작거나 우연에 불과했던 것이 '가용성 폭포'와 '집단 극화'의 결과로 강렬하고 현저한 차이로 변한다.

> 지역마다 사회 영향이 서로 다르기 때문에, 지역적 차이는 필연적이고 지역마다 관심을 가진 사례도 서로 다르다. 따라서 뉴욕과 오하이오, 영국과 미국, 독일과 프랑스의 차이는 피할 수 없다. 더군다나 프랑스와 미국에서 원자력에 대한 상이한 반응 중 많은 부분은 지역적 차이로 설명될 수 있다. 어떤 집단이 총기가 범죄를 증가시키는 사례에 주의를 기울일 때, 다른 집단은 총기가 범죄를 감소시키는 사례에 주의를 기울인다. 주요 원인 중의 하나가 가용성 폭포이다. 많은 독일인이 체리를 먹은 후 물을 마시면 죽는다고 믿고 있다. 또한 청량음료에 얼음을 넣는 것은 건강에 좋지 않다고 생각한다. 영국인은 체리를 먹은 후에 찬물을 마시는 것을 즐기고 미국인은 얼음을 넣은 청량음료를 좋아한다(p. 96; Henrich et al., 2001, p. 353).

Sunstein의 주장에서 알 수 있듯이 문화에 대한 이런 설명은 집단 차이가 본질적으로 지리적 차이 때문이라는 것이다. 만일 주목받는 불행한 사건이 마치 전염병처럼 지리적으로 같은 지역사회 안에서 퍼져 가는 것이라면 뉴욕에 사는 유대인, 아프리카계 미국인 그리고 여자가 같은 뉴욕에 살고 있는 기독교인, 백인, 남자보다 오하이오에 사는 유대인, 아프리카계 미국인, 여자와 더 비슷할 이유가 없다. 그러나 실제로 종교, 인종, 성차 효과는 지역을 통제해도 나타난다.

물론 직업과 관련된 또는 정치적으로 공통된 이익을 가진 사람들로 구성된 집단의 인터넷 논의처럼 지리적으로 다른 지역사회 안에서 만들어진 차이가 위험지각에서 체계적인 차이로 나타날 수 있다. 그러나 사회집단에 걸쳐서 잘 정의된 형태의 차이에 이런 종류의 지역적 차이를 연결하기 위해서는 상당히 복잡하고 사후 추측을 필요로 한다.

반대로 문화평가자 모델은 이런 차이를 핵심적이고 간결하게 설명한다. 이 모델은 위험지각의 차이가 개인의 세계관을 반영하고 강화하는 패턴의 차이로 일어난다고 강조한다. 성차, 인종, 종교, 정치성향과 같은 특성은 이런 세계관과 상관관계가 있다(Kahan et al., 2005, pp. 6-

7).[18] 위험지각에서 문화 차이가 여러 사회집단 각각의 위험지각의 차이를 결정한다.

우리가 수행한 전국적 위험과 문화 조사 결과는 이런 결론을 지지한다. 선행연구들과 일치하여 수입, 교육, 지역(시골 또는 도시), 정치 사상, 성격 유형이 다양한 위험지각을 예측한다는 결과가 발견되었다. 또한 이런 모든 특성보다 문화 세계관이 더 의미 있는 강력한 예측요인이라는 사실도 발견하였다. 위험지각에서 성차와 인종차이는 위계주의와 개인주의 삶의 방식이 추구하는 사회 역할의 차이 때문에 나타나고 있었다(Kahan et al., 2005, pp. 16-18).

더욱이 Sunstein이 지적한 지리적 차이도 공간이 아닌 지역사회의 문화 차이를 반영하는 것으로 이해할 수 있다. 원자력에 대한 태도와 규제에서 미국과 프랑스의 차이는 우연의 산물이 아니다. 미국인과 비교하여 프랑스인은 위계주의 세계관을 가지고 있을 가능성이 더 높다(Slovic et al., 2000a, pp. 55, 93-94). 이런 차이가 프랑스인에게 원자력을 수용하도록 할 뿐만 아니라 이런 위험을 관리하는 과학기술과 정부 엘리트의 능력을 더 신뢰하도록 한다(Slovic et al., 2000a, pp. 87-90, 93-94, 98).

즉 모든 사회집단(때로는 전체 국가)은 문화의 대리자 역할을 하고 있기 때문에 위험지각은 집단 멤버십으로 예측가능하다. 또한 사회집단은 유일한 대리자이기 때문에 이들의 독특한 영향력은 문화 세계관을 직접 다루는 모델에서 더욱 중요하다.

신념 형성

위험지각은 사회집단에 따라 그리고 쟁점에 따라서도 다르다. 개인이 지구온난화를 얼마나 위협적으로 지각하는가는 총기사고에 대한 그의 걱정 정도를 예측하고, 이것은 다시 그가 낙태를 위험한 의료절차로 생각하는지 또는 마리화나를 위험한 약물로 생각하는지를 말해준다(Kahan et al., 2005, pp. 24-28).

대중의 위험지각에서 이런 특징은 전통적인 모델들로는 설명되지 않는다. 어떤 경험적인 연구에서도 특정 위험의 규모가 다른 위험의 규모를 말해준다는 결과가 발견되지 않았기 때문에, 우리는 이런 문제들에서 합리적 계량기처럼 행동하는 사람들을 기대하기 어렵다. 왜 비합리적으로 행동하는 사람들이 이런 특별한 위험지각을 만들어내는지도 분명하지 않다. 이런 위험들에서 떠오르는 이미지 친숙성 또는 현저성 중에서 어떤 것도 논리적으로 또는 실제적으로 이런 특징들과 연결하기가 쉽지 않다. 또한 Sunstein의 비합리적 계량기 모델은 어떤 사람이 이런 위험을 수용할지(예: 지구온난화, 약물중독) 또는 수용하지 않을지(예: 총기사고, 낙태로 인한 건강 문제)를 예측하지 못한다.

그러나 문화평가자 모델은 신념형성을 쉽게 설명할 수 있다. 위험을 발생시키는 활동과 정부 규제에 내재된 가치와 같은 다양한 위험의 의미는 논리적으로 일관된다. 총기가 위험하므로 관리해야 한다는 생각은 위계주의자의 사회역할을 위협하고 개인주의자의 덕목을 폄하한다. 지구온난화 위협은 위계주의자들에게는 엘리트의 능력을 의심하는 것이고 개인주의자들이 중요하게 생각하는 시장경제의 개입을 요구한다. 따라서 개인주의자와 위계주의자는 총기가 위험하지 않고 지구온난화가 심각한 위협이 아니라고 생각하겠지만, 평등주의자와 연대주의자는 다르게 생각할 것이다. 우리의 자료는 위험지각이 이런 상반되는 세계관의 표현을 반영하는 결과를 보여준다.

전문가 차이

Sunstein은 대중은 위험을 과대추정하고 전문가는 과소추정하는 이유를 말한다. 그러나 전문가들도 사회 위험을 동일하게 받아들이지 않는다. 위험 패닉의 산물인 대중의 신념으로, 원자력은 위험하다(Kaku & Trainer, 1982), 수돗물의 비소는 건강을 위협한다,[19] 광우병은 심각한 질환이다[20]를 어떤 과학자는 지지하지만 또 다른 과학자는 반대한다.

전문가 사이의 불일치 자체가 Sunstein의 설명을 반드시 거부하는 것은 아니다. 많은 중요한 사회 위험에서 경험적인 증거들이 일관적이지 않은 경우도 많고 또는 어떤 경우에는 부적절하다. 사고체계 2와 연합된 냉철한 분석과 방법을 이용하여 전문가들은 이런 상황에서 상이한 결론에 도달할 수 있다.

그러나 문제는 전문가 불일치의 특성이 그 원인을 착각하게 만들 수 있다는 것이다. 대중과 마찬가지로 위험 전문가 사이에도 불일치가 존재하고, 이것은 정보에 접근하는 능력 또는 정보처리 능력과 관계가 없다. 정치 사상과 소속기관(회사원 또는 연구자, Slovic, 2000a, pp. 286, 311-312)뿐만 아니라 성의 차이도 전문가 사이에서 위험지각의 차이를 예언한다(Barke et al., 1997, pp. 172-175). 이런 특성들 모두가 문화의 대리자일 수 있기 때문에 이런 차이는 위험 전문가의 판단 기저에 놓여 있는 문화 인지 때문에 일어나는 것일 수 있다. 우리가 수행한 연구는 정확히 이런 결론을 지지한다.[21]

문화 인지는 두 가지 방식으로 전문가의 위험 평가에서 그 영향력을 발휘한다. 첫째는 문화 세계관은 대중과 마찬가지로 전문가들도 가용성과 확률 무시 같은 편향으로 가득한 추단에 기초한 사고체계 1을 사용하게 만들 수 있다.

그러나 두 번째가 더 그럴듯한 설명으로서, 문화 세계관이 전문가 판단과 연합된 사고체계 2를 편향시킨다는 것이다. Sunstein은 사고체계 2가 신중하고 계산적이기 때문에 오류가 없을 가능성이 높다고 주장한다(p. 68). 그러나 이중 사고체계는 실제로 훨씬 복잡하다. 사고체계 2

가 사고체계 1보다 신뢰하기 어려운 결정을 유도하는 경우도 종종 있다.[22] 그 이유로 사고체계 2도 다양한 편향된 영향에 취약하다는 것이다(Chaiken & Maheswaran, 1994; Chen et al., 1999).

이런 영향 중 하나가 방어동기이다(Giner-Sorolla & Chaiken, 1997, p. 85). 집단 정체성의 신념을 방해하는 정보는 집단의 지위를 위협한다. 이런 위협에 대항하기 위해 개인은 자신의 신념을 보호하는 논쟁과 증거를 선별한다.[23] 이런 선별은 개인이 추단 또는 반성적 추론을 하는 과정에 작용한다. 결과적으로 방어동기가 집단 내 우세한 신념을 지지하는 정보와 이런 신념에 도전이 되는 정보를 알아내기 위해 작동하는 사고체계 2에서 편향을 일으킨다(Chen et al., 1999, p. 45).

이것이 위험 전문가 사이에 불일치를 일으키는 원인일 가능성이 가장 크다. 일반 대중처럼 전문가도 문화양식이 가장 잘 표현되는 방식으로 위험에 대한 태도를 형성하려고 한다. 만일 차이가 있다면 전문가는 사고체계 2를 더 많이 사용한다는 것뿐이다.

정치 갈등

위험을 두고 일어나는 격렬한 논쟁은 미국 정치의 한 특징이다. 지구온난화에 대한 입장, 총기 규제법의 제정 또는 폐지, 테러 대응 정책과 같은 주제들은 강렬한 국민 갈등을 유발한다. 위험규제에 대한 갈등 확산은 Sunstein의 비합리적 계량기 모델보다 문화평가 모델이 더 잘 설명한다.

민주 정책에서 위험규제의 구심점은 Sunstein의 입장과 동일하다. 수많은 위험규제 주제가 사회의 웰빙에 미치는 결과를 다룬다. 더욱이 이런 주제는 보통 주의를 끌고 생각을 떠올리게 하는 사례들을 포함하고 있기 때문에 대중에게 불안을 준다.

그러나 위험규제 정책이 매우 갈등적이라는 사실은 Sunstein의 주장을 매우 당혹스럽게 한다. 대중의 걱정이 가용성, 확률 무시, 집단 극화 같은 기제에 의해서만 움직인다면 우리는 대중과 정부 관리들에게 사전예방원칙에 의거한 제한적 규제를 기대할 수 있다. 이것이 Sunstein의 비합리적 계량기 모델을 지지하는 Stephen Breyer가 말하는 규제 절차이다(Breyer, 1993, pp. 33-51). 그러나 진실은 위험규제 정치가 한쪽으로 치우치지 않는다는 것이다. 지구온난화, 총기사고, 테러에 대한 규제를 원하는 대중의 요구는 동일한 위험에 대하여 똑같이 강렬한 대중의 반대를 만들어낸다.

문화평가자 모델은 이런 상황을 정확하게 예측한다. 문화 인지의 결과로 다양한 문화적 배경을 가진 사람들은 위험활동에 대한 경쟁적 감정 반응을 나타내고, 위험 쟁점에 서로 반대 입장을 보인다.

문화평가자 모델은 위험규제 정치가 갈등을 일으키는 이유뿐만 아니라 양쪽 사람들이 강렬하게 자신의 의견을 계속 주장하는 이유도 설명한다. 사회학자 Joseph Gusfield(1968, 1986)는 상반되는 문화 추종자들이 정치적 논쟁을 지위갈등의 상징으로 삼고 자존감 경쟁을 하고 있다고 말한다. 이런 과정에서 경쟁적인 문화집단은 비판을 받으면서도 자신의 문화 가치를 주장하고 사회적 지위를 향상시키려고 하기 때문에 한 집단의 가치는 인정하지만 다른 집단의 가치는 인정하지 않는 법을 제정하려고 한다(Gusfield, 1968, pp. 57-58). 사람들은 자신의 물질적 복지만큼 지위도 관심을 가지기 때문에 정부의 상징적인 행위를 통제하려는 노력은 눈에 보이는 효과를 통제하기 위한 노력만큼 힘들고 치명적이다(Gusfield, 1986, p. 167). 역사적으로 중요한 사건들에는 자제와 시민 권리에 대한 논쟁이 포함되어 있다(Gusfield, 1986, pp. 22-24). 현대의 사례로는 사형(Stolz, 1983), 동성애자 권리(Eskridge, 2005, pp. 1289-1292), 증오 범죄법(Kahan, 1999, pp. 463-467)에 대한 논쟁이 있다.

위험규제에 대한 논쟁도 이 패턴을 따른다. 이 논쟁은 위계주의와 평등주의, 개인주의와 연대주의 세계관을 상징하고, 약물, 총기, 무분별한 성생활 같은 위험활동은 사회적 자존감을 두고 벌이는 끊임없는 경쟁에서 이기는 사람과 지는 사람을 보여준다. 전문가가 보기에는 매우 전문적이고 불확실한 논쟁이지만 대중에게는 충격적인데, 이런 논쟁이 실제로는 이상적인 사회를 목표로 진행 중에 있는 정치적 논쟁의 산물이기 때문이다(Douglas & Wildavsky, 1982, p. 36).

규범과 규정의 결함

Sunstein은 심의 민주주의와 위험규제 사이의 조화를 시도하지만, 그의 규제 방법은 특별히 심의를 하거나 민주적이지도 않다. Sunstein 규정의 핵심은 '대표적 기구'에서 '격리된 전문가'로 위험규제의 방향을 돌리는 것이다. 국민 담화에서 정부의 관리는 과학 정보를 주입하려고 노력하기보다 공포를 유발시키는 사실로부터 대중의 주의를 돌리기 위해 주제를 바꾸어 다른 것을 논의하도록 노력해야 한다(pp. 123-125). 문화평가자 모델은 반대로 심의를 통한 참여 민주주의에 부합하는 위험규제 접근을 지지한다.

정보와 문화정체성 인정

Sunstein은 대중의 교육 가능성을 비관적으로 본다. Sunstein은 대중을 교육하기보다는 다른 것으로 주의 돌리기를 선호하였는데, 이는 평범한 시민에게 사고체계 2의 반성적인 정보처리 능력이 부족하고 시간이 없다고 가정하였기 때문이다. 앞에서 말했듯이, Sunstein은 사고체계 1과 비교하여 사고체계 2의 정확성을 과대평가한다. 더 중요한 것은 Sunstein은 위험지각 기제에서 문화의 영향을 고려하지 않고, 과학 정보에 반응하는 사고체계 1의 위험소통 기술을 무시하고 있다.

이중처리이론을 다룬 논문에 따르면, 사람들은 지위 불안을 가지고 있기 때문에 자신의 문화 가치를 폄하하는 규제 정보에 저항한다(Kahan et al., 2005, p. 49). 사람들은 정보가 그들의 지위를 인정하는 형태로 소통될 때 더 수용적이다. 사회심리학자 Geoffrey Cohen, Joshua Aronson, Claude Steele는 개인이 바람직한 자기인정 정보에 노출되면 사형, 낙태와 같은 강력한 쟁점에서 자신의 의견을 바꾸려는 것을 발견하였다(Cohen et al., 2000). 이런 종류의 자기인정은 자신의 정체성과 일치하는 집단의 우세한 신념과 맞지 않는 정보를 수용하게 만들어서 자신이 느끼는 위험을 완화시킨다(Cohen et al., 2000).[24]

정치에서도 비슷한 자기인정 효과가 있다. 사회 위험 정보에 저항하는 사람들은 이 정보를 자신의 문화정체성을 인정하는 정치적 해결방안에 연결시킴으로써 자신을 인정하려고 한다.

역사적인 사례로 1980년대 말과 1990년대 초 대기오염 규제에 대한 보수진영의 반대가 약화된 것을 들 수 있다. 개인주의자는 상업이 환경을 위협한다는 관점에 반대하는데 이런 주장은 사회가 시장경제 활동과 개인의 질서를 제한해야 한다는 것을 암시하고 있기 때문이다. 대기오염 문제에 대한 시장경제적 해결방안으로 매매가능한 오염 배출 허가증이라는 생각이 개인주의가 매우 강했던 부시 행정부에 의해 만들어졌을 때, 공화당의 친자본주의 세력이 반대를 멈추었다(Project 88, 1988; Stavins, 1998). 개인주의 입장에서 그들의 문화적 가치를 인정하는 해결방안이 제시되자, 해결해야 하는 문제가 있다는 생각을 인지적으로 더 쉽게 수용하게 되었다. 환경 위험에 대한 주장을 사회 엘리트를 향한 암묵적 비판으로 여기고 반대하는 위계주의자는 상업적 회사를 제한하기보다는 권한을 부여함으로써 대기를 향상시키는 정책에 의해 인정받는다고 느꼈을 것이다.[25]

최근의 사례로 지구온난화 논쟁을 살펴보자. 이 위험 주장에서 개인주의자는 시장경제의 자율성에 위협을 느끼고, 위계주의자는 사회와 정부 엘리트의 능력을 의심한다. 결과적으로 양쪽 모두 지구온난화의 위협을 별것 아닌 것으로 경시한다(또는 존재 자체를 인정하지 않는다). 최근에는 지구온난화의 주범인 화석연료를 감소시키는 방안으로 원자력의 장점을 강조하는 새로운 이데올로기가 나왔다(Gilbert, 2001, p. 16A; Kristof, 2005, p. A19 참조). Cohen과 동료들이 기술한 자기인정효과는 이런 전략이 효과를 발휘하는 이유를 제시한다. 개인주의자와 위계주의자는 사회가 지구온난화 위험을 인정함으로써 위협받게 되는 문화적 가치를 상징하는 원자력을 지지한다. 자신의 정체성을 인정하는 해결방안이 제시되면, 개인주의자와 위계주의자는 지구온난화가 문제라는 명제에 정치적으로뿐만 아니라 인지적으로도 덜 저항한다.

또한 평등주의자와 연대주의자는 원자력이 지구온난화를 감소시킬 수 있다는 메시지에 노출되면, 그들은 원자력을 덜 위험한 것으로 지각할 것이다. 지구온난화 위협에 대한 인식과 연합된 자신의 정체성 인정은 이들이 원자력 안전을 두고 오랫동안 반대했던 정보를 수용하는 데 대한 인지적 장애를 감소시킨다.

이런 사례들에서 우리는 대기오염과 지구온난화가 심각한 환경 위협이고 원자력이 상당히 안전하다는 두 가지에서 과학적 의견일치를 가정하였다. 그러나 과학적으로 불확실한 조건에서도 문화정체성의 인정이라는 동일한 전략이 다양한 문화를 가진 대중을 사회 공공이익으로 나아가는 정책을 수용하게 만드는 데 사용될 수 있다. 예를 들어, 법학자 Mary Ann Glendon(1987)은 개인이 요구하는 낙태는 허용하지 않고, 응급상황에서만 낙태를 허용함으로써 위계주의 정체성을 인정하고, 여자 개개인의 응급상황을 정부 관료가 효과적으로 검열할 수 없다는 것으로서 평등주의자와 연대주의자의 정체성을 인정하고 있는 프랑스 낙태법을 논한다. Glendon에 따르면 이런 법제정은 문화 갈등을 없애고 양쪽 모두에게서 과거에 논쟁거리였던 정보를 수용하는 분위기를 만들었다(Glendon, 1987, pp. 15-20).

우리는 총기 위험에 대한 정보의 수용에서도 동일한 전략을 생각해볼 수 있다. 평등주의자와 연대주의자는 너무 약한 총기규제가 총기 사고와 범죄의 주범이라는 것에 초점을 맞추고 있고, 위계주의자와 개인주의자는 너무 강력한 총기규제가 범죄에 직면하고 있는 사람들을 무기력하게 만든다는 데 초점을 맞추고 있다(Kahan et al., 2005, pp. 18-21). 우리는 현존하는 방대하고 서로 모순되는 경험적 증거로는 확실한 결론을 내리기 어렵다고 본다.[26] 그러나 양쪽 사람들이 수용할 수 있는 정책은 총기를 등록한 사람들에게 세금 환급 또는 다른 금전적인 보상을 주는 '포상금' 제도이다.

등록 포상금은 통제 지지자와 통제 반대자 모두의 문화정체성을 동시에 인정하고 있는데, 이 둘은 이것이 집단행동 문제에 효과적이고 공정한 해결방안이라고 볼 수 있기 때문이다. 통제 지지자에게 있어서 공공의 이익은 총기 범죄의 감소이다. 총기 등록은 범죄에 사용된 총기의 추적을 용이하게 한다. 평등주의자와 연대주의자가 일치하게, 통제 지지자는 포상금을 사회 전체가 지고 있는 부담을 공평하게 나누는 것으로 생각한다. 반대로 통제 반대자에 있어서 공공의 이익은 높은 비율의 총기를 소유하는 사회에서 범죄의 감소이다. 이들은 개인이 사회 이익을 위해 지는 부담이 불균형적이어서는 안 된다고 생각하기 때문에, 총기 소유자들이 공공 안전을 위해 기여하고 있다고 생각할 것이다. 위계주의자도 포상금을 공공이익을 장려하는

총기 소유자의 의지를 대중이 인정하는 것으로 본다.[27]

어떤 협정은 교착상태에 빠져 있던 미국 총기 정책이 한 단계 진전한 것으로 볼 수도 있다. 그러나 진정한 성공은 진실 앞에서 국민의 마음을 여는 것이다. 다양한 문화를 가진 시민들을 동시에 인정하는 정책은 신뢰성이 없는 것으로 느껴질 수 있다. 위험소통 담당자를 위한 교훈은 여러 세계관에 부합하는 새로운 경험적 증거들을 만들어내기 위해 주제를 바꾸어서는 안 된다는 것이다.

문화 인지와 심의를 통한 편향 제거

Sunstein의 관점에서 보면, 어떤 시도이든 대중의 논의는 미디어를 통해서 또는 직접 대면 토론에서 개인이 가진 기존의 편향을 스스로 증폭시키는 집단 극화를 선도한다. 이런 결과는 개인의 산만성과 문화 인지의 편향 효과에 대응하는 잠재력의 결핍이라고 볼 수 있다.

정치적 의사결정에서 심의의 극화 효과에 대한 연구 결과는 일관적이지 않다. 또한 경험적 연구들은 심의가 때로는 적어도 의견 수렴과 조정을 만들어낸다는 것을 보여준다(Kerr et al., 1996; Gerber & Green, 1999; Sia et al., 2002; Gastil et al., 2008). 집단 소통 연구자들은 극화 개선에 도움이 되는 다양한 절차를 제안하였다.[28] 많은 정치적 의사결정 맥락에서 이런 절차들은 문화가 문제되는 주제들에서 성공적인 심의적 해결방안으로 장려되었다(Pearce & Littlejohn, 1997; Dale, 1999, p. 923; Forester, 1999, p. 463; Winship, 2006).

이런 절차들은 갈등을 만들어내는 잠재적 문화 인지를 제거하는 데 도움이 되기 때문에 어느 정도는 성공적이라고 할 수 있다. 첫째, 구조화된 심의는 개인으로 하여금 문화적으로 편향된 사고체계 2를 사용할 수 있게 만든다(Gastil & Dillard, 1999, p. 19-21). 정치학자 James Fishkin은 전문 조정가들이 경쟁적인 쟁점에서 시민의 의견을 변화시키기 위한 심의 절차로 여론조사를 개발하였다(Fishkin, 1991; Ackerman & Fishkin, 2004, pp. 44-59; Fishkin & Farrar, 2005, pp. 72-75). Carolyn Lukensmeyer는 21세기 도시 회의라는 심의 절차를 개발하여 비슷한 결과를 얻고 있다(Lukensmeyer et al., 2005, pp. 157-160).

심의는 또한 개인의 문화 소속감 대신에 시민 정체성을 구축함으로써 대중의 정보처리를 향상시킬 수 있다(Burkhalter et al., 2002, pp. 415-416). 개인은 외집단보다 내집단 구성원을 더 신뢰하는 경향이 있다(Clark & Maass, 1988, pp. 388-392; Mackie et al., 1990, pp. 820-821). 문화와 위험에서 우리가 수집한 증거에 따르면, 개인이 위험을 평가할 때 내집단에서 문화 친밀감이 우세하다는 것을 보여준다. 이들은 직접 대면하여 심의하는 과정을 거치면서 중요한 공통 문제를 해결하기 위해 강력한 정서적 유대감을 형성한다(Pearce & Littlejohn, 1997, pp.

151-167; Fishkin & Farrar, 2005, pp. 68-70; Melville et al., 2005; pp. 37-39, 45-51). 적어도 심의하는 동안에 우세한 참조 기준으로서 개인의 문화 소속감을 대체하는 집단 정체성이 만들어진다. 개인은 함께 심의하는 동안 문화적인 기본 신념과 맞지 않는 정보에 저항하게 만드는 위협에서 벗어나는 느낌을 경험하게 된다. 이런 효과가 심의 참여자들 사이의 합의를 설명할 수 있다.[29]

마지막으로 심의는 개인이 이해하고 있는 문화 소속감과 특정 신념의 관계를 변화시킨다. 이런 관점에서 보면, 개인이 심의하는 동안 학습하는 것은 논의되고 있는 진실에 대한 많은 새로운 정보만이 아니라 이런 진실에 대해 특별한 신념을 보유하고 있는 사람들의 정체성에 대한 새로운 정보이다. 만일 참여자가 자신이 상상했던 것보다 이런 특별한 신념이 문화적 동료들 사이에서 덜 우세하다는 것을 알게 되거나 또는 우세한 신념에서 벗어난 문화적 동료들이 예상한 만큼 심각한 비난을 받고 있지 않다면, 참여자들은 자신의 마음을 바꾸는 것의 사회적 손실 또는 더 정확하게는 사회적 의미(Cohen, 2003)에 대한 관점을 교정할 가능성이 높다.

이런 추측은 여러 다른 심리 과정에 의해 지지된다. 하나는 '허위 일치성 효과'로서, 자신의 준거집단의 구성원이 특별한 위치에 있는 정도를 과장하는 경향성이다(Quattrone & Jones, 1980, pp. 149-151). 이런 편향은 개인이 이런 신념을 고수하려는 동기가 발생하는 자기 유지 조건을 만들 가능성이 높다(Prentice & Miller, 1993, p. 244). 만일 개인의 기대와 반대로 집단 정체성을 공유하는 다른 사람들이 실제로는 문제에 대해 획일적인 신념을 가지고 있지 않다는 것을 발견한다면, 심의는 이런 오해 사이클을 깰 수 있다.[30] 이들은 집단 내 의견을 하향 조정하게 되고, 개인은 문화적으로 내재된 기존 신념과 맞지 않는 정보를 덜 위협적으로 느끼고 더 수용하게 된다(Cohen, 2003).

추측에 불과하지만 심의가 문화 인지의 왜곡된 영향을 개선하는 방식에 대한 이런 설명은 현실 세계의 위험관리 접근에서도 지지된다. 사회심리학자 Robin Gregory는 과학에 기초를 두고 지역사회를 지원하는 환경위험 정책을 만들 목적으로 심의 절차를 개발하였다(Gregory & Wellman, 2001, p. 38). 그가 구조화된 가치 중심 의사결정이라고 부른 절차에서는 지역사회 이해 관계자들이 가치를 억압하는 방식이 아니라 노출시키는 방식으로 마지막까지 심의한다. 전문 위험분석가와 훈련받은 조력자가 논의에 참가하여 다양한 가치를 조정하고 손실을 평가하는 데 도움을 준다(Gregory et al., 2001a, pp. 255-262; Gregory et al., 2001b, pp. 419-426; Gregory, 2002, pp. 472-484; Gregory & Failing, 2002, pp. 493-496; Gregory & McDaniels, 2005, pp. 187-191). Gregory는 이런 접근이 안내자 없는 상향처리 접근 또는 중앙집권적인 하향처리 접근보다 과학과 더 잘 합의를 이루면서 옹호할 수 있는 결과를 산출한다는 것을 보여

주는 경험적 증거를 제시한다.[31]

　구조화된 가치 중심 심의는 우리가 확인한 문화 인지의 편향적 기제에 모두 적용될 수 있다. 동료 시민의 문화 가치에 숨김없이 노출되면, 참여하고 있는 개인은 이웃 간 지위 분배 방식에 덜 적대적이면서 현실적인 그림을 만들 가능성이 높아진다. 개인은 전문가 정보로 무장하고 중개자의 도움을 받으면서 규제 대안들의 손익 평가를 더 잘할 수 있게 된다. 그리고 문제가 원격 대리인 또는 공무원에 의해 해결되는 것이 아니기 때문에, 전문가가 직접 대면하는 맥락에서 참여자는 정보 출처의 신뢰성을 평가할 때 전적으로 문화적 친밀감 의존에서 벗어나서 신뢰를 유도하는 정서적 유대를 형성할 가능성이 높다.

　특히 전문가와 일반인 사이의 문화 독립적 형태의 신뢰 형성은 민주적 정책결정의 가장 소중한 특징이다. 독극물 폐기장, 원자력, 사회 위험 관리를 위한 정책 설계와 실행은 원격 전문 규제자에 상당히 의존한다. 대중은 자신의 운명이 전문가에게 달려 있다는 것을 알고 있기 때문에, 대중이 전문가를 신뢰하는 경우에만 위험 전문가는 결정에 대한 정치적 지원을 확신할 수 있다. 이런 신뢰의 가장 중요한 조건 중의 하나가 공무원들이 자신의 의견을 듣고 반응해준다는 대중의 지각이다(Slovic, 2000a, pp. 316-319, 322).

　신뢰와 심의 사이의 관계는 전문가에 대한 Sunstein의 확신을 공유하는 사람들조차도 그와 다른 비합리적 계량기 이론가들이 옹호하는 전문가들이 정치와 단절하도록 주의를 기울이게 만들어야 한다. 합의가 전문 위험규제자들에게서 신뢰를 만들어내는 것처럼 이런 공무원들에게 책임감이 없다는 대중의 지각은 신뢰를 침식시킨다(Slovic, 2000a, pp. 322-323, 409-410). 아이러니하게도 법이 전문 규제자들에게 요구하는 정치적 단절이 클수록, 정부 기관이 규제자에게 권력을 부여할 가능성은 더 적다.

문화와 전문가 손익분석

우리는 Sunstein이 대중의 위험지각 오류를 과대평가했다고 제시했다. 우리가 틀렸더라도, 문화 인지 모형은 Sunstein 프로그램의 반민주적 성격을 강하게 비판한다. 문화 인지의 역할이 드러나면 대중의 위험 평가를 거부하는 Sunstein의 기반이 약화된다.[32]

　우리가 지적하였듯이 Sunstein은 정치와 단절된 위험 전문가들에게 많은 재량권을 위임하기를 주장한다. 이런 처방의 기초는 일반인과 전문가의 위험 평가 차이가 '경쟁적 합리성'의 산물이 아니라 수많은 사회적, 심리적 병리에 따른 대중의 단순한 오류 때문이라는 가정에 기초한다(p. 86). 따라서 민주주의 또는 적어도 '심의' 개념으로 보면, 대중의 감성은 존중받기 어렵다. '민주적인 정부는 사람들의 실수가 아니라 가치에 반응해야 한다'(p. 126)는 것이 그의 입장이다. Sunstein은 가치에 반응하는 법을 만들기 위해 위험전문가의 손익분석을 원칙적 도구로 제안한다.

　문화평가자 모델은 이런 방략이 논리적이지 않다고 주장한다. 대중의 의식을 들여다보면 위험활동의 손실과 이익 사이에 진정한 구분이 없다. 시민은 자신의 삶에서 문화 가치를 인정하는 활동은 이익과 안전을 모두 가지고 있다고 생각하고 문화 가치를 폄하하는 활동은 가치가 없고 위험하다고 생각한다.[33] 더욱이 과잉일반화, 작은 확률 무시, 기저율 무시, 그 밖의 제한된 합리성과 다르게(Slovic, 2000a, pp. 21-22), 문화평가에 기초한 위험지각은 개인의 오류가 드러나도 이를 버릴 수 없다. 사람들은 문화 성향이 원자력, 총기, 낙태와 같은 위험에 대한 사실적 정보를 편향시켰음을 알고 있어도, 그들은 동일한 문화적 성향을 사실과 관계없이 자신의 정책 선호를 정당화한다고 본다.

　결국 전문가의 손익분석이 대중의 '실수'가 아닌 '가치'를 존중한다는 생각은 기본적으로 허상이다. 전문 규제자가 원자력 또는 권총, 약물사용 또는 독성 폐기물 운반과 같은 위험활동과 연합된 대중의 위험 평가를 비합리적이라고 거부한다면, 이들은 실제로 대중의 가치를 무시하고 있는 것이다. 이런 활동에 대한 대중의 이익 지각이 그들의 세계관을 표현하고 있는 것처럼 그들이 소유한 위험지각도 마찬가지이다.

　Douglas와 Wildavsky가 주장하는 것처럼, 대중의 위험 논쟁이 경험적 자료를 과학기술적으로 분석을 해도, 그 논쟁은 본질적으로 이상적 사회에 대하여 진행 중에 있는 정치적 논의의 산물이다(Douglas & Wildavsky, 1982, p. 36). 전문가가 다양한 위험 규모에 대해 비교적 정확한 감각을 가지고 있을지라도(그렇더라도 이들의 결론은 문화적 당파심에서 벗어나기는 어렵다), 이들은 법이 위계주의, 개인주의, 평등주의, 연대주의 중 어떤 비전을 지지해야 하는지를 가려낼 수 있는 특별한 능력이 없다. 이것은 대중이 심의할 문제이다.

　또는 적어도 그것은 순수하게 민주적 심의를 선호하는 사람들에 의해 도달할 수 있는 결론이다. Sunstein은 그렇지 못하다. 그의 프로그램은 대중의 공포에 합리적으로 반응하는 민주주의에 정착하려는 사람들을 위한 것이 아니고, 민주주의에 공포를 느끼고 이 영역에서 위험 규제를 배제하려는 사람들을 위한 것이다.

문화, 공포, 자유주의

그러나 문화평가자 모델을 수용하는 사람들에게 가장 어려운 질문은 Sunstein의 민주주의에 대한 공포가 옳은가이다. 문화평가자 모델은 공적 위험 논의를 야기하는 문화 관점들 사이의 충돌을 불가피하게 노출시키기 때문에 민주적으로 대응하는 위험규제와 자유주의 사이의 잠재적인 긴장관계를 드러낸다.

합리적 계량기 모델과 비합리적 계량기 모델은 다양한 위험의 손실과 이익을 평가할 수 있는 일반인의 능력을 서로 다르게 본다. 그러나 두 모델 모두 최적 균형점이 개인의 선호 ─ 적어도(비합리적 계량기 모델의 경우) 위험한 것으로 추정되는 활동의 손실과 이익을 정확하게 인식할 수 있을 때 가지게 되는 선호 ─ 를 최대로 만족시키는 점이라는 것에는 의견을 같이한다. 이러한 입장은 위험 규제의 목적이 안전의 효율적 수준을 정하는 데 있다는 생각에서 자연스럽게 나온다. 이것은 또한 안전에 대한 모든 개인의 평가를 동일한 가중치를 가진 다른 목표들과 비교하여 자유주의적 중립성을 실천한다.

그러나 위험지각과 문화 세계관의 관계가 밝혀지면, 이러한 보편적 관점의 정당화는 덜 분명해진다. 어떤 위험은 관심의 대상이 되고 다른 위험은 중요치 않은 것으로 치부해버리는 과정에서 사실상 개인은 이상적 사회에 대한 자신의 편향된 문화적 관점을 발달시킨다. 법이 하나의 도덕적 또는 문화적 정설을 지지하지 말아야 한다는 자유주의 명령을 수용하는 사람들에게는[34] 위험규제 정책이 이러한 요구에 반응해야 하는지 의문이다.

실제 예를 살펴보자. 병원은 환자의 동의 원칙에 따라 의료진이 에이즈 양성 반응 결과를 환자에게 통지할 의무가 있는지를 고려해보자. 우리가 환자의 동의 원칙을 개인 환자 스스로가 의료 복지 선호와 일치하는 것으로 이해한다면 대답은 '당연하다'일 것이다(McIntosh, 1996). 그러나 문화평가자 모델은 그러한 정보에 대한 요구가 '의료 복지' 선호와 직접 관계가 없다고 주장한다. 우리 연구에 의하면, 평등주의자, 개인주의자 또는 연대주의자와 다르게 위계주의자는 에이즈 바이러스 양성 전문의로부터 감염될 위험을 매우 높게 평가한다(Cultural Cognition Project, 2006b). 만약 위계주의자들이 이 위험에 주목하는 이유가 ─ 보다 심각한 다른 위험은 대수롭지 않게 여기는 반면 ─ 법이 그들의 세계관을 반영하는지 알고 싶어 하기 때문이라면, 의료 인력과 다른 환자들을 포함하여 다른 세계관을 지닌 사람들로부터 비난을 받고 부정적 영향을 받을 사람들을 희생시키면서 법이 그들의 선호를 반영할 필요가 있는가?

그러나 비단 위계적 세계관에 의해 영향을 받는 것이 위험 규제의 감성뿐만은 아니다. 이러한 우려에 취약한 문제들이 상당수 존재한다. 예를 들어, 총기 규제가 개인 안전의 욕구가 아닌 평등주의적 혹은 사회 연대주의적 정설이 법에 반영되기를 원하는 편협한 욕구에 기반을 두고 있다는 이유로 총기 통제 강화에 반대하는 사람도 있다.[35] 문화평가자 모델은 한편으로는 시장과 위험에 대한 정치적 평가(감성이 비합리적이라고 거짓말하는 평가)에 개입하는 기반을 제거하는 동시에 다른 하나의 기반을 생성한다. 이러한 감성이 때로는 문화적 제국주의자들의 종말을 앞당기기 위해 법의 표현적 자본을 이용하는 정의롭지 못한 욕구를 반영한다.

아이러니하게도 이러한 종류의 편협한 문화 갈등이 다루기 힘들다는 사실을 확신한다면, 한 가지 해결방안은 비합리적 계량기 이론에 대한 Sunstein의 설명이다. 규범적 법 이론들은 특정 원칙과 제도 정비를 정당화하는 것 이상의 기능을 한다. 이들은 시민과 법적 의사결정자들이 법의 역할에 관해 서로 이야기하는 방식을 정하는 용어들을 규정한다. 이러한 용어는 가치의 갈등을 강조하거나 애매하게 만들어서 행위자들이 합의에 도달하는 것을 용이하게 하고 그렇지 못할 경우 어떻게 서로 잘 지낼 수 있는지에 영향을 미친다(Kahan, 1999, p. 419).

이러한 관점에서 볼 때, 비합리적 계량기 모델의 분석적 결함은 갈등을 약화시키는 담화로 볼 수 있는데, 그 이유는 서로 다른 위험지각을 형성하는 과정에서 문화 가치의 결정적 역할을 무시하기 때문이다. 즉 이 이론은 경쟁적인 세계관을 판결하는 위험규제의 역할을 제거한다. 비합리적 계량기 모델은 위험 규제 분야에 '불완전하게 이론화된 합의'에 대한 Sunstein의 선호를 실천한다. 이는 선에 대한 편향된 관점의 지지를 피하기 위한 자유주의적 명령에 법이 따르도록 하는 그의 차별화된 전략이다(Sunstein, 1996, pp. 35-61).

그럼에도 불구하고 이것은 Sunstein 프로그램이 근본적으로 반민주적이라는 고발을 사면하기보다는, 그의 이론에 이의를 제기하는 데 대한 방어이다. 위험규제에 함축된 자유주의 딜레마에 대한 진정한 민주주의 반응 역시 가능하다. 다원론적 정치 형태에 대한 심의는 서로 다른 세계관을 지닌 대중들이 그 누구의 문화적 정체성을 비난하는 법을 따르지 않고 위험에 대한 합의를 가능하게 한다.[36]

이러한 계획에 대한 전망은 특히 국가적 수준에서 불확실하다는 것을 인정한다. 그러나 위험규제에 내재하는 자유주의 딜레마에 대한 민주적 해결방안이 존재한다면 이는 문화평가자 모델을 기반으로 한 지식으로밖에는 표현될 수 없다.

결론

공포법은 훌륭하다. 어떤 책도 이렇게 알기 쉽고 풍부한 상상력으로 위험지각 분야의 현존하는 경험적 연구들을 통합하지는 못한다. 어떤 책도 이런 통찰을 위험규제 프로그램의 개발까지 이어 가지는 못하였다.

그러나 문화 세계관의 효과에 대한 공포법의 무관심은 Sunstein의 비합리적 계량기 모델의 기술적, 규범적 능력의 한계를 보여준다. 여러 연구들에 따르면, 위험지각에서 일반인과 전문가뿐만 아니라 집단 구성원들 사이의 갈등은 사회 조직의 비전에 대한 개인의 선호를 반영한다. 이런 연구들이 지지하는 문화평가자 모델은 위험규제가 왜 이렇게 깊고 강한 갈등을 가지고 있는지를 잘 설명한다. 이것은 또한 Sunstein이 위험규제 책임을 정치적으로 단절된 전문가에게 위임한다는 제안과 이런 제도가 '심의 민주주의'라는 그의 주장 모두를 약화시킨다.

아이러니하게도 문화에 대한 Sunstein의 무관심은 강점으로 보일 수도 있다. 문화평가자 모델은 법이 경쟁적인 문화 집단 중 어느 집단의 세계관을 정통이라고 선언하는지를 결정해야 하는 분쟁 판결에서 위험규제의 피할 수 없는 역할을 무자비하게 노출시키고 있다. Sunstein의 비합리적 계량기 모델은 이런 기능을 전략적으로 감추고 본질적으로 자유를 제한하고 있는 규제법에 반대하는 기법을 제공한다.

위험규제가 민주주의에 도전이 된다는 사실은 처음 조사에서뿐만 아니라 두 번째 조사에서 더 두드러진다. 민주주의 사회의 물질적 웰빙은 경쟁적 위험의 무한한 다양성을 합리적으로 관리하는 능력에 달려 있다. 자치를 위한 사회 헌신의 통합은 신중하고, 개방적이고, 민주적인 절차를 만드는 능력에 달려 있다. 대중 규칙을 개인의 품위와 자유에 대한 존중과 조화시키는 의무는 법을 자신의 것 또는 자신만의 것으로 주장하는 경쟁적 문화 집단들의 야심을 벗어나는 규제 담론 전략과 규제 양식을 발견할 것을 요구한다.

위험지각과 위험규제의 문화 특성을 부적격하게 다루고 있는 이론은 이런 중요한 목표를 달성할 수 없다. 그러나 위험지각에서 문화의 영향을 무시하는 이론은 어느 것 하나 달성할 수 없을 것이다.

1. 이에 대한 개관은 Breyer(1993) 참조.
2. Kip Viscusi의 최근 연구는 위험 감수를 생각하는 시장과 다른 사적 행동은 합리적이고, 정치적 반응은 비합리적이라고 본다.
3. 위험을 여러 인지 편향의 왜곡을 감소시키는 손익분석의 틀 안에서 질적 평가를 하려는 혁신적 시도는 Revesz(1999) 참조.
4. 이것은 Daniel Kahneman & Amos Tversky(1979)의 유명한 '전망론'을 응용한 것이다.
5. 여기서 저자는 Margolis(1996, p. 5)를 인용한다. 인용기호는 생략되어 있고 pp. 74, 165–189도 참조.
6. 저자는 미국 상원(2002, Brent Blackwelder의 진술, President, Friends of the Earth)을 인용한다. 인용기호는 생략되어 있다.
7. '이중처리'는 Chaiken(1980) 참조. '체계 1/체계 2'라는 말은 Kahneman & Frederick(2002)에서 유래되었다.

8. Sunstein은 합리적 계량기 주장자(예 : Viscusi, 1998b, pp. 126-128)와 일관된 입장을 주장한다. 차이는 Sunstein은 합리적 계량기 주장자들이 의존하는 시장 맥락에서 규제를 선호한다는 점이다. Viscusi(1998b, pp. 126-128)는 시장이 적절한 가격을 내면화하면 자주 문제를 확대하는 공무원들보다 개인의 비합리성을 더 잘 중립화시킨다고 주장한다.

9. 그 이론의 핵심을 파악하려면 Rayner(1992) 참조.

10. Douglas & Wildavsky는 기능주의자들은 사람들이 자신의 삶의 방식을 향상시킨 것과 같은 방식의 삶의 신념을 형성한다고 설명한다(Douglas, 1986, pp. 31-43; Thompson et al., 1990, pp. 104-107).

11. 개인 주준에서 작용하는 심리 기제에 의존하는 문화 영향을 설명할 필요가 있음을 시사하는 Balkin(1998, pp. 9-10, 173-174) 참조.

12. 범죄 법에서 인지 개념에서 정서의 영향을 검토하기 위하여 Nussbaum(2001), 그리고 Kahan & Nussbaum(1996) 참조.

13. 인지부조화는 타인이 저지른 상해를 실수로 간주할 수도 있음을 시사하는 Kahan & Braman(2003a, pp. 1313-1315), 그리고 Douglas(1966, pp. 34-40) 참조.

14. Cultural Cognition Project(연도 미상-a)에서 그 조사 방법과 결과 참조.

15. Slovic(2000a, pp. 404-405)은 사람들이 높은 이익이 있는 행동을 낮은 위험과, 그리고 그 반대로 연합한다고 주목하면서, Cultural Cognition Project(연도 미상-a)에서 총기 위험과 이익과 위험지각 간에서 발견된 반비례 상관을 주목한다.

16. Kahan 등(2005)은 개인의 여러 특징이 위험지각에 미치는 영향을 자료로 제시한다.

17. 연구자들은 성차 사례에서 그런 차이를 분명히 제거한다(예 : McKelvie, 1997; Trumbo, 2002, p. 379; Berger et al., 2003, p. 758).

18. 이런 이유 때문에, 이와 비슷한 인구통계 특징들이 주로 문화규범을 설명하는 데 사용된다. Gastil(1975)은 지역과 문화 가치와의 상관을 표로 제시하고, Gilligan(1982)은 성차를 특정한 도덕적 민감성 성향을 나타내는 데 사용하고, Nisbett & Cohen(1996, pp. 1-2)은 거주지를 문화와 심리 배경을 대표하는 데 사용하고, Kleck(1996)은 인종, 계층, 성차와 지역을 문화 규범의 대리자로 삼는다.

19. National Research Council은 2001년 보고서에서 유행병 연구에 기초해서 기준치 안에서 비소 노출은 암의 위험을 증가시킬 수 있다는 결론과 Bates 등(1995, p. 523)은 마시는 물 안에 비소 수준이 기준치 이하일 경우와 기준치 이상일 경우 방광암의 발생에 별로 심각한 차이가 없다는 결론을 비교하라.

20. Hagstrom(2004)은 '현대 사람의 음식 공급의 안전을 최대한 위협한다'(Stanley Prusiner, 미국 샌프란시스코 캘리포니아대학교 교수)는 광우병 매개체를 발견한 노벨상 수상 과학자와 '광우병이 미국에서 발생했지만 추가로 전염된 동물이 별로 없고 사람에게 노출되어도 전염될 가능성이 별로 없어서 광우병은 그리 우려할 만하지 않다'는 Cohen 등(2001, p. 112)의 보고와 비교하라.

21. 문화 세계관이 여러 과학자들 간의 차이를 설명한다는 Slovic(2000a, pp. 406-409)의 연구를 참고하라. Douglas Kysar & James Salzman(2003, pp. 1111-1116)은 대중뿐만 아니라 전문가들 간의 위험에 대한 의견불일치를 갈등적 세계관의 탓으로 돌린다.

22. Slovic 등(2004, pp. 320)은 체스 전문가 그리고 수학자들은 전략 또는 추단에 의존할 때 순수하게 분석적인 추리에 의존할 때보다 수행을 더 잘한다고 말하면서 공항에서 안전 검색을 하는 것과 같은 상황에서 "느낌으로서 위험이 분석으로서 위험보다 우월한 수행을 한다"고 말한다.

23. Giner-Sorolla & Chaiken(1997, pp. 85-86) 그리고 Cohen(2003)은 체계적 추리를 사용하는 실험 집단의 참여자들이 집단 제휴를 통해서 얻어진 추리 결과를 더 신뢰한다는 결과를 보고한다.

24. 자기 인정에 관한 연구는 Cohen 등(2007) 그리고 Sherman & Cohen(2002) 참조.

25. 그 정책이 위험 축소를 유도하기 위하여 시장 기제를 사용하는 데 대한 전통적 평등주의자와 단체결속주의자의 두려움을 깬 환경주의자들에 의해 제안되기는 한다(Ackerman & Stewart, 1988, pp. 178-188 참조). 부시 대통령은 자신의 보수적이고, 친기업적 기반을 멀리 하지 않고도 자신의 환경에 대한 헌신에 민주당의 공격이 빗나가게 만드는 이 접근을 포착했다(Hahn & Stavins, 1991, p. 28과 Hirsch, 1999, pp. 363-364 참조).

26. NRC(2004, pp. 120-150)는 증거가 포괄적이지 못한 연구와 결정을 요약한다.

27. 미국 사회에서 총기에 관한 문화적 다툼을 해결하기 위한 목적으로 이 제안과 다른 것들의 정교화는 Kahan & Braman(2006b) 참조.

28. Crosby & Nethercut(2005, pp. 112-115), Fishkin & Farrar(2005, pp. 68, 72-75), Hendriks(2005, pp. 83-89), Lukensmeyer 등(2005, pp. 154, 157-160) 그리고 Sokoloff 등(2005, pp. 187-191) 참조. Gastil(2000, pp. 165-171)은 일치 압력, 낮은 동기, 그리고 정보 결함을 방해하는 기법을 제안한다.

29. 실제 현실에서 이루어진 실험을 보자. 선거 개력에 관한 브리티시 컬럼비아 시민 의회가 그 예이다. 의회는 160명의 무작위로 선택된 시민들로 구성되었고, 각 선거구에서 한 명의 남자와 한 명의 여자가 선택되었고, 원주민 중에는 각각 두 명씩 선택되었다. 구성원이 달랐지만, 의회는 146~147명의 투표로 현존하는 선거 체계를 한 번의 투표로 바꾸기로 결정하였다. 의회의 계획은 얼굴을 맞댄 심의와 경청을 몇 달간 지속한 결과 나타났고, 이것은 온라인으로 접근할 수 있다(Citizens' Assembly on Electoral Reform, 2006).

30. 이 과정이 범죄 청소년들이 시간에 걸쳐서 법을 준수하는 행동으로 향하게 조정하는 기체의 하나임을 시사하는 Matza(1964, pp. 52-55) 참조.

31. 한 지역의 만(estuary) 개발을 계획하기 위한 구조화된 가치 중심의 심의를 사용하는 실험을 기술하는 Gregory & Wellman(2001, pp. 43-51) 참조. 수력전기발전소의 위험을 심의하는 실험을 기술한 Gregory 등(2001a, pp. 263-271) 참조.

32. 여기서 문화 인지가 손익 분석에 제시하는 도전에 초점을 두었지만, 다른 것은 그런 분석의 중요한 추가 비평을 시사한다. Ackerman & Heinzerling(2004), Mandel & Gathii(2006), McGarity(2002) 참조.

33. 대중의 위험지각에서 손해와 이익 간의 반비례 관계를 보여주는 위험-효용 분석의 어려움을 주목하는 Kysar(2003, pp. 1740-1741) 참조.

34. 예를 들어 '만일 합법적 별세계에 고정된 별이 있다면, 그것은 공적이지도 않고 높거나 하찮은 것도 아닌 것이 정치, 애국심, 종교, 또는 다른 의견 문제에서 정설을 규정한다는 것을 뜻한다'는 웨스트버

지니아 교육위원회 대 Barnette의 판결(1943, p. 642) 참조. Ackerman(1980, pp. 8-12)은 정책을 정당화하는 선을 추구한다는 열렬한 입장의 개혁에 반대 주장을 편다. Rawls(1993, p. 217)도 참조.

35. 총기 규제를 원하는 많은 시민들은 실제로 개인적으로 권총 소유가 범죄를 줄였다는 데 동의한다. Cultural Cognition Project(2006c) 참조.

36. 미국의 총기 논쟁을 해결하기 위한 다원주의 접근을 옹호하고, 위험에 관한 합리적인 경험적 정보와 일관된 의견 합치를 생성하는 데 심의를 사용하라고 강조하는 Kahan & Braman(2006a) 참조.

13장

위험과 낙인

Terre Satterfield, Paul Slovic, Robin Gregory, James Flynn & C. K. Mertz[*]

서론

마셜(Marshall)은 조지아 남부의 피칸 카운티에 위치한 인구 5,000명의 작은 도시이다.[1] 알로엣(Alouette) 화학단지와 인근의 아프리카계 미국인 거주 지역은 철도와 도로를 경계로 도시의 부촌, 상업지구와 분리되어 있다. 알로엣은 1910년 석회유황제를 시작으로 농업과 정원용 비소 살충제를 생산해 왔다(1996년 7월 29일 M. Hillsman과 M. Krafter의 인터뷰). 주민들이 '먼지의 집'이라고 부르는 이 화학단지는 공기와 생활에 침투하는 미세물질을 떠올리게 한다. 오랫동안 공장의 화학폐기물은 처리과정 없이 운하를 따라 인근 지역으로 침투되었다. 1970년대 후반에 운하 복개 공사가 이루어졌다. 이 지역에서 태어난 사람들은 어렸을 때 운하에서 놀던 기억을 가지고 있으며 그들의 부모는 블록 끝에 위치한 다리까지 가는 수고를 덜기 위해 운하를 첨벙첨벙 건너 다녔다고 한다.

이 화학단지는 그 지역의 유명 백인 가족의 소유로 운영되다가 1985년에 화학제품 제조사에 팔렸다. 1986년 환경부는 회사에게 상업지구 내 오염된 장소, 다시 말해 비소가 들러붙은 단지의 토양을 정화할 것을 요구했다. 당시에는 아프리카계 미국인 거주 지역에 대한 언급은 없었다. 1990년 미국 환경 예방 협회에서 현장을 '슈퍼펀드' 목록에 올리자는 건의가 있었다. 미국 환경 예방 협회가 오염을 인식하고 정화 작업을 지시하기까지 3년의 시간이 흘렀다. 1993년에 들어서 인근 주민들은 비소 화합물을 비롯한 발암물질이 토양과 주택에 침투했음을 알게 되었다. 1980년대 중반에 비소 사용이 중단되었음에도 불구하고 1994년부터 1997년까지 화학단지 내 건물과 인근 거주지역의 먼지와 토양에서 측정한 비소 수치는 15~800(ppm)에 이르렀

[*] Portions of this chapter are excerpted from a paper published in *Human Ecology Review*, vol 7, no 1, pp.1–11. Copyright 2000 by the Society for Human Ecology. Reprinted with permission.

다. 화학단지의 토양은 30,000ppm에 이르러 최고 수준으로 오염된 상태였다. 다른 지역의 비소 수준이 약 7ppm인 것과 비교할 만하다. 비소에 만성적으로 노출되면 피부, 폐, 간, 방광, 신장 그리고 결장암이 발생한다고 알려져 있다(ATSDR, 1990). 비소는 벤젠, 석면과 마찬가지로 암 '유발자'이다(Steingraber, 1997, p. 244). 1996년 조지아 마셜에서 실시된 조사를 바탕으로 독극물 및 질병 등록 협회(ATSDR)는 과거에는 상당히 위험한 정도의 비소가 유출되었지만 처리 이후에는 위험 수준 이하로 감소되었다고 결론지었다(ATSDR, 1996).

위험관련 학자들은 화학물질, 중금속, 방사성 동위원소의 노출로 신체적 손상이 발생하고, 이런 손상의 사회적·심리적인 경험이 위험지각의 핵심요인이라는 것을 잘 알고 있다(Slovic, 1987, 1992; Edelstein, 1987; Kasperson, 1992; Erikson, 1994). 이 장은 위험의 경제적인 결과와 관련된 과학기술 낙인을 다룬다. 낙인은 대중에 의해 특정 상품, 장소, 기술이 위험하다고 인지되고 건강을 위협한다는 이유로 기피 대상이 되는 과정에서 발생한다(Gregory et al., 1995). 과학기술 낙인에 대한 주요 실험 증거로 장소, 제품 혹은 기술에 대한 부정적 인식 — 단어 연상, 이미지, 감정 — 과 소비자의 행동 간의 상관관계를 들 수 있다(Flynn et al., 1997, 1998). 대중이 두렵고, 잠재적으로 치명적이라고 인식하는 위험과 의도치 않게 발생하고 통제력이 없다고 생각되는 위험은 이러한 낙인에 더욱 취약하다(Slovic, 1987). 결과적으로 낙인 대상은 경제 면에서 상당한 손실을 입게 된다. 타이레놀 중독에 의한 존슨앤존슨의 매출감소, 핵시설 주변의 토지 가치 하락 그리고 전기 자기장 주변의 부동산 가치 하락은 제품, 장소, 과학기술 낙인의 고전적인 사례이다(Mitchell, 1989; MacGregor et al., 1994; Slovic et al., 1990b).

시장경제 관점에서 낙인을 정의하는 것이 경제성과 대중의 수용이 원자력과 같은 현대 과학기술의 상업적 발달에 필수 요건이라는 점에서 논리적이라고 볼 수 있다. 그러나 금전적 영향력에 초점을 맞춘 낙인 모델은 그 영향력의 정의를 구매습관의 변화 또는 시장가치의 변동으로 암묵적으로 좁혀 가는 낙인 모델을 지지한다. 사람의 낙인 반응을 식물 생장 조절 화학제가 사용된 사과를 회피하여 발생하는 소비 감소에만 한정한다면 낙인을 일으키는 '심리적, 사회적 그리고 정치적 힘의 복잡한 상호작용'(Gregory et al., 1995, p. 222)은 사라진다.

반면 최대한의 사회적 표적을 인식하는 낙인 모델은 외부 사회의 과학기술이나 장소 낙인과 즉각적으로 그 영향을 받는 사람들에게 미치는 부정적 효과 간의 중요한 연합을 포함한다.

이러한 관계는 최근에 사회적 낙인효과가 발생하고 있는 지역(특히 소수 지역사회)에 불균형적으로 존재하고 있는 과학기술 위험 연구에서 분명하게 드러난다(United Church of Christ, 1987; Bullard, 1990; Szasz, 1994; Johnston, 1994, 1997; Zimmerman, 1993 참조). 과거에는 인종, 계층, 또는 경제적 지위에서 오는 명예 훼손 때문에 사회적 낙인의 대상이 되었던 사람들이 현대에는 과학기술 위험의 낙인에 시달리는 것으로 바뀌었다.

이 장은 오염에 의한 한 공동체의 낙인효과를 다룬다. 마셜 연구는 오염되고 낙인찍힌 지역에 거주하는 경험이 신체적, 심리적 피해를 동반함을 보여준다. 인근 지역주민의 삶은 구조적인 변화를 겪는다. 일상생활은 심각한 방해를 받고 장기 거주자는 집이 결코 안전한 피난처라고 생각하지 않는다. 이러한 변화는 건강에 대한 생각에 끼어들어 자신의 몸이 유독물질에 감염되었다는 두려움을 야기한다. 주민들은 어떤 사람들은 오염물질로부터 보호받는데 또 다른 사람들은 왜 보호받지 못하는지, 자신들의 걱정은 왜 무시되는지 그리고 자신들이 왜 공동체의 경제적 손실에 대한 책임으로 비난을 받는지를 설명할 때 사회정치적인 인종차별 경험을 떠올린다. 이 연구는 이들의 생각이 패배주의적인 사회 분위기와 관련이 있다는 것과 과학기술과 사회적 낙인 간의 관계를 보여줄 것이다.

방법

1996년 봄과 여름에 개방형과 폐쇄형 질문으로 구성된 설문지를 기반으로 오염 지역에 거주했던 주민 66명과 현재 거주하고 있는 140명을 대상으로 206건의 인터뷰를 실시했다. 인터뷰 대상자는 알로엣 화학단지를 상대로 제기된 소송에서 원고의 경험이 있는 과거와 현재 주민 600명 중에서 선택되었다. 참여자로 선정된 사람들은 화학단지 인근의 과거와 현재 주민 중에서 (1) 추적 가능하고 (2) 최소 5년 이상 해당 지역에 거주하고 (3) 의사로부터 비소 노출 관련 임상 증상이 관찰된다고 확인된 사람들이다. 설문 대상자들은 무작위로 선정된 것이 아니라 단지와 가장 가까운 곳에 거주했거나/하거나 혹은 그들의 집과 마당이 비소 검사를 받은 적이 있는 사람들이 선정되었다. 206명의 대상자 중 오직 한 명만이 현재도 화학단지에서 근무 중이었고 3개월 이상 화학단지에서 일한 경험이 있는 인원은 10명을 넘지 않았다. 600명의 원고들 중 백인 약 5%와 그 밖의 다른 소수인종 3명을 제외하고 모두 아프리카계 미국인이었다.[2]

현재 주민으로 분류된 사람들 중에서 26명은 오염 뉴스를 듣고 자발적으로 또는 타의에 의해 이사를 했다. 나머지 114명은 여전히 해당 지역에 거주하고 있다. 과거 주민으로 분류된 66명은 오염 기사가 공론화되기 한참 전에 이사 간 사람들이었다. 이들 대부분은 오염되지 않은 조지아 시골에 거주하고 있다. 이들의 연령, 성별, 인종은 현재 주민들과 큰 차이가 없었다. 과거 주민의 연령 평균은 46.3세였으며 현재 주민의 평균 연령은 46.9세이다.[3] 또한 현재 주민의 39%가 남자이며 61%가 여자이다. 과거 주민의 경우 35%가 남자이며 64%가 여자이다.

문항은 과학기술 위험에 대한 사회적 반응을 다룬 문헌들을 참고하여 만들어졌고, 제1 저자가 시행한 민족지학 인터뷰를 기초로 제작되었다. 문항은 예비조사를 거쳐 단순성과 실행 용이성을 고려하여 필요에 따라 재구성되었다. 설문에는 단어연상 과제, 정서 평가, 행동보고, 그리고 치료과정에 대한 의견이 포함되었다. 설문조사자는 각 조사대상자에게 설문을 큰 소리로 읽어주고 응답을 기록했다. 설문조사 훈련을 받은 9명의 아프리카계 미국인 교사에 의해 설문조사가 진행되었다. 대부분의 교사는 해당 지역에서 가르친 경험이 있으나 그곳에 거주하지는 않았다. 설문을 마치고 나서 약 15차례의 후속 인터뷰가 제1저자에 의해 이루어졌다. 이 인터뷰 역시 개방형 질문으로 이루어졌다.

장소의 낙인 : 주택과 환경의 변화

지역사회 연구들을 보면 오염 사실이 발표된 이후 사회적 · 심리적 변화와 오염지역의 물리적인 파괴가 관찰된다(Edelstein, 1988; Fitchen, 1989; Erikson, 1994). 마셜에서 기업은 화학단지와 가장 가까운 블록에 있는 주택들을 구매하여 그 둘레에 체인 울타리를 연결시켰다. '위험-접근금지' 문구는 주민들에게 그들이 소유한 대지가 더 이상 안전하지 않음을 혹은 안전한 적이 없었음을 표시했다. 기업이 사들인 대지의 토양은 오염된 상태로 남게 되어 주거가 불가능하다(기업에게는 대지 정화 의무가 없다). 이로써 인근지역에서 주거시설이 재건축될 가능성은 사라진다. 30ppm 이상의 비소를 함유한 토지에서는 정원, 과실나무, 가축(예 : 닭과 염소)을 찾아보기 어렵다. 남겨진 주민들은 한때 이웃이 살았던 곳에 울타리와 안내판이 세워지는 것을 보고 자신의 땅 역시 안전하지 않다고 생각한다. 따라서 과일과 채소는 더 이상 재배되지 않고 거래되지도 않는다. 주민들은 안락한 일상생활 – 정원 가꾸기, 아이들의 야외활동, 마당 손질, 이웃집 방문하기 등 – 을 더 이상 즐길 수 없으며 '사회생활의 기초를 뿌리째 흔드는… 집단 트라우마'에 시달리게 된다. 이러한 트라우마는 '공동체를 파괴한다'(Erikson, 1994, p. 233).

주민들은 거주지역의 공터를 '유령 마을'로 묘사하고 자신들의 주거환경을 "수용소와 같다"고 말한다.[4] 사람들은 불안에 떨면서 집에 머물기 때문에 공적 생활로부터 안전한 피난처라는 집의 내재적 가치는 사라진다. "비소로 가득 찬, 숨을 쉴 수 없는 내 집"이라고 말하는 Betty Fields처럼 사람들은 직장에 오래 머물기를 선호한다. 그녀의 이웃인 Helene Johnson은 자신의 집이 "어둠 속에서 무엇인가가 튀어나올 것만 같은 올가미"와 같다고 말한다. 대부분의 사람들은 스스로를 보호하기 위해 할 수 있는 일이 없다고 느끼고 Leroy Roberts는 이를 다음과 같이 표현하고 있다. "제가 두려워하는 곳에서 사는 느낌이지요. 곳곳에서 오염이 올라오는 것 같아요." 장기 거주자들은 이러한 모욕감을 제2차 세계대전 이후 생산성이 증가하면서 공장이 주

거지역을 침범한 결과 발생한 긴 역사를 가진 문제라고 생각한다.[5]

'덫에 걸린 듯한' 또는 '숨 쉴 수 없는' 느낌을 단지 개인 특성으로 잘못 생각해서는 안 된다. 단어 연상 과제는 언어의 복잡성이나 표현의 부담을 덜어주고 응답자의 마음의 내용이나 생각의 패턴을 보여준다는 데 가치가 있다(Szalay & Deese, 1978). 이러한 단어 연상 과제에서 나온 결과를 보면 과거와 현재 거주자 모두 자신의 환경을 상당히 부정적으로 생각하고 있음을 보여준다. 응답자들에게 특정 단어(울타리, 토양, 먼지 등)에 대해 떠오르는 이미지나 단어를 말하도록 요구했다. 그런 다음 응답한 각 단어를 5점 척도상에서 정서적으로 매우 부정적(-2), 부정적(-1), 보통(0), 긍정적(+1), 매우 긍정적(+2)으로 평가하도록 했다. 그림 13.1은 각 자극에 대한 평가점수와 부정적인 이미지를 보여준다.

응답자의 78%가 울타리를 두른 인근 공터를 매우 부정적으로 평가했다('매우 나쁨' 혹은 척도에서 −2점). 또한 토양이나 대지를 부정적으로 평가한 사람들은 각각 81.6%와 84.3%였다. 세 자극 중 매우 긍정적, 긍정적, 그리고 중립적 반응이 합해져서 14% 이상인 경우는 없었다. 동의어와 시각적 혹은 감각적 묘사(예 : 차원, 색, 소리 등)를 포함하여, 이런 종류의 반응에서 분명히 드러나는 중립반응의 부재는 일반적으로 양호하고 덜 위협적으로 지각되는 상황에서나 기대된다. 자신의 집 또는 신체와 가까운 자극(집 안의 먼지 혹은 집 바로 앞의 토양)이 원거리 자극(울타리로 둘러싸인 공터)에 비해 부정적으로 평가되고 있는 점도 감정적 점수에 대한 논리적 일치를 보여준다.

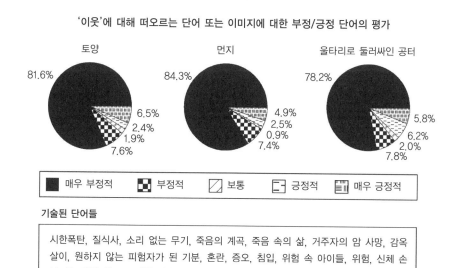

'이웃'에 대해 떠오르는 단어 또는 이미지에 대한 부정/긍정 단어의 평가

| 토양 | 먼지 | 울타리로 둘러싸인 공터 |

기술된 단어들

시한폭탄, 질식사, 소리 없는 무기, 죽음의 계곡, 죽음 속의 삶, 거주자의 암 사망, 감옥살이, 원지지 않는 피험자가 된 기분, 혼란, 증오, 침입, 위험 속 아이들, 위험, 신체 손상, 독, 감염, 암으로 인한 사망

그림 13.1 이미지/단어 연상과 감정 평가(N = 206)

회피 행동

집 안과 주변에서 느껴지는 안전 위협은 주민들이 일상 활동을 회피하는 행위에서도 확인된다(Edelstein, 1988). 현재 거주자들에게 화학단지에 대한 걱정 때문에 특정 활동에 제약을 느끼는지를 물었다. 만약 그렇다고 응답할 경우 그러한 활동을 상당히 자제하는지, 조금 자제하는지, 혹은 전혀 자제하지 않는지를 물었다("전혀 자제하지 않는다", "조금 자제한다", "상당히 자제한다"). 거주자의 상당수가 일상생활의 변화를 보고했다. 표 13.1은 공장단지 때문에 발생하는 행동을 '상당히 자제'하고 있다고 답변한 응답자의 빈도 분포를 보여주고 있다.

빈도 분포는 제한 간 차이를 명확하게 보여준다. 응답자들은 낮은 빈도의 필수 행동보다는 일상 활동을 더 많이 자제했다. 전자의 예로는 무언가를 수리하기 위해 지하실에 내려가기(44.7%), 다락방에 올라가기(47.4%), 혹은 아이들이 인근 배수로에서 노는 것을 허락하기(43.0%)가 있으며 후자인 일상 행동의 예로는 바람 부는 날 창문 열기(79.8%), 날씨 좋은 날 뜰에 앉아 있기(74.6%)가 있다. 응답자들에게 '상당히 자제하는 행위'에 대해 물었을 때에도

표 13.1 활동 제한 : 거주자

활동	'조금 자제한다'	'상당히 자제한다'	전체 %[a]
바람 부는 날 창문 열기	79.8%	84.6%	67.5%
날씨 좋은 날 뜰에 앉아 있기	74.6%	84.7%	63.2%
정원 가꾸기	66.7%	64.5%	43.0%
꽃 가꾸기	65.8%	70.7%	46.5%
아이를 뜰에서 놀게 하기	64.0%	72.6%	46.5%
집을 수리하거나 단장하기 위해 돈과 시간 들이기	63.2%	66.7%	42.1%
공장 근처의 친구 또는 친척 집 뜰에서 아이를 놀게 하기	62.3%	71.8%	44.7%
개방된 배수로 근처 산책하기	54.4%	29.0%	15.8%
비소 수치가 높은 집 방문하기	50.9%	51.7%	26.3%
다락방에 올라가기	47.4%	53.7%	25.4%
지하실에 내려가기	44.7%	47.1%	21.1%
개방된 배수로에서 아이를 놀게 하기	43.0%	34.7%	14.9%

주 : '조금 자제한다'는 사람, '상당히 자제한다'는 사람, 그리고 이 두 가지 모두에 동의한 사람의 백분율(n = 114).

[a] '조금 자제한다'는 사람과 '상당히 자제한다'는 사람이 전체 표본에서 차지하는 백분율.

유사한 패턴이 나타났다. 주변 환경에 대한 긍정적 생각과 연관되는 일상 활동들이 가장 많이 자제되고 있었다. 예를 들어, 바람 부는 날 창문 열기(84.6%), 날씨 좋은 날 뜰에 앉아 있기(74.6%), 그리고 아이들이 뜰에서 노는 것을 허락하기(72.6%)가 해당된다. 반면, 비교적 멀리 있는 개방된 배수로를 따라 산책하기(29.0%)와 아이들이 그곳에서 노는 것을 허락하기(34.7%)는 소수의 사람들에 의해서만 '상당히 자제되고 있었다.'

내재된 낙인

일상 활동의 변화는 자신의 신체를 보호하려는 성향을 나타낸다. 신체 손상에 대한 걱정은 유독성 응급사태와 관련이 있다. 그 두려움은 오염물질이 생존자의 신체 조직이나 유전물질에 침투했다는 것이다(Erikson, 1990, p. 121; Edelstein, 1988; Oliver-Smith, 1996; Kroll-Smith & Floyd, 1997 참조). 마셜(Marshall) 주민들은 오염물질로부터 보호를 위해 방재복과 장비를 착용한 환경 정화 작업자들의 모습에서 공포를 느낀다. 이런 특수 복장은 얼굴, 머리, 신체, 손과 발을 외부 오염물질로부터 보호한다. 또한 정화 작업자들은 오염된 토양을 제거하는 거대한 굴삭기와 진공청소기와 같은 장비를 사용하여 토양과 거리를 두고 일했다. 이러한 신중한 행동은 그 상황을 고려할 때 이해할 만하다. 그러나 작업자의 이런 모습은 인근 주민들의 이야기를 통해 계속해서 전해지고 고통스러운 불안감을 가중시켰다. 중장비와 '작업복을 입은 기사'들에 대한 또렷한 시각 기억을 통하여 주민들은 자신들이 지난 수년 동안 보호받아야 했던 대상이며 자신의 신체가 이미 오염되어서 이제는 보호도 소용이 없다고 느끼며, 더 냉소적으로 말하면 거주자들은 자신을 사회적으로 버려져도 되는, 처음부터 보호의 가치가 없었던 대상이라고 느낀다.

보호받는 작업자와 상처받는 주민의 대립이 인터뷰 기록에서도 나타났다. 주민들은 오랜 기간 지속된 비정상적인 피부색을 오염물질의 존재를 가리키는 표시로 간주했다. 과색소 침착, 저색소 침착, 과각화증 등으로 나타나는 상피의 변색, 병변은 만성 비소 무기물 노출에 의한 주요 임상 증후이다(ATSDR, 1990). ATSDR 의사와 임상의들은 현재와 과거 주민 274명의 의료기록을 통해 비소 노출 증거를 찾았다. 이들 중 일부($n = 75$)는 과색소 침착, 저색소 침착, 과각화증이 동시에 진행되는 증상을 보였다. 이러한 증후는 노출과 임상적인 관련이 있으나 암으로 진행되지 않는 한 위험으로 보진 않는다(ATSDR, 1996, pp. 3-6). 피부암 진단을 받은 사람이나 자신의 증상에 대해 단순히 의심을 갖는 사람도 피부 변색을 신체 건강의 잠재적인 위협으로 간주했다. 인터뷰 동안 사람들은 '점'에 주의를 기울이고 그것을 지적하거나 마치 염주처럼 무의식적으로 만지면서 오염의 결과를 다시 생각나게 하는 것처럼 대했다.

독물학자들은 모든 유입경로(호흡, 섭취, 피부 흡수)와 출처(음식, 공기, 물, 건물, 등; Stein-graber, 1997, p. 236)를 통한 신체 노출의 역사 또는 노출의 총합인 '체내 축적 유해 물질'을 이야기한다. 반면 공업단지 인근의 주민들은 걱정을 이야기한다. 건강, 유아기 노출, 그리고 특히 나중에 질병 위험의 증가를 걱정한다. 응답자의 88%가 '아이의 선천적 장애'를 '매우 걱정한다'고 응답했으며 83%는 '자신의 건강에 미치는 공장단지의 영향'을 '매우 걱정한다'고 응답했다. 천식이나 다른 바이러스에 감염된 아이를 보면 보다 심각하고 무서운 징후를 떠올린다. '목에 질병이 생겨 죽게 되는 것이 아닌가'라는 생각을 하게 된다는 것이다. 사람들은 자신의 신체에 흔적이 남아 있다고 생각한다. 비정상적인 색소 침착, 지각된 위험, 그리고 사회적으로 퍼져 가는 건강에 대한 두려움이 주민들을 괴롭힌다(Erikson, 1994). 이에 따라 주민들은 자신이 '오랫동안 치명적 주사를 맞고 있거나' 혹은 '서서히 죽어 가고' 있다고 느낀다.

이런 관찰은 응답자의 대부분이 심각한 두려움을 보고한 사실로도 입증된다. 두려움은 일반인이 독극물에 대하여(Slovic, 1987), 또한 오염물의 흡입과 섭취에 대하여 끊임없는 생각하는 중심 특성이다. 과거와 현재 주민의 94.2%는 끊임없이 떠오르는 오염물질에 대한 생각이 '소름 돋고 무서운 느낌'을 일으킨다고 응답했으며 현재 주민들의 경우에는 90%가 '집에 있으면 내가 독극물을 흡입하고 있는 것이 아닌지 걱정된다'는 진술문에 동의했다. 그림 13.2는 이러한 결과를 보여준다.

연령이 높은 주민들은 과거의 상처와 사랑하는 사람의 이해할 수 없는 죽음이라는 추가적인

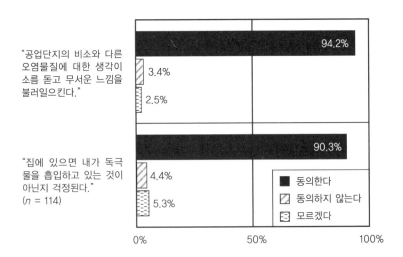

그림 13.2 심리측정 차원 : 공포/두려움

주 : '동의한다'는 '강하게 동의한다'와 '동의한다'가 합쳐졌다. '동의하지 않는다'는 '동의하지 않는다'와 '강하게 동의하지 않는다'가 합쳐졌다.

고통에 시달린다. 더군다나 오염에 대한 새로운 사실을 통해 지난 슬픔을 재조명하는 일이 발생할 수밖에 없다. Mary Aimes는 60대 후반이다. 그녀의 첫딸은 심장장애로 20일밖에 살지 못했다. 장애가 있었던 아들 역시 1982년에 공기 중에 있는 '어떤 것'에 대한 알려지 반응으로 질식사했다. Mary의 '신경쇠약'이 시작된 것은 오염물질에 대한 정보가 공개되고 그녀가 집을 떠나야 할지도 모른다는 두려움이 생긴 이후이다.

아무것도 모를 때는 걱정이 없었지요. 그런데 한 번 알고 나면 지난 일까지 모두 기억나요. 제가 기억하는 모든 일 말이에요. 이제는 악몽도 꿔요. 예를 들어서 공장단지의 사람이 한밤중에 찾아와서 저와 가족에게 당장 떠나라고 말했던 때(1940년대 말과 1950년대 유년기와 청소년기)와 같은 악몽이요. 공장단지에서 누수가 있었어요. 그들은 커다란 방독면을 착용하고 있었고 마치 외계인 같았어요. 그들은 우리에게 서둘러 도망가라고 말했고 저희 어머니께서는 우리 모두를 깨우셨어요. 제가 막내였어요. 저는 어머니께서 저를 깨웠을 때처럼 한밤중에 잠에서 깨요. 저도 모르겠어요. 나이가 드니 혼자 감당할 수 있는 일이 아닌 것 같아요.

반복적인 악몽과 자녀의 죽음에 대한 회상으로 Mary의 심리적·신체적 평화는 사라졌다. '한밤중'의 기억에 대한 그녀의 집착은 결정적으로 두려웠던 순간을 계속하여 반복 재생하는 역할을 한다. 또한 이는 트라우마의 특징으로 '침입하는' 상태를 나타낸다(Herman, 1997, p. 38).

이런 극단적인 유형의 고난이 흔하지 않지만 대부분의 주민들은 자신의 병든 인생사를 길게 이야기하고 특히 친척의 암으로 인한 사망을 쉴 새 없이 열거한다("그는 삼촌이었고 방광암으로 돌아가셨어요. 그리고 제 언니도 지난해 유방암으로 사망했어요."와 같은 식이다). 스트레스에 대한 생리적 증상을 보고하는 일도 많다. 현재와 과거의 주민들 대다수는 '혐오감', '절망', '덫에 걸린 느낌', '불안', '긴장' 때문에 고통받고 있다고 보고했다. "상당히 고통스럽다"고 답한 하위집단의 60% 이상이 그들의 증상을 공장단지 탓으로 돌렸다. 다른 증상들은 오염과 관련이 없는 원인에 돌리기도 했다. 허리 통증과 감정 폭발로 인한 고통을 공장단지 탓으로 돌리는 응답자는 소수에 불과했다(표 13.2). 이와 비슷하게 모든 응답자의 다수(50.5%)가 '상당히 교통스럽다'와 '공장단지에 의한 증상'으로 지적한 증상은 '활력 없는'뿐이었다. 표 13.2는 증상의 분포와 그 증상을 공장단지 탓으로 돌리는 응답자를 보여준다.

표 13.2 스트레스 관련 증후(N = 206)

증후	'상당히 고통스럽다' 증후[a]	공장이 원인이라는 신념[b]	전체%[c]
활력 없는	85.4%	59.1%	50.5%
허리통증	68.4%	41.8%	28.6%
두통	68.4%	60.3%	41.3%
약한 신체	65.5%	65.2%	42.7%
기억장애	64.1%	50.0%	32.0%
신경질	63.6%	62.6%	39.8%
근육통	61.7%	44.9%	27.7%
호흡곤란	60.2%	73.4%	44.2%
긴장 증가	59.7%	60.2%	35.0%
가슴통증	59.7%	58.5%	35.9%
무거운 팔다리	57.8%	54.6%	31.6%
우울	53.4%	62.7%	33.5%
짜증	52.4%	52.8%	27.7%
위장장애	51.9%	70.1%	36.4%
주의력 장애	51.5%	49.1%	25.2%
심장 두근거림	51.5%	62.3%	32.0%
절망감	51.0%	74.3%	37.9%
덫에 걸린 느낌	49.0%	77.2%	37.9%
혼란감	48.5%	51.0%	24.8%
현기증	48.5%	58.0%	28.2%
공포	44.2%	64.8%	28.6%
이해받지 못한다는 느낌	43.7%	35.6%	15.5%
상처 입은 느낌	42.7%	38.6%	16.5%
고독감	41.7%	44.2%	18.4%
공포로 인한 회피	40.8%	67.9%	27.7%
자책하는	37.4%	40.3%	15.0%
울음	33.5%	40.6%	13.6%
울화증	26.2%	46.3%	12.1%
비판적	25.7%	47.2%	12.1%
식욕 감소	22.8%	55.3%	12.6%

주 : [a] 증후 또는 문제 때문에 상당히 고통스럽다에 '예'라고 응답한 백분율.

[b] '상당히' 고통스러운 사람들 중에서 공장이 원인이라고 믿는 사람들의 백분율.

[c] '상당히' 고통스러운데 공장이 원인이라고 믿는 사람들의 전체 표본 백분율.

사회정치적 낙인

낙인은 일종의 불신 판단으로서 낙인찍힌 대상들로부터 반응을 불러일으킨다(Goffman, 1963; Jones et al., 1984; Gregory et al., 1995). 오염된 지역사회에서 과학기술 낙인과 사회적 낙인 간의 복잡한 상호작용은 여러 복잡한 반응을 만들어낸다. 우리는 낙인을 '만들어내는' 사람들과 그것을 관리하는 사람들에 대해 진술하고, 소수 지역사회에서 진행 중인 인종 낙인과 공장단지 때문에 고통받는 주민들의 과학기술 낙인을 보여줄 것이다. 낙인의 복잡성은 두 가지 기본 요점을 파악하면 어느 정도 명확해진다. 첫째, 낙인찍힌 환경에서 살고 있는 주민은 단순히 장소와의 연합만으로도 손해를 입을 수 있다. 이는 자신의 권리에 영향을 미치는 낙인의 직접적인 공포를 넘어 환경과 연합만으로 자신이 해를 입을 수 있다고 걱정한다는 의미이다(Edelstein, 1987). 주민들은 외부세계가 자신들을 사회적으로 오염된, 전염병에 걸린 사람으로 바라보며 인류 공동체의 구성원으로 적합하지 않다고 보는 것을 두려워한다. 지나친 언론의 관심 때문에 병적으로 고통받고 있다고 주장하는 Marvia Lou Smith 씨를 예로 들어보자.

> 여기까지 들어와서 TV 카메라를 들고 촬영하는 모습을 보죠. 그들이 철사로 울타리가 쳐져 있는 동네는 도대체 무슨 동네야. 분명 좋지 않은 동네겠지라고 이야기하는 소리를 듣기도 했죠.

Marvia는 자신과 자신의 공동체에 대한 부정적인 시선이 정화작업의 물리적 결과(울타리, 가시철사)와 그것을 다루는 과장된 언론효과 때문이라고 생각한다(Kasperson, 1992 참조).

이런 문제는 오염 사건들이 종종 이미 낙인찍힌 대상에 대한 낙인을 수반한다는 두 번째 요점과 함께하고 있다. 환경 위험에 대한 노출은 무작위로 이루어지기보다는 사회적, 경제적으로 취약한 대상에게서 더 많이 일어난다. 위험은 사회집단들 사이에 평등하게 배분되지 않는다. 유색인종 또는 경제적 약자는 위험한 과학기술의 희생자가 될 가능성이 평균 이상으로 높다(Bullard, 1990; Johnston, 1997). 동시에 환경이 파괴된 지역에 거주할 경우 자존감과 스스로 운명을 통제하려는 동기를 파괴하는 심리사회적 비난과 비인간적인 빈정거림(게으른, 무지한, 하층의)을 당하게 된다(Johnston, 1994, p. 10에서 인용).

마셜 지역에서, 사회적 낙인과 환경 위험의 결합은 노출 결과를 놓고 지역사회의 논쟁을 유발했다. 따라서 '공장단지'에 대한 모든 논쟁은 인종논쟁과 연결되었다. 손상에 대한 합법적 증거, 보상 방식의 적절성, 토양검사에 대한 논쟁은 언제나 '언급되어야 할 걱정' 혹은 '백인 동네에서는 결코 일어나지 않았을' 사건으로 규정되었다. 특히 대부분의 주민들은 공장단지와 미국환경보호청(USEPA)이 토양검사와 정화작업을 할 때 상호 합의를 통하여 지역사회에 적합한

계획을 세웠어야 했는데 그러지 않았다고 생각했다. USEPA 공학자들은 오염 전파에 대해 선형모델을 가정했기 때문에 시설단지 가장 가까이 있는 자산부터 검사했다. 오염되지 않은 안전한 자산을 발견하면 하나 또는 두 주택을 추가적으로 검사하고 나서 중단했다. 그 이상 위치하고 있는 다른 자산들은 안전한 것으로 가정했다.

주민들은 이 선형모델을 반대했는데 바람의 방향, 특정지역의 배수로 범람, 동네를 관통하여 운반되는 제품, 그리고 공장 노동자의 의복을 통하여 오염물질이 광범위하게 확산될 수 있기 때문이다. 이렇게 만연되어 있는 불만이 응답자들에게서도 나타났다. 71.8%의 응답자가 '환경보호청(EPA) 전문가들은 화학물질이 인근지역으로 확산되는 모든 주요 경로를 고려했다'는 진술문에 그렇지 않다고 답했다. 또한 74.8%의 응답자는 EPA가 '인근 지역의 오염물질 검사'를 제대로 하지 않았다고 평가했다. 주민들의 걱정을 묵살한 행위는 궁극적으로 외부 전문가를 고용하는 것으로 완화되었다. 이들은 오염물질이 보다 광범위하게 확산되었다는 사실을 확인했고, 따라서 USEPA도 이런 외부 전문가의 연구 결과를 인정했다.

인종차별주의도 USEPA가 오염물질에 관한 사실을 늦게 배포한 원인 중 하나였다. 1990년 슈퍼펀드 목록과 1993년 오염물질 노출 공표 사이에 존재하는 시간 지체는 마셜 지역의 흑인 공동체를 무시하는 행동이고 긴급한 주의를 기울일 가치가 없었던 일로 해석되었다. 나아가 흑인 주민들은 1980년대 후반 백인들이 공장 인근으로부터 멀리 대거 이주한 사실을 근거로 들어 오염 사실에 대한 정보가 백인에게 우선적으로 제공되었다고 주장한다. 백인 주민들이 오염 사실을 먼저 알고 이를 알지 못하는 흑인들에게 손상된 주거 자산을 '좋은 가격'에 팔아 넘겼다고 말한다.

마셜 지역의 백인 공동체 대표들은 인종차별주의를 부정하며 오히려 공장단지 인근의 흑인 주민들이 공장단지를 상대로 제기한 소송을 통해 '쉽게' 경제적 이익을 누리려고 한다고 비난한다. 또한 부유한 주민들(백인 및 일부 흑인)은 공장 인근 주민들이 도시의 평판을 낮추고 시장경제에 해가 되고 있다고 지탄한다. 건강에 미치는 공장단지의 부정적인 영향력을 과장하고 있다는 것이다. 다른 백인 주민들은 이 문제로 인근 주민을 비판하지는 않지만 이들의 영향력이 확장되는 것을 두려워한다. 백인 동료들에 대한(공장 설립자를 포함한) 배신 혹은 지역의 가장 가난하고 인종적으로 낙인찍힌 주민들과 '지나치게 가깝다'고 보는 사람들의 인식을 두려워하는, 즉 사회적으로 소외당할 것에 대한 두려움을 보인다.

아프리카계 미국인 주민들이 지적한 검사 절차의 비판과 주민들과 담당 부서 사이의 상호작용에서 드러난 인종차별주의는 지역사회가 경제와 인종 낙인에 저항하는 건강한 신호로도 볼 수 있다(Schwab, 1994; Szasz, 1994). 그럼에도 불구하고 현장 관찰에서 받는 인상은 이와 다르다. 인근 주민은 만연한 절망감에 압도당하고 있으며 회복력을 지닌 활동적 주민은 소수에 불과했다. 지역주민의 감정은 절망과 체념 상태이고, 이는 Lifton(1967)이 방사선 오염에서 언급한 심리물리적 무감각과 다르지 않다. 이와 비슷하게 Jones 등(1984)은 '낙인 과정의 본질'을 '감정, 사고, 행동에 엄청난 결과'(p. 4)를 산출하는 것으로서 정의했다. 즉 타인으로부터의 평가가 불균형적으로 부정적이면 낙인찍힌 개인이 긍정적인 자존감을 유지하기란 어렵다(Jones et al., 1984, p. 111). 권력과 복종을 연구하는 학자들은 이러한 패배적 기질이 비교적 개방적인 정치 체계에서도 정치적 참여를 '잠재운다'고 주장한다(Scott, 1990, p. 71).

정치 의지와 관련된 인종차별주의가 시사하는 것이 무엇인지를 알아보기 위해 Srole(1965)의 정치 소외 질문들을 조지아 사건에 맞게 변경했다. 응답은 많은 것을 시사하고 있었다. 특히 과거와 현재 주민들의 응답을 비교할 경우 그러했다. 두 집단은 인구통계적 변수에서 비슷하지만 현재 주민 집단은 광범위한 노출 결과가 발생했던 기간에 인근에 거주한 반면 과거 주민들은 이러한 사건들과 떨어져서 보호받는 입장이라는 점에서 차이가 있었다. 광범위한 노출은 복장을 갖춰 입은 정화작업 전문가들의 행렬, 격앙된 인종 갈등, 그리고 정화작업에 대한 결정에서의 발언권 싸움, 그리고 특히 위험을 표시하는 황폐한 환경 등 모든 사건을 포함하였다.

현재와 과거 주민들 모두 정치 효능감에서 손상을 보였다. 이를 측정하는 4개의 질문 모두에서 현재 주민의 손상 정도가 더 높았지만 한 질문에서는 그 차이가 통계적으로 의미가 있었

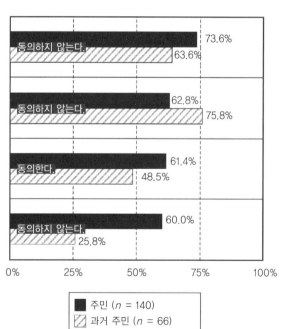

그림 13.3 정치 효능감 표현

다(0.05 미만 수준에서). 그림 13.3은 '지역 공무원들은 내 의견을 중시한다'는 진술문에 현재 주민이 과거 주민들에 비해 그렇지 않다고 답변하는 비율이 더 높았다(10.0% 차이). 또한 '사람들은 내가 공장단지의 문제에 대해 발언하는 것을 좋아한다'라는 진술문과 '나의 의견은 경청되고 수용되었다'(34.2%의 차이로)라는 진술문에서는 덜 동의하는 것으로 나타났다. 두 응답 집단 모두 투표가 '가치 있다'는 진술문에는 동의하지 않았다. 그럼에도 불구하고 과거 주민들이 투표를 약간 더 지지하는 것으로 나타났다(13%의 차이로). 종합적으로 살펴보면 각 집단에서 표출된 정치 효능감은 일관된 영향을 보여준다. 그러나 집단 간 차이가 나타나서 현재 주민들이 과거 주민들에 비해 정치에 더 큰 실망감을 보인다. 두 집단의 인구통계적 변수가 비슷하다는 점을 고려하면 정화 과정이 현재 주민에게서 나타나는 민주적인 통제 상실에 어느 정도 영향을 미쳤다고 볼 수 있다.

논의

이 장은 유독물질 노출에 대한 개인 트라우마가 과학기술, 제품, 지역사회 낙인 모델에서 중요한 역할을 한다는 진술로 시작했다. 낙인 확장 이론은 시장가치의 손실과 소비자의 부정적 행동을 넘어서 더 많은 것에 대한 이해를 요구한다. 따라서 우리는 마셜 오염 사건의 특징으로 주택, 동네 그리고 개인 행복의 황폐화를 추가했다. 화학단지 인근의 주민들 중 대다수는 토양, 주택, 인근지역을 부정적으로만 생각한다. 개인은 일상 활동을 바꾸고, 창문을 닫고 지내야 하고, 주택의 안과 밖에서 불안에 떨며 지내고, 자신의 삶을 인수한 '수용소'를 혐오하게 되었다. 혼돈된 세상의 정신적 안식처(Fitchen, 1989) 또는 개인과 가족의 안전을 보장하는 장소라는 집에 대한 암묵적·명시적 정의는 다락의 먼지와 서서히 죽음으로 몰고 가는 장소로 바뀌었다. 마셜 화학단지 인근 주민들의 두려움에서는 한 번에 내리누르는 힘이 아니라 서서히 안으로 파고드는 힘이 느껴진다(Erikson, 1994, p. 21). 이러한 서서히 '다가오는' 위험 특징은 방재복을 입은 작업자의 모습과 묘사(예 : '나의 삶이 하나의 긴 치명적인 주사를 맞고 있는 것 같다)에서도 그 증거를 찾을 수 있다.

　신체와 장소 모두 인간 사고의 기초인 반추적 사고에 도움을 준다. 신체는 우리가 세상을 경험하고 이해하는 수단이며(Merleau-Ponty, 1962), 장소(집, 인근지역, 환경 등)는 보다 큰 사회세계에서 방향과 자기반추의 기초가 된다(Basso, 1996). 조지아 마셜의 오염된 동네와 신체경험은 자신에 대한 불안을 야기하는 반추적 사고와 교차한다. 이러한 맥락에서 위험 경고, 공터의 출현, 이웃사람의 피부 변화 등은 각각 별개의 상처로 부정적 반추만이 존재하는 진공상태로 주민을 계속하여 옭아매는 수단으로 이해할 수 있다. 극적인 환경 변화는 오염물질의 존재를 상기시키고 주민들로 하여금 '시스템에 존재하는 유독물질'을 기록하고 재기록하게 만든다. 이러한 반추는 보다 큰 사회정치적 현실과 상호작용한다. 여기서 다루고 있는 오염지역에서 개인의 건강과 집의 안전에 대한 걱정은 백인 지역사회에서 인종차별주의와 결합되어 있다. 이들 백인 집단은 TV에서 자기 동네와 주민에 대한 평판 악화를 두려워하고, 정화작업 근로자들은 보호하면서 주민들은 보호하지 않는 것의 '정당성'을 인정하면서 정화작업과 토양 검사에 대해 불만을 표하는 주민들을 거부한다. 주민들은 자신이 보호받지 못하고, 의견이 묵살당하고, 화학단지 처리과정에 대한 발언권이 없다고 생각하게 되고 체념 상태로 나아갔다.

궁극적으로 마셜 경험은 오염 경험과 낙인에 대한 우리의 이해를 넓혀주었다. 여기서 경험된 위험은 노출로 인해 일어나는 물리적, 심리적, 사회적 결과를 가져오는 오염 경험을 의미한다. 이들은 위험한 환경자극에 대한 직접적 반응이다. 반면 낙인의 영향력은 오염의 경험을 악화시키는 신호가 된다. 낙인 효과의 출처는 부분적으로 언론에 있다. 이는 Kasperson 등(1988)이 제시했던 한 여자가 자신의 동네를 찍는 카메라에 대해 보인 반응에 의해 입증된다. 마셜 사건에서 보다 중요한 사실은 위험을 개선하려는 공공기관(USEPA, ATSDR)의 노력이 지역사회가 경험하는 낙인을 증가시킬 수 있다는 것이다. 오염에 노출된 공동체에 대한 '해결책'(예 : 식물의 제거, 오염된 자산의 제거, '방재복 차림의 기사' 출현, 색소 침착을 오염물질에 의한 증상으로 재규정하는 행위)은 그것이 완화시키려고 했던 두려움을 오히려 더 키울 수 있다.

마지막으로, 과학기술 낙인과 인종 낙인의 결합에 대한 이해가 필요하다. 일반적으로 즉각적인 피해를 입는 집단은 유색인종인 경우가 많기 때문이다. Goffman(1963)의 초기 연구에 따르면 "눈에 띄는 소수집단은 이미 오염된 자신의 정체성을 견디며 헤쳐 나가야 한다." 현존하는 위험에 직면한 소수자 공동체의 경우 인종 낙인에 대한 이전 경험이 과학기술 낙인과 새로운 오염 경험을 통과시키는 일종의 렌즈가 된다. 따라서 과학기술 낙인과 사회적 낙인은 계속 이어지고 다른 것의 영향을 확대하는 흉측한 고리를 형성할 수 있다. 과학기술 낙인에 대한 보다 포괄적이고 사회적으로 빈틈이 없는 모델은 이러한 상호작용을 고려하여 사회적 낙인, 과학기술 낙인 그리고 지역사회의 오염 경험 간의 연결고리와 인과관계를 규명해야 할 것이다.

1. 여기 인용된 사람, 장소, 회사 이름은 프라이버시를 존중해서 모두 바뀐 것이다.

2. 소송자(원고) 표본에 의존하는 것이 문제가 된다. 한편으로 법률 팀은 원고 기준에 맞는 사람은 한 명도 제외하지 않았고 추적 가능한 과거 거주자와 현재 거주자 중 참여를 꺼리는 사람이 10명 미만이라고 나에게 보고하였다. 현재의 거주자들은 공장 주변에 더 많은 백인이 살았던 시기를 언급한다. 이것은 더 많은 백인이 원고에 포함되어야 함을 시사한다. 그러나 이 장에 나온 표본은 공장 가까이 사는 사람들에서 뽑혔고 USEPA와 소송 전문가들에 의해 자산이 오염 검사를 받아야 한다고 간주된 사람들이 포함되었다. 이 지역 주민들은 현재 그리고 역사적으로, 1차적으로 아프리카계 미국인을 대표한다.

3. 주민의 34%가 18~39세 사이이고, 43.6%가 40~59세 사이이고, 20.7%가 60세 이상이다. 비거주자의 33%가 18~39세 사이이고, 39.4%가 40~59세 사이이고, 19.7%가 60세 이상이다(나머지는 알려지지 않았음).

4. 참조자가 없이 인용된 것은 단어 연상과제와 면접 노트에서 직접 나온 것이다.

5. 미국에서 1945년 이후 합성 유기화학물질 제품이 1955년까지 기하급수적으로 생산되고 농산물 살충제 시장의 90%를 차지하게 되었다. 1990년대 초반까지 860개의 강력한 살충제가 연방정부에 등록되어 있다(이것은 1939년의 32개와 비교할 만하다). 그들은 2만 개 이상의 제품으로 생산된다(Steingraber, 1997, p. 95).

3부

심리측정
연구

3

14장

수혈에 대한
대중의 위험지각

Melissa L. Finucane, Paul Slovic & C. K. Mertz[*]

유럽과 북미에서 수혈을 거부하는 사람들의 비율이 증가하고 있어서 걱정이 날로 커지고 있다 (Compas, Inc, 1995; Industrial Relations and Social Affairs(IRSA), 1995; Lee et al., 1998). 대부분의 경우 수혈 거부는 동의보다 건강과 생명에 더 큰 위험을 가져온다. 보건 정책 입안자들과 규제 당국은 혈액 공급에서 발생할 수 있는 (실제 또는 가상적인) 문제를 암시하는 경고 신호에 주의를 기울여야 한다. 이러한 문제들이 국민의 건강과 경제에 치명적인 영향을 미칠 수 있기 때문이다. 다행히 우리는 위험지각이 수혈 수용 여부에 미치는 영향에 대한 지식을 바탕으로 위험 결정의 손실 가능성을 최소화할 수 있다.

위험관리를 잘하기 위해서는 위험에 대한 사람들의 생각, 감정 그리고 행동이 심리적, 사회적, 문화적 그리고 정치적 요인에 의해 결정된다는 것을 알아야 한다. 선행연구(Slovic, 1999)에서 밝혀진 바와 같이 성별, 인종, 세계관, 신뢰 그리고 위험 통제 능력은 위험지각과 밀접한 관련이 있다. 나아가 낙인에 대한 민감성은 수많은 과학기술과 소비재에 대한 대중의 반대와 연관되어 있다(Gregory et al., 1995). 제품이 결과를 알 수 없는 매우 두려운 사건과 연합되고 뉴스에서 무겁게 다루어지면 사람들의 안전지각이 사라지면서 제품 수용이 불가능해지고 낙인이 찍힌다(Slovic, 1987).

현재 수혈에 대한 위험지각과 개인특성 간의 관계를 다룬 연구는 많지 않다. 혈액 공급에 대한 개인의 반응 차이를 보여주는 큰 그림을 통해 특정 집단의 사람들에게 효과적인 위험관리

---

[*] Reprinted from Finucane, M. L., Slovic, P. and Mertz, C. K.(2000) 'Public perception of the risk of blood transfu
-sion', *Transfusion*, vol 40, pp. 1017-1022.

방략이 무엇인지를 알게 될 것이다. 따라서 이 장에서는 미국에서 대규모 전화설문을 통해 수집된 데이터를 이용하여 개인특성이 수혈에 대한 위험지각과 어떤 관계에 있는지를 분석하려고 한다. 설문에서 수혈에 관한 질문은 환경과 건강 문제에 관한 광범위한 위험지각 평가의 일부이며, 여기서는 오직 수혈에 대한 위험지각과 관련된 방법론과 결과만을 제시한다.

연구 재료와 방법

설문 도구

이미지

설문 초반에 이미지 과제를 제시했다. 응답자들은 '수혈'이라는 단어에 대하여 연상되는 세 가지를 제시하라는 말을 들었다. 이 연구에서는 전화설문에 적합하게 설계된 연속적 연상법이 사용되었다. 이 방법에서 설문 진행자는 "첫 질문은 단어 연상입니다. '수혈'이라는 단어에 대해 잠시 생각해주시기 바랍니다. '수혈'이라는 단어를 들었을 때 가장 먼저 생각나는 단어나 떠오르는 이미지는 무엇입니까?"라고 묻는다. 첫 질문 뒤에 동일한 질문을 두 번 더 했다. 응답자들은 스스로 제시한 이미지에 대해 1(매우 긍정적), 2(긍정적), 3(보통), 4(부정적), 5(매우 부정적) 5점 척도로 자신의 감정을 평가하라는 말을 들었다. 이러한 평가 척도를 감정척도라고 한다.

표본 집단($n = 385$)의 3분의 1만이 수혈에 대한 이미지를 제시하라는 말을 들었다. 나머지 3분의 2는 다른 활동(쇠고기 섭취나 동물복제)에 대한 이미지를 제시하라는 말을 들었으나 이것은 연구와는 관련이 없다. (세 가지 활동 중 하나만 질문한 이유는 응답자들이 서로 다른 자극에 대한 연상을 혼동하지 않게 하기 위해서였다.)

위험지각

설문에는 수혈에 대한 위험지각을 측정하는 세 가지 항목이 포함되었다. 모든 응답자는 수혈이 (1) 당신과 당신의 가족 (2) 미국 국민 전체의 건강과 안전에 거의 위험을 초래하지 않는지, 다소 위험한지, 꽤 위험한지 혹은 매우 위험한지를 평가했다. 세 번째 항목은 "나는 미국에서 수혈이 안전하다고 믿는다"는 진술문에 강하게 반대하는지, 반대하는지, 동의하는지, 강하게 동의하는지에 응답하게 했다.

일반 위험지각 지표는 수혈을 제외한 18개 재해(예: 휴대전화, 비행, 살충제)에서 응답자의 평균 평가 점수로 산출되었다.

행동

응답자들의 행동 의도는 "만약 내가 입원을 하여 담당의가 수혈을 권한다면 나는 혈액은행으로부터 수혈을 받겠다"는 진술에 강하게 반대하는지, 반대하는지, 동의하는지, 강하게 동의하는지를 바탕으로 평가되었다. 또한 응답자는 수혈 경험 여부에 예 또는 아니요로 응답했다.

기타

마지막으로 모든 응답자에게 낙인, 세계관, 신뢰 그리고 인구통계 변수(성별, 인종 등)에 대한 일련의 질문을 했다.

통계적 유의도 판단을 위해 각 하위집단에서 나온 수치와 각 설문항목에서 나온 수치는 따로 분리하여 계산했다.

설문조사 실시

1997년 9월 27일부터 1998년 2월 3일까지 미국 내 18세 이상의 가구 구성원에 대한 무작위 계층 표본을 대상으로 전화 설문조사를 실시했다. 전체 응답률이 46.8%에 달하는 1,204개의 인터뷰 사례가 얻어졌다. 전화설문은 일반인을 표본으로 이루어졌으며 추가로 세 인종집단(아프리카계 미국인, 히스패닉, 아시아인)을 대상으로 이루어졌다. 설문 표본은 672명의 백인, 217명의 아프리카계 미국인, 180명의 히스패닉, 101명의 아시아인과 기타 인종 34명으로 구성되었다. 전화설문은 영어 또는 스페인어로 이루어졌다. 응답자의 평균 연령은 43.5세였으며 45%는 남자, 55%는 여자였다. 전체 표본과 추가 인종 표본은 1997년 미국 인구의 인종과 성별을 기준으로 가중치가 주어져서 결과적으로 861명의 응답자에 대한 가중 표본을 얻었다. 전체 설문 시간을 줄이기 위해 몇몇 항목은 표본의 절반에게만 제시했다(n = 426). 이러한 항목에는 미국 수혈이 안전하다는 진술문과 담당의사가 수혈을 권할 경우 수혈을 할 것인지 그리고 수혈 경험 여부에 대한 진술문이 포함되어 있다. 설문의 평균 소요시간은 약 35분이었다.

결과

이미지와 감정 평가

이미지 과제에서 '수혈'에 대한 1,060개의 연상이 수집되었다. 최대 1,155개의 이미지가 수집될 수 있지만(385명의 응답자가 각각 3개의 연상을 제시할 경우), 더 적은 수의 이미지가 수집된 이유는 몇몇 응답자가 하나 또는 두 개의 이미지를 제시하거나, 전혀 제시하지 않은 응답자도 있었기 때문이었다.

연상은 건강과 안전(n = 529), 기능적 사안(n = 299), 개인적 사안(n = 167) 그리고 기타(n = 65), 4개의 일반 범주로 분류되었다. 모든 일반 범주는 비슷한 의미라고 판단된 여러 개의 연상을 포함하는 하위범주를 만들었다. 예를 들어, '건강과 안전'에는 '질병', '혈우병', '자동차 사고', '출산', '누군가에게 필요한 혈액'이라는 연상을 포함하는 "수혈이 왜 필요한가?"라는 하위범주가 있었다(표 14.1).

건강과 안전에서 가장 큰 하위범주는 '에이즈 위험'이었으며 '에이즈 감염에 대한 두려움'과 같은 이미지가 포함되어 있었다. '에이즈 위험'이라는 하위범주는 감정 평가에서도 가장 높은

표 14.1 380명의 참여자에게서 나온 '수혈'과 연합된 이미지

이미지 범주	이미지 수	평균 감정 평가(*SD*)
건강과 안전	529	2.8 (1.2)
에이즈 위험	222	3.2 (1.3)
수혈이 필요한 이유는?	174	2.9 (1.0)
응급수혈의 긍정적인 결과	57	1.8 (0.6)
긴급성	41	1.8 (0.9)
안전과 위험에 대한 질문	35	3.0 (1.2)
기능적 사안	299	2.5 (0.9)
장비/장소/사람	183	2.6 (0.9)
관련된 과정의 종류	55	2.3 (0.9)
혈액의 물리적 특징	53	2.5 (0.8)
공급량	8	2.8 (1.2)
개인적 사안	167	2.0 (0.8)
수혈에 대한 보상	89	1.9 (0.6)
개인적 관련	34	1.8 (0.8)
정서	33	2.7 (1.2)
윤리	11	2.0 (0.8)
기타	65	2.9 (1.2)
일반	33	2.7 (0.9)
부정적	25	3.4 (1.2)
긍정적	7	1.4 (0.5)
전체 심상	1,060	
전체 평균		2.6 (0.8)

주 : 1(*매우 긍정적*), 2(*긍정적*), 3(*보통*), 4(*부정적*), 5(*매우 부정적*)

점수(3.2, SD = 1.3)를 기록했으며 이는 척도의 중간 점수(3.0)에 근접한 수치이다.

응답자 380명이 제시한 1,060개의 이미지에 대한 감정 평가의 평균값은 약간 긍정적이었다 (M = 2.6, SD = 0.8). 대다수의 이미지는 긍정적이거나 매우 긍정적이었으나(58.5%) 부정적이거나 매우 부정적(26.0%), 중립적(14.7%)인 경우도 상당한 비중을 차지했다.

위험지각

응답자의 거의 절반(46.6%, n = 401)이 자신과 가족의 수혈 그리고 미국 국민의 수혈에 대해 중간 혹은 높은 정도의 위험지각을 나타냈다(52.0%, n = 447).

"나는 미국에서의 수혈이 안전하다고 생각한다"는 진술문에 대다수(60.9%, n = 260)의 사람들이 동의하거나 강하게 동의했다. 그러나 강하게 반대하거나 반대하는 사람의 수도 상당했다(36.2%, n = 154). 진술문에 반대하는 사람들의 비율은 남자보다는 여자에서, 백인보다는 아프리카계 미국인과 히스패닉에서, 그리고 교육수준이 높은 집단보다는 낮은 집단에서 크게 나타났다(표 14.2).

일반 위험지각 지수는 혈액 공급의 안전성과 상관관계가 있었다. 일반 위험지각이 증가함에 따라 미국에서 혈액 공급의 위험을 더 높게 지각했다(r = 0.33, p < .001, n = 414).

표 14.2 혈액 안전과 수용 진술문에 동의하지 않거나 강력하게 동의하지 않은 성별, 인종, 교육 집단과 전체 응답자 비율

	미국 내 혈액 공급은 안전하다	입원하면 수혈을 받겠다
전체	36.2 (154)	33.3 (132)
응답자 집단		
성별		
여자	44.4* (89)	44.3* (88)
남자	29.1* (66)	23.6* (54)
인종		
아프리카계 미국인	62.7 (32)	43.6† (22)
히스패닉	49.0* (16)	44.7† (15)
백인	30.7* (100)	30.5† (100)
교육		
대학 미만	43.2* (130)	39.0* (117)
대학 학위	19.2* (24)	19.3* (24)

주 : 카이검증 유의수준 p < .01. †카이검증 결과 의미가 없었다.

행동

"만약 내가 입원을 하여 담당의가 수혈을 권한다면 나는 혈액은행으로부터 수혈을 받겠다"는 진술문에 대한 응답을 살펴보자. 대다수의 사람들(64.7%, n = 275)은 동의하거나 강하게 동의했으나 반대하거나 강하게 반대하는 사람들의 비율도 상당했다(33.3%, n = 132). 여기서도 역시 성별, 인종, 교육수준이 진술문에 반대하는 사람들의 비율과 관련이 있었다(표 14.2).

일반 위험지각 지수와 행동 의도가 상관이 있었다. 우리가 예상했던 바와 같이 일반 위험지각이 증가함에 따라 수혈은 수용할 수 없다고 반응했다(r = 0.30, p < .001, n = 418).

표본 집단의 18.8%(n = 80)는 수혈경험이 있었다. 수혈경험이 없고 자신과 가족에 대한 수혈의 위험이 높다고 평가한 사람들의 비율은 수혈경험이 있고 그 위험이 높다고 평가한 비율에 비해 높았다(16.2% 대 7.8%). 이와 비슷하게 국민에 대한 수혈 위험 역시 수혈경험이 있는 사람들보다 수혈경험이 없는 응답자들에게서 더 높게 나타났다(20.6% 대 11.1%).

낙인

개인과 국민의 수혈 위험지각은 응답자의 '다른 위험 상황에서 낙인에 대한 민감도'와 관련이 있었다. 예를 들어, 핵연료나 화학폐기물의 운반이 주변지역의 가정과 농작물에 나쁜 이미지를 만든다고 생각하는 사람일수록 수혈에 대한 위험지각이 컸다(표 14.3).

표 14.3 수혈에 대한 자신과 자신의 가족 그리고 국민의 위험을 중간 또는 높게 평가하고 낙인에 대한 진술문에 동의 또는 동의하지 않은 응답자 비율

진술문	수혈을 보통 또는 높은 위험으로 평가한 응답자 비율	
	자기와 가족	국민
핵연료와 화학폐기물 운반을 위한 기존 고속도로의 선정은 근처 주택가격을 낮춘다.		
동의함	50.0 (311)	56.4 (351)
동의하지 않음	36.9 (81)	38.0 (84)
방사능 폐기물이 농장을 통과하여 운반될 때 대중은 그 농작물을 받아들이기 어렵다.		
동의함	51.5 (227)	59.7 (243)
동의하지 않음	39.3 (144)	42.2 (154)

주 : 카이검증에서 모든 비율은 p < .01 수준에서 의미 있었다.

신뢰와 통제

수혈에 대한 위험지각은 위험한 활동에 대한 통제 의지와 전문가 의견에 대한 신뢰 수준과 관련이 있었다. 예를 들어, 원자력발전소가 안전하게 운영되지 않을 경우 발전소 인근 주민이 발전소 폐쇄를 두고 투표할 수 있어야 한다고 생각하는 응답자일수록 미국에서의 수혈이 안전하다는 진술문에 반대했다. 살충제 위험에 대한 전문가 의견의 신뢰 수준도 수혈의 위험지각과 관련있었다.

또한 현재 환경에 대한 통제와 위험지각 사이의 상관관계도 나타났다. 예를 들어, "나는 집안에 있을 때 화학 오염물질로부터 안전하다고 느낀다"는 진술문에 동의한 사람들 중에서 미국 내 수혈이 안전하다는 진술문에 반대하는 사람의 비율이 낮았다. 또한 "나는 종종 차별당한다고 느낀다"는 진술문에 동의한 사람들 중에는 미국 내 수혈이 안전하다는 진술문에 반대하는 비율이 높았다(표 14.4).

마지막으로, 세계관에 대한 항목과 위험지각 평가 사이의 흥미로운 관계가 관찰되었다(표 14.5). 예를 들어, "나는 내 건강과 관련된 위험에 대한 통제력이 적다"에 동의한 사람들(이는 운명주의 세계관을 의미한다)은 수혈이 나와 가족에게 중간 혹은 높은 정도의 위험을 야기한다고 평가했다. "이 세상은 보다 평등한 부의 분배가 이루어져야 한다"는 진술문(이는 평등주의

표 14.4 신뢰와 통제에 대한 진술문에 동의 또는 동의하지 않는 응답자와 미국의 혈액 공급이 안전하다는 진술문에 동의하지 않는 응답자의 비율

진술문	미국의 혈액 공급은 안전하다
원자력발전소 근처에 살고 있는 사람들은 발전소가 안전하게 작동하지 않는다는 생각이 들면 그것을 폐쇄하기 위한 투표를 할 수 있어야 한다.	
동의함	42.1 (137)
동의하지 않음	17.6 (16)
나는 살충제 위험을 안전하다고 말하는 전문가를 신뢰한다.	
동의함	27.7 (60)
동의하지 않음	46.0 (92)
나는 집 안의 화학오염물질로부터 안전하다고 생각한다.	
동의함	26.9 (71)
동의하지 않음	51.8 (83)
나는 차별대우를 받고 있다고 느낄 때가 자주 있다.	
동의함	51.4 (55)
동의하지 않음	30.9 (97)

주 : 모든 비율은 카이검증에서 $p < .01$ 수준에서 의미 있는 것으로 나타났다.

표 14.5 운명주의 그리고 평등주의 세계관에 관한 진술문에 동의하거나 동의하지 않은 응답자가 수혈이 자기와 가족에게 그리고 국민에게 보통 또는 높은 위험이라고 평가한 응답자 백분율(수)

진술문	수혈을 보통 또는 높은 위험으로 평가한 응답자 백분율(수)	
	자기와 가족	국민
운명주의 세계관 : 나는 내 건강에 관한 위험을 통제할 수 없다.		
동의함	54.2* (96)	64.2* (332)
동의하지 않음	44.7* (304)	48.8* (113)
평등주의 세계관 : 이 세상이 필요로 하는 것은 부의 더 평등한 분배이다.		
동의함	48.8† (281)	55.4† (318)
동의하지 않음	39.6† (102)	44.2† (113)

주 : 카이검증에서 $p < .01$ 수준에서 의미 있음. † 카이검증에서 $p < .05$ 수준에서 의미 있음.

세계관을 의미한다)에 동의한 사람들은 수혈이 나와 가족에게 야기하는 위험이 중간 혹은 높은 정도라고 판단하는 경향이 있다. 국민에 대한 위험에서도 비슷한 패턴이 발견되었다.

논의

사람들의 위험지각은 인지적, 감정적 요인과 개인특성을 비롯하여 다양한 요인의 영향을 받는다. 이 장에 소개된 자료에 따르면 수혈에 대한 사람들의 위험지각은 다른 재해에 대한 지각과 마찬가지로 복잡하다.

사람들은 수혈에 대해 무엇을 생각하고 느끼고 있는가? 상당히 많은 사람들이 미국에서 수혈이 안전하지 않으며 입원하면 수혈을 거부할 것이라고 응답했다. 유럽과 북미에서 수혈에 대한 실제 혹은 가상의 위험이 날로 커지고 있다는 우려가 우리의 연구에서 다시 한 번 확인되었다.

사람들은 수혈을 떠올릴 때 에이즈 바이러스 감염이나 에이즈를 떠올리고 있다는 것이 이미지 자료에서 드러났다. 이런 이미지가 유난히 많은 것은 아마도 수년 동안 뉴스에서 혈액 감염을 광범위하게 다루었기 때문이다. 우리 자료는 정책 입안자들과 규제자들에게 좋은 소식과 나쁜 소식을 전한다. 좋은 소식은 아직까지는 수혈에 대한 사람들의 위험지각과 그와 관련된 행동 의도가 아주 부정적이지는 않다는 것이다. 만약 그랬다면 이는 바로잡기가 어려웠을 것이다. 나쁜 소식은 낙인의 징후가 나타나고 있기 때문에 그 부정적인 효과가 커질 가능성이 있다는 것이다. 핵폐기물 저장소와 관련된 연상과 비슷하게 몇몇 사람들은 수혈에 대해 두려움, 혐오, 분노를 떠올리기도 했다. 수혈과 사람들의 연상 관계를 강화하는 사건이 발생할 경우 수혈 거부자가 상당히 증가할 것이다.

이 연구에서 나타난 이미지는 Slovic(1987)이 제시한 위험지각의 두 가지 차원을 보여준다. 한 차원은 재난의 파국성, 생명 위협 그리고 통제의 상실을 포함하는 두려운 위험이다. 다른 차원은 관찰 불가능하고, 알 수 없고, 새롭거나 그 영향력이 지연되는 잘 알지 못하는 위험이다. 특정 과학기술의 위험이 매우 두렵고 잘 알려지지 않은 경우 위험지각은 급증하고, 그 과학기술은 낙인이 찍히고 회피된다.

혈액과 혈액 성분 그리고 혈액 제품은 낙인화 가능성이 높다. 우선, 좋지 않은 혈액에 대한 두려운 위험을 생각해보자. 역사적으로 대중의 걱정은 1980년대 에이즈 바이러스 감염과 C형 간염의 혈액 감염으로부터 시작되었다. 이들 감염은 수그러들지 않고, 그 결과가 끔찍하고 치명적이기 때문에 사람들에게 파국을 뜻한다. 혈액과 관련된 위험은 비자발적이다. 수혈 수요자들이 수혈을 받지 않을 경우 죽음에 이르거나 심각한 건강상태에 이르게 되고, 그들은 선택의 여지가 거의 없기 때문이다. 게다가 환자가 스스로 헌혈을 하지 않는 이상 혈액의 출처는 통제하기 어렵다. 즉 혈액은 낯선 사람으로부터 공급되어 큰 '혈액은행'에서 저장되고 배분되는데 이 둘 모두 개별 환자의 통제 밖이다.

나쁜 혈액은 잘 알지 못하는 위험 요소도 내포하고 있다. 에이즈 바이러스와 C형 간염에 대한 과학적 지식이 여전히 불충분하다. 아직 백신이나 치료제도 발견되지 않았다. 또한 광범위한 캠페인에도 불구하고 상당수의 사람들이 여전히 바이러스의 전염 경로에 대해 무지하다. 나아가 이러한 바이러스 감염은 수혈 즉시 진단이 되지 않으며 그 영향력은 시간이 지난 후에야 나타난다. 당연히 이 위험은 비정상적이다. 혈액은 치명적인 바이러스가 아니라 생명의 묘약이어야 마땅하기 때문이다.

높은 낙인 민감도는 수혈에 대한 위험지각의 주요 요소 중 하나이다. 이 연구에서 핵연료와 화학적 폐기물 운반으로 인한 낙인 민감도는 수혈에 대한 개인의 위험지각과 관련이 있는 것으로 나타났다. 낙인은 되돌리기 어렵기 때문에 공동체 내에서 과학기술이나 제품에 대한 낙인 잠재성의 감시는 상당히 중요하다. 전문가들이 '과장된 위험'이라고 부르는 현상을 줄이기 위해 사람들에게 혈액 위험에 대한 정보를 제공하고 교육하는 것은 당연하다. 그러나 낙인은 강렬한 감정에 기반하고 있기 때문에 위험 정보의 양이 영향을 미칠 수 있는 범위가 제한적이다. 차라리 혈액의 질적 이익을 강조하는 것이 부정적 감정을 줄이는 데 도움이 될 것이다. 이익과 연상되는 긍정적 감정이 위험과 연합된 부정적 감정을 어느 정도 상쇄시킬 수 있기 때문이다.

수혈 위험지각에서 다른 결정 요인

개인 또는 국민에 대한 수혈 위험지각이 가장 높은 사람들은 여자와 유색인 남자, 교육 수준이 낮은, 그리고 수혈 경험이 없는 사람들이었다. 또한 신뢰 수준과 통제 수준이 낮을수록 위험을 더 높게 지각했다. 이는 핵연료와 살충제와 같은 다른 위험의 지각과 비슷하다. Flynn 등(1994)에 따르면 백인 남자는 누구보다 위험한 과학기술의 창출, 관리, 통제에서 주요 역할을 하고 있고, 또 이로부터 많은 이익을 취하기 때문에 상대적으로 낮은 위험지각을 보인다. 여자와 유색인 남자는 지위도 상대적으로 취약하고, 권력과 통제력도 약하고, 그리고 이익을 취하지도 못하기 때문에 위험지각이 높다는 것이다.

신뢰의 형성과 유지 역시 과소평가되어서는 안 될 것이다. 혈액 관리 기관들은 혈액 시스템에 대한 신뢰를 이미 오래전부터 인식하고 있었다. 그들은 오염된 혈액을 다루는 뉴스가 헌혈을 크게 줄일 것이라고 걱정한다. 그러나 나쁜 혈액은 누구보다도 수혈을 받는 사람들에게 중요한 문제이다. 이는 혈액 공급 시스템에 대한 정당한 신뢰와 통제 수립이 무엇보다 우선시되어야 함을 의미한다.

이와 더불어 세계관과 수혈 위험지각 사이의 상관관계가 무엇이 위험하고 어떻게 위험관리를 해야 할지에 대한 의견 차이를 만들어낸다는 것을 인식하고 있어야 한다. 사람들의 위험지각은 과학기술의 가치와 개인과 사회에 미치는 과학기술의 영향을 반영한다. 결과적으로 특정 위험관리 방략에 동의하는 것이 어려울 수 있다. 예를 들어, 종교적 신념으로 수혈을 거부하는 여호와의 증인들은 생명을 지키려는 의사에게 큰 문제이다(Vercillo & Duprey, 1988).

결론

위험지각은 대중의 수용 문제를 예측하고 관리하기 위해 점검되어야 한다. 무엇보다 이러한 문제를 예방하는 데 자원을 쓰는 것이 중요한데, 잠재적 우려를 사전에 막지 못한 결과 대중의 신뢰를 잃으면 상당한 비용을 초래하기 때문이다. 낙인의 증가 또는 신뢰의 감소는 혈액 공급 체계에 대한 통제력 지각, 잠재적 참사에 주목하기, 헌혈, 저장과 수혈에 대한 친숙성 등등에 영향을 미치는 방략에 의해 해결될 수 있다. 물론 이런 모든 방략은 성별, 인종 그리고 세계관과 같이 수혈 위험지각에 영향을 미치는 결정 요인들의 특성을 고려하여 수립되어야 한다.

15장

생명공학에 대한 전문가와
일반인의 위험지각

Lucia savadori, Stefania Savio, Eraldo Nicotra, Rino Rumiati,

Melissa L. Finucane & Paul Slovic[*]

서론

의약학뿐만 아니라 식품에서도 유전자변형 기술이 일반화되고 있는 현상은 대중을 걱정시키는데, 특히 유럽연합 15개 회원국에서 더욱 그렇다(Durant et al., 1998; Gaskell et al., 2000; Gaskell & Allum, 2001; Gaskell & Bauer, 2001). 대중이 생명공학을 반대하는 이유를 알아내기 위해 여러 위험지각 연구들이 미국과 유럽에서 수행되었다. 몇몇 초창기 연구들은 DNA 과학기술은 부정적인 결과가 나중에 나타나고, 관찰이 불가능하고, 잘 알려지지 않은 위험으로 지각되고 있음을 보여주었다(Slovic, 1987). 사람들의 마음속에 DNA 과학기술은 원자력, 방사능 폐기물, 전자기장, 화학물질과 비슷한 재해이다. 동물과 식물 유전자가 포함된 DNA 조작은 다른 식품 재해(식품오염 또는 식용색소)와 비교할 때 가장 덜 알려진 재해로 판단된다(Sparks & Shepherd, 1994; Fife-Schaw & Rowe, 1996).

생명공학과 그 응용에 관한 대중의 지각은 지식 부족 외에 또 다른 특징을 가진다. 생명공학 응용은 성질(식품응용 대 의약학 응용; Zechendorf, 1994; Sparks et al., 1995)과 특수성(동물 유전자 대 식물 유전자; Sparks et al., 1995; Frewer et al., 1997)에 따라 분류된다. 유전자변형 동물이 식품 분야보다 의학 분야에 응용될 때 대중의 수용 정도가 더 높다(Sparks et al., 1995).[1]

* Reprinted from Savadori, L., Savio, S., Nicotra, E., Rumiati, R., Finucane, M. and Slovic, P.(2004) 'Expert and public perception of risk from biotechnology', *Risk Analysis*, vol 24, pp. 1289–1299.

동물 유전자 응용은 식물 유전자 응용보다 더 위험하다고 평가된다(Sparks & Shepherd, 1994; Frewer et al., 1997). Frewer 등(1997)은 동물 유전자 응용에 대한 부정적인 태도와 윤리 차원(비도덕적, 부자연스러운, 비윤리적) 간의 정적 상관관계를 바탕으로 동물 유전자에 대한 사람들의 걱정이 윤리적인 측면에서 나온 것이라고 주장하였다. 이 장에서 우리는 식품과 의학적 응용 사이의 차이를 검토하여 동일한 생명체임에도 불구하고 맥락에 따라 위험이 어떻게 다르게 평가되는지를 이해한다.

Frewer 등(1997)의 연구에서 17개의 위험차원에서 얻어진 평가점수로 요인분석을 실시한 결과 두 개의 요인으로 생명공학 응용에 대한 사람들의 위험지각을 기술할 수 있었다. 전체 분산의 88%를 설명하고 있는 첫 번째 요인은 '거부 요인'이라고 명명되었으며, 그 응용이 개인적 반대, 걱정, 부정적 복지효과, 불평등, 자연 훼손, 비도덕적, 부자연스러운, 비윤리적, 해로운, 위험한, 이익이 없는, 유리하지 않은, 필요하지 않은, 비혁신적인, 중요하지 않은을 포함한다. 전체 분산의 9%를 설명하는 두 번째 요인은 '장기적인 효과' 차원으로, 의학적 응용은 이 요인에서 가장 끝에 있으며 농업 응용은 단기적인 효과를 가진다고 지각되었다.

위험지각에서 개인차

이 연구는 여러 차원(부록 참조)에서 전문가와 일반인의 판단을 검토하는데, 이들 중 어떤 차원은 다른 심리측정 연구에서 사용된 적이 있지만(Fischhoff et al., 1978) 손해와 이익 같은 몇몇 차원은 새롭게 추가되었다. 선행연구에서 생명공학 위험지각에서 중요한 요인으로 밝혀진 개인 지식과 과학 지식 특성도 포함되었다(Slovic, 1987; Sparks & Shepherd, 1994; Fife-Schaw & Rowe, 1996).

재해에 대한 반응이 모든 사람에게 똑같지 않다. 재해에 대한 과거 경험 또는 구체적 과학기술 지식과 같은 개인특성이 특정 차원의 중요성을 부각시키기도 하고 상이한 위험 판단이 일어나게 할 수 있다. 예를 들어, 위험을 판단할 때 대중은 때로 잠재적 파국성 또는 생생함에 의존하는 반면에 전문가는 관찰된 사망률 또는 기대 사망률에 더 많이 의존한다(Slovic et al., 1979; Flynn et al., 1993a; Kletz, 1996).

어떤 연구들에서는 전문가와 대중 사이에서 위험지각의 차이가 발견되었지만(Slovic et al., 1980, 1995; Slovic, 1987; Kraus et al., 1992; Flynn et al., 1993a; Savadori et al., 1998), 또 다른 연구들에서는 이런 차이가 나타나지 않았다(Wright et al., 2000). 이런 결과는 아마도 어떤 재해를 다루는가에 따라 달라지는 것 같다. 전문가와 비교하여 대중은 화학제품(Kraus et al., 1992; Slovic et al., 1995), 방사능 폐기물(Flynn et al., 1993a), 원자력, 경찰 업무(Slovic et al.,

1980; Slovic, 1987), 산악등반(Slovic et al., 1980), 전쟁무기, 의료관리 비효율성, 인종갈등, 의료장비 부족(Savadori et al., 1998), 스프레이 캔(Slovic, 1987)의 위험을 더 높게 지각한다. 또한 대중은 전기, 수술, 수영, X선(Slovic et al., 1980; Slovic, 1987), 잔디 깎는 기계, 스키 타기(Savadori et al., 1998), 자전거 타기(Slovic, 1987)의 위험을 전문가보다 더 낮게 지각한다. 석유와 가스 제품에 대한 위험지각은 전문가와 대중이 비슷하다(Wright et al., 2000).

최근에 출간된 전문가와 일반인의 위험 판단에 대한 9개의 연구를 분석한 결과 전문가와 일반인의 위험 판단의 차이를 설명하는 한 가지 요인을 결정하기에는 너무 많은 인구통계 변수들이 혼합되어 있었다(Rowe & Wright, 2001; Sjöberg, 2002). 이 연구는 생물학 분야의 대학교수, 박사, 석사로 구성된 전문가 집단과 생물학에서 어떤 특수 훈련도 받지 않은 비전문가 집단을 비교하였다. 전문가와 비전문가 집단은 남녀 수와 연령에서 비슷하였다.

정보 출처에 대한 신뢰

신뢰는 많은 양의 정보가 포함된 의사결정을 간단하게 해주고 불확실성을 수용할 만한 수준으로 줄여준다. 소비자의 식품 선택을 예로 들어보면, 소비자는 브랜드, 기업, 소매업자에게 가지는 신뢰를 기반으로 제품을 선택한다. 이런 이유 때문에 한 활동에 대해 아는 것이 적을수록 의사결정에서 타인에 대한 의존이 증가하고 결과적으로 위험 판단은 신뢰의 문제가 된다. 생명공학에 대한 위험지각은 신뢰와 부적 상관관계가 있고 이익지각은 신뢰와 정적 상관관계가 있다(Siegrist, 1999, 2000; Siegrist & Cvetkovich, 2000; Sjöberg, 2001). 또 신뢰는 유전공학의 수용과 간접적으로 관련된다(Siegrist, 1999). 더욱이 한 활동에 대한 지식이 감소하면 위험지각과 신뢰 간의 관계는 더 강해진다(Siegrist & Cvetkovich, 2000).

대중과 정부(전문가) 사이의 협상과정에서 신뢰의 중요성이 자주 언급된다(Slovic et al., 1991a; Flynn et al., 1993a). 신뢰는 위험 소통보다는 갈등해결에 더 중요하다고 알려져 있다(Slovic, 1993). 그러나 신뢰는 깨지기 쉽다. 신뢰는 서서히 형성되고 한 번에 파괴될 수 있다. 신뢰를 두고 벌이는 경기는 공평하지 않다. 사람들은 너무 쉽게 불신으로 기울어진다(Slovic, 1993). 부정적인 사건(신뢰를 파괴하는)은 긍정적인 사건(신뢰를 형성하는)보다 더 쉽게 눈에 띈다. 실제로 사람들은 긍정적인 연구 결과보다 부정적인 연구 결과를 더 많이 신뢰하는데, 이런 효과는 정보 출처의 신뢰성과는 독립된다(Siegrist, 2000). 연구의 긍정적 결과와 부정적 결과 사이의 비대칭은 좋은 사건과 나쁜 사건을 다루는 미디어 뉴스에서도 발견된다(Lichtenberg & MacLean, 1992).

유럽 17개국에서 수행한 조사에 따르면 "농장에서 재배하는 유전자 재조합 농작물(GMO)

의 진실을 말한다"라는 진술문에서 대중의 낮은 신뢰 수준을 발견하였다(Gaskell et al., 1999). 유럽 정부는 영국의 광우병 소고기, 벨기에와 네덜란드의 유제품과 가금류의 오염에 대해 잘 못된 정보를 제공하였던 과거의 잘못에 대한 대가를 치른 셈이다. 대중의 의견은 과학기술에 대한 반응으로 그치는 것이 아니라 생물공학의 발달을 제한할 정도로 영향력이 있다(Durant et al., 1998).

신뢰는 전체적인 재해 관리 절차와 관련이 있거나, 정보의 출처에만 한정될 수 있다. 여기 서는 '출처의 신뢰성'을 다루는데, 우리가 연구하는 것은 정보의 신뢰도이다. 선행연구에 따르 면, 식품 관련 재해에 대해 사람들이 가장 신뢰하는 정보 출처는 신문과 TV이고, 다음으로 의 학적 출처, 정부, 친구, 기업, 잡지와 라디오, 대학교수, 소비자협회 순인 것으로 드러났다. 그 런데 동일한 연구에서 응답자들에게 가장 신뢰하지 않는 출처를 선택하라고 했을 때는 신문과 TV가 신뢰하지 않는 출처로 지목되기도 하였다(Frewer et al., 1996). 정보 출처의 높은 신뢰성 은 위험지각과 부적 상관관계에 있는 것으로 나타났다(Jungermann et al., 1996).

이 연구는 다양한 정보 출처가 다양한 응용과 연합하여 어느 정도의 신뢰를 얻고 있는지를 알아보기 위해 생명공학 응용에 대한 출처 신뢰성을 연구하였다. 이것은 대중과의 소통에서 중요한 주제이다. 또한 위험지각과 특수 생명공학 응용에 대한 출처 신뢰성 사이의 관계를 검 증하였다. 위에 기술한 연구들을 기초로 위험지각이 출처 신뢰성과 부적 상관관계를 보일 것 으로 기대하였다.

방법

표본

전문가 58명과 비전문가 58명으로 구성된 총 116명이 연구에 참여하였다. 전문가는 이탈리아 대학교의 생물학 박사과정생과 대학교수로 구성되었으며, 남자가 22명, 여자가 36명이고, 평균 연령은 30.7세($SD = 8.74$)였다. 비전문가는 생물학 분야에서 특별한 훈련을 받은 적이 없는 사 람들로 구성되었으며, 남자가 22명, 여자가 36명이고, 평균연령은 29.7세($SD = 8.57$)였다.

남자와 여자의 비율과 연령이 비슷하도록 두 집단을 구성하였다. 교육 수준은 통제하지 않 았다. 전문가 집단은 최고 수준의 교육을 받은 사람들이었고, 비전문가 집단은 섞여 있었다(생 물학이 아닌 다른 분야에서 교육 수준이 높은 사람도 소수 있었지만, 대부분의 교육 수준은 그 렇게 높지 않았다). 비전문가 집단의 교육 수준을 다양하게 하여 일반 대중을 대표할 수 있도록 하였다. 전문가 집단은 대학교수와 박사과정생들에게 연구에 참여해줄 것을 요청하여 구성되었다. 일반인은 같은 도시에 사는 보통 사람들로 이루어졌다.

연구 재료와 절차

생명공학을 응용한 7개 실험 재료가 사용되었다. 모든 자극은 이탈리아어로 제시되었다. 4개는 식품관련 응용으로, 식물 유전자로 DNA가 조작된 채소 섭취(식품/GMO 식물), 동물 유전자로 DNA가 조작된 채소 섭취(식품/GMO 동물), 다른 식물의 유전자로 DNA가 조작된 환경식물 도입(식물/GMO 식물), 동물 유전자로 DNA가 조작된 환경식물 도입(식물/GMO 동물)이었다. 3개는 의약학 응용으로, 미생물 복제를 통해 얻어진 의학물질 사용(의학물질/GMO), 인간세포 복제로 만들어진 장기 이식(의학 이식/GMO 인간), 실험실에서 조작된 DNA를 가진 동물 장기를 이식에 사용하기(의학 이식/GMO 동물)였다. 그 밖에도 식품 위험에 관한 2개의 중립 항목(살충제와 유기농 식품)이 포함되었다. 중립 항목은 척도상에서 개인의 판단이 너무 이질적이 되지 않도록 하고 두 집단의 척도 사용이 과소 또는 과장되지 않도록 하는 데 도움이 된다.

참여자들에게 각 응용이 불특정 개인에게 얼마나 위험한지를 물었다(다음에 제시되는 응용은 사람들에게 얼마나 위험하다고 생각하는가?). 참여자들은 0~100척도에서 평가하였는데, 0은 전혀 위험하지 않고 100은 매우 위험하다는 의미이다. 각 응용은 16개의 위험특성 차원에서 1~11척도에서 평가되었다.

정보 출처에 대한 신뢰를 검증하기 위해 우리는 각 응용의 출처가 제공하는 정보의 신뢰 정도를 평가하게 하였다. 응답자는 1~11척도(1 = 전혀 신뢰롭지 않은 그리고 11 = 매우 신뢰로운)를 사용하였다. 다음에 나온 4개의 정보 출처가 선정되었다.

1. 국가와 유럽 공동체 정치 조직(의회, 정부, 유럽위원회)
2. 연구기관(국립연구기관, 이탈리아 사회투자연구원, 국립영양협회)
3. 제품생산자협회와 무역협회
4. 환경단체

따라서 '식품/GMO 식물'과 첫 번째 정보 출처가 결합된 질문은 다음과 같았다. '식물 유전자를 가지고 DNA가 조작된 채소 섭취와 관련된 위험 정보가 국가와 유럽 공동체 정치 조직(의회, 정부, 유럽 공동체)에 의해 제공될 때 당신은 이 정보를 어느 정도 신뢰할 수 있습니까?'

결과

생명공학 위험지각에서 전문가-대중 차이를 예측하는 요인

식품과 식물 관련 재해는 '식품응용'이라는 이름으로 전체 평균값이 산출되었고, 의학응용 관련 재해는 '의학응용'으로 전체 평균값을 산출하였다. 이 절차는 위험에 대한 개인 판단과 16개 차원 판단에서 모두 사용되었다. 이 작업은 두 가지 목적을 가지고 있다. 위험 판단이 식품응용 대 의학응용에서 다르다는 예측을 검증하고 전문가와 대중의 위험지각을 예측하는 요인을 연구하기 위해 생명공학 응용을 적은 수의 변수로 줄일 필요가 있었다. 이렇게 하여 식품응용과 관련된 17개의 새로운 변수가 얻어졌고 의학응용과 관련된 17개의 새로운 변수가 얻어졌다.

116(참여자) × 16(차원) 행렬에서 식품응용과 의학응용 분야에서 성분 요인분석[2]을 시행하였다. 요인분석은 전문가와 대중을 포함한 전체 참여자에게서 나온 점수를 기반으로 이루어졌고 하위집단의 평균 요인점수가 비교되었다. 표 15.1과 표 15.2는 식품응용과 의학응용

표 15.1 생명공학 식품응용에서 16차원의 회전요인 행렬

	요인 1 해롭고 두려운 응용(31.4%)	요인 2 유용한 응용 (21.2%)	요인 3 과학 지식 (10.2%)	요인 4 새로운 응용 (9.1%)
개인 노출	**0.865**	−0.074	−0.161	−0.007
환경에 해로운	**0.800**	−0.385	−0.104	0.137
집단 노출	**0.793**	−0.128	−0.039	−0.105
사람에게 해로운	**0.780**	−0.327	−0.145	0.262
차세대에게 위험한	**0.775**	−0.205	−0.039	0.320
심각한 부정적 결과	**0.682**	−0.362	−0.255	0.175
두려운	**0.670**	−0.376	−0.143	0.327
자발적 노출	**−0.540**	0.221	0.321	−0.150
수용가능한 위험	−0.221	**0.839**	0.101	−0.008
사람에게 이익	−0.309	**0.790**	0.153	−0.170
개인적 이익	−0.252	**0.774**	0.203	−0.250
환경적 이익	−0.424	**0.704**	0.086	0.031
정확한 개인 지식	0.059	**0.470**	0.199	−0.462
관찰가능한 손상	−0.098	0.108	**0.838**	−0.296
정확한 과학 지식	−0.306	0.290	**0.740**	0.168
새로운 위험	0.320	−0.090	−0.053	**0.824**

에서 베리맥스 회전 후에 얻어진 요인점수를 보여준다. 요인분석의 목적은 16차원의 수를 줄이고, 요인에서 전문가와 대중의 차이를 검증하고, 위험 추정에서 요인의 설명력을 검증하는 데 있다.

식품응용의 분석 결과 전체 변량의 71.88%를 설명하는 4개의 요인이 추출되었다. 우리는 요인 수를 제한하지 않았다. 첫 번째 요인은 개인과 집단 노출, 사람과 환경에 해로운, 부정적 결과, 차세대에 위험, 두려움과 비자발적인 위험 같은 차원이 포함되어 있었기 때문에 '해롭고 두려운 응용'이라고 명명하였다. 두 번째 요인은 '유용한 응용'이라고 명명하였는데, 이 요인에 이익, 위험수용 그리고 응용지식이 포함되어 있었기 때문이다. 세 번째 요인은 과학 지식과 손상의 관찰가능성 차원 때문에 '과학 지식'이라고 불렀다. 네 번째 요인은 '새로운' 차원으로만 이루어져 있어서 '새로운 응용'이라고 명명하였다.

의학용용에서는 전체 변량의 69.9%를 설명하는 5개의 요인이 추출되었다. 요인의 수를 제한하지 않았다. 첫 번째 요인은 '유용하고 해롭지 않은 응용'이라고 불렀는데 사람에게 이익,

표 15.2 생명공학 의학응용에서 차원의 회전요인 행렬

	요인 1 유용하고 해롭지 않은 응용 (21.8%)	요인 2 위험노출 (18.1%)	요인 3 새롭고 잘 모르는 위험 (12.4%)	요인 4 환경에 잠재적 손상 (8.9%)	요인 5 관찰가능한 자발적 위험 (8.6%)
사람에게 이익	**0.852**	−0.227	−0.143	0.042	0.209
수용가능한 위험	**0.798**	−0.107	−0.025	0.026	−0.074
개인적 이익	**0.761**	0.082	−0.118	0.377	0.138
두려운	**−0.631**	0.380	0.427	−0.046	−0.057
환경에 해로운	**−0.596**	0.518	0.181	0.306	−0.046
사람에게 해로운	**−0.566**	0.547	0.342	−0.074	−0.116
개인 노출	−0.073	**0.857**	0.051	0.113	−0.170
집단 노출	−0.130	**0.842**	−0.135	−0.073	−0.082
차세대에 위험	−0.513	**0.626**	−0.318	−0.013	−0.118
새로운 위험	−0.161	−0.117	**0.750**	0.036	−0.078
개인 지식	0.079	−0.086	**−0.679**	0.095	−0.086
정확한 과학 지식	0.224	−0.178	**−0.501**	0.036	0.442
환경에 이익	0.040	0.130	0.020	**0.872**	0.028
심각한 부정적 결과	−0.248	0.321	0.387	**−0.583**	0.181
관찰가능한 손상	0.008	−0.090	−0.082	−0.117	**0.868**
자발적 노출	0.207	−0.308	0.271	0.220	**0.487**

개인적 이익, 수용가능한 위험, 사람과 환경에 낮은 위험, 두렵지 않은 위험 차원이 이 요인에 포함되어 있었기 때문이다. 두 번째 요인은 개인노출, 집단노출, 차세대가 포함되어서 '위험 노출'이라고 명명하였다. 세 번째 요인은 '새롭고 잘 모르는'이라고 불렸는데, 개인 지식과 과학 지식 그리고 새로운 위험이 이 요인에 포함되었기 때문이다. 네 번째 요인은 환경에 해를 주는 잠재적인 부정적 결과와 관련이 있어서 '환경에 해로운'이라고 불렀다. 마지막 요인은 위험이 관찰할 수 있고 자발적인지를 포함하고 있어서 '관찰가능한 자발적 위험'이라고 불렀다.

두 분석에서 얻어진 요인점수를 종속변수로, 그리고 전문성(전문가 대 대중)을 독립변수로 다중분산분석(ANOVA)을 실시하였다. 전문성 요인은 의미 있었다 : $F(9, 104) = 8.31$, $p = 0.00001$. 식품응용의 경우 전문가는 '해롭고 두려운 응용' 요인에서 대중보다 위험을 더 낮게 평가하였다($M = -0.19$ 대 $M=0.18$) : $F(1, 112) = 4.23$, $p = 0.042$. 전문가는 '유용한 응용'에서도 대중보다 의미 있게 더 높은 점수를 기록하였다($M = 0.46$ 대 $M = -0.44$) : $F(1, 112) = 28.95$, $p = 0.00001$. 이 차이는 대중보다 전문가가 식품응용을 더 유용하고, 덜 위험하다고 생각한다는 우리의 예측과 일치한다. 의학응용의 분석 결과, 대중과 비교하여 전문가는 '유용하고 해롭지 않은 응용'에서 더 높게 평가하고($M = 0.29$ 대 $M = -0.28$) : $F(1, 112) = 10.52$, $p = 0.002$, '새롭고 잘 모르는' 요인에서는 더 낮은 평가를 하였다($M = -0.42$ 대 $M = 0.41$) : $F(1, 112) = 23.37$, $p = 0.0001$. 전문가와 비교하여 대중은 식품과 의학응용 모두를 해롭고 이익은 적다고 생각했다. 대중은 의학응용에 내재된 위험을 더 새롭고, 사람들이 잘 모르고 있고, 과학적으로도 밝혀지지 않았다고 생각한다. 다른 차이는 의미가 없었다.

두 집단의 식품응용과 의학응용에 대하여 회귀분석을 실시하였다. 요인점수를 독립변수로, 그리고 평균 위험 판단을 종속변수로 하는 완전 선형 회귀분석이 사용되었다.

식품응용에서 전문가의 입장을 회귀분석한 결과 처음 두 요인이 분산의 44%를 설명하였고 이는 의미 있는 것으로 드러났다 : '해롭고 두려운 위험'($\beta = 0.57$, $p = 0.0001$), '유용한 응용'($\beta = -0.25$, $p = 0.02$). 전문가는 식품응용이 해롭고, 두렵고, 유용하지 않다고 판단될 때 위험을 높게 판단하였다. 대중의 경우에는 변량의 30%를 설명했으며 4요인 모두 의미 있었다 : '해롭고 두려운 위험'($\beta = 0.54$, $p = 0.0001$), '유용한 응용'($\beta = -0.57$, $p = 0.0001$), '과학 지식'($\beta = -0.41$, $p = 0.001$), '새로운 위험'($\beta = -0.27$, $p = 0.031$). 대중은 식품응용이 해롭고, 두렵고, 유용하지 않고, 새롭고, 과학적으로 잘 모른다고 판단될 때 식품응용 위험을 높게 판단하였다. 전문가와 비교하여 대중의 식품응용과 관련된 위험지각 범위는 더 크고(더 많은 수의 요인들을 기초하여 볼 때), 이를 설명하는 분산은 더 작다.

의학응용에서 전문가의 입장을 회귀분석한 결과 처음 세 요인이 분산의 37%를 설명하고 있었고 이는 의미 있었다. '유용하고 해가 없는 응용'($\beta = -0.36$, $p = 0.002$), '위험노출'($\beta = 0.45$, $p = 0.0001$), '새롭고 잘 모르는 위험'($\beta = 0.37$, $p = 0.001$). 전문가는 응용이 유용하지 않고 해가 있다고 생각하고, 자신과 다른 사람들(차세대 포함)이 위험에 노출되고, 새롭고 잘 모르는 위험이라고 생각하면 의학응용에서 나오는 위험을 높게 평가하였다. 대중에게 동일한 분석을 실시한 결과, 단 하나의 요인이 분산의 45%를 설명하였고 이는 의미 있었다 : '해롭고 두려운 응용'($\beta = 0.70$, $p = 0.00001$). 대중은 위험이 유용하지 않고 해롭다고 생각할 때만 위험을 높게 평가하였다. 식품응용과 반대로 의학응용에 대한 대중의 지각은 소수요인에 의해 결정되고 뚜렷한 특징을 보이고 위험지각을 설명하는 분산도 더 크다. 의학응용에 대한 전문가의 위험지각은 더 폭넓고 식품 위험에서보다 설명되는 분산도 더 작다.

전체적으로 동일한 요인들이 두 집단에서 서로 다른 설명력을 가지고 있다. 과학 지식과 새로움은 식품응용에서 오는 위험지각을 더 잘 예측하였다. 다시 말해서, 식품과 연합된 위험을 판단할 때 대중은 잠재적 해로움과 잠재적 이익에만 관심을 가지는 것이 아니라 과학이 얼마나 이 위험을 잘 알고 있고 제품이 얼마나 친숙한지에도 관심을 가지고 있다. 다른 한편으로 과학 지식과 위험에 노출된 사람의 수와 유형은 의학응용 위험에 대한 전문가의 위험지각을 예측하는 데 더 중요하게 작용한다. 예를 들어, 인간 GMO가 포함된 이식과 관련된 위험을 판단할 때, 일반 대중은 이 응용이 얼마나 유용한지 그리고 얼마나 해로운지에 관심이 있지만, 전문가는 응용을 도입하였을 때 영향을 받는 사람들의 수와 과학이 이 응용에 대해 얼마나 알고 있는지에도 관심을 가진다.

식품응용과 의학응용에서 전문성과 위험

생명공학 응용의 위험 평가에서 전문가와 대중의 차이를 검증하기 위해 9개의 응용에 대해 0~100점 척도에서 얻어진 위험 판단을 종속변수로, 전문성(전문가 대 대중)을 독립변수로 하여 다중분산분석(ANOVA)을 실시하였다. 전문성 요인은 의미 있었다 : $F_{(9, 91)} = 8.07$, $p = 0.0001$. 또한 대중과 비교하여 전문가는 7개의 생명공학 응용에서 의미 있게 더 낮은 위험지각을 보였다(모든 항목의 F값이 의미 있었다). 전문가와 대중의 평가가 비슷한 두 항목은 살충제와 유기농 식품, 두 중립 항목이었다(그림 15.1).

식품응용이 의학응용보다 더 위험하다고 지각되는지를 알아보기 위해 2(전문성 : 전문가 대 대중) × 2(응용 종류 : 식품 대 의학) ANOVA를 실시하였다. 응용 종류 효과는 의미 있었고 : $F_{(1, 112)} = 27.70$, $p = 0.001$, 전문성 효과도 의미 있었지만 : $F_{(1, 112)} = 44.59$, $p = 0.001$, 이 두 요인 사이의 상호작용은 없었다 : $F < 1$. 대중은 전문가보다 두 응용 모두에서 위험을 더 높

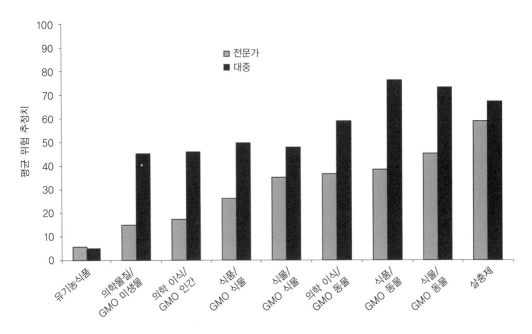

그림 15.1 전문가와 대중의 생명공학 응용에 대한 평균 위험 판단

게 지각하고 있어서 우리의 가설이 지지되었다. 두 집단은 의학응용보다 식품응용을 더 위험하다고 판단하였다.

식품응용과 의학응용 평균 위험 판단 차이가 위험지각의 질적 차이로 설명될 수 있는지를 검증하기 위해 위험 요인점수를 공변량으로, 그리고 전문성을 독립변수로 공분산분석을 하였다. 식품응용과 의학응용에 대한 공분산분석을 따로 수행하였다. 4개 요인 모두 공변량으로 식품 생명공학 응용 위험 추정치에 의미 있는 효과를 보였다(5.0에서 45.8까지 Fs). 그러나 전문가와 일반인의 차이는 여전히 의미 있었다 : $F(1, 107) = 5.95$, $p = 0.016$. 의학응용에서는 처음 세 요인만이 공변량으로 의미 있었다(7.2에서 53.9까지 Fs). 이 경우에도 전문가와 일반인의 차이는 의미 있었다 : $F(1, 107) = 7.47$, $p = 0.007$. 이 결과는 우리가 사용한 차원이 전문가와 일반인의 차이를 만들지만 이를 완벽하게 설명하지 못한다는 것을 가리킨다.

우리는 또한 '사람에게 이익'(식품과 의학응용 관련되어 있는 이익)을 공변량으로 하여 평균 위험 판단에 대한 2(전문성 : 전문가 대 대중) × 2(응용 종류 : 식품 대 의학) 공분산분석을 수행하였다. 결과는 의미 있는 공변 효과를 보였으며 : $F(1, 110) = 5.39$, $p = 0.022$, $F(1, 110) = 22.77$, $p = 0.001$, 이는 식품과 의학응용 사이의 의미 있는 효과를 제거하였으나 : $F(1, 110) = 3.04$, $p = 0.084$, 전문성의 의미 있는 효과는 제거하지 않았다 : $F(1, 110) = 14.85$, $p = 0.001$. 이 결과에 따르면, 식품과 의학응용 사이의 위험지각 차이는 이익의 차이로 설명될 수 있다.

그러나 전문성은 이익과 상관없이 위험 평가에서 중요하였다.

정보 출처의 신뢰

4개의 정보 출처에 대한 평균 신뢰 점수가 전문가와 대중에게서 각각 얻어졌다. 평균 신뢰 점수로 2(전문성) × 2(정보 출처) ANOVA를 실시하였다. 전문성 효과는 의미가 없었다 : $F(1, 101)$ = 2.13, p = 0.147. 그러나 출처 효과는 의미 있었다 : $F(3, 303)$ = 53.49, p = 0.001. 출처와 전문성 사이의 상호작용 효과는 의미 있었다 : $F(3, 303)$ = 15.41, p = 0.001. 연구기관과 환경단체가 제공하는 정보에 대한 신뢰가 가장 높았고(M = 6.46과 M = 5.85) 그다음으로는 정치 조직이었으며(M = 4.24) 기업이 제공하는 정보에 대한 신뢰가 가장 낮았다(M = 3.23). 연구기관과 환경단체 사이의 차이를 제외하고 출처들 사이의 차이는 의미 있었다. 전문가와 대중의 신뢰는 모든 출처에서 비슷하였지만 환경단체에서는 달랐는데, 전문가보다 대중이 환경단체에서 나오는 정보를 더 많이 신뢰하였다(M = 4.58과 M = 7.42) : $F(1, 101)$ = 26.20, p = 0.001.

위험 판단과 정보 출처에 대한 신뢰 사이의 상관계수를 전문가와 대중에게서 각각 산출하였다. 우리는 사람들이 생명공학 응용의 위험을 알려주는 출처가 제공하는 정보를 신뢰하면 위험을 낮게 지각할 것이라고 예측하였다. 즉 부적 상관관계를 기대하였다. 상관관계가 약하기는 하였지만 부적이어서 우리의 예측은 선행연구들과도 일치하였다. 식품/GMO 식물에 대한 위험 판단은 전문가(r = −0.41, $p < .01$)와 대중(r = −0.30, $p < .05$)에서 연구기관에 대한 신뢰와 부적 상관을 보였고, 전문가는 생산기업에 대한 신뢰와 부적 상관을 보였다(r = −0.29, $p <$ .05). 위험 판단과 정적 상관은 식품/GMO 식물(r = 0.29, $p < .05$)과 식품/GMO 동물(r = 0.26, $p < .05$), 환경단체가 제공하는 정보에 대한 신뢰에서만 발견되었지만 이것은 전문가에게서만 나타났다.

이익 – 해로움 상관관계에서 전문가 – 대중 차이

표 15.3과 표 15.4는 두 집단에서 각 응용이 사람과 환경에 미치는 해로움 차원과 이익 사이의 상관계수와 평균을 보여준다. 해로움과 이익은 전문가와 대중 모두에서 부적 상관관계에 있었다. 그러나 전문가는 생명공학이 이익은 많고 사람에 끼치는 해는 적은 것으로 지각하는 반면에 대중은 낮은 이익과 높은 해를 준다고 생각하였다. 한 가지 예외는 의학응용이 사람과 환경에 미치는 이익과 해로움에서 나타나고 있는데 전문가와 대중 모두 위험을 낮게 평가하였고 그 결과 정적 상관관계(전문가) 또는 낮은 상관관계(대중)가 발견되었다. Fisher r-to-z 변환을 사용하여 얻은 값으로 두 독립집단의 상관계수 쌍들 간의 차이가 의미 있는지를 검증하였다. 8개의

표 15.3 전문가와 대중의 이익과 해로움 판단

	전문가				대중			
	사람에 이익	사람에 해로움	환경에 이익	환경에 해로움	사람에 이익	사람에 해로움	환경에 이익	환경에 해로움
식품/GMO 식물	6.86 .	5.48	4.30	5.79	5.41	6.40	3.79	7.14
식품/GMO 동물	6.02	6.20	3.73	6.71	3.74	8.19	2.66	8.17
식물/GMO 식물	6.96	5.29	5.14	6.30	5.26	6.67	4.00	7.46
식물/GMO 동물	6.29	6.45	4.09	7.11	3.33	6.19	2.60	8.43
의학물질/GMO 미생물	8.61	4.39	4.13	4.18	6.43	5.64	3.89	5.41
의학 이식/GMO 인간	8.50	3.82	3.51	3.30	7.55	5.57	4.22	4.81
의학 이식/GMO 동물	7.86	5.11	3.51	3.72	6.05	6.21	3.77	5.28
살충제	4.53	8.71	2.26	9.18	3.61	8.72	2.26	9.24
유기농식품	8.05	3.00	8.80	2.66	9.47	2.49	9.80	2.69

표 15.4 전문가와 대중의 이익과 해로움 간의 상관관계

	사람에 이익/해로움			환경에 이익/해로움		
	전문가	대중	차이 (z값)	전문가	대중	차이 (z값)
식품/GMO 식물	−0.639**	−0.166	−03.06***	−0.354**	−0.375**	n.s.
식품/GMO 동물	−0.743**	−0.251	−03.62***	−0.547**	−0.506**	n.s.
식물/GMO 식물	−0.294*	−0.427**	n.s.	−0.639**	−0.498**	n.s.
식물/GMO 동물	−0.604**	−0.320**	−1.89*	−0.695**	−0.484**	−1.70
의학물질/GMO 미생물	−0.693**	−0.360**	−2.48**	0.193	0.258	n.s.
의학 이식/GMO 인간	−0.556**	−0.544**	n.s.	0.372**	−0.011	−2.11*
의학 이식/GMO 동물	−0.328*	−0.497**	n.s.	0.442**	−0.204	3.54**
살충제	−0.415**	−0.661**	−1.72*	−0.512**	−0.587**	n.s.
유기농식품	−0.628**	−0.582**	n.s.	−0.654**	−0.642**	n.s.

주 : * = $p < .05$, ** = $p < .01$, *** = $p < .001$

상관계수 쌍이 서로 의미 있는 차이가 있는 것으로 나타났다.

논의

생명공학과 응용의 16차원에 대한 연구에서 4요인(식품 분야)과 5요인(의학 분야)이 분산의 대부분을 설명하는 것으로 나타났다. 식품응용과 의학응용 모두에서 발견된 요인들이 비슷하였는데, 해로움과 이익, 노출된 사람 수, 과학 지식, 생명공학이 새로운 위험이라는 사실, 환경에 주는 잠재적 해로움, 결과가 자발적이거나 관찰가능한 정도와 관련이 있었다. 연구에서 사용한 다양한 차원은 요인분석 결과에 영향을 미쳤다. Frewer 등(1997)이 발견한 '거부 요인'은 우리의 연구에서 독립 요인으로 분리되었다. 윤리 차원은 사용하지 않았기 때문에 윤리 요인은 발견되지 않았다.

우리는 전문가와 대중 사이의 지각 차이와 유사성을 관찰할 수 있었다. 위험지각에서 차이는 양적 및 질적 모두에서 발견되었다. 관련 결과는 다음과 같다.

- 대중과 비교하여 전문가의 위험지각은 전체 7개의 생명공학 응용에서 의미 있게 더 낮았다.
- 두 집단은 의학응용보다 식품응용의 위험을 더 높게 지각하였고, 이는 선행연구와 일치한다(Frewer et al., 1997).
- 대중과 비교하여 전문가는 식품응용의 위험을 더 낮게 지각하고 더 유용하다고 본다.
- 대중과 비교하여 전문가는 의학응용을 덜 해롭고, 더 유용하고, 과학적으로 많이 알려져 있고, 새롭지 않다고 지각한다.
- 식품에 응용한 생명공학 위험을 추정할 때 대중은 잠재적 해로움과 이익에 대해서만 생각하는 것이 아니라 이것이 과학적으로 얼마나 밝혀졌는지 얼마나 새로운지에 대해서도 생각하는 반면에 전문가는 얼마나 해롭고 이익인지에 대해서만 생각한다.
- 의학에 적용한 생명공학 위험을 추정할 때 대중은 얼마나 유용하고 해로운지를 생각하는 반면에 전문가는 응용의 도입으로 얼마나 많은 사람들이 영향을 받을지 그리고 과학이 이 기술에 대해 얼마나 알고 있는지도 생각한다.

다른 재해에서 발견된 것과 같이, 전문가와 대중의 위험지각은 차이가 있다(Slovic et al., 1980; Kraus et al., 1992; Flynn et al., 1993a; Slovic et al., 1995; Savadori et al., 1998). 그러나 전문가와 비전문가의 차이는 재해 종류에 따라 영향을 받는다. 생명공학과 같은 새로운 과학기술 위험은 이런 유형의 위험에 대한 특수 지식 때문에 전문성 요인에 특히 민감할 수 있다. 위험지각 수준에서 집단 간 차이가 지각된 위험의 질에서 분산에 의해 설명될 수 있는지를 검증한 결과에 따르면 우리 연구에서 사용한 차원이 전문가와 대중의 차이를 완벽하게 설명하지 못하였다. 이 연구에서 다루지 않은 다른 요인(예 : 윤리 요인)이 두 집단의 차이를 설명할 수 있는지도 모른다.

생명공학 응용에 대한 정보의 소통과 관련하여 우리의 연구 결과는 생명공학 응용에 대한 대중의 위험지각이 이익 정보를 제공받으면 감소될 수 있음을 시사한다. 다른 한편으로는 생명공학 위험에 대한 전문가의 위험지각이 해로운 효과와 부정적인 결과에 대한 정보의 제공으로 증가될 수 있다. 두 경우 모두 전문가와 대중이 생명공학에 대하여 느끼는 감정적 의미로 정보가 전달되어야 한다.

정보 출처에 대한 신뢰 평가는 우리가 예측한 대로 나타났다. 연구기관과 환경단체가 제공하는 정보를 가장 많이 신뢰하였고 그다음으로는 정치 조직이었으며, 기업이 제공하는 정보에 대한 신뢰는 가장 낮았다. 그러나 정보 출처에 대한 신뢰와 위험지각 사이의 낮은 상관관계는 놀랍다. 이런 낮은 상관관계는 우리가 사용한 신뢰 측정 방식으로 설명될 수 있을 것이다(우리는 위험관리에서 신뢰가 아니라 출처가 제공하는 정보의 신뢰성을 사용하였다).

전문가와 대중 모두에게 응용에서 해로움과 이익 사이의 부적 상관관계를 보인 결과는 사람들이 일반적인 감정에 따라 판단한다는 생각을 지지하게 한다. 사람들의 느낌이 긍정적이면, 그들은 응용의 위험을 낮게 이익은 높게 지각한다. 만일 느낌이 부정적이면 이 판단은 반대로 될 것이다. 이런 감정추단이 생명공학의 판단에서 관찰되는 부적 상관관계를 만들어낸다. 흥미롭게도 몇몇 부적 상관계수는 대중보다 전문가에게서 유의미하게 더 높았다. 이 결과에 대한 한 가지 설명은 대중과 비교하여 전문가가 해로움과 이익을 판단할 때 감정에 더 많이 의존한다는 것이다. 그러나 전문가는 더 많은 과학기술 지식을 가지고 있기 때문에 이들이 감정에 더 많이 의존한다는 것은 기대하기 어렵다. 더 그럴듯한 설명은 이 연구에서 다루어진 응용의 위험과 이익이 부적으로 연관되어 있다는 것이다. 이익은 생명을 구하거나 건강을 증진시키는 것이고 위험은 생명을 잃거나 건강에 해가 되는 것이다. 전문가는 이것을 잘 알고 있고 따라서 더 강한 부적 상관관계를 보인 것이다. 더욱이 생명공학 응용의 이익과 해로움에 대한 대중의 판단은 신뢰하기 어려워서 더 작은 역상관관계로 나타났다.

마지막으로 두 집단 모두가 큰 가중치를 주었던 두려움 차원에 대하여 살펴보자. 두려움은 재해를 생각할 때 일어나는 정서 반응이다. 여러 연구와 이론들이 판단과 결정에서 감정의 직접적인 역할(인지에 의해 매개되지 않는)을 다루고 있다(Alhakami & Slovic, 1994; Finucane et al., 2000a; Loewenstein et al., 2001). 우리의 자료는 이런 이론을 지지하고 생명공학 응용에서 나온 위험이 전문가와 대중 모두에서 두려운 감정 반응과 관련이 있다는 것을 보여준다.

부록 : 위험 차원

1. 두려움 : 이 응용이 당신을 얼마나 두렵게 만듭니까? (1 = 전혀, 11 = 매우)

2. 새로운 : 이 위험은 당신에게 친숙합니까? 아니면 새로운 위험입니까? (1 = 아주 오래된, 11 = 아주 새로운)

3. 자발적 노출 : 위험에 대한 자발적인 노출 정도는 얼마나 된다고 생각합니까? (1 = 비자발적인 노출, 11 = 자발적인 노출)

4. 개인 노출 : 이 응용에서 나오는 잠재적 위험에 당신 스스로 노출될 가능성이 얼마나 된다고 생각합니까? (1 = 전혀 노출되지 않는다, 11 = 전적으로 노출된다)

5. 집단 노출 : 세계 인구 중 얼마나 많은 사람들이 이 위험에 노출되어 있다고 생각합니까? (1 = 매우 소수, 11 = 다수)

6. 손상의 관찰 가능성 : 이 응용에 의해 일어나는 잠재적 손상이 관찰할 수 있는 정도가 얼마나 된다고 생각합니까? (1 = 전혀 관찰할 수 없다, 11 = 확실히 관찰할 수 있다)

7. 심각한 부정적 결과 : 이 응용의 잠재적인 부정적 결과는 얼마나 심각하다고 봅니까?(1 = 전혀 심각하지 않은, 11 = 매우 심각한)

8. 차세대에게 위험한 : 이 응용은 후속 세대에게 얼마나 위험하다고 생각합니까? (1 = 매우 낮은 위험, 11 = 매우 큰 위험)

9. 정확한 개인 지식 : 이 응용과 연합된 위험에 대한 당신의 지식은 얼마나 정확합니까? (1 = 전혀 정확하지 않다, 11 = 매우 정확하다)

10. 정확한 과학 지식 : 이 응용과 연합된 위험에 대한 과학적 지식은 어느 정도라고 생각합니까? (1 = 확실히 낮은, 11 = 매우 높은)

11. 인간에게 이익 : 인간은 이 응용으로부터 얼마나 많은 이익을 얻고 있습니까? (1 = 전혀 이익이 없는, 11 = 매우 이익이 높은)

12. 개인적 이익 : 당신은 이 응용으로부터 얼마나 많은 이익을 얻고 있습니까? (1 = 전혀 아니다, 11 = 많은)

13. 환경에 이익 : 이 응용은 환경에 얼마나 이익이 되고 있습니까? (1 = 전혀 아니다, 11 = 많은)

14. 인간에 유해한 : 이 응용은 인간에게 얼마나 많은 해를 끼칩니까? (1 = 전혀 아니다, 11 = 매우 많은)

15. 환경에 유해한 : 이 응용은 환경에 얼마나 많은 해를 끼칩니까? (1 = 전혀 아니다, 11 = 매우 많은)

16. 수용가능한 위험 : 이 응용과 연합된 위험을 어느 정도 수용할 수 있다고 생각합니까?

 (1 = 전혀 수용할 수 없는, 11 = 확실히 수용할 수 있는)

✠

1. 식품 관련 응용은 보통 농작물 씨앗에 DNA 조작을 가한다. 목적은 식물의 페스트 저항력을 증가시키고 열매가 특수한 특징을 지니게 하기 위함이다. 의학/약학 관련 응용은 인슐린과 같은 치료물질을 생산하기 위하여 소형 유기체에 DNA 조작을 가하고, 사람의 세포 복제 또는 다른 동물의 조직을 사용해서 조직 이식의 가능성을 연구한다.
2. 주요 성분 분석(PCA)이 주요 요인 분석(PFA)보다 선호되는 이유는 전자의 경우 분석에서 각 항목의 변화 모두가 사용되지만 후자의 경우 다른 항목과 공동된 변화만을 다루기 때문이다. 우리는 자료를 축소할 때 PCA를 쓰고, PFA는 구조 탐지를 위한 분석에 쓴다.

처방약의 위험 : 전국적 조사 결과

Paul Slovic, Ellen Peters, John Grana, Susan Berger & Gretchen S. Dieck[*]

서론

위험지각에 관한 지식은 개인과 사회가 일상적 위험을 다루는 방식을 이해하는 데 중요하다. 의약품의 위험과 이익에 대한 인식은 환자의 치료법 선택, 치료계획 준수, 부작용을 유발하는 약물, 부작용의 수용성, 정부의 약물규제에 대한 태도에 영향을 줄 수 있다. 위험지각을 제대로 이해하는 것은 환자나 일반인에게 더 나은 의사소통 자료를 설계하고, 궁극적으로는 의약품을 안전하고 효과적으로 사용하기 위한 전제조건이다.

스웨덴과 캐나다에서는 1987~1991년에 걸쳐 전국적 조사를 통해 처방약에 관한 일반인의 태도와 지각을 검토하였다(Slovic et al., 1989, 1991b). 우리 조사는 미국 거주자를 대상으로 선행연구를 반복, 확장시킨 것이다. 선행연구와 우리 연구의 목적은 다음과 같았다.

여러 처방약 사용에 관해 일반인이 갖는 위험과 이익지각을 정확하게 정량적으로 기술한다.

- 여러 활동(예 : 운전, 흡연)과 과학기술(예 : 항공여행, 농약), 기타 의료기술(예 : X선, 수술)의 넓은 맥락에서 처방약에 대한 위험지각 상황을 확인한다.
- 새로운 약품 문제와 논쟁을 감시하고, 시간의 흐름에 따라 태도와 지각이 변하는 추세를 살펴보기 위한 기저선 자료를 제공한다.

[*] Reprinted from Slovic, P., Peters, E., Grana, J., Berger, S. and Dieck, G. S.(2007) 'Risk perception of prescription drugs: Results of a national survey', *Drug Information Journal*, vol 41, no 1, pp. 81-100. Copyright © 2007 Drug Information Association. Reprinted with permission.

- 환자에게 의약품의 위험과 이익을 더 효과적으로 알리는 방법을 더 잘 이해시키는 자료를 제공한다.

과거 10년간 약품 제조와 배송에서 과학과 과학기술 영역뿐 아니라 사회정치적 영역에서도 많은 변화가 있었다. 우리 조사는 이러한 변화를 고려하여 약품에 관한 대중의 입장을 검토하였다. 선행연구는 미국 이외의 지역에서 수행되었다는 점에 주목할 필요가 있다. 우리 조사는 스웨덴과 캐나다 연구와 비교할 미국인 자료를 제공한다.

조사의 설계와 실시

조사에서 다양한 내용과 방법론이 다루어졌다. 처음에 '처방약'이라는 용어에 대한 연상검사를 실시하였다. 그다음으로 태도와 지각에 관해 일반 질문, 개인의 의약품 사용에 관한 질문을 제시하였다. 그런 다음 평가과제를 주어 위험, 이익, 그리고 선행연구에서 중요하다고 발견된 다른 속성들에 관해 정량적 판단을 하게 하였다. 추가로 신뢰, 낙인, 세계관, 그리고 인구통계 특성을 물었다. 조사는 지식 네트워크 회사가 수행하였으며 미국을 대표하는 응답자 표본을 대상으로 인터넷 환경에서 사용할 수 있는 질문을 통해 이루어졌다.

조사 설계
1부 : '처방약'에 대한 단어 연상
첫 과제는 응답자가 화면에 6회 제시되는 '처방약'이라는 단어를 읽고, 단어를 읽을 때마다 마음에 떠오르는 첫 번째 생각이나 연상을 자판으로 쳐서 입력하는 것이었다. Szalay와 Deese(1978)가 선보인 이 기법은 연속적 연상법이라고 부르는데, 다양한 개념에 대하여 사람들의 심적 표상과 연합된 이미지나 의미를 잘 포착한다. 6개의 연상단어를 입력한 후, 응답자는 각 단어를 매우 부정적, 부정적, 중립적, 긍정적, 또는 매우 긍정적 중에서 하나로 평가하였다.

2부 : 일반 태도 질문
조사의 두 번째 부문은 일반 조사로서, 태도, 지각, 의견을 묻는 질문에 답하는 것이었다. 질문 내용은 다음과 같았다.

- 과거 20년 전과 비교했을 때 오늘날 위험에 대한 지각
- 부작용을 지각한 빈도

- 정부 규제기관, 제약회사, 의사, 약사, 병원, 환자, 약품의 안전과 효과를 보장하는 환자의 건강계획 등등의 수행 적절성
- 응답자가 개인적으로 경험한 약의 부작용
- 부작용의 원인
- 약품 논란을 기술한 일련의 글을 읽은 후 의견

3부 : 제품 사용

그다음 의약품 사용에 관한 개인적 경험을 물었다. 현재 사용하는 약품이 있는지 혹은 목록에 나온 23개 의약품을 사용해본 적이 있는지를 물었다. 목록에는 백신, 변비약, 항생제, 암 화학요법, 우울증 치료제 등이 포함되었다.

4부 : 심리측정 설문지

과거 20년간 표준 검사문항들은 위험지각에 관한 많은 정량연구들(심리측정 패러다임으로 알려진)에 의해 보충되어 왔다(Slovic et al., 1985; Slovic, 1987). 이 패러다임 안에서 사람들은 다양한 재해의 상대적 위험을 정량적으로 평가한다. 그다음에 위험지각은 재해의 다른 속성들, 예를 들면, 위험에 노출된 사람들에게 알려진 정도 또는 사고가 발생했을 때 예상되는 심각성에 대한 정량평가와 통계적으로 관련된다.

이 조사연구에서 응답자는 53개 항목의 위험을 정량평가하였다. 32개의 의약품(31개의 제품과 '처방약'이라는 일반 용어), 8가지 의료절차, 검사 또는 기구, 13가지 비의학 항목. 여기서 비의학 항목은 의료와 의약품을 비교하는 폭넓은 맥락을 위해 제시되었다. 의약품은 중요성, 친숙성, 다양성을 포함한 여러 기준에 맞추어 신중하게 선정되었다. 의약품 중 4가지는 처방전 없이 살 수 있었다(변비약, 아스피린, 생약, 비타민).

53개 항목 각각은 위험지각의 선행연구(Slovic, 1987)에서 중요하다고 발견된 것과 비슷한 5가지 위험 특성에서 평가되었다. 응답자들은 각 항목의 위험과 이익, 사건이 발생했을 때 해로움의 심각성, 위험에 노출된 사람들에게 알려진 정도, 그리고 만약 문제가 생긴다면 이 항목에 관한 심각한 문제가 문제 발생 이전에 생각했던 것보다도 이 항목의 위험이 더 크다는 것을 신호하는 경고가 될 수 있는지 정도를 평가했다. 5가지 특성에 대한 평가척도가 표 16.2에 나타나 있다. 조사의 길이 때문에 응답자 중 60%의 무작위 표본은 53개 항목을 위험과 이익 척도에서 평가하였다. 나머지 40%는 다른 세 척도 중 하나만 평가하도록 무선 할당되었다.

표 16.1   4부에서 연구된 위험 항목

1. 의약품

우울증 치료제	알츠하이머병 치료제*
발기부전 약(비아그라)*	불안증 치료제*
간질 치료제*	니코틴 대체(패치)*
천연두 예방접종*	항생제
골다공증 치료제*	경구 피임약
수면제	생약
에이즈 치료제	변비약
관절염 치료제*	여드름 치료제*
천식 치료제*	암 화학요법
궤양 치료제*	생명공학 약품
에스트로겐 대체(HRT) †	보톡스 주사*
비(非)스테로이드계 소염제*	아스피린
인슐린	콜레스테롤 치료제*
비타민제	처방약 †
다이어트 약*	혈압 치료제
백신	알러지 치료제*

2. 의료절차, 검사, 기구

자궁내 피임기구(IUD)	심장수술	의료용 X선
자기공명영상 촬영술(MRI 스캔)*	유방조영술*	맹장수술
전립선 진단검사*	침술	

3. 비의학 위험

휴대전화*	원자력발전소	농약
담배 흡연	가정용 전기청소기	인공감미료
고지방 식품*	식품첨가물	유전자 변형 식품*
자동차	알코올	커피*
항공 여행		

주 : * 표시는 스웨덴 조사와 캐나다 조사에 포함되지 않은 항목

† 표시는 캐나다 조사에는 포함되었으나 스웨덴 조사에는 포함되지 않은 항목

5부 : 추가 질문

조사에서 다음 질문들이 이어졌다.

- 과학자들이 처방약, 처방전 없이 구매할 수 있는 약, 비타민, 생약의 위험과 이익을 이해하는 정도

표 16.2 53개 항목에 대한 평가척도

노출된 사람에게 위험

이 항목에 노출된 사람이 개인적으로 해를 입을 위험은 어느 정도라고 생각하십니까?

(1 = *위험하지 않다*, 7 = *매우 위험하다*)

이익

일반적으로 이 항목이 얼마나 유익하다고 생각하십니까?

(1 = *전혀 유익하지 않다*, 7 = *매우 유익하다*)

해로움의 심각성

이 항목을 포함한 사건이 발생하면 그 개인에게 미칠 해로움이 경미하다고 생각하십니까 아니면 심각하다고 생각하십니까?

(1 = *매우 경미하게 해롭다*, 7 = *매우 심각하게 해롭다*)

노출된 사람들의 지식

이 항목과 관련된 위험이 위험에 노출된 사람들에게 얼마나 정확하게 알려져 있다고 여기십니까?

(1 = *위험수준이 알려져 있지 않다*, 7 = *위험수준이 정확하게 알려져 있다*)

경고 신호

이 항목과 관련된 문제가 사람들에게 심각한 해로움을 준다는 것을 듣거나 읽었을 때, 문제가 발생하기 이전에 생각한 것보다 이 항목의 위험성이 더 크다는 것을 신호해주는 경고로서 이 사건이 어느 정도 작용할 것으로 생각하십니까?

(1 = *경고 신호가 아니다*, 7 = *매우 강한 경고 신호이다*)

- 의사, 약사, 병원, 제약회사, 미국식품의약청(FDA), 환자가 처방약의 현재 위험을 감소시킬 수 있는 정도
- 의사, 약사, 병원, 제약회사, 미국식품의약청(FDA), 환자가 처방약의 안전을 취급할 수 있다고 신뢰하는 정도

6부 : 인구통계 특성

조사는 응답자의 연령, 성별, 건강 상태, 담배 흡연, 직업, 교육, 수입, 건강 의식, 약 사용을 포함하는 인구통계 질문으로 마무리되었다.

조사 실시

의사결정 연구소를 대행하여 지식 네트워크 회사가 전체 미국인을 대표하는 온라인 연구 패널을 대상으로 인터넷 조사를 진행하였다. 2003년 5월 21일부터 2003년 6월 11일까지 2,900명의 패널이 참가하였고, 추가로 65세 이상 430명, 아프리카계 미국인 160명, 히스패닉 160명이 포함되었다. 표본을 무선적으로 3 대 2의 비율로 나누어 긴 설문지와 짧은 설문지를 실시하였다. 긴 설문지의 경우 15달러를, 짧은 설문지의 경우 10달러를 지급하였다. 긴 설문지와 짧은 설문

지를 수행하는 데 걸린 시간의 중앙치는 각각 41분과 36분이었다.

총 2,071명에 대한 조사를 끝냈고 응답률은 71%였다. 하위집단 응답률은 히스패닉 58.2%부터 65세 이상 응답자 88.9%에 이른다. 2,071명의 응답자 중에서 15명은 응답하지 않은 문항의 비율이 33% 이상이었으므로 제외하였다. 또한 55명은 심리척도 항목에서 변화 없이 일정한 답을 하여 최종분석에서 제외되었다. 따라서 2,001명의 응답자가 분석에 사용되었다.

연구 결과에 대한 적절한 맥락을 제공하기 위해, 조사가 수행된 시점을 밝히자면 아동에게 항우울제를 사용하는 것뿐 아니라 바이옥스(Vioxx™, 미국 머크 제약회사가 개발한 진통소염제로서 심각한 부작용이 발견되어 2004년 9월 바이옥스의 전 세계적인 취하와 자진회수가 발표되었다_역주)와 다른 소염제의 사용에 관한 잠재적 안전성 우려를 다루어 세간의 이목을 집중시킨 언론보도가 있기 전이었다는 점을 언급하는 것이 중요하다. 이러한 사건들이 발생한 후에 조사가 수행되었더라면 연구 결과는 아마 달랐을 것이다. 예를 들어, 부정적 언론보도 후에 연구가 수행되었더라면 이 조사에서 관찰된 것보다 소염제와 항우울제(아마 다른 약 범주에 대해서도)에 대한 위험을 더 높게 그리고 이익은 낮게 지각하였을 것이다.

결과

표본 특성

응답자의 52%는 여자였고, 그들의 연령범위는 18~94세였으며 평균 연령은 46세였다. 전체 표본의 73%는 백인이었고, 아프리카계 미국인과 히스패닉은 각각 11%였다. 표본의 약 절반(52%)은 어느 정도 대학교육을 받은 사람이었다. 거의 3/4(73%)은 대도시에 거주하였다. 전체 표본을 분석하기 위해 지식 네트워크사에서 4가지 가중치를 부여하였다. 성별, 연령, 인종, 교육 수준과 지역에 따라 가중치가 달라졌다. 각 가중치를 표본이나 하위표본에 적용시켰다.

응답자 대부분은 자신의 건강상태가 뛰어나게 좋다(10.9%), 매우 좋다(31.4%), 좋다(40.2%)고 응답하였으며, 나머지는 보통이다(13.8%), 좋지 않다(3.2%)고 답하였다. 현재 몇 가지 처방약을 복용하는지를 질문하였을 때, 44.6%는 약을 복용하지 않는다고 답하였고, 14.9%는 세 가지 이상 규칙적으로 복용한다고 답하였다.

응답자에게 질병에 대해 질문하였다. 11가지 질병 목록을 제시하였다. 응답자의 절반은 자신에게 해당되는 것이 없다고 답하였다. 가장 흔한 질병은 고혈압으로서 22.8%가 그렇다고 답하였다. 그다음은 고(高)콜레스테롤 17.9%, 관절염 14.6%였다. 응답자의 24%는 두 가지 이상의 질병을 보고하였다.

제품 사용

응답자의 2/3(68.8%) 이상이 현재 처방약을 사용하거나 과거에 사용했다고 답하였다. 항생제의 경우 62.6%가 사용한 적이 있었다. 그 밖에 응답자의 절반 이상이 사용한 의약품은 없었다. 백신은 44.3%, 알러지 약은 33.6%가 사용하였다. 가장 덜 빈번하게 사용한 제품은 생명공학 약품, 에이즈 치료제, 알츠하이머 치료제였으며, 사용자는 1% 미만이었다.

처방약에 대한 이미지

자극 단어인 '처방약'에 대해 8,000여 개 연상단어가 나왔다. 주요 연상단어 유형이 빈도순으로 표 16.3에 제시되었다. 각 연상범주에 대한 평균 평가 점수도 제시되었다. 평가는 매우 부정적은 −2점, 부정적은 −1점, 중립적은 0점, 긍정적은 1점, 매우 긍정적은 2점이었다. 비용에 대한 우려가 가장 많이 나타났으며, 그다음으로 질병의 유형이나 질병 상태(예 : 아픔, 고통)가 보고되었다. 강한 긍정적 이미지(도움이 되는/필요한/유익한)는 459건(5.2%)이었다. 다른 긍정적 심상은 회복, 치유, 치료가 236건(2.7%)이었다. 강한 부정적 이미지는 여러 형태로 나타났는데, 하나는 뒷맛이 나쁨, 성가심, 분노와 회피 같은 일반적 거부와 관련이 있었고(187건 반응, 2.1%), 다른 것은 안전에 대한 우려(152건, 1.7%), 또 다른 것은 부작용에 관한 것이었다(148건, 1.7%). 이 결과는, 비용에 대한 우려를 제외하고는, 스웨덴과 캐나다 연구 결과와 비슷했다. 미국 표본에서는 비용이 단연코 가장 빈번한 연상단어(응답의 약 20%)로 나타났으나, 캐나다에서는 약 10%(3위)에 불과하였고, 스웨덴에서는 겨우 1% 미만(18위)이었다.

비용에 관한 부정적 연상단어는 이미지 감정 평가에서 낮은 점수(−0.8)로 나타났는데 이것은 다른 부정적 연상단어에 대한 점수와 유사하다. 남용과 중독은 각각 −1.2, −1.1이었으며, 사망은 −1.0이었고 일반적 부정은 −0.8이었다. 가장 부정적인 이미지 감정 평가는 이윤/대기업(−1.3)에 대한 것이었으며, 줄 서서 기다리기(−1.2), 남용(−1.2) 순이었다. 가장 긍정적인 이미지 감정 평가는 회복/치유/치료(1.4)에 관한 것이었으며, 도움이 되는/필요한/유익한(1.1) 순이었다. 전체 45개의 연상단어 범주에서 부정적이거나 긍정적인 감정이 두드러지게 우세한 것은 없었다. 24개 범주에 대한 평균 감정 평정은 0점(중립적)보다 컸으며, 21개 범주는 0점 이하였다.

현재와 과거의 위험

응답자에게 각 유형의 항목에 대해서 오늘날의 위험이 과거 20년 전보다 더 커졌는지, 더 작

표 16.3 '처방약'에 대한 연상단어

순위	연상범주	빈도	평균 감정
1	비용, 값, 돈, 경비에 대한 우려	1,446	-0.8
2	질병의 상태/유형, 건강하지 않은, 고통	818	-0.4
3	처방약의 정의	676	0.9
4	의사, 병원 등	649	0.5
5	알약/약품/약 – 구체적 명칭 없음	609	0.5
6	조제실/약국	575	0.5
7	도움이 되는/유익한/필요한	459	1.1
8	기타(일반)	378	0.2
9	약 이름(즉 바륨, 알레그라 등)	333	0.7
10	약 종류(예 : 항생제, 비타민, 일반의약품)	241	0.7
11	회복, 치유, 치료	236	1.4
12	의료혜택, 건강보험, 처방책	230	0.1
13	처방전	191	0.3
14	일반적 거부(뒷맛이 나쁨, 성가심, 분노, 회피)	187	-0.8
15	안전 우려, 위험한, 약간의 위험, 골칫거리, 조심해서 다루어야 함	152	-0.1
16	부작용	148	-0.7
17	건강	136	0.9
18	이윤, 대기업	125	-1.3
19	복제약품	117	0.6
20	과다복용, 과소비, 남용, 과잉처방	91	-0.8
21	연세 드신	82	-0.3
22	약이 정말 필요한가/도움이 되는가	82	0.5
23	중독, 의존성	72	-1.1
24	믿을 만한, 보증	71	0.9
25	공동 부담	64	-0.1
26	불필요한/가치 없는	62	-0.6
27	병원	59	-0.2
28	산업, 연구, 회사	52	0.4
29	의료보험/혜택 결여	49	-0.7
30	줄 서서 기다리기	46	-1.2
31	정치	45	-0.6
32	캐나다/멕시코/통신판매제도	44	0.6
33	가족, 어린이, 친구	40	0.2
34	알러지, 반응	40	-0.7
35	약병, 통, 상자	36	0.3
36	오용	31	-1.2
37	TV 광고/광고방송	27	-0.8
38	사망	24	-1.0
39	약복용을 기억하기	23	0.0
40	효과적인	19	0.8
41	경고	17	0.8
42	'약'(즉 물약, 시럽)	14	0.6
43	화학약품	12	-0.9
44	자연적, 생약	11	0.6
45	연구가 더 필요/약에 대한 정보	7	-0.1

주 : 심상 감정코드 : -2 = 매우 부정적, 0 = 중립적, 2 = 매우 긍정적

아졌는지, 동일하다고 여기는지를 질문하였다. 응답자의 67~68%는 오늘날 화학약품과 암의 위험이 더 커졌다고 응답했다. 그 밖에 '위험이 더 커졌다'는 응답은 심장병(64%), 지구온난화(57%), 에이즈나 사스(SARS, 중증 급성 호흡기 증후군)를 제외한 감염성 질병(54%), 식품(54%), 건강 문제(52%), 이동방법(51%), 식수의 질(48%), 에너지원(43%)에 대해서였다. 목록의 끝부분에 처방약 오류(42%), 처방약(37%)이 위치하였다. 스웨덴 연구와 다른 주목할 만한 변화는 감염성 질병의 위험이 더 커졌다는 응답률이다. 1988년에는 스웨덴 응답자의 30%가 과거 20년 전보다 더 위험하다고 하였으나, 이 조사에서 미국 응답자의 54%가 그렇다고 응답했다. 이 결과는 매체에서 주요 문제로서 보도하는 에이즈의 출현과 최근 널리 퍼진 질병(조류독감, 돼지독감, 사스, 에볼라, 탄저병)에 대한 인식 때문일 것이다.

약의 효능과 부작용

약의 효능과 부작용의 빈도, 심각성, 원인을 물었다. 다양한 의료집단이 처방약을 안전하고 효과적이 되도록 보장한다고 생각하는지를 물었는데, 약사가 가장 높은 점수를 받았으며(73%가 매우 좋다 또는 좋다), 그다음 약간의 거리를 두고 의사(58%), 병원(54%), 연방규제기관(52%), 환자(46%), 제약회사(42%) 순이었다. 그림 16.1에서 나타났듯이, 단지 24%의 응답자만이 환자의 건강계획에 대해 매우 좋다 또는 좋다로 응답하였다. 각 집단에 대해 '매우 좋다'는 응답 백

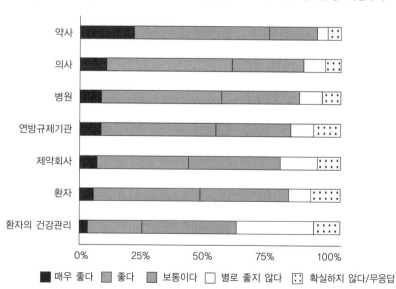

각 직업군이 처방약을 안전하고 효과적이 되도록 보장한다고 생각하는 정도를 평가하십시오.

그림 16.1 안전성과 효과에 대한 보장 : 의료집단에 대한 확신

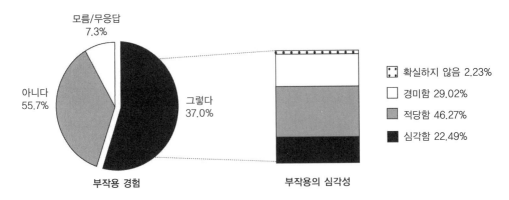

그림 16.2 과거 5년간 경험한 부작용

분율이 작았던 것은 일반인의 마음속에 이 문제에 관해, 특히 환자의 건강관리에 관해 개선의 여지가 있다는 것을 시사한다. 이 결과는 스웨덴 연구에서 약사가 가장 높은 점수를 받고(70% 가 매우 좋다 또는 좋다), 그다음으로 의사(56%), 연방규제기관(5%), 제약회사(40%)로 나타난 것과 비슷한 결과이다.

처방한 의도대로 약의 효능이 환자에게 얼마나 자주 나타났는지를 질문했을 때, 응답자의 대다수(83%)는 항상, 매우 자주, 또는 자주라고 응답하였다. 그러나 환자가 원치 않는 효과나

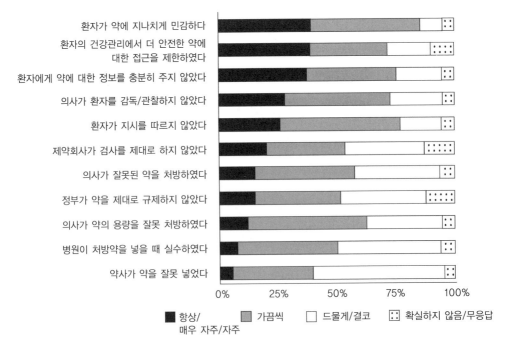

그림 16.3 부작용의 원인 : 촉구 반응

부작용을 얼마나 자주 겪었는지 질문하자 41%가 항상, 매우 자주, 또는 자주라고 응답하였다. 과거 5년간 처방약 때문에 개인적으로 부작용을 경험한 적이 있느냐는 질문에 37%가 그렇다고 응답하였다(그림 16.2 참조). 그중에서 22.5%는 부작용이 심각하다고 응답하였고, 46.3%는 적당하다, 29%는 경미하다고 보고하였다.

응답자에게 부작용의 원인이 될 만한 11개 요인의 빈도를 표시하도록 했다. 결과는 그림 16.3에 나타나 있는데, 환자의 민감성이 가장 빈번한 원인(39%가 항상, 매우 자주 또는 자주)으로 지각되었다. 근소한 차이가 나는 그다음 원인으로는 환자의 건강계획에서 더 안전한 약에 대한 접근을 제약한다는 것이었고(38%가 항상, 매우 자주, 또는 자주), 환자에게 약에 대한 정보를 충분히 주지 않았다는 것(37%)이었다. 덜 빈번하게 지적된 원인으로는 의사가 환자를 부적절하게 감독/관찰하였다(27%), 환자가 지시를 따르지 않았다(25%), 제약회사가 건강과 안전성 검사를 실시하지 않았다(19%)는 것이었다. 약사와 병원의 실수는 가장 일어나지 않을 것 같은 원인이었다(각각 5%와 7%).

약품 관련 위기 시나리오

응답자에게 다음의 가상 시나리오를 제시하고 약품과 사용자의 치사율 사이에 있을 수 있는 관계를 나타내도록 하였다.

심각한 질병을 치료할 수 있는 신약을 우리나라에서 사용할 수 있게 되었다고 상상해봅시다. 물론 다른 약도 이 질병을 치료할 수 있습니다. 한 연구에서는 이 신약을 복용하고 몇 명이 사망했다고 합니다. 이 문제를 정부가 어떻게 해결해야 한다고 생각하십니까?

- 약이 유통되도록 둔다
- 약이 유통되도록 하되 의사와 환자에게 경고한다
- 약이 유통되는 것을 중단시킨다
- 잘 모르겠다

조사 결과, 응답자의 54%는 정부가 이 약의 시장유통을 중단시켜줄 것을 원하였고, 34%는 경고와 함께 시장유통을 원하였으며, 12%는 잘 모르겠다고 응답하였다. 1% 미만의 사람이 시장에서 유통시킬 것을 원하였다. 이 결과는 1988년 스웨덴 조사와 다른데, 스웨덴 연구에서는 75%의 응답자가 시장유통 중단을 원하였고, 21.5%가 경고와 함께 시장유통을 원하였다. 캐나다에서는 60.1%가 시장유통 중단을 원하였으며, 35.1%는 경고와 함께 시장유통을, 3.3%는 시

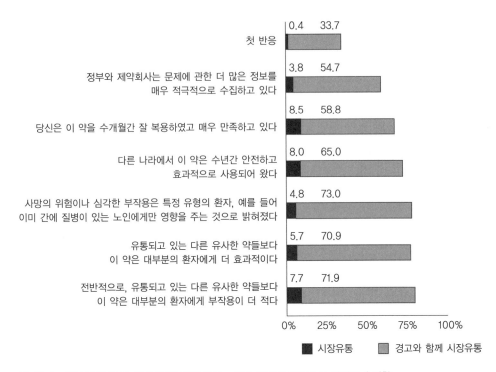

첫 반응 `0.4` `33.7`

정부와 제약회사는 문제에 관한 더 많은 정보를
매우 적극적으로 수집하고 있다 `3.8` `54.7`

당신은 이 약을 수개월간 잘 복용하였고 매우 만족하고 있다 `8.5` `58.8`

다른 나라에서 이 약은 수년간 안전하고
효과적으로 사용되어 왔다 `8.0` `65.0`

사망의 위험이나 심각한 부작용은 특정 유형의 환자, 예를 들어
이미 간에 질병이 있는 노인에게만 영향을 주는 것으로 밝혀졌다 `4.8` `73.0`

유통되고 있는 다른 유사한 약들보다
이 약은 대부분의 환자에게 더 효과적이다 `5.7` `70.9`

전반적으로, 유통되고 있는 다른 유사한 약들보다
이 약은 대부분의 환자에게 부작용이 더 적다 `7.7` `71.9`

0% 25% 50% 75% 100%

■ 시장유통   ■ 경고와 함께 시장유통

그림 16.4 약품 관련 위기 시나리오에 대한 반응 : 추가 증거를 바탕으로 견해를 수정함

장유통을 원하였다.

약의 시장유통 중단을 바라는 응답자($n = 1,094$)에게는 정상참작이 가능한 6가지 상황을 고려하여 자신의 견해를 재고하도록 요청하였다. 그림 16.4에서 보여주는 결과는, 어떤 상황이든 그 자체만으로는, 응답자의 8.5% 이상이 약의 시장유통을 결코 원하지 않음을 나타낸다. 그러나 발생가능한 문제에 대한 경고 정보를 의사와 환자에게 제공하는 방식을 결합시키면 견해가 상당히 수정되는데, 경우에 따라서는 경고를 하든 하지 않든 시장유통을 원하는 응답자의 수가 2배 이상이 된다. 약의 부작용이 유사한 다른 약보다 더 적다는 지식을 제공하는 시나리오는 응답자로 하여금 약을 시장에 계속 유통시키도록 결정하는 데 가장 강력하게 작용하였다. 이와 반대로, 정보와 제조회사가 문제에 관해 더 많은 정보를 적극적으로 수집하고 있다는 것을 알려주는 시나리오는 시나리오 중에서 가장 영향력이 적었다. 이 결과는 스웨덴 조사와 비슷하였다.

시나리오에 대한 첫 반응으로 약이 시장에서 유통되는 것을 중단시켜야 한다고 응답한 사람들($n = 1,094$)을 대상으로 정상참작이 가능한 6가지 상황을 제시하였을 때, 약이 시장에 유통되도록 둔다는 반응을 하거나 경고와 함께 유통되도록 한다는 반응으로 변경한 횟수에 따라 지

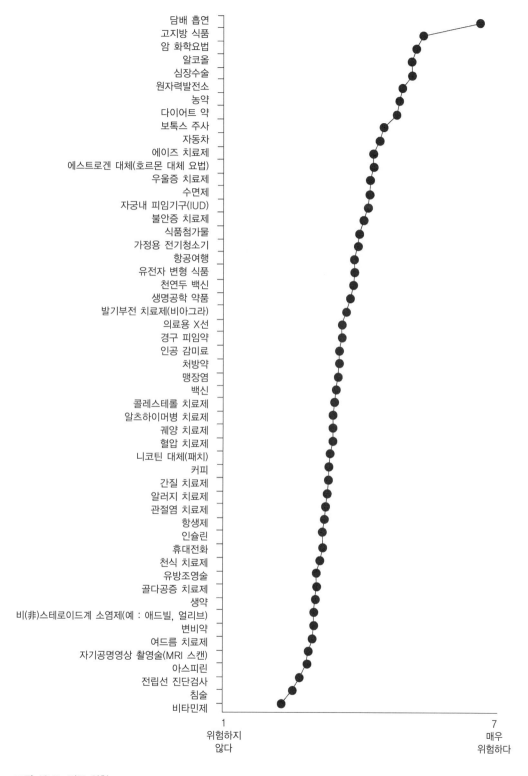

담배 흡연
고지방 식품
암 화학요법
알코올
심장수술
원자력발전소
농약
다이어트 약
보톡스 주사
자동차
에이즈 치료제
에스트로겐 대체(호르몬 대체 요법)
우울증 치료제
수면제
자궁내 피임기구(IUD)
불안증 치료제
식품첨가물
가정용 전기청소기
항공여행
유전자 변형 식품
천연두 백신
생명공학 약품
발기부전 치료제(비아그라)
의료용 X선
경구 피임약
인공 감미료
처방약
맹장염
백신
콜레스테롤 치료제
알츠하이머병 치료제
궤양 치료제
혈압 치료제
니코틴 대체(패치)
커피
간질 치료제
알러지 치료제
관절염 치료제
항생제
인슐린
휴대전화
천식 치료제
유방조영술
골다공증 치료제
생약
비(非)스테로이드계 소염제(예 : 애드빌, 얼리브)
변비약
여드름 치료제
자기공명영상 촬영술(MRI 스캔)
아스피린
전립선 진단검사
침술
비타민제

1
위험하지
않다

7
매우
위험하다

그림 16.5 평균 위험

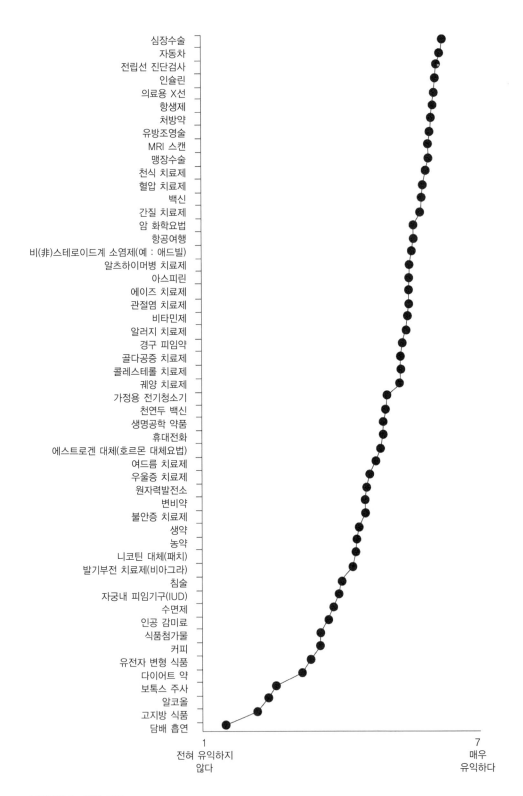

심장수술
자동차
전립선 진단검사
인슐린
의료용 X선
항생제
처방약
유방조영술
MRI 스캔
맹장수술
천식 치료제
혈압 치료제
백신
간질 치료제
암 화학요법
항공여행
비(非)스테로이드계 소염제(예 : 애드빌)
알츠하이머병 치료제
아스피린
에이즈 치료제
관절염 치료제
비타민제
알러지 치료제
경구 피임약
골다공증 치료제
콜레스테롤 치료제
궤양 치료제
가정용 전기청소기
천연두 백신
생명공학 약품
휴대전화
에스트로겐 대체(호르몬 대체요법)
여드름 치료제
우울증 치료제
원자력발전소
변비약
불안증 치료제
생약
농약
니코틴 대체(패치)
발기부전 치료제(비아그라)
침술
자궁내 피임기구(IUD)
수면제
인공 감미료
식품첨가물
커피
유전자 변형 식품
다이어트 약
보톡스 주사
알코올
고지방 식품
담배 흡연

1
전혀 유익하지
않다

7
매우
유익하다

그림 16.6 평균 이익

표점수를 구하였다. 6회 중에 평균 3.5회(*SD* = 2.2)를 변경하였다. 약 27%의 응답자가 6회 변경하였고, 16%의 응답자는 전혀 변경하지 않았다. 변경 점수는 위험지각과 의미 있는 상관(*r* = −0.14, *p* < .001)이 있었으며, 이익지각과 의미 있는 상관(*r* = 0.24, *p* < .001)이 있는 것으로 밝혀졌다. 32개 의약품에 대해 낮은 위험지각과 평균 이상의 이익지각을 나타낸 응답자는 약이 시장에 유통되도록 허용하는 반응으로 변경할 가능성이 더 높았다. 교육 및 사용한 경험이 있는 약품의 수 역시 변경지수와 정적 상관이 있었다(*r* = 0.17, *p* < .001 그리고 *r* = 0.09, 각각 *p* < .05).

심리측정 설문지

척도별로 각 위험 항목에 대한 평균 평가 점수를 구하였다. 지각된 위험에 대한 평균 평가 점수를 높은 점수에서 낮은 점수 순서로 그림 16.5에 표시하였다. 스웨덴 조사와 마찬가지로, 담배 흡연은 지각된 위험이 가장 높게 나와 있다. 그다음으로 고지방 식품, 암 화학요법, 알코올과 심장수술이 뒤따른다. 암 화학요법 다음으로 위험한 처방약은 다이어트 약이었으며, 그다음 보톡스 주사, 에이즈 치료제, 우울증 치료제, 불안증 치료제, 에스트로겐 대체, 그리고 수면제에 이르기까지 이들 모두가 1~7점 위험 척도에서 평균 4.0 이상이었다. 비타민제, 침술과 전립선 진단검사의 경우 위험이 낮다고 평가되었다. 비타민제는 세 연구(미국, 스웨덴, 캐나다) 모두에서 위험이 가장 낮게 평가되었다. 처방약의 위험은 평균 3.5로서, 범위의 중간에 위치하였다.

이익지각의 평균점수는 그림 16.6에 나와 있다. 심장수술, 자동차, 전립선 진단검사, 인슐린, 의료용 X선, 항생제, 그리고 '처방약'이 평균 6.0 이상(1에서 7점까지 척도에서)으로 이익이 높게 지각되었다. 담배 흡연은 이익이 가장 낮게 지각되었다. 고지방, 알코올, 보톡스 주사 역시 이익이 낮게 지각되었다. 전립선 진단검사를 높게 평가한 것은 이 절차의 논쟁적 성질에 비추어 볼 때 주목할 만하다(Wilt & Partin, 2003). 비슷한 결과가 Farrell 등(2002)에서도 발견되었다.

위험지각 지수와 이익지각 지수는 32개 항목에 걸친 각 응답자의 위험과 이익 평가의 평균으로 구하였다. 개인의 위험지각은 부작용 경험(*r* = 0.13, *p* < .01)과 교육(*r* = −0.13, *p* < .01)으로 예측되었다. 현재 사용하거나 과거에 사용했던 약의 수는 예측에 별로 도움이 되지 않았다. 이익지각은 과거에 사용한 약의 수(*r* = 0.19, *p* < .001), 부작용 경험(*r* = −0.11, *p* < .05) 그리고 연령(*r* = −0.10)으로 예측되었다.

하위집단별 평균 분석에서는 여자가 남자보다 원자력발전소를 훨씬 위험하다고 지각하였다(여자 평균 5.1, 남자 4.5, *p* < .001). 여자는 다른 8가지 항목에서도 의미 있게 높은 위험지각

을 나타내었다(다이어트 약, 항공여행, 천연두 백신, 아스피린, 알코올, 변비약, 자궁내 피임기구, 식품첨가물). 다른 연구에서도 여자는 일반적으로 남자보다 높은 위험지각을 나타내는데, 특히 원자력발전소와 기타 과학기술 위험에서 그렇다(예 : Flynn et al., 1994 참조). 이 연구에서 남자는 5가지 약 항목에 대한 위험을 의미 있게 높게 지각하였다(우울증 치료제, 관절염 치료제, 혈압 치료제, 에이즈 치료제, 궤양 치료제).

다른 연구와 마찬가지로, 유색인 응답자가 백인 응답자보다 위험을 더 높게 지각하는 경향이 있었다. 아프리카계 미국인 응답자는 백인보다 23개 항목에 대해 의미 있게 높은 위험지각을 나타냈는데, 그중 15개 항목은 약이었다. 히스패닉 응답자는 백인보다 7개 항목에 대해 높은 위험지각을 보였다. 백인은 히스패닉보다 생약의 위험을 높게 지각하였다.

처방약의 부작용을 경험한 응답자는 그렇지 않은 응답자보다 약품과 비약품 항목 모두에 대한 위험을 평균보다 약간 높게 지각하였다. 그들의 위험지각은 19개 항목에 대해서 의미 있게 높았다. 두 집단 간의 가장 큰 차이는 농약과 암 화학요법으로 각각 0.39 그리고 0.37이었다. 이들은 또한 원자력발전소, 자동차, 항공여행, 콜레스테롤 치료제, 다이어트 약, 처방약, 심장수술, 혈압 치료제, 관절염 치료제 그리고 식품첨가물에서 평균 차이가 0.25 이상을 나타냈다.

그럼에도 불구하고 처방약 부작용 경험자는 다른 약의 이익을 여전히 높게 지각하고 있었다. 부작용 경험이 없는 응답자에 비해, 5가지 약 또는 의료 절차(인슐린, 혈압 치료제, 침술, 맹장수술 그리고 골다공증 치료제)와 다른 한 항목(자동차)의 이익을 의미 있게 높게 지각하였다. 부작용을 보고하지 않은 응답자는 5개 항목(변비약, 식품첨가물, 자궁내 피임기구, 알코올과 여드름 치료제)의 이익을 의미 있게 높게 지각하였다. 모든 차이는 $p < .05$에서 $p < .001$ 수준에서 통계적으로 의미 있었다.

아프리카계 미국인은 백인에 비해 11가지 항목의 이익을 높게 지각하였으며, 이 중 5가지는 약(생명공학 약품, 에스트로겐 대체, 변비약, 다이어트 약, 보톡스 주사)이었다. 백인은 아프리카계 미국인보다 인슐린과 맹장수술의 이익을 높게 지각하였다. 히스패닉은 백인보다 5개 항목(생약, 유전자 변형 식품, 보톡스 주사, 알코올 그리고 담배 흡연)의 이익을 의미 있게 높게 지각하였다. 백인은 히스패닉에 비해 5개 항목(인슐린, 항생제, 처방약, 혈압 치료제와 아스피린)의 이익을 의미 있게 높게 지각하였다. 아프리카계 미국인은 히스패닉에 비해 2개 항목(처방약과 혈압 치료제)의 이익을 의미 있게 높게 지각하였다.

위험과 이익 평균이 그림 16.7에 나와 있다. 지각된 위험과 지각된 이익은 역상관이 있었다. 모든 항목에 걸친 평균 상관은 −0.36이었다. 32개 의약품에 대한 상관은 −0.46이었다. 어떤 항목은 위험은 낮고 이익은 높은 것으로 지각되었고(예 : 전립선 진단검사) 다른 항목은 위험이 높고 이익이 낮은 것으로 지각되었다(예 : 담배 흡연). 처방 의약품은 대부분 저위험/고이익 사분면에 놓였다. 심장수술, 암 화학요법, 에이즈 치료제, 호르몬 대체 요법과 우울증 치료제는 고위험/고이익 사분면에 놓였다. 고위험/저이익에 속하는 항목은 담배 흡연, 고지방 식품, 알코올이었다. 보톡스 주사, 다이어트 약, 수면제 역시 동일한 범주에 속하였다. 이 결과는 선행연구 결과와 일치하며, 위험활동이나 과학기술에 대한 느낌에 의존하여 위험과 이익을 판단하는 감정추단을 나타낸다. 대상을 선호하면 위험은 낮고 이익이 높은 것으로 판단하지만, 대

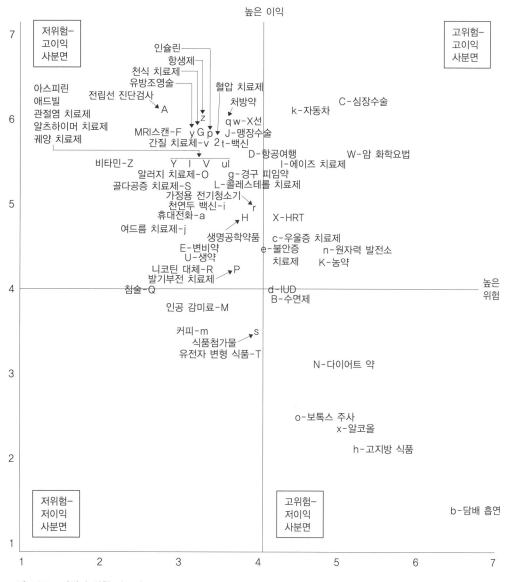

그림 16.7 이익과 위험 평균의 도표

상을 선호하지 않으면 반대로 위험이 높고 이익이 낮은 것으로 판단한다(Slovic et al., 2002).

7점 척도가 적합하다고 생각되어, 각 항목에 대해 이익 평균에서 위험 평균을 뺐다. 이 분석에 따르면, 전립선 진단검사, 비타민, MRI 스캔, 유방조영술과 인슐린은 순이익이 가장 높게 평가되었다. 항생제, 천식 치료제 그리고 처방전도 많이 뒤처지지는 않았다. 보톡스 주사, 다이어트 치료제와 수면제를 제외한 대부분의 약은 정적인 순이익이 나타난다. 세 가지 비의학 항목 또는 의료 절차(담배 흡연, 고지방 식품 그리고 알코올)는 가장 부적인 순이익을 나타낸다.

다른 심리측정 척도를 살펴보면, 해로움의 심각성과 경고신호는 지각된 위험과 가장 높은 상관을 보였다(각각 $r = 0.80$과 0.83). 해로움의 심각성은 지각된 위험과 다른데, 원자력발전소와 심장수술이 흡연보다 훨씬 앞으로 이동하여 높은 순위를 차지했다는 점에서 그러하다. 이것은 스웨덴 연구 결과와 비슷하였다. 흡연은 그 위험에 노출된 사람들에게 알려진 지식 정도에서 가장 높은 순위를 차지하였다. 유전자 변형 식품, 휴대전화와 보톡스 주사의 위험은 가장 덜 알려져 있었다. 경고 척도에서 대부분의 항목은 중간 위치를 차지하였고 항목 간 변이가 거의 없었다. 응답자들이 이 척도를 잘 이해하지 못한 것으로 보인다.

과학자의 위험과 이익 이해

응답자는 과학자가 처방약의 이익에 대해 매우 잘 이해하고 있다고 보고하였다(63%의 응답자가 5점은 '매우 높은 수준으로 이해하고 있다'인 1~5점 척도에서 4점 또는 5점에 표시하였다). 그리고 처방전 없이 살 수 있는 약, 비타민, 생약의 이익에 대한 과학자의 이해를 응답자의 59.6%와 45.9%가 각각 4점과 5점으로 평가하였다. 세 항목 각각에 대해서 이익이 위험보다 더 잘 이해된다고 지각되었다.

처방약 위험을 감소시키기

응답자의 48~49%가 5점(가장 높은 정도를 의미)으로 평가한 제약회사와 미식약청(FDA)은 처방약의 위험을 가장 많이 감소시킬 수 있는 집단으로 인식되었다. 환자집단은 15%의 응답자만이 환자가 취한 조치가 현재 위험을 가장 많이 감소시킬 수 있다고 응답함으로써 처방약의 위험을 가장 적게 감소시킬 수 있는 집단으로 인식되었다. 다른 네 집단(의사, 의회, 약사, 병원)에 대해서는 응답률의 차이가 거의 없었다. 응답자의 약 1/3(30~33%)이 네 집단이 취한 조치로 위험을 많이 감소시킬 수 있다고 보았다.

처방약 위험의 안전을 관리하는 의료집단에 대한 신뢰

약사는 응답자의 66%가 4점 또는 5점(5점은 가장 많은 신뢰를 의미)에 표시함으로써 처방약 위험의 안전성을 관리하는 데 가장 많은 신뢰를 받았다. 그다음으로 의사(55%), 병원(47%), FDA(44%), 제약회사(33%), 환자(24%) 그리고 의회(19%) 순으로 나타났다.

7개 건강관리 집단에 대하여 각각이 받은 신뢰 점수와 각 집단의 약품 위험 감소 능력 간에 상관계수를 구하였다. 연구자들은 5개 집단에서 정적 상관을 기대하였으며 이것은 높은 신뢰가 높은 위험감소 능력과 연합되어 있음을 나타낸다. 이러한 정적 상관은 의회($r = 0.27$), 환자($r = 0.21$), 병원($r = 0.20$)에서 뚜렷하였다. FDA($r = 0.15$), 의사($r = 0.13$) 그리고 제약회사($r = 0.00$)의 경우, 신뢰와 지각된 위험 감소 능력 사이에 별다른 관련성을 보이지 않았다.

약물치료 회피

마지막으로, 서로 다른 부문의 항목에 걸친 응답을 검토함으로써 자신의 건강상태에 맞는 약물치료를 회피하는 사람들의 특성을 파악하고자 했다. 목적은 약품에 대해 소통을 잘함으로써 가장 큰 이익을 얻을 사람을 확인하는 것이었다.

조사 참가자에게 "다음 건강상태(예 : 당뇨병, 고혈압)에 해당하십니까?"라고 물었다. 또한 "다음 목록에서 현재 사용하거나 과거에 어떤 약품을 사용했습니까?"라는 질문도 하였다. 두 목록에는 10가지 건강상태와 약물치료 상황이 제시되었고, 각 항목에 대해 자신의 건강상태에 맞는 약물치료를 완전히 회피하고 있는 사람이 누구인지 확인할 수 있었다. 10가지 건강상태 중에서 당뇨병과 암은 추가분석에서 제외되었는데, 암 환자가 반드시 화학요법으로 치료받아야 한다든가 당뇨병 환자가 인슐린을 맞도록 권고되는 것은 아니기 때문이다. 응답자 중에서 알츠하이머 환자의 수도 적었으므로 이 건강상태 역시 제외되었다.

우리는 약물 요법을 회피하고 있음을 반영하는 나머지 7가지 건강상태를 기초로 요약 변수를 구성하였다. 참가자가 각 상태에서 해당 제품을 현재 가끔씩이라도 사용하고 있는지 아니면 과거에 사용한 적이 있었는지 살펴보았다(고혈압/혈압 치료제, 관절염/관절염 치료제, 높은 콜레스테롤/콜레스테롤 치료제, 심각한 알러지/알러지 약, 궤양/궤양 치료제, 골다공증/골다공증 치료제, 천식/천식 치료제). 그다음으로는 요약 변수로서 최소한 한 가지 건강상태에 대해 약물치료를 완전히 회피한 것이 아니라면 '완전히 회피하지 않음' 또는 그들이 경험했던 어떤 건강상태에도 약물치료를 전혀 받지 않았다면(7개까지) '완전히 회피'로 분류하였다. 이때 모든 상태에 가중치를 받은 $n = 773.9$ 그리고 각각에 대하여는 124.6이었다.

그다음으로 완전히 회피하는 환자(CA)와 완전히 회피하지 않는 환자(NCA)에 대한 특성을 분석하여 건강상태에 맞는 약물치료를 완전히 회피하는 환자와 의사소통을 하기 위한 단서를 찾아보았다. 이들은 어떤 사람들이며, 약물치료를 완전히 회피하지 않는 사람과 어떤 다른 신념을 가지고 있는가?

처방약 사용과 부작용 경험 "현재 규칙적으로 복용하는 처방약은 몇 가지입니까?"라는 질문에 CA 환자는 NCA 환자에 비해, 비록 절반 이하지만 몇 가지 약을 사용하고 있다고 답하였다(1.65 vs. 3.51, $p < .001$). CA 환자의 절반이 최근 부작용을 경험했다고 답하였다(CA 환자 27%와 NCA 환자 55%가 각각 부작용을 경험하였다, $p < .001$). CA 환자는 규칙적으로 약을 사용하는 일이 적으므로, 어떤 한 가지 약이나 또는 약들 사이의 상호작용으로 부작용 경험이 적었을 것이다.

CA 환자는 NCA 환자와 무엇이 다른가?

부정적 정보는 NCA 환자보다 CA 환자의 위험지각과 이익지각에 더 많은 영향을 준다. CA 환자는 처방약 위험을 높게 지각하였다. CA 환자의 경우 부작용 경험 유무에 따라 처방약 위험지각 지수 평균이 각각 4.0과 3.4였으나, NCA 환자의 경우에는 해당 지수 평균이 각각 3.7과 3.5였다. 처방약의 부작용 경험 유무 간의 상호작용은 $F(3, 594) = 4.3$, $p < .05$였다. 이익지각 역시 부작용을 경험한 사람들이 더 강한 반응을 보였다. 부작용을 경험한 경우 CA 환자는 이익이 더 적다고 지각하였다. 처방약 이익지각 지수 평균은 CA 환자의 경우 부작용 경험 유무에 따라 각각 4.7과 5.2였으며, NCA 환자의 경우 각각 5.2와 5.2였다. 처방약의 부작용 경험 유무 간의 상호작용은 $F(3, 594) = 4.7$, $p < .05$였다.

과거 5년간 부작용을 경험한 적이 있는 CA와 NCA 환자 중에서, CA 환자는 NCA 환자에 비해 처방약의 이익을 의미 있게 더 낮게 지각하였으며($p < .05$) 위험은 다소 더 높게 지각하였다($p < .10$). 이 결과는 중요하며 어느 정도 반직관적이다. 우리는 최근 부작용을 경험했을 때 이익지각보다 위험에 더 큰 영향을 줄 것이라고 예측하였으나, 결과는 최근 부작용 경험(CA/NCA 요약 변수에서 건강상태와 관련되거나 관련되지 않을 것임)이 처방약의 이익지각을 감소시켰을 뿐 아니라 위험지각을 증가시킴으로써 적절한 약물치료를 회피하도록 영향을 준다는 것을 시사한다. 위험과 이익에 미치는 상호 간 영향은 감정 추단의 작용을 반영한다고 볼 수 있다.

반응성 결과를 살펴보면 부작용을 경험한 CA 환자와 NCA 환자 모두 부작용의 심각성을 거의 비슷하게 평가하였다(각각 1.96과 1.98)는 점에서 특히 흥미롭다. 이 결과는 부작용의 심각성에 관한 지각은 위험지각과 이익지각에 미치는 영향이 비슷하다는 점을 함축한다.

약을 안전하게 만드는 것이 무엇인가라는 측면에서 CA 환자는 연방규제기관, 의사, 약사 그리고 병원이 약을 안전하고 효과적으로 보장하는 데 미흡하다고 여기는 경향이 있다. 또한 부작용은 특히 약에 민감한 환자, 처방을 잘 따르지 않는 환자, 그리고 잘못 처방한 의사에 의해 발생하기 쉽다고 믿는 경향이 있었다. CA 환자는 환자와 여러 사람들이 의료과실을 최소화함으로써 환자의 안전을 늘리는 방법에 관한 정보를 특히 더 수용하고자 한다. 그러나 CA 환자가 연방규제기관, 의사, 약사 그리고 병원의 수행이 미흡하다고 여긴다면 누구를 통해 정보를 전달하는 것이 좋을지 밝히기는 쉽지 않을 것이다.

NCA 환자에 비해, 약물치료를 완전히 회피하는 CA 환자는 과학자가 처방약의 이익을 잘 이해하지 못한다고 믿는다(CA와 NCA 평균 각각 3.73과 3.96, $p < .01$). 또한 CA 환자는 위험의 불확실성과 위험 지식에 관해 더 강하게 반응한다. 예를 들어, NCA 환자에 비해 CA 환자는 정부와 제약회사가 문제에 관한 정보를 적극적으로 수집하지만 약 때문에 사람들이 사망한다면 그 약의 시장유통이 중단되기를 더 원했다(평균 2.40, 2.29, 각각 $p < .05$). 또한 CA 환자는 일단 약효의 확실성이 크다고(즉 특정 유형의 환자만 위험하다 또는 시장에 유통되는 비슷한 약보다 더 효과적이라고) 인식하면, 사람들이 그 약으로 사망하더라도 시장유통이 중단되기를 덜 원했다. 이 결과는 CA 환자의 경우 약의 위험과 이익에 대한 정보가 확실성을 증가시키는 정보에 더 순응적임(부작용 경험의 영향을 더 받는 것과 마찬가지로)을 함축한다.

건강상태에 맞는 특정 약품에 대한 지각

CA 환자와 NCA 환자가 약에 대한 위험과 이익을 다르게 지각하는지 여부를 검토하였다(최근 부작용을 경험한 CA 환자와 NCA 환자는 실제로 달랐다). 우리는 이제 CA 환자와 NCA 환자가 그들의 건강상태에 맞는 특정 약에 대한 신념이 다른지 검토하겠다.

약물치료의 이익에 대한 지각이 사용에 주는 영향

CA 환자는 NCA 환자에 비해 특정 건강상태에 대한 약물치료를 통해 얻는 이익이 별로 없다고 보통 지각한다. 예를 들어, 고혈압 환자의 경우 자신의 건강상태에 맞는 약물치료를 받은 적이 없는 환자는 이익을 더 적게 지각하였으나 위험은 비슷하게 지각하였다(CA 환자와 NCA 환자 각각의 이익지각 평균 = 5.5와 6.2, $p < .01$이고, 반면 위험지각 평균은 두 집단 모두 3.1). 콜레스테롤이 높은 환자와 천식 환자에게서도 비슷한 결과를 얻었다. 따라서 환자는 대체로 자신의 건강상태를 치료하는 약의 이익을 지각하고 있으나, 한 번이라도 약을 사용한 환자(NCA 환자)의 경우에는 이익을 더 크게 지각하였다. CA 환자가 이익을 적게 인식하는 경향은 최근 부작용

을 경험하지 않은 CA 환자 중에서 좀 더 강하였다. 그러므로 최근의 부작용 경험은 이익지각의 차이를 설명하지 못한다.

이 자료는 회피를 줄이는 최선의 의사소통 전략은 CA 환자에게 약의 이익을 교육하는 것이라고 함축한다. 우리의 결과는 약물치료가 유익하다는 신념과 약물치료를 받는 행동 중에서 무엇이 먼저인지를 묻는다. 치료를 시작하는 것이 약물치료의 이익을 믿게 되는 데 결정적일 수 있는데, 그것은 어느 시점에서든 약을 사용했던 환자로서는 약의 이익을 지각할 가능성이 크기 때문이다. 그러나 전반적인 결과가 시사하는 것은 만약 CA 환자가 어떤 식으로든 약의 더 많은 이익을 지각하면, 회피 경향이 적어질 것이라는 점이다.

약물치료를 완전히 회피하는 사람들은 더 젊은 축에 속하고 건강상태가 더 낫기 때문에 그들 자신이 취약하지 않다고(더 '죽지 않을 것'으로) 여기는 경향이 있으며, 자신의 특정 질병이 그다지 위협이 되지 않으며 약도 별로 도움이 되지 않는다고 생각한다. 그렇지 않으면, 그들 중 적어도 몇몇은 약물치료의 결과를 즉시 느끼지 않은 채 약물치료를 회피하려고 할 수 있다.

논의

이 조사에서 얻은 결과의 일반적 패턴은 10여 년 전 스웨덴과 캐나다에서 수행된 전국적 조사 결과와 거의 일치한다. 스웨덴, 캐나다 그리고 지금 미국에서 몇 가지 결과가 분명하다.

처방약은 이익이 높고 위험은 낮다고 지각하였다. 처방약은 다른 화학제품(예 : 감미료, 보톡스 주사, 알코올)과 확실한 차이가 있다. 이러한 호의적인 지각 패턴에서 유일한 예외는 수면제, 우울증 치료제, 그리고 다이어트 약이다. 과거 또는 현재 처방약의 사용은 지각된 위험보다 지각된 이익과 강한 상관이 있었다. 오늘날의 위험을 과거 20년 전과 비교했을 때(미국과 스웨덴), 처방약은 다른 종류의 위험에 비해 덜 위험하다는 반응이 가장 높았고 더 위험하다는 반응이 가장 적었다.

약의 위험을 보통 수용하지만, 3개 조사에서 많은 응답자는 일부 환자가 치명적 반응을 일으킬 우려가 있는 약품은 재빨리 시장에서 철수시켜야 한다고 응답하였다. 이러한 반응이 스웨덴과 캐나다보다 미국에서 더 적었다. 그러나 안전과 효과 증거가 경고 정보와 결합되어 제공되었을 때, 미국 응답자의 다수는 약이 시장에서 계속 유통되기를 원한다고 하였다. 이러한 경향은 약의 위험을 낮게 지각하는 사람, 이익을 높게 지각하는 사람 그리고 교육 수준이 높은 사람에게서 강하게 나타났다. 비슷한 결과가 스웨덴과 캐나다에서도 나왔다. 정부가 문제가 되는 약의 정보를 더 많이 수집한다는 사실은 그 약을 수용하는 데 가장 적은 영향을 주었고,

그 약이 다른 유사한 약보다 부작용이 적다는 정보가 가장 큰 영향을 주었다. 문제를 보완할 수 있는 정보를 제공하는데도 불구하고 교육 수준이 낮은 사람들이 약을 시장에서 유통시키는 것을 막는 경향은 그들이 정보를 이해하고 처리하는 능력의 부족 때문인지는 불분명하다. 이들을 위해 특별히 제작된 의사소통 자료가 약을 시장에 계속 유통시키도록 허용하는 경향에 영향을 줄 수 있는지는 탐구할 가치가 있다.

우리는 해로움의 심각성, 위험 지식, 재난이 유도한 경고신호의 강도와 같은 특성을 평가했으나, 이 세 가지 특성이 지각된 위험과 매우 높은 상관이 있었다. 따라서 심리측정 평가는 두 가지 기본 차원으로 위험과 이익을 찾아냈으며, 이 두 차원은 강하게 부적으로 상관되었다. 높은 부적 상관은 약에 대한 판단이 감정추단에 의존한다는 것을 시사하며, 이는 위험할 수 있는 약품에 대하여 높은 이익을 나타내는 정보가 개인이 느끼는 위험을 낮추어 약의 수용을 크게 증가시킨다는 것을 시사하며, 이것이 약품 위기 시나리오에 대한 반응에서 얻은 결과이다.

위험지각에 관한 다른 연구와 달리, 여자가 모든 항목을 남자보다 더 위험하다고 평가하지는 않았다. 성차는 특정 항목에서만 나타났는데, 여자는 남자에 비해 다이어트 약, 천연두 백신, 아스피린, 변비약, 자궁내 피임기구가 더 위험하다고 지각하였으며, 남자는 우울증 치료제, 골다공증 치료제, 혈압 치료제, 에이즈 치료제, 궤양 치료제를 더 위험하다고 지각하였다. 히스패닉 역시 특정 항목에 대해 다른 위험지각을 나타냈으며, 아프리카계 미국인은 많은 항목에 대해 위험을 더 높게 지각하였다. Voils 등(2006)의 최근 연구는 위험 관련 감정에서 인종 차이의 이해가 건강행동과 결과에서 인종 차이의 이해를 향상시키는 데 중요하다고 지적하였다. 이 결과는 아프리카계 미국인과 히스패닉은 건강 결과에서 차이가 관찰됨에도 불구하고, 질병에 대한 더 큰 위험을 믿지 않을 가능성을 시사한다. 질병에 대해 걱정을 적게 하는 것은 아프리카계 미국인이 백인보다 당뇨병과 높은 혈압을 경험하는 비율이 높음에도 불구하고 그들이 백인보다 인슐린과 혈압 치료제의 이익이 낮다고 지각하는 결과를 설명하는 한 가지 요인일지 모른다. 그렇지 않으면, 이익을 낮게 지각하는 것은 백인에 비해 아프리카계 미국인이 의료서비스에 잘 접근하지 않고 그 결과 약의 이익을 경험할 수 있는 기회가 제한된다는 것을 반영할지 모른다.

의약품에 대한 호감이 손상되는 경우는 지각된 위험보다는 비용에 대한 우려(처방약에 대한 심상을 물었을 때 지배적이었던 연상단어였음) 때문에 발생할 수 있다. 이윤, 대기업, 보험 없음, 그리고 공동 지불이라는 연상단어 역시 표면화되었다.

여러 응답자는 처방약의 약효가 나타났다고 믿고 있으나, 부작용이 자주(응답자의 41%) 또는 이따금(48%) 발생한다고 감지하고 있었다. 심각한 부작용을 겪었다고 보고한 사람은 8%에 불과하였지만, 여러 사람들이 부작용을 경험한 적이 있었다. 부작용의 원인은 대부분 환자의 민감성 탓으로 여겼으며 제약회사, 병원 또는 약사의 실수로 돌리는 경우는 적었다. 부작용 경험 여부는 약과 의료 절차에 대한 높은 위험지각뿐 아니라 높은 이익지각과도 관련되어 있었다. 이것은 응답자들이 자신이 경험한 부작용을, 약의 이익지각에 미치는 부정적 영향과 구분할 능력이 있음을 반영하는 흥미로운 결과이다. 약의 부작용은 불행한 일이지만 피할 수 없는 위험이라는 점과 부작용이 있다고 약의 이익이 퇴색되는 것만은 아니라는 점이 일반인과 소통하는 데 장점이 된다.

환자집단이 처방약의 위험을 감소시킬 수 있는 힘이 가장 약하다고 보여졌으며, 제약회사와 FDA는 가장 유력한 집단이라고 보여졌다. 그러나 환자 스스로가 약품의 안전성을 향상시키기 위해서 여러 긍정적 조치를 취할 수 있음을 고려하면, 우리의 결과는 교육적 파급을 위한 옥토임을 보여준다. 또한 우리 결과는 처방약의 안전성을 관리하는 데 약사, 의사, FDA에 비해 의회에 대한 신뢰가 낮음을 나타낸다. 그러므로 우리의 결과는 대중이 약품의 안전성에 대한 주도권을 의회 단독으로 행사하는 것보다 약사, 의사, FDA, 제약회사를 포함시키는 것을 더 신뢰한다고 보여준다.

마지막으로 자신의 건강상태에 맞게 처방된 약물치료를 회피하는 사람들의 특성을 밝히기 위해 집중적 분석을 통해 완전회피한 CA 환자와 완전회피하지 못한 NCA 환자를 비교하였다. 위험, 특히 이익지각은 CA 환자의 약 사용에 영향을 주었다. CA 환자와 NCA 환자 사이에는 CA 환자의 회피 감소에 어떤 조치를 위할 수 있는 중요한 신념에서 차이가 있었다. CA 환자는 불확실한 위험이나 위험지식 부족에 더 강하게 반응한다. 부작용을 경험한 CA 환자는 NCA 환자보다 위험지각을 증가시켰다. CA 환자는 위험의 성질을 분명하게 해주는 정보에 더 순응하는 경향이 있었다. 특정 유형의 환자들에게 효력이 있다고 알려진 약의 위험으로 그들이 사망했을 경우, CA 환자는 약을 시장에서 철회하기를 덜 원하는 경향이 있었다.

CA 환자는 또한 약이 주는 이익에 관한 자신의 신념에 더 순응하는 경향이 있었다. CA 환자 중에서 부작용의 경험은 NCA 환자보다 이익지각을 감소시켰다. 그러나 CA 환자는 또한 어떤 약이 다른 약보다 더 효과적이면 사망자가 있어도 그 약이 시장에서 계속 유통되기를 원했다. 그러나 CA 환자는 NCA 환자보다 자신의 건강상태에 맞는 특정 약이 주는 이익이 더 적다고 지각하였다. 이 결과는 지각된 이익에 대한 다른 연구 결과와 더불어 CA 환자에 대한 가장 효과적인 의사소통 전략은 처방약의 이익에 대해 더 많은 정보를 제공하는 것임을 시사한다.

CA 환자집단은 최근에 부작용을 경험했는지에 따라 두 집단으로 나뉜다. 각 집단의 회피 감소에 적합한 의사소통 전략이 서로 다를 것이다. 최근에 부작용을 경험한 사람들은 일반적으로 처방약의 이익이 적다고 지각하므로, 많은 사람들의 삶이 처방약으로 인해 어떻게 더 나아졌는지에 관해 소통하는 것이 효과적일 것이다. 최근에 부작용을 경험하지 않은 사람들은 NCA 환자와 마찬가지로 의약품의 이익을 전반적으로 비슷하게 지각할 것이다. 그러나 자신의 건강상태에 맞는 약이 주는 이익이 별로 없다고 인식하는 경향이 있다. 이들에게는 특정 약의 이익에 초점을 맞추는 것이 가장 좋을 것이다.

추후 연구에서는 특수약과 처방약 전반에 대한 위험지각과 이익지각이 어떻게 형성되었는지, 그리고 이러한 지각이 시간에 걸쳐 그리고 새로운 부작용의 출현으로 어떻게 변하는지를 탐구하면 흥미로울 것이다. 대중매체가 약의 잠재적 안전성에 대한 우려를 보도하는 것이 우리 연구에서 논의했던 약물 관련 위기 시나리오에 대한 반응에 어떤 영향을 줄지 흥미롭다. 다른 연구는 다양한 의사소통 전략(예 : 소비자에게 이익 정보를 제공하기)이 처방약을 고수하도록 장려할 수 있는지 검토해야 한다. 더 일반적으로는 소비자와의 소통을 향상시키기 위해 연구가 더 많이 이루어져야 한다. 위험과 이익 정보를 제공하는 다양한 양식을 연구하는 것은 한 가지 제안에 불과하다. 예를 들어, 아프리카계 미국인과 히스패닉이 백인보다 질병의 위험에 더 노출되어 있음을 알지 못함을 시사하는 최근 연구(Voils et al., 2006)는 질병의 위험 증가를 소통하고 위험 감소를 위한 조치의 윤곽을 그리는 작업이 필요함을 지적한다. 또한 향후 연구는 약물치료 회피에 반대되는 약물치료 집중에 초점을 맞추는 것이 중요할 것이다.

17장

테러 공격에 대한
대중 반응의 예측과 모델링

William J. Burns & Paul Slovic

서론

이 장의 목표는 테러 공격에 대한 대중의 반응을 이해하는 데 결정적 요인을 검토하는 것이다. 이 목표를 위해 다양한 사건 지각을 다루는 연구를 논의한다. 우리는 지역사회의 반응을 추진시키는 중요한 피드백 기제를 나타내는 시스템 역동 모델도 기술한다. 테러 공격을 추격하기 위하여, 응급 반응 시스템, 정보와 소통 채널, 그리고 사회적 지원 조직은 비(非)선형적 방식으로 상호작용하여 광범위한 물리적, 사회적 그리고 경제적 영향력을 만들어낸다(Kasperson et al., 1988; Maani & Cavana, 2000). 이 모델에서는 다양한 테러 공격과 사건 사고가 일으키는 6개월 동안의 영향(예 : 공포의 확산)을 시뮬레이션한다.

이 장은 실제 적용을 목표로 한다. 공무원, 기업주, 의료 종사자들은 이제 중대한 재해가 도시공동체에 미칠 영향에 대비할 필요가 있음을 실감하고 있다. 뒤이어 발생한 2001년 9/11 사태, 동일한 시기의 탄저균 공격, 런던과 마드리드 폭격으로, 개인과 기관은 폭발(터널과 다리 폭격), 생물학 작용제(천연두, 탄저균)와 방사능 유출에 취약하다고 인식하게 되었다. 실제로 공격을 받았을 때 공동체가 어떻게 준비하고 반응할 것인지를 연구자와 실무자가 더 잘 이해할 필요가 있다(Lasker, 2004).

연구에서 검토된 재해

재해(hazard)는 여러 관점에서 기술될 수 있으며 다양한 속성을 따라 검토되어 왔다. 이 연구에서는 사고와 테러를 폭발과 감염성 질병의 두 가지 피해 기제에 걸쳐서 비교하는 가상적인 위협 시나리오를 개발하였다. 사망자 수, 희생자 유형 그리고 과실이나 자살이 포함되었는지 여부도 조작되었다. 장소는 지방의 테마공원이었다.

연구의 개념적 그리고 경험적 토대

위험의 사회 확산

이 연구의 개념적 기초는 위험의 사회확산틀이다. 사회확산틀의 핵심 아이디어는 테러행동 또는 사건은 이에 대한 지역사회의 반응을 확산(또는 희석)시키는 방식으로 심리적, 제도적, 문화적 과정과 상호작용한다는 것이다(Kasperson et al., 1988). 이 이론은 테러행동 또는 사건이 희생자, 재산, 환경에 미치는 직접적 피해를 훨씬 능가하는 중대한 간접적 영향을 미친다고 주장한다. 테러 사건이 발생하면, 정보는 다양한 채널을 통해 대중과 다양한 문화집단으로 흐른다. 테러 정보는 앞서 언급된 심리적, 제도적, 문화적 과정과의 상호작용을 통해 해석된다. 그리고 이러한 상호작용이 차례로 위험관련 행동을 일으킨다. 그러한 행동은 매체의 영향과 특정 이해 집단과 함께 결국 제도의 추가적인 반응과 보호 조치를 요구하는 이차적 사회경제적 결과를 초래한다(Burns et al., 1993; Burns & Slovic, 2007).

선행 연구

여러 연구가 사회확산틀의 다양한 면을 조사하였다. 조사 범위는 특정 학문분야의 관점과 방법론적 접근(Pidgeon et al., 2003), 매체와 위험보도 적용(Freudenburg et al., 1996), 조직의 확산과 희석(Freudenburg et al., 1992; Kasperson, 1992; Pidgeon, 1997), 기관 신뢰(Slovic, 1993, 2000a), 원자력과 낙인(Slovic et al., 1991c; Flynn et al., 2001), 공공 정책(Renn, 1998b), 그리고 기후 변화(Leiserowitz, 2004, 2005)에 이르기까지 다양하다. 대중의 위험지각은 잘 알려졌으나, 확산 또는 희석이 어떤 맥락에서 발생하는지 또는 위험 확산이 이차적 영향과 어떻게 연결되는지는 훨씬 덜 알려져 있다(Kasperson et al., 2003). 역동적 명제(예 : 위험 확산이 사건의 직접 영향을 훨씬 능가하여 간접 영향에 어떤 역할을 하는지)를 제한적으로 검토하는 것만이 성공적으로 시도되었다(Burns & Slovic, 2007).

시스템 사고

Maani와 Cavana(2000)에 따르면, 시스템 사고에서 도입한 모델링 도구는 역동적 복잡성을 이해하는 데 유용하다. 그러한 복잡성은 위기 때 나타나기 쉽다. Ackoff(1999)는 테러 공격에 대한 지역사회의 반응을 이해하기 위해서, 지역사회의 본질적 요소와 과정의 상호작용에 주목해야 한다고 말하였다. 정책 관점에서 볼 때, 한 지역에서의 변화가 시간에 걸쳐 전체 시스템과 부분에 어떻게 영향을 주는지 이해하는 것은 매우 유용하다. 실제로 초기에 적용한 시스템 역동 모델링 중 하나는 도시 재개발 정책과 그 정책의 반직관적 기여가 초래한 도심부 붕괴의 가속화를 검토하였다(Forrester, 1969).

피드백 회로

Sterman(2000, pp. 3-39, 845-891)은 시스템의 역동성은 시간과 정보의 지연 그리고 비선형성을 따라서, 정적(자기강화적) 그리고 부적(자기교정적) 피드백 회로가 상호작용하는 것이라고 주장한다. 사회확산틀은 어떤 과정을 모델로 만들어야 하는지를 그리고 시스템 피드백 회로와 지연이 테러 공격의 즉각적이고 구체적인 결과를 기초로 예상한 것 이상의 영향에 어떻게 기여하는지를 개념적으로 보여준다.

정적 회로는 자기강화적이며 행동을 확산시키는 경향이 있다. 부적 회로는 균형을 이루며 그러한 변화에 거스르는 경향이 있다. 예를 들어, 매체가 워싱턴 DC와 대서양 연안에 있는 네 도시에서 탄저균 공격에 대한 조사를 추적하면서 정적 회로가 형성되었다. 전국에 있는 친구와 동료들은 새 위험에 대해 경고를 받았고 정보는 대화를 통해 급속히 퍼져 나갔다. 그즈음 뉴스 여론조사에 따르면, 걱정과 공포가 대부분의 문화집단에서 나타나기 시작하였다. 전국에 파급효과가 퍼지면서 사람들이 긴급전화와 의료진을 과도하게 요구하였고, 의심스러운 우편물을 경찰서와 소방서로 가져왔으며, 노출에 대비해 백신과 항생제를 요구하였다. 생물학적 무기테러 반응을 둘러싼 정책과 대응계획이 재검토되었다. 즉각적으로, 부적 회로도 분명해졌다. 대화가 심화되자 사람들은 새로 대화할 사람을 찾지 못하고 새로운 이야깃거리가 없어지면서 대화는 줄어들었다. 마찬가지로, 공포가 확산되자 지역사회가 개입하여 탄저병의 위협이 상상하는 것만큼 심각하지 않으며(예 : 국제적 테러가 아님), 몇몇 지역에 제한되어 있고(예 : 대서양 연안의 도시들), 잘 대처하고 있다고(예 : 우체국에서 우편물을 검사한다) 안심시켰다. 공포는 감소되었고 결국 의료시설에 전화를 걸거나 항생제를 찾는 전화량도 감소하였다. 그러나 생물학적 무기테러에 대비한 요구는 계속되고 있다(Stein et al., 2004).

지연과 비선형성

행동과 결과 사이의 지연은 중요하기도 하지만 대중의 반응을 예상하고 관리하기 어렵게 만든다(Senge, 1990). 연방정부의 집중적 조사에도 불구하고, 국제 테러가 탄저균 공격의 배후가 아님을 법적으로 결정하는 데 오랜 시간이 걸렸다. 과학자들이 상원의사당에 탄저균이 없다고 발표하는 데도 오랜 시간이 걸렸다. 지역사회도 도움 요청에 반응하는 데 시간이 필요했다. 그사이 국가는 경계 태세를 취했고 위험지각은 증가했다. 안심할 만한 새 정보가 발표된 후에도 사람들은 정서적으로 적응할 시간이 필요했다. 결국 테러 효과는 그 직접 피해 규모에 비례하지 않다는 것이다. 예를 들어, 2001년 탄저병 공격은 지역적 사건이었고 국제 테러 행위와 무관하였으며 5명이 사망하였다. 그러나 이 사건은 9월 11일과 가까운 시점에 발생했기 때문에 엄청난 생물 테러 연구, 재난 준비, 백신과 항생제 비축이 이어졌다. 검증되지 않은 피드백 기제, 지연 그리고 비선형성은 의도치 않은 결과를 초래하는 정책을 결정할 가능성을 증가시킨다.

연구 개관

이 연구는 두 가지를 목표로 한다. 첫째, 비(非)테러 사건 대 테러 사건에 대한 대중의 반응 차이를 살펴본다. 이 점을 염두에 두고 시나리오를 비(非)테러 사건 대 테러 사건, 폭발 대 감염성 질병, 테러리스트의 동기가 포로석방 대 오직 공포유발, 비테러리스트의 범죄 동기가 비의도적 대 의도적, 테러리스트의 행위가 비자살 대 자살, 일반 사건에서 과실이 포함되지 않은 대 포함된, 희생자가 정부 공무원 대 관광객, 사망자 수(0, 15, 495)에 따라 체계적으로 바꾸었다. 두 번째, 위험신호가 지역사회를 통해 어떻게 파급되는지를 시스템 모델링을 통해 보여주고자 한다. 따라서 예비 모델을 제안하고, 지역사회에서 공포가 확산되는 시뮬레이션 결과를 제공할 것이다.

자료 수집

방법

참여자

샌디에이고 지역 한 대학에서 4개의 서로 다른 수업에서 경영학을 전공하는 121명을 2004년 9월에 선발하였다. 연령 중앙치는 23세(21~52세)였으며, 49%가 백인이었다.

절차

참여자에게 조사설문지를 주고 16개의 가상 시나리오(테러와 비테러가 혼합되어 있는 사고)를 읽고 응답하게 했다. 참여자는 6개 조건 중 하나에 무선할당되었고 표 17.3에 제시된 12개 조사 질문 각각에 대해 16개 시나리오를 평가하였다. 순서효과를 통제하기 위해 응답자의 반은 시나리오 1부터, 나머지 절반은 시나리오 16부터 시작하였다. 이와 마찬가지로 시나리오의 순서를 섞어 특정 사건이 다른 사건보다 더 중요한 것처럼 보이지 않게 하였다. 이 과제를 끝낸 후 매체 이용, 정보원(지방공무원, 성직자, 의료진, 전문가)에 대한 신뢰, 친구동아리의 크기, 그리고 인구통계 정보를 물었다. 마지막에는 테러 지각에 관한 최신 전국 갤럽조사의 10문항에 답하게 했다. 이것은 이 연구 결과가 학생 모집단을 넘어서 일반성이 있는지 평가하기 위해 실시되었다. 전체 과제 수행시간은 60~90분 사이였다.

실험설계

가상 시나리오의 배경은 지방의 테마공원이었다. 설계는 16회 반복측정(시나리오)되는 2×3 요인설계였다. 참여자는 먼저 두 조건 중 하나에 무선할당되었는데, 모든 시나리오에 공원의 과실(비테러)과 자살(테러)이 포함되었거나, 과실 또는 자살 행위가 전혀 포함되지 않은 조건이었다. 두 조건 각각에서 참여자는 사망자가 0명, 15명, 495명을 포함한 세 조건 중 하나에 무선할당되었다. 이로써 6개 피험자 간 집단이 구성되었다. 6개 집단 내에서 모든 참여자는 다음에 제시된 방식대로 16개 시나리오를 평가하였다. 8건의 사건은 테러에 초점이 맞춰져 있었다(4건은 폭탄 폭발, 4건은 탄저균 방출). 테러리스트의 동기는 포로석방 또는 오직 공포유발이었다. 나머지 8가지 시나리오에는 테러가 포함되지 않았다(4건은 프로판 탱크 폭발, 4건은 감염성 질병). 동기는 의도적(범죄) 또는 비의도적(사건)으로 나뉘었다. 8개 시나리오에서 희생자는 정부 공무원인 반면, 나머지 8개 시나리오의 희생자는 관광객이었다,

표 17.1은 사망자가 0명이고 자살/과실 없는 집단에 대한 피험자 내 설계이다. 피험자 내 요인 제목은 가는 글씨, 피험자 간 요인 제목은 굵은 글씨로 나타냈다. 예를 들어, 시나리오 1은 각 참여자가 처음 평가하는 사건이다. 이 사건의 특징은, 테러 행동, 폭탄 폭발, 동기는 정치 포로석방 요구, 표적은 정부 공무원, 자살 없음, 사망자 없음이다. 시나리오 2는 사망자가 없고 자살/과실 없는 집단으로 그 특징은 테러 아님, 공원 직원의 의도치 않은 감염성 질병 방출, 관광객이 희생자, 공원 관계자의 과실 없음, 사망자 없음이다. 나머지 5개의 피험자 간 집단 역시 자살/과실이 있고 사망자 수를 제외하고는 동일하였다. 예를 들어, 15명의 사망자가 발생한 자살/과실 집단에 대한 시나리오 2의 특징은 테러 아님, 공원 직원의 의도치 않은 감염성 질병 방출, 희생자는 관광객, 공원 관계자의 보건법 위반(과실)과 15명의 사망자이다.

표 17.1에 기술된 시나리오에서 순서(이 장의 뒷부분에서 다변량절차를 사용하여 검토되었음)는 다음과 같은 제안을 따랐다.

- 영역 : 테러가 비테러보다 더 위협적인 이유는 테러 행위가 파국적이 될 잠재력이 높고, 예측 불가능하며, 악의적 동기를 가지기 때문이다.

표 17.1 16개 시나리오(자살/과실 없음, 사망자 0명 집단) 각각에 대해 사건특징을 기술한 실험 설계

시나리오	영역	기제	동기	표적/희생자	자살/과실	사망자 수
1	테러	폭탄	포로 석방	공무원	자살 없음	0
2	비테러	감염성 질병 방출	비의도적	관광객	과실 없음	0
3	비테러	프로판 탱크	비의도적	공무원	과실 없음	0
4	테러	탄저균	포로 석방	관광객	자살 없음	0
5	비테러	프로판 탱크	의도적 범죄	공무원	과실 없음	0
6	테러	탄저균	공포 확산	관광객	자살 없음	0
7	비테러	감염성 질병 방출	비의도적	공무원	과실 없음	0
8	테러	폭탄	포로 석방	관광객	자살 없음	0
9	비테러	감염성 질병 방출	의도적 범죄	공무원	과실 없음	0
10	테러	폭탄	공포 확산	관광객	자살 없음	0
11	비테러	감염성 질병 방출	의도적 범죄	관광객	과실 없음	0
12	테러	폭탄	공포 확산	공무원	자살 없음	0
13	비테러	프로판 탱크	의도적 범죄	관광객	과실 없음	0
14	테러	탄저균	공포 확산	공무원	자살 없음	0
15	비테러	프로판 탱크	비의도적	관광객	과실 없음	0
16	테러	탄저균	포로 석방	공무원	자살 없음	0

- 기제 : 감염성 질병이 폭발보다 더 큰 걱정을 불러일으키는 이유는 질병은 보이지 않고 효과가 지연되기 때문이다.
- 테러 동기 : 공포 확산이라는 명시적 목표가 포로 석방 요구보다 더 걱정스러운 이유는 후자는 협상의 여지가 있다는 인상을 주므로 위험을 감소시킬 수 있기 때문이다.
- 비테러 동기 : 의도적으로 저지른 사건이 사고보다 더 걱정스러운 이유는 전자는 다른 사람의 안전을 악의적으로 무시함을 암시하기 때문이다.
- 희생자 : 희생자가 관광객인 것이 희생자가 정부 공무원인 경우보다 더 걱정스러운 이유는 관광객은 해로운 일에 자원한 것이 아니며 또한 참여자와 더 비슷해 보일 수 있기 때문이다.
- 테러에서 자살 : 자살을 포함하는 테러 행위가 그렇지 않은 경우보다 더 위협적인 이유는 자살은 중단시키기 어렵고 개입 수준이 매우 높기 때문이다.
- 비테러에서 과실 : 과실을 포함한 사건이 그렇지 않은 경우보다 더 위협적인 이유는 과실은 공공 신뢰를 위반하였음을 함축하며, 이전에 생각한 것보다 더 높은 수준의 위험

표 17.2 영역, 기제, 동기, 희생자, 자살/과실, 사망자 수 지각(예 : 위험지각)과 행동(예 : 공공장소 회피)에 주는 영향을 검증하기 위해 사용된 시나리오 예

테러, 폭탄 폭발(테러, 폭발, 동기 – 공포 유발, 자살 포함, 희생자 – 관광객, 사망자 495명)

현재 보도에 따르면, 이례적으로 관광객이 많이 모인 지방의 한 테마공원에서 강력한 폭탄이 터졌습니다. 자신의 소행이라고 밝힌 국제 테러집단은 모든 미국인에게 공포를 일으키기 위한 것이라고 했습니다. 한 명의 테러리스트가 관광객 집단 근처에 터진 치명적 폭탄에 엎드려 자살한 것으로 보입니다. 수많은 관광객이 심한 부상을 입었고 최소 495명이 사망했습니다.

테러, 탄저균 유출(테러, 감염성 질병, 동기 – 포로 석방, 자살 없음, 희생자 – 정부 공무원, 사망자 없음)

현재 보도에 따르면, 16일 전에 1,000명의 정부 공무원이 주 전역에 걸쳐 순회하던 중에 지방의 한 테마공원에서 탄저균이 유출되었습니다. 자신의 소행이라고 밝힌 국제 테러집단은 감옥에 갇힌 조직원들을 석방할 것을 요구하고 있습니다. 한 명의 테러리스트가 공무원 집단 근처에서 치명적인 감염성 질병을 방출한 것으로 보입니다. 수많은 공무원이 탄저균에 노출된 것으로 보이지만 사망자는 없습니다.

비테러, 비의도적 프로판 탱크 폭발(비테러, 폭발, 비의도적, 과실 포함, 희생자 – 정부 공무원, 사망자 495명)

현재 보도에 따르면 1,000명의 정부 공무원이 주 전역에 걸쳐 순회하던 중에 지방의 한 테마공원에서 프로판 탱크가 폭발하였습니다. 관계당국에서는 비열한 행위일 가능성을 배제하였으나 탱크에 대한 정비기록을 조사하고 있습니다. 프로판 탱크의 밸브 결함으로 인해 공무원 집단 근처에서 엄청난 폭발이 일어난 것으로 보입니다. 조사에 따라 무거운 벌금형이 부과될 것입니다. 수많은 공무원이 심한 부상을 입었고 최소 495명이 사망했습니다.

비테러, 비의도적 감염성 질병 유출(비테러, 감염성 질병 유출, 비의도적, 과실 없음, 희생자 – 관광객, 사망자 15명)

현재 보도에 따르면 16일 전에 이례적으로 관광객이 많이 모인 지방의 한 테마공원에서 감염성 질병이 유출되었습니다. 관계당국에서는 비열한 행위일 가능성을 배제하였고 고의적이 아니라고 밝혔습니다. 최근 고용된 급식 종업원이 자신의 건강 증상에 개의치 않고 입사지원 시 질병이 없다고 보고한 것 때문인 것으로 보입니다. 종업원은 자신도 모르게 수많은 관광객에게 치명적인 감염성 질병을 노출시켰습니다. 벌금형이나 형사고발은 이루어지지 않았습니다. 수많은 관광객이 노출되었고 최소 15명이 사망했습니다.

비테러, 의도적 프로판 탱크 폭발(비테러, 폭발, 의도적, 과실 포함, 희생자 – 관광객, 사망자 495명)

현재 보도에 따르면 이례적으로 관광객이 많이 모인 지방의 한 테마공원에서 프로판 탱크가 폭발하였습니다. 관계당국에서는 비열한 행위일 가능성을 배제하였고 고의적이 아니라고 밝혔습니다. 조사관은 보안조치 및 탱크에 대한 정비기록을 살펴보고 있습니다. 프로판 탱크의 결함 있는 밸브가 실제로 잘못 조작되어 관광객 집단 근처에서 엄청난 폭발이 일어난 것으로 보입니다. 조사에 따라 무거운 벌금형이 부과될 것입니다. 수많은 관광객이 심한 부상을 입었고 최소 495명이 사망했습니다.

비테러, 의도적 감염성 질병 유출(비테러, 감염성 질병 유출, 의도적, 과실 포함, 희생자 – 관광객, 사망자 0명)

현재 보도에 따르면, 16일 전에 이례적으로 관광객이 많이 모인 지방의 한 테마공원에서 감염성 질병이 유출되었습니다. 관계당국에서는 비열한 행위일 가능성을 배제하였고 오염이 고의적인지 밝히려고 하고 있습니다. 조사관은 보안조치와 건강 검진 절차를 살펴보고 있습니다. 최근 고용된 급식 종업원이 자신의 건강 증상을 숨기고 입사지원 시 단지 감기에 걸렸다고 보고했던 것으로 보입니다. 관리자는 이 질병을 간과하였고 종업원은 다 알고도 수많은 관광객에게 치명적인 감염성 질병을 노출시켰습니다. 조사에 따라 심각한 벌금형이나 어쩌면 형사고발이 이루어질 것입니다. 수많은 관광객이 노출되었으나 사망자는 없습니다.

징후가 되기 때문이다.

- 사망자 수 : 사망자 수 효과를 무시할 수 있는 이유는 해로움에 잠재적으로 노출될 것을 예측해주는 다른 강력한 위험신호가 있는 상황에서, 이 숫자는 별다른 정보를 제공하지 않기 때문이다.

시나리오

96개 시나리오가 있다(6개는 피험자 간 집단 그리고 16개 시나리오는 피험자 내 집단). 6가지 시나리오의 예가 표 17.2에 제시되어 있다.

설문지

결과

사건 평균의 회귀분석

96개 시나리오 각각의 위험지각 평균과 신뢰 평균을 이해하고 예측하기 위해 표 17.1에 기술한 6가지 변수를 예측변수로 선형회귀모형을 만들었다. 영역, 기제, 동기, 희생자, 자살 또는 과실은 만일 테러, 감염성 질병, 공포, 관광객, 그리고 자살 또는 과실이 각각 포함된 경우 1로 코딩

표 17.3 각 시나리오에 대한 조사질문

위험지각과 신뢰

1. 이와 같은 사건에서 생긴 위험을 '첫 반응자'(경찰, 소방관 등)가 빠르게 감소시킬 수 있다고 어느 정도 신뢰하십니까?
2. 이와 같은 사건에서 생긴 위험을 '정부 공무원'(대통령, 주지사, 시장 등)이 빠르게 감소시킬 수 있다고 어느 정도 신뢰하십니까?
3. 이와 같은 사건으로부터 당신 자신을 얼마나 보호할 수 있다고 느끼십니까?
4. 이 사건을 알게 된 후 얼마나 위험하다고 느끼십니까?

매체에 대한 주목

5. 이 사건을 다룬 뉴스를 보는 데 얼마나 많은 시간을 보내십니까?

친구와 가족과의 만남과 대화

6. 이 사건을 알게 된 후 친구와 가족과 이 이야기를 하기 위해 만날 필요를 어느 정도 느끼십니까?

다음 사건이 발생한 동안 또 그 후의 행동

7. 사건이 해결될 때까지 당신은 하루 종일 당신의 안전에 대해 어느 정도 걱정했습니까?
8. 당신이 테마공원에 있지 않았다고 가정할 때, 당신이나 가족에게 위험에 대한 의료 정보를 얻기 위해서 어떤 보건관리 기관에 처음 연락하시겠습니까?
9. 이 사건을 알게 된 후 위험에 대한 정보를 얻기 위해 (앞 문항에서 선택한) 보건관리 기관에 처음 연락할 때까지 얼마나 걸렸습니까?
10. 사건이 일어난 동안 당신을 걱정시킨 위험에 대한 정보를 얻는 데 보건관계자에게 연락되지 않은 것은 어느 정도입니까?
11. 이 사건이 해결될 때까지 공공장소를 피해야 할 필요를 어느 정도 느끼십니까?
12. 이 사건이 해결될 때까지 지역을 떠나 있을 필요를 어느 정도 느끼십니까?

주 : 척도가 제시되지 않았으나 대부분은 '신뢰'척도(*낮은 신뢰* 1 2 3 4 5 6 7 8 9 *높은 신뢰*) 또는 '위험'척도(*낮은 위험* 1 2 3 4 5 6 7 8 9 *높은 위험*)와 같은 양식을 가진다. 그러나 '회피'의 경우 행동목록이 제시되었다(어느 공공장소든지 피한다, '테마공원'만 피한다, '테마파크'뿐만 아니라 쇼핑몰·슈퍼마켓·대중교통 같은 장소를 피한다, 거의 모든 공공장소를 피하지만 일을 위해 직장을 계속 다닌다, 직장에 가는 것을 포함해 모든 공공장소를 피한다).

하였다(그렇지 않으면 0으로 코딩). 사망자 수는 0, 15, 495로 코딩하였다. 위험지각의 선형회귀함수는 y(지각된 위험) = 3.03 + 1.39(영역) + 0.77(기제) + 0.32(동기) + 0.24(희생자) + 0.74(자살 또는 과실) + 0.00004(사망자 수)이고, R^2 = 0.82이다. 이것은 비표준화 회귀계수이다. 그러므로 영역에 대한 회귀계수는 모델의 다른 모든 변수를 현재 수준으로 유지했을 때, 테러 위험지각 평균은 비테러 사건보다 척도 점수가 1.39 더 크다. 기제 계수는 다른 모든 변수를 일정하게 유지했을 때 감염성 질병 대 폭발에서 위험지각의 평균 차이를 나타낸다. 사망자 수는 0에서 495명 척도에서 측정되었는데, 이것은 부분적으로 회귀계수가 비교적 작은 이유를 설명해 준다. 그렇지만 효과 크기는 매우 작다. 사망자 수를 제외한(p = 0.85) 모든 회귀예측변수가 의미 있었으며(p < .001) 테러는 위험지각에 가장 큰 영향을 주었다. 그 뒤를 이어 기제(감염성 질병 또는 탄저균), 자살 또는 과실, 동기(공포) 그리고 희생자(관광객) 순이었다. 흥미로운 것은 일단 이 5가지 요인이 고려되면, 사망자 수가 위험지각에 기여하는 바가 없었다. 이 결과는 가설(앞서 기술된 실험설계 부분), 즉 테러, 감염성 질병, 공포 확산 동기, 관광객 희생자, 자살 또는 과실을 포함한 사건이 가장 높은 위험지각이라는 주장을 뒷받침한다. 이 요인의 중요성은 표 17.4에 나타난 것처럼 가장 높은 위험지각 평균을 나타낸 세 가지 시나리오와 가장 낮은 위험지각 평균을 나타낸 세 가지 시나리오를 비교하면 분명하게 드러난다.

첫 반응자(경찰, 소방관 등)에 대한 신뢰 회귀모델은 y(지각된 신뢰 − 첫 반응자) = 7.05 − 0.36(영역) − 0.90(기제) + 0.03(동기) − 0.07(희생자) − 0.06(자살 또는 과실) − 0.00132(사망자 수)이고, R^2 = 0.75이다. 영역, 기제, 사망자 수는 의미 있는 신뢰 예측변수였다(p < .001). 그러나 여기서 사망자 수의 효과 크기는 위험지각에서처럼 미미하지 않았다. 첫 반응자에 대한 신뢰는 감염성 질병보다 폭발을 다룰 때, 테러보다는 비테러 사건에 대해, 그리고 적은 사상자 수(부적 회귀계수)에 대해 크게 나타났다. 공무원에 대한 신뢰 회귀모델은 y(지각된 신뢰 − 정부 공무원) = 5.66 + 0.76(영역) − 0.05(기제) + 0.22(동기) − 0.45(희생자) − 0.0012(자살 또는 과실) + 0.00012(사망자 수)이고, R^2 = 0.50이다. 영역과 희생자(p < .001)는 동기만큼(p = 0.03) 의미 있었다. 공무원에 대한 신뢰는 다른 공무원에게 공포 확산 의도를 표명한 테러 사건에서 가장 높게 나타났다. 흥미로운 것은 자살이나 과실의 존재가 첫 반응자나 공무원에 대한 신뢰를 예측 못한다는 점이다. 첫 반응자 대 공무원에 대해 표현된 신뢰의 차이를 더 잘 이해하기 위해 설문지가 끝난 후 다수의 참여자에게 사후질문을 하였다. 그들은 사건은 전문적으로 훈련받은 전문가가 가장 잘 처리하겠지만, 테러는 지방과 연방정부의 개입을 요구하는 본질적으로 정치적 사건이라고 느꼈다고 설명하였다.

위험지각과 참여자의 기타 반응을 조사하였다. 회귀분석 결과, 위험지각은 참여자가 뉴스

표 17.4 사건 특징에 따른 평균 위험지각 순위

위험 순위	영역	기제	동기	표적/희생자	자살/과실	사망자 수	평균 (1~9)
1	테러	탄저균	공포 확산	관광객	자살	0	6.48
2	테러	탄저균	공포 확산	관광객	자살	495	6.42
3	테러	탄저균	공포 확산	공무원	자살	495	6.32
94	비테러	프로판 탱크	비의도적	관광객	과실 없음	0	2.71
95	비테러	프로판 탱크	비의도적	관광객	과실 없음	15	2.68
96	비테러	프로판 탱크	비의도적	관광객	과실 없음	495	2.62

기사에 주목하고($R^2 = 0.72$), 친구들에게 위험을 알리고($R^2 = 0.73$), 보건 관계자와 접촉하고 ($R^2 = 0.53$), 공공장소를 회피하거나($R^2 = 0.74$) 지역을 떠나는($R^2 = 0.57$) 정도를 예측하였다.

참여자 수준에서 사건 차이를 분석하기

참여자의 16가지 시나리오에 대한 반응 차이를 이해하기 위해 다양한 측정치에 대한 점수 분포를 검토하였다. 예를 들어, 이전 절에서 가장 큰 효과를 나타낸 피험자 내 요인으로 서로 다른 수준의 영역과 피해 기제에 대한 위험지각 반응의 분포를 비교하였다. 그림 17.1에서는 폭탄 폭발 테러와 비테러인 프로판 탱크 폭발을 비교하였고, 그림 17.2에서는 탄저균 방출 테러와 비테러인 감염성 질병 방출을 비교하였다. 두 그림에서 테러를 포함한 행위의 위험지각이 분명히 상향 이동하였다. 그러나 이러한 상향 이동은 감염성 질병보다 폭탄 폭발에서 더 명백하였다. 그림 17.3에서는 피해 기제가 비테러인 두 사건을 비교하였고, 그림 17.4에서는 피해 기제가 다른 두 테러 사건을 비교하였다. 감염성 질병 방출은 프로판 탱크 폭발보다 훨씬 더 위험하다고 지각되었으나 탄저균 방출은 폭탄 폭발보다 약간 더 걱정스럽게 여겨졌다. 그림 17.5에서는 위험지각 수준이 다른 위험 사건의 상대적 분포를 비교하였다. 가장 위험하다는 평가의 약 70%를 차지하는 것은 폭탄 폭발 또는 탄저균이었고, 가장 낮은 평가의 40%는 프로판 탱크 폭발이었다.

앞 절의 총괄 분석과 일관되게, 테러 또는 감염성 질병은 가장 큰 테러 효과를 나타내면서 위험지각을 가장 심하게 증가시켰다. 그러나 이 그림은 또한 이러한 가장 큰 차이가 폭발 영역에서 나타난다는 것을 보여준다. 프로판 탱크 폭발의 위험을 비교적 낮게 지각한 이유는 몇 가지로 설명된다. 먼저, 감염성 질병과 비교했을 때, 대중은 폭탄 폭발과 탄저균 종류의 위험에 매우 익숙하며 이들을 수월하게 생각한다. 둘째, 프로판 탱크 폭발은 비극적이기는 하지만, 위험 노출이라는 측면에서 분명히 끝이 있다. 감염성 질병은 계속 퍼질 수 있으며 미래에 있을 테러리스트의 위협이 한 번의 사건으로 끝나지 않는다.

다변량 분석

이 절에서 16가지 시나리오의 차이에 따른 가설을 좀 더 탐색하고자 한다. '사건 평균의 회귀분석'은 테러, 감염성 질병, 공포 확산 동기, 관광객 희생자, 자살 또는 과실이 포함된 사건에서는 지각된 위험이 높으나, 사망자 수는 지각된 위험에 별로 영향을 미치지 못할 것이라고 예측한 가설을 지지한다. 이 결과는 참여자 간 사건 평균을 회귀분석한 결과에 기초하고 있다. Willis 등 (2005)은 이러한 접근을 총괄수준의 위험초점 분석이라고 불렀다. 이 접근은 단일 회귀 모델에서 위의 6개 요인의 효과를 각각 검증할 수 있다는 중요한 장점이 있다. 그러나 이러한 모델링은 6개 요인 간의 잠재적인 상호작용과 비선형성을 조사하는 데 적당하지 않았다.

이러한 상호작용과 비선형성 문제를 해결하고, 16가지 시나리오에 나타난 경향을 자세히 살펴보기 위해, 참여자 간 평균을 구하지 않고 요인설계에서 반복측정치를 검증할 수 있는 일반선형 모델을 써서 다변량 분석(MANOVA)으로 가설을 검증하기로 결정하였다. 우리는 참여자 수준에서 결과를 확증하는 것이 더 중요하다고 보았다. 이러한 접근은 또한 참여자 반응(위험지각)에 미치는 세 가지 다른 효과를 검증할 수 있게 해주었다. 이들은 16개 시나리오에 걸쳐 영역, 기제, 동기, 희생자의 피험자 내 효과(예 : 선형적, 2차함수의), 앞서 기술한 6개 집단에 걸친 피험자 간 효과, 그리고 성차 효과이다. 그러나 이 절차에는 제한점도 있다. 16가지의 시나리오 분석은 상기한 총괄 분석에서처럼 영역, 기제, 동기, 희생자 변수 각각의 기여를 쉽

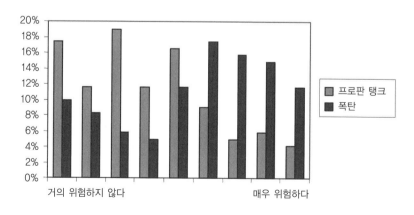

그림 17.1 프로판 탱크 폭발(비테러) 대 폭탄 폭발(테러)에 대한 위험지각 비교

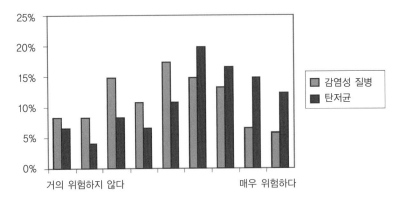

그림 17.2 탄저균 방출(테러) 대 감염성 질병(비테러)에 대한 위험지각 비교

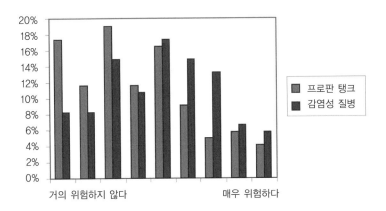

그림 17.3 감염성 질병 방출(비테러) 대 프로판 탱크 폭발(비테러)에 대한 위험지각 비교

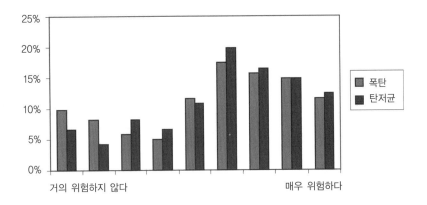

그림 17.4 탄저균 방출(테러) 대 폭탄 폭발(테러)에 대한 위험지각 비교

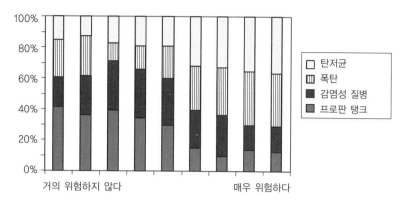

그림 17.5 위험지각에서 4가지 사건에 대한 상대적 분포(100% 척도) 비교

게 평가할 수 없었다. 그러므로 두 접근이 모두 필요하고 유용하다는 것이 드러났다. 여기서는 참여자의 위험지각과 공공장소 회피 의도에 논의를 제한하였다.

위험지각에 관해서, 먼저 피험자 내 효과를 검증하였다. 다변량 검증(예 : Wilks' Lamda)에서 16가지 시나리오 사이에 의미 있는 차이가 나왔다($p < .001$). 다변량 대비를 사용하여 시나리오 (피험자 내) 효과가 선형적이면서 2차함수적임을 확인할 수 있었다. 선형적 효과는 크고 정적이지만 2차함수 효과는 작고 부적이었다. 강한 정적 선형 효과는 프로판 탱크 폭발처럼 비의도적이고 희생자가 공무원이 아닌 비테러 사건을 가장 적게 걱정하며, 테러 동기가 오직 공포 확산이며 관광객을 표적으로 하는 탄저균 사건을 가장 걱정하고, 의도하지 않은 감염성 질병으로 관광객이 희생된 비테러 사건은 예측 순서의 중간에 위치한다는 가설을 지지한다. 작은 부적 2차함수 효과는 가설과 모순되지 않고 조금 후에 논의될 것이다. 과실 또는 자살, 사망자 수라는 피험자 간 요인의 상호작용은 의미가 없었고 따라서 이 효과는 6개의 피험자 간 집단에 걸쳐 일치되었다. 그다음으로 자살 또는 과실, 사망자 수라는 피험자 간 효과가 위험지각에 주는 영향을 살펴보았다. 과실(비테러 사건) 또는 자살(테러 사건)을 포함한 시나리오를 평가한 집단은 과실 또는 자살이 포함되지 않은 시나리오를 평가한 집단보다 위험을 의미 있게 높게 지각하였으나($p = 0.045$), 사망자 수가 많은 시나리오를 평가한 집단은 위험지각에서 의미 있는 증가를 보이지 않았다($p = 0.851$). 이 두 가지 발견은 가설과 일치한다. 두 요인 간 상호작용은 나타나지 않았다($p = 0.918$). 성차는 위험지각과 의미 있게 관련되었으며($p = 0.029$), 여자가 위험을 더 높게 지각하였다.

공공장소 회피 의도에 관해 위험지각과 유사한 결과를 발견하였다. 다변량 검증 결과, 16가지 시나리오 사이에 의미 있는 차이가 있었다($p < .001$). 이 효과는 선형적이었고($p < .001$) 동

시에 2차함수를 나타냈다($p = 0.033$). 피험자 간 요인을 살펴보면, 과실 또는 자살은 의미 있었으나($p = 0.022$), 사망자 수는 의미가 없었다($p = 0.155$). 이 결과는 가설과 일치된다. 여기서 성차는 공공장소 회피 의도와 의미 있는 관련이 없었다($p = 0.449$).

피험자 내 선형 효과와 2차함수 효과의 성질을 검증하기 위해 각 참여자가 위험지각과 공공장소 회피 의도에서 어떻게 반응하는지 좀 더 자세하게 살펴보았다. Willis 등(2005)은 이 접근을 참여자 수준의 위험-초점 분석이라고 불렀다. 자세한 평가를 위해 표본에서 24명을 뽑았다(6가지 피험자 간 집단 각각에서 4명씩). 영역, 기제, 동기, 희생자 각각이 개인 참여자의 위험지각에 주는 영향을 측정하여 MANOVA의 한계를 극복하고자 하였다. 이를 위해 16가지 시나리오에 대한 위험지각 점수를 영역, 기제, 동기, 희생자에 대해 회귀분석하여 24가지 중다회귀식을 구하였다. 그러나 측정된 매개변수의 수에 비해 사건의 수가 적었기 때문에 결과가 신뢰롭지 않았다(예 : R^2이 특별히 큰 것은 의미 없는 회귀계수가 많음을 뜻한다). 영역과 약간의 기제가 위험지각을 예측하였다.

매개변수의 수를 줄이는 방법으로, 1에서 16까지 각 시나리오 중 가장 적게 걱정되는 사건을 1, 그다음 걱정되는 사건은 2 등으로 코딩하였다. 위험지각에 관해서, 코딩된 시나리오에서 각 사건에 대한 각 참여자의 반응(위험지각)을 회귀분석하였다. 최적을 찾기 위해 여러 회귀함수(예 : 선형, 2차함수, 멱함수)를 조사하였다. 다변량 분석과 일치하여, $y = a + b_1 x - b_2 x^2$ 형태의 2차함수가 가장 적합하다는 것을 발견하였다(사례의 약 75%). 중앙치 $R^2 = 0.45$이며, R^2의 70%는 0.30보다 컸다. 공공장소 회피 의도에 대한 모델링에도 비슷한 2차함수가 적합하다는 것을 발견하였다(사례의 약 67%). 중앙치 $R^2 = 0.58$이며, R^2의 69%는 0.30보다 컸다. 이 시나리오의 위험지각에서, 과실 또는 자살을 포함하지 않은 사건에 대한 회귀식은 $y = 2.30 + 0.36x - 0.010x^2$, 과실 또는 자살을 포함한 사건에 대한 회귀식은 $y = 3.13 + 0.38x - 0.012x^2$이었다. 이 2차함수가 시나리오와 자료에 고유한 것인지 아니면 좀 더 일반적 적용력이 있는지 결정하기 위해서 다른 유형의 여러 위험을 검토해야 할 것이다. 이 함수가 시사하는 것은 첫째, 영역, 기제, 동기, 희생자 요인을 사용하여 위협수준에서 다양한 사건의 순위(x값)를 매기는 것이 가능하다는 것이다. 예를 들어, 소방관을 포함한 우발적인 폭발사건에서부터 관광객이 포함된 탄저균 방출 테러에 이르기까지 여러 사건을 생각해보자. 전자는 낮은 순위를, 후자는 높은 순위를 차지할 것이다. 기타 모든 혼합형태의 사건들은 영역, 기제, 동기, 희생자에 주어진 점수에 따라서, 영역에 가장 큰 가중치를 주고 희생자에 가장 작은 가중치를 주어 순위를 정할 수 있다. 둘째, 위험지각이 순위($b_1 x$)에 따라 선형적으로 증가하지만, 높은 순위($-b_2 x^2$)에서는 약간 감소할 것인데, 이것은 위험지각의 변화가 순위 간에 동등하지 않음을 뜻한다. 시나리오에 대한 참여자 반응($y = a + b_1x - b_2x^2$)의 성질을 이해하는 것은 다음에 논의될 시스템 모델의 가장 영향력 있는 입력 요인이기 때문에 중요하다.

시스템 모델링

시스템 역동 모델링

모델링 절차

시스템 모델링 절차를 간략히 설명하자면, 그림 17.6에 제시된 시스템 역동 모델을 보면 된다. 좀 더 복잡한 모델 기술은 Burns와 Slovic(2007)을 참조하기 바란다. 이 모델은 시간에 따라 시스템이 어떻게 변하는지 추적하기 위해 설계된 비축-유출 다이어그램이다. 비축(직사각형으로 표시됨)은 축적이며, 특정 순간의 시스템 상태를 나타낸다. 유출(파이프로 흘러들어 가거나 파이프에서 흘러나오는 것으로 표시됨)은 시간의 흐름에 따라 비축 크기를 각각 증가 또는 감소시킨다. 유출의 속도는 밸브에 의해 조절되는데, 밸브는 원인이 되는 요인(원과 방향 화살표로 표시됨)의 영향을 받는다. 파이프의 처음과 끝에 있는 구름표시는 모델 경계선 외부의 변수를 나타내는 비축(각각 원천과 싱크홀)이다. 이해가 쉽도록 그림에서 몇몇의 원인과 화살표를 생략하였지만 이 그림은 대략적 내용을 제공한다.

모델 기저의 역동 가설은 부분적으로 위험의 사회확산틀에 기초하고, 높은 위험 신호를 나타내는 사건은 폭로성 관심을 크게 받고 광범위하게 보도된다고 예측한다. 이 가설은 또한 매체가 보도량, 선택 내용, 심상을 통해 위험 신호를 크게 증폭시킴을 시사한다. 걱정하는 시민들은 입을 통해 증폭 정거장 역할을 하면서 공포를 지역사회에 급속히 퍼뜨린다. 높은 수준의 공포는 곧바로 지역사회에게 자원 증가를 요구하는 고비용의 2차 영향을 미친다.

구체적으로, 모델의 배경은 '위험에 처한 사람들' 이야기에서 시작한다. 거기서 테러가 발생한 곳 가까이 있던 몇 사람이 사망한다. 이들의 사망, 사건의 위험특징(예 : 탄저균이나 폭탄 폭발), 그에 뒤따르는 공포를 조사한다. 조사가 증강되면서('조사강도'), 보도량('TV 보도')이 증가하고, 사건에 관해 시민들을 주의시킨다. 테러 공격으로 증가된 각성은 위험지각을 증가시켜 사람들을 걱정하게 만들고('걱정스러운') 다른 사람에게 경각심을 일으킨다. 어떤 사람들은 두려워하게 된다('공포스러운'). 그러면 지역사회가 개입하여 지지와 안정을 제공하고 공포 수준이 감소된다. 공포가 감소하면서 위험지각도 감소한다. 결국 지역사회는 평정을 되찾지만, 사람들은 여전히 사건 이전보다 높은 걱정을 하게 된다(그림에 제시되지 않았으나 검토되었음).

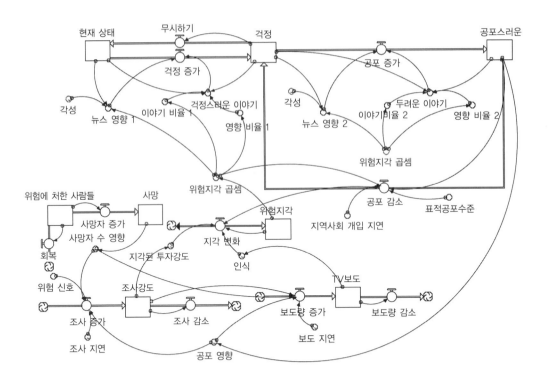

그림 17.6 테러 공격에 대한 일반인 반응의 시스템 역동 모델(약식형)

결과

시스템 모델 출력

모델링과 조사 자료를 논의하였으므로, 그림 17.7에서 프로판 탱크 폭발, 폭탄 폭발, 탄저균 방출로 6개월 동안 지역사회에 확산되는 공포를 비교해보자. '두려운'을 공포의 표현뿐 아니라 공공장소 회피와 같은 보호행동을 취하는 경향으로도 해석하였다. 이것은 테러나 심각한 사고에 대한 대도시 지역사회의 반응을 나타낸다. 이 모델은 약 100만 명 중 1,000명이 지방의 테마공원에서 해를 입었고 절반이 사망했다고 가정한다. 이 모델은 또한 폭탄 폭발이나 프로판 탱크 폭발보다 탄저균 공격을 조사하는 데 시간이 더 오래 걸린다는 것을 가정한다.

출력은 수많은 모델 변수들 사이의 함수관계에 대한 개인적 측정뿐 아니라 우리의 조사 자료에 바탕을 둔다. 예를 들어, 그림 17.6에서 다양한 유형의 위험한 사건의 특징 입력은 앞서 논의된 사건의 영역, 기제, 동기, 희생자, 과실 또는 자살, 사망자 수에 근거를 둔 위험지각 예측으로부터 얻어졌다. 마찬가지로, 입을 통해 위협에 대한 뉴스가 퍼지는 것은 '걱정스러운 이야기'와 '두려운 이야기'로 기술되었다. 이것은 부분적으로 개인별 평균 접촉(이야기 비율)과

각 의사소통의 설득력(영향 비율) 함수이다. 접촉 비율과 설득 비율의 값을 구할 때 각 참여자의 평균 친구 수뿐 아니라 사건에 대한 위험지각과 친구들 사이에서 의사소통 능력에 대한 조사보고에 근거하였다. 또한 모델의 몇몇 핵심 변수들 사이의 관계도 측정하였다. 상세한 기술은 www.decisionresearch.org/pdf/TheDiffusionofFearFigureEquationsGraph_000.pdf를 참고하면 된다.

그림 17.7을 보면 시민의 약 45%가 탄저균 공격 두 달 후에도 두려울 것을 예측하고 있다. 이 비율이 높은 것처럼 보이지만, Snyder와 Park(2002)은 2001년 9/11 테러 두 달 후 이루어진 전국 조사에서 21%가 '매우 두렵다', 23%가 '약간 두렵다'고 기술하였음을 발견하였다. 공포라는 측면에서, 9/11 테러가 미친 전국적 영향보다 탄저균 방출이 지역 주민에게 주는 영향이 더 크고 오래 지속되리라고 생각해도 큰 무리가 없을 것이다.

각 사건에 대해 두려워하는 사람들의 백분율과 계속 두려워하는 시간길이에서 현저한 차이가 있다. 이러한 차이는 표 17.1이 보여준 각 사건의 위험 특징과 조사의 지속시간 차이에서 나온다. 모델에 입력된 사망자 수는 세 사건에서 500명으로 동일하지만, 폭탄 폭발 또는 프로판 탱크 폭발 사고보다 탄저균 위험지각이 더 컸다. 그러나 날짜별로 두려워하는 사람 수를 나타내는 곡선 이하의 영역은 프로판 탱크 폭발이 탄저균의 약 70%임을 보여준다. 두려운 사람 수와 계속 두려운 시간 길이의 현저한 차이는 지역사회의 신체적, 경제적 건강에 대한 건전한 함축성을 가진다. 이런 종류의 증폭은 위험의 사회확산틀에서 예측된 여러 강화 피드백 회로, 지연, 비선형성에서 나온다.

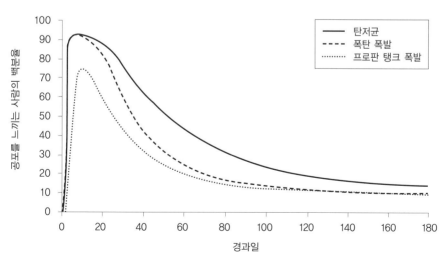

그림 17.7 위험 신호와 조사 기간이 다른 세 사건에 대한 반응 시뮬레이션

논의

주요 결과

이 연구에서는 불행한 사건이 발생한 동안 그리고 그 이후, 위험지각과 가능한 여러 행동에 관한 변수를 포함한 위협 시나리오를 검토하였다. 위협 시나리오는 총점 수준(참가자 간 평균)과 비총점 수준(참가자 수준에서) 모두에서 조사되었다. 연구에서는 여러 방법론적 접근이 포함되었다(예 : 단일회귀분석과 MANOVA). 주요 발견은 테러의 위협이 비교할 만한 다른 사건에 비해 일반인의 마음에 큰 두려움을 준다는 것이다. 감염성 질병은, 특히 테러가 아닌 폭발 사고보다 더 큰 걱정을 유발했다. 공포 확산을 동기로 표명한 자살은 위험지각을 증가시켰다. 마찬가지로, 과실이나 범죄 의도가 포함된 비테러 사건도 걱정을 증가시켰다. 희생자가 누구인지가 중요하지만 그 정도는 약했다. 여기에 언급된 요인들을 고려하면 사망자 수가 위험지각에 주는 영향은 미미하였다. 이러한 효과는 일차적으로 선형적이지만 걱정은 걱정스러운 사건들(예 : 폭탄 폭발)의 상위 범주에서 약간 감소했다. 비슷한 결과가 사건 발생 후 공공장소 회피 의도에서도 발견되었다. 여자의 경우 연구에 제시된 시나리오의 위험을 더 높게 지각하였으나 사건이 발생한 동안 공공장소 회피 의도가 더 높지는 않았다.

첫 반응자에 대한 신뢰는 소수의 사망자를 초래한 감염성 질병보다는 테러가 아닌 폭발 사건에서 가장 컸다. 이와 반대로 공무원에 대한 신뢰는 폭발이나 감염성 질병의 포함 여부와 상관없이 테러 사건에서 가장 컸다. 이러한 차이가 나타나는 이유는 테러는 정치적이므로 자연히 공무원의 영역이라고 지각되지만, 사고는 첫 반응자의 특별한 전문적 기술을 요구한다고 지각되기 때문이다. 그러나 이 결과가 수집된 이후, 미국 국민은 허리케인 카트리나에 대한 공무원과 첫 반응자(즉 몇몇 경찰)의 비효과적 반응을 목격하였다. 만약 지금 측정한다면 대중의 신뢰가 더 조성되었을지 의심스럽다.

위협적인 사건이 일어나는 동안 일반인이 친구에게 위험을 알리거나 매체에 주목하는 정도를 위험지각으로 예측할 수 있다는 점을 발견하였다. 또한 위험지각은 공공장소를 회피하거나 사건이 해결될 때까지 장소를 떠나 있는 경향을 예측할 수 있다.

조사 결과는 테러 공격 또는 사고 후 즉각적으로 공포가 지역사회 내에서 어떻게 퍼지는지를 검토하기 위해 시스템 모델에 포함되었다. 위험 신호와 조사 기간을 달리한 시나리오를 가지고, 시간이 흐르면서 매스컴의 보도, 구전 그리고 공포에 어떤 영향을 주는지 밝히기 위해 시뮬레이션을 하였다. 지각된 위험 수준이나 조사 기간을 조금만 늘려도 공포를 느끼는 사람의 수, 확산 비율, 공포 지속에서 확산 효과가 일어났다. 이 연구의 초점은 아니었으나, 사회적 지원기관(별도로 취급하지는 않음)의 개입이 공포를 덜 느끼는 비율에 영향을 주는지 밝히기 위해 개입 수준을 변화시켰다. 높은 수준의 개입은, 특히 초기에 이루어진 개입은 공포를 눈에 띄게 감소시켰다. 예측된 대중의 반응은 사고 대 테러 사건에 따라 극적으로 달랐으며, 위험의 사회확산틀과 일치되는 결과를 얻었다. 이 조사는 세심하게 설계된 시나리오에 대한 반응이 어떻게 우리의 시스템 역동 모델에 자료와 파라미터를 제공하는지를 증명하기 위해 시작되었다.

연구의 한계

2004년 9월 샌디에이고 지역 한 대학에서 121명의 학생을 모집하였다. 학생만 조사함으로써 연구 결과가 대학 장면을 넘어서 일반화가 될 수 있을지 의문이다. 이 문제를 해결하고자 참여자의 태도와 지각을 전국 표본의 반응과 비교하기 위해 참여자들에게 테러에 대한 최근 갤럽 여론조사 문항(예 : "당신 또는 가족 중 누군가 테러에 희생되지 않을까 봐 걱정되십니까?")에 답하게 하였다. 학생들의 답이 2004년 8월 발표된 갤럽 여론조사 결과와 매우 비슷했으므로 우리 연구 참여자의 반응이 일반 모집단의 전형적인 반응임을 시사한다. 이 조사는 2001년 9/11 테러 기념일과 가까운 시점에, 그리고 테러를 주요 이슈로 다룬 대통령 캠페인 기간의 마지막 몇 달 동안 이루어졌다. 그 결과, 참여자들의 테러에 대한 경각심과 걱정 수준은 보통 때보다 더 높았을 것이다. 이 연구 결과가 특정 위험에 대한 대중의 반응을 다소 과대추정했을지 모르지만, 때가 때인 만큼 참여자가 이번 조사에 진지하게 응했음은 과제에 기울인 시간과 반응의 질을 통해 드러났다. 연구 설계에서 연구자들은 사망자 수를 피험자 간 요인으로 처치하였는데, 그 때문에 부분적으로 효과 크기가 미미하게 나타났다. 그러나 과실 또는 자살 역시 피험자 간 요인으로 처치하였지만 효과 크기는 상당히 컸다. 표본이 비교적 작았기 때문에 추정에서 문제가 생겼다. 요인 간 고차 상호작용 효과의 검증력이 높지 않았다(아무것도 통계적으로 유의미하지 않았으나, 이것은 낮은 검증력 때문이기도 하다). 그러나 실험설계의 통계적 효능 덕분에 주 효과는 매우 높았다(검증력 0.95 이상).

　우리 연구는 모델을 통하여 어떤 역동성이 다양한 위험 사건에서 대중의 반응을 일으키는지를 나타내고자 하였다. 모델은 위험의 사회확산틀을 따라 구성되었다. 그러나 모델 변수 간의 여러 함수 관계는 합리적이지만 주관적 평가에 근거를 두었다. 예를 들어, 위기가 발생한 동안 사회 지원 집단과 기관이 대중을 개입시키는 것을 알고 있지만, 반응의 정도, 시기, 효과성을 우리가 주관적으로 예측해야 했을까? 그러므로 이러한 결과를 다른 테러 공격이나 주요 재난에서 나온 행동 자료로 확증하는 것이 유익하다. 그래서 탄저균 공격 후 60일 시점에서 모델이 예측한 공포 수준과 9/11 테러 후 대중의 지각을 추적한 전국 조사를 비교하였다. 마찬가지로 여러 중요한 변수들을 포함시켰으나 몇몇은 포함시키지 않았다. 예를 들어, 정부 반응의 영향력은 모델에 포함시키지 않았다. 그러나 이 반응은 매스컴, 대중, 그리고 다양한 기관의 행동뿐 아니라 사건 자체의 규모에 영향을 주었을 것이다. 마지막으로 시스템 모델 안에서 몇몇 변수들은 여러 관련 변수들의 총점이다. 간단하게 하기 위해 이렇게 하였으나 이 요소들은 항상 총점으로만 작용하지 않는다. 예를 들어, '조사 강도'는 첫 반응자, 지방당국, 연방당국의 노력을 나타낸다. 그러나 프로판 탱크 폭발은 첫 반응자와 지방당국의 강도 높은 노력을 요구하지만 테러 위협은 여러 집단으로부터 전국적 관심을 포함한다.

정책 시사점

정책 입안자는 지역사회와 국가를 광범위하게 위협하는 사건들에 대비할 필요가 있다. 테러 행위는 대중이 이 위기를 알게 될 무렵 빠르지만 시간을 끄는 걱정을 일으킨다. 반대로 비테러 폭발(적어도 핵폭발이 아닌)과 자연재해는 여러 사람을 죽거나 다치게 할 잠재성이 있으나 자연스럽게 종결된다. 즉 한 지역이 지금은 안전하다든가 폭풍이 끝났다고 말하는 것이 타당하다. 이 경우 무엇이 발생했고 왜 발생했는지를 서로 이야기하는 것이 가능하다. 또한 누가 어느 정도 다쳤는지를 표로 만들 수 있다. 요컨대 정상적 활동을 재개할 수 있다. 테러 사건은 다르다. 사건이 끝났다고 말하는 것이 타당한가? 왜 공격이 일어났는지 적절히 설명할 수 있는가? 생물학적, 화학적, 또는 방사능 공격이 일어난 경우 누가 어느 정도 영향을 받았는지 간단히 말할 수 있는가? 위기는 분명히 잦아들겠지만 완전히 해소되지 않는다. 상황에 대해 불편한 휴전을 설정하고 일상으로 돌아가야겠지만, 전혀 바뀌지 않은 것은 아니다. 이러한 이유로 테러는 지역사회에서 테러 공격의 영향이 약해지기를 바라는 공무원들에게 도전이 된다.

조사 결과에 따르면 일반인은 공무원이 테러 사건 동안 위험을 감소시킬 능력을 중간 정도 신뢰하고 있으며, 첫 반응자가 특히 감염성 질병과 같은 위기를 효과적으로 다루는 능력은 제한적으로만 신뢰하고 있다. 분명한 것은, 공무원은 테러 사건 동안 대중에게 취해야 할 예방조치를 전달하고 반응을 조절하는 데 좀 더 가시적인 역할을 해야 한다는 것이다. 덧붙여, 첫 반응자는 신뢰 조성을 돕고 대중과의 소통 촉진을 위해 지역사회가 다양한 테러 시뮬레이션에 개입하도록 적극적으로 고려해야 한다. 우리의 시뮬레이션 결과는 위기가 해결되지 않고 오래될수록 위험 신호는 더 확산되고 공포가 지역사회에 퍼질 기회가 더 많아진다고 시사한다. 마찬가지로, 지역사회에서 공포 수준이 커질수록 대중이 정상을 되찾는 데 더 많은 노력이 요구된다. 반대로 사회 지원 집단과 기관의 개입으로 정상 회복을 도울 수 있다. 이러한 발견은 정부 공무원, 첫 반응자, 지역사회 지도자, 지원 집단이 더 세심하고 협조적이고 빠른 반응을 해야 함을 말해준다. 지역사회가 보건, 재정적 원조, 사회적 지원을 제공하는 것이 지연되지 않도록 적극적으로 노력해야 한다.

향후 연구에 대한 제언

자료 수집

이 장에서는 폭발 또는 감염성 질병을 포함한 위험에 초점을 맞추었다. 그러나 이 연구를 자연재해뿐 아니라 화학 폭발과 방사능 폭발 같은 다른 종류의 피해 기제에 확장시키는 것이 유익하다. 자연재해의 경우 특히 중요한데, 태풍, 돌풍 그리고 홍수에 이어 상당한 행동 자료가 수집되어 왔다. 자연재해 시나리오에 대한 조사반응을 현장에서 수집된 실제 행동 보고와 비교하는 것은 행동 자료가 드문 다른 재해에 유용한 기준점으로 작용할 것이다. 더군다나 이 연구는 테마 공원을 배경으로 하고 있으나, 일반적으로 더 흥미로운 것은 시나리오를 교통, 통신, 에너지, 수력 또는 사이버 시스템 피해로 구성하는 것이다. 이들 시스템이 중요한 이유는 피해가 지역사회 전체로 퍼지기 때문이다. 런던 폭탄 테러처럼 다수의 테러 공격에 대해 대중이 어떻게 반응하는지 거의 알지 못한다. 이 사건도 대중의 공포를 증가시킬 것인가 아니면 공격이 효과적으로 다루어지면서 사람들이 적응하게 될 것인가? 테러 공격의 위협이 실제 공격과 어느 정도 똑같은 반응을 일으킬 것인가? 마지막으로, 재해가 발생하는 동안 사람들의 공포 수준이 정부 대응의 효과와 다른 사람들의 반응을 관찰함으로써 어느 정도 영향을 받는지 아는 것이 유용하다.

모델링

대중의 반응에 영향을 주는 여러 변수(위험 신호, 매스컴의 보도, 지역사회 개입)가 모델에 포함되었다. 그러나 신뢰와 정부 대응과 같은 변수들도 필요하다. 이들 요인이 시간에 걸쳐 어떻게 변하고 상호작용하여 시스템 피드백과 지연에 기여하는지 아는 것도 유용하다. 태풍 카트리나와 가장 최근의 재정 위기는 재앙의 영향이 시스템 지연에 의해 얼마나 더 악화되는지 극명하게 보여주었다. 더군다나 인구통계학적 특성과 세계관이 위험지각에 주는 영향을 이해하는 것은 지역사회 안에서 대중의 반응을 예측하는 데 도움이 된다. 마지막으로 이 연구에서는 공포가 확산되는 것을 모델링하였으나, 사회의 각 부분으로 공포가 어떻게 파급되어 경제에 광범위한 영향을 미치는지 더 잘 이해할 필요가 있다.

나노과학기술의 위험과 이익에 대한 문화 인식

Dan M. Kahan, Donald Braman, Paul Slovic, John Gastil & Geoffrey Cohen[*]

어떻게 하면 나노과학기술에 대한 대중의 인식이 더 나아질까? '친숙성 가설'에 따르면, 나노과학기술이 크게 확장될수록 그 지지가 더 증가한다고 본다. 이러한 추측은 여론조사에 기초한 것으로, 나노과학기술을 잘 아는 사람이 별로 없으며, 잘 아는 사람은 나노과학기술의 이익이 위험보다 더 크다고 믿는다고 한다(Cobb & Macoubrie, 2004; Macoubrie, 2006; Hart Research Associates, 2006, 2007). 그러나 몇몇 연구자들은 친숙성 가설을 지지하지 않고, 대중이 새로운 과학을 많이 알수록 인지 추단과 편향이 불안을 조성한다고 강조한다(Scheufele & Lewenstein, 2005; Scheufel, 2006). 우리는 나노과학기술의 위험과 이익을 균형 잡힌 정보로 제시했을 때 대중이 어떻게 반응하는지 측정하였다. 연구는 친숙성 가설 대신 대중의 태도는 문화 인식과 관련된 심리역동에 의해 형성된다는 강력한 증거를 찾았다.

문화 인식이란 위험하다고 추정되는 활동의 위험과 이익에 대한 사실적 신념을 그 활동의 문화적 감정에 두는 경향을 말한다(Wildavsky & Dake, 1990; DiMaggio, 1997). 심리학적으로, 고상한 행동은 사회적으로 유익하며, 천한 행동은 위험하다고 믿는 것이 그 반대로 생각하기보다 쉽다(Douglas, 1966; Gutierrez & Giner-Sorolla, 2007). 문화적으로 '개인주의'와 '위계주의' 세계관을 가진 사람은 환경이 위험하다는 주장을 무시하는 경향이 있는데, 그러한 재해를 인정하면 시장의 자율성과 사회지도층의 권위가 위협받기 때문이다. 이와 반대로 '평등주의'와 '공동체주의' 세계관을 가진 사람이 환경의 위험을 심각하게 받아들이는 이유는 무질서한 시

[*] Reprinted from Kahan, D. M., Braman, D., Slovic, P., Gastil, J. and Cohen, G. (2008) 'Cultural cognition of the risks and benefits of nanotechnology', *Drug Information Journal*, vol 41, no 1, pp. 81–100. Supplementary Information accompanies this paper at www.nature.com/nnano/journal/v4/n2/suppinfo/nnano.2008.341_S1.html

장이 불평등의 원천이고 따라서 사회에 해롭다고 믿기 때문이다(Douglas & Wildavsky, 1982; Dake, 1991). 이러한 역동성과 일치하여, 연구자들은 문화 세계관이 서로 반대인 사람들이 다양한 환경 위험과 과학기술 위험, 즉 원자력 발전(Peters & Slovic, 1996)과 지구온난화(Leiserowitz, 2005)에서부터 유전자변형 식품과 '광우병'(Finucane, 2002)에 이르는 위험을 양극단에서 본다고 밝혔다.

'문화 인지' 가설은 대중이 나노과학기술을 잘 알수록 이러한 패턴이 반복될 것이라고 주장한다. 즉 친숙성 가설이 시사하듯, 모든 사람이 똑같이 긍정적 태도를 갖는 것이 아니라 평등주의와 공동체주의 세계관을 가진 사람은 위계주의와 개인주의 세계관을 가진 사람에 비해 위험을 크게 지각하고 이익을 작게 지각할 것이다.

우리는 친숙성 가설과 문화 인지 가설을 검증하기 위해 여론조사를 계획하였다. 실험설계는 정보 노출과 태도 형성 간의 인과관계를 알아보도록 구성하였다. 표본은 인터넷상에서 다양한 집단을 포함하는 1,862명의 미국인으로 이들을 두 집단으로 나누었다. '정보 없음 조건'에서는 나노과학기술이 아주 미세한 입자를 생산하고 처리하는 과학적 과정이라는 것 이외에는 아무것도 알려주지 않았다. 이와 대조적으로 '정보 노출 조건'에서는 동일한 길이의 두 문단에 서로 비교할 만한 정보를 제공하였는데, 한 문단에는 나노과학기술의 이익을, 다른 문단에는 나노과학기술의 위험을 기술했다. 그다음 정보 노출 효과를 검증하기 위해 나노과학기술의 위험과 이익에 대한 두 집단의 지각을 비교하였다.

대부분의 미국인(Hart Research Associates, 2006, 2007)과 마찬가지로, 이 연구 참여자들은 나노과학기술을 잘 알지 못한다고 보고하였다. 80% 이상의 응답자가 나노과학기술을 '조금'(28%) 들어보거나 '전혀'(54%) 들어보지 못했다고 답하였다. 4%의 응답자만이 이전에 '많이' 들어봤다고 했으며, '조금'과 '많이' 사이의 '약간' 들어봤다는 사람은 14%였다. 정보 없음 조건의 응답자 중에서 나노과학기술에 대한 친숙성 정도는 나노과학기술의 이익이 위험보다 크다고 지각하는 경향과 정적 상관관계가 있었으며($r_s = 0.38$, $p < .001$), 이 결과는 이전에 수행된 여론조사 연구와도 일관된다(Cobb & Macoubrie, 2004; Macoubrie, 2006; Hart Research Associates, 2006, 2007).

정보 노출은 응답자가 지각하는 나노기술의 위험과 이익을 식별할 정도의 주 효과를 일으키지 못하였다. 정보 노출 조건에서 위험과 이익에 대한 4점 척도(NANORISK)의 평균 평가($M = 2.37$, $SD = 1.03$)는 정보 없음 조건의 평가($M = 2.34$, $SD = 0.99$)와 실질적으로 같았다.

나노과학기술 친숙성이나 문화 세계관에 따라 정보 노출의 효과가 달라지는지 측정하기 위해 다변량 회귀분석을 실시하였다. 분석에서 종속변수는 응답자가 나노과학기술의 이익이 위험보다 크다고 지각하는지 그 반대인지였다. 독립변수는 문화 세계관 측정치, 세계관들의 상호작용, 자기보고 지식정도, 실험조건과 변수의 상호작용이었다. 이러한 분석을 통해 정보 노출이 친숙성 수준을 고정시킨 상태에서 문화 세계관에 미치는 영향이나 문화 세계관을 고정시킨 상태에서 친숙성의 수준에 미치는 영향을 측정할 수 있다.

결과는 그림 18.1에 나와 있다. 문화 세계관을 일정하게 고정시켰을 때(표본 평균에서), 응답자가 나노과학기술을 잘 알든 모르든 정보 노출은 나노과학기술의 이익이 위험보다 더 크다고 지각할 가능성에 의미 있는 영향을 주지 못하였다(그림 18.1a).

이와 반대로, 정보 노출은 문화 세계관으로 정의된 응답자에게 비교적 크고 의미 있는 영향을 주었다. 정보 없음 조건에서 자기보고 지식의 수준을 일정하게 고정시켰을 때(표본 평균에서), 위계주의 또는 개인주의 세계관을 가졌든, 평등주의 또는 공동체주의 세계관을 가졌든 나노과학기술의 이익이 위험보다 크다고 보는 것은 마찬가지였다(61%). 그러나 정보 노출 조건에서 위계주의나 개인주의 세계관을 가진 사람의 경우 위험보다 이익이 높다고 지각하는 비율이 25% 더 증가했으며, 평등주의나 공동체주의 세계관을 가진 사람의 경우 38% 더 감소했다(따라서 86%에서 23%로 63%의 차이가 생김).

이 결과는 문화 인지 가설을 지지하지만 친숙성 가설은 지지하지 않는다. 정보에 노출되었을 때 응답자들은 훨씬 덜 긍정적으로 똑같지 않게 반응했다. 대신에 그들은 과학기술 위험 일

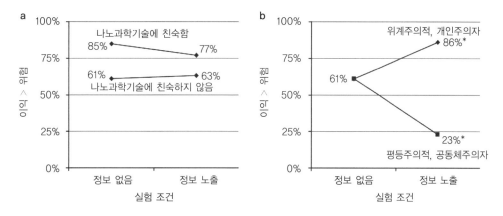

그림 18.1 정보가 나노기술에 대한 자기보고 친숙성과 문화 세계관에 의해 정의된 응답자들의 위험−이익 지각에 미치는 영향

주 : 응답률은 로짓 회귀분석으로부터(보충정보, 표 S1 참조) 통계적 시뮬레이션으로 구하였다(Gelman & Hill, 2007).
a 문화 세계관을 통제했을 때(평균에 고정) 정보 없음과 정보 노출 조건에서 나노과학기술에 대한 위험보다 이익이 더 크다고 응답한 비율
b 친숙성을 통제하고(평균에 고정) 문화 변수를 위계주의와 개인주의 세계관(위쪽 선)을, 그리고 평등주의와 공동체주의 세계관(아래쪽 선)을 반영하는 가치에 고정시켰을 때 조건 간 응답률
* 조건 간 응답률 변화가 $p < .05$에서 의미 있음

반과 반대로 그들의 문화 성향과 일치하는 방식으로 다양하게 반응했다. 이러한 결과는 자신이 지닌 성향에 정보를 맞추려는 경향으로, 균형 잡힌 정보를 접했을 때 더욱더 양분화되는(덜 양분화되는 것이 아니라) '편향된 조절과 극단화'의 특징을 보여준다(Lord et al., 1979).

이 결과는 또한 나노과학기술에 친숙하다는 사람들(정보 없음 조건과 이전에 수행된 여론조사에서)이 왜 나노과학기술의 이익은 크고, 위험은 작다고 보고하는지 의문을 제기한다. 한 가지 이유는 선택 편향 때문이넷. 나노과학기술을 보통 또는 많이 들었다는 소수의 응답자는 거의 또는 전혀 듣지 못했다는 다수의 응답자와 분명히 다르다. 나노과학기술을 알려고 하는 고유한 동기가 이들로 하여금 긍정적 견해를 갖게 하는 경향이 있다.

연구에서 얻은 또 다른 두 결과는 이 결론이 설득력을 얻게 하였다. 먼저, 나노과학기술에 비교적 친숙하다고 응답한 두 조건의 응답자(나노과학기술에 대해 약간 또는 많이 들어봤다는 18%)는 나노과학기술의 위험이 이익보다 더 크지 않았을뿐더러, 다른 종류의 위험(유전자변형식품, 광우병, 원자력, 인터넷)(그림 18.2)을 나노과학기술을 잘 모른다고 응답한 사람들보다 걱정할 가능성이 적었다. 분명히 나노과학기술의 친숙성이 다른 종류의 위험을 덜 걱정하게 만든다는 것은 그럴듯하지 않다. 그 대신 환경과 과학기술 위험을 걱정하는 사람들이 나노과학기술을 더 많이 알아보려고 한다(또는 적어도 나노과학기술을 더 많이 알고 있다)고 보는 편이 맞다.

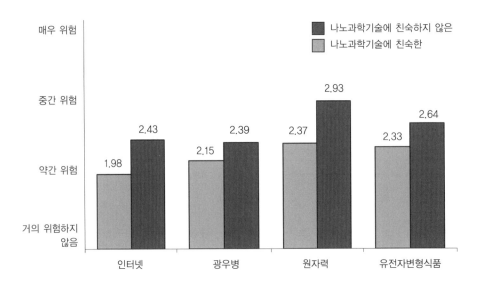

그림 18.2 나노과학기술에 친숙한 또는 친숙하지 않은 사람들이 다른 과학기술의 위험과 이익을 어떻게 보는가

주 : 인터넷, 광우병, 원자력 그리고 유전자변형식품에 대해 '(미국에서)사람들에게 위험한 정도(위험 변수)'를 4점 척도로 나타내었다. 친숙성과 위험의 정준(canonical) 상관은 $p < .01$로 그리고 집단 간 차이는 모두 $p < .01$에서 의미 있었다.

두 번째 결과는 어떤 영향을 줄지에 실마리를 제공한다. 개인의 특성에 따라 나노과학기술에 대한 자기보고 친숙성을 회귀분석했을 때, 위계주의와 개인주의 모두 나노과학기술에 대한 높은 친숙성을 예측하였다. 이들 세계관은 사람들이 과학기술 위험을 회의적으로 보게 만들기 때문에(Peters & Slovic, 1996; Finucane, 2002; Leiserowitz, 2005; Kahan et al., 2007), 실험 참여자들이 나노과학기술의 균형 잡힌 정보에 노출되었을 때 긍정적으로 반응하는 것은 놀라운 일이 아니다. 마찬가지로, 나노과학기술을 잘 모르는 평등주의자와 공동체주의자는 이러한 정보에 덜 호의적으로 반응한다.

전체적으로, 연구 결과는 문화 성향과 나노과학기술 정보 노출이 어떻게 작용하는지를 모형으로 보여준다(그림 18.3). 이 모델에서 문화 성향은 정보 노출 가능성에 영향을 주며 정보가 위험−이익 지각에 미치는 영향을 매개한다. 따라서 과학기술에 찬성하는 문화 성향을 가진 사람은 나노과학기술 정보에 노출될 가능성이 높으며 그들이 발견한 것으로부터 긍정적 추리를 한다. 반면, 그렇지 않은 사람은 정보에 노출될 가능성이 낮으며 정보에 노출되었을 때 부정적인 반응을 할 가능성이 높다.

이 연구는 나노과학기술의 위험과 이익에 대한 과학정보가 쌓이면 현명한 여론이 형성된다는 가정에 반대하는 다른 연구자들의 결론을 뒷받침한다(Scheufele & Lewenstein, 2005; Currall et al., 2006). 실제로 세상에 살면서 사람은 자신의 문화와 정치 성향에 일치하는 편향된 방식으로 정보를 선택하기 때문에(Mutz & Martin, 2001), 참여자에게 적은 양의 균형 잡힌 정보를 제공한 심리학 실험실 안에서 관찰한 결과보다 실험실 밖에서는 좀 더 극단적인 양극화가 이루어질 것으로 예측된다.

동시에 이 연구에서 나노과학기술에 대한 문화 양극화가 필연적임을 암시하는 내용은 전혀 없다. 사회심리학 분야에서는 사람들의 가치관이 다양하더라도 논란이 되는 정책 이슈에 대해

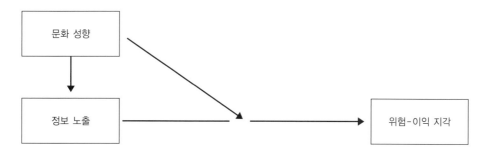

그림 18.3 문화 세계관과 정보 노출 그리고 위험−이익 지각 간의 관계

주 : 이 연구 결과는 나노과학기술에 대한 정보(또는 정보에 노출되었다는 보고)에 노출되었다면 어떨 것 같은지 그리고 그 정보로부터 어떤(긍정적 또는 부정적) 영향을 주었는지 확인함으로써 문화 세계관이 나노과학기술의 위험과 이익의 지각에 영향을 주었음을 시사한다.

서 동일한 사실적 정보를 이끌어내도록 정보의 틀을 제시하는 기법을 밝히는 데 중요한 진전을 이루었다(Cohen et al., 2007). 후속 연구에서 이 기법을 이용하여 위험에 대한 의사소통을 안내함으로써 나노기술(Scheufele, 2006)과 기타 이슈(Kahan et al., 2006)에 관한 위험규제 정책을 민주적으로 생각하게 할 수 있을 것이다.

그다음에 이 연구의 실질적인 교훈은 나노과학기술이 유익하다는 대중의 신중한 생각을 편드는 사람들이 낙관적이거나 비관적이어서는 안 된다는 점이다. 그 대신 그들은 심리적으로 현실적이 되어야 한다. 그렇게 되면, 그들은 문화적으로 다양한 시민들이 공통의 관심사를 촉진시키는 정책에 수렴하도록 만드는 위험소통 전략을 개발하는 추가 노력이 시급히 필요하다는 사실을 알게 될 것이다.

방법

지식 네트워크(회사)에서 미국인을 대표하는 확률기반 온라인 패널의 구성원 1,862명을 표본으로 모집하였다. 학술여론조사에서도 점차 보편화되는 확률기반 온라인 표집의 수행이 무작위 전화조사나 기타 사회조사방법과 비교하는 상당한 연구가 이루어졌다(Chang & Krosnick, 2003; Miller et al., 2006; Heeren et al., 2008). 지식 네트워크의 표집방법을 더 자세히 알고 싶으면 www.knowledgenetworks.com/ganp/index.html을 참고하기 바란다. 응답자들은 2006년 12월 지식 네트워크 온라인 시설을 이용하여 연구에 참여하였다.

연구에서는 표준 인구통계학 자료 외에 참여자의 문화 가치에 대한 자료도 수집하였다. 문화 인지와 위험에 대한 문화이론에 관해 이루어진 선행연구들(Peters & Slovic, 1996; Peters et al., 2004; Kahan et al., 2007)로부터 두 가지 척도, 즉 '개인주의-공동체주의' 척도($\alpha = 0.83$)와 '위계주의-평등주의' 척도($\alpha = 0.81$)를 사용하여 참여자의 가치를 측정하였다. 각 척도는 Mary Douglas(1970)가 제안한 '집단 격자' 세계관 유형의 각 차원을 측정하기 위해 고안되었다. 회귀분석 시뮬레이션(그림 18.1)에서 '위계주의-개인주의'에 대한 문화변수는 평등주의-공동체주의 양 끝을 향해 평균으로부터 1 표준편차 떨어진 값을 가지고 있다.

나노과학기술에 대한 지각 역시 응답형으로 질문되었다. 참여자는 선행연구(Cobb & Macoubrie, 2004; Macoubrie, 2006; Hart Research Associates, 2006, 2007)에서 사용되었던 자기보고 지식항목(나노지식) "이전에 나노과학기술에 대해 얼마나 들어보았는가?"라는 질문에 대해 '전혀', '조금', '약간', '많이'로 응답하였다. 어떤 분석에서는 '약간' 또는 '많이'라는 응답을 나노과학기술에 대해 '친숙한' 것으로, '전혀' 또는 '조금'이라는 응답은 '친숙하지 않은' 것으로 간주하였다. 모든 응답자는 (1) '나노과학기술의 위험이 이익보다 훨씬 크다', (2) '나노과학기술의 위험이 이익보다 약간 크다', (3) '나노과학기술의 이익이 위험보다 약간 크다', (4) '나노과학기술의 이익이 위험보다 훨씬 크다' 중에서 어떻게 생각하는지 (나노이익) 4점 척도에서 응답하였다. 두 조건의 응답자에게 평균점을 계산하기 위해 역채점 문항인 나노위험을 사용하였다. 중다회귀분석에서 이 항목들은 '이익 > 위험'(0)과 '위험 > 이익'(1)으로 이분화되었다.

'나노이익'에 반응하기 전에 모든 응답자는 다음의 지시문을 읽었다.

지금부터는 여러분이 나노과학기술에 대해 어떻게 생각하는지 알아보려고 합니다. 나노과학기술은 극도로 작은 원자와 분자 단위에서 측정하고, 보고, 예측하고, 사물을 만드는 과학기술입니다. 나노과학기술로 만든 물질은 이와 대응되는 일반 크기로 만든 물질과는 물리적, 화학적, 생물학적으로 성질이 다릅니다.

정보 제공 조건의 응답자는 '나노이익'에 응답하기 전에 두 문단의 글을 더 읽는다.

나노과학기술의 잠재적 이익은 나노물질을 사용함으로써 제품을 더 튼튼하고 가볍고 효과적으로 만들 수 있다는 점입니다. 예를 들어, 박테리아를 죽이는 식료품 용기, 얼룩이 지지 않는 옷감, 고성능 스포츠용품, 빠르고 작은 컴퓨터, 효과적인 피부관리 제품과 자외선차단제가 있습니다. 또한 나노과학기술은 질병을 치료하고, 환경을 정화하며, 국가안보를 향상시키고, 보다 저렴한 에너지를 생산하는 새롭고 더 나은 방법을 제공할 잠재력이 있습니다.

나노과학기술이 잠재적으로 위험하다는 것을 확인해주는 결정적인 연구는 없으나, 나노물질을 유용하게 만드는 바로 그 성질 때문에 해롭다는 우려도 있습니다. 나노물질이 호흡을 통해 들어오면 인체에 해롭고 환경에도 해로울 수 있다는 점입니다. 보이지 않는 나노과학기술에 근거한 감시장치로 국가안보와 개인 사생활을 위협할 가능성을 제기하기도 합니다.

모든 응답자는 나노과학기술에 관한 항목에 응답하기 전에 다른 여러 종류의 위험에 대하여 활동이나 사건의 상태가 전혀 위험하지 않다, 약간 위험하다, 보통으로 위험하다, 매우 위험하다의 4점 척도로 평가하였다. 이 항목은 위험지각에 관한 선행연구에서 사용된 것을 그대로 사용한 것이다(Flynn et al., 1994; Satterfield et al., 2004). '전혀 위험하지 않다'고 보고하는 응답자는 거의 없었으므로, '위험이 거의 없음'은 위험에 대해 가장 회의적인 응답자와 그다음 가장 회의적인 응답자를 정확하게 구분하는 것으로 보인다.

4부

위험지식과
위험소통

4

19장

위험의 사회 확산 : 15년 연구와 이론의 평가

Jeanne X. Kasperson, Roger E. Kasperson, Nick Pidgeon & Paul Slovic[*]

위험의 사회확산틀 요약

클라크대학교 연구자들(Kasperson, Kasperson, Renn과 동료들)과 의사결정 연구자들(Slovic과 동료들)이 1988년에 위험의 사회확산틀(social amplification of risk framework, SARF)을 소개한 지 10여 년이 지났다. 그 당시 여러 분야의 연구자들이 이 틀 연구에 합류하여 상당수의 경험연구를 수행하였다. 관련 지식의 축적은 틀의 여러 측면에 대한 활기찬 논쟁을 불러일으켰다. 이 장에서는 이 접근의 발달, 개선, 비평, 확장, 새로운 쟁점의 등장, 그리고 15년의 경험연구에서 나온 연구 결과와 가설들을 살펴본다.

위험의 사회확산틀(SARF)의 이론적 기초는 5편의 주요 출판물에서 발전되었다(Kasperson et al., 1988; Renn, 1991; Kasperson, 1992; Burns et al., 1993; Kasperson & Kasperson, 1996). 이 생각은 광범위한 연구들(매체 연구, 위험지각의 심리측정과 문화연구, 위험에 대한 조직 반응 연구 등)에서 발견된 결과들을 설명하는 통합된 틀을 개발하여 위험지각과 위험소통 연구의 단편적 성격을 극복하려는 시도에서 나왔다. 이 틀은 좁은 의미에서 위험지각과 반응 기저의 다양한 역동적 사회과정을 기술하는 데도 기여한다. 특히 그러한 사회과정에 의해 전문가의 입장에서 위험이 적다고 평가한 재해나 사건이 사회의 관심과 사회정치적 활동의 초점이 되

---

[*] Reprinted from Kasperson, J. X., Kasperson, R. E., Pidgeon, N. and Slovic, P. (2003) 'The social amplification of risk: Assessing fifteen years of research and theory', in N. Pidgeon, R. E. Kasperson and P. Slovic (eds) *The Social Amplification of Risk*, Cambridge University Press, UK. Copyright © 2003 Cambridge University Press. Reprinted with permission.

기도 하고(위험 확산), 전문가는 훨씬 심각하다고 판단한 재해가 사회적 관심을 비교적 적게 받기도 한다(위험 희석). 위험지각이 사회적으로 희석되기 쉬운 심각한 재해로는 자연에서 발생하는 라돈 가스, 자동차 사고 또는 흡연이 포함된다. 반면, 위험지각이 사회로 확산되는 예로는 광우병 걱정(Phillips et al., 2000), 유럽의 유전자조작식품의 미래(Anand, 1997; Marris et al., 2001)뿐만 아니라, 영국 킹스크로스 철도역 화재, 로커비 폭탄 투하, 보팔 화학공장 폭발(Wilkins, 1987), 체르노빌 원자력발전소 사건(Otway et al., 1988), 스리마일섬 원자력발전소 사고가 포함된다.

이 이론은 실제의 또는 가상의 '위험 사건'을 사람들이 다른 사람에게 전달하지 않는 한, 그 영향력이 별로 없거나 국지적이라는 가정에서 출발한다(Luhmann, 1979). 위험의 사회확산틀(SARF)에서는 소통과정의 핵심으로, 위험, 위험 사건과 특성이 다양한 위험 신호(이미지, 기호, 상징)로 표현되며, 이들은 다시 위험지각과 관리를 강화하거나 희석시키는 방식으로 심리, 사회, 제도, 문화 과정과 광범위하게 상호작용한다(그림 19.1 참조). 그러므로 위험을 경험하는 것은 단지 물리적 손상뿐 아니라 집단과 개인이 위험을 스스로 해석하고 타인의 해석을 수용하는 과정이다. 이런 해석은 물리적 세계에서 나오는 신호를 어떻게 선택하고, 정리하고, 설명하는지의 규칙을 제공한다(Renn et al., 1992, p. 40). 이 틀 안에서 위험경험은 위험 사건에 속한 물리적 손상, 사건을 해석하는 사회, 문화과정, 2차/3차의 부수적 결과, 그리고 관리자와 대중이 취한 행동 등의 상호작용을 통해서 적절히 평가된다.

저자들은 고전적 소통이론에서 확산이라는 은유를 채택하고 이를 다양한 사회적 주체들이 위험 신호를 생성하고, 수신하고, 해석하고, 전달하는 과정을 분석하는 데 사용하였다. Kasperson 등(1988)은 그런 신호가 다양한 사회와 개인 확산 기지를 여과하면서 예측가능하게 변형된다고 주장하였다. 그러한 변형은 사건에 대한 정보의 양을 증가 또는 감소시키거나, 메시지의 어떤 측면을 더 현저하게 만들거나, 혹은 상징과 이미지를 재해석하고 정교화시킴으로써 사회 시스템 안의 다른 구성원의 특정한 해석과 반응을 선도한다. 확산 기지는 과학자 또는 과학기관, 보도자와 대중매체, 정치인과 정부기관, 또는 다른 사회집단과 그 구성원과 같은 개인, 사회집단, 기관을 포함한다.

확산의 사회기지로서 사회의 구조, 기능, 문화 등이 위험 신호의 확산이나 희석에 영향을 준다. 심지어 제도 안에 있는 개인조차 개인의 가치와 사회적 해석을 단순히 따르지 않고, 문화 편향과 조직이나 집단의 가치에 따라 위험, 위험 관리자, 위험 '문제'를 지각한다.

확산의 개인기지는 심리측정 전통에서 입증된 위험추단, 위험의 질적 측면, 사전 태도, 비난과 신뢰와 같은 요인들의 영향을 받는다. 이들은 위험의 역동성과 사회 과정을 함께 결정하는

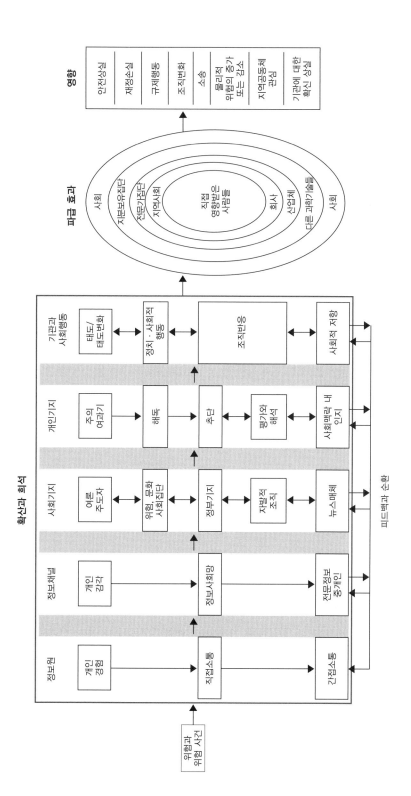

그림 19.1 위험의 사회확산틀

표 19.1 잠재적으로 높은 신호값을 가진 위험 사건들

사건	메시지
프레온 가스가 오존층을 파괴한다는 보고	새로운 파국적 재해의 가능성이 출현하다.
감독당국이나 회사관계자의 양심 불량	관리자들이 위험을 은폐한다. 그들을 신뢰할 수 없다.
유해 폐기물 부지 근처로 이주한다는 뉴스	위험 관리자들이 재해를 통제하지 않는다.
전염병 연구의 타당성에 대한 과학 논쟁	전문가들이 위험을 이해하지 못한다.
상수도에 있는 특정 오염물질 수준이 다른 위험에 비해 위험이 훨씬 낮다는 감독당국의 언급	관리자들은 사람들이 입는 피해에 대해 관심이 없다. 그들은 화학물질의 장기적 축적효과를 이해하지 못한다.

출처 : Kasperson et al.(1998, p. 186)

문화 집단과 사회단위의 구성원이기도 하다.

틀의 두 번째 단계에서 Kasperson 등(1988)은 어떤 사건들은 사건의 1차 영향을 훨씬 뛰어넘는 2차, 3차의 '파장'을 낳고, 결국에는 사건과 무관했던 과학기술이나 기관에 악영향을 미치는 위험증폭을 사회확산으로 설명할 수 있다고 주장한다. 2차 충격은 시장충격(제품이나 관련제품 회피), 규제제약 요구, 소송, 지역사회의 반대, 신념과 신뢰 상실, 제품, 시설 또는 공동체 낙인 그리고 투자자 이탈을 포함한다. 2001년 9월 테러리스트들의 미국 공격은 행동, 경제, 사회 충격을 초래했으며, 사회 확산의 2차 영향에 해당되는 최근 가장 극적인 예이다(Slovic, 2002).

연못에 돌을 던지는 유추(그림 19.1 참조)는 위험의 사회 확산과 관련된 2차/3차 영향이 퍼지는 것을 잘 보여준다. 파장이 처음에는 직접 영향을 받은 피해자나 정보를 접한 첫 번째 집단을 포함하지만, 다음으로 회사나 대행사 같은 기관 수준으로, 그리고 더 심한 경우, 산업의 다른 부문 또는 비슷한 문제가 있는 다른 사회 분야에까지 이른다. 충격의 파장은 위험 확산의 중요한 요소인데, 이 과정은 충격의 시간적, 분야별, 지리적 규모를 확산시키거나(위험 증폭) 제약하기 때문이다(위험 희석). 이것은 또한 충격이나 파장의 매 단계가 사회와 정치에 영향을 미칠 뿐 아니라 위험 감소를 위한 관리의 개입을 촉발하거나(위험 증폭에서) 방해할(위험 희석에서) 수 있음을 강조한다.

경험연구의 기록

위험의 사회확산틀(SARF)은 포괄적이고 통합적 특성을 가지므로, 이와 관련해서 지난 15년간 수행된 경험연구들은 실로 거대하다. 먼저 일반 틀이나 핵심 아이디어를 적용한 연구들을 언급

한 후 틀을 세분화하고 확장시킨 연구들을 다룬다.

'신호' 개념

Slovic 등(1984; Slovic, 1987, 1992)은 재해를 유발하는 사건이 '신호값'을 가진다고 처음으로 제안하였다. 연구자들은 두려움/지식이라는 고전적 심리측정 요인 공간의 우측상단에 있는 위험들은 사회에 경고 신호로 작용하고, 그와 비슷하거나 더 파괴적인 재난이 발생할 수 있다는 새 정보를 제공한다고 보고하였다. 그들은 또한 높은 신호값은 잠재적 2차 영향과 관련되므로, 엄격한 위험규제를 위해서는 높은 신호값을 가진 구체적 사례가 논리적 근거를 제공한다고 제안한다. 1988년 연구는 높은 신호값을 가진 위험 사건이 무엇인지 보여준다(표 19.1).

위험 신호에 관한 Slovic의 업적을 발판으로, 클라크대학 연구진은 미국 유카산(Yucca Mountain) 핵폐기물처리장 후보지에 관한 인쇄 매체에서 위험 신호를 확인하고, 분류하고, 측정하기 위한 상세한 방법을 개발하였다(Kasperson et al., 1992). 위험 신호란 '위험의 심각성이나 취급 용이성에 영향을 주는 재해 또는 재해 사건에 관한 메시지'로 정의된다. 그들은 1985년부터 1989년까지 라스베이거스 리뷰 저널에 나온 '신호 흐름'으로 뉴스 제목, 사설, 독자란, 만평 속에 나타난 상징, 은유, 이미지 등을 분석하였다. 결과는 담론, 상징, 이미지 속에서 희생, 불신, 불공평, 악행의 묘사가 증가하면서 위험 관련 문제의 중요성이 감소되는 극적 변화를 확인하였다.

Trumbo(1996)는 Slovic과 동료들의 심리측정 연구에 기초하여 개인차 분석을 실시하였고, 개인을 위험 '증폭자'와 '희석자'로 분류하기 위해 두려움/지식 차원의 판단을 사용하였다. 그는 (증폭자의 경우) 개인의 위험지각, 그리고 (희석자의 경우) 기관의 반응에 대한 만족이 위험 신호를 해석하는 중요한 차이라고 결론을 내렸다(Vlek & Stallen, 1981 참조). 흥미로운 것은, 증폭자 중에서 위험 걱정은 대중매체를 통한 소통보다는 개인 간 소통을 통해 생긴다는 것이다.

128개 재해 사건 연구

클라크대학교와 의사결정 연구소가 수행한 공동 연구는 미국에서 발생한 생명파괴성 재해, 지속된/지연된 재해, 드문 재앙, 일반적 사망 원인, 국제적으로 확산되는 재해, 자연재해를 포함한 128개 재해 사건을 대규모로 비교 통계분석을 하였다. 연구자들은 넥시스(Nexis) 데이터베이스의 뉴스파일을 이용하여 각 사건의 실제 보도 분량의 자료를 수집하였고, 그다음 이 자료를 전문가와 학생 패널의 판단(물리적 결과, 위험지각, 대중 반응, 사회집단 동원의 잠재력, 2차 사회적 충격의 잠재력)과 연관시켰다. 특히 연구 결과는 잠재적 위험 결과를 결정하는 데 있어서 사회적 증폭 과정이 직접적인 물리적 결과만큼 중요함을 보여준다. 따라서 직접적 물리적 결과만으로 위험을 측정한다면, 사건이 일으키는 폭넓은 결과를 심각하게 평가절하하는 셈이다. 이 연구의 결론 중에 다음과 같은 것이 있다(Kasperson et al., 1992; Renn et al., 1992).

- 높은 수준의 '합리성'은 사회가 재해에 어떻게 반응하는지를 통해 드러난다(예: 신문 보도의 분량은 1차 물리적 결과와 대략 비례한다, 위험지각에는 사람의 노출과 관리 수행이 포함된다).
- 재해의 직접적 결과에 대한 노출 정도는 부상과 사망보다 위험지각과 사회집단 동원 잠재력에 더 영향을 준다.
- 대중의 인식이 매체 보도를 반영한다는 주장은 면밀한 경험연구를 필요로 한다(사회 도처에 만연한 두려움 외에 지각 변수는 일단 손상 정도가 통제된 후에는 매체 보도 정도와 상관이 없다).
- 위험 신호의 역할과 위험관리의 무능에 대한 비난은 대중의 걱정에 특히 중요하다. 사건 이후 기업이나 정부 기관을 비난하는 상황을 다룰 후속 연구가 필요하다.

이 정량적 연구에는 두 가지 제한점이 있다. 2차 결과의 규모에 대한 결과 변수가 전문가의 판단이고 실제 사회 충격을 직접 측정한 것이 아니었다. 그러므로 이 분석으로는 매체 보도로 고양된 인식이 반드시 2차 충격과 파장을 일으킨다고 증명하거나 결론을 내릴 수 없다. 이 점은 아래서 다시 다룰 것이다. 두 번째로, 사용된 매체 보도 지표가 1차적으로 질적 지표(매체 보도에 제시된 내용)가 아니라 수량적 지표(분량)이기 때문에 매체가 위험에 대한 표상을 의미 있게 변화시켰는지 검증할 수 없다(Freudenburg 등이 1996년에 제기한 질문).

질적 현장 연구

Kasperson과 동료들(Kasperson, 1992에 보고됨)이 수행한 질적 연구는 정량 평가를 포함하는 위험연구를 보완하는 결과를 내놓았다. 6건의 위험 사건(4건은 미국, 한 건은 브라질, 한 건은 독일에서 발생)—한 건을 제외하고는 일종의 원자력 재해였음—이 심층적으로 연구되었다. 그 사건들은 뉴욕 퀸즈에서의 저준위 방사능물질 운송 사고, 1982년 뉴욕 기나에서 발생한 심각한 원자력발전소 사고, 뉴멕시코 칼스바드 핵폐기물 처리장 예정지에서 소금물 침수에 관한 논란, 롱아일랜드의 위험폐기물 처리장 폐쇄(뉴욕 주 글렌고브), 독일 고르레벤에서의 핵폐기물 처리장 예정지 건설 사고, 브라질 고이아니아 방사능 사고였다. 확산 틀 요소 중에서 물리적 영향, 정보 흐름, 사회집단 동원, 파장 효과가 탐구되었다. 심층적 사례연구에서 다음과 같은 결론을 얻었다.

- 비중 있게 지속되는 매체 보도조차 그 자체로는 위험 증폭이나 의미 있는 2차 충격을 보장하지 않는다. 어떤 사례에서는 연구자들이 기대한 2차 충격이 나타나지 않았다. 신뢰(Kasperson et al., 1992; Slovic, 1993 참조)는 사고와 응급반응의 관리를 지각하는 것만큼 중대한 쟁점이다.

- 사례들은 여러 집단에 걸친 다양한 규모의 희석/강화 효과의 층을 강조했다. 특히, 전국 또는 지방 규모의 증폭이 국지적 규모의 희석을 수반하는 경우가 많다.

- 첫 번째 결론에 이어, Kasperson이 말한 쟁점의 '출발'이 이루어지기 위해서는 몇 가지 요소들이 혼합되어야 한다(예 : 매체 보도 + 지역 이익집단, 또는 사고 + 무능력을 의심)(Gerlach, 1987; Cvetkovich & Earle, 1991). 이에 대한 다른 예가 있다. Behrens(1983, p. 373)는 1911년 뉴욕의 트라이앵글 셔츠 회사의 화재 사고를 언급하면서, '재앙은 변화를 위한 토대를 마련할 뿐이다… 재앙에 의해 창출된 변혁의 잠재력은 적당한 이익집단이 그들이 이용할 수 있는 기회를 성공적으로 활용할 때만 성취될 수 있다'라고 결론을 내렸다. Slovic 등(2000a)은 원자력에 관해서 프랑스(이 기술이 중요한 사회적 갈등의 원인이 된 것은 극히 최근의 일이다)는 미국에 비해서 위험을 관리할 수 있는 전문가, 정부 그리고 과학을 더 높게 신뢰함을 발견하였다.

- 위험과 관련된 경제적 이익이 국지적 수준에서 희석의 중요한 원인이다(Metz, 1996 참조).

정량적 연구와 질적 연구의 결과, 후속 연구는 사회적 맥락에 통찰을 주는 사례연구, 문화연구(특히 위험소통을 해석하는 문화원형을 탐색), 그리고 다양한 지역사회가 얼마나 비슷한 위험을 경험하는지에 대한 조사연구에 초점을 맞추면 유익할 것이다.

원하는 위험

Machlis와 Rosa(1990)는 재해와 위험 연구가 사실상 위험 탐구를 포함하여 광범위한 인간의 활동(예 : 행글라이딩, 암벽 타기, 비포장도로 오토바이 타기 등)을 간과하였다고 주장하면서, 위험의 사회확산틀이 이러한 위험 영역까지 확장될 수 있는지 탐색하였다(Rosa, 1998, 2003). 원하는 위험의 핵심 주장과 현재 알려진 지식을 평가하면서 저자들은 다음과 같은 결론에 도달하였다. 첫째, 사회 확산 개념은, 비록 어떤 용어(예 : 희생자)는 재정리되어야 하지만, 원하는 위험을 포함하는 데 상당히 적절하다고 보았다. 둘째, 틀 안에서 정의된 주요 변수들은 적절하지만, 결과의 이익 부분과 대중문화와 같은 쟁점을 다루기 위해 이들을 틀 안에 통합시켜 틀을 확장시킬 필요가 있다. 셋째, 처음의 개념 진술이나 경험연구에서 언급되지 않은 결과로서, 개인별 위험처리는 위험감수를 증가시킨다. 그들의 사회 확산 개념의 적용은 저자들이 '이 틀은 검토된 증거를 거스르고 잘 수행했기 때문에 장래성이 있다'(Machlis & Rosa, 1990, p. 67)라는 결론을 내리도록 이끌었다.

소통과 대중매체

대중매체가 보도하는 위험과 대중의 위험지각에 관한 초창기 연구 중 하나에서, Combs와 Slovic(1979)은 다양한 사망 원인을 찾기 위해 미국의 두 신문을 분석하였다. 그들은 질병으로 인한 사망은 소홀히 취급되는 반면, 살인과 사고와 자연재해가 체계적으로 비중 있게 보도되는 것을 발견하였다. 이런 패턴의 보도가 대중이 사망원인의 빈도를 판단하는 것과 관계됨을 주목하면서, 연구자들은 대중매체 보도와 위험에 관한 여론 형성의 관계를 규명하기 위해서 실질적인 후속 연구가 필요하다는 점도 지적하였다.

후속 연구는 이 관계가 얼마나 복잡한지를 시사한다. Allan Mazur(1984)는 러브 운하와 스리마일 섬 사고에 관한 매체 보도를 검토하고, 막대한 양의 보도는, 구체적 내용과는 상관없이, 사건의 심각성에 대한 대중의 지각과 사회 집단과 기관의 정치적 의제에 영향을 주었다고 주장하였다. 원자력과 화학물질 재해에 관한 후속 검토에서 Mazur(1990, p. 295)는 '논란이 되는 과학기술과 환경 프로젝트에 대한 광범위한 보도는 대중의 관심을 끌었을 뿐 아니라 그들의 반대도 이끌어냈다'고 밝혔다. Mazur는 뉴스 처리가 균형 있을 때조차 그렇게 된다고 주장하였다. 그는 서로 관련된 4가지 주장을 제시하였다.

1. 몇몇 국내 뉴스사는 매년 어떤 재해가 주의를 끌지 결정하는 데 큰 영향을 미친다.
2. 재해를 경감시키거나 특정 과학기술을 반대하는 대중 행동은 매체 보도의 양에 따라 오르내린다.
3. 위험이나 과학기술에 대한 대중의 걱정은 신문과 텔레비전 보도가 증가하면서 올라간다.
4. 위험에 관한 뉴스 기사의 실질적 내용과 그 기사가 전하는 단순한 이미지를 구분하는 것이 중요하다.

모두가 이 주장에 동의하지 않는다. Renn(1991)은 순수한 부피 효과는 매체가 대중의 위험지각에 미치는 많은 영향 중 하나에 불과하다고 주장한다. 여과 효과, 정보의 생략과 추가, 혼합 효과(메시지에서 정보의 순서 변화), 평형 효과(맥락 변화), '스테레오 효과'(다중 채널 효과)

가 모두 중요하다. 몇몇 분석(예 : Singer & Endreny, 1993, p. 163)은 위험 쟁점이 아닌 위험 사건을 그리고 위험보다는 해로움을 보도한다고 주장한다. 다른 연구자들은, 메시지 내용이 경고이든 안심이든 상관없이, 매체를 위험에 대한 사회적 처리가 발생하는 담론과 지각의 틀로 본다(Wilkins, 1987; Wilkins & Patterson, 1991; Bohölm, 1998). Lichtenberg와 MacLean(1991)은 매체에 대한 비교문화 연구를 수행하기 어려운 것은 뉴스 매체가 너무 다양하고 정치문화의 영향을 받기 때문이라고 지적하였다.

Freudenburg 등(1996)은 클라크대학의 의사결정 연구소에서 나온 128개 재해 사건을 사용하여 매체의 보도량, 대중의 추가정보 요구, 손해 견적, 두려움, '폭력'과 분노 그리고 배신(권위 오용 또는 신뢰 얻기 실패)(Freudenburg, 2003)을 조사하였다. 연구자들은 분석 과정에서 넥시스의 축약정보뿐 아니라, 제목과 사진과 삽화가 있는 완전한 원문을 읽었다. 저자들은 보통의 신념과 달리, 매체 보도가 위험을 과장하거나 과학기술을 반대하는 편향을 보이지 않았다고 결론지었다. 실제로, 검토된 요인들 가운데 '객관적' 심각성을 포함한 요인들만이 위험 사건의 보도량을 의미 있게 예언했다(Freudenburg et al., 1996, p. 40). 전체 신문기사의 일반적 패턴은 위험의 심각성을 덜 강조하며 안심시키는 것이었다. 반면 환경 생명공학에 대한 텔레비전 보도는 극단적이거나 알려지지 않은 위험을 피상적이고 불완전하게 다루는 경향이 있었다(McCabe & Fitzgerald, 1991).

위험과 위험 사건에 대한 극적 보도가 주목을 받더라도, 매체와 사회 확산 과정의 다른 요소들(예 : 맥락 효과, 역사 배경, 이익집단의 활동, 대중의 신념) 간의 순환성과 상관성은 매체의 보도량과 내용의 구체적 효과를 결정하기 어렵게 한다. 대중매체는 의사소통 시스템, 확산 기지에서 위험 처리과정, 위험문제가 표현되고 사회적으로 구성되는 방식에 중요한 요소이다. 또한 Renn(1991)은 암호화, 부호 해석, 여과, 스테레오 과정이 매우 유망한 연구 영역이라고 추천하였다. 사회 확산 조망에서 흥미로운 기타 질문들은 대중매체가 사회 확산 과정의 다른 요소들과 어떤 식으로 상호작용하여 위험 신호와 위험관리를 구축하고, 강화하고, 약화하고, 수정하는지이다. 확산에 영향을 주는 매체 특수적 성분을 분석하는 것 이외에 상호관련성 패턴, 또는 역동 그리고 이들이 특정한 행태를 취하는 조건의 탐색은 향후 확산 연구에서 유망한 영역이다.

숨겨진 재해

위험 사건들이 상당히 확산되어 예기치 않게 대중을 경각시키거나 사회적 충격(Lawless, 1977)을 일으켜서 관리자와 그 외 사람들을 종종 놀라게 한다. 극단적으로 희석되는 위험 사건도 주목해야 하는데, 그 결과가 심각한데도 불구하고 주목받지 못한 채 지나가버리면 그 영향력이 재난 수준에 도달할 정도로 커진다. Kasperson과 Kasperson(1991)은 이처럼 지나치게 희석된 위험을 '숨겨진 재해'라고 명명하고, 그 존재를 설명하였다. 그들에 따르면, 숨겨진 재해는 그 자체의 성격과 재해가 발생한 사회나 문화의 성격 모두와 관련되어 있다. '재해 숨기기'는 의도적이면서 동시에 의도적이지 않고, 생명을 위협하는 동시에 기관을 유지하며, 체계적이면서 동시에 우발적이다.

Kasperson은 서로 다른 인과적 주체와 과정이 연합되어 재해의 희석을 유도하는 5가지 측면을 기술하였다. 세계적 규모의 파악하기 힘든 일련의 재해는 복잡한 문제들을 포함한다(지역 상호작용, 느린 축적, 시간 지체, 분산 효과). 정치적으로 분열되고 불평등한 세계에서 그런 재해가 발생하면 사회에서 신호력이 줄어드는 경향이 있다. 이데올로기 재해는 주로 숨겨진 상태로 존재하는데, 그것은 결과를 약화시키거나 관련된 이익을 높이거나 또는 특정 신념을 이상화하는 사회적 가치망과 전제 속에 내재되어 있기 때문이다. 주변적 재해는 문화, 사회, 경제의 가장자리에 위치한 사람들에게 닥치는데 그들은 그곳에서 중심이나 주류에 속한 사람들로부터 멀거나 숨겨진 재해에 노출된다. 주변에 있는 사람들은 이미 약해져 있고 매우 취약하기도 하지만, 그들은 권한을 부여받는 데 제한을 받고 이에 대처할 대안이 거의 없다. 증폭되는 재해는 관례적 위험 측정과 환경영향 분석을 피하는 효과가 있으므로, 사회 개입 이전에 2차 결과가 더 커지게 된다. 마지막으로, 가치-위협 재해는 사람들의 제도, 생활양식, 기본 가치를 바꾸지만, 사회제도가 반응하고 적응하기에는 너무 빨리 변하는 과학기술의 변화 속도, 목적의 부조화, 정치적 의지 그리고 지시에 따른 노력이 사회제도의 효과적인 반응을 방해하고 재해를 키운다. 숨겨진 재해 중 일부는 세계 9개 지역에서 환경파괴와 지연된 사회반응에 관한 추후분석에 상세히 기록되어 있다(Kasperson et al., 1995, 1999).

조직 확산과 희석

지금까지 위험의 사회 과정에서 조직과 기관의 역할은 별로 언급되지 않았다. Pidgeon(1997)은 대규모의 실패와 재난을 방지하기 위하여 위험 확산을 조직 과정과 연관시켜서 이론의 틀을 확장시키기를 제안하였다. 현대 위험은 자연현상보다는 사회기술 시스템에서 발생하므로(Turner, 1978; Perrow, 1984; Short & Clarke, 1992 참조), 위험의 순위를 정하고 반응하는 데 있어서 기관의 행동을 지배하는 위험관리와 내부 규제는 위험 확산을 막는 데 핵심이다. Short(1992)가 지적했듯이, 큰 조직은 위험을 토론하기 위한 맥락과 용어를 정한다. 확산의 역동성 이해는, 위험 관련 결정이 조직의 자기이익, 어지러운 조직 간/조직 내 관계, 경제적 합리화, 그리고 과학적 위험분석과 갈등되는 '주먹구구식' 생각과 어떻게 관련되는지에 대한 통찰을 요구한다(Short, 1992, p. 8). 중대한 사고들에 앞서 종종 작은 사건들과 위험경고가 선행하므로, 기관이 그 안에 잠복된 재해 신호들을 어떻게 처리하고 기관 밖의 사람들에게 소통하는지는 사회의 경험을 과학기술 위험 및 산업 위험과 함께 구조화하는 데 큰 기여를 한다.

조직이 위험을 어떻게 처리하는지를 다룬 연구가 거의 없음을 주목하고, Freudenburg(1992)는 위험 신호를 희석시키고 결국 과학기술 시스템이 일으킨 위험을 증가시키는 데 기여하는 조직의 특징을 검토하였다. 그런 특징에는 위험관리 부실, 정보 흐름을 약화시키는 관료적 분위기(특히 '나쁜 소식'의 경우), 무책임한 노동 분업, 근로자의 위험감수, 권태와 관례화로 나태한 위험경계, 자원의 불균형과 불일치가 포함된다. Freudenburg는 이 요인들이 일제히 작용하여 선의의 정직한 과학자와 관리자까지도 위험을 과소평가하게 만든다고 결론을 내린다. 다음에, 조직의 위험 희석은 조직이 예상하고 통제해야 하는 건강과 환경 위험을 체계적이고 반복적으로 증폭시키는 기능을 한다.

조직의 위험관리를 다룬 다른 연구들은 Freudenburg의 분석을 확증하고 추가 사항을 제공한다. Svenson(1988a)은 볼보 회사의 안전관리를 분석하면서 믿을 만한 재해 정보에 접근하는 패턴, 제품 변화와 안전수준 변화의 관계 이해, 이해당사자에게 안전의 변화(긍정적이든 부정적이든)를 알려주는 정보망 속성, 그리고 생산자와 다른 사회기관이 위험에 대해 협상할 수 있는 조직구조가 모두 중요하다는 것을 발견하였다. 미국에서 발생한 우주왕복선 챌린저 사고를 분석하면서, Diane Vaughan(1992, 1996)은 의사소통과 정보의 쟁점이 결정적임을 발견하였으나, 구조적 요인, 즉 경쟁적 환경에서 오는 압박, 조직의 자원 희소성, 중요한 하위단위의 취약성 그리고 내부 안전 규제 시스템의 특성도 동일하게 중요하다고 주장하였다. 이와 대조적으로 듀퐁사의 잘 알려진 안전문화는 조직 전체가 위험을 감소시키는 데 높은 경각심을 가지기 위하여 회사의 사소한 위험을 확산시키는 특징이 무엇인지 찾고자 했다(Kasperson & Kasperson, 1993). Pidgeon과 O'Leary(1994, 2000)가 안전문화를 분석하고 항공 맥락에서 사건 보고를 검토한 것처럼, La Porte와 동료들도 수행 오류를 최소로 유도하는 높은 신뢰 조직 안에서 비슷한 확산 기제를 검토하였다(Weick, 1987; Roberts, 1989; La Porte, 1996).

확산/희석 이론 틀 안에서 조직의 위험처리에 대한 여러 이론적 조망이 가능하다. 조직 안에서 재해에 대한 개인의 반응을 고려할 때 위협적 정보를 부정하는 심리는 긴 역사를 가지고 있다(예 : Leventhal, 1970 참조). 그러나 놀랍게도 이 주제는 현대 심리학의 위험 연구에서 거의 다루어지지 않았다. 재해와 환경 위협에 대한 반응을 이해하려면, 인지심리학과 결정 내리기라는 두 전통에 기반한 오늘날의 '차가운' 인지 패러다임이 행동과 선택에 대한 '뜨거운' 동기 변수의 역할을 오랫동안 평가절하했기 때문이다. 주목할 만한 예외는 스트레스 상황에서 결정 내리기에 대한 Janis와 Mann(1977)의 연구, Stallen과 Tomas(1988)의 위협 대처 모형과 MacGregor(1991)의 걱정 치료이다. 최근에 감정변수와 위험지각의 관계를 탐색하는 연구가 시작되었다(Finucane et al., 2000a; Langford, 2002; Slovic et al., 2002).

대형 사고에 대비한 사회와 조직의 광범위한 전제조건을 Turner(1978; Turner & Pidgeon, 1997 참조)의 연구에서 찾아볼 수 있다. 영국에서 발생한 84건의 주요 사건을 상세하게 분석한 결과, Turner는 어느 한 가지 원인으로 발생하는 사고는 거의 없다는 결론을 얻었다. 오히려 그가 재난 잠복 기간이라고 정의한 수년 동안, 부지불식간에 또는 충분히 이해되지 않은 채 해로운 사건들이 누적되었다. 그러나 이 기간은 하나 이상의 위험한 조건 또는 촉발 사건(최종적인 결정적 오류 또는 약간 비정상적으로 작동하는 조건)을 제거하는 예방적 행동으로 종결되었다. Turner는 재난 잠복 기간 동안 불확실한 잘 구조화되지 않은 안전문제를 다루려는 개인과 조직의 시도와 관련된 정보 논쟁을 특히 강조하였다.

마지막으로, 국내외 정책결정에 대한 설득력 있는 사례연구를 통해, Janis(1982)는 응집력이 높은 정책결정 집단에서 강력한 의견일치를 추구하는 소집단의 집단사고 신드롬을 기술하였다. 집단사고의 특징적 증상은 집단이 사건에 미칠 수 있는 영향력뿐 아니라, 집단에 내재된 도덕성을 과대평가하고, 새로운 정보에 폐쇄적이며, 다수의 의견에 동조하도록 집단 압력이 존재한다는 것이다. Janis는 집단사고 신드롬이 결정 내리기에서 광범위한 관찰가능한 결함(새로운 정보의 불완전한 검색, 편향된 정보 평가, 불확실성에 대처하기 위한 비상계획 이행 실패)을 책임져야 한다고 주장한다.

이런 가치 있는 조사들에도 불구하고, 다양한 유형의 기관에서 발생하는 위험 확산과 희석에 대해 우리가 알고 있는 지식은 빈약하고 절충적일 수밖에 없다. 조직, 쟁점 그리고 기관에 대한 비교연구에서 확산 틀을 체계적으로 적용하면(예 : Rothstein, 2003의 라돈, 화학약품, BSE에 대한 규제를 비교하는 연구), 특히 신호가 어떻게 부정되는지, 경시되는지, 오해되는지를 밝히는 데 매우 유익한 결과를 얻을 수 있다.

이미지와 낙인

위험의 사회확산틀(SARF)이 제시된 1988년 논문은 낙인을 확산 과정의 4가지 주요 반응기제 중 하나로 정했다. 당시 낙인 연구는 Edelstein(1987)의 선구적 연구와 유카산 핵폐기물 처리장 후보지에 대한 대중의 지각에 관한 연구(Slovic et al., 1991a, c, 1994; Flynn et al., 1988)로, 겨우 시작에 불과했다. 후속 연구는 위험 확산이 파장과 2차 결과를 발생시키는 주요 경로로서 낙인의 중요성을 강조하였다(Flynn et al., 2001).

이 연구를 통해 위험한 과학기술, 제품 또는 장소와 연합된 낙인 효과가 상당하다는 사실이 분명해졌다. 예를 들어, 한때 저렴하고 안전한 에너지원으로 기대되었던 원자력 에너지는 비정상적으로 큰 위험이라는 대중 인식, 관리 불신 그리고 약속 불이행에 대한 실망을 반영하면서 오늘날 가혹한 낙인이 찍혀 있다. 특정 유전공학 제품 역시 위험하다는 인식 때문에 거부되고 있다. 성장호르몬을 투여한 소에서 얻은 우유가 그 예인데, 여러 슈퍼마켓은 이러한 유제품을 구입하기 꺼린다. 최근 한 중요한 과학기술 낙인에 관해 놀라운 증거가 나왔다. Slovic과 다른 연구자들은 사람들에게 '화학물질'이라는 단어를 보거나 들었을 때 마음에 떠오르는 것이 무엇인지를 물었다. '위험한'이라는 반응이 가장 많았고, 이와 관련된 '유독한', '재해', '독약', 또는 '치명적인'이라는 단어들이 있었다. 핵폐기물 처리장 후보지에 대한 대중의 이미지는 시설에 대한 잠재적 낙인의 강력한 증거를 제공하였다(표 19.2).

고대 그리스인들은 개인에게 오명이나 불명예스러움을 나타내는 표시로 '낙인'이라는 단어를 사용하였다. 그런 표시가 있는 사람은 사회에 위험하다고 인식되었다. Goffman(1963)은 낙인이라는 주제를 사람에게 적용하였다. 그러나 최근에는 낙인의 의미가 매우 위험하다고 인식되는 과학기술, 장소 그리고 제품에까지 일반화되었다.

낙인화된 장소, 제품, 과학기술은 몇 가지 공통점을 가지고 있다(Gregory et al., 1995, p. 221). 낙인의 대상은 무서운 결과와 비자발적 노출의 특징을 가진 대중의 위험지각을 촉진시키는 재해이다. 그 영향력은 집단(예 : 어린이나 임산부가 더 큰 영향을 받음)이나 지리적 영역(한 도시가 주 전체의 유해 폐기물을 저장하는 경우)에 걸쳐 불평등하게 분포된다. 종종 낙인이 미치는 영향력의 강도나 지속시간을 알 수 없으므로 그 영향력은 무한하다고 볼 수 있다. 낙인의 결정적 측면은, 사건을 촉발하는 비정상적 요소(해변에서 유출된 원유와 희귀 야생동식물의 파괴)나 결과에서 불신의 요소(무고한 사람들의 부상이나 사망) 때문에 정당성이나 자연스러움의 기준이 위반되거나 뒤집힌다는 점이다. 그 결과, 재해관리는 유능성, 이해관계의 갈등, 필요한 안전장치와 통제의 적용 실패에서 문제가 된다.

장소의 낙인화는 매체에서 미주리 주 타임즈 해변, 뉴욕 주 러브 운하처럼 장소오염 사건을 집중 보도하기 때문에 생긴다. 환경 낙인화로 잘 알려진 다른 예는 이탈리아 세베소 화학공장에서 사고로 발생한 다이옥신 오염으로 추정된 피해규모가 1억 달러 이상이며 지역경제가 붕괴되었다. 그 밖에 원유 유출 사고의 여파로 프랑스의 관광지 리비에라와 알래스카 해안선 일부가 오염되었다.

제품의 낙인화도 심각한 손실로 이어진다. 심각한 예는 진통제 타이레놀의 경우, 제조사인

표 19.2 지하 핵폐기물 저장시설과 관련된 이미지

범주	빈도	범주에 포함된 이미지
1. 위험한	179	위험한, 위험, 해로운, 독성 있는, 안전하지 않은, 유해한, 재난
2. 죽음/병	107	죽음, 죽어 가는, 병, 암
3. 부정적	99	부정적, 옳지 않은, 나쁜, 불쾌한, 끔찍한, 역겨운, 바람직하지 않은, 지독한, 혐오, 추한, 무서운
4. 오염	97	공해, 오염, 누출, 새어 넘침, 러브 운하
5. 전쟁	62	전쟁, 폭탄, 핵전쟁, 대량학살
6. 방사성	59	방사성, 원자력, 방사능, 번쩍거리는
7. 겁나는	55	겁나는, 무서운, 근심, 걱정스러운, 공포, 경악
8. 다른 장소	49	근처에 살고 싶지 않음, 내가 사는 곳 아닌, 가능한 한 멀리
9. 불필요한	44	불필요한, 나쁜 생각, 토지 낭비
10. 문제점	39	문제, 골칫거리
11. 사막	37	사막, 척박한, 황량한
12. 네바다 이외 지역	35	유타, 애리조나, 덴버
13. 네바다/라스베이거스	34	네바다(25), 라스베이거스(9)
14. 저장지	32	동굴, 지하 소금 광산
15. 정부/산업체	23	정부, 정치, 대기업

주 : 애리조나 주 피닉스 시 응답자 402명 자료

출처 : Slovic et al.(1991c, p. 693)

존슨앤존슨사의 재빠른 조치에도 불구하고 1982년 독극물이 주입된 타이레놀을 먹고 7명이 사망한 사건으로 회사가 입은 피해가 14억 달러 이상이었다. 제품의 낙인화로 유명한 사례는 1989년 화학물질 알라(사과를 재배할 때 성장조절제로 사용된다)가 암을 발생시킨다는 공포 때문에 수백만 명의 미국 소비자들이 사과와 사과제품을 구입하지 않은 사건이다. 사과 도매가는 1/3로 하락하고 연간 판매액이 1억 달러 이상 감소하였다. 최근에는 광우병 사건으로 유럽산 쇠고기 산업이 낙인화되어 10억 달러의 손실을 입었고 영국의 위기관리 체계가 신뢰를 잃었다(Phillips et al., 2000). 2001년에는 영국에서 발생한 구제역으로(Poortinga et al., 2004) 영국 시 외지역으로의 여행이 취소되는 바람에 지방경제가 큰 손실을 입었다(Harvey, 2001 참조).

　Kasperson 등(2001)은 사회 확산 모델을 확장시켜 그림 19.2에서 보여주는 낙인화 과정 분석에 적용하였다. 여기서 위험 사건이 정보의 흐름을 생성하고 사회적 소통이 위험을 처리하는 확산 틀의 초기 부분이 그대로 남아 있다. 대중의 지각과 이미지가 수정되었을 뿐 아니라 관련된 과학기술, 제품 또는 장소에 표시가 생긴다. 표시를 할 때는 장소나 과학기술의 특정 속성

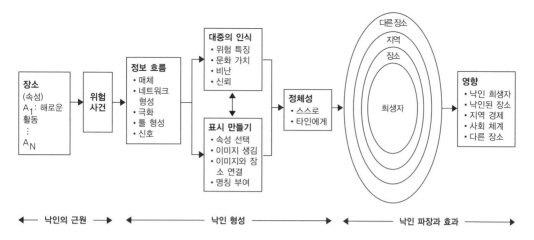

그림 19.2 위험 확산과 낙인화

이 선택되고 상징이나 장소의 물리적 표상에 초점이 맞춰진다. 호손의 저서 "주홍글씨"에서 알파벳 A나 나치 독일에서 노란 별이 표시이다. 미국 핸포드 원자력 보호구의 지역사회인 리치랜드에서는 학교 운동팀 유니폼에 버섯구름 계급장이 달려 있다. Mitchell 등(1988)의 연구는 그런 표시, 이미지, 그리고 낙인화의 광범위한 증거들을 제시한다. 명칭 부여는 '쓰레기장'이라는 용어처럼 표시에 필수적이다. 결국 확산 역동과 이미지 형성은 장소나 과학기술의 정체성을 근본적으로 변화시키므로 그 장소나 과학기술은 거주자, 과학기술 종사자 그리고 기타 외부인에 의해 더럽혀지고 불신된다. 그 결과, 낙인에 따른 파장 효과와 2차 결과가 뒤따른다.

우리 견해로는 위험이 유도한 낙인과 그 효과에 대해 지금까지 알게 된 지식을 확장시키는 것이 사회 확산 연구에서 최우선 과제이다. 낙인 효과는 과학기술 발전의 중요한 방안과 공공정책 계획에서 현재 교착상태를 일으키고 있다. 어떤 새로운 과학기술이 확산 과정을 통해 낙인화될지 예측할 수 있을까? 낙인 효과가 상쇄될 수 있을까? (혹은 상쇄시켜야 하지 않을까?) 책임당국은 낙인으로 인한 교착상태 그리고 신뢰와 확신을 떨어뜨리는 결과를 어떻게 개선시킬 것인가? 위험관리와 위험소통을 위한 폭넓은 함의는 무엇인가?

신뢰와 확신

확산 틀에 대한 원래 논문(Kasperson et al., 1988)은 확산의 두 번째 단계에서 4가지 중요 경로 또는 기제로 추단과 가치, 사회집단관계, 신호값, 그리고 낙인화를 가정하였다. 책임기관과 그 관리자에 대해 커지는 사회적 불신이 확실히 다섯 번째가 된다. 이제 광범위한 문헌들은 위험관리의 반복적 실패가 상당 부분 민주사회의 일반적인 요구, 특히 신뢰의 필요성을 인식하지 못하기 때문이라고 본다(예 : Cvetkovich & Löfstedt, 1999 참조). 따라서 위험을 통제하려는 노력은 개방성과 '투명성'이 결여되어 있거나, 이른바 '관심이 있고' '호의를 가진' 사람들을 찾지 않고, 관리자들이 사회적 책임을 지지 않고, 정당한 법 절차를 따르지 않고, 대중의 염려에 반응하지 않고, 환경정의에 무관심하기 때문에 빗나간다. 이러한 해석은 지구 온난화, 생명 다양성(멸종 위기의 생물보존 관련), 유전공학, 방어시설과 기타 유해폐기물 정화, 유해폐기물 부지, 습지 보호와 같은 광범위한 환경과 위험 논쟁에서 많이 나타난다. Ruckelshaus는 다음과 같이 경고했다.

불신은 하향 악순환한다. 대중의 불신이 커질수록 정부는 사람들이 원하고 필요로 하는 것을 전달하는 데 효과적이지 않다. 이제 정부 관료가 자신이 봉사하는 시민들에게 적대감을 가지고 반응할수록 정부는 덜 효과적이 되고, 그럴수록 더 많은 사람들이 정부를 불신하면서 아래로 아래로 내려간다(Ruckelshaus, 1996, p. 2).

Ruckelshaus가 말한 공포의 악순환은 미국 고등법원의 Stephen Breyer가 효과적인 위험관리를 좌절시킨다고 언급한 '대중의 인식, 의회의 반응, 그리고 규제 과정의 불확실성 3자 간의 악순환'(Breyer, 1993, p. 50)을 연상시킨다.

Slovic(1993, 2000a)에 따르면, 신뢰는 천천히 형성되지만 약하고 파괴되기 쉽다. 그리고 신뢰는 한 번 잃어버리면 회복하기가 극히 어렵다. 그는 신뢰의 형성보다 파괴가 쉬운 이유를 설명하기 위해 '비대칭 원리'를 제안하였다. 즉 부정적(신뢰를 파괴하는) 사건은 긍정적(신뢰를 형성하는) 사건보다 더 눈에 띄고 뚜렷하다. 부정적 사건은 사고, 거짓말, 오류 발견 또는 기타 부실관리처럼 구체적이고 잘 정의된 사건의 형태를 띠는 경우가 많다. 긍정적 사건은 비록 알아볼 수 있기는 하지만, 종종 모호하거나 불분명하다. 알아보기 힘들거나 잘 정의되어 있지 않은 사건은 사람들의 태도와 의견을 형성하는 데 별로 영향을 주지 못한다. 비록 사건이 우리의 주의에 들어왔더라도 부정적(신뢰를 파괴하는) 사건들이 긍정적 사건보다 더 큰 비중을 차지한다(Slovic, 1993; Cvetkovich et al., 2002 참조).

신뢰는 일반적으로 2명 이상의 암묵적 관계에서 논의된다. 신뢰는 오래전에 정치 시스템의 작용을 촉진하는 정치문화의 한 양상으로(Almond & Verba, 1980; Inglehart, 1988), 최근에는 사회자본의 중요 차원으로(Coleman, 1990, pp. 300-321; Putnam, 1993, 1995) 논의된다. 신뢰는 사회적 환경의 복잡성을 감소시키는 기능도 하기 때문에(Barber, 1984) 삶을 더 예측가능하게 만든다. Renn과 Levine(1991)은 신뢰의 5가지 속성을 열거하였다.

• 유능성(적절한 기술적 전문성이 있는가?)

- 객관성(메시지가 편향되어 있지 않은가?)
- 공평성(모든 견해를 인정하고 있는가?)
- 일관성(시간에 걸쳐 말과 행동이 일관되는가?)
- 충실성(선한 의지가 있는가?)

그들은 신뢰는 확신의 근간이 되며, 진실성은 공동체에 걸쳐 공유된다고 주장한다. 사회적 신뢰에 대한 Earle과 Cvetkovich(1995; Siegrist & Cvetkovich, 2000; Siegrist et al., 2000)의 견해는 조금 다른데, 그들은 신뢰나 불신의 기저는 전문적 유능성보다는 기본 가치의 유사성이라고 주장한다. Hunt 등(1999)은 지각된 '신뢰성'과 '전문성'이 모두 중요하지만, 피상적 요인들 역시 중요할 수 있음을 보여주었다. 신뢰 연구에서 공공정책에 대한 함의 중 하나는 참여를 통한 신뢰구축 주변으로 위험소통의 주요 목적들을 틀로 만들어야 한다는 것이다(Royal Society, 1992; NRC, 1996; United Kingdom Interdepartmental Liaison Group on Risk Assessment, 1998b). 위험의 불확실성을 투명하게 소통하는 것이 어떤 사람들에게는 정직을 신호하지만, 다른 사람에게서는 큰 불신을 초래할 수 있다. 더욱이 위험 논쟁에서 갈등은 고질적이라는 점을 전제할 때, 이해관계자들의 주요 가치와 염려를 모두 망라한 결정을 찾는다든가(Edwards & von Winterfeldt, 1987; Renn et al., 1995; Arvai et al., 2001) 모든 당사자가 동의할 수 있는 상위 목적을 확인함으로써 갈등해결이 먼저 이루어져야 효과적 위험소통이 이루어질 수 있다. 이러한 어려움에도 불구하고, 폭넓은 '이해당사자'의 참여는 갈수록 점점 더 위험측정과 관리 그리고 성공에 이르기 위해 필수적인 것으로 보인다(특히 NRC, 1996 참조).

사회적 신뢰라는 쟁점은 사회 확산의 역동에서 분명히 중요한 요소이다. 우리는 불신이 위험지각을 증가시키고, 위험 신호에 대한 대중의 반응을 강화하고, 위험 수용을 어렵게 만들고, 위험 축소를 위해 정치행동을 자극한다는 것을 알고 있다(Flynn et al., 1993b; English, 1992; Jenkins-Smith, 1991; Kasperson et al., 1992; Löfstedt & Horlick-Jones, 1999). 그러나 신뢰에 대한 해석과 그 효과를 둘러싸고 여러 의문이 있다. 즉 신뢰에 여러 유형이 있고, 신뢰를 형성하고 파괴하는 과정이 잘 이해되지 않고 있으며, 신뢰(또는 불신)가 정치 시스템의 여러 층에 존재하고, 복잡한 귀인이 쟁점화되고, 정책 반응과 효과가 불투명하다는 점이다(Cvetkovich & Löfstedt, 1999 참조). 사회 확산 조망에서, 신뢰는 '확산 역동'에 관여하는 다른 요소들이나 기제들과 밀접한 관련이 있다. 사회와 개인 기지가 위험을 처리하면서 신뢰가 어떻게 형성되고 바뀌고 상실되며 재형성되는지를 이해하는 것이 사회 확산 연구에서 우선적으로 필요하다.

파장 효과

사회확산틀에 대한 1988년 논문 이후, 파장 효과와 2차/3차 결과를 체계적으로 여러 재해에 걸쳐서 연구할 필요가 있었다. 128개 재해 사건 연구는 보고된 문서 증거를 토대로 사건의 결과에 대한 전문가의 예측을 이끌어냈다. 결과는 매우 의미가 있었다. 매체, 사회집단, 기관과 개인에 의한 위험의 사회 과정은 사회적 충격의 전반적 규모와 범위에 중요한 역할을 하였다. 크게 확산된 위험 사건의 충격은 1차 효과(즉 건강, 환경, 직접 경제효과)를 능가했다. 우리는 파장 효과를 시간적으로, 지리적으로 그리고 부문별 차원에 따라 기록하고 측정했다. 그러한 광범위하고 체계적인 경험연구는 사회 확산 과정이 파장 효과, 그 지속성, 다른 위험에 미치는 잠재적 오염 효과 그리고 신뢰와 같은 사회 자본에 미치는 전반적인 충격 효과를 이해하는 데 새롭고 귀중한 정보를 제공하였다.

이제 몇몇 시사적 사례를 소개하고자 한다. 브라질 고이아니아(Goiania)에서는 강하게 확산된 방사능 사고가 충격적 파장 효과로 2차 위험을 초래했다. 다른 보고(Petterson, 1988)에 따르면, 매체 보도가 이루어진 첫 주에 10만 명 이상이 자발적으로 체외 방사선을 측정하기 위해 가이거(Geiger) 계수기 앞에 줄을 섰다. 사건이 발생한 지 2주가 되자 고이아니아가 위치한 고이아스(Goias) 주에서는 농작물의 도매가가 50%나 떨어졌다. 사건 후 8개월이 지나 농작물 가격이 90%까지 반등하였으나 여전히 심각한 부작용이 나타났다. 사건 후 3개월 동안 사고 발생 근처에서 매매되거나 임차한 가구의 수와 가격은 바닥으로 곤두박칠쳤다. 호텔의 경우 일반적으로 매년 그 기간에는 거의 다 찼으나 상파울루 텔레비전 방송 후 6주 동안 빈 객실이 약 40%에 이르렀다. 고이아니아에 있는 가장 큰 호텔 중 하나인 카스트로스(Castros) 호텔에서는 위험 지각과 낙인의 직접적 결과로 1,000건의 예약이 취소되었다. 같은 기간 고이아니아에서 1시간 운전 거리에 있는 온천 관광지 칼다스노바스(Caldas Novas)의 예약률은 상파울루 텔레비전 방송 직후 30~40%대로 떨어졌다. 브라질의 다른 지역에 있는 호텔들도 고이아니아 주민들의 투숙을 거부하였다. 어떤 비행기 기장은 해외로 가려는 고이아니아 주민들의 비행기 탑승을 거부하였다. 고이아스 차량번호판을 가진 자동차는 브라질의 다른 지역에서 돌에 맞았다. 브라질에 있는 원자력 에너지가 총괄적으로 영향을 받았기 때문에 몇몇 정당은 이 사건으로 '핵무기, 원자력, 또는 핵폐기물'을 반대하기 위해 집결하였고, '국가 원자력 에너지 위원회'를 몇 개의 부서로 분리시키는 입법을 추진하였다. 브라질 안에서는 원자력 에너지에 대한 대중의 반대가 증가하였다. 이 사건이 미친 국제적 파장 효과는 고이아니아를 세계적으로 반핵 출판물의 벤치마크와 집결지로 만들었다.

클라크대학교의 Arvind Susarla(2003)는 인도에서 일어난 두 사건, 그중 하나는 확산되고 다른 하나는 희석된 사건을 비교하였다. 확산된 사건은 수랏(Surat) 시에서 발견된 페스트균으로, 이 균은 인도에 전염병 공포를 유포시켰다. 매체에서 페스트 전염병의 증거가 증가한다고 보도하자, 이 질병으로 죽은 사람이 많다는 소문이 시 전역으로 퍼졌다. 지역당국에서는 질병의 완화 측정치를 제시하며 안전하다고 안심시키려고 했으나, 전염병에 대한 첫 보고가 있은 지 몇 시간 안에 퍼진 소문은 대중을 염려시키고 극도로 반응하게 하였다. 소문이 최고조에 달했을 때는 20만 명 이상이 수랏 시를 떠났고 다른 수백 명은 공공 및 개인 병원에 입원했다고 보고되었다. 그동안 몇몇 주변 도시의 관계당국은 수랏 시의 전염병 환자들이 도착할 것에 대비해 경계태세를 갖추었다. 공무원들은 버스와 기차역에서 수랏 시민에게 건강검진을 실시하고, 학교, 대학, 공공집회, 회의, 극장을 폐쇄하는 등 일련의 예방조치를 취하였다. 이러한 조치는 질병이 다른 지역으로 퍼질지 모른다는 걱정과 놀람을 확산시켰다. 사건에 대한 매체 보도는 매우 복잡한 양상을 띠었는데, 영어 일간지에서는 사망자 수가 지나치게 과장되어 보도된 반면, 힌두어 신문에서는 전염병이 발생하지 않았으며 이웃나라 파키스탄 사람들이 인도 경제가 나빠지게 할 목적으로 비방운동을 한다는 혐의를 제기하였다. 대중의 염려, 매체 보도, 당국의 조치가 조합된 재해 사건은 고차적 충격을 초래하였다. 여러 국가들이 인도를 왕래하는 사람들에게 여행제재 조치를 취하였다. 이란의 외무부 장관은 인도 방문을 연기하였다. 무역 수출입금지, 다국적 회사의 인력 철회, 여러 국제선의 결항은 위험 사건에 따른 위험의 파급 정도를 반영해준다.

Barnett 등(1992)은 1989년 아이오와 주의 수(Sioux) 시에서 발생한 심각한 비행기 추락사고 이후에 국내선 항공기 DC-10 이용이 1/3로 (비록 일시적으로라도) 감소했다고 보고하였다. 이러한 2차 결과가 사례마다 개별적으로 나타날 수 있으나, 완전히 나타나기 위해서는 여러 요인이 존재해야 한다(여기서 DC-10은 1970년대 발생한 빈발한 추락사고로 역사적으로 신뢰할 수 없는 이미지를 가지고 있다). 그러나 그 영향은 매우 일시적이었다(2개월 이내). 매체 폭력의 충격은 매우 다른 사회적 '위험' 영역으로서, Hill(2001)은 강화된 검열과 규제처럼 2차 확산 효과를 일으키는 핵심 동인은 사회집단을 동원하는 정치(특정 폭력비디오나 영화를 반대하는 캠페인을 중심으로)라고 주장하였다.

Metz(1996)는 미국 무기 부지를 중심으로 낙인 효과의 역사적 영향을 분석하였다. 사람들에게 미래를 상상하라고 요청했을 때 낙인이나 기타 2차 확산 결과에 대한 반응이 일반적이라고 예상되었으나, 오랜 시간에 걸친 그의 연구 결과에서는 지역사회에 있는 위험 부지의 부정적 결과(사업 손실, 땅값 하락 등)를 예상하는 경우는 거의 없는 것으로 나타났다. 위험지각에 대한 논의에서 낙인과 2차 결과가 차지하는 중요성을 생각할 때 그의 결론은 논란이 될 수 있으며, 그의 주장은 격렬한 비판을 이끌어냈다(Slovic et al., 1994).

1단계 과정이 2단계 파장 효과와 인과적으로 연결되어 있음을 확인하는 데 이론적으로 기여한 것은 Slovic 등(1991c)의 유카산 핵폐기물 처리장 후보지에 대한 낙인 효과 연구이다. 그들은 (1) 환경 이미지 개념을 설명하고 그것을 어떻게 측정하는지를 보여주고, (2) 이미지와 선택행동 사이의 관계를 측정하고, (3) 변경된 이미지와 선택의 결과로 발생하게 될 경제적 영향을 기술하기 위해 일련의 경험연구를 설계하였다. 연구에서는 세 가지 구체적 명제를 검증하였다.

1. 환경과 연합된 이미지는 선호(예 : 휴가, 퇴직, 구직 또는 새로운 사업을 시작하는 장소에 대한 선호)에 영향을 주는 다양한 긍정적/부정적 감정적 의미를 가지고 있다.
2. 방폐장은 극도로 위험하다는 지각과 낙인에 일치되는 매우 다양한 강한 부정적인 이미지를 불러일으킨다.
3. 유카산 처리장과 이것이 불러일으키는 부정적 이미지는 시간이 흐름에 따라 네바다와 라스베이거스의 이미지에서 점차 현저해질 것이다.

상당량의 경험연구는 이 명제들을 지지하였으며, 그 장소가 사회 확산 과정으로 관광객, 구직자, 퇴직자, 전시 기획자 그리고 사업 개발자에게 불리한 사회경제적 결과를 가져오는 비매력적 장소임을 입증하였다.

이러한 사례들과 의사결정 연구소의 이론적 작업에도 불구하고, 위험의 사회확산틀에서 1단계는 2단계보다 더 많이 연구되고 더 잘 이해되어 왔다. 1단계는 위험 사건으로부터의 신호가 위험지각과 1차 행동반응에 영향을 주도록 변형될 수 있다는 것을 가정한다. 위험지각에 대한 여러 연구 결과들은 이것이 사실임을 시사하지만, 확산 또는 희석이 발생하는 구체적 맥락을 정확히 확인하기 위해서는 더 많은 연구가 필요하다. 2단계에는 위험지각의 확산과 2차 결과(예 : 더 엄격한 규제 요청, 시장 영향, 다른 유사한 위험 사건과 재해에 대한 반응의 일반화처럼) 사이의 직접적 연관을 포함한다. 여러 측면에서 볼 때 커다란 사회경제적 영향의 잠재력을 고려하면 정책에서 가장 중요한 것은 2단계이다. 일단의 증거에도 불구하고, 2단계 과정은 체계적인 경험적 증거보다는 현재 사례특수적이고 일화 증거에 기반을 두기 때문에 여전히 모호하다. 희석의 직접적 2차 결과 중 무엇이 확산의 좀 더 가시적인 영향과 비교될 수 있는지는 불분명하다. 그러나 희석에 따른 결과에는, 그렇지 않으면 피할 수 있었던 재해의 직접적 영향뿐 아니라 허술한 위험관리로 예측하지 못했던 심각한 사건이 발생하게 되었을 때 신뢰와 확신에 끼치는 영향이 포함된다.

원래의 개념연구를 검증하고, 정교화하며, 확장시킨 경험연구 결과를 검토했으므로 이제 지난 15년간 등장한 비평과 논점을 살펴보도록 하겠다.

비평과 논점

위험의 사회확산틀이 1988년 학술지 *Risk Analysis*에 처음 실렸을 당시 논문심사는 비평가들을 고무시켰다. 심사자들은 사회 확산을 해당 영역에 이론적 일관성을 제공하는 순수한 시도로 환영하였으나, 후속 연구 방안뿐 아니라 쟁점을 강조하였다. Kasperson(1992)은 후속 논문에서 이러한 비평에 답하였다. 여기서 우리는 해결할 문제를 분명히 하고 미해결된 문제를 파악하기 위해서 그동안 제기되었던 다양한 비평과 쟁점을 검토한다.

확산 은유

Rayner(1988)는 확산 은유 자체를 비판하였는데, 위험 사건에 부쳐진 기저선 또는 '진정한' 위험이 나중에 사회 확산 과정에서 '왜곡'되는 것을 우려했기 때문이다. 그는 신호와 전자 이미지의 강조는 위험행동의 복잡성을 포착하기에 너무 수동적이라고 주장하였다. Rip(1988)은 확산 강조는 '과장된' 위험을 지향한다고 우려하였다.

그러나 확산 틀은 특히 확산이 가장 쉽게 발생하는 정치화된, 과학을 벗어난 상황에서 하나의 진정한 기저선을 함축하지 않는다(Funtowicz & Ravetz, 1992). 확산 과정을 사회/개인 '기지' 그리고 행위자의 나열에 따른 기호, 상징, 이미지의 구성과 변형이라고 개념화한 것은 위험 지식이 판단과 사회구성 요소를 수반한다는 견해와 조화를 이룬다(Johnson & Covello, 1987; Holzheu & Wiedemann, 1993). 전문가와 대중이 종종 위험에 관해 의견이 다른 것은 집단마다 위험이나 위험 사건의 서로 다른 측면을 여과하거나 현저하게 만든다는 주장과 잘 들어맞는다. 확산과 희석은 위험 역동성에 따른 신호 해석, 변형, 강화, 약화 과정을 말한다. 동시에 위험은 직접적(전문적 위험분석에서 처리되듯이) 또는 사회 과정을 통한 간접적 결과(낙인, 집단동원, 갈등, 신뢰 상실)를 초래한다(Rosa, 1998; Renn, 1998a).

확산이라는 은유는 확실히 어느 정도 짐이 된다. 확산이라는 말은 보통 신호의 강화를 뜻하므로, 틀이라는 용어는 암묵적으로 의미를 편향시킨다(Rip, 1988). 위험의 사회확산틀의 설계자들은 이 접근을 통해 위험 신호를 강화시키는 사회 과정뿐 아니라 약화시키는 사회 과정도 기술한다고 거듭 강조하였다. 사람들과 조직의 위험에 대한 '과잉반응'도 위험의 '경시'와 똑같이 주목받아야 한다. Renn(1991)은 이 주제를 폭넓게 검토하고 과잉반응과 경시를 이끄는 과정과 맥락을 논의하였다.

확산이나 희석은 위험의 심각성과 취급가능성, 궁극적으로는 파장 효과를 생성 또는 제약하여 위험 결과를 사회에 알려주는 신호이다. 실제로 2차 위험 결과는 사회의 위험 신호 처리에 포함된 다양한 상호작용과 인과적으로 연관되어 있다. 여러 사회에서 위험관리자를 당황하게 만든 것은 신호 변형과 확산이 유도한 사회 역동과 결과 이 세 가지의 잠재력이다.

이것은 이론인가?

위험의 사회확산틀(SARF)은 1988년 논문에서 강조되었듯이, 이론이 아니라 '…개발하고 검증해서 이론을 광범위하고 긴급한 위험문제에 적용하도록 지속적 노력을 이끄는 데 기여하는 초보적 개념 틀'(Kasperson et al., 1988, p. 180)이다. 이론이라면, Machlis와 Rosa(1990, p. 164)가 강조했듯이, 추상적이거나 부정확한 개념을 정확하고 검증가능한 개념으로 바꾸는 대응 규칙의 적용을 포함하여, 관련 개념들을 구체화하고 설명하는 것이 필요하다. Slovic과 동료들의 낙인 연구가 이런 이론화의 시작이었다. 사건, 신뢰, 지각, 이미지를 연결시키는 경험연구에서 이론화의 진보가 뚜렷했다. 그동안 위험의 사회확산틀은 폭넓게 축적된 경험연구를 추적하고, 관련된 현상의 상호작용을 직접 분석하고, 위험지각과 소통에 관한 이론을 수립하고, 위험 신호의 사회 과정에 관한 새 가설을 끌어내는 '순수' 기능으로 지속적으로 기여했다.

명백한 안면 타당도에도 불구하고 위험의 사회확산틀의 한 가지 한계는 경험적으로 검증하거나 특히 전면적으로 반증하기에는 지나치게 일반적(주관적 기대효용이론처럼)이라는 점이다. 이 때문에 몇몇 관찰자(예 : Rayner, 1988; Wåhlberg, 2001)는 기존의 접근이 제안한 것 이상의 새로운 통찰이 얻어질 수 있는지 의문을 제기하였다. 분명히, 사회 확산 접근의 유용성은 결국 경험적 검증으로 가능한 통찰이 얻어질 수 있는지에 달려 있다. 확실한 것은 이 틀이 적어도 이론과 연구를 통합하는 본보기를 제공함으로써 현상(예 : 위험소통에서 대중매체의 핵심 역할이나 위험 처리에 대한 문화의 영향)을 명료화시키고, 상호관련된 전체적 해석을 촉진하는 데 도움을 준다는 점이다. Kasperson(1992)은 이렇게 통합된 틀의 세 가지 잠재적 기여를 언급했다. 즉 경쟁되는 이론과 가설을 자신의 '영역'으로부터 끌어내어 직접 결합시키거나 대면시키고, 단편적인 수많은 경험연구 결과를 배열시킬 전반적 뼈대를 제공하고, 그리고 새로운 가설, 특히 특정 개념이나 요소들을 서로 연결시켜 새 가설을 생성하는 것이다. 이 일은 이론을 구축하는 데 매우 적절하다.

소통과 대중매체

사회 확산 접근이 기초한 소통 모형은 정보의 일방향적 이동(즉 위험 사건과 근원으로부터, 전달자를 거쳐, 수신자에게로)으로서, 위험소통의 개념을 지나치게 간단하게 본다는 우려를 낳았다(Handmer & Penning-Rowsell, 1990). 그러므로 이 틀은 사회 위험지각의 발달이 항상 위험소통 당사자 간의 다양한 상호작용의 산물이라는 기존의 의구심을 제거해야 한다. 여러 논평(NRC, 1989, 1996; Pidgeon et al., 1992)은 위험소통을 양방향적 과정으로 보는 것이 중요하다고 논하였다. 어떤 사건이든 광범위한 또는 진행 중인 소통망 구조를 통해 보도와 신호를 생성한다는 점을 주목하면 확산 모델은 옳다. 목적이 있는 위험소통 프로그램은 거의 항상 기존의 소통 시스템이 폭넓게 점령한 영역으로 들어간다. 그러므로 미국립연구원(NRC)과 함께 위험소통을 다음과 같이 본다.

위험소통은 개인, 집단 그리고 조직 간에 정보와 의견을 교환하는 상호과정이다. 위험소통은 위험의 성질에 대한 다양한 메시지와, 엄밀하게 위험에 대한 것은 아니지만, 위험 메시지에 대한 걱정, 의견, 반응, 또는 위험을 관리하는 법적/제도적 처리방식 등을 표현하는 다양한 메시지를 포함한다(NRC, 1989, p. 21).

분명히, 틀을 적용할 때 이러한 중요한 조건을 놓쳐서는 안 되며, 대중과 매체가 위험소통 문제의 근원이라고 비난하기 쉽지만, 소통자 역시 과정의 핵심에 있다.

이러한 맥락에서 대중매체의 역할을 언급해야 할 것 같다. 어떤 사람은 이 틀이 많은 보도량을 위험 확산의 주요 동인으로 가정한다고 해석하였다. Sjöberg(1999)는 이 틀에서 매체의 많은 보도량이 위험지각의 증가를 예측한다고 결론을 내렸다. 이것은 사실이 아니다. 비록 이런 일이 발생한 경우가 있었고, 어떤 연구자들(예 : Mazur, 1990)은 이러한 논의를 진전시켰으나, Renn(1991)과 Pidgeon 등(1999)의 개념연구와 우리의 경험연구는 매체의 보도량, 일반인의 지각 그리고 2단계 확산 과정이 서로 복잡하고 확산 과정의 다른 성분들과 상호작용한다는 것을 밝혔다. 실제로 어떤 단일한 확산요소가 확산 과정을 출발시키는 데 충분하지 않다. 또한 보도량이 확산과 희석에 큰 영향을 미치지 않는다(Breakwell & Barnett, 2003). 실제로 확산 연구의 강점은 상호작용하는 확산기제의 패턴, 위험과 위험 사건의 성질, 그리고 사회적 맥락 효과에서 찾아볼 수 있다. 우리 연구자들은 과거 15년간의 경험연구를 총괄하면서, 위험문제의 언어, 상징, 이미지, 정의 또는 틀을 통제하기 위해 발생하는 정치적 경합을 포함하여, 위험의 사회 과정을 특징짓는 담론의 성질이 중요하다는 결론을 내렸다.

개인 과정 대 사회 과정
1988년 논문을 걱정하는 두 가지 논평은 개인 수준의 확산에 지나친 관심을 보인 반면, 사회적 정렬, 대중매체 그리고 사회망에는 관심이 너무 적었다는 것이다(Rip, 1988, p. 195). Sven-son(1988b, p. 200)은 틀이 발전하려면 확산 과정을 사회 맥락에 더 확고히 둘 수 있는 구체적 시스템과 더 넓은 사회심리적 접근이 필요하다고 보았다. 조직의 확산과 희석에 관한 앞서 논의에 따르면, 과거 15년간 경험연구는 개인 과정이 받았던 관심보다 더 많은 관심을 확산의 사회 '기지'와 과정에 주었다. 실제로 낙인, 비난, 사회적 신뢰까지 확장된 심리측정모델은 사회의 맥락과 개인의 지각 및 행동 사이의 상호작용을 크게 강조한 것이다. 그리고 물론 확산 틀이 강조한 것도 바로 이 상호작용이다.

사회확산틀에 대한 경험연구와 그 확장, 그리고 비판과 논쟁을 개관하였으므로 이제 공공정책에 대한 시사점과 향후 연구 방향을 고려하도록 하겠다.

정책과 연구 우선순위

위험의 사회확산틀(SARF)과 과거 15년 연구 결과가 다양한 공공정책 문제에 어떻게 적용되는지 아직 체계적으로 분석되지 않았다. 그러나 위험의 사회적 분석은 사회의 위험처리와 관리 기능을 적대시하는 위험쟁점의 지속적 흐름을 예상하고, 진단하고, 먼저 처리하도록 사회의 잠재적 능력을 향상시키는 접근과 과정을 제안하는 것이다. 기존의 위험 평가와 의사결정을 철저히 조사하라는 권고는, '위험의 확대된 개념'과 신뢰구축을 위한 것이든 또는 '분석적/신중한 과정'(NRC, 1996)을 위한 것이든, 위험 결정에 사회적으로 유익한 접근을 위한 문을 개방하고 있다(예 : Okrent & Pidgeon, 1998). 사회확산틀의 범위와 조직은 정책적 시사점을 낳는다(무엇이 가능한지에 대한 일상적인 경고와 더불어). 과거 15년 연구에서 상당수의 경험연구뿐 아니라 확산 틀에 기반하여 얻어진 몇 가지 정책분석 사례는 향후 관리를 개선시키기 위한 정책 질문과 아이디어에 정보를 제공할 것이다.

어떤 정책을 제안하든 처음에는 기초적 표준 질문부터 시작한다. 사회 확산의 결과를 '좋다' 또는 '나쁘다'고 판단할 수 있는 표준 기준을 개발할 수 있을까? 우리가 알기로는, 아직까지 이 문제를 다룬 연구가 없다. 사회 확산 또는 희석이 사회 구축과 위험 취급에 긍정적이기보다 파괴적인 때가 언제인지 말하기는 복잡한 문제이다. 미국에서 폐기물 처리장 후보지에 관한 사회적 논란의 경우, NIMBY(Not In My BackYard, 지역이기주의), LULU(Locally Unwanted Land Use, 지역주민이 반대하는 부동산 개발이나 건설 프로젝트), NIMTOF(Not In My Term of Of-fice, "내 임기 중에는 안 된다")처럼 머리글자로 광범위한 불만을 만들어냈는데, 이는 대중의 과잉반응에 대한 고전적 예로 인용되었다. 사실 폐기물 처리장에 대한 저항은 대규모의 폐기물 감소, 재활용 그리고 전반적 폐기물 관리를 향상시켰다.

실질적으로 정부기관은 '위험' 추정치를 산출하려고 가용할 수 있는 과학지식과 위험 평가에 의존하지만, Rappaport(1988)는 과학적 위험 평가의 기준은 정확성인 반면 위험 신호에 대한 대중의 평가 기준은 정보에 대한 적응력이므로, 이 두 가지 기준이 항상 부합하지 않는다고 지적하였다. Svenson(1988b)은 언제 위험 확산이 재해에 대한 기본 심적 모델(원칙적으로는 어떤 기준에서 정확하거나 부정확하다고 판단될 수 있는)(Morgan et al., 2001 참조)의 변화를 포함하게 되었는지, 또는 위험과 관련된 가치가 바뀌었거나 위험 수용의 역치가 수정되었는지 알 수 없다고 했다. 분명한 것은, 확산 과정에 대한 총체적 판단이 언급된 평가 과정에 포함된다는 것이다. 그리고 여러 책임당국들은 위험 고려 과정을 관리자 영역에 두고 통제하기 위해 사회의 신호 흐름을 진압하려고 한다는 사실을 간과해서는 안 된다.

앞서 언급했듯이, 위험의 사회확산틀에 관해 두 영역의 정책 분석이 광범위하게 이루어졌다. 첫째는 미국의 향후 방사성 폐기물 관리를 포함한다. 사회 확산 개념은 네바다 주의 후원을 받아 1985년과 1995년 사이에 수행되었던 사회경제연구의 야심찬 프로그램에서 출발하였다. 유카산 핵폐기물 처리장 후보지의 향후 잠재적 영향을 평가하기 위한 광범위한 연구가 이루어졌는데, 지각과 이미지, 위험 신호, 매체의 보도 패턴, 잠재적 낙인이나 기타 파급 효과, 사회 불신 등에 관한 연구가 포함되었다. 위험의 사회확산틀에서 광범위한 경험연구들을 바탕으로, 잘 알려진 과학 작가의 도움을 받은 연구팀은 '백 세기 동안의 고독 : 미국의 고준위 방사성폐기물 정책 방향의 재조정'이라는 제목의 정책분석에 착수하였다(Flynn et al., 1995). 분석에 따르면, 기존 정책의 형편없는 실패를 고려해볼 때 대중의 걱정 수용, 잠정적 저장의 역할 증대, 자발적 부지선정 과정, 위험 전달자와의 협상, 그리고 신뢰회복 조치에 기반을 둔 새로운 접근이 필요하다는 것이다(Flynn et al., 1995, pp. 16-18).

두 번째 정책 영역은 유카산 사례와 관련되는데, 여러 나라에서 겪는 재해시설 부지계획의 교착이나 정체 상태에 대한 것이다. 여기에 사회 확산 접근의 일부로 수행된 연구들이 여러 정책 처방의 중요한 기초가 되었다. Kunreuther와 동료들은 새로운 시설 부지 신조(표 19.3)를 개발하기 위해서 확산 개념을 미국 펜실베이니아대학교의 와튼스쿨과 갈등해소에 폭넓은 경험이 있는 Lawrence Susskind의 처방과 보상연구와 결합시켜, 그 처방력을 검증하였다(Kunreuther et al., 1993). 이와 비슷하게, Kasperson과 동료들은 시설 부지에 대한 새로운 접근과 절차를 위한 주장에서 사회 확산 연구를 많이 이용하였는데, 사회의 필요를 위한 논의, 위험 논쟁을 좁히는 조치, 심각한 사회 불신 상태에서 회복력을 유지하는 접근, 지지적 선거구 설립, 적응적 조직과정의 활용(Kasperson et al., 1992; Kasperson, 출판예정)과 같은 정책요소를 포함하고 있다. 정책

표 19.3 시설 부지 계획 신조

지역주민이 반대하는 부동산 개발이나 건설 프로젝트(LULU)를 계획할 때, 다음 목적에 부합하도록 모든 노력을 다해야 한다.

- 광범위한 참여 과정을 도입하라
- 합의를 도모하라
- 신뢰를 쌓도록 하라
- 자발적 자원 과정을 통해 수용될 만한 입지를 찾으라
- 경쟁적 부지선정 과정을 고려하라
- 현실적인 일정표를 설정하라
- 항상 다수의 선택지를 유지하라

- 현재 상태를 용인할 수 없다는 합의에 도달하라
- 문제를 가장 잘 다룰 수 있는 해결방법을 선택하라
- 엄격한 안전 기준에 부합할 것을 보장하라
- 시설물의 모든 부정적 영향을 전부 말하라(보상하라)
- 지역사회의 형편이 더 나아지도록 하라
- 대표단 협정을 사용하라
- 지리적 공정성을 위해 일하라

출처 : Kunreuther et al.(1993)

처방에서 다루어진 쟁점의 범위, 상호작용 효과를 주목하고, 이들을 파장 효과에 연결하는 것은 확산에 근거한 연구에서 나온 정책분석 유형을 시사한다.

확산 개념의 도입은 새로 나타난 위험의 확산 여부를 예측하는 사회의 역량을 향상시키는 데 기여했다. 위험소통과 사회 과정에 내재된 복잡성을 가정할 때 틀을 통해 어떤 쟁점의 확산 여부를 예측하기 어렵다. 이와 비슷하게 연구자는 과거의 과학기술 사고와 재난에서 사람이나 조직과 관련된 원인을 알아내어 미래의 실패가능성을 예측하려고 한다(Pidgeon, 1988; Turner & Pidgeon, 1997, 특히 11장 참조). 몇몇 전문가들은 큰 조직체계의 위험관리 요인을 걸러내어 취약성을 진단하는 포괄적인 방법을 도입했다(예 : Groeneweg et al., 1994 참조). 비슷한 방식으로 요인 지식은 확산 효과를 이끌고, 확산 효과가 나타나는 사회정치적 맥락은 요인 간 시너지 효과의 결과에 대한 잠재성을 평가하는 도구로 기능할 것이다. 그러한 도구를 개발해서 과거 경험을 설명하거나 새로운 위험과 역행하는 표본을 설명하는 회고적 검증절차는 유용한 연구가 될 것이다.

위험에 관한 사회과학연구로 되돌아오면, 기존의 경험연구에서 북미 경험을 반영하는 정도는 가히 충격적이다. 문화 맥락에 따라 위험소통과 위험 확산 효과를 형성하는 고유한 방식뿐 아니라, 기존 결과물의 전이가능성(예 : 위험관리에서 신뢰, 탓, 책임이 미국에서만큼 유럽이나 아시아에서 강력한 역할을 하는지)을 알아보는 기초 연구가 필요하다. 그러나 Renn과 Rohrmann(2000)이 분명히 말했듯이, 위험지각의 비교문화연구는 특히 확산/희석을 구성하는 수많은 요소를 고려할 때 그리 수월하지 않을 것이다. 그러나 위험소통의 핵심 매개자를 대중 매체로 보는 입장에서 보면, 틀은 정부와 여러 사회 부문 사이에서 매체가 사용하는 확산 규칙

을 기술하고 조직할 수 있어야 한다. Slovic(1998b)이 말하는 '위험 게임'에서 매체가 다른 기관의 경기자와 어떻게 접속하는지는 연구에서 무르익은 핵심 쟁점이다. 상이한 조직 배치가 예측할 만한 확산/희석의 규칙 세트와 작용한다고 특징지을 수 있는지(Renn, 1991, p. 300 참조), 그리고 그러한 기관의 행동과 이후 사회에 미치는 영향력 사이에 인과적 연결의 증거가 있는지도 의문이다. 확산 과정의 중요한 맥락을 설정하는 데 있어서 지역적 영향(예 : EC)과 국가의 법적 · 문화적 틀의 영향은 이 연구 방향의 한 부분이 될 것이다.

확산 주도적 과정에 기초한 기존의 정책은 상당히 제한적이지만(Gregory et al., 1995), 사회 확산은 낙인 관련 정책(Flynn et al., 2001)을 연구하는 데 유용한 분석적 구조를 제공했다. 불법행위법의 비호 아래 낙인 대상에 대하여 보상을 청구하는 것은 효과적이거나 만족스러운 해결책이 아니다. 물론 프로젝트 개발자는 보상 청구자에게 돈을 지불하겠지만, 돈으로 해결하려는 태도는 타당한 보상 청구를 탐욕스러운 요구 또는 정책에 반대하기 위한 정치화 시도와 구분하지 못하는 것이다. 그 밖에 보상 청구는 미래의 경제활동이나 사회 반응을 예견하기 쉽지 않음에도 불구하고, 향후 수년간 또는 수십 년간 발생하게 될 경제적 손실로 종종 이어진다. 낙인 효과는 소통 노력으로 대중의 공포를 효과적으로 다루면 경감되지만, 이러한 간단한 해결은 불가능해 보인다. 소통 노력이 성공하지 못하는 이유는 사회 확산의 핵심인 심리, 사회, 정치의 복잡한 상호작용의 실패로 정부와 기업체에 대한 불신은 높은 수준의 위험지각을 초래하기 때문이다. 따라서 확산 과정의 여러 단계에서 낙인에 작용하는 상호작용 요인들에 맞추어 정책 방향을 정하는 것이 필요하다.

더 개방적이고 참여적인 결정 과정은 낙인과 확산을 일으킬 잠재적 근원에 가치 있는 정보를 초기에 제공하고(Renn, 2003 참조), 과학기술 위험을 이해하고 관리하는 데 더 많은 지역사회를 투입할 수 있다. 이러한 접근은 사건이나 중요한 위험정책의 실패에서 발생할 수 있는 책임과 불신의 뿌리를 제거하는 데 도움을 줄 수 있고, 낙인에 작용하는 요인들을 확인하고 이에 접근하는 능력의 점진적 향상은 경제적 손실의 정도나 시점을 예측할 수 있다. 그다음 이 접근은 새로운 보험시장을 출현시키고 잠재적으로 해로운 낙인 효과를 경감시킬 것이다. 마침내 위험관리를 책임지는 사회기관은 낙인 쟁점을 다루는 새로운 규준과 방법에 대한 대중의 걱정과 갈등, 그리고 평등과 공정에 근거한 갈등을 해결하는 더 나은 장을 만나야 한다.

결론적으로, 위험의 사회확산틀이 가진 특별한 정책적 강점은 다양한 영역의 위험연구에서 밝혀진 결과들을 서로 연결시키고, 다양한 통찰과 분석적 영향력을 결합시키고, 그리고 특정한 사회문화적 맥락에서 연결, 상호관련성, 상호작용을 분석할 수 있는 역량을 가지고 있다는 점이다. 이러한 강점은 패턴과 더 광범위한 해석이 낙인에 관한 연구에서처럼 새로운 통찰과 가설, 사회적 신뢰 그리고 확산 과정이 제시하는 '도약'을 초래할 수 있다고 제안한다. 다른 부문에서, 특히 국경을 넘는 위험이라는 맥락에서 위험 확산과 희석을 측정하면서 Kasperson과 Kasperson(2001)은 그러한 위험의 사회 과정에서 위험-근원 지역의 사회적 희석과 위험-결과 지역이 연결되는 사회적 확산이라는 잠재적 '거울' 구조를 지적하였다. 지구변화 연구에서 독일 사회과학자들은 변화의 '증후군'을 분석하며 환경의 질적 저하에 대한 취약성에 새로운 통찰을 제공하였다(Schnellnhuber et al., 1997). 이 장에서 그리고 사회 확산에 대한 이론적 저술을 통해서, 광범위하고 통합적인 위험 틀이 제공할 수 있는 잠재적 연구와 정책의 가치를 강조하였다. 확산 틀 내에서 중간 수준의 이론 분석을 통해 잠재적으로 새로운 연구 질문과 잠재적인 정책구상을 열어놓았다.

20장

수리력과
의료 정보 소통

Ellen Peters, Judith Hibbard, Paul Slovic & Nathan Dieckmann[*]

의료서비스 정책이 강조하는 것은 소비자에게 의료서비스 효능의 잠재력을 깨닫게 하는 데 있다. 고용자와 지불인은 소비자가 비용을 부담하고 서비스를 향상시키는 데 중요한 역할을 한다는 점을 인식하고 소비자 행동에 영향을 주려는 계획을 세웠다. 그들은 소비자에게 의료서비스를 선택하고 결정하는 방법과 일상의 의료서비스 방법을 바꾸도록 촉구해 왔다. 여러 시도를 통하여 소비자는 우수한 성과를 제공하는 기관, 건강계획, 시설을 선택하고, 비용효율이 높은 치료를 선택하고, 이들을 제공하는 기관과 협력하고, 건강행동을 시작하고 유지하고 그리고 자신의 증상과 건강상태를 관리하였다. 이와 동시에 소비자는 과거 어느 때보다도 의료서비스 비용을 더 많이 부담하도록 요청된다. 그 결과 선택은 환자에게 경제적으로나 건강 성과에서 중대한 문제가 되었다(Herzlinger, 2002; Iglehart, 2002).

그러나 모든 소비자가 건강정보를 활용하는 데 필요한 기술을 가지고 있는 것은 아니다. 주요 관심사는 환자에게 더 큰 책임을 안기는 정책 접근이 제한된 기술을 가진 사람들에게 불이익을 더 주는지 여부이다. 건강정보 이해력은 비싼 의료서비스 비용과 관련되어 있으므로 건강상 불평등을 유발할 수 있다. 최근 연구는 독해력과 수리력은 병원 선택에 관한 정보를 이해하고 사용하는 데 독립적으로 영향을 준다고 밝혔다(Hibbard et al., 2007). 수리력 부족은 환자가 자신의 건강상태를 이해하고 더 나은 서비스를 받는 데 큰 장애가 될 수 있다.

의료서비스 정보는 복잡하므로 여러 곳에서 받은 조언이 서로 상충되기도 한다. 만성질환자

[*] Reprinted from Peters, E., Hibbard, J., Slovic, P. and Dieckmann, N. F.(2007) 'Numeracy skill and the communication, comprehension, and use of risk-benefit information', *Health Affairs*, vol 26, pp.741-748.

는 자신의 건강과 서비스에 필요한 사항들을 매일 선택해야 한다. 이런 환자는 위험과 이익이 불확실한 복잡한 처방을 따르고, 자신의 건강상태를 점검하고, 생활방식을 바꾸고, 전문가 치료를 언제 받을 것인지 결정해야 한다. 우리는 정보 제공만으로 모두를 공평하다고 간주하는 경향이 있다. 그러나 많은 소비자들이 믿을 만한 정보 출처에 접근하여, 정보를 처리해서 유식한 선택을 할 수 있는 능력, 지식, 동기를 결여하고 있다. 결국 이들은 능력, 지식, 동기를 가진 사람들보다 더 많은 건강상의 위기와 기능 감소를 겪는다(Estrada et al., 2004; Marcus, 2006).

이 장의 목적은 수리력의 개념을 검토하는 것으로서, 의료서비스 결정에 수리력이 왜 중요한지 그리고 숫자 건강 정보를 어떻게 제시하는 것이 진료에 좋은지 알아본다. 여기서는 (1) 수리력이 위험-이익 정보를 이해하고 사용하는 데 미치는 영향과 (2) 환자가 선택하는 수리 정보 사용을 지지하는 방략이 무엇인지로 제한한다.

수리력의 정의와 수리 무능력의 범위

수리력은 숫자를 이해하는 능력으로 건강 정보를 이해하는 데 필요한 요소이다. 학자들은 객관적인 수학검사와 자신이 지각하는 수학능력으로 수리력을 측정하였다(Schwartz et al., 1997; Lipkus et al., 2001; Fagerlin et al., 2007). 성인의 절반 정도는 계산기를 사용해서 정상가와 할인가의 차이를 계산하거나 식료품의 무게당 가격을 계산하는 비교적 쉬운 수리과제에서 어려움을 겪고 있다(Kirsch et al., 2002). 그러나 사람들은 자신의 제한된 능력 때문에 삶에서 위험에 처한다고 느끼지 않는다.

그러나 수리력이 낮을수록 건강 정보를 이해하고 사용하는 능력이 낮다. 많은 환자들이 현재 의료서비스 환경에서 기능하는 데 필요한 기본 수리과제를 풀지 못한다. 한 연구에서 26%가 약속이 언제 잡혀 있는지를 이해하지 못했다(Williams et al., 1995). 다른 연구는 고등교육을 받은 사람의 16%가 위험규모에 대한 직접 질문(예 : 다음 중 어느 것이 더 큰 위험인가 : 1%, 5%, 10%?)에 틀리게 답하였다(Lipkus et al., 2001). 실제 건강 상황에서 수리 정보를 이해하는 것은 가상적인 상황에서보다 훨씬 더 어렵다.

숫자 이해 : 의료 문제 결정에서 필수사항

의료서비스 상황에서는 불확실성이 많으므로 불확실한 정보를 모든 환자에게 성공적으로 전달하는 것이 중요하다. 그러나 사람의 마음은 복잡한 정보를 다루는 데 어려움이 있으므로 사람들은 간편한 방략을 사용하여 정보처리의 부담을 감소시키려 한다. 의료서비스 상황에는 적어도 4가지 불확실성이 있으며, 그 결과 간편한 방략을 사용하게 된다.

의료서비스 상황에서 불확실성

우선 첫째로, 가능한 이익과 위험의 규모나 심각성이 불확실하다(예 : 고통 감소 정도). 환자의 증명서에 그런 정보가 제공되지만, 건강에 관한 결정에서 통계정보로 압도당한다(Fagerlin et al., 2005). 둘째로, 현재 병원에서 제공하는 치료와 관리의 질에 관한 증거가 불확실하다. 불확실한 정확성이나 신뢰성을 포함하는 정보를 처리할 때 사람들은 자료의 질을 감안하지 않고 정보를 전적으로 수용하거나 완전히 거부한다. 이러한 '최선의 추측' 방략은 정보의 통합을 단순화하지만 불확실성을 무시한다(Gettys et al., 1973; Schum & DuCharme, 1971). 예컨대 신뢰구간의 제시는 그 이상의 정보 사용을 줄인다. 수리력이 낮은 사람들은 수리력이 높은 사람들보다 숫자 정보를 덜 신뢰하므로, 그들이 생각하기에 부정확하거나 신뢰할 수 없다고 생각하는 정보를 거부하는 것은 당연하다(Gurmankin et al., 2004).

셋째, 환자와 소비자들이 선택에서 위험과 이익을 어떻게 비교 평가하는지 불확실하다. 각 주제가 중요하지만 이 주제와 수리력의 상호작용을 검토한 연구는 없다. 마지막으로, 서로 다른 결과에 대한 확률도 불확실하다. 예를 들어, 거의 모든 치료에는 부작용이나 합병증이 생길 수 있다. 이들이 모든 사람에게 반드시 나타나는 것은 아니지만, 의사는 누구에게 이런 문제가 생길지 정확히 예측하지 못한다. 대신, 증거 기반 치료의 경우 전집에 기초한 확률을 제공한다(예 : Gail 모형에 따르면, 여자가 평생 유방암에 걸릴 확률은 6%이다). 이와 비슷하게, 한 병원에서 질 높은 관리를 받을 확률은 지역 병원마다 차이가 있겠지만, 정확하게 누가 그런 관리를 받게 될지 알 수 없다. 그러나 환자는 질 높은 관리를 받을 확률이 높은 병원을 선택할 수 있다. 정보의 이해와 활용은 개인의 수리력과 정보의 제시방식 모두에 따라 다르다(Schwartz et al., 1997; Peters et al., 2006b).

위험-이익 정보를 이해하는 데 필요한 능력

위험과 이익에 대한 확률 정보를 이해하고 활용하는 데 여러 수준의 능력이 필요하다. 먼저, 정확하고 시기적절한 정보가 가용되어야 하고, 환자는 표, 도표 또는 글에서 정보를 얻을 수 있어야 한다[1](정보를 구두로 얻을 수도 있지만, 인쇄된 숫자 정보를 이해하는 것이 매우 중요하다). 그다음에 환자는 계산하고 추론할 수 있어야 한다. 화학요법 대 호르몬 요법의 생존율을 알려주었을 때, 암 환자는 치료법 사이의 차이를 계산하고 그 차이가 무엇을 뜻하는지 알아야 한다. 그다음, 환자는 단기간(결정이 신속히 이루어졌을 때) 또는 장기간(지연될 경우) 정보를 기억할 수 있어야 하는데, 기억 능력은 환자 집단마다 다르다. 환자는 자신의 필요와 가치에 맞는 요인들을 비교평가하고, 평범하거나 정서적으로 황폐화시키는 것을 절충하여 결정에 도달한다. 이러한 과정은 상당히 어렵다.

의료 결정의 질과 수리력

의료 선택의 위험과 이익 평가

수리력이 부족한 사람들은 수리력이 우수한 사람들보다 숫자 정보를 써서 선택을 하는 데 곤란을 겪는다. 미국 국립보건원은 40~49세 여자들에게 의사와 함께 유방조영술 검사의 필요성을 평가하라고 추천한다. 이 경우 환자는 스스로 선택한 위험과 이익을 평가하거나, 그렇지 않으면 의사가 자신의 판단으로 대신해야 한다(Elstein et al., 2005). Lisa Schwartz와 동료들은 이런 경우에 위험을 질적으로 기술하기가 지나치게 애매해서 양적 기술이 필요하다고 결론지었다(Schwartz et al., 1997). 그러나 이 연구에서 수리력이 부족한 여자는 제공된 숫자 정보로부터 유방조영술 검사의 이익을 정확히 결정할 수 없었다.

복잡한 처방 따르기

수리력은 또한 복잡한 처방을 따르는 능력에 영향을 준다. 낮은 수리력은 뇌졸중의 위험을 감소시키기 위해 와파린을 복용하는 환자집단에서 흔하게 나타났고 불충분한 항응고 조절과 관련되었다(Estrada et al., 2004). 그 밖에, 낮은 수리력은 환자가 가치 평가를 하는 데 중대한 장애물이 될 수 있다. 수리력이 높은 여자와 비교해서 수리력이 낮은 여자는 표준 기법을 사용하여 가상의 건강상태(예 : 심장병과 골다공증)를 평가하도록 요청했을 때 큰 어려움을 겪었고 타당하지 않은 평가를 하였다(Woloshin et al., 2001; Zikmund-Fisher et al., 2007). 소수의 의사들 역시 숫자로 된 의학 정보를 이해하고 해석하는 데 어려움이 있었는데, 이는 의사라고 해서 환자를 위한 의료 정보를 항상 신뢰롭게 해석하는 것은 아니라고 제안한다(Sheridan & Pignone, 2002).

단기 대 장기 이익 비교

의료서비스 연구에서 시점 간 선택은 중요하지만 무시되었던 영역으로서, 환자는 장기적이지만 추상적이고 확률적인 보상을 나중에 받기 위해 지금 당장 구체적 비용(약을 복용하고, 검사받는 것에 대해 불안을 느끼는 것)을 감수하도록 요청된다. 의료서비스 분야가 아닌 연구 결과는, (수리력이 높은 환자와 비교했을 때) 수리력이 낮은 환자의 경우 먼 미래에 발생할 손해와 이익에 비해서 단기적 비용과 이익에 더 비중을 둘 것이라고 시사한다(Frederick, 2005; Benjamin et al., 2006).

숫자로 의료 정보를 제시하는 최선의 방식

사람마다 수리력이 다르므로 결정할 때 서로 다른 도움을 필요로 한다. 어떤 연구는 수리력과 정보제공 양식의 상호작용 함수로 이해와 결정(예 : 최선의 보험을 선택하기)의 질이 어떻게 달라지는지에 초점을 맞추었다.

적은 편이 종종 더 낫다

사람들은 제시양식이 중요한 정보를 평가하기 쉽고 인지적 요구가 적을 때 정보를 더 잘 이해하고 더 나은 결정을 한다(Peters et al., 2007a). 서로 비교가 되는 정보를 제시하여 소비자에게 병원 선택을 하게 한 세 실험에서 수리력이 낮은 사람들에게서 얻어진 강력한 결과는 '적은 것이 더 낫다'는 생각을 지지하였다. 한 연구에서는 병원 수준에 관한 가장 적절한 정보(예 : 권고된 관리를 따른 환자의 비율)만을 제시받은 응답자가, 동일한 정보에 추가하여 덜 적절한 정보(예 : 병실의 침대 수)를 제시받은 응답자에 비해 해당 정보를 더 잘 이해하였고 질 높은 병원을 더 잘 선택할 수 있었다. 두 번째 연구에서, 병원의 질을 평가하기 위해 모든 지표를 쉽게 만드는 것보다 중요한 한 가지 지표만 평가하기 쉽게 만든 경우 질 높은 병원을 더 잘 선택하였다. 세 번째 연구에서 인지적 노력을 줄이는 것이 효과적이었다. 큰 숫자가 더 좋다는 뜻으로 해석되도록 제시한 양식(환자 100명당 배정된 간호사의 수)은 더 작은 수가 더 좋다는 양식(간호사 수당 할당된 환자의 수)보다 이해를 촉진시켰고 응답자로 하여금 더 나은 선택을 하도록 만들었다.

병원 결정이 비용뿐 아니라 질에 대한 정보로 도움을 받을 수 있다면, 보고서는 중요한 질적 측정치만(또는 최소한 그것을 강조하는)을 보여주고, 그들을 평가하기 쉽게 만들며(예 : 잘 검증된 상징을 사용함으로써), 인지적 기대와 일치되게(즉 큰 숫자가 더 나은 수행을 의미하도록) 자료를 제시할 필요가 있다. 수리력이 부족한 사람들에게는 정보제시가 이해와 선택에 미치는 효과가 더 중요하다.

추론과 계산의 부담을 줄이기

인지적 노력을 줄이는 방식이 수리력으로 검증되지 않았으나 효과적일 것이다. 정보 제공자는 추론과 계산 부담을 줄여야 한다. 한 연구에서, 소수이지만 상당수가 작년 월 보험료가 100달러 였으나 올해 월 보험료가 2% 올랐다고 말했을 때 월 보험료를 계산할 수 없었다(Finucane et al., 2002). 확률이 작을 경우, '큰 수 중의 1' 형식으로 나타내지 말고(예 : 50명 중의 1명이나 1,000 명 중의 1명), 인지적 노력을 줄이기 위해 분모를 일정하게 유지시켜서(예 : 1,000명 중의 20명, 1,000명 중의 1명) 정보를 더 잘 이해하고 활용하게 해야 한다. 또한 위험은 동일한 기간을 기준 으로 비교해야 한다. 정보를 순서대로 제시하고 요약해주는 것이 유용하므로, 별표처럼 시각적 단서를 사용하여 정보의 의미를 강조하는 것도 도움이 될 것이다(Hibbard et al., 2002). 앞서 언 급한 대로, 사람들은 자료의 질을 감안하지 않은 채 정보를 전적으로 수용하거나 거부하기 때문 에 소비자에게 고급 통계 개념(예 : 신뢰구간)을 제시하는 것을 피해야 한다(Gettys et al., 1973).

숫자 효과를 줄이는 검사 양식

동등한 선택지이지만 이익이 아닌 손실로 기술되었을 때 사람들이 더 강하게 반응한다는 점은 잘 알려진 사실이다(Kahneman & Tversky, 1979). 예를 들어, 건강검진을 받았을 때의 이익이 아니라 건강검진을 받지 않았을 때 손실을 강조하는 경우 환자들이 검진받을 가능성이 더 높아 질 것이다(Edwards et al., 2001). 건강 분야에서는 아직 검증되지 않았으나 저자 중 한 명(Peters) 과 동료들이 밝힌 바로는, 수리력이 높은 사람들에 비해 수리력이 낮은 결정자는 동등한 선택지 임에도 불구하고 숫자 정보의 틀을 바꾸면 더 큰 영향을 받는다(Peters et al., 2006b). 세심한 검 사 양식은 이러한 틀 효과를 감소시킨다.

다른 도움

위험과 이익을 숫자로 제시하는 연구는 비교적 새로운 연구이지만, 일반적인 주제는 그 전부 터 다루어졌다. 예를 들어, 시각적으로 제시하는 것은 이해와 위험지각을 향상시켰다(Lipkus & Hollands, 1999; Stone et al., 2003). Chua와 동료들은 잇몸 질환의 시각적 제시가 위험 선택지 에 대한 인지적이고 감정적 표상에 영향을 주어 위험을 줄이기 위해 돈을 지불할 의지가 높아짐 을 보여주었다(Chua et al., 2006). 특히 감정은 위험지각과 행동에 큰 영향을 준다(Slovic et al., 2005; Peters et al., 2007b). 절대적 위험(예 : 1,000명 중 3명에게서 뇌졸중이 발생한다)은 상대 적 위험(예 : 뇌졸중 확률이 50% 증가한다)보다 이해하기 쉽다(Gigerenzer & Edwards, 2003). 백 분율(13%)이나 빈도(100명 중 13명) 중에서 어떤 제시 양식이 이해를 더 높이는지에 대한 연구 는 갈등적이다(Gigerenzer & Edwards, 2003; Waters et al., 2006; Peters et al., 2006b). 일반적 합 의 사항은 소수(예 : 확률이 0.03이다)를 사용하지 말자는 것이다. 마지막으로 개인별 위험 추정치가 일반 전집의 위험을 나타내는 숫자보다 건강검진의 수용을 증가시키지만, 그것이 더 유식한 결정이라는 증거는 아닐 수 있다(Edwards et al., 2003).

수리력이 높은 사람들은 수리력이 낮은 사람들에 비해 숫자 정보를 더 주목하고, 더 잘 이해하고, 의미 있는 정보로 바꾸어, 결국 결정에 활용한다(Peters et al., 2006b). 수리력이 낮은 사람들은 결정을 내릴 때 숫자로부터는 정보를 얻지 않고, 숫자가 아닌 다른 출처(가령 그들의 감정이나 기분상태 그리고 의사와 보건체계에 대한 신뢰나 불신)로부터 정보를 얻는다. 우리 각자는 특히 수리력이 낮은 사람들은 정보를 주목하고 중요한 숫자 정보를 중심으로 결정을 내려야 할 것이다. 숫자 정보를 제시하는 양식은 표적집단을 대상으로 언제든 검사할 수 있어야 하며, 개선된 양식을 통해 정보의 이해도와 활용도를 높여야 한다.

'의료 지식'의 새로운 정의

오늘날 환경에서 의료서비스를 잘 받는 유능한 소비자가 되려면 관련 정보를 이해하고 이를 선택에 써야 한다. 이해를 잘할 수 있느냐 없느냐는 대부분 자료의 난이도에 따라 좌우되며 개인의 능력에 따라서도 달라진다. 또한 동기나 이해를 통해 좋은 선택을 하려는 '노력'의 문제이기도 하다(Hibbard et al., 2007). 의료 지식의 전통적 정의는 환자 개인의 능력에 관한 것이었다. 우리는 이 정의가 정보의 제시 양식과 그것이 환자에게 무엇을 요구하는지도 포함시켜야 한다고 믿는다.

물론 정보를 신중하게 틀로 짜는 것이 환자의 선호를 조종한다는 윤리적 문제를 일으킬 수 있다. 중립적인 정보 틀은 존재할 수 없으므로 환자의 복지를 촉진시킬 수 있는 양식을 채택해서 의사소통을 해야 한다고 시사하는 '자유주의적 온정주의' 프로그램을 주장하는 Cass Sunstein과 Richard Thaler는 이러한 조작의 강력한 사례를 보여준다(Sunstein & Thaler, 2003). 그러나 자유주의적 관점을 따른다면 궁극적 선택은 개인에게 남겨두어야 한다.

이상적으로는, 이미 불이익을 겪고 있는 사람들에게 곤란을 주지 않으면서, 환자와 그 가족들이 최선의 결정을 내릴 수 있도록 그들에게 중요한 의료 정보를 제시하도록 힘써야 한다는 것이다. 더 나은 목표는, 현재의 지식상태를 가정했을 때 적절한 정보를 가지고 있는 환자와 기타 결정자들을 만족시키는 것이다. 이러한 목표를 만족시키기 위해서는 의료 정보의 내용뿐 아니라 이를 어떤 식으로 제시할 것인지 세심하게 고려해야 한다. 제시 양식은 능력이나 시간 그리고 동기가 다른 각자에게 정보가 얼마나 잘 이해되고 활용될 수 있는지에 영향을 줄 것이다. 이러한 목표를 달성하지 못하면, 복잡한 의료서비스 환경 내에서 좋은 선택을 하려고 애쓰는 사람들에게 불만족, 체계의 비효율성 그리고 건강과 재정 면에서 심각한 결과를 초래할 것이다.

⚜

1. 정보는 구두로 얻어질 수 있다. 이 장의 초점은 아니지만 인쇄물로 제시된 숫자 정보를 최선으로 이해하고 사용하는 데 관심이 있다.

21장

흡연에 따른
대중의 질병 이해

Neil D. Weinstein, Paul Slovic, Erika Waters & Ginger Gibson[*]

서론

대중이 흡연의 위험을 얼마나 이해하고 있는지는 그들이 건강을 해치는 불행한 결과를 얼마나 정확하게 예측하는지에 초점이 맞추어져 있었다. 여러 연구는 흡연으로 인한 사망이나 '심각한 질병' 또는 특정한 건강문제가 발생할 확률이 얼마나 되는지를 물었다(Weinstein, 1999a). 또한 흡연자 자신의 건강이 다른 흡연자에 비해 더 나빠질 거라고 생각하는지도 물었다(Weinstein, 1999a). Viscusi(1990)는 흡연자에게 "흡연자 100명 중 몇 명이 흡연으로 폐암에 걸릴 것이라고 생각하는가?"와 같은 확률문제에 답하게 한 결과를 근거로 대중이 흡연의 위험을 과대평가한다는 주장을 제기하였다.

그러나 확률로 표현한 신념은 위험 지식의 한 측면에 불과하다(Weinstein, 1999b). 결정 내리기(Baron, 2000)에서 선택은 행동 결과에 대한 지각된 확률과 지각된 효용 모두의 영향을 받는다. 여기서 효용이란 특정 결과에 뒤따르는 비용이나 이익의 규모를 말한다. 건강행동에 관한 보편적 이론들은 행동이 그 결과에 대한 기대(즉 지각된 확률)와 가치(즉 효용)에 따라 달라진다고 주장한다. 재해 속성의 또 다른 이름은 확률과 심각성이다.

흡연의 위험을 확률로 다룬 여러 연구와 달리, 흡연에 따른 질병의 정체와 성질을 대중이 얼마나 알고 있는지는 거의 연구되지 않았다. 흡연에 따른 위험의 심각성을 정확히 판단하는 것

[*] Reprinted from Weinstein, N. D., Slovic, P., Waters, E. and Gibson, G.(2004) 'Public understanding of the illnesses caused by cigarette smoking', *Nicotine & Tobacco Research*, vol 6, pp. 349-355.

은 흡연이 '당신에게 나쁘다' 또는 '암을 유발한다'고 막연히 인식하는 것 이상이다. 폐암, 폐기종, 심장병이라는 단어를 언급하면, 응답자 대부분은 담배가 그러한 질병을 일으킨다는 데 동의한다(Gallup Organization, 1987; USDHHS, 1989). 그러나 구체적 병명을 통한 회상은 흡연에 따른 질병 지식을 측정하기에 너무 느슨한 방법이다. 병명을 주지 않고도 흡연으로 인한 질병을 알고 있는지는 분명하지 않다.

소수의 연구자만이 사람들에게 흡연에 따른 질병의 성질을 이해하는지 물었다. 폐암과 기종에 대한 대중의 지식을 공개하는 곳은 어디에서도 찾을 수 없었다. 초기 갤럽여론조사(Gallup Organization, 1954)에서 흡연이 해롭다고 생각하는 사람들에게 "어떤 면에서 담배(즉 흡연)가 해롭다고 생각합니까?"라고 물어보았다. 광범위한 응답이 나왔는데, 응답자 중 8%는 '암'이나 기타 암종류를 언급했고, 31%는 '폐에 나쁘다'고 말했으며, 응답의 7%는 '혈액순환 방해' 또는 '심장에 해로운, 가슴통증 유발, 맥박수 증가'로 분류되었다. 저자들이 알기로는, 이후 약 50년 동안 흡연효과를 개방형 질문으로 물은 연구가 없었다. Wewers와 동료들(2000)은 오하이오 애팔래치아 시골 두 지역에서 성인 흡연자 249명을 대상으로 조사한 결과를 보고하였다. 응답자의 약 89%가 흡연의 부작용으로 암이 생겼다고 답하였고, 그다음으로 많은 응답은 폐기관 장애였으며, 심혈관 장애는 덜 언급되었는데 표본의 절반 정도만 그렇다고 답하였다(고령자보다 젊은이들이 더 적게 응답함). 펜실베이니아대학교 애너버그 커뮤니케이션 대학(애너버그 2)에서 수행된 조사연구에서도 비슷한 결과가 나타났다(Jamieson & Romer, 2001, p. 46). 만약 병명을 주지 않은 상태에서 흡연에 따른 심각한 질병이 무엇인지 제대로 답할 수 없는 사람은 흡연을 결정할 때 그 정보를 결코 사용할 수 없을 것이다. 그러므로 이 장의 목적은 일반인이 흡연으로 인한 질병을 언급할 수 있는지 알아보는 것이다. 이 주제에 대한 우리의 연구 결과와 애너버그 2의 조사 결과를 보고할 것이며, 후자는 이전에 흡연자와 비흡연자의 자료를 통합하여 그래프 형태로만 제시했다.

흡연에 따른 질병의 성질을 사람들이 이해하고 있는지 조사된 것이 별로 없다. 저자들은 대중이 폐암과 폐기종의 성질을 알고 있는지를 조사한 연구를 찾을 수 없었다. 따라서 이 장의 두 번째 목적은 이 질병들에 관한 일반인의 지식을 제시하는 것이다. 질병의 여러 특성 중 가장 심각한 측면에 초점을 맞추었고 정답이 있는 질문을 선택하였다. 폐암의 경우 질병의 치료 가능성과 진단 후 기대수명을 물었다. 폐기종의 경우 그런 질병을 아는지, 그것이 미치는 생명의 위협을 아는지, 그리고 치료가능성을 물었다. 고정된 선택형 질문에서는 그 병에 걸리면 어떨지에 대한 사람들의 생각을 정확히 알기 어렵기 때문에 폐암과 폐기종에 걸리면 어떤 고통과 괴로움이 있을지를 물었다.

방법

참여자

조사연구에서 사용된 자료는 2개 표본을 대상으로 전화를 걸어 수집하였다. 성인 표본은 미국 50개 주에서 무작위 번호로 전화를 걸어 얻어졌다. 면접자는 만 20세 이상의 성인과 통화하였다. 청소년 표본은 전화번호부를 통해 15~19세 사이의 청소년이 있는 가구에서 무작위로 선정되었다. 면접자가 해당 연령대의 응답자와 통화하였는데, 만약 이 연령범위의 사람이 더 있으면 그 사람과도 통화하였다. 15~17세 사이의 청소년은 부모의 허락을 받고 면접을 진행했다. 성인과 청소년에게 건강문제에 대한 조사라고 소개하고 전화조사를 진행하였다.

성인의 경우 지금까지 최소 100개비 이상 담배를 피웠고 지난 한 달 동안 담배를 한 번이라도 피운 적이 있는 사람을 흡연자로 정의하였다. 비흡연자는 담배를 피운 경험이 전혀 없거나 지금까지 담배를 100개비 미만 피웠고 지난 한 달 동안 담배를 전혀 피우지 않은 사람으로 정의하였다. 담배를 끊은 사람은 조사대상에서 제외하였다. 청소년의 경우 흡연자란 지난 한 달 동안 한 번이라도 담배를 피운 적이 있는 사람으로 정의하였다. 청소년 비흡연자는 지금까지 2개비 이상 피운 적이 없고 지난 한 달 동안 담배를 전혀 피우지 않은 사람이다. 마찬가지로 담배를 끊은 사람은 조사대상에서 제외하였다.

조사는 2000년 12월에서 2001년 2월 사이에 수행되었다. 4유형의 응답자는 성인 흡연자(n = 173), 성인 비흡연자(n = 205), 청소년 흡연자(n = 193), 청소년 비흡연자(n = 205)였다. 청소년의 경우, 특히 청소년 흡연자와는 30번이나 전화를 해도 통화하기가 쉽지 않았다. 미국 조사연구위원회의 경우 기준에 맞는 응답자와의 조사 완성률이 43%이며 면접을 거절한 사람은 10%이다.

조사도구

전화면접에서 질문한 주제는 흡연에 따른 질병의 성질, 질병에 걸릴 확률, 확률에 영향을 주는 요인, 중독의 성질과 확률, 담배 통제정책에 대한 지지 여부, 기본 인구통계 특성이었다. 이 장에서는 첫 번째 주제에 국한해서 다음의 질문으로 지식을 평가하였다.

- 흡연으로 인한 질병 : "당신이 알고 있는 흡연으로 인한 질병에는 어떤 것이 있는지 말씀해주세요.[응답한 대로 기록한다.] 다른 것은 없습니까?[더 이상 나오는 질병이 없을 때까지 계속 질문한다. 불특정 '암'이 나올 때까지 계속 질문한다.] 다른 종류의 암은 없습

니까?" 응답은 이후에 코딩되었고 평가사 간 일치가 92%였나. 애너버그 2에서도 동일한 개방형 문항으로 계속 질문하였으나, 응답은 응답한 대로가 아니라 이 장의 결과 부분에 제시된 범주 목록으로 즉시 코딩되었다.

- 폐암의 치료가능성 : "어떤 사람이 일단 질병에 걸렸다면 다음 세 가지 중 하나에 해당될 것입니다. 치료된다, 질병으로 인해 사망한다, 질병이 치료되지 않지만 기타 이유로 사망할 것이다. 폐암에 걸린 100명 중 몇 명이 치료될 것이라고 생각하십니까? 대략의 추정치도 괜찮습니다. 폐암에 걸린 100명 중 몇 명이 폐암으로 사망할 것이라고 생각하십니까? 대략의 추측치도 괜찮습니다."['치료'와 '사망' 질문의 순서를 역순으로도 제시하였다.]

- 폐암의 기대수명 : "어떤 사람이 일단 폐암으로 진단받았다면, 그 사람은 보통 몇 년을 더 살 것이라고 생각하십니까? 1~2년, 3~5년, 6~10년, 11~20년, 20년 이상."

- 폐암으로 인한 육체적, 정신적 고통 : "만약 당신이 폐암에 걸렸다면 당신이 느낄 육체적, 정신적 고통을 얼마나 알고 있는지 말씀해주십시오. 매우 많이 알고 있다 (4), 어느 정도 알고 있다 (3), 약간 알고 있다 (2), 많이 알지 못한다 (1)."

- 폐기종에 대한 인식 : "폐기종이라는 질병에 대해 들어보신 적이 있으십니까?"

- 폐기종의 심각성 : "폐기종이 귀찮은 문제 또는 생명을 위협하는 질병 중에서 어떤 쪽이라고 생각하십니까?"

- 폐기종의 치료가능성 : "만약 폐기종이 초기에 발견된다면, 항상 치료가능하다 (4), 대개 치료가능하다 (3), 때때로 치료가능하다 (2), 치료가능하지 않다 (1)."

- 폐기종으로 인한 육체적, 정신적 고통 : "만약 당신이 폐기종에 걸렸다면 당신이 느낄 육체적, 정신적 고통을 얼마나 알고 있는지 말씀해주십시오. 매우 많이 안다 (4), 어느 정도 안다 (3), 약간 안다 (2), 많이 알지 못한다 (1)."

애너버그 2

애너버그 2 조사연구는 1999년 11월부터 2000년 2월 사이에 미국에서 수행된 무작위 전화조사이다(Jamieson & Romer, 2001). 14세 이상의 흡연자와 비흡연자에게 전화면접을 실시하였다. 14~22세 연령은 표본 수가 많아서 청소년 흡연자와 성인 흡연자를 별도로 분석하였다. 흡연자는 지난 한 달 동안 최소 한 번 이상 흡연한 사람으로 정의하였다. 담배를 끊은 사람은 비흡연자로 분류하였다. 전체적으로 볼 때, 14~22세 2,002명(현재 흡연자 487명 포함)과 23세 이상 1,504명(현재 흡연자 310명 포함)에 대해 성공적으로 조사가 이루어졌다. 청소년 표본의 조사

표 21.1 조사 응답자의 특성

	청소년(n = 398)	성인(n = 378)
성별(남자 백분율)	52	37
인종(백인 백분율)	91	85
연령(중간값, 세)	17	46
교육(대학 이상 백분율)	18	55
매일 피우는 담배 개비(백분율)		
5개비 이하	58	19
6~9개비	27	36
20개비 이상	15	45

완성률은 51%, 성인 표본의 조사 완성률은 38%였다.

이 장과 관련해서 응답자에게 "당신이 알고 있는 흡연으로 인한 질병에는 어떤 것이 있는지 말씀해주세요."라고 질문하였다. 전화면접자에게는 "더 이상 떠오르는 것이 없을 때까지 계속 질문하시오."라고 지시하였다. 응답은 폐암, 폐기종, 심장병, 뇌졸중, 인후암, 구강암, 당뇨병, 기관지염 그리고 기타로 코딩하였다.

결과

표본

청소년과 성인 표본의 특성이 표 21.1에 나와 있다. 미국인 전집과 비교했을 때, 우리 표본에서 백인이 아닌 응답자 수는 의미 있게 적었고, 대학 졸업자 수는 더 많았다. 성인 표본의 평균 연령은 미국인 전집에 비해 약간 높았다. 그러나 미국인 전집과 비슷하도록 표본에 가중치를 준 결과 응답빈도에서 약 2% 이하 차이가 났기 때문에 본문에는 가중치를 주지 않은 결과만 보고 되었다.

분석

연령, 흡연상태, 또는 이 두 변수의 상호작용이 조사응답에 미치는 영향을 검증하기 위해 수치 응답(예 : 치료된 폐암환자의 수)과 범주 응답(예 : 폐암 언급 여부)을 변량분석하였다. 변량분석은 보통 표본이 큰 범주 자료에는 사용되지 않지만, 이 절차를 통해 얻은 결과는 카이검증과 같은 범주적 분석 절차의 결과와 동일하다.

표 21.2 흡연을 원인으로 보는 질병의 종류(개방형 질문, 백분율)

	청소년		성인		흡연 (*S*)	연령 (*A*)	*S*×*A*
	흡연자	비흡연자	흡연자	비흡연자			
암	88	91	73	87	**	***	*
폐암	87	86	67	81	*	****	*
구강암/인후암	24	34	18	20		**	
기타 암	3	5	3	7	*		
암 아닌 폐 질환	71	54	61	62	*		**
폐기종/만성폐쇄성 폐 질환	62	40	49	51	**		***
기관지염	8	4	7	2	**		
천식	4	7	8	4			*
심혈관 질환	17	15	39	32		****	
심장병/심장 질환	16	14	34	28		****	
고혈압	1	2	5	4		**	
뇌졸중	0	0	4	2		**	

주 : 질병명이 더 이상 나오지 않을 때까지 계속 질문하였음. 응답은 특수한 질병과 넓은 범주로 코딩되었음
* $p < .05$, ** $p < .01$, *** $p < .001$, **** $p < .0001$.

흡연에 따른 질병 파악

응답자들은 흡연 때문에 생기는 질병이 무엇인지 제대로 말하지 못하였다(표 21.2). 많은 응답자가 폐암을 언급하였지만, 성인 흡연자가 폐암을 언급한 백분율은 다른 집단에 비해 낮았다. 그러나 18~34%만이 구강암, 인후암, 치주암 등을 언급했다. 극소수(3~7%)만이 흡연과 관련된 다른 종류의 암(췌장암, 자궁경부암, 방광암, 신장암)을 언급했다. (흡연을 사망원인으로 보는 질병은 미국 질병통제예방센터 2002년 자료 참조.) 전체적으로 73~91%의 응답자가 어떤 식으로든 암을 언급하였다. 표본의 절반 정도는 폐기종이나 만성 폐쇄성 폐 질환을 언급했으나 기관지염이나 천식을 언급한 사람은 적었다. 폐렴과 유행성 감기, 그리고 흡연으로 인해 위험성이 증가하는 기타 질병에 대한 언급은 드물었다. 전체적으로 폐암이 아닌 폐 질환을 언급한 비율은 54~71%였다.

놀라운 결과는 흡연 관련 심혈관 질환을 언급한 청소년들이 매우 적었다는 점이다. 청소년 중에서 심장병이나 심장 질환을 언급한 비율은 약 15%였고, 성인의 경우 약 31%였다. 고혈압, 동맥경화, 동맥류나 뇌졸중을 언급한 사람은 거의 없었다. 청소년의 15~17%와 성인의 32~39%만 심혈관 질환을 언급했다. 출생전후기 상태를 언급한 사람은 1% 미만이었다.

표 21.3 애너버그 조사에서 흡연을 원인이라고 생각하는 질병(개방형 질문, 백분율)

	청소년		성인		흡연	연령	
	흡연자 (*n* = 478)	비흡연자 (*n* = 1,524)	흡연자 (*n* = 310)	비흡연자 (*n* = 1,194)	(*S*)	(*A*)	*S*×*A*
폐암	87	90	76	86	****	****	*
구강암/인후암/치주암	22	23	20	25			
폐기종/만성폐쇄성 폐 질환	61	40	54	55	****	*	****
기관지염	9	7	6	8			*
심장병/심장문제	25	15	24	25	*	**	**
뇌졸중	3	1	2	2			
당뇨병	<1	<1	1	<1			

주 : 병명이 더 이상 나오지 않을 때까지 계속 질문하였음. 응답은 미리 범주화된 병명에 따라 코딩되었음. 단, 구강암과 인후암은 표 21.2 와 비교를 위해 함께 합침
* p < .05, ** p < .01, *** p < .001, **** p < .0001.

비교를 위해 애너버그 2 조사연구에서 얻은 자료를 표 21.3에 제시하였다. 애너버그 2의 청소년과 성인 응답자는 단일한 무작위 표본이 아니므로, 애너버그 2의 연령 범주(14~22세 및 23세 이상)를 그대로 제시하였다. 표 21.2와 표 21.3의 표를 비교하면 하위집단 간 의미 있는 차이가 있다는 점에서 공통점과 차이점이 있다. 두 연구 모두에서 흡연자는 비흡연자에 비해 폐암을 덜 언급하였고, 청소년 흡연자는 청소년 비흡연자보다 폐기종을 더 많이 언급하였다.

하위집단별로 차이가 있지만 두 연구에서 언급한 질병의 상대적 빈도는 매우 일관되었다. 가장 많이 언급된 질병에서 시작해서(각 연구의 하위집단을 통합하여 이 연구와 애너버그 연구에서 나타난 백분율을 괄호에 제시함), 폐암(81% 대 87%), 폐기종(50% 대 49%), 구강암/인후암(24% 대 23%), 심장병(23% 대 21%), 기관지염(5% 대 8%)과 천식(이 연구에서 5% 대 애너버그에서는 다루지 않음) 순이다. 두 연구 모두에서 표본의 5% 이상 언급된 다른 질병은 없었다.

폐암과 폐기종의 심각성

폐암으로 사망할 확률이나 폐암이 치료될 확률에 대한 질문의 순서가 응답에 영향을 주지 않으므로(p > 0.2), 두 질문 순서에서 나온 답을 합하였다. 폐암으로 10년 안에 사망할 확률은 90%로 추정되었다(Ries et al., 2001). 표 21.4에서 볼 수 있듯이, 모든 집단은 폐암으로 진단받은 사람의 사망 확률을 과소추정하였으며, 치료되는 환자 수를 과대추정하였다(세 번째 범주는, 명백하게 평가되지 않았지만, 폐암이 치료되지 않았으나 다른 원인으로 사망하는 사람이다). 특히

청소년은 폐암으로 인한 사망률을 과소추징하였으며, 청소년의 82%와 성인의 71%기 시망률을 낮게 추정하였다. 또한 청소년은 얼마나 빨리 폐암으로 사망하는지를 과소추정하였다. 진단 후 생존기간은 보통 10개월에 불과하지만(감독, 역학 그리고 최종결과 프로그램, 2001), 선택지 중에서 가장 짧은 기간 '2년 이하'를 선택한 비율은 청소년의 약 20%와 성인의 35%에 불과하다. 그 밖에 우리 연구 표본에서 많은 사람들이 폐암으로 인한 육체적, 정신적 고통을 '약간 안다'

표 21.4 폐암의 심각성에 대한 생각

	청소년		성인		흡연 (S)	연령 (A)	S×A
	흡연자	비흡연자	흡연자	비흡연자			
사망률							
사망(100명 중 평균)	67	67	69	70			
치료(100명 중 평균)	22	21	19	21			
사망률 과소추정(%)	82	82	71	71		****	
기대수명 추정치(%)							
2년 이하	19	20	35	34		****	
3~5년	50	50	45	43			
6년 이상	31	30	20	23			
육체적, 정신적 고통을 거의 모름('많이 알고 있지 않다', '약간 안다'는 응답률 %)	53	73	49	46		****	*

주 : * $p < .05$, ** $p < .01$, *** $p < .001$, **** $p < .0001$.

표 21.5 폐기종의 심각성에 대한 생각

	청소년		성인		흡연 (S)	연령 (A)	S×A
	흡연자	비흡연자	흡연자	비흡연자			
폐기종에 대해 들어본 적 있다('네' 응답률 %)	99	91	99	94		****	
폐기종의 성질('성가진 문제' 응답률 %)	17	17	15	11			
치료가능성('치료불가능' 응답률 %)	27	19	56	40	**	****	
육체적, 정신적 고통에 대해 거의 모름('거의' 또는 '전혀' 모른다는 응답률 %)	68	81	50	45		****	*

주 : * $p < .05$, ** $p < .01$, *** $p < .001$, **** $p < .0001$.

또는 '많이 알고 있지 않다'고 응답하였고, 많은 청소년이 이를 잘 알고 있지 못했다.

　거의 모든 응답자가 폐기종에 대해 들어본 적이 있다고 답하였으나, 이것이 곧 그 질병을 잘 이해하고 있음을 뜻하지 않는다. 11~17%의 청소년과 성인이 폐기종을 생명을 위협하는 질병이 아닌 '귀찮은 문제'로 간주하였다(표 21.5). 더욱이 청소년의 약 1/4과 성인의 절반만이 일단 진단된 폐기종은 치료되지 않는다고 생각했으며, 흡연자는 비흡연자에 비해 이를 더 잘 알고 있었다. 마지막으로 대다수의 청소년과 약 절반 이상의 성인이 폐기종에 걸렸을 때의 육체적, 정신적 고통을 '거의' 또는 '전혀' 모른다고 응답하였다.

논의

연구 결과는 '사람들이 흡연의 위험을 아는가?'라는 질문에 예/아니요만으로는 답할 수 없음을 보여준다. 흡연은 이분법으로 이해하기에는 너무 복잡한 문제이다. 이 연구와 애너버그 2 연구에서 흡연자와 비흡연자는 흡연이 생명을 위협하는 질병을 일으킨다는 것을 안다고 했으나, 절반 이상의 응답자가 폐암을 제외하고는 흡연 관련 병명을 제대로 언급하지 못했다. 폐기종을 언급한 사람은 약 절반 정도였고, 폐암 이외의 암을 언급한 사람은 약 1/4이며, 심혈관 질환을 언급한 사람도 1/4밖에 되지 않았다. 약 10%는 어떤 암도 언급하지 않았다. 방금 요약한 내용은 청소년이나 성인 모두에서 거의 비슷했다. 청소년이 폐암을 언급한 백분율은 성인보다 약간 더 많았으나, 이 연구에서 청소년은 성인보다 심혈관 질환을 더 적게 언급하였다.

　이 연구에서는 특정 질병이 흡연과 관련되어 있다고 생각하는지를 묻는 통상적인 방법 대신, 흡연 관련 질병을 아는지 측정하기 위해 계속적으로 개방형 질문을 제시하였다. 통상적인 방법에서는 특정 질병의 명칭을 언급하면서 질문하기 때문에 병명이 머리에 떠오르게 된다. 그러나 흡연자와 잠재적 흡연자가 흡연을 시작하거나 끊으려는 결정을 할 때 활용되는 정보를 정확히 측정하기 위해서는 이 연구에서 취한 방식이 적절한 접근이라고 생각한다.

　폐암의 성질에 대해서 응답자들은 폐암으로 사람이 사망할 수 있음을 알지만, 성인의 71%와 청소년의 82%가 사망률을 과소평가하고 있었다. 폐암 진단을 받은 사람의 생존기간 역시 심하게 과대평가되었다. 폐암의 심각성에 대한 과소평가는 성인보다 청소년에서 더 심각했다.

　거의 모든 사람은 폐기종을 들어보았다고 응답하였다. 대부분이 이를 생명을 위협하는 질병으로 알고 있지만, 소수는 단지 '귀찮은 문제'라고 생각하였다. 여전히 사람들은 이 질병을 다루기 쉽다고 과대평가하였고, 극소수만이 치료불가능하다고 인식하고 있었다. 마지막으로 이 연구에서 성인의 약 절반과 청소년의 2/3 이상이 이 질병으로 겪게 되는 고통을 잘 모른다고 응답하였다.

전반적으로 흡연자와 비흡연자의 지식 차이가 적었으나, 흡연자의 경우 흡연과 관련된 질병으로 폐기종을 언급하는 경향이 컸으며 이 질병들로 인한 육체적, 정신적 고통을 잘 안다고 답하였다. 흥미로운 점은, 두 연구 모두에서 흡연으로 인해 암이 발생할 수 있다는 점을 흡연자가 비흡연자보다 적게 언급하였다는 것이다. Viscusi(1990)는 사람들이 흡연을 결정하는 이유가 흡연의 위험을 실제보다 작게 지각하기 때문이라고 주장하였다. 비흡연자에 비해 흡연자는 부정적 결과가 덜 발생할 것이라고 평가하였는데, 이것은 흡연 행동의 원인이 아니라 그 결과를 정당화하는 것이다(Weinstein, 1999a). 그러나 우리 연구는 흡연자가 결과를 덜 심각하게 여기는 것은 아님을 보여주었다.

연구의 제한점은 청소년 표본이 무작위로 전화를 하거나 사전에 선택되지 않은 다른 표집틀로부터 얻어진 것이 아니라, 10대 자녀가 있다고 확인된 가구 목록에서 나왔다는 점이다. 따라서 우리 연구에서 나온 청소년 표본의 결과는 비슷한 연령의 무작위 표본의 결과와 어떤 식으로든 다를 것이며, 청소년과 성인의 차이에 대한 결론은 두 집단에 대한 표집 방법이 달랐으므로 잠정적일 수밖에 없다. 면접 거부율이 낮은 편이지만, 조사 완성률이 비교적 낮으므로 이 연구 자료가 미국 전집 자료와 차이가 날 수 있다. 그러나 조사 완성률이 낮은 이유가 응답자와 접촉하기 힘들어서였지 거절 때문이 아니었으므로(사실 거의 모든 거절은 흡연이라는 말을 언급하기 전에 발생하였다), 흡연 주제를 꺼려서 조사에 응하지 않은 것은 아니었다. 집으로 전화해서 쉽게 접촉할 수 있는 사람이 접촉하기 힘든 사람보다 흡연 정보를 더 적게 가지고 있다고 생각할 이유도 없다.

연구 결과는 흡연의 위험을 이해하는 다면적 주제의 조사 자체가 복잡함을 보여준다. 흡연의 다양한 결과뿐 아니라 개념에 대한 이해의 깊이까지 탐색하려면 여러 질문이 필요하다. 예를 들어, 우리 조사에서 거의 모든 사람이 폐기종을 들어보았고 대다수의 사람은 생명을 위협하는 질병으로 알고 있다. 만약 이 시점에서 연구를 중단했더라면 사람들이 질병의 심각성을 잘 이해하고 있다고 결론을 내렸을지 모른다. 그러나 추가 질문을 통해 상당히 다른 그림이 그려졌다. 여러 응답자가 폐기종을 치료가능한 것으로 생각하고 있으며 불구가 되는 병으로 알지 못했다는 점이다.

흡연자가 담배를 끊는 금연에 대해 비현실적으로 낙관적이라는 것을 보여주는 자료(Slovic, 2001)와 흡연자가 자신은 다른 흡연자보다 덜 위험한 흡연습관을 가졌고 덜 위험하다고 여기고 있음을 보여주는 자료(Weinstein, 1999a)와 더불어, 이 연구는 흡연자, 특히 청소년 흡연자가 자신이 직면할 위험에 대해 매우 피상적인 지식을 가지고 있다는 점을 분명히 해준다. 대중은 아직까지 흡연을 결정하기 위한 최소한의 지식이 없으며, 흡연을 시작하려는 많은 사람들에게 닥쳐올 해악을 충분히 알지 못하고 있다. 공포를 조성하는 식으로는 목적을 달성하지 못하며 오히려 역효과가 날 수 있다. 잘 낫지 않는 질병 또는 치명적 질병으로 너무 일찍 고생하는 것이 어떤 것을 의미하는지 실감하게 하고, 니코틴 중독 갈망을 현실적으로 이해하도록 하는 편이 통상적인 담배 경고보다 더 효과적일 수 있다. 그러나 이러한 목적에 도달하는 방법에 (흡연연구 말고 일반적인 건강증진연구에서) 별다른 관심이 없으므로 이와 관련된 후속 연구가 필요하다.

흡연자와 비흡연자가 흡연 관련 질병의 성질과 심각성에 대해 기본 지식이 부족하다는 결과는 중요한 시사점을 갖는다. 건강을 위협하는 것이 무엇인지를 사회가 시민들에게 알려야 할 도덕적 의무가 있다. 그러한 지식은 조세, 구매 연령제한, 니코틴 규제, 공공장소에서 흡연 허용 여부 등에 관한 토론에 영향을 줄 수 있다. 폐암과 기타 흡연 관련 질병의 심각성에 대한 효과적인 교육이 사람들로 하여금 흡연을 중지시키거나 금연 노력을 증진시킬 것인지는 아직 미지수다. 이 연구에서 흡연자가 비흡연자에 비해 훨씬 많은 지식을 가지고 있다는 사실은 곧 그러한 지식이 흡연 결정과 무관하지 않음을 말해준다. 상관자료는 인과성이나 인과성의 결여를 증명해주지 못한다. 비흡연자가 흡연자보다 더 많은 지식을 가지고 있다면 이것은 흡연자나 잠재적 흡연자의 지식 증가가 흡연을 감소시킨다고 시사한다. 그러나 비흡연자조차 정보가 빈약하므로 그러한 관계성을 발견할 가능성이 적으므로 흡연자는 흡연을 시작한 후에 그러한 지식의 일부를 얻게 되었을 가능성이 있다. 이 연구에서 흡연자가 처음 흡연을 시작하고 유지하게 만든 요인이 무엇이었든지 간에 그 요인들은 흡연자가 적절한 정보를 갖게 만드는 데는 실패하였다.

22장

미국 흡연자와 비흡연자에게 주는 캐나다식 담배경고문의 영향과 수용

Ellen Peters, Daniel Romer, Paul Slovic, Kathleen Hall Jamieson, Leisha Wharfield,

C. K. Mertz & Stephanie M. Carpenter[*]

서론

흡연은 미국에서 사망률을 크게 줄일 수 있는 영역이다(USDHHS, 2000). 조세로 담배값을 인상하는 것을 제외하고 흡연의 예방과 중지에 성공한 프로그램들을 살펴보면, 조언과 정보 보급이 효과적 전략에 포함된다(Hopkins et al., 2001). 특히 매체 캠페인은 청소년의 흡연을 감소시키고 성인의 금연을 장려하였다. 더욱이 의료인이 환자에게 흡연의 위험과 금연의 이익을 상기시키면 흡연을 감소시킬 수 있다고 나타났다. 그러나 흡연 중이거나 흡연을 시작하는 사람들에게 금연을 증가시키려면 다양한 전략이 필요하다(USDHHS, 2000).

흡연자에게 접근할 수 있는 효과적인 방법 중 하나는 담배 포장에 경고문을 사용하는 것이다. 미국은 1965년 의회에서 최초로 모든 담뱃갑에 "흡연은 당신의 건강에 해로울 수 있다"라는 경고 문구를 사용하도록 명령하였다. 몇 년 후 문구는 "미국 공중보건국 의무국장은 담배흡연이 당신의 건강에 위험하다고 결정하였다"라고 바뀌었다. 그 이후 이루어진 하나의 주된변화는 1984년에 건강 재해를 경고하는 4개의 진술문이 좀 더 구체적인 용어로 다양화되었다

* Reprinted from Peters, E., Romer, D., Slovic, P., Jamieson, K. H., Wharfield, L., Mertz, C. K. and Carpenter, S. M. (2007b) 'The impact and acceptability of Canadian-style cigarette warning labels among U.S. smokers and nonsmokers', *Nicotine & Tobacco Research*, vol 9, no 4, pp. 473-481.

는 것이다(예 : "미국 공중보건국 의무국장의 경고 : 지금 흡연 중지는 건깅에 주는 심긱한 위험을 크게 감소시킨다").

경고문 효과에 관한 연구는 경고문이 담배 판매에 거의 영향을 주지 못했음을 시사한다. 경고문은 형형색색의 포장이나 다른 형태의 판촉과 비교해서 현저성과 설득력이 없었다(Fischer et al., 1989, 1993). 실제로 청소년 대상의 연구에서 사용자들은 부착된 경고문의 영향을 받지 않았다(Robinson & Killen, 1997). 국립과학원의 의뢰를 받은 전문가 패널은 경고문이 "적절한 공중 보건 기준으로 평가했을 때 통탄할 만큼 결함이 있다"고 기술하였다(Lynch & Bonnie, 1994).

국제보건기구(WHO)가 주창한 담배규제에 관한 새로운 국제협약(2005)에서는 건강의 해로움을 알리도록 담뱃갑에 컬러 사진을 포함한 더 큰 경고문을 부착하라고 독려하였다. 캐나다는 2000년 말에 이 체계를 도입하였는데, 담뱃갑 앞뒤로 절반 이상을 차지하는 경고문을 부착하고, 안쪽에는 금연정보를 추가로 제공하였다(경고문의 예가 그림 22.1에 있다). 유럽연합(EU)은 경고문에 관해 이와 비슷한 계획을 가지고 있으며, 호주와 아시아의 여러 국가(예 : 태국과 싱가포르), 그리고 남아메리카의 여러 국가(예 : 브라질, 베네수엘라, 우루과이)도 이를 이미 시행하고 있다. 그러나 미국에서는 조약이 비준되지 않았고 담배 경고문 작성을 규제하려는 노력이 의회에서 교착상태이다.

미국 시장에서 그림 경고문의 도입은 담배 산업체의 심한 저항을 받을 것이다. 그중 하나는 큰 경고문이 산업체의 상업적 발언권을 위반한다는 주장이다(Framework Convention Alliance

그림 22.1 캐나다에서 담뱃갑에 사용되는 16종의 경고문 중 하나

for Tobacco Control, 2005). 그림이 실린 큰 경고가 흡연자에게 제품의 해로움을 알리지 못한다면, 산업체는 경고문의 이익이 산업체에 부과되는 부담을 넘어서지 못한다고 주장할 것이다. 이와 같은 우려에 대응하기 위해, 그림이 많은 경고문이 흡연자에 의해 정확하게 이해되고 있는 한편 흡연자와 비흡연자 모두에게 현재 제공되는 경고문보다 유해성을 더 효과적으로 전달하고 있음을 보여주는 것이 중요하다.

그림이 많은 경고문이 소비자에게 흡연의 위험을 제대로 이해시키는 방법 중 하나는 흡연 행동과 부정적 감정을 연합시키는 것이다. 미국에서 현재 담뱃갑에 표시한 단조로운 문구는 주의를 끌 수 없거나(Argo & Main, 2004) 건강 재해가 충분히 위압적이지 않아서(Wogalter & Laughery, 1996) 그러한 연합이 생기지 않는다. 학습이나 단순한 점화에 의한 감정 연합은 판단과 선택행동에 중요한 결정인자이며(Murphy & Zajonc, 1993; Damasio, 1994; Slovic et al., 2004) 위험지각과 흡연의 시작과 중단에 크게 관련된다(Brandon et al., 1999; Romer & Jamieson, 2001; Slovic, 2001). 감정 연합은 쉽게 접근되므로 신중하게 생각하지 않아도 효과가 나타난다(Epstein, 1994; Zajonc, 1980, 2001). 그림이 많은 경고문은 흡연자에게 흡연을 갈구하는 여러 흡연 단서에 부정적 감정을 연결시킴으로써(Marlatt & Gordon, 1985; Niaura et al., 1988) 흡연자가 담배를 끊으려는 노력을 지원할 것이다. 또한 경고문은 담배 광고와 판촉의 주요 목표인 흡연자 이미지의 매력을 약화시키는 작용을 할 것이다(Pollay, 1995, 2000).

캐나다에서 수행된 조사연구는 형형색색의 그림과 흡연의 구체적 위험을 알리는 16종의 메시지를 포함한 큰 글자의 경고문이 담배에 부정적 정서를 연합시켰고 흡연자의 금연 시도를 증가시켰음을 시사한다(Hammond et al., 2003, 2004a). 그러나 이 연구는 경고문에 노출되고 주의를 준 흡연자의 보고에 의존해서 이루어졌다. 한 비평에서 볼 수 있듯이, "흡연자는 종종 자신의 건강 때문에 담배를 끊는다고 말한다. 실험을 수행하지 않고는 경고문이 이러한 결과를 가져온다는 증거가 없다…"(Ruiter, 2005). 경고문 도입 이후 담배 판매가 감소되었다고 하지만(Health Canada, 2007), 담배세 역시 인상되었고 공공장소에서의 흡연을 제한하는 새로운 법이 통과되었기 때문에 경고문의 역할에 관해 인과적 추론을 하기가 어렵다(Mahood, 2004).

그림 경고문 사용에 관한 중요한 우려는 이런 식의 경고문이 지나치게 공포를 유발할 수 있다는 점이다(Witte & Allen, 2000; Ruiter et al., 2001). 이런 경고문을 비판하는 사람은 "이 분야의 증거는 가장 심한 위험에 처한 사람(즉 흡연자)이 이 메시지에 방어적으로 반응한다고 제안한다… 방어적 반응은 위협을 제거하는 것이 아니라 공포를 제거하는 데 기여한다. 그러므로 정책 입안자는 담배 경고문 도입을 꺼려야 한다…"고 말한다(Ruiter, 2005). 이런 추론에 따르면, 지나친 그림 경고는 사용자로 하여금 경고문에 대한 노출을 피하게 만들고, 메시지를 무시하며, 흡연에 대한 호의적 반응을 강화시킬 위험성이 존재한다. 캐나다식 경고문의 효과에 관한 연구(Hammond et al., 2004a)는 방어적 회피의 증거가 거의 없음을 보여주지만, 경고문에 대한 통제된 연구가 없다면 경고문이 유익하다는 쪽의 성향을 가진 사람들만 경고문에 호의적으로 반응할 가능성의 여지를 남긴다. 그러므로 캐나다식 경고문과 현재 경고문을 비교하는 실험설계를 통해서 캐나다식 경고문을 미국 시장에 도입함으로써 생길 부정적 효과의 잠재력을 평가하는 것이 중요하다.

이 연구에서는 미국 지역사회 표본의 흡연자와 비흡연자를 잘 통제된 실험실 상황에서 캐나다식 경고문이나 미국 경고문에 노출시켰다. 노출 효과의 크기를 측정하기 위해 흡연 관련 단서와 흡연자 이미지에 대한 노출 효과뿐 아니라 각 경고문의 정서적 영향도 평가하였다. 캐나다식 경고문에 대한 방어적 반응을 측정하기 위해 비관여 측정법으로 참가자가 경고문을 살펴보는 시간을 측정하였고, 흡연자와 비흡연자에게 경고문의 신뢰성을 평가하게 하였고, 그것이 미국 시장에서 사용되어야 한다고 생각하는지를 물었다.

방법

참여자

참여자(N = 169)는 지역사회(오리건 주 유진 시)에서 신문과 전단지 광고를 통해 모집하였다. 흡연자와 비흡연자를 캐나다식 경고문 조건(n = 84, 흡연자 43명과 비흡연자 41명)과 미국식 경고문 조건(n = 85, 흡연자 45명, 비흡연자 40명)에 무선할당하여 이원요인분석을 실시하였다. 각 참가자는 개별적으로 진행되는 1시간 실험에 대해 10달러를 받았다.

절차

참가자는 캐나다식 또는 미국식 경고문 조건에 무선배정받기 위해 "담배를 피운 적이 있습니까?"라는 질문을 받았다. 참가자는 컴퓨터 앞에 앉아 "흡연에 대한 당신의 태도나 의견은 어떻습니까?"라는 흡연에 관한 전반적 태도에 대한 질문에 −4(매우 부정적)에서부터 +4(매우 긍정적)에 이르는 9점 척도에서 답을 하고, 1단계 과제를 시작하였다. 1단계에서 캐나다식 조건에서는 16종의 경고문을 무선으로 제시하였고, 미국식 조건에서는 현재 사용되는 4종의 경고문을 무선으로 4번씩 제시하였다. 컴퓨터 화면에 제시된 두 조건의 경고문 크기는 거의 비슷하였다. 각 경고문에 노출되는 시간은 참가자가 제어하였으며, 컴퓨터에서 밀리초(ms, 100만분의 1초)단위로 측정되었다.

2단계에서 참가자는 4종의 흡연 이미지(재떨이에서 타고 있는 담배를 근접 촬영한 사진, 재떨이에 놓인 담배를 멀리서 촬영한 사진, 연기가 나는 불붙인 담배와 빨갛게 타는 담배를 매우 근접 촬영한 사진, 흡연자의 손에 있는 불붙인 담배 사진)와 4종의 흡연 관련 단어(니코틴, 타바코, 시가렛, 흡연)에 대한 인상을 빠르고 정확하게 답하도록 요구되었다. 8종의 음식 관련 이미지(예 : 접시에 담긴 고기와 채소)와 단어(예 : 영양)에도 반응을 하였다. 각 단어와 이미지에 대해 참가자는 "당신의 태도나 의견은 어떻습니까?"라는 질문에 4가지 형용사쌍(예 : 좋다-나쁘다, 긍정적이다-부정적이다, 호감이다-비호감이다, 좋아한다-싫어한다) 중 하나의 버튼을 눌러서 반응하였다. 예를 들어, 니코틴이라는 단어 아래 '좋다-나쁘다'라는 형용사 쌍이 제시되었을 때, 참가자가 좋다고 느끼면 '좋다'라는 단어 아래 있는 버튼을 누르면 된다. 각 이미지에 대한 형용사쌍은 화면 하단에 오른쪽-왼쪽 방향으로 무선으로 제시되었다. 반응시간(RT)은 형용사가 화면에 제시된 순간부터 두 버튼 중 하나를 누르는 순간까지 기록되었다. 보통 16.7ms가 걸렸다. 평균 반응시간은 각 이미지와 단어에 대한 3종의 표적 항목으로부터 계산되었다(각 이미지와 단어에 대한 첫 번째 표적 항목의 반응시간은 제외되었다). 후속 분석에서는 한쪽으로 기울어진 분포를 교정하기 위해 평균 반응시간을 1/반응시간(1/RT)으로 바꾸었다(예 : Fazio & Hilden, 2001). 본문에서는 원래의 평균 반응시간을 보고하였다.

그다음 참가자는 컴퓨터에 제시된 일련의 질문에 답하였다. 그들에게 미국식과 캐나다식 담배 경고문을 보여주고 캐나다식 경고문이 미국에서 사용되어야 한다고 생각하는지 물었다. 또한 담배를 구매하는 최저 연령을 높여야 하는지를 물었다. 흡연에 얼마나 취약한지를 평가하기 위해 Pierce 등(1995)이 개발한 일련의 질문을 하였다. 이들의 반응을 근거로 현재 비흡연자를 흡연에 취약한 또는 취약하지 않은 사람으로 분류하였다. 담배를 피운 적이 있다면, 설령 단 한 번이라도 흡연을 시도하거나 단지 몇 모금만 실험적으로 빨아보았더라도, 혹은 "가까운 미래에 담배를 피워볼 생각이 있습니까?"라는 질문에 그렇다고 응답했으면 취약한 사람으로 간주되었다. 반면 이 모든 질문에 '아니요' 또는 '절대 그렇지 않다'고 응답한 사람은 취약하지 않은 사람으로 간주되었다. 현재 흡연자에게는 담배를 얼마나 피우는지를 하루 한 개비(1점)부터 11~14개비(4점) 그리고 두 갑 이상(8점)으로 된 8점 척도에서 질문하였다.

그다음 참여자는 흡연자에 대한 감정적 이미지를 측정하기 위한 과제를 완성하였다. Haire(1950)의 '쇼핑 목록 조사'의 영향을 받은 방법을 써서 참여자에게 어떤 학생이 구매한 식품 목록을 제시하고 "당신 자신을 식품을 구매한 오리건 대학생이라고 생각하고, 그의 성격과 특징을 간략히 기술하시오."라고 요청하였다. 쇼핑 목록에는 6가지 품목과 담배 한 갑이 들어 있었다.

조건에 따라 참여자는 16종의 캐나다식 경고문 전부 또는 4종의 미국식 경고문 전부를 보

표 22.1 현재 조사에 참여한 응답자의 특성

특성	흡연상태	캐나다식	미국식	평균
연령(세)	흡연자	37	38	37
	비흡연자	37	32	34
	평균	37	35	36
교육(중졸 *이하* 1점에서 *4년제 대학 이상* 7점)	흡연자	4.3	4.3	4.3
	비흡연자	5.3	5.0	5.1
	평균	4.8	4.6	4.7
성별(여자 %)	흡연자	30%	29%	30%
	비흡연자	46%	63%	54%
	평균	38%	45%	41%
흡연량(하루 *한 개비 이하* 1점에서 *하루 두 갑 이상* 8점)	흡연자	3.5	4.1	3.8

주 : 흡연자가 비흡연자보다 교육 수준이 낮다는 점을 제외하고는, 조건 간 또는 흡연 조건 간 차이 없음

고, 각 경고문에 대해 "이 경고문을 보고 당신은 흡연에 대해 어떤 생각이나 느낌이 드십니까?"라는 질문에 대하여 −4(매우 부정적)에서부터 +4(매우 긍정적)에 이르는 9점 척도에서 감정 반응을 했다. 또한 그들은 경고문의 신뢰성을 측정하기 위한 "이 경고문에 실린 정보가 얼마나 진실 또는 거짓이라고 생각하십니까?"라는 질문에 −4(완전히 거짓이다)에서 +4(완전히 참이다)까지 9점 척도에서 응답하였다. 마지막으로 연령, 성별, 교육과 같은 인구통계학 정보에 답하였다(중졸 이하 1점에서부터 4년제 대학 이상 7점).

결과

표본의 약 1/3이 18~24세였다. 캐나다식과 미국식 경고문 조건 간 연령, 교육, 성별, 흡연량에서 의미 있는 차이가 없었다(표 22.1). 흡연자는 비흡연자에 비해 교육 수준이 낮았고($p <$ .001), 다른 차이는 의미가 없었다.

경고문을 응시하는 시간

1단계에서 조건별로 참여자는 캐나다식 경고문을 미국식 경고문보다 더 오래 응시하였다. 각각 평균(중앙치)은 8.4(8.3)초와 4.5(4.4)초였다, $F(1, 165) = 115.7$, $p <$ .0001. 흡연상태도 흡

연상태와 경고문 조건의 상호작용도 응시 시간의 유의미한 예측자가 아니었다(캐나다 조건에서 흡연자와 비흡연자의 응시 시간 평균은 모두 8.2초였으며, 미국 조건에서는 각각 4.1초와 4.3초였다).

흡연에 대한 처음 태도

별로 놀랍지 않지만, 비흡연자의 흡연에 대한 처음 태도는 흡연자보다 더 부정적이었다(태도 평균 = −3.0과 0.5, 각각 $p < .0001$). 캐나다식 조건 참여자의 처음 태도는 미국식 조건 참여자의 처음 태도보다 약간 부정적이었다($p = .10$). 흡연상태와 경고문 조건 간의 상호작용은 의미가 없었다(처음 태도 평균은 캐나다식 조건에서 흡연자와 비흡연자 각각 −1.0과 −3.1, 미국식 조건에서 각각 0.0과 −3.0). 많은 비흡연자의 흡연에 대한 처음 태도는 극도로 부정적이었다(캐나다식 조건과 미국식 조건에서 각각 49%와 60%의 비흡연자가 흡연에 대한 태도를 −4로 평가하였으나, 흡연자는 각 조건에서 16%와 2%가 −4로 평가하였다). 처음 태도의 차이를 고려할 때 분석에서 이 차이를 통제하는 것이 중요하였다.

경고문에 대한 감정반응

참여자에게 경고문이 흡연에 대하여 어떤 생각과 느낌을 만드는지 물었다. 경고문과 관련된 감정의 직접 측정에서, 캐나다식 경고 조건의 참여자들은 미국식 경고 조건의 참여자보다 경고문이 흡연에 대하여 더 부정적으로 느끼게 한다고 보고하였다(표 22.2; 평균 = −2.9와 −1.5, $p < .0001$). 이 결과는 흡연에 관한 처음 태도를 통제한 후에도 마찬가지였다. 16개의 캐나다식 경고문에 대한 평균 평가가 4개의 미국식 경고문에 대한 평가 중 어느 것보다 일정하게 더 부정적이었다. 흡연상태는 처음 태도를 통제한 후 경고문에 대한 감정반응의 의미 있는 예언치가 아니었다(캐나다식 경고문에 대한 평균 감정은 흡연자와 비흡연자 각각에서 −2.4 그리고 −3.5였고, 미국식 경고문에 대한 평균 감정은 흡연자와 비흡연자 각각에서 −0.9와 −2.1이었다).

참여자들에게 그 경고문 정보가 얼마나 진실이라고 또는 거짓이라고 생각하는지를 완전히 거짓(−4)에서 완전히 진실(+4) 척도를 써서 평가하게 하였다(표 22.2 참조). 전체적으로 4집단 각각에서 참여자들은 경고문이 진실이라고 생각했다(캐나다식과 미국식 조건에서 진실이라고 믿는 흡연자의 평균은 2.6과 3.1, $p = .06$ 그리고 두 조건에서 진실이라고 믿는 비흡연자의 평균은 3.4와 3.3으로 이 차이는 의미가 없었다).

표 22.2 경고문에 대한 감정 평가와 신뢰성 평가

경고문 메시지	감정	신뢰성
미국식 경고문		
임산부의 흡연	−2.1	3.2
흡연은 폐암 등을 유발한다	−2.0	3.4
담배연기는 일산화탄소를 포함한다	−1.1	3.4
금연은 심각한 위험을 감소시킨다	−0.8	2.9
평균	−1.5	3.2
캐나다식 경고문*		
연기는 아기에게 해롭다(중환자실 아기)	−3.4	3.3
구강 질병	−3.2	3.1
담배는 아기에게 해롭다(임신 중)	−3.1	3.3
소도시 인구만큼 죽는다	−3.1	2.9
폐암(병원에 입원한 사람)	−3.1	3.3
담배는 뇌졸중을 유발한다(뇌)	−3.1	3.0
폐암(폐)	−3.0	3.2
아이는 보는 그대로 따라 한다	−2.9	2.9
우리를 오염시키지 마세요(아이)	−2.9	3.1
숨이 가쁘게 된다(기침)	−2.9	3.3
심장파괴자(막힌 동맥)	−2.9	2.9
천천히 그러나 생명을 앗아 가는	−2.8	3.0
중독성이 높은(헤로인이나 코카인)	−2.7	3.0
시안화수소 가스	−2.7	2.8
당신 혼자만 담배를 피우는 것이 아니다	−2.6	2.7
담배는 성기능 장애를 일으킨다	−2.6	2.2
평균	−2.9	3.0

주 : 감정은 "이 경고문을 보고 흡연에 대해 어떻게 생각하고 느끼십니까?"라는 질문에 대한 평가이다(−4 = *매우 부정적*에서부터 +4 = *매우 긍정적*까지). 신뢰성은 "이 경고문에 실린 정보가 진실인지 또는 거짓인지를 얼마나 믿고 계십니까?"라는 질문에 대한 평가이다(−4 = *완전히 거짓이다*부터 +4 = *완전히 참이다*까지).

* 괄호 안은 그림에 대한 간략한 기술을 나타낸다.

경고문에 대한 노출 이후 흡연 단어와 이미지에 대한 감정

흡연자에게 갈망을 그리고 비흡연자에게 가능한 흥미를 유발시키는 흡연 관련 단어와 이미지에 대한 반응을 평가하였다. 4종의 흡연 관련 단어와 4종의 흡연 관련 그림에 대한 반응을 가지고 흡연 단서에 대한 감정 지표를 만들었다. 이 지표는 각 자극에 대한 첫 번째 형용사쌍을 제거한

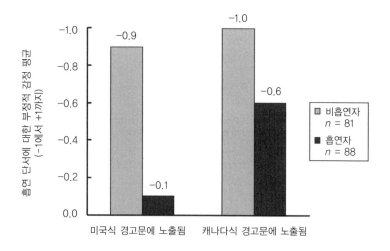

그림 22.2 캐나다식 조건과 미국식 조건의 흡연자와 비흡연자의 흡연 단서에 대한 부정적 감정 평균

후 각 자극에 대한 반응 평균에서 계산되었다. 가설대로, 흡연 단서에 대한 감정은 미국식 조건보다 캐나다식 조건의 참여자에게서 더 부정적이었다(감정 평균 = −0.8과 −0.5, RMANOVA, $p < .01$; η^2 = .05). 흡연자와 비흡연자는 캐나다식 경고문에 노출된 후 흡연 단서에 대해 더 부정적이었다. 흡연에 대한 처음 태도, 연령, 성별을 통제하였고, 캐나다식 조건과 미국식 조건 간 의미 있는 차이를 발견하였다(그림 22.2). 각 개인에게 흡연을 시작하게 만들 가장 그럴듯한 경고문이 무엇인지 검토하기 위해서 Pierce 등(1995)의 척도에 대한 반응을 토대로 흡연에 취약할 것 같은 18~24세 사이의 젊은 비흡연자를 대상으로 다시 분석하였다. 캐나다식 경고문에 대한 노출은 여전히 미국식 경고문에 대한 노출보다 흡연이 더 부정적 감정과 연합되어 있었다(감정 평균 = −0.9와 −0.76, p = .04; 일방 검증). 음식 자극에 대한 감정에서 캐나다식 경고문과 미국식 경고문 조건 참여자 간의 의미 있는 차이를 발견하지 못하였다. 캐나다식 경고문의 새로움 때문에 이런 결과가 나타났으므로 경고문을 응시한 평균 시간을 통제하고 최종분석을 실시하였다. 응시 시간을 통제한 후에도 조건 간 차이는 의미 있었다.

미국식 조건에 비해 캐나다식 조건의 참여자가 흡연 단서와 더 강하게 부정적으로 연합된 이유는, 캐나다식 조건에서 담배에 대한 비호감을 갖기를 기대하는 실험자 요구를 지각하고 그에 반응한 결과일 수 있다. 그러나 사회적으로 바람직한 반응이라면 참여자는 생각지 못한 첫 반응을 우선 억제해야 하기 때문에 반응시간이 더 오래 걸려야 하며(Fazio & Olson, 2003), 만약 그렇다면 캐나다식 조건에서 반응시간이 더 느려야 한다. 반면 우리는 캐나다식 경고문이 자동적으로 더 부정적 감정을 유발하므로 미국식 조건보다 캐나다식 조건에서 반응이 더 빠를 것으로 예측하였다. 조건, 처음 태도, 연령과 성별을 독립변수로 하여 반응시간에 대한

MANOVA를 실시한 결과, 캐나다식 조건의 반응이 미국식 조건의 반응보다 더 빨랐다(반응시간 평균 = 970ms와 1,101ms, p =.04; 일방 검증).

흡연자 이미지에 대한 감정

마지막 과제는 참여자가 담배 한 갑을 포함한 식품 구매자에 대해 기술하는 것이었다. 조건에 대해 알지 못하는 2명의 독립된 평가자가 각 참여자가 식품 구매자에 대해 느낀 태도나 감정을 3점 척도에서 평가하였다(−1 = 부정적, 0 = 중립적, +1 = 긍정적). 마지막 저자는, 역시 조건에 대해 알지 못한 채 모든 반응을 비교하고 평가자의 전반적 신뢰도를 계산하였다. 감정 평가에 대해 2명의 평가자가 일치한 횟수를 세어 감정 평가의 총 횟수로 단순히 나누어서 전반적 신뢰도를 구하였다. 평가자 간 일치도는 82%였다. 마지막 저자는 분석 전에 불일치를 해결하였다.

흡연에 대한 처음 태도를 통제한 이원 공분산분석(ANOVA)에서 캐나다식 경고문에 노출된 참여자는 구매자의 성격을 더 부정적으로 기술하였다(감정 평균 = −0.3, −0.1, 캐나다식과 미국식 조건 p =.03). 이 주 효과 외에 상호작용 효과가 나타났는데, 미국식 경고문에 대한 비흡연자의 반응은 흡연자의 반응과 다르지 않았으나 캐나다식 경고문에 대해 두 집단의 반응은 서로 달랐다. 미국식 조건의 평균은 흡연자와 비흡연자 집단 모두에서 −0.1이었으나, 캐나다식 조건의 평균은 흡연자 집단과 비흡연자 집단에서 각각 −0.2와 −0.4였다 : p =.04. 흡연상태의 주 효과는 없었다.

미국 담배정책에 대한 신념

캐나다식 경고문 조건의 참여자들은 미국식 경고문 조건의 참여자에 비해 담배를 구매하는 최저 연령을 높이는 데 약간 더 찬성하였다(연령 제한을 높이는 데 대한 찬성 백분율은 각각 60%와 42%, p =.06, 흡연상태, 흡연상태와 조건의 상호작용, 처음 태도 통제 후).

대부분의 비흡연자(81%)가 미국에서 캐나다식 경고문과 비슷한 경고문을 사용해야 한다고 생각하였다. 다수의 흡연자(60%)도 마찬가지였다. 이 결과는 조건에 따른 차이가 없었다.

논의

담배 포장의 절반 이상을 덮는 형형색색의 그림 경고문을 사용하는 것은 2000년 캐나다에서 시작되었다. 2001년 10월과 11월에 시작된 조사에서는 흡연자가 새로운 경고문을 읽고 생각하고 의논한 정도가 담배를 끊거나 흡연시도를 실제로 그만두게 하는 것과 큰 관련이 있음을 보여주었다(Hammond et al., 2003). 새로운 경고문 도입 전후로 담배를 끊은 흡연자들에게 그들의 결정에 경고문이 어떤 역할을 했는지 물었다(Hammond et al., 2004b). 새로운 그림 경고문을 도입한 이후 담배를 끊은 사람들은, 도입 이전에 담배를 끊은 사람들(그리고 이전 경고문만 본 사람들)보다 경고문 때문에 담배를 끊게 되었다고 응답하는 비율이 2.8배 더 많았다.

이러한 희망적인 결과에도 불구하고, 새로운 경고문의 도입이 어떤 인과적 영향을 주는지는 불분명하였다. 이미 담배를 끊으려던 흡연자가 큰 글자의 경고문을 더 많이 읽고 그 내용을 더 많이 의논했을 수 있다. 앞에서도 언급했듯이, 연구가 이루어지기 전에 담배에 붙는 세금이 인상되었고 연구가 수행된 지역의 모든 실내 공공장소를 금연구역으로 지정한 법이 시행되었다(Hammond et al., 2004b). 더군다나 캐나다에서 나타난 경고문 효과가 미국에 일반화될 수 있을지 모르는 일이었다. 이러한 제한 때문에 미국에서 실험실 연구가 진행되었고, 실험실에서는 참여자를 캐나다식과 미국식 경고문 조건에 무선적으로 할당하여 흡연자와 비흡연자의 반응을 면밀히 조사하였다.

결과적으로 흡연자와 비흡연자 집단은 미국식 경고문보다 캐나다식 경고문을 더 오래 응시하였고, 이와 일치되는 결과로서 흡연 단서와 흡연자 자신에 대해 더 부정적 감정을 가지게 되었다. 흡연에 취약한 18~24세의 젊은 비흡연자 역시 이러한 결과를 나타냈다. 비흡연자는 흡연자보다 캐나다식 경고문의 영향을 좀 더 많이 받는 것처럼 보인다. 그럼에도 불구하고 흡연자의 경우 캐나다식 경고문에 노출된 후 흡연 단서와 담배 구매자에 대해 부정적 연상과 감정을 전이시키는 의미 있는 결과를 얻었다. 역시 주목할 만한 것은 흡연자와 비흡연자 모두 담배를 구매하는 최저 연령을 높이는 것과 미국에서 캐나다식 경고문을 도입하는 것을 더 많이 지지한다는 것이었다.

이 연구에서는 캐나다식 경고문이 흡연자에게 경고문에 대한 방어적 회피를 유발한다고 시사하는 증거를 발견하지 못했다. 흡연자도 비흡연자만큼 경고문을 오랫동안 응시하였으며, 미국 경고문에 대한 신뢰와 동등한 정도로 신뢰를 나타내었고, 미국 시장에서 캐나다식 경고문 사용을 비흡연자만큼이나 지지하였다. 또한 그들은 캐나다식 경고문이 미국식 경고문보다 감정적으로 더 강력하다고 보고하였고, 캐나다식 조건에서 흡연 관련 단어와 단서에 대한 그들의 반응은 미국식 조건에서의 반응보다 더 부정적이고 더 빨랐다. 이러한 반응 패턴은, 경고문을 개발한 캐나다에서 수행된 연구를 고려해볼 때 예상치 못한 결과가 아니다(Health Canada, 2003; Mahood, 2004). 연구는 또한 많은 흡연자가 이러한 경고문을 지지하며 제공되는 정보를 높이 평가한다는 점을 시사한다. 이 결과는 캐나다식 경고문으로 만들어진 흡연자에 대한 비호감 이미지와 결합하여, 캐나다에서 사용 중이며 미국이나 기타 국가들에서 사용하도록 제안한 것과 같은 큰 경고 그림은 기존에 사용되는 경고문보다 흡연에 대한 효과적인 경고로 작용할 것이며 담배를 끊으려는 시도를 촉진시키고 금연에 더 성공하도록 만들 것이라는 주장을 뒷받침한다(Hammond et al., 2004b).

캐나다식 경고문의 사용은 여러 이유로 한 나라의 담배규제전략에 중요한 요소가 될 것이다. 첫째, 현재 흡연자와 잠재적 흡연자는 담배를 구입하거나 사용하려고 할 때마다 이러한 경고문에 쉽고 효과적으로 접촉하게 된다. 실제로 흡연자에게 그림과 시각적인 경고문보다 더 효과적인 방법은 없다. 미국의 현재 경고문은 무시되기 쉽고 형형색색 그림의 캐나다식 경고문만큼 정서적 효과를 전달하지 못한다. 확실한 것은 제품 경고문의 효과가 경고문의 현저함과 생생함에 따라 달라진다는 점이다(Argo & Main, 2004). 두 번째, 상당수의 심리학 연구들은 위험 정보의 단순한 제시가 위험지각을 일으키는 데 충분하지 못하다는 것을 시사한다(Slovic, 2000a). 위험은 활동과의 정서적 연합을 불러일으키는 정보를 통해 가장 쉽게 전달된다(Hibbard & Peters, 2003). 이 연구 결과는 캐나다식 경고문에 대한 짧은 노출이 흡연 단서에 전이되는 정서적 함축을 일으키고 제품 사용과 연합된 적절한 수위의 위험을 전달한다는 점을 보여준다. 세 번째, 정서 연합은 관련 자극을 단지 제시하기만 해도 기억으로부터 즉각 접근될 수 있다(Zajonc, 2000, 2001). 그리고 이러한 정서 연합은 자극에 대한 매력을 감소시키고 중지하도록 만든다. 실제로 흡연에 대한 정서적 연합은 흡연 행동을 강력히 예측한다고 생각되며, 흡연을 시작하거나 중지하는 노력을 인과적으로 함축할 수 있다(Romer & Jamieson, 2001; Slovic, 2001; Hammond et al., 2003, 2004a).

이 연구의 한 가지 제한점은 경고문의 짧은 노출시간이다. 캐나다식 경고문은 새로운 것인데 노출시간이 짧았으므로 익숙한 미국식 경고문의 효과와 비교할 때 불리하게 작용했을 수 있다. 동시에 캐나다식 경고문이 새롭기 때문에 현저함이 증가하여 더 유리한 작용을 했을지도 모른다. 그래서 응시 시간이 더 길어졌으며, 관찰된 효과가 캐나다식 경고문에 대해 미국식 경고문과 다르게 반응하리라고 기대하는 실험자의 요구특성과 관련이 있다는 설명이 가능하다. 그러나 응시 시간을 통제했을 때도 조건 간 결과가 달라지지 않았으므로, 실험자 요구특성 때문에 캐나다식 경고문의 효과가 크게 나타났다고 보기 어렵다. 원래 미국식 경고문은 캐나다식 경고문보다 더 작고 덜 현저하지만 컴퓨터 화면에서 거의 동일한 크기로 제시되었으므로 미국식 경고문이 더 유리할 수 있었다. 그럼에도 불구하고 캐나다식 경고문의 효과가 더 크게 나타났다. 더욱이 모든 측정은 경고문에 노출된 후 바로 이루어졌다. 장시간의 노출(경고문에 대한 습관화 결과) 효과나 노출 후 시간의 효과(실험자 요구특성이 약해진 때)는 연구하지 않았다. 물론 앞서 언급했듯이, 캐나다에서 담배를 끊은 많은 사람들이 자신이 담배를 끊은 이유가 그림 경고문 때문이라고 했다. 이것은 실험실 연구 결과가 아니므로 장기간의 인과적 효과를 시사한다. 마지막 제한점은 이 연구에서 캐나다식 경고문의 활자화된 위험 정보와 생생한 그림의 영향을 서로 구분하지 않았다는 점이다. 그러나 건강 메시지의 공포 유발 효과를 연구하는 여러 연구들은 그림을 보는 듯한 생생한 묘사가 경고문에 정서적 반응을 상당히 추가한다고 제안한다(Witte & Allen, 2000; Ruiter et al., 2001).

이러한 제한에도 불구하고 이 연구는 캐나다에서 수행된 비실험 조사의 결과와 더불어, 미국 내 모든 담배 포장에 캐나다식 경고문 사용 권고를 지지한다. 담배 제품 경고문은 의회가 규제하므로 연방규제국이 명령할 수 없다. 이러한 목적을 달성하기 위한 첫걸음은 대통령이 법안을 제출하고 미국 상원에서 조인국들로 하여금 캐나다식 경고문 사용을 장려하도록 하는 담배규제 국제협약을 비준하는 것이다.

Ackerman, B. A. (1980) *Social Justice in the Liberal State*, Yale University Press, New Haven, CT, chapter 12

Ackerman, B. A and Fishkin, J. S. (2004) *Deliberation Day*, Yale University Press, New Haven, CT, chapter 12

Ackerman, B. A. and Stewart, R. B. (1988) 'Reforming environmental law: The democratic case for market incentives', *Columbus Journal of Environmental Law*, vol 13, pp171–199, chapter 12

Ackerman, F. and Heinzerling, L. (2004) *Priceless: On Knowing the Cost of Everything and the Value of Nothing*, The New Press, New York, chapter 12

Ackoff, R. L. (1999) *Re-creating the Corporation: A Design of Organizations for the 21st Century*, Oxford University Press, New York, chapter 17

Adler, R. and Pittle, D. (1984) 'Cajolery or command: Are education campaigns an adequate substitute for regulation?', *Yale Journal on Regulation*, vol 1, pp159–194, chapter 9

Albers, W. (2001) 'Prominence theory as a tool to model boundedly rational decisions', in G. Gigerenzer and R. Selten (eds) *Bounded Rationality: The Adaptive Toolbox*, MIT Press, Cambridge, MA, chapter 1

Alhakami, A. S. and Slovic, P. (1994) 'A psychological study of the inverse relationship between perceived risk and perceived benefit', *Risk Analysis*, vol 14, pp1085–1096, intro, chapter 2, chapter 7, chapter 15

Allen, K. A., Moss, A., Giovino, G. A., Shopland, D. R. and Pierce, J. P. (1993) 'Teenage tobacco use: Data estimates from the Teenage Attitudes and Practices Survey, United States, 1989', *Advance Data*, vol 224, no 1, chapter 7

Allen, M. W. and Ng, S. H. (2003) 'Human values, utilitarian benefits and identification: The case of meat', *European Journal of Social Psychology*, vol 33, pp37–56, chapter 12

Almond, G. A. and Verba, S. (1980) *The Civic Culture Revisited*, Little, Brown, Boston, chapter 19

Anand, P. (ed) (1997) 'Symposium: Economic and social consequences of BSE/CJD', *Risk Decision and Policy*, vol 2, no 1, pp3–52, chapter 19

Andrade, E. B. (2005) 'Behavioral consequences of affect: Combining evaluative and regulatory mechanisms', *Journal of Consumer Research*, vol 32, pp355–362, chapter 8

Andreoni, J. (1990) 'Impure altruism and donations to public goods: A theory of warm-glow giving', *The Economic Journal*, vol 100, pp464–477, intro

Argo, J. J. and Main, K. J. (2004) 'Meta-analysis of the effectiveness of warning labels', *Journal of Public Policy and Marketing*, vol 23, pp193–208, chapter 22

Ariely, D. (2001) 'Seeing sets: Representation by statistical properties', *Psychological Science*, vol 12, pp157–162, chapter 3

Arvai, J. L., Gregory, R. and McDaniels, T. L. (2001) 'Testing a structured decision approach: Value focused thinking for deliberative risk communication', *Risk Analysis*, vol 21, no 6, pp1065–1076, chapter 19

Associated Press (2001) 'Massive jackpot powers lottery mania', *The Register-Guard* [Eugene, OR], 25 August, p6A, chapter 1

ATSDR (Agency for Toxic Substances and Disease Registry) (1990) 'Case studies in environmental medicine: Arsenic toxicity', US Department of Health and Human Services, Washington, DC, chapter 13

ATSDR (1996), 'Exposure investigation CR #40W1', US Department of Health and Human Services, Public Health Service, Division of Health Assessment and Consultation, Atlanta, GA, chapter 13

ATSDR (2007) 'Case studies in environmental medicine: Lead toxicity', www.atsdr.cdc.gov/csem/lead/pbcover_page2.html, accessed 22 December 2009, chapter 10

Baird, B. N. R. (1986) 'Tolerance for environmental health risks: The influence of knowledge, benefits, voluntariness, and environmental attitudes', *Risk Analysis*, vol 6, pp425–435, chapter 9

Balkin, J. M. (1998) *Cultural Software*, Yale, New Haven, CT, chapter 11

Barber, B. R. (1984) *Strong Democracy: Participatory Politics for a New Age*, University of California Press, Berkeley, chapter 19

Barke, R. P., Jenkins-Smith, H. and Slovic, P. (1997) 'Risk perceptions of men and women scientists', *Social Science Quarterly*, vol 78, pp167–176, chapter 9, chapter 11, chapter 12

Barnett, A., Menighetti, J. and Prete, M. (1992) 'The market response to the Sioux City DC-10 crash', *Risk Analysis*, vol 14, pp45–52, chapter 19

Barrett, L. F. and Salovey, P. (eds) (2002) *The Wisdom in Feeling*, Guilford Press, New York, chapter 2

Baron, J. (1997) 'Confusion of relative and absolute risk in valuation', *Journal of Risk and Uncertainty*, vol 14, no 3, pp301–309, chapter 2, chapter 4

Baron, J. (2000) *Thinking and Deciding*, 3rd edn, Cambridge University Press, Cambridge, UK, chapter 21

Baron, R. M. and Kenny, D. A. (1986) 'The moderator-mediator variable distinction in social-psychological research: Conceptual, strategic, and statistical considerations', *Journal of Personality and Social Psychology*, vol 51, pp1173–1182, chapter 8

Bass, R. (1996) *The Book of Yaak*, Houghton Mifflin, New York, chapter 6

Basso, K. H. (1996) *Wisdom Sits in Places: Landscape and Language among the Western Apache*, University of New Mexico, Albuquerque, NM, chapter 13

Bateman, I. J., Munro, A. A. and Poe, G. L. (2005) *Asymmetric Dominance Effects in Choice Experiments and Contingent Valuation*, CSERGE Working Paper EDM 05-06, chapter 1

Bateman, I. J., Dent, S., Slovic, P. and Starmer, L. (2006a) *Exploring the Determinants of Affect: Examining Rating Scale Assessments of Gambles*, CSERGE Working Paper, University of East Anglia, Centre for Social and Economic Research on the Global Environment, Norwich, chapter 1

Bateman, I. J., Slovic, P. and Starmer, C. (2006b) *Incentivised Experimental Investigations of the Affect Heuristic*, CSERGE Working Paper, University of East Anglia, Centre for Social and Economic Research on the Global Environment, Norwich, chapter 1

Bates, M. N., Smith, A. H. and Cantor, K. P. (1995) 'Case-control study of bladder cancer and arsenic in drinking water', *American Journal of Epidemiology*, vol 141, no 6, pp523–530, chapter 12

Batson, C. D. (1990) 'How social an animal'? The human capacity for caring', *American Psychologist*, vol 45, pp336–346, chapter 3, chapter 5

Batson, C. D., Eklund, J. H., Chermok, V. L., Hoyt, J. L. and Ortiz, B. G. (2007) 'An additional antecedent of empathic concern: Valuing the welfare of the person in need', *Journal of Personality and Social Psychology*, vol 93, pp65–74, chapter 3

Baumeister, R. F. and Leary, M. R. (1995) 'The need to belong: Desire for interpersonal attachments as a fundamental human motivation,' *Psychological Bulletin*, vol 117, no 3, pp497–529, chapter 11

Beck, U. (1992) *Risk Society: Towards a New Modernity*, Sage, London, chapter 10

Beck, U. (1999) *World Risk Society*, Polity Press, Malden, MA, chapter 10

Behrens, E. G. (1983) 'The Triangle Shirtwaist Company fire of 1911: A lesson in legislative manipulation', *Texas Law Review*, vol 62, pp361–387, chapter 19

Bellinger, D., Leviton, A., Waternaux, C., Needleman, H. and Rabinowitz, M. (1987) 'Longitudinal analyses of prenatal and postnatal lead exposure and early cognitive development', *New England Journal of Medicine*, vol 316, no 17, pp1037–1043, chapter 10

Benjamin, D. J., Brown, S. A. and Shapiro, J. M. (2006) 'Who is "behavioral"? Cognitive ability and anomalous preferences', papers.ssrn.com/sol3/papers.cfm?abstract_id= 675264 (accessed 31 December 2009), chapter 20

Bentham, J. (1823) *An Introduction to the Principle of Morals and Legislation* (Original work published 1789), www.constitution.org/jb/pml.htm, accessed 18 December 2009, intro

Benthin, A., Slovic, P. and Severson, H. (1993) 'A psychometric study of adolescent risk perception', *Journal of Adolescence*, vol 16, pp153–168, intro

Benthin, A., Slovic, P., Moran, P., Severson, H., Mertz, C. K. and Gerrard, M. (1995) 'Adolescent health-threatening and health-enhancing behaviors: A study of word association and imagery', *Journal of Adolescent Health*, vol 17, pp143–152, chapter 7

Berger, C. R., Lee, E.-J. and Johnson, J. T. (2003) 'Gender, rationality, and base-rate explanations for increasing trends,' *Communication Research*, vol 30, no 6, pp737–765, chapter 12

Bettman, J. R., Payne, J. W. and Staelin, R. (1987) 'Cognitive considerations in designing effective labels for presenting risk information', in K. Viscusi and W. Magat (eds) *Learning about Risk: Evidence on the Economic Responses to Risk Information*, Harvard University Press, Cambridge, MA, chapter 9

Berkowitz, L. (2000) *Causes and Consequences of Feelings*, Cambridge University Press, New York, intro

Birnbaum, M. H. (1999) 'How to show that 9 > 221: Collect judgments in a between-subjects design', *Psychological Methods*, vol 4, no 3, pp243–249, chapter 1

Bohölm, Å. (1998) 'Visual images and risk messages: Commemorating Chernobyl', *Risk Decision and Policy*, vol 3, no 2, pp125–143, chapter 19

Bord, R. J. and O'Connor, R. E. (1997) 'The gender gap in environmental attitudes: The case of perceived vulnerability to risk', *Social Science Quarterly*, vol 78, pp830–840, chapter 9, chapter 10, chapter 11

Bornstein, R. F. (1989) 'Exposure and affect: Overview and meta-analysis of research, 1968–1987', *Psychological Bulletin*, vol 106, pp265–289, chapter 7

Boudon, R. (1998) 'Social mechanisms without black boxes,' in P. Hedström and R. Swedberg (eds) *Social Mechanisms: An Analytical Approach to Social Theory*, Cambridge University Press, Cambridge, UK, chapter 11

Brandon, T. H., Juliano, L. M. and Copeland, A. L. (1999) 'Expectancies for tobacco smoking', in I. Kirsch (ed) *How Expectancies Shape Behavior*, American Psychological Association, Washington, DC, chapter 22

Brandstätter, E., Gigerenzer, G. and Hertwig, R. (2006) 'The priority heuristic: Making choices without trade-offs', *Psychological Review*, vol 113, pp409–432, chapter 1

Breakwell, G. M. and Barnett, J. (2003) 'Social amplification of risk and the layering method', in N. Pidgeon, R. E. Kasperson and P. Slovic (eds) *The Social Amplification of Risk*, Cambridge University Press, Cambridge, UK, chapter 19

Breyer, S. G. (1993) *Breaking the Vicious Circle: Toward Effective Risk Regulation*, Harvard University Press, Cambridge, MA, chapter 11, chapter 12

Brickman, P., Coates, D. and Janoff-Bulman, R. J. (1978) 'Lottery winners and accident victims: Is happiness relative?', *Journal of Personality and Social Psychology*, vol 36, pp917–927, chapter 7

Brody, C. J. (1984) 'Differences by sex in support for nuclear power', *Social Forces*, vol 63, pp209–228, chapter 9, chapter 11

Buckner, H. T. (1994) 'Sex and guns: Is gun control male control?', www.tbuckner.com/SEXGUN.HTM#Sex%20and%20Guns, accessed 23 December 2009, chapter 11

Bullard, R. D. (1990) *Dumping in Dixie: Race, Class and Environmental Quality*, Westview Press, Boulder, CO, chapter 10, chapter 13

Burkhalter, A., Gastil, J. and Kelshaw, T. (2002) 'A conceptual definition and theoretic model of public deliberation in small face-to-face groups', *Communications Theory*, vol 12, pp398–422, chapter 12

Burns, W. J. and Slovic, P. (2007) 'The diffusion of fear: Modeling community response to a terrorist strike', *Journal of Defense Modeling and Simulation*, vol 4, no 4, pp426–445, chapter 17

Burns, W. J., Slovic, P., Kasperson, R., Kasperson, J. X., Renn, O. and Scrinvas, E. (1993) 'Incorporating structural models into research on the social application of risk: Implications for theory construction and decision making', *Risk Analysis*, vol 13, pp611–623, chapter 17

Bush, G., Luu, P. and Posner, M. I. (2000) 'Cognitive and emotional influences in the anterior cingulate cortex', *Trends in Cognitive Science*, vol 4, pp215–222, chapter 3

Capek, S. M. (1993) 'The "environmental justice" frame: A conceptual discussion and an application', *Social Problems*, vol 40, pp5–24, chapter 10

Carstensen, L. L. (2006) 'The influence of sense of time on development', *Science*, vol 312, pp1913–1915, chapter 8

Centers for Disease Control and Prevention (1994) *Preventing Tobacco Use Among Young People: A Report of the Surgeon General* (No. S/N 017-001-00491-0), US Department of Health and Human Services, Washington, DC, chapter 7

Centers for Disease Control and Prevention (2002) 'Annual smoking-attributable mortality, years of potential life lost, and economic costs: United States, 1995–1999', *Morbidity and Mortality Weekly Report*, vol 51, pp300–303, chapter 21

Chaiken, S. (1980) 'Heuristic versus systematic information processing and the use of source versus message cues in persuasion', *Journal of Personality and Social Psychology*, vol 39, no 5, pp752–766, chapter 12

Chaiken, S. and Maheswaran, D. (1994) 'Heuristic processing can bias systematic processing: Effects of source credibility, argument ambiguity, and task importance on attitude judgment', *Journal of Personality and Social Psychology*, vol 66, no 3, pp460–473, chapter 12

Chaiken, S. and Trope, Y. (1999) *Dual-Process Theories in Social Psychology*, Guilford Press, New York, chapter 2, chapter 4

Chang, L. and Krosnick, J. (2003) 'Comparing oral interviewing with self-administered computerized questionnaires: An experiment', www.comm.stanford.edu/faculty/krosnick/Tel%20Int%20Mode%20Experiment.pdf, accessed 1 January 2010, chapter 18

Chen, S., Duckworth, K. and Chaiken, S. (1999) 'Motivated heuristic and systematic processing', *Psychological Inquiry*, vol 10, no 1, pp44–49, chapter 11, chapter 12

Chua, H. F., Yates, J. F. and Shah, P. (2006) 'Risk avoidance: Graphs versus numbers', *Memory and Cognition*, vol 34, no 2, pp399–410, chapter 20

Citizen's Assembly on Electoral Reform (2006) www.citizensassembly.bc.ca, accessed 26 December 2009, chapter 12

Clark, E. (1988) *The Want Makers: Inside the World of Advertising*, Penguin Books, New York, chapter 1

Clark, M. S. and Fiske, S. T. (eds) (1982) *Affect and Cognition*, Erlbaum, Hillsdale, NJ, chapter 2

Clark, R. D. and Maass, A. (1988) 'The role of social categorization and perceived source credibility in minority influence,' *European Journal of Social Psychology*, vol 18, no 5, pp381–394, chapter 11, chapter 12

Clore, G. L. and Huntsinger, J. R. (2007) 'How emotions inform judgment and regulate thought', *Trends in Cognitive Science*, vol 11, pp393–399, chapter 8

Cobb, M. D. and Macoubrie, J. (2004) 'Public perceptions about nanotechnology: Risks, benefits and trust', *Journal of Nanoparticle Research*, vol 6, pp395–404, chapter 18

Cohen, B. L. (1983) *Before It's Too Late: A Scientist's Case for Nuclear Energy*, Plenum Press, New York, chapter 9

Cohen, G. L. (2003) 'Party over policy: The dominating impact of group influence on political beliefs', *Journal of Personality and Social Psychology*, vol 85, no 5, pp808–822, chapter 11, chapter 12

Cohen, G. L., Aronson, J. and Steele, C. M. (2000) 'When beliefs yield to evidence: Reducing biased evaluation by affirming the self', *Personality & Social Psychology Bulletin*, vol 26, no 9, pp1151–1164, chapter 11, chapter 12

Cohen, G. L., Sherman, D. K., Bastardi, A., Hsu, L., McGoey, M. and Ross, L. (2007) 'Bridging the partisan divide: Self-affirmation reduces ideological closed-mindedness and inflexibility in negotiation', *Journal of Personality and Social Psychology*, vol 93, no 3, pp415–430, chapter 11, chapter 12, chapter 18

Cohen, J. and Solomon, N. (30 January 1994) 'Media ignore world's dying kids', *The Register-Guard*, p48, chapter 6

Cohen, J. T., Duggar, K., Gray, G. M., Kreindel, S., Abdelrahman, H., HabteMariam, T., Oryang, D. and Tameru, B. (2001) 'Evaluation of the potential for bovine spongiform encephalopathy in the United States', www.aphis.usda.gov/newsroom/hot_issues/bse/background/documents/mainreporttext.pdf, accessed 24 December 2009, chapter 12

Coleman, J. S. (1990) *Foundations of Social Theory*, Bellknap Press, Cambridge, MA, chapter 19

Combs, B. and Slovic, P. (1979) 'Newspaper coverage of causes of death', *Journalism Quarterly*, vol 56, no 4, pp837–843, 849, chapter 19

Compas, Inc, Multi-Audience Research (1995) 'Perceived blood safety and transfusion acceptance: A report to the Canadian Red Cross Society on perceived safety of blood and willingness to accept a blood transfusion', Ottawa, Canada, chapter 14

Conner, M. and Norman, P. (1996) *Predicting Health Behavior: Theory and Practice with Social Cognition Models*, Open University Press, Philadelphia, PA, chapter 21

Cook, P. J. and Ludwig, J. (2000) *Gun Violence: The Real Costs*, Oxford University Press, Oxford, chapter 11

Coombs, C. H. and Pruitt, D. G. (1960) 'Components of risk in decision making: Probability and variance preferences', *Journal of Experimental Psychology*, vol 60, pp265–277, intro

Cooper, R. S. (1994) 'A case study in the use of race and ethnicity in public health surveillance', *Public Health Reports*, vol 109, pp46–52, chapter 9

Crosby, N. and Nethercut, D. (2005) 'Citizens juries: Creating a trustworthy voice of the people', in J. Gastil and P. Levine (eds) *The Deliberative Democracy Handbook*, Jossey-Bass, New York, chapter 12

Cross, F. B. (1998) 'Facts and values in risk assessment', *Reliability Engineering and System Safety*, vol 59, pp27–40, chapter 9

The Cultural Cognition Project at Yale Law School (undated-a) 'Gun risk perceptions', www.culturalcognition.net/projects/gun-risk-perceptions.html, accessed 23 December 2009, chapter 12

The Cultural Cognition Project at Yale Law School (undated-b) 'First national risk & culture study', www.culturalcognition.net/projects/first-national-risk-culture -study.html, accessed 23 December 2009, chapter 12

The Cultural Cognition Project at Yale Law School (2006a) 'Culture and political attitudes', www.research.yale.edu/culturalcognition/content/view/91/100, accessed 15 January 2006, chapter 12

The Cultural Cognition Project at Yale Law School (2006b) 'Health risk perceptions', www.research.yale.edu/culturalcognition/content/view/102/100, accessed 15 January 2006, chapter 12

The Cultural Cognition Project at Yale Law School (2006c) 'What matters more: Consequences or meanings?', www.research.yale.edu/culturalcognition/index.php? option=content&task=view&id=104, accessed 15 January 2006, chapter 12

Currall, S. C., King, E. B., Lane, N., Madera, J. and Turner, S. (2006) 'What drives public acceptance of nanotechnology?', *Nature Nanotechnology*, vol 1, pp153–155, chapter 18

Cvetkovich, G. and Earle, T. (1991) 'Risk and culture', *Special issue of Journal of Cross-Cultural Psychology*, vol 22, no 1, pp11–149, chapter 19

Cvetkovich, G. and Löfstedt, R. E. (eds) (1999) *Social Trust and the Management of Risk*, Earthscan, London, chapter 19

Cvetkovich, G., Siegrist, M., Murray, R. and Tragesser, S. (2002) 'New information and social trust: Asymmetry and perseverance of attributions about hazard managers', *Risk Analysis*, vol 22, pp359–369, chapter 19

Dake, K. (1991) 'Orienting dispositions in the perception of risk: An analysis of contemporary worldviews and cultural biases,' *Journal of Cross-Cultural Psychology*, vol 22, no 1, pp61–82, chapter 11, chapter 18, chapter 19

Dale, N. (1999) 'Cross-cultural community-based planning: Negotiating the future of Haida Gwaii', in L. Susskind, S. McKearnan and J. Thomas-Larmer (eds) *The Consensus Building Handbook*, Sage, Thousand Oaks, CA, chapter 12

Damasio, A. R. (1994) *Descartes' Error: Emotion, Reason, and the Human Brain*, Avon, New York, intro, chapter 1, chapter 2, chapter 3, chapter 6, chapter 7, chapter 22

Damasio, A. R., Tranel, D. and Damasio, H. (1990) 'Individuals with sociopathic behavior caused by frontal damage fail to respond autonomically to social stimuli', *Behavioural Brain Research*, vol 41, pp81–94, chapter 7

Davidson, D. J. and Freudenburg, W. R. (1996) 'Gender and environmental risk concerns: A review and analysis of available research', *Environment and Behavior*, vol 28, pp302–339, chapter 10, chapter 11

Davis, M. H. (1994) *Empathy: A Social Psychological Approach*, Brown and Benchmark, Madison, WI, chapter 3

de Groot, A. D. (1978) *Thought and Choice in Chess*, Monton, New York, chapter 2

de Vries, M., Holland, R. W. and Witteman, C. L. M. (2008) 'In the winning mood: Affect in the Iowa gambling task', *Judgment and Decision Making*, vol 3, no 1, pp42–50, chapter 8

Denman, S., Pearson, J., Davis, P. and Moody, D. (1996) 'A survey of HIV- and AIDS-related knowledge, beliefs and attitudes among 14 year olds in Nottinghamshire', *Educational Research*, vol 38, pp93–99, chapter 14

Denes-Raj, V. and Epstein, S. (1994) 'Conflict between intuitive and rational processing: When people behave against their better judgment', *Journal of Personality and Social Psychology*, vol 66, pp819–829, chapter 2

DeVeillis, R. F. (1991) *Scale Development: Theory and Applications*, Sage, Newbury Park, CA, chapter 10

Dickert, S. (2008) 'Two routes to the perception of need: The role of affective and deliberative information processing in pro-social behavior', Doctoral Dissertation, University of Oregon at Eugene, OR, chapter 3

Diener, E. (1984) 'Subjective well-being', *Psychological Bulletin*, vol 95, pp542–575, chapter 8

DiFranza, J. R., Rigotti, N. A., McNeill, A. D., Ockene, J. K., Savageau, J. A., St Cyr, D. and Coleman, M. (2000) 'Initial symptoms of nicotine dependence in adolescents', *Tobacco Control*, vol 9, pp313–319, chapter 7

Dillard, A. (1999) *For the Time Being*, Knopf, New York, chapter 5, chapter 6

DiMaggio, P. (1997) 'Culture and cognition', *Annual Review of Sociology*, vol 23, pp263–287, chapter 18

Douglas, M. (1966) *Purity and Danger: An Analysis of Concepts of Pollution and Taboo*, Routledge & Kegan Paul, London, chapter 12, chapter 18

Douglas, M. (1970) *Natural Symbols: Explorations in Cosmology*, Barrie & Rockliff, London, chapter 11, chapter 12, chapter 18

Douglas, M. (1982) 'Cultural bias', in *In the Active Voice*, Routledge & Paul, London, chapter 11

Douglas, M. (1986) *How Institutions Think*, Syracuse University Press, New York, chapter 11, chapter 12

Douglas, M. and Wildavsky, A. B. (1982) *Risk and Culture: An Essay on the Selection of Technical and Environmental Dangers*, University of California Press, Berkeley, CA, chapter 11, chapter 18

Downing, P., Chan, A., Peelen, M., Dodds, C. and Kanwisher, N. (2006) 'Domain specificity in visual cortex', *Cerebral Cortex*, vol 16, pp1453–1461, chapter 3

Doyle, J. R., O'Connor, D. J., Reynolds, G. M. and Bottomley, P. A. (1999) 'The robustness of the asymmetrically dominated effect: Buying frames, phantom alternatives, and in-store purchases', *Psychology & Marketing*, vol 16, no 3, pp225–243, chapter 1

Drolet, A. and Luce, M. F. (2004) 'The rationalizing effects of cognitive load on emotion-based trade-off avoidance', *Journal of Consumer Research*, vol 31, no 1, pp63–77, chapter 4

Durant, J., Gaskell, G. and Buer, M. (1998) *Biotechnology in the Public Sphere: A European Sourcebook*, National Museum of Science and Industry, London, chapter 15

Earle, T. C. and Cvetkovich, G. T. (1995) *Social Trust: Toward a Cosmopolitan Society*, Praeger, Westport, CT, chapter 19

Eastwood, J. D., Smilek, D. and Merikle, P. M. (2001) 'Differential attentional guidance by unattended faces expressing positive and negative emotion', *Perception and Psychophysics*, vol 63, pp1004–1013, chapter 3

Edelstein, M. R. (1987) 'Toward a theory of environmental stigma', in J. Harvey and D. Henning (eds) *Public Environments*, Environmental Design Research Association, Ottawa, Canada, chapter 13, chapter 19

Edelstein, M. R. (1988) *Contaminated Communities: The Social and Psychological Impacts of Residential Toxic Exposure*, Westview, Boulder, CO, chapter 13

Edwards, A., Elwyn, G., Covey, J., Matthews, E. and Pill, R. (2001) 'Presenting risk information: A review of the effects of "framing" and other manipulations on patient outcomes', *Journal of Health Communication*, vol 6, no 1, pp61–82, chapter 20

Edwards, A., Unigwe, S., Elwyn, G. and Hood, K. (2003) 'Personalised risk communication for informed decision making about entering screening programs', *Cochrane Database of Systematic Reviews*, no 1: CD001865, chapter 20

Edwards, W. (1954) 'The theory of decision making', *Psychological Bulletin*, vol 51, pp380–417, intro

Edwards, W. and von Winterfeldt, D. (1987) 'Public values in risk debates', *Risk Analysis*, vol 7, no 2, pp141–158, chapter 19

Ellis, R. and Thompson, M. (1997) 'Seeing green: Cultural biases and environmental preferences,' in Wildavsky, A. B., Ellis, R. and Thompson, M. (eds) *Culture Matters: Essays in Honor of Aaron Wildavsky*, Westview Press, Boulder, CO, chapter 11

Elstein, A. S., Chapman, G. B. and Knight, S. J. (2005) 'Patients' values and clinical substituted judgments: The case of localized prostate cancer', *Health Psychology*, vol 24, no 4, ppS85–S92, chapter 20

English, M. R. (1992) *Siting Low-Level Radioactive Waste Disposal Facilities: The Public Policy Dilemma*, Quorum, New York, chapter 19

Epstein, S. (1994) 'Integration of the cognitive and the psychodynamic unconscious', *American Psychologist*, vol 49, pp709–724, chapter 2, chapter 4, chapter 6, chapter 7, chapter 22

Erikson, K. (1990) 'Toxic reckoning: Business faces a new kind of fear', *Harvard Business Review*, vol 68, no 1, pp118–126, chapter 13

Erikson, K. (1994) *A New Species of Trouble: The Human Experience of Modern Disasters*, Norton, New York, chapter 13

Eskridge, W. N. (2005) 'Pluralism and distrust: How courts can support democracy by lowering the stakes of politics', *Yale Law Journal*, vol 114, pp1279–1328, chapter 12

Estrada, C. A., Martin-Hryniewicz, M., Peek, B. T., Collins, C. and Byrd, J. C. (2004) 'Literacy and numeracy skills and anticoagulation control', *American Journal of the Medical Sciences*, vol 328, no 2, pp88–93, chapter 20

Fagerlin, A., Wang, C. and Ubel, P. A. (2005) 'Reducing the influence of anecdotal reasoning on people's health care decisions: Is a picture worth a thousand statistics?', *Medical Decision Making*, vol 25, no 4, pp398–405, chapter 20

Fagerlin, A., Zikmund-Fisher, B. J., Ubel, P. A., Jankovic, A., Derry, H. A. and Smith, D. M. (2007) 'Measuring numeracy without a math test: Development of the Subjective Numeracy Scale (SNS)', *Medical Decision Making*, vol 27, no 5, pp672–680, chapter 20

Farrell, M. H., Murphy, M. A. and Schneider, C. E. (2002) 'How underlying patient beliefs can affect physician–patient communication about prostate-specific antigen testing', *Effective Clinical Practice*, vol 5, pp120–129, chapter 16

Fazio, R. H. and Hilden, L. E. (2001) 'Emotional reactions to a seemingly prejudiced response: The role of automatically activated racial attitudes and motivation to control prejudiced reactions', *Personality and Social Psychology Bulletin*, vol 27, no 5, pp538–549, chapter 22

Fazio, R. H. and Olson, M. A. (2003) 'Implicit measures in social cognition research: Their meaning and uses', *Annual Review of Psychology*, vol 54, pp297–327, chapter 22

Fenske, M. J. and Raymond, J. E. (2006) 'Affective influences of selective attention', *Current Directions in Psychological Science*, vol 15, pp312–316, chapter 3

Fenske, M. J., Raymond, J. E. and Kunar, M. A. (2004) 'The affective consequences of visual attention in preview search', *Psychonomic Bulletin and Review*, vol 11, pp1055–1061, chapter 3

Fenske, M. J., Raymond, J. E., Kessler, K., Westoby, N. and Tipper, S. P. (2005) 'Attentional inhibition has social-emotional consequences for unfamiliar faces', *Psychological Science*, vol 16, pp753–758, chapter 3

Fetherstonhaugh, D., Slovic, P., Johnson, S. M. and Friedrich, J. (1997) 'Insensitivity to the value of human life: A study of psychophysical numbing', *Journal of Risk and Uncertainty*, vol 14, pp283–300, intro, chapter 1, chapter 2, chapter 4, chapter 5, chapter 6

Fife-Schaw, C. and Rowe, G. (1996) 'Public perceptions of everyday food hazard: A psychometric study', *Risk Analysis*, vol 16, pp487–500, chapter 15

Finucane, M. L. (2002) 'Mad cows, mad corn and mad communities: The role of socio-cultural factors in the perceived risk of genetically-modified food', *Proceedings of the Nutrition Society*, vol 61, pp31–37, chapter 18

Finucane, M. L., Alhakami, A., Slovic, P. and Johnson, S. M. (2000a) 'The affect heuristic in judgments of risks and benefits', *Journal of Behavioral Decision Making*, vol 13, pp1–17, intro, chapter 2, chapter 7, chapter 8, chapter 12, chapter 14, chapter 15, chapter 19

Finucane, M. L., Peters, E. and Slovic, P. (2003) 'Judgment and decision making: The dance of affect and reason', in S. L. Schneider and J. Shanteau (eds) *Emerging Perspectives on Judgment and Decision Research*, Cambridge University Press, Cambridge, UK, chapter 2

Finucane, M. L., Slovic, P., Hibbard, J. H., Peters, E., Mertz, C. K. and MacGregor, D. G. (2002) 'Aging and decision-making competence: An analysis of comprehension and consistency skills in older versus younger adults considering health-plan options', *Journal of Behavioral Decision Making*, vol 15, no 2, pp141–164, chapter 20

Finucane, M. L., Slovic, P., Mertz, C. K., Flynn, J. and Satterfield, T. A. (2000b) 'Gender, race, and perceived risk: The "white male" effect', *Health, Risk, & Society*, vol 2, no 2, pp159–172, chapter 10, chapter 11

Fischer, P. M., Richards, J. W., Berman, E. F. and Krugman, D. M. (1989) 'Recall and eye tracking study of adolescents viewing tobacco advertisements', *Journal of the American Medical Association*, vol 261, pp84–89, chapter 22

Fischer, P. M., Krugman, D. M., Fletcher, J. E., Fox, R. J. and Rojas, T. H. (1993) 'An evaluation of health warnings in cigarette advertisements using standard market research methods: What does it mean to warn?', *Tobacco Control*, vol 2, pp279–285, chapter 22

Fischhoff, B., Slovic, P., Lichtenstein, S., Read, S. and Combs, B. (1978) 'How safe is safe enough'? A psychometric study of attitudes toward technological risks and benefits', *Policy Sciences*, vol 9, pp127–152, intro, chapter 2, chapter 7, chapter 15

Fishkin, J. S. (1991) *Democracy and Deliberation*, Yale University Press, New Haven, CT, chapter 12

Fishkin, J. and Farrar, C. (2005) 'Deliberative polling: From experiment to community resource', in J. Gastil and P. Levine (eds) *The Deliberative Democracy Handbook*, Jossey-Bass, New York, chapter 12

Fitchen, J. M. (1989) 'When toxic chemicals pollute residential environments: The cultural meanings of home and home ownership', *Human Organization*, vol 48, no 4, pp313–324, chapter 13

Flynn, J., Slovic, P. and Mertz, C. K. (1993a) 'Decidedly different: Expert and public views of risks from a radioactive waste repository', *Risk Analysis*, vol 13, pp643–648, chapter 15

Flynn, J., Slovic, P. and Mertz, C. K. (1993b) 'The Nevada initiative: A risk communication fiasco', *Risk Analysis*, vol 13, no 5, pp497–502, chapter 19

Flynn, J., Slovic, P. and Mertz, C. K. (1994) 'Gender, race, and perception of environmental health risks', *Risk Analysis*, vol 14, no 6, pp1101–1108, intro, chapter 9, chapter 10, chapter 11, chapter 14, chapter 16, chapter 18

Flynn, J., Chalmers, J., Easterling, D., Kasperson, R., Kunreuther, H., Mertz, C. K., Mushkatel, A., Pijawka, K. D. and Slovic, P. with Dotto, L. (1995) *One Hundred Centuries of Solitude: Redirecting America's High-Level Nuclear Waste Policy*, Westview Press, Boulder, CO, chapter 19

Flynn, J., Kasperson, R., Kunreuther, H. and Slovic, P. (1997) 'Overcoming tunnel vision: Redirecting the U.S. high-level nuclear waste program', *Environment*, vol 39, no 3, pp6–11, 25–30, chapter 13

Flynn, J., Peters, E., Mertz, C. K. and Slovic, P. (1998) 'Risk, media, and stigma at Rocky Flats', *Risk Analysis*, vol 18, no 6, pp715–727, chapter 13, chapter 19

Flynn, J., Slovic, P. and Kunreuther, H. (eds) (2001) *Risk, Media, and Stigma: Understanding Public Challenges to Modern Science and Technology*, Earthscan, London, chapter 17, chapter 19

Forester, J. (1999) 'Dealing with deep value differences', in L. Susskind, S. McKearnan and J. Thomas-Larmer (eds) *The Consensus Building Handbook*, Sage, Thousand Oaks, CA, chapter 12

Forgas, J. P. (ed) (2000) *Feeling and Thinking: The Role of Affect in Social Cognition*, Cambridge University Press, Cambridge, UK, chapter 2

Forrester, J. W. (1969) *Urban Dynamics*, MIT Press, Cambridge, MA, chapter 17

Fox, E. (2002) 'Processing of emotional facial expressions: The role of anxiety and awareness', *Cognitive, Affective and Behavioral Neuroscience*, vol 2, pp52–63, chapter 3

Framework Convention Alliance for Tobacco Control (2005) *Tobacco Warning Labels: Factsheet No. 7*, World Health Organization, Geneva, Switzerland, chapter 22

Frederick, S. (2005) 'Cognitive reflection and decision making', *Journal of Economic Perspectives*, vol 19, no 4, pp24–42, chapter 20

Freudenburg, W. R. (1992) 'Nothing recedes like success? Risk analysis and the organizational amplification of risks', *Risk: Issues in Health and Safety*, no 3, pp1–35, chapter 17, chapter 19

Freudenburg, W. R. (2003) 'Institutional failure and the organizational amplification of risks: The need for a closer look', in N. Pidgeon, R. G. Kasperson and P. Slovic (eds) *The Social Amplification of Risk*, Cambridge University Press, Cambridge, UK, chapter 19

Freudenburg, W. R., Coleman, C. L., Gonzales, J. and Hegelund, C. (1996) 'Media coverage of hazard events – Analyzing the assumption', *Risk Analysis*, vol 16, pp31–42, chapter 17, chapter 19

Friedrich, J., Barnes, P., Chapin, K., Dawson, I., Garst, V. and Kerr, D. (1999) 'Psychophysical numbing: When lives are valued less as the lives at risk increase',

Journal of Consumer Psychology, vol 8, pp277–299, chapter 2, chapter 4

Frewer, L. J., Howard, C., Hedderley, D. and Shepherd, R. (1996) 'What determines trust in information about food-related risk? Underlying psychological constructs', *Risk Analysis*, vol 16, pp473–486, chapter 15

Frewer, L. J., Howard, C. and Shepherd, R. (1997) 'Public concerns in the United Kingdom about general and specific applications of genetic engineering: Risk benefit and ethics', *Science, Technology and Human Values*, vol 22, pp98–124, chapter 15

Fung, H. H. and Carstensen, L. L. (2006) 'Goals change when life's fragility is primed: Lessons learned from older adults, the September 11th attacks and SARS', *Social Cognition*, vol 24, pp248–278, chapter 8

Funtowicz, S. O. and Ravetz, J. R. (1992) 'Three types of risk assessment and the emergence of post-normal science', in S. Krimsky and D. Golding (eds) *Social Theories of Risk*, Praeger, Westport, CT, chapter 19

Gallup Organization (1954, January 9–14) *The Gallup Poll*, Princeton, NJ, chapter 21

Gallup Organization (1987) 'Survey of attitudes toward smoking', American Lung Association survey, Princeton, NJ, chapter 21

Ganzach, Y. (2001) 'Judging risk and return of financial assets', *Organizational Behavior and Human Decision Processes*, vol 83, pp353–370, chapter 2

Gardner, G. T. and Gould, L. C. (1989) 'Public perceptions of the risks and benefits of technology', *Risk Analysis*, vol 9, pp225–242, chapter 9

Gaskell, G. and Allum, N. (2001) 'Sound science, problematic publics? Contrasting representations of risk and uncertainty', *Notizie di Politea*, vol 63, pp13–25, chapter 15

Gaskell, G., Allum, N., Bauer, M. et al (2000) 'Biotechnology and the European public', *Nature Biotechnology*, vol 18, pp935–938, chapter 15

Gaskell, G. and Bauer, M. (2001) *Biotechnology 1996–2000: The Years of Controversy*, National Museum of Science and Industry, London, chapter 15

Gaskell, G., Bauer, M. W., Durant, J. and Allum, N. C. (1999) 'Worlds apart? The perception of genetically modified foods in Europe and the U.S.', *Science*, vol 258, pp385–387, chapter 15

Gasper, K. and Clore, G. L. (1998) 'The persistent use of negative affect by anxious individuals to estimate risk', *Journal of Personality and Social Psychology*, vol 74, no 5, pp1350–1363, chapter 2, chapter 8

Gastil, D. (1975) *Cultural Regions of the United States*, University of Washington Press, Seattle, chapter 12

Gastil, J. (2000) *By Popular Demand*, University of California Press, Berkeley, chapter 12

Gastil, J. and Dillard, J. P. (1999) 'Increasing political sophistication through public deliberation', *Political Commentary*, vol 16, no 1, pp3–23, chapter 12

Gastil, J., Black, L. and Moscovitz, K. (2008) 'Ideology, attitude change, and deliberation in small face-to-face groups', *Political Communication*, vol 25, no 1, pp23–46, chapter 12

Gelman, A. and Hill, J. (2007) *Data Analysis Using Regression and Multilevel/Hierarchical Models*, Cambridge University Press, New York, chapter 18

Gerber, A. and Green, D. (1999) 'Misperceptions about perceptual bias', *Annual Review of Political Science*, vol 2, pp189–210, chapter 12

Gerbert B., Maguire B. T. and Sumser, J. (1991) 'Public perception of risk of AIDS in health care settings', *AIDS Education and Prevention*, vol 3, pp322–327, chapter 14

Gerlach, L. P. (1987) 'Protest movements and the construction of risk', in B. B. Johnson and V. T. Covello (eds) *The Social and Cultural Construction of Risk*, Reidel, Dordrecht, The Netherlands, chapter 19

Gettys, C. F., Kelly, C. and Peterson, C. R. (1973) 'The best guess hypothesis in multi-stage inference', *Organizational Behavior and Human Performance*, vol 10, no 3, pp364–373, chapter 20

Gigerenzer, G. and Edwards, A. (2003) 'Simple tools for understanding risks: From innumeracy to insight', *British Medical Journal*, vol 327, no 7417, pp741–744, chapter 20

Gilbert, C. (2001) 'Cheney argues case for nuclear power', *Milwaukee Journal Sentinel*, 14 June, chapter 12

Gilligan, C. (1982) *In a Different Voice: Psychological Theory and Women's Development*, Harvard University Press, Cambridge, MA, chapter 12

Giner-Sorolla, R. and Chaiken, S. (1997) 'Selective use of heuristic and systematic processing under defense motivation,' *Personality & Social Psychology Bulletin*, vol 23, no 1, pp84–97, chapter 11, chapter 12

Glendon, M. A. (1987) *Abortion and Divorce in Western Law*, Harvard University Press, Cambridge, MA, chapter 12

Glöckner, A. and Betsch, T. (2008) 'Modeling option and strategy choices with connectionist networks: Towards an integrative model of automatic and deliberate decision making', *Judgment and Decision Making*, vol 3, pp215–228, chapter 3

Goffman, E. (1963) *Stigma*, Prentice-Hall, Englewood Cliffs, NJ, chapter 13, chapter 19

Goldstein, W. M. and Einhorn, H. J. (1987) 'Expression theory and the preference reversal phenomena', *Psychological Review*, vol 94, pp236–254, chapter 1, chapter 2

Graham, J., Beaulieu, N. D., Sussman, D., Sadowitz, M. and Li, Y. (1999) 'Who lives near coke plants and oil refineries? An exploration of the environmental inequity hypothesis', *Risk Analysis*, vol 19, pp171–186, chapter 10

Grandien, C., Nord, L. and Strömbäck, J. (2005) '*Efter flodvågskatastrofen (after the Tsunami disaster)*', Krisberedningsmyndighetens temasserie, Stockholm, chapter 8

Greenberg, M. (1993) 'Proving environmental equity in siting locally unwanted land uses', *Risk: Issues in Health and Safety*, vol 235, pp235–252, chapter 10

Greenberg, M. and Schneider, D. (1995) 'Gender differences in risk perception: Effects differ in stressed versus non-stressed environments', *Risk Analysis*, no 15, pp503–511, chapter 10

Gregory, R. (2002) 'Incorporating value trade-offs into community-based environmental risk decisions', *Environmental Values*, vol 11, pp461–488, chapter 12

Gregory, R. and Failing, L. (2002) 'Using decision analysis to encourage sound deliberation: Water use planning in British Columbia, Canada', *Journal of Policy Analysis and Management*, vol 21, pp492–499, chapter 12

Gregory, R. and McDaniels, T. (2005) 'Improving environmental decision processes', in National Research Council (NRC), Committee on the Human Dimensions of Global Change, G. D. Brewer and P. C. Stern (eds) *Decision Making for the Environment: Social and Behavioral Science Research Priorities*, National Academies Press, Washington, DC, chapter 12

Gregory, R. and Wellman, K. (2001) 'Bringing stakeholder values into environmental policy choices: A community-based estuary case study', *Ecological Economics*, vol 39, no 1, pp37–52, chapter 12

Gregory, R., Flynn, J. and Slovic, P. (1995) 'Technological stigma', *American Scientist*, vol 83, pp220–223, intro, chapter 9, chapter 13, chapter 14, chapter 19

Gregory, R., Arvai, J. and McDaniels, T. (2001a) 'Value-focused thinking for environmental risk consultation', in G. Böhm, J. Nerb, T. McDaniels and H. Spada (eds) *Environmental Risks: Perception, Evaluation and Management*, Elsevier Science, Oxford, chapter 12

Gregory, R., McDaniels, T. and Fields, D. (2001b) 'Decision aiding, not dispute resolution: Creating insights through structured environmental decisions', *Journal of Policy Analysis and Management*, vol 20, no 3, pp415–432, chapter 12

Groeneweg, J., Wagenaar, W. A. and Reason, J. T. (1994) 'Promoting safety in the oil industry', *Ergonomics*, vol 37, pp1999–2013, chapter 19

Gross, J. (2002) 'Emotion regulation: Affective, cognitive, and social consequences', *Psychophysiology*, vol 39, pp281–291, chapter 3

Gross, J. L. and Rayner, S. (1985) *Measuring Culture: A Paradigm for the Analysis of Social Organization*, Columbia University Press, New York, chapter 11

Gurmankin, A. D., Baron, J. and Armstrong, K. (2004) 'The effect of numerical statements of risk on trust and comfort with hypothetical physician risk communication', *Medical Decision Making*, vol 24, no 3, pp265–271, chapter 20

Gustafson, P. E. (1998) 'Gender differences in risk perception: Theoretical and methodological perspectives', *Risk Analysis*, vol 18, no 6, pp805–811, chapter 10

Gusfield, J. R. (1968) 'On legislating morals: The symbolic process of designating deviance', *California Law Review*, vol 56, no 1, pp54–73, chapter 12

Gusfield, J. R. (1986) *Symbolic Crusade: Status Politics and the American Temperance Movement*, 2nd edn , University of Illinois Press, Champaign, chapter 12

Gutierrez, R. and Giner-Sorolla, R. (2007) 'Anger, disgust and presumption of harm as reactions to taboo-breaking behaviors', *Emotion*, vol 7, pp853–868, chapter 18

Gutteling, J. M. and Wiegman, O. (1993) 'Gender-specific reactions to environmental hazards in The Netherlands', *Sex Roles*, vol 28, pp433–447, chapter 9, chapter 10, chapter 11

Gwartney-Gibbs, P. A. and Lach, D. H. (1991) 'Sex differences in attitudes toward nuclear war', *Journal of Peace Research*, vol 28, pp161–176, chapter 9

Gyawali, D. (1999) 'Institutional forces behind water conflict in the Ganga plains', *GeoJournal*, vol 47, no 3, pp443–452, chapter 11

Hagstrom, J. (2004) 'U.S. should follow Japanese on mad cow testing', *Congress Daily*, 17 March 2004, chapter 12

Hahn, R. W., Lutter, R. W. and Viscusi, W. K. (2000) *Do Federal Regulations Reduce Mortality?*, AEI Press, La Vergne, TN, chapter 12

Hahn, R. W. and Stavins, R. N. (1991) 'Incentive-based environmental regulation: A new era from an old idea?', *Ecology Law Quarterly*, vol 18, pp1–42, chapter 12

Haidt, J. (2001) 'The emotional dog and its rational tail: A social intuitionist approach to moral judgment', *Psychological Review*, vol 108, no 4, pp814–834, chapter 5

Haidt, J. (2007) 'The new synthesis in moral psychology', *Science*, vol 316, pp998–1002, chapter 5

Haire, M. (1950) 'Projective techniques in marketing research', *The Journal of Marketing*, vol 14, pp649–656, chapter 22

Hamilton, D. L. and Sherman, S. J. (1996) 'Perceiving persons and groups', *Psychological Review*, vol 103, pp336–355, chapter 3

Hammond, D., Fong, G., McDonald, P., Cameron, R. and Brown, K. (2003) 'Impact of the graphic Canadian warning labels on adult smoking behavior', *Tobacco Control*, vol 12, pp391–395, chapter 22

Hammond, D., Fong, G., McDonald, P., Brown, K. and Cameron, R. (2004a) 'Graphic cigarette package warning labels do not lead to adverse outcomes: Evidence from Canadian smokers', *American Journal of Public Health*, vol 94, pp1442–1445, chapter 22

Hammond, D., McDonald, P., Fong, G., Brown, K. and Cameron, R. (2004b) 'The impact of cigarette warning labels and smoke-free bylaws on smoking cessation', *Canadian Journal of Public Health*, vol 95, pp201–204, chapter 22

Handmer, J. and Penning-Rowsell, E. (1990) *Hazards and the Communication of Risk*, Gower, Aldershot, chapter 19

Hart Research Associates (2006) 'Report findings: Based on a national survey of adults', www.nanotechproject.org/file_download/files/HartReport.pdf, accessed 1 January 2010, chapter 18

Hart Research Associates (2007) 'Awareness of and attitudes toward nanotechnology and federal regulatory agencies', www.nanotechproject.org/process/files/5888/hart_nanopoll_2007.pdf, accessed 1 January 2010, chapter 18

Harvey, D. R. (2001) 'What lessons from foot and mouth? A preliminary economic assessment of the 2001 epidemic', Working Paper No. 63, University of Newcastle upon Tyne, Centre for Rural Economy, chapter 19

Hastie, R. and Park, B. (1986) 'The relationship between memory and judgment depends on whether the judgment task is memory-based or on-line', *Psychological Review*, vol 93, pp258–268, chapter 3

Health Canada (2003) 'Canada's health warning messages for tobacco products: Labelling a legally available, inherently harmful product', www.wto.org/english/tratop_e/tbt_e/event_oct03_e/case7_e.ppt, accessed 2 January 2010, chapter 22

Health Canada (2007) 'Smoking prevalence in Canada', www.hc-sc.gc.ca/hc-ps/pubs/tobac-tabac/prtc-relct-2006/part2-eng.php#a1, accessed 6 January 2010, chapter 22

Heeren, T., Edwards, E. M., Dennis, J. M., Rodkin, S., Hingson, R. W. and Rosenbloom, D. L. (2008) 'A comparison of results from an alcohol survey of a prerecruited Internet panel and the national epidemiologic survey on alcohol and related conditions', *Alcoholism: Clinical and Experimental Research*, vol 32, pp222–229, chapter 18

Hendrickx, L., Vlek, C. and Oppewal, H. (1989) 'Relative importance of scenario information and frequency information in the judgment of risk', *Acta Psychologica*, vol 72, pp41–63, chapter 2

Hendriks, C. M. (2005) 'Consensus conferences and planning cells: Lay citizen deliberations', in J. Gastil and P. Levine (eds) *The Deliberative Democracy Handbook*, Jossey-Bass, New York, chapter 12

Henrich, J., Albers, W., Boyd, R., Gigerenzer, G., McCabe, K. A., Ockenfels, A. and Young, H. P. (2001) 'Group report: What is the role of culture in bounded rationality?', in G. Gigerenzer and R. Selten (eds) *Bounded Rationality: The Adaptive Toolbox*, MIT Press, Cambridge, MA, chapter 12

Herman, J. (1997) *Trauma and Recovery: The Aftermath of Violence from Domestic Abuse to Political Terror*, rev edn, Basic Books, New York, chapter 13

Hertwig, R., Barron, G., Weber, E. U. and Erev, I. (2004) 'Decisions from experience and the effect of rare events in risky choices', *Psychological Science*, vol 15, pp534–539, chapter 8

Herzlinger, R. E. (2002) 'Let's put consumers in charge of health care', *Harvard Business Review*, vol 80, no 7, pp44–55, chapter 20

Hibbard, J. H. and Peters, E. (2003) 'Supporting informed consumer health care decisions: Data presentation approaches that facilitate the use of information in choice', *Annual Review of Public Health*, vol 24, pp413–433, chapter 22

Hibbard, J. H., Slovic, P., Peters, E. and Finucane M. L. (2002) 'Strategies for reporting health plan performance information to consumers: Evidence from controlled studies', *Health Services Research*, vol 37, no 2, pp291–313, chapter 20

Hibbard, J. H., Peters, E., Dixon, A. and Tusler, M. (2007) 'Consumer competencies and the use of comparative quality information: It isn't just about literacy', *Medical Care Research and Review*, vol 64, no 4, pp379–394, chapter 20

Hill, A. (2001) 'Media risks: The social amplification of risk and the media debate', *Journal of Risk Research*, vol 4, pp209–226, chapter 19

Hillsman, Rev. M. and Krafter, M. (1996) Interview by author at the Shiloh Baptist Church, Marshall, Georgia, 29 July, chapter 13

Hirsch, J. M. (1999) 'Emissions allowance trading under the Clean Air Act: A model for future environmental regulations?', *New York University Environmental Law Journal*, vol 7, pp352–397, chapter 12

Hirschleifer, D. and Shumway, T. (2003) 'Good day sunshine: Stock returns and the weather', *The Journal of Finance*, vol 58, pp1009–1032, chapter 8

Hofstadter, R. (1970) 'America as a gun culture', *American Heritage*, vol 21, October, pp4–10, 82–85, chapter 11

Holmes, A., Vuilleumier, P. and Eimer, M. (2003) 'The processing of emotional facial expression is gated by spatial attention: Evidence from event-related brain potentials', *Cognitive Brain Research*, vol 16, pp174–184, chapter 3

Holzheu, F. and Wiedemann, P. (1993) 'Introduction: Perspectives on risk perception', in B. Rück (ed) *Risk Is a Construct*, Knesebeck, Munich, chapter 19

Hopkins, D. P., Briss, P. A., Ricard, C. J., Husten, C. G., Carande-Kulis, V. G., Fielding, J. E., Alao, M. O., McKenna, J. W., Sharp, D. J., Harris, J. R., Woollery, T. A. and Harris, K. W. (2001) 'Reviews of evidence regarding interventions to reduce tobacco use and exposure to environmental tobacco smoke', *American Journal of Preventive Medicine*, vol 20, pp16–66, chapter 22

Hsee, C. K. (1996a) 'Elastic justification: How unjustifiable factors influence judgments', *Organizational Behavior and Human Decision Processes*, vol 66, pp122–129, chapter 1

Hsee, C. K. (1996b) 'The evaluability hypothesis: An explanation for preference reversals between joint and separate evaluations of alternatives', *Organizational Behavior and Human Decision Processes*, vol 67, pp247–257, intro, chapter 1

Hsee, C. K. (1998) 'Less is better: When low-value options are valued more highly than high-value options', *Journal of Behavioral Decision Making*, vol 11, pp107–121, chapter 1

Hsee, C. K. and Kunreuther, H. (2000) 'The affection effect in insurance decisions', *Journal of Risk and Uncertainty*, vol 20, pp141–159, chapter 1, chapter 2, chapter 8

Hsee, C. K. and Menon, S. (1999) 'Affection effect in consumer choices', unpublished study, University of Chicago, chapter 2

Hsee, C. K. and Rottenstreich, Y. (2004) 'Music, pandas, and muggers: On the affective psychology of value', *Journal of Experimental Psychology: General*, vol 133, pp23–30, chapter 1, chapter 4

Hsee, C. K., Loewenstein, G., Blount, S. and Bazerman, M. H. (1999) 'Preference reversals between joint and separate evaluations of options: A review and theoretical analysis', *Psychological Bulletin*, vol 125, pp576–590, chapter 1

Huber, J., Payne, J. W. and Puto, C. (1982) 'Adding asymmetrically dominated alternatives: Violations of regularity and the similarity hypothesis', *Journal of Consumer Research*, vol 9, no 1, pp90–98, chapter 1

Hunt, S., Frewer, L. J. and Shepherd, R. (1999) 'Public trust in sources of information about radiation risks in the UK', *Journal of Risk Research*, vol 2, no 2, pp167–180, chapter 19

Hyde, D. and Spelke, E. (2009) 'All numbers are not equal: An electrophysiological investigation of small and large number representations', *Journal of Cognitive Neuroscience*, vol 21, pp1039–1053, chapter 3

Iglehart, J. K. (2002) 'Changing health insurance trends', *New England Journal of Medicine*, vol 347, no 12, pp956–962, chapter 20

Industrial Relations and Social Affairs (IRSA) (1995) 'Eurobarometer 41.0: Europeans and blood', ec.europa.eu/public_opinion/archives/ebs/ebs_083_en.pdf, accessed 28 December 2009, chapter 14

Inglehart, R. (1988) 'The renaissance of political culture', *American Political Science Review*, vol 82, pp1203–1230, chapter 19

Isen, A. M. (1993) 'Positive affect and decision making', in M. Lewis and J. M. Haviland (eds) *Handbook of Emotions*, Guilford Press, New York, chapter 2

Isen, A. M. (1997) 'Positive affect and decision making', in W. M. Goldstein and R. M. Hogarth (eds) *Research on Judgment and Decision Making: Currents, Connections, and Controversies*, Cambridge University Press, New York, chapter 8

Jamieson, P. and Romer, D. (2001) 'A profile of smokers and smoking', in P. Slovic (ed) *Smoking: Risk, Decision, and Policy*, Sage, Thousand Oaks, CA, chapter 21

Janis, I. L. (1982) *Victims of Groupthink*, 2nd edn, Houghton-Mifflin, Boston, chapter 19

Janis, I. L. and Mann, L. (1977) *Decision Making*, Free Press, New York, chapter 2, chapter 19

Jenkins-Smith, H. (1991) 'Alternative theories of the policy process: Reflections on research strategy for the study of nuclear waste policy', *PS: Political Science & Politics*, vol 24, no 2, pp157–166, chapter 19

Jenkins-Smith, H. (2001) 'Modeling stigma: An empirical analysis of nuclear waste images of Nevada', in P. Slovic, J. Flynn and H. Kunreuther (eds) *Risk, Media, and Stigma: Understanding Public Challenges to Modern Science and Technology*, Earthscan, London, chapter 11

Jenkins-Smith, H. and Smith, W. (1994) 'Ideology, culture, and risk perception', in D. J. Coyle and R. Ellis (eds) *Politics, Policy, and Culture*, Westview Press, Boulder, CO, chapter 11

Jenni, K. E. and Loewenstein, G. (1997) 'Explaining the "identifiable victim effect"', *Journal of Risk and Uncertainty*, vol 14, no 3, pp235–258, chapter 2, chapter 3, chapter 4

Johnson, B. B. (2002) 'Gender and race in beliefs about outdoor air pollution', *Risk Analysis*, vol 22, no 4, pp725–738, chapter 10

Johnson, B. B. and Covello, V. (1987) *Social and Cultural Construction of Risk*, Reidel, Dordrecht, The Netherlands, chapter 19

Johnson, E. J. and Tversky, A. (1983) 'Affect, generalization, and the perception of risk', *Journal of Personality and Social Psychology*, vol 45, pp20–31, chapter 2, chapter 8

Johnston, B. R. (ed) (1994) *Who Pays the Price? The Sociocultural Context of Environmental Crisis*, Island Press, Washington, DC, chapter 13

Johnston, B. R. (ed) (1997) *Life and Death Matters: Human Rights and the Environment at the End of the Millennium*, AltaMira Press, Walnut Creek, CA, chapter 13

Johnston, L. D., O'Malley, P. M. and Bachman, J. G. (1993) *National Survey Results on Drug Use from the Monitoring the Future Study* (No. 93-3598), National Institute on Drug Abuse, Rockville, MD, chapter 7

Jones, E. E., Farina, A., Hastorf, A. H., Marcus, H., Miller, D. T., Scott, R. A. and French, R. D. (1984) *Social Stigma: The Psychology of Marked Relationships*, W. H. Freeman, New York, chapter 10, chapter 13

Jones, R. E. (1998) 'Black concern for the environment: Myth versus reality', *Society and Natural Resources*, vol 11, pp209–228, chapter 10, chapter 11

Jungermann, H., Pfister, H. R. and Fischer, K. (1996) 'Credibility, information preferences, and information interests', *Risk Analysis*, vol 16, pp251–261, chapter 15

Just, R. (2008) 'The truth will not set you free: Everything we know about Darfur, and everything we're not doing about it', *The New Republic*, 27 August, pp36–47, chapter 4

Kahan, D. M. (1999) 'The secret ambition of deterrence', *Harvard Law Review*, vol 113, no 2, pp413–500, chapter 12

Kahan, D. M. (2007) 'The cognitively illiberal state', *Stanford Law Review*, vol 60, no 1, pp115–154, chapter 11

Kahan, D. M. and Braman, D. (2003) 'More statistics, less persuasion: A cultural theory of gun-risk perceptions', *University of Pennsylvania Law Review*, vol 151, no 4, pp1291–1327, chapter 11

Kahan, D. M. and Braman, D. (2006a) 'Cultural cognition and public policy', *Yale Journal of Law & Public Policy*, vol 24, p147, chapter 11

Kahan, D. M. and Braman, D. (2006b) 'Overcoming the fear of guns, the fear of gun control, and the fear of cultural politics: Constructing a better gun debate', *Emory Law Journal*, vol 55, no 4, pp569–607, chapter 12

Kahan, D. M. and Nussbaum, M. C. (1996) 'Two conceptions of emotion in criminal law', *Columbia Law Review*, vol 96, pp269–374, chapter 12

Kahan, D. M., Braman, D., Gastil, J., Slovic, P. and Mertz, C. K. (2005) 'Gender, race, and risk perception: The influence of cultural status anxiety', http://ssrn.com/abstract=723762, accessed 23 December 2009, chapter 12

Kahan, D. M., Slovic, P., Braman, D. and Gastil, J. (2006) 'Fear of democracy: A cultural critique of Sunstein on risk', *Harvard Law Review*, vol 119, pp1071–1109, chapter 11, chapter 18

Kahan, D. M., Braman, D., Gastil, J., Slovic, P. and Mertz, C. K. (2007) 'Culture and identity-protective cognition: Explaining the white-male effect in risk perception', *Journal of Empirical Legal Studies*, vol 4, pp465–505, chapter 18

Kahneman, D. (1994) 'New challenges to the rationality assumption', *Journal of Institutional and Theoretical Economics*, vol 150, pp18–36, chapter 2

Kahneman, D. (1997) 'New challenges to the rationality assumption', *Legal Theory*, vol 3, pp105–124, chapter 7

Kahneman, D. (2003) 'A perspective on judgment and choice: Mapping bounded rationality', *American Psychologist*, vol 58, pp697–720, chapter 1, chapter 3, chapter 4

Kahneman, D. and Frederick, S. (2002) 'Representativeness revisited: Attribute substitution in intuitive judgment', in T. Gilovich, D. Griffin and D. Kahneman (eds) *Heuristics and Biases: The Psychology of Intuitive Judgment*, Cambridge University Press, New York, chapter 2, chapter 4

Kahneman, D. and Snell, J. (1990) 'Predicting utility', in R. M. Hogarth (ed) *Insights in Decision Making*, pp295–310, University of Chicago, Chicago, IL, chapter 2, chapter 7

Kahneman, D. and Snell, J. (1992) 'Predicting a changing taste', *Journal of Behavioral Decision Making*, vol 5, pp187–200, chapter 2

Kahneman, D. and Tversky, A. (1979) 'Prospect theory: An analysis of decision under risk', *Econometrica*, vol 47, no 2, pp263–291, chapter 1, chapter 12, chapter 20

Kahneman, D., Slovic, P. and Tversky, A. (eds) (1982) *Judgment Under Uncertainty: Heuristics and Biases*, Cambridge University Press, New York, intro, chapter 2

Kahneman, D., Knetsch, J. L. and Thaler, R. H. (1991) 'Anomalies: The endowment effect, loss aversion, and status quo bias', *Journal of Economic Perspectives*, vol 5, no 1, pp193–206, chapter 12

Kahneman, D., Schkade, D. and Sunstein, C. R. (1998) 'Shared outrage and erratic awards: The psychology of punitive damages', *Journal of Risk and Uncertainty*, vol 16, pp49–86, chapter 1, chapter 2

Kaku, M. and Trainer, J. (eds) (1982) *Nuclear Power: Both Sides*, Norton, New York, chapter 12

Kalof, L., Dietz, T., Guagnano, G. and Stern, P. C. (2002) 'Race, gender and environmentalism: The atypical values and beliefs of white men', *Race, Gender & Class*, vol 9, no 2, pp1–19, chapter 10, chapter 11

Kasperson, J. X. and Kasperson, R. E. (1993) 'Corporate culture and technology transfer', in H. S. Brown, P. Derr, O. Renn and A. White (eds) *Corporate Environmentalism in a Global Economy*, Quorum Books, Westport, CT, chapter 19

Kasperson, J. X. and Kasperson, R. E. (2001) 'Transboundary risks and social amplification', in J. Linnerooth-Bayer and R. E. Löfstedt (eds) *Cross-National Studies of Transboundary Risk Problems*, Earthscan, London, chapter 19

Kasperson, J. X., Kasperson, R. E., Perkins, B. J., Renn, O. and White, A. L. (1992) *Information Content, Signals, and Sources Concerning the Proposed Repository at Yucca Mountain: An Analysis of Newspaper Coverage and Social-Group Activities in Lincoln County, Nevada*, Clark University, Center for Technology, Environment, and Development, Worcester, MA, chapter 19

Kasperson, J. X., Kasperson, R. E. and Turner, B. L. (eds) (1995) *Regions at Risk: Comparisons of Threatened Environments*, United Nations University, Tokyo, Japan, chapter 19

Kasperson, J. X., Kasperson, R. E., Pidgeon, N. and Slovic P. (2003). 'The social amplification of risk: Assessing fifteen years of research and theory', in N. Pidgeon, R. E. Kasperson and P. Slovic (eds) *The Social Amplification of Risk*, Cambridge University Press, Cambridge, UK, chapter 17

Kasperson, R. E. (1992) 'The social amplification of risk: Progress in developing an integrative framework of risk', in S. Krimsky and D. Golding (eds) *Social Theories of Risk*, Praeger, New York, chapter 13, chapter 17, chapter 19

Kasperson, R. E. (forthcoming) 'Process and institutional issues in siting hazardous facilities', chapter 19

Kasperson, R. E. and Kasperson, J. X. (1991) 'Hidden hazards', in D. G. Mayo and R. D. Hollander (eds) *Acceptable Evidence: Science and Values in Risk Management*, Oxford University Press, New York, chapter 19

Kasperson, R. E. and Kasperson, J. X. (1996) 'The social amplification and attenuation of risk', *The Annals of the American Academy of Political and Social Science*, vol 545, pp95–105, chapter 19

Kasperson, R. E. and Stallen, P. J. M. (eds) (1991) *Communicating Risks to the Public: International Perspectives*, Kluwer Academic, Dordrecht, The Netherlands, chapter 19

Kasperson, R. E., Renn, O., Slovic, P., Brown, H. S., Emel, J., Goble, R., Kasperson, J. X. and Ratick, S. (1988) 'The social amplification of risk: A conceptual framework', *Risk Analysis*, vol 8, pp177–187, chapter 12, chapter 13, chapter 17, chapter 19

Kasperson, R. E., Golding, D. and Tuler, S. (1992) 'Social distrust as a factor in siting hazardous facilities and communicating risks: Individual and collective responses to risk', *Journal of Social Issues*, vol 48, no 4, pp161–188, chapter 19

Kasperson, R. E., Kasperson, J. X. and Turner, B. L. (1999) 'Risk and criticality: Trajectories of regional environmental degradation', *Ambio*, vol 28, no 6, pp562–568, chapter 19

Kasperson, R. E., Jhaveri, N. and Kasperson, J. X. (2001) 'Stigma, places, and the social amplification of risk: Toward a framework of analysis', in J. Flynn, P. Slovic and H. Kunreuther (eds) *Risk, Media and Stigma: Understanding Public Challenges to Modern Science and Technology*, Earthscan, London, chapter 19

Keeney, R. L. (1990) 'Mortality risks induced by economic expenditures', *Risk Analysis*, vol 10, no 1, pp147–159, chapter 12

Kennedy, P. (1998) *A Guide to Econometrics*, 4th edn, MIT Press, Cambridge, MA, chapter 4

Kerr, N. L., MacCoun, R. J. and Kramer, G. P. (1996) 'Bias in judgment: Comparison individuals and groups', *Psychological Review*, vol 103, no 4, pp687–719, chapter 12

Kirsch, I. S., Jungeblut, A., Jenkins, L. and Kolstad, A. (2002) 'Adult literacy in America: A first look at the findings of the National Adult Literacy Survey', 3rd edn, National Center for Education Statistics, http://nces.ed.gov/pubs93/93275.pdf, accessed 31 December 2009, chapter 20

Kleck, G. (1996) 'Crime, culture conflict and the sources of support for gun control: A multilevel application of the general social surveys', *American Behavioral Scientist*, vol 39, no 4, pp387–404, chapter 12

Kletz, T. A. (1996) 'Risk – Two views: The public's and the experts'', *Disaster Prevention and Management*, vol 15, pp41–46, chapter 15

Kogut, T. and Ritov, I. (2005a) 'The "Identified Victim" effect: An identified group, or just a single individual?', *Journal of Behavioral Decision Making*, vol 18, pp157–167, chapter 3, chapter 4

Kogut, T. and Ritov, I. (2005b) 'The singularity of identified victims in separate and joint evaluations', *Organizational Behavior and Human Decision Processes*, vol 97, pp106–116, chapter 3, chapter 4

Kraus, N., Malmfors, T. and Slovic, P. (1992) 'Intuitive toxicology: Expert and lay judgments of chemical risks', *Risk Analysis*, vol 12, pp 215–232, chapter 9, chapter 10, chapter 11, chapter 15

Kristof, N. D. (2005) 'Nukes are green', *New York Times*, 9 April 2005, chapter 12

Kroll-Smith, J. S. and Floyd, H. H. (1997) *Bodies in Protest: Environmental Illness and the Struggle over Medical Knowledge*, New York University Press, New York, chapter 13

Kunreuther, H. and Slovic, P. (1996) 'Science, values, and risk', *The Annals of the American Academy of Political and Social Science*, vol 545, pp116–125, chapter 9

Kunreuther, H., Fitzgerald, K. and Aarts, T. D. (1993) 'Siting noxious facilities: A test of the facility siting credo', *Risk Analysis*, vol 13, pp301–318, chapter 19

Kuyper, H. and Vlek, C. (1984) 'Contrasting risk judgments among interest groups', *Acta Psychologica*, vol 56, pp205–218, chapter 9

Kysar, D. A. (2003) 'The expectations of consumers', *Columbia Law Review*, vol 103, no 7, pp1700–1790, chapter 12

Kysar, D. and Salzman, J. (2003) 'Environmental tribalism', *Minnesota Law Review*, vol 87, pp1099–1137, chapter 12

La Porte, T. R. (1996) 'High reliability organizations: Unlikely, demanding and at risk', *Journal of Contingencies and Crisis Management*, vol 4, pp60–70, chapter 19

Lackritz, E. M., Satten, G. A., Aberle-Grasse, J. et al (1995) 'Estimated risk of transmission of the human immunodeficiency virus by screened blood in the United States', *New England Journal of Medicine*, vol 333, pp1721–1725, chapter 14

Lang, F. R. and Carstensen, L. L. (2002) 'Time counts: Future time perspective, goals and social relationships', *Psychology and Aging*, vol 17, pp125–139, chapter 8

Langford, I. L. (2002) 'An existential approach to risk perception', *Risk Analysis*, vol 22, pp101–120, chapter 19

Lasker, R. D. (2004) 'Redefining readiness: Terrorism planning through the eyes of the public', www.redefiningreadiness.net/pdf/RedefiningReadinessStudy.pdf, accessed 31 December 2009, chapter 17

Lau, J., Lau, M., Kim, J. H. and Tsui, H. I. (2006) 'Impacts of media coverage on the community stress level in Hong Kong after the tsunami on 26 December 2004', *Journal of Epidemiology and Community Health*, vol 60, pp675–682, chapter 8

Lavie, N., Ro, T. and Russell, C. (2003) 'The role of perceptual load in processing distractor faces', *Psychological Science*, vol 14, pp510–515, chapter 3

Lawless, E. W. (1977) *Technology and Social Shock*, Rutgers University Press, New Brunswick, NJ, chapter 19

Le Doux, J. (1996) *The Emotional Brain*, Simon and Schuster, New York, chapter 2

Lee, S. J., Liljas, B., Churchill, W. H. et al (1998) 'Perceptions and preferences of autologous blood donors', *Transfusion*, vol 38, pp757–763, chapter 14

Leiserowitz, A. (2004) 'Before and after *The Day After Tomorrow*: A U.S. study of climate change risk perception, *Environment*, vol 46, no 9, pp22–37, chapter 17

Leiserowitz, A. (2005) 'American risk perceptions: Is climate change dangerous?', *Risk Analysis*, vol 25, no 6, pp1433–1442, chapter 17, chapter 18

Lerner, J. S. and Gonzalez, R. M. (2005) 'Forecasting one's future based on fleeting subjective experiences', *Personality and Social Psychology Bulletin*, vol 31, pp454–466, chapter 8

Lerner, J. S., Gonzalez, R. M., Small, D. A. and Fischhoff, B. (2003) 'Effects of fear and anger on perceived risks of terrorism: A national field experiment', *Psychological Science*, vol 14, pp144–150, chapter 8

Lester, J., Allen, H. and Hill, K. (2001) *Environmental Justice in the United States: Myths and Realities*, Westview Press, Boulder, CO, chapter 10

Leventhal, H. (1970) 'Findings and theory in the study of fear communication', in L. Berkowitz (ed) *Advances in Experimental Social Psychology*, vol 5, Academic Press, New York, chapter 19

Lewin, K. (1946) 'Behavior and development as a function of the total situation', in L. Carmichael (ed) *Manual of Child Psychology*, Wiley, New York, intro

Lichtenberg, J. and Maclean, D. (1991) 'The role of the media in risk communication', in R. E. Kasperson and P. J. M. Stallen (eds) *Communicating Risks to the Public*, Kluwer Academic Press, London, chapter 19

Lichtenberg, J. and MacLean, D. (1992) 'Is good news no news?', *Geneva Papers on Risk and Insurance*, vol 17, pp362–365, chapter 15

Lichtenstein, S. and Slovic, P. (1971) 'Reversals of preference between bids and choices in gambling decisions', *Journal of Experimental Psychology*, vol 89, pp46–55, chapter 1

Lichtenstein, S. and Slovic P. (eds) (2006) *The Construction of Preference*, Cambridge University Press, New York, chapter 1, chapter 8

Lichtenstein, S., Slovic, P., Fischhoff, B., Layman, M. and Combs, B. (1978) 'Judged frequency of lethal events', *Journal of Experimental Psychology: Human Learning and Memory*, vol 4, pp551–578, chapter 2

Lifton, R. J. (1967) *Death in Life: Survivors of Hiroshima*, Random House, New York, chapter 6, chapter 13

Lifton, R. J. and Mitchell, G. (1995) 'The age of numbing', *Technology Review*, August/September, pp58–59, chapter 6

Lipkus, I. M. and Hollands, J. G. (1999) 'The visual communication of risk', *Journal of the National Cancer Institute: Monographs*, no 25, pp149–163, chapter 20

Lipkus, I. M., Samsa, G. and Rimer, B. K. (2001) 'General performance on a numeracy scale among highly educated samples', *Medical Decision Making*, vol 21, no 1, pp37–44, chapter 20

Loewenstein, G. F. (1996) 'Out of control: Visceral influences on behavior', *Organizational Behavior and Human Decision Processes*, vol 65, pp272–292, chapter 2

Loewenstein, G. F. (1999) 'A visceral account of addiction', in J. Elster and O-J. Skog (eds) *Getting Hooked: Rationality and Addiction*, Cambridge University Press, Cambridge, UK, chapter 2, chapter 7

Loewenstein, G. F. and Schkade, D. (1999) 'Wouldn't it be nice? Predicting future feelings', in E. Diener, N. Schwartz and D. Kahneman (eds) *Well-Being: The Foundations of Hedonic Psychology*, Russell Sage Foundation, New York, chapter 2, chapter 7

Loewenstein, G. and Small, D. (2007) 'The scarecrow and the tin man: The vicissitudes of human sympathy and caring', *Review of General Psychology*, vol 11, pp112–126, chapter 3

Loewenstein, G., Weber, E. U., Hsee, C. K. and Welch, E. S. (2001) 'Risk as feelings', *Psychological Bulletin*, vol 127, 267–286 intro, chapter 1, chapter 2, chapter 3, chapter 6, chapter 12, chapter 15

Loewenstein, G., Small, D. A. and Strand, J. (2006) 'Statistical, identifiable, and iconic victims', in E. J. McCaffery and J. Slemrod (eds) *Behavioral Public Finance*, pp32–46, Russell Sage Foundation Press, New York, chapter 4

Löfstedt, R. E. and Horlick-Jones, T. (1999) 'Environmental regulation in the UK: Politics, institutional change and public trust', in G. Cvetkovich and R. E. Löfstedt (eds) *Social Trust and the Management of Risk*, Earthscan, London, chapter 19

Lord, C. G., Ross, L. and Lepper, M. R. (1979) 'Biased assimilation and attitude polarization: The effects of prior theories on subsequently considered evidence', *Journal of Personality and Social Psychology*, vol 37, no 11, pp2098–2109, chapter 12, chapter 18

Lott, J. R. (2000) *More Guns, Less Crime: Understanding Crime and Gun-Control Laws*, 2nd edn, University of Chicago Press, Chicago, IL, chapter 11

Luhmann, N. (1979) *Trust and Power: Two Works by Niklas Luhmann*, Wiley, Chichester, chapter 19

Lukensmeyer, C. J., Goldman, J. and Brigham, S. (2005) 'A town meeting for the twenty-first century', in J. Gastil and P. Levine (eds) *The Deliberative Democracy Handbook*, Jossey-Bass, New York, chapter 12

Luker, K. (1984) *Abortion and the Politics of Motherhood*, University of California Press, Berkeley, CA, chapter 11

Lynch, B. S. and Bonnie, R. J. (1994) *Growing Up Tobacco Free: Preventing Nicotine Addiction in Children and Youths*, National Academies Press, Washington, DC, chapter 22

Maani, K. E. and Cavana, R. Y. (2000) *Systems Thinking and Modelling: Understanding Change and Complexity*, Prentice Hall, Auckland, New Zealand, chapter 17

MacGregor, D. G. (1991) 'Worry over technological activities and life concerns', *Risk Analysis*, vol 11, pp315–324, chapter 19

MacGregor, D., Slovic, P. and Morgan, M. G. (1994) 'Perception of risks from electromagnetic fields: A psychometric evaluation of a risk-communication approach', *Risk*

Analysis, vol 14, no 5, pp815–828, chapter 13

MacGregor, D. G., Slovic, P., Dreman, D. and Berry, M. (2000) 'Imagery, affect, and financial judgment', *Journal of Psychology and Financial Markets*, vol 1, pp104–110, chapter 7

Machlis, G. E. and Rosa, E. A. (1990) 'Desired risk: Broadening the social amplifications of risk framework', *Risk Analysis*, vol 10, no 1, pp161–168, chapter 19

MacKie, D. M. and Quellar, S. (2000) 'The impact of group membership on persuasion: Revisiting "who says what to whom with what effect?"', in D. J. Terry and M. A. Hogg (eds) *Attitudes, Behavior, and Social Context: The Role of Norms and Group Membership*, Erlbaum, Mahwah, NJ, chapter 11

MacKie, D. M., Gastardoconaco, M. C. and Skelly, J. J. (1992) 'Knowledge of the advocated position and the processing of in-group and out-group persuasive messages', *Personality and Social Psychology Bulletin*, vol 18, no 2, pp145–151, chapter 11

Mackie, D. M., Worth, L. T. and Asuncion, A. G. (1990) 'Processing of persuasive in-group messages', *Journal of Personality and Social Psychology*, vol 58, no 5, pp812–822, chapter 12

Macoubrie, J. (2006) 'Nanotechnology: Public concerns, reasoning and trust in government', *Public Understanding of Science*, vol 15, pp221–241, chapter 18

Madison, J. (1787) 'The Federalist No. 10: The utility of the union as a safeguard against domestic faction and insurrection (continued)', www.constitution.org/fed/federa10.htm, accessed 23 December 2009, chapter 12

Mahood, G. (2004) *Canada's Tobacco Package Label or Warning System: 'Telling the Truth' About Tobacco Product Risks*, World Health Organization, Geneva, Switzerland, chapter 22

Mandel, G. N. and Gathii, J. T. (2006) 'Cost–benefit analysis versus the precautionary principle: Beyond Cass Sunstein's "Laws of Fear"', *University of Illinois Law Review*, 2006, no 5, pp1037–1079, chapter 12

Mann, H. (2007) '*Upplevd nyhetsrapportering och associerade känslor i samband med katastrofer: En explorativ studie [News coverage and experienced feelings in connection to disasters: An explorative study]*', Reports from Stockholm University, http://urn.kb.se/resolve?urn=urn:nbn:se:su:diva6777, accessed 19 January 2007, chapter 8

Marcus, E. N. (2006) 'The silent epidemic: The health effects of illiteracy', *New England Journal of Medicine*, vol 355, no 4, pp339–341, chapter 20

Margolis, H. (1996) *Dealing with Risk: When the Public and Experts Disagree on Environmental Issues*, University of Chicago Press, Chicago, IL, chapter 11, chapter 12, chapter 14

Marlatt, G. A. and Gordon, J. R. (1985) *Relapse Prevention: Maintenance Strategies in the Treatment of Addictive Behaviors*, Guilford Press, New York, chapter 22

Marris, C., Langford, I. H. and O'Riordan, T. (1998) 'A quantitative test of the cultural theory of risk perceptions: Comparison with the psychometric paradigm', *Risk Analysis*, vol 18, no 5, pp635–647, chapter 11, chapter 19

Marris, C., Wynne, B., Simmons, P. and Weldon, S. (2001) *Public Perceptions of Agricultural Biotechnologies in Europe*, Final Report FAIR CT98-3844, DG12-SSMI, Commission of the European Communities, Brussels, Belgium, chapter 19

Matza, D. (1964) *Delinquency and Drift*, Transaction, Edison, NJ, chapter 12

Mazur, A. (1984) 'The journalist and technology: Reporting about Love Canal and Three Mile Island', *Minerva*, vol 22, pp45–66, chapter 19

Mazur, A. (1990) Nuclear power, chemical hazards, and the quantity of reporting', *Minerva*, vol 28, pp294–323, chapter 19

McCabe, A. S. and Fitzgerald, M. R. (1991) 'Media images of environmental biotechnology: What does the public see?', in G. S. Sayler, R. Fox and J. W. Blackburn (eds) *Environmental Biotechnology for Waste Treatment*, Plenum, New York, chapter 19

McGarity, T. O. (2002) 'Professor Sunstein's fuzzy math', *Georgetown Law Journal*, vol 90, p2341, chapter 12

McIntosh, P. L. (1996) 'When the surgeon has HIV: What to tell patients about the risk of exposure and the risk of transmission', *University of Kansas Law Review*, vol 44, no 2, pp315–364, chapter 12

McKelvie, S. J. (1997) 'The availability heuristic: Effects of fame and gender on the estimated frequency of male and female names', *Journal of Social Psychology*, vol 137, no 1, pp63–78, chapter 12

McKibben, B. (1989) *The End of Nature*, Doubleday, New York, chapter 6

McKibben, B. (1992) *The Age of Missing Information*, Random House, New York, chapter 6

McKibben, B. (1998) *Maybe One: A Personal and Environmental Argument for Single-Child Families*, Simon & Schuster, New York, chapter 6

McKibben, B. (2003) *Enough: Staying Human in an Engineered Age*, Times Books, New York, chapter 6

McNeil, B. J., Pauker, S. G., Sox, H. C. and Tversky, A. (1982) 'On the elicitation of preferences for alternative therapies', *The New England Journal of Medicine*, vol 306, pp1259–1262, chapter 9

Mellers, B. A. (2000) 'Choice and the relative pleasure of consequences', *Psychological Bulletin*, vol 126, no 6, pp910–924, chapter 2

Mellers, B. A., Ordóñez, L. and Birnbaum, M. H. (1992) 'A change-of-process theory for contextual effects and preference reversals in risky decision making', *Organizational Behavior and Human Decision Processes*, vol 52, pp331–369, chapter 1

Mellers, B. A., Schwartz, A., Ho, K. and Ritov, I. (1997) 'Decision affect theory: Emotional reactions to the outcomes of risky options', *Psychological Science*, vol 8, pp423–429, chapter 2

Melville, K., Willingham, T. L. and Dedrick, J. R. (2005) 'National issues forums: A network of communities promoting public deliberation', in J. Gastil and P. Levine (eds) *The Deliberative Democracy Handbook*, Jossey-Bass, New York, chapter 12

Merleau-Ponty, M. (1962) *The Phenomenology of Perception*, Routledge and Kegan Paul, London, chapter 13

Metz, W. C. (1996) 'Historical application of a social amplification of risk model: Economic impact of risk events at a nuclear weapons facility', *Risk Analysis*, vol 16, no 2, pp185–193, chapter 19

Miller, J. D., Scott, E. C. and Okamoto, S. (2006) 'Science communication: Public acceptance of evolution', *Science*, vol 313, pp765–766, chapter 18

Mitchell, M. L. (1989) 'The impact of external parties on brand-name capital: The 1982 Tylenol poisonings and subsequent cases', *Economic Inquiry*, vol 27, pp601–618, chapter 1, chapter 13

Mitchell, R. C., Payne, B. and Dunlap, R. E. (1988) 'Stigma and radioactive waste: Theory, assessment, and some empirical findings from Hanford, WA', in R. G. Post (ed) *Waste Management '88: Waste Processing, Transportation, Storage and Disposal, Technical Programs and Public Education*, vol 2, *High-Level Waste and General Interest*, University of Arizona, Tucson, AZ, chapter 19

Mohai, P. and Bryant, B. (1998) 'Is there a "race" effect on concern for environmental quality?', *Public Opinion Quarterly*, vol 62, pp475–505, chapter 10, chapter 11

Morgan, M. G., Fischhoff, B., Bostrom, A. and Atman, C. J. (2001) *Risk Communication: A Mental Models Approach*, Cambridge University Press, New York, chapter 19

Morris, W. N. (1999) 'The mood system', in D. Kahneman, E. Diener and N. Schwarz (eds) *Well-being: The Foundations of Hedonic Psychology*, Russell-Sage, New York, chapter 8

Mowrer, O. H. (1960a) *Learning Theory and Behavior*, Wiley, New York, intro, chapter 2, chapter 7

Mowrer, O. H. (1960b) *Learning Theory and the Symbolic Processes*, Wiley, New York, intro, chapter 7

Murphy, S. T. and Zajonc, R. B. (1993) 'Affect, cognition, and awareness: Affective priming with optimal and suboptimal stimulus exposures', *Journal of Personality and Social Psychology*, vol 64, pp723–739, chapter 3, chapter 22

Mutz, D. C. and Martin, P. S. (2001) 'Facilitating communication across lines of political difference: The role of mass media', *American Political Science Review*, vol 95, pp97–114, chapter 18

Needleman, H. L., Schell, A., Bellinger, D., Leviton, A. and Allred, E. N. (1990) 'The long-term effects of exposure to low doses of lead in childhood: 11-year follow-up report', *New England Journal of Medicine*, vol 322, no 2, pp83–88, chapter 10

New York Times (2001) 'Philip Morris issues apology for Czech study on smoking', 27 July, pC12

Niaura, R. S., Rohsenour, D. J., Blinkoff, J. A., Monti, P. M., Pedraza, M. and Abrams, D. B. (1988) 'Relevance of cue reactivity to understanding alcohol and smoking relapse', *Journal of Abnormal Psychology*, vol 97, pp133–152, chapter 22

Nisbett, R. E. and Cohen, D. (1996) *Culture of Honor: The Psychology of Violence in the South*, Westview Press, Boulder, CO, chapter 12

Noll, R. G. and Krier, J. E. (1990) 'Some implications of cognitive psychology for risk', *Journal of Legal Studies*, vol 19, no 2, pp747–779, chapter 12

Novemsky, N., Dhar, R., Schwarz, N. and Simonson, I. (2007) 'Preference fluency in choice', *Journal of Marketing Research*, vol 44, pp347–356, chapter 8

NRC (National Research Council) Committee on Risk Characterization (1989) *Improving Risk Communication*, National Academy Press, Washington, DC, chapter 19

NRC Committee on Risk Characterization (1996) *Understanding Risk: Informing Decisions in a Democratic Society*, National Academy Press, Washington, DC, intro, chapter 2, chapter 19

NRC Committee on Toxicology (2001) *Arsenic in Drinking Water: 2001 Update*, National Academy Press, Washington, DC, chapter 12

NRC Committee to Improve Research on Information and Data on Firearms (2004) *Firearms and Violence: A Critical Review*, National Academy Press, Washington, DC, chapter 12

Nussbaum, M. C. (2001) *Upheavals of Thought: The Intelligence of Emotions*, Cambridge University Press, New York, chapter 12

Ochsner, K. and Phelps, E. (2007) 'Emerging perspectives on emotion-cognition interactions', *Trends in Cognitive Sciences*, vol 11, pp317–318, chapter 3

Okrent, D. and Pidgeon, N. E. (1998) 'Risk perception versus risk analysis', *Reliability Engineering and System Safety*, vol 59, no 1, pp1–159, chapter 19

Oliver-Smith, A. (1996) 'Anthropological research on hazards and disasters', *Annual Review of Anthropology*, vol 25, p303, chapter 13

Ordóñez, L. and Benson, L., III (1997) 'Decisions under time pressure: How time constraint affects risky decision making', *Organizational Behavior and Human Decision Processes*, vol 71, no 2, pp121–140, chapter 2

Osgood, C. E., Suci, G. J. and Tannenbaum, P. H. (1957) *The Measurement of Meaning*, University of Illinois, Urbana, IL, intro, chapter 1

Otway, H., Haastrup, P., Connell, W., Gianitsopoulas, G. and Paruccini, M. (1988) 'Risk communication in Europe after Chernobyl: A media analysis of seven countries', *Industrial Crisis Quarterly*, vol 2, pp31–35, chapter 19

Packard, V. (1957) *The Hidden Persuaders*, David McKay, New York, chapter 1

Palmer, C. G. S. (2003) 'Risk perception: Another look at the "white male" effect', *Health, Risk & Society*, vol 5, no 1, pp71–83, chapter 11

Palmer, C. G. S., Carlstrom, L. K. and Woodward, J. A. (2001) 'Risk perception and ethnicity', *Risk Decision and Policy*, vol 6, pp187–206, chapter 19

Parducci, A. (1995) *Happiness, Pleasure, and Judgment'*, Erlbaum, Mahwah, NJ, chapter 1

Pavot, W. and Diener, E. (1993) 'Review of the satisfaction with life scale', *Personality Assessment*, vol 5, pp164–172, chapter 8

Pearce, W. B. and Littlejohn, S. W. (1997) *Moral Conflict: When Social Worlds Collide*, Sage, Thousand Oaks, CA, chapter 12

Pennington, N. and Hastie, R. (1993) 'A theory of explanation-based decision making', in G. Klein, J. Orasano, R. Calderwood and C. E. Zsambok (eds) *Decision Making in Action: Models and Methods*, Ablex, Norwood, NJ, chapter 2

Perrow, C. (1984) *Normal Accidents: Living with High-Risk Technologies*, Basic Books, New York, chapter 19

Peters, E. (2006) 'The functions of affect in the construction of preferences', in S. Lichtenstein and P. Slovic (eds) *The Construction of Preference*, Cambridge University Press, New York, chapter 8

Peters, E. and Slovic, P. (1996) 'The role of affect and worldviews as orienting dispositions in the perception and acceptance of nuclear power', *Journal of Applied Social Psychology*, vol 26, pp1427–1453, chapter 7, chapter 11, chapter 19

Peters, E. and Slovic, P. (2000) 'The springs of action: Affective and analytical information processing in choice', *Personality and Social Psychology Bulletin*, vol 26, pp1465–1475, chapter 2, chapter 3, chapter 18

Peters, E., Burraston, B. and Mertz, C. K. (2004) 'An emotion-based model of risk perception and stigma susceptibility: Cognitive appraisals of emotion, affective reactivity, worldviews, and risk perceptions in the generation of technological stigma', *Risk Analysis*, vol 24, pp1349–1367, chapter 12, chapter 18

Peters, E., Västfjäll, D., Gärling, T. and Slovic, P. (2006a) 'Affect and decision making: A "hot" topic. The role of affect in decision making', *Journal of Behavioral Decision Making*, vol 19, no 2, pp79–85, chapter 1

Peters, E., Västfjäll, D., Slovic, P., Mertz, C. K., Mazzocco, K. and Dickert, S. (2006b) 'Numeracy and decision making', *Psychological Science*, vol 17, pp407–413, chapter 1, chapter 20

Peters, E., Dieckmann, N., Dixon, A., Hibbard, J. H. and Mertz, C. K. (2007a) 'Less is more in presenting quality information to consumers', *Medical Care Research and Review*, vol 64, no 2, pp169–190, chapter 20

Peters, E., Romer, D., Slovic, P., Jamieson, K. H., Wharfield, L., Mertz, C. K. and Carpenter, S. M. (2007b) 'The impact and acceptability of Canadian-style cigarette warning labels among U.S. smokers and nonsmokers', *Nicotine & Tobacco Research*, vol 9, no 4, pp473–481, chapter 20

Petterson, J. S. (1988) 'Perception vs. reality of radiological impact: The Goiania model', *Nuclear News*, vol 31, no 14, pp84–90, chapter 19

Pfister, H.-R. and Böhm, G. (2008) 'The multiplicity of emotions: A framework of emotional functions in decision making', *Judgment and Decision Making*, vol 3, no 1, pp5–17, chapter 8

Pham, M. T. (1998) 'Representativeness, relevance, and the use of feelings in decision making', *Journal of Consumer Research*, vol 25, pp144–159, chapter 8

Pham, M. T. (2007) 'Emotion and rationality: A critical review and interpretation of empirical evidence', *Review of General Psychology*, vol 11, pp155–178, chapter 3

Philipson, T. J. and Posner, R. A. (1993) *Private Choices and Public Health: The AIDS Epidemic an in Economic Perspective*, Harvard University Press, Cambridge, MA, chapter 12

Phillips, L. D. (1984) 'A theory of requisite decision models', *Acta Psychologica*, vol 56, pp29–48, chapter 2

Phillips, L., Bridgeman, J. and Ferguson-Smith, M. (2000) *The Report of the Inquiry into BSE and Variant CJD in the UK*, The Stationery Office, London, chapter 19

Picard, A. (1995) *The Gift of Death: Confronting Canada's Tainted-Blood Tragedy*, HarperCollins, Toronto, Canada, chapter 14

Pidgeon, N. F. (1988) 'Risk perception and accident analysis', *Acta Psychologica*, vol 68, pp355–368, chapter 19

Pidgeon, N. F. (1997) *Risk Communication and the Social Amplification of Risk – Phase 1 Scoping Study*, Report to the UK Health and Safety Executive (Risk Assessment and Policy Unit), RSU Ref 3625/R62.076, HSE Books, London, chapter 17, chapter 19

Pidgeon, N. F. and O'Leary, M. (1994) 'Organizational safety culture: Implications for aviation practice', in N. Johnston, N. McDonald and R. Fuller (eds) *Aviation Psychology in Practice*, Avebury Technical, Aldershot, chapter 19

Pidgeon, N. F. and O'Leary, M. (2000) 'Man-made disasters: Why technology and organizations (sometimes) fail', *Safety Science*, vol 34, pp15–30, chapter 19

Pidgeon, N. F., Henwood, K. and Maguire, B. (1999) 'Public health communication and the social amplification of risks: Present knowledge and future prospects', in P. Bennett and K. Calman (eds) *Risk Communication and Public Health*, Oxford University Press, UK, chapter 19

Pidgeon, N. F., Hood, C., Jones, D., Turner, B. and Gibson, R. (1992) 'Risk perception', in The Royal Society Study Group (ed) *Risk: Analysis, Perception and Management*, The Royal Society, London, chapter 19

Pidgeon, N. F., Kasperson, R. E. and Slovic, P. (eds) (2003) *The Social Amplification of Risk*, Cambridge University Press, Cambridge, UK, chapter 17

Pierce, J. P., Farkas, A. J., Evans, N. and Gilpin, E. (1995) 'An improved surveillance measure for adolescent smoking?', *Tobacco Control*, vol 4, no 1, pp47–56, chapter 22

Pollay, R. W. (1995) 'Targeting tactics in selling smoke: Youthful aspects of 20th century cigarette advertising', *Journal of Marketing Theory and Practice*, vol 3, pp1–22, chapter 22

Pollay, R. W. (2000) 'Targeting youth and concerned smokers: Evidence from Canadian tobacco industry documents', *Tobacco Control*, vol 9, pp136–147, chapter 22

Poortinga, W., Steg, L. and Vlek, C. (2002) 'Environmental risk concern and preferences for energy-saving measures', *Environment & Behavior*, vol 34, no 4, pp455–478, chapter 11

Poortinga, W., Bickerstaff, K., Langford, I., Niewöhner, J. and Pidgeon, N. (2004) 'The British 2001 foot and mouth crisis: A comparative study of public risk perceptions, trust and beliefs about government policy in two communities', *Journal of Risk Research*, vol 7, pp73–90, chapter 19

Posner, M. I. and Raichle, M. E. (1994) *Images of Mind*, Scientific American Books, New York, chapter 3

Posner, M. I. and Rothbart, M. K. (2007) 'Research on attention networks as a model for the integration of psychological sciences', *Annual Review of Psychology*, vol 58, pp1–23, chapter 3

Powell, D. (2001) 'Mad cow disease and the stigmatization of British beef', in J. Flynn, P. Slovic and H. Kunreuther (eds) *Risk, Media, and Stigma: Understanding Public Challenges to Modern Science and Technology*, Earthscan, London, chapter 1

Power, S. (2003) *A Problem from Hell: America and the Age of Genocide*, Harper Perennial, New York, chapter 5

Prentice, D. A. and Miller, D. T. (1993) 'Pluralistic ignorance and alcohol use on campus: Some consequences of misperceiving the social norm', *Journal of Personality and Social Psychology*, vol 64, no 2, pp243–256, chapter 12

Project 88 (1988) 'Harnessing market forces to protect our environment: Initiatives for the new president', www.hks.harvard.edu/fs/rstavins/Monographs_&_Reports/Project_88-1.pdf, accessed 26 December 2009, chapter 13

Putnam, R. D. (1993) *Making Democracy Work: Civic Traditions in Modern Italy*, Princeton University Press, Princeton, NJ, chapter 19

Putnam, R. D. (1995) 'Tuning in, tuning out: The strange disappearance of social capital in America', *PS Political Science and Politics*, vol 28, pp664–683, chapter 19

Quattrone, G. A. and Jones, E. E. (1980) 'The perception of variability within in-groups and out-groups: Implications for the laws of small numbers', *Journal of Personality and Social Psychology*, vol 38, no 1, pp141–152, chapter 12

Rappaport, R. A. (1988) 'Toward postmodern risk analysis', *Risk Analysis*, vol 8, pp189–191, chapter 19

Rawls, J. (1993) *Political Liberalism*, Columbia University Press, New York, chapter 12

Raymond, J. E., Fenske, M. J. and Tavassoli, N. T. (2003) 'Selective attention determines emotional responses to novel visual stimuli', *Psychological Science*, vol 14, pp537–542, chapter 3

Raymond, J. E., Fenske, M. J. and Westoby, N. (2005) 'Emotional devaluation of distracting patterns and faces: A consequence of attentional inhibition during visual search?', *Journal of Experimental Psychology: Human Perception and Performance*, vol 31, pp1404–1415, chapter 3

Rayner, S. (1988) 'Muddling through metaphors to maturity: A commentary on Kasperson et al, "The Social Amplification of Risk"', *Risk Analysis*, vol 8, pp201–204, chapter 19

Rayner, S. (1992) 'Cultural theory and risk analysis', in S. Krimsky and D. Golding (eds) *Social Theories of Risk*, Praeger, Westport, CT, chapter 11, chapter 19

Reber, R. and Schwarz, N. (1999) 'Effects of perceptual fluency on judgments of truth', *Consciousness and Cognition*, vol 8, pp338–342, chapter 8

Reber, R., Schwarz, N. and Winkielman, P. (2004) 'Processing fluency and aesthetic pleasure: Is beauty in the perceiver's processing experience?', *Personality and Social Psychology Review*, vol 8, pp364–382, chapter 8

Renn, O. (1991) 'Risk communication and the social amplification of risk', in R. E. Kasperson and P. J. M. Stallen (eds) *Communicating Risks to the Public: International Perspectives*, Kluwer Academic, Dordrecht, The Netherlands, chapter 19

Renn, O. (1998a) 'Three decades of risk research: Accomplishments and new challenges', *Journal of Risk Research*, vol 1, pp49–71, chapter 19

Renn, O. (1998b) 'The role of risk communication and public dialog for improving risk management', *Risk Decision and Policy*, no 3, pp5–30, chapter 17

Renn, O. (2003) 'Social amplification of risk in participation: Two case studies', in N. Pidgeon, R. G. Kasperson and P. Slovic (eds) *The Social Amplification of Risk*, Cambridge University Press, Cambridge, UK, chapter 19

Renn, O. and Levine, D. (1991) 'Credibility and trust in risk communication', in R. E. Kasperson and P. J. M. Stallen (eds) *Communicating Risks to the Public: International Perspectives*, Kluwer Academic, Dordrecht, The Netherlands, chapter 19

Renn, O. and Rohrmann, B. (2000) *Cross-Cultural Risk Perception: A Survey of Empirical Studies*, Kluwer Academic Press, Amsterdam, The Netherlands, chapter 19

Renn, O., Burns, W., Kasperson, J. X., Kasperson, R. E. and Slovic, P. (1992) 'The social amplification of risk: Theoretical foundations and empirical applications', *Journal of Social Issues*, vol 48, no 4, pp137–160, chapter 19

Renn, O., Webler, T. and Wiedemann, P. (1995) *Fairness and Competence in Citizen Participation: Evaluating Models for Environmental Discourse*, Kluwer Academic, Dordrecht, The Netherlands, chapter 19

Revesz, R. L. (1999) 'Environmental regulation, cost–benefit analysis, and the discounting of human lives', *Columbia Law Review*, vol 99, no 4, pp941–1017, chapter 11, chapter 12

Reyna, V. F. and Brainerd, C. J. (1995) 'Fuzzy-trace theory: An interim synthesis', *Learning and Individual Differences*, vol 7, pp1–75, chapter 3

Ries, L. A. G., Eisner, M. P., Kosary, C. L., Hankey, B. F., Miller, B. A., Clegg, L. and Edwards, B. K. (eds) (2001) 'Table XV-10. Lung and bronchus cancer (invasive): Incidence, mortality, and survival rates', in *SEER Cancer Statistics Review 1973–1998*, National Cancer Institute, Bethesda, MD, chapter 21

Rip, A. (1988) 'Should social amplification of risk be counteracted?', *Risk Analysis*, vol 8, pp193–197, chapter 19

Ro, T., Russell, C. and Lavie, N. (2001) 'Changing faces: A detection advantage in the flicker paradigm', *Psychological Science*, vol 12, pp94–99, chapter 3

Roberts, K. H. (1989) 'New challenges in organizational research: High reliability organizations', *Industrial Crisis Quarterly*, vol 3, pp111–125, chapter 19

Robinson, R. J. and Killen, J. D. (1997) 'Do cigarette warning labels reduce smoking? Paradoxical effects among adolescents', *Archives of Pediatrics and Adolescent Medicine*, vol 151, pp267–272, chapter 22

Romer, D. and Jamieson, P. (2001) 'The role of perceived risk in starting and stopping smoking', in P. Slovic (ed) *Smoking: Risk, Perception, and Policy*, Sage, Thousand Oaks, CA, chapter 22

Roosevelt, F. D. (1933) 'First inaugural address: Saturday, March 4, 1933', www.bartleby.com/124/pres49.html, accessed 23 December 2009, chapter 12

Rosa, E. A. (1998) 'Metatheoretical foundations for post-normal risk', *Journal of Risk Research*, vol 1, pp15–44, chapter 19

Rosa, E. A. (2003) 'The logical structure of the social amplification of risk framework (SARF): Metatheoretical foundations and policy implications', in N. Pidgeon, R. G. Kasperson and P. Slovic (eds) *The Social Amplification of Risk*, Cambridge University Press, Cambridge, UK, chapter 19

Rothman, A. J. and Schwarz, N. (1998) 'Constructing perceptions of vulnerability: Personal relevance and the use of experiential information in health judgments',

Personality and Social Psychology Bulletin, vol 24, pp1053–1064, chapter 8

Rothstein, H. (2003) 'Neglected risk regulation: The institutional attentuation phenomenon', *Health, Risk and Society*, vol 5, pp85–103, chapter 19

Rottenstreich, Y. and Hsee, C. K. (2001) 'Money, kisses, and electric shocks: On the affective psychology of risk', *Psychological Science*, vol 12, pp185–190, chapter 1, chapter 2, chapter 12

Rowe, G. and Wright, G. (2001) 'Differences in expert and lay judgments of risk: Myth or reality?', *Risk Analysis*, vol 21, pp341–356, chapter 15

The Royal Society (1992) *Risk: Analysis, Perception and Management*, The Royal Society, London, chapter 19

Rozin, P., Haidt, J. and McCauley, C. R. (1993) 'Disgust', in M. Lewis and J. M. Haviland (eds) *Handbook of Emotions*, Guilford Press, New York, chapter 2

Ruckelshaus, W. (1996, November) 'Trust in government: A prescription for restoration', www.napawash.org/resources/lectures/lecture_transcripts_web_1996.html, accessed 3 January 2010, chapter 19

Rueda, M. R., Posner, M. I. and Rothbart, M. K. (2005) 'The development of executive attention: Contributions to the emergence of self-regulation', *Developmental Neuropsychology*, vol 28, pp573–594, chapter 3

Ruiter, R. A. C. (2005) 'Saying is not (always) doing: Cigarette warning labels are useless', *European Journal of Public Health*, vol 15, pp329–330, chapter 22

Ruiter, R. A. C., Abraham, C. and Kok, G. (2001) 'Scaring warnings and rational precautions: A review of the psychology of fear appeals', *Psychology and Health*, vol 16, pp613–630, chapter 22

Russell, J. A. (2003) 'Core affect and the psychological construction of emotion', *Psychological Review*, vol 110, pp145–172, chapter 8

Sandman, P. (1989) 'Hazard versus outrage in the public perception of risk', in V. T. Covello, D. B. McCallum and M. T. Pavlova (eds) *Effective Risk Communication: The Role and Responsibility of Government and Nongovernment Organizations*, Plenum Press, New York, chapter 2

Sanfey, A. and Hastie, R. (1998) 'Does evidence presentation format affect judgment? An experimental evaluation of displays of data for judgments', *Psychological Science*, vol 9, no 2, pp99–103, chapter 2

Satterfield, T. A., Slovic, P., Gregory, R., Flynn, J. and Mertz, C. K. (2001) 'Risk lived, stigma experienced', in J. Flynn, P. Slovic and H. Kunreuther (eds) *Risk, Media, and Stigma: Understanding Public Challenges to Modern Science and Technology*, Earthscan, London, chapter 10

Satterfield, T. A., Mertz, C. K. and Slovic, P. (2004) 'Discrimination, vulnerability, and justice in the face of risk,' *Risk Analysis*, vol 24, no 1, pp115–129, chapter 11, chapter 18

Savadori, L., Rumiati, R. and Bonini, N. (1998) 'Expertise and regional differences in risk perception: The case of Italy', *Swiss Journal of Psychology*, vol 57, pp101–113, chapter 15

Scheufele, D. A. (2006) 'Five lessons in nano outreach', *Materials Today*, vol 9, p64, chapter 18

Scheufele, D. A. and Lewenstein, B. V. (2005) 'The public and nanotechnology: How citizens make sense of emerging technologies', *Journal of Nanoparticle Research*, vol 7, pp659–667, chapter 18

Schkade, D. A. and Johnson, E. J. (1989) 'Cognitive processes in preference reversals', *Organizational Behavior and Human Performance*, vol 44, pp203–231, chapter 1

Schnellnhuber, H.-J., Block, A., Cassel-Gintz, M., Kropp, J., Lammel, G., Lass, W., Lienenkamp, R., Loose, C., Lüdeke, M. K. B., Moldenhauer, O., Petschel-Held, G., Plöchl, M. and Reusswig, F. (1997) 'Syndromes of global change', *GAIA*, vol 6, pp19–34, chapter 19

Schum, D. A. and DuCharme, W. M. (1971) 'Comments on the relationship between the impact and the reliability of evidence', *Organizational Behavior and Human Performance*, vol 6, no 2, pp111–131, chapter 20

Schwab, J. (1994) *Deeper Shades of Green: The Rise of Blue Collar and Minority Environmentalism in America*, Sierra Club Books, San Francisco, CA, chapter 13

Schwartz, A. (1988) 'Proposals for products liability reform: A theoretical synthesis', *Yale Law Journal*, vol 97, no 3, pp353–419, chapter 12

Schwartz, L. M., Woloshin, S., Black, W. C. and Welch, H. G. (1997) 'The role of numeracy in understanding the benefit of screening mammography', *Annals of Internal Medicine*, vol 127, no 11, pp966–972, chapter 20

Schwarz, N. (2004) 'Meta-cognitive experiences in consumer judgment and decision making', *Journal of Consumer Psychology*, vol 14, pp332–348, chapter 8

Schwarz, N. and Clore, G. L. (1983a) 'Feelings and phenomenal experiences', in E. T. Higgins and A. W. Kruglanski (eds) *Social Psychology: Handbook of Basic Principles*, pp433–465, Guilford Press, New York, chapter 4

Schwarz, N. and Clore, G. L. (1983b) 'Mood, misattribution, and judgments of well-being: Informative and directive functions of affective states', *Journal of Personality and Social Psychology*, vol 45, pp513–523, chapter 8

Schwarz, N. and Clore, G. L. (1988) 'How do I feel about it? Informative functions of affective states', in K. Fiedler and J. Forgas (eds) *Affect, Cognition, and Social Behavior*, Hogrefe International, Toronto, Canada, chapter 2

Schwarz, N. and Clore, G. L. (2007) 'Feelings and phenomenal experiences', in A. Kruglanski and E. T. Higgins (eds) *Social Psychology: Handbook of Basic Principles*, 2nd edn, Guilford Press, New York, chapter 8

Schwarz, N. and Strack, F. (1999) 'Reports of subjective well-being: Judgmental processes and their methodological implications', in D. Kahneman, E. Diener and N. Schwarz (eds) *Well-being: The Foundations of Hedonic Psychology*, Russell-Sage, New York, chapter 8

Schwarz, N., Sanna, L., Skurnik, I. and Yoon, C. (2007) 'Metacognitive experiences and the intricacies of setting people straight: Implications for debiasing and public information campaigns', *Advances in Experimental Social Psychology*, vol 39, pp127–161, chapter 8

Scott, J. C. (1990) *Domination and the Arts of Resistance*, Yale University, New York, chapter 13

Sen, A. K. (1977) 'Rational fools: A critique of the behavioral foundations of economic theory', *Philosophy and Public Affairs*, vol 6, pp317–344, chapter 7

Senge, P. M. (1990) *The Fifth Discipline: The Art and Practice of the Learning Organization*, Doubleday, New York, chapter 17

Sexton, K. and Anderson, Y. B. (1993) 'Equity in environmental health: Research issues and needs', *Toxicology and Industrial Health*, vol 9, no 5, pp679–977, chapter 10

Sheridan, S. L. and Pignone, M. (2002) 'Numeracy and the medical student's ability to interpret data', *Effective Clinical Practice*, vol 5, no 1, pp35–40, chapter 20

Sherman, D. A., Kim, H. and Zajonc, R. B. (1998) 'Affective perseverance: Cognitions change but preferences stay the same', Paper presented at the annual meeting of the American Psychological Society, San Francisco, August, chapter 7

Sherman, D. K. and Cohen, G. L. (2002) 'Accepting threatening information: Self-Affirmation and the reduction of defensive biases?', *Current Directions in Psychological Science*, vol 11, no 4, pp119–123, chapter 11, chapter 12

Sherman, S. J., Beike, D. R. and Ryalls, K. R. (1999) 'Dual-processing accounts of inconsistencies in responses to general versus specific cases', in S. Chaiken and Y. Trope (eds) *Dual-process Theories in Social Psychology*, Guilford Press, New York, chapter 4

Shiv, B. and Fedorikhin, A. (1999) 'Heart and mind in conflict: The interplay of affect and cognition in consumer decision making', *Journal of Consumer Research*, vol 26, pp278–292, chapter 4

Shiv, B., Loewenstein, G., Bechara, A., Damasio, H. and Damasio, A. (2005) 'Investment behavior and the dark side of emotion', *Psychological Science*, vol 16, pp435–439, chapter 8

Short, J. F., Jr. (1992) 'Defining, explaining, and managing risks', in J. F. Short, Jr. and L. Clarke (eds) *Organizations, Uncertainties, and Risk*, Westview Press, Boulder, CO, chapter 19

Short, J. F., Jr. and Clarke, L. (1992) *Organizations, Uncertainties and Risk*, Westview Press, Boulder, CO, chapter 19

Sia, C.-L., Tan, B. C. Y. and Wei, K.-K. (2002) 'Group polarization and computer-mediated communication: Effects of communication cues, social presence, and anonymity', *Information Systems Resarch*, vol 13, no 1, pp70–90, chapter 12

Siegel, R. (2007) 'The new politics of abortion', *Illinois Law Review*, vol 2007, no 3, pp991–1053, chapter 11

Siemer, M. and Reisenzein, R. (1998) 'Effects of mood on evaluative judgments: Influence of reduced processing capacity and mood salience', *Cognition and Emotion*, vol 12, pp783–806, chapter 8

Siegrist, M. (1999) 'A causal model explaining the perception and acceptance of gene technology', *Journal of Applied Social Psychology*, vol 29, pp2093–2106, chapter 15

Siegrist, M. (2000) 'The influence of trust and perception of risk and benefits on the acceptance of gene technology', *Risk Analysis*, vol 20, pp195–203, chapter 15

Siegrist, M. and Cvetkovich, G. (2000) 'Perception of hazards: The role of social trust and knowledge', *Risk Analysis*, vol 20, pp713–719, chapter 15, chapter 19

Siegrist, M., Cvetkovich, G. and Roth, C. (2000) 'Salient value similarity, social trust and risk/benefit perception', *Risk Analysis*, vol 20, pp353–362, chapter 19

Singer, E. and Endreny, P. M. (1993) *Reporting on Risk: How the Mass Media Portray Accidents, Diseases, Disasters, and Other Hazards*, Russell Sage Foundation, New York, chapter 19

Sjöberg, L. (1999) 'Risk perception in western Europe', *Ambio*, vol 28, pp555–568, chapter 19

Sjöberg, L. (2001) 'Limits of knowledge and the limited importance of trust', *Risk Analysis*, vol 21, pp189–198, chapter 15

Sjöberg, L. (2002) 'The allegedly simple structure of experts' risk perceptions: An urban legend in risk research', *Science Technology and Human Values*, vol 27, pp443–459, chapter 15

Skitka, L. J., Mullen, E., Griffen, T., Hutchinson, S. and Chamberlin, B. (2002) 'Dispositions, scripts, or motivated correction? Understanding ideological differences in explanations for social problems', *Journal of Personality and Social Psychology*, vol 83, no 2, pp470–487, chapter 4

Sklansky, D. (1999) *The Theory of Poker*, 4th edn, Two Plus Two, Henderson, NV, chapter 12

Sloman, S. A. (1996) 'The empirical case for two systems of reasoning', *Psychological Bulletin*, vol 119, no 1, pp3–22, chapter 2

Slovic, P. (1987) 'Perception of risk', *Science*, vol 236, pp280–285, chapter 2, chapter 7, chapter 10, chapter 13, chapter 14, chapter 15, chapter 16, chapter 19, chapter 22

Slovic, P. (1992) 'Perception of risk: Reflections on the psychometric paradigm', in S. Krimsky and D. Golding (eds) *Social Theories of Risk*, Praeger, New York, chapter 10, chapter 13, chapter 19

Slovic, P. (1993) 'Perceived risk, trust, and democracy', *Risk Analysis*, vol 13, pp675–682, chapter 15, chapter 17, chapter 19

Slovic, P. (1995) 'The construction of preference', *American Psychologist*, vol 50, pp364–371, chapter 1, chapter 8

Slovic, P. (1997) 'Trust, emotion, sex, politics, and science: Surveying the risk assessment battlefield', in M. H. Bazerman, D. M. Messick, A. E. Tenbrunsel and K. A. Wade-Benzoni (eds) *Environment, Ethics, and Behavior*, New Lexington, San Francisco, CA, chapter 9, chapter 11, chapter 14

Slovic, P. (1998a) 'Do adolescent smokers know the risks?', *Duke Law Journal*, vol 47, pp1133–1141, chapter 7

Slovic, P. (1998b) 'The risk game', *Reliability Engineering and Systems Safety*, vol 59, no 1, pp73–77, chapter 19

Slovic, P. (1999) 'Trust, emotion, sex, politics, and science: Surveying the risk-assessment battlefield', *Risk Analysis*, vol 19, no 4, pp689–701, chapter 2, chapter 10

Slovic, P. (ed) (2000a) *The Perception of Risk*, Earthscan, London, intro, chapter 12, chapter 17, chapter 19

Slovic, P. (2000b) 'Rejoinder: The perils of Viscusi's analyses of smoking risk perceptions', *Journal of Behavioral Decision Making*, vol 13, pp273–276, chapter 7

Slovic, P. (2000c) 'What does it mean to know a cumulative risk? Adolescents' perceptions of short-term and long-term consequences of smoking', *Journal of Behavioral Decision Making*, vol 13, pp259–266, chapter 7

Slovic, P. (2001) 'Cigarette smokers: Rational actors or rational fools?', in P. Slovic (ed) *Smoking: Risk, Perception and Policy*, Sage, Thousand Oaks, CA, chapter 1, chapter 2, chapter 21, chapter 22

Slovic, P. (2002) 'Terrorism as hazard: A new species of trouble', *Risk Analysis*, vol 22, no 3, pp425–426, chapter 19

Slovic, P. (2007) '"If I look at the mass I will never act": Psychic numbing and genocide', *Judgment and Decision Making*, vol 2, pp79–95, chapter 1, chapter 3, chapter 5

Slovic, P. (2009) 'Can international law stop genocide when our moral intuitions fail us?', Report No. 09-06, Decision Research, Eugene, OR, chapter 5

Slovic, P. and Lichtenstein, S. (1968a) 'The importance of variance preferences in gambling decisions', *Journal of Experimental Psychology*, vol 78, pp646–654, chapter 1

Slovic, P. and Lichtenstein, S. (1968b) 'Relative importance of probabilities and payoffs in risk taking', *Journal of Experimental Psychology Monograph*, vol 78, no 3, pt 2, pp1–18, chapter 2

Slovic, P., Fischhoff, B. and Lichtenstein, S. (1979) 'Rating the risks', *Environment*, vol 21, no 3, pp14–20, 36–39, chapter 10, chapter 11, chapter 15

Slovic, P., Fischhoff, B. and Lichtenstein, S. (1980) 'Facts and fears: Understanding perceived risk', in R. Schwing and W. A. Albers (eds) *Societal Risk Assessment: How Safe Is Safe Enough?*, Plenum, New York, chapter 15

Slovic, P., Lichtenstein, S. and Fischhoff, B. (1984) 'Modeling the societal impact of fatal accidents', *Management Science*, vol 30, pp464–474, chapter 19

Slovic, P., Fischhoff, B. and Lichtenstein, S. (1985) 'Characterizing perceived risk', in R. W. Kates, C. Hohenemser and J. X. Kasperson (eds) *Perilous Progress: Technology as Hazard*, Westview, Boulder, CO, chapter 16

Slovic, P., Kraus, N. N., Lappe, H., Letzel, H. and Malmfors, T. (1989) 'Risk perception of prescription drugs: Report on a survey in Sweden', *Pharmaceutical Medicine*, vol 4, pp43–65, chapter 16

Slovic, P., Griffin, D. and Tversky, A. (1990a) 'Compatibility effects in judgment and choice', in R. M. Hogarth (ed) *Insights in Decision Making: A Tribute to Hillel J. Einhorn*, University of Chicago Press, Chicago, IL, chapter 1

Slovic, P., Layman, M. and Flynn, J. (1990b) 'What comes to mind when you hear the words "Nuclear waste repository"? A study of 10,000 images', Report No. NWPO-SE-028-90, Nevada Agency for Nuclear Projects, Carson City, NV, chapter 13

Slovic, P., Flynn, J. H. and Layman, M. (1991a) 'Perceived risk, trust, and the politics of nuclear waste', *Science*, vol 254, pp1603–1607, chapter 14, chapter 15, chapter 19

Slovic, P., Kraus, N., Lappe, H. and Major, M. (1991b) 'Risk perception of prescription drugs: Report on a survey in Canada', *Canadian Journal of Public Health*, vol 82, ppS15–S20, chapter 16

Slovic, P., Layman, M., Kraus, N., Flynn, J., Chalmers, J. and Gesell, G. (1991c) 'Perceived risk, stigma, and potential economic impacts of a high-level nuclear waste repository in Nevada', *Risk Analysis*, vol 11, no 4, pp683–696, chapter 1, chapter 7, chapter 17, chapter 19

Slovic, P., Flynn, J. and Gregory, R. (1994) 'Stigma happens: Social problems in the siting of nuclear waste facilities', *Risk Analysis*, vol 14, no 5, pp773–777, chapter 19

Slovic, P., Malmfors, T., Krewski, D., Mertz, C. K., Neil, N. and Bartlett, S. (1995) 'Intuitive toxicology II: Expert and lay judgments of chemical risks in Canada', *Risk Analysis*, vol 15, pp661–675, chapter 9, chapter 15

Slovic, P., Malmfors, T., Mertz, C. K., Neil, N. and Purchase, I. F. H. (1997a) 'Evaluating chemical risks: Results of a survey of the British Toxicology Society', *Human & Experimental Toxicology*, vol 16, pp289–304, chapter 9

Slovic, P., MacGregor, D. G., Malmfors, T. and Purchase, I. F. H. (1997b) *Influence of Affective Processes on Toxicologists' Judgments of Risk*, unpublished study, Decision Research, Eugene, OR, chapter 2

Slovic, P., Flynn, J., Mertz, C. K., Poumadére, M. and Mays, C. (2000a) 'Nuclear power and the public: A comparative study of risk perception in France and the United States', in O. Renn and B. Rohrmann (eds) *Cross-Cultural Risk Perception: A Survey of Empirical Studies*, vol 13, Springer, New York, chapter 12, chapter 19

Slovic, P., Monahan, J. and MacGregor, D. G. (2000b) 'Violence risk assessment and risk communication: The effects of using actual cases, providing instructions, and employing probability vs. frequency formats', *Law and Human Behavior*, vol 24, pp271–296, intro, chapter 2, chapter 7

Slovic, P., Finucane, M. L., Peters, E. and MacGregor, D. G. (2002) 'The affect heuristic', in T. Gilovich, D. Griffin and D. Kahneman (eds) *Heuristics and Biases: The Psychology of Intuitive Judgment*, Cambridge University Press, New York, intro, chapter 1, chapter 2, chapter 3, chapter 4, chapter 6, chapter 7, chapter 8, chapter 16, chapter 19

Slovic, P., Finucane, M. L., Peters, E. and MacGregor, D. G. (2004) 'Risk as analysis and risk as feelings: Some thoughts about affect, reason, risk, and rationality', *Risk Analysis*, vol 24, pp1–12, chapter 1, chapter 4, chapter 12, chapter 22

Slovic, P., Peters, E., Finucane, M. L. and MacGregor, D. G. (2005) 'Affect, risk, and decision making', *Health Psychology*, vol 24, no 4, ppS35–S40, chapter 20

Slovic, S. and Slovic, P. (2004/2005) 'Numbers and nerves: Toward an affective apprehension of environmental risk', *Whole Terrain*, vol 13, pp14–18, chapter 1

Small, D. A. and Loewenstein, G. (2003) 'Helping the victim or helping a victim: Altruism and identifiability', *Journal of Risk and Uncertainty*, vol 26, no 1, pp5–16, chapter 4

Small, D. A. and Loewenstein, G. (2005) 'The devil you know: The effect of identifiability on punitiveness', *Journal of Behavioral Decision Making*, vol 18, no 5, pp311–318, chapter 4

Small, D. A., Loewenstein, G. and Slovic, P. (2007) 'Sympathy and callousness: Affect and deliberations in donation decisions', *Organizational Behavior and Human Decision Processes*, vol 102, pp143–153, chapter 3, chapter 5

Smith, T. W. (2000) *1999 National Gun Policy Survey of the National Opinion Research Center: Research Findings*, National Opinion Research Center, Chicago, IL, chapter 11

Snyder, L. B. and Park, C. L. (2002) 'National studies of stress reactions and media exposure to the attacks', in B. S. Greenberg (ed) *Communication and Terrorism: Public and Media Responses to 911*, Hampton Press, Cresskill, NJ, chapter 17

Sokoloff, H., Steinberg, H. M. and Pyser, S. N. (2005) 'Deliberative city planning on the Philadelphia waterfront', in J. Gastil and P. Levine (eds) *The Deliberative Democracy Handbook*, Jossey-Bass, New York, chapter 12

Song, J. (2002) 'Every dog has its day – but at what price?', *The Register Guard*, 26 April, p15A, chapter 4

Sparks, P. and Shepherd, R. (1994) 'Public perceptions of the potential hazards associated with food production and food consumption: An empirical study', *Risk Analysis*, vol 14, pp799–806, chapter 15

Sparks, P., Shepherd, R. and Frewer, L. (1995) 'Assessing and structuring attitudes toward the use of gene technology in food production: The role of perceived ethical obligation', *Basic and Applied Social Psychology*, vol 16, pp267–285, chapter 15

Spence, R. (1995) 'IOM Blood Forum explores alternative decision-making and risk communications', *CCBC Newsletter*, 27 January, pp4–5, chapter 14

Srole, L. (1965) 'Social integration and certain corollaries', *American Sociological Review*, vol 21, no 6, p709ff, chapter 10, chapter 13

Stallen, P. J. M. and Tomas, A. (1988) 'Public concern about industrial hazards', *Risk Analysis*, vol 8, pp237–245, chapter 19

Stavins, R. N. (1998) 'What can we learn from the grand policy experiment? Lessons from SO_2 allowance trading', *Journal of Economic Perspectives*, vol 12, no 3, pp69–88, chapter 12

Steg, L. and Sievers, I. (2000) 'Cultural theory and individual perceptions of environmental risks,' *Environment & Behavior*, vol 32, no 2, pp250–285, chapter 11

Steger, M. A. and Witt, S. L. (1989) 'Gender differences in environmental orientations: A comparison of publics and activists in Canada and the U.S.', *The Western Political Quarterly*, vol 42, pp627–649, chapter 9, chapter 11

Stein, B. D., Tanielian, T. L., Eisenman, D. P., Keyser, D. J., Burnam, A. and Pincus, H. A. (2004) 'Emotional and behavioral consequences of bioterrorism: Planning a public health response', *The Milbank Quarterly: A Multidisciplinary Journal of Population Health Policy*, vol 82, no 3, pp1–32, chapter 17

Steingraber, S. (1997) *Living Downstream*, Addison-Wesley, New York, chapter 13

Stephenson, M. T., Hoyle, R. H., Palmgreen, P. and Slater, M. D. (2003) 'Brief measures of sensation seeking for screening and large-scale surveys,' *Drug and Alcohol Dependence*, vol 72, no 3, pp279–286, chapter 11

Sterman, J. D. (2000) *Business Dynamics: Systems Thinking and Modeling for a Complex World*, McGraw-Hill, Boston, chapter 17

Stern, P. C., Dietz, T. and Kalof, L. (1993) 'Value orientations, gender, and environmental concerns', *Environment and Behavior*, vol 24, pp322–348, chapter 9, chapter 10, chapter 11

Stolz, B. A. (1983) 'Congress and capital punishment: An exercise in symbolic politics', *Law and Policy Quarterly*, vol 5, pp157–180, chapter 12

Stone, E. R., Sieck, W. R., Bulla, B. E., Yates, F., Parks, S. C. and Rusha, C. J. (2003) 'Foreground: Background salience: Explaining the effects of graphical displays on risk avoidance', *Organizational Behavior and Human Decision Processes*, vol 90, no 1, pp19–36, chapter 20

Strack, F. and Deutsch, R. (2004) 'Reflective and impulsive determinants of social behavior', *Personality and Social Psychology Review*, vol 8, no 3, pp220–247, chapter 4

Sunstein, C. R. (1996) *Legal Reasoning and Political Conflict*, Oxford University Press, New York, chapter 12

Sunstein, C. R. (2002) 'The laws of fear', *Harvard Law Review*, vol 115, no 4, pp1119–1168, chapter 12

Sunstein, C. R. (2003) 'Terrorism and probability neglect', *The Journal of Risk and Uncertainty*, vol 26, pp121–136, chapter 1, chapter 11

Sunstein, C. R. (2005) *Laws of Fear: Beyond the Precautionary Principle*, Cambridge University Press, New York, intro, chapter 12

Sunstein C. R. and Thaler, R. H. (2003) 'Libertarian paternalism is not an oxymoron', *University of Chicago Law Review*, vol 70, no 4, pp1159–1202, chapter 20

Surveillance, Epidemiology, and End Results Program (2001) 'Surveillance, Epidemiology, and End Results (SEER) program public-use data (1973–1998)', (Survival Matrix I), National Cancer Institute, DCCPS, Surveillance Research Program, Cancer Statistics Branch, Bethesda, MD, chapter 21

Susarla, A. (2003) 'Plague and arsenic: Assignment of blame in the mass media and the social amplification of attenuation risk', in N. Pidgeon, R. E. Kasperson and P. Slovic (eds) *The Social Amplification of Risk*, Cambridge University Press, Cambridge, UK, chapter 19

Svenson, O. (1988a) 'Managing product hazards at Volvo Car Corporation', in R. E. Kasperson, J. X. Kasperson, C. Hohenemser and R. W. Kates (eds) *Corporate Management of Health and Safety Hazards: A Comparison of Current Practice*, Westview, Boulder, CO, chapter 19

Svenson, O. (1988b) 'Mental models of risk communication and action: Reflections on social amplification of risk', *Risk Analysis*, vol 8, pp199–200, chapter 19

Svenson, O., Fischhoff, B. and MacGregor, D. (1985) 'Perceived driving safety and seatbelt usage', *Accident Analysis & Prevention*, vol 17, pp119–133, chapter 9

Szalay, L. B. and Deese, J. (1978) *Subjective Meaning and Culture: An Assessment through Word Associations*, Erlbaum, Hillsdale, NJ, intro, chapter 13, chapter 14, chapter 16

Szasz, A. (1994) *Ecopopulism: Toxic Waste and the Movement for Environmental Justice*, vol 1, University of Minnesota Press, Minneapolis, MN, chapter 10, chapter 13

Taylor, D. (2000) 'The risk of the environmental justice paradigm', *American Behavioral Scientist*, vol 43, pp508–580, chapter 10

Theeuwes, J. and Van der Stigchel, S. (2006) 'Faces capture attention: Evidence from inhibition of return', *Visual Cognition*, vol 13, pp657–665, chapter 3

Thomashow, M. (2002) *Bringing the Biosphere Home: Learning to Perceive Global Environmental Change*, MIT Press, Cambridge, MA, chapter 6

Thompson, M., Ellis, R. and Wildavsky, A. B. (1990) *Cultural Theory*, Westview Press, Boulder, CO, chapter 11

Tomkins, S. S. (1962) *Affect, Imagery, and Consciousness: Vol 1. The Positive Affects*, Springer, New York, chapter 2

Tomkins, S. S. (1963) *Affect, Imagery, and Consciousness: Vol. 2. The Negative Affects*, Springer, New York, chapter 2

Trumbo, C. W. (1996) 'Examining psychometrics and polarization in a single-risk case study', *Risk Analysis*, vol 16, no 3, pp429–438, chapter 19

Trumbo, C. W. (2002) 'Information processing and risk perception: An adaptation of the heuristic-systematic model', *Journal of Communication*, vol 52, no 2, p367–382, chapter 12

Turner, B. A. (1978) *Man-Made Disasters: The Failure of Foresight*, Wykeham, London, chapter 19

Turner, B. A. and Pidgeon, N. F. (1997) *Man-Made Disasters*, 2nd edn, Butterworth-Heineman, Oxford, chapter 19

Tversky, A. and Kahneman, D. (1973) 'Availability: A heuristic for judging frequency and probability', *Cognitive Psychology*, vol 5, pp207–232, chapter 2, chapter 7

Tversky, A. and Kahneman, D. (1974) 'Judgment under uncertainty: Heuristics and biases', *Science*, vol 185, pp1124–1131, chapter 7

Tversky, A. and Koehler, D. J. (1994) 'Support theory: A nonextensional representation of subjective probability', *Psychological Review*, vol 101, pp547–567, chapter 7

United Church of Christ (1987) *Toxic Waste and Race in the United States*, Commission for Racial Justice, New York, chapter 13

United Kingdom International Liaison Group on Risk Assessment (1998a) *Risk Assessment and Risk Management: Improving Policy and Practice Within Government Departments*, Health and Safety Executive, London, chapter 19

United Kingdom International Liaison Group on Risk Assessment (1998b) *Risk Communication: A Guide to Regulatory Practice*, Health and Safety Executive, London, chapter 19

US General Accounting Office (1988) 'Blood safety: Recalls and withdrawals of plasma products', Publication No. GAO/T-HEHS-98-166, www.gao.gov/archive/1998/he98166t.pdf, accessed 28 December 2009, chapter 14

USDHHS (US Department of Health and Human Services) (1989) 'Reducing the health consequences of smoking: 25 years of progress: A report of the surgeon general', DHHS Publication No. CDC89-84 11, US Government Printing Office, Washington, DC, chapter 21

USDHHS (2000) *Healthy People, 2010*, US Department of Health and Human Services, Washington, DC, chapter 22

US Senate, Subcommittee on Labor, Health and Human Services, and Education, and Related Agencies, Committee on Appropriations (2002) 'Cloning, 2002: Hearings before a subcommittee of the Committee on Appropriations, United States Senate, 107th Congress, second session', http://purl.access.gpo.gov/GPO/LPS24045, accessed 23 December 2009, chapter 12

Västfjäll, D., Friman, M., Gärling, T and Kleiner, M. (2002) 'The measurement of core affect: A Swedish self-report measure', *Scandinavian Journal of Psychology*, vol 43, pp19–31, chapter 8

Västfjäll, D., Peters, E. and Slovic, P. (2007) 'Affect and risk–benefit judgments in the aftermath of tsunami disaster', manuscript submitted for publication, chapter 8

Västfjäll, D., Peters, E. and Slovic, P. (2009) 'Compassion fatigue: Donations and affect are greatest for a single child in need', DR Report No. 09-05, Decision Research, Eugene, OR, chapter 3, chapter 5

Vaughan, D. (1992) 'Regulating risk: Implications of the Challenger accident', in J. F. Short, Jr. and L. Clarke (eds) *Organizations, Uncertainties, and Risk*, Westview Press, Boulder, CO, chapter 19

Vaughan, D. (1996) *The Challenger Launch Decision: Risky Technology, Culture, and Deviance at NASA*, University of Chicago Press, Chicago, IL, chapter 19

Vaughan, E. (1995) 'The significance of socioeconomic and ethnic diversity for the risk communication process', *Risk Analysis*, vol 15, pp169–180, chapter 10, chapter 19

Vaughan, E. and Seifert, M. (1992) 'Variability in the framing of risk issues', *Journal of Social Issues*, vol 48, no 4, pp119–135, chapter 19

Vercillo, A. P. and Duprey, S. V. (1988) 'Jehovah's Witnesses and the transfusion of blood products', *New York State Journal of Medicine*, vol 88, pp493–494, chapter 14

Viscusi, W. K. (1983) *Risk by Choice: Regulating Health and Safety in the Workplace*, Harvard University Press, Cambridge, MA, chapter 11, chapter 12

Viscusi, W. K. (1990) 'Do smokers underestimate risks?', *Journal of Political Economy*, vol 98, pp1253–1269, chapter 7, chapter 21

Viscusi, W. K. (1991) 'Age variations in risk perceptions and smoking decisions', *The Review of Economics and Statistics*, vol 73, pp577–588, chapter 7

Viscusi, W. K. (1992) *Smoking: Making the Risky Decision*, Oxford University Press, New York, chapter 2, chapter 7, chapter 12

Viscusi, W. K. (1998a) 'Perception of smoking risks', Paper presented at the International Conference on the Social Costs of Tobacco, Lausanne, Switzerland, 21–22 August 1998, chapter 7

Viscusi, W. K. (1998b) *Rational Risk Policy*, Oxford University Press, New York, chapter 12

Vlek, C. A. J. and Stallen, P. J. M. (1981) 'Judging risk and benefits in the small and in the large', *Organizational Behavior and Human Performance*, vol 28, pp235–271, chapter 19

Voils, C. I., Oddone, E. Z., Weinfurt, K. P. et al (2006) 'Racial differences in health concerns', *Journal of the National Medical Association*, vol 98, pp36–42, chapter 16

Vuilleumier, P. (2005) 'How brains beware: Neural mechanisms of emotional attention', *Trends in Cognitive Sciences*, vol 9, pp586–594, chapter 3

Vuilleumier, P. and Driver, J. (2007) 'Modulation of visual processing by attention and emotion: Windows on causal interactions between human brain regions', *Philosophical Transactions of The Royal Society*, vol 362, pp837–855, chapter 3

Vuilleumier, P., Armony, J. L., Driver, J. and Dolan, R. J. (2003) 'Distinct spatial frequency sensitivies for processing faces and emotional expressions', *Nature Neuroscience*, vol 6, pp624–631, chapter 3

Wåhlberg, A. (2001) 'The theoretical features of some current approaches to risk perception', *Journal of Risk Research*, vol 4, pp237–250, chapter 19

Wandersman, A. H. and Hallman, W. K. (1993) 'Are people acting irrationally? Understanding public concerns about environmental threats', *American Psychologist*, vol 48, pp681–686, chapter 9

Waters, E. A., Weinstein, N. D., Colditz, G. A. and Emmons, K. (2006) 'Formats for improving risk communication in medical tradeoff decisions', *Journal of Health Communication*, vol 11, no 2, pp167–182, chapter 20

Watts, M. and Bohle, H. (1993) 'The space of vulnerability: The causal structure of hunger and famine', *Progress in Human Geography*, vol 17, no 1, pp43–67, chapter 10

Weick, K. E. (1987) 'Organizational culture as a source of high reliability', *California Management Review*, vol 29, pp112–127, chapter 19

Weinstein, N. D. (1998) 'Accuracy of smokers' risk perceptions', *Annals of Behavioral Medicine*, vol 20, pp135–140, chapter 7

Weinstein, N. D. (1999a) 'Accuracy of smokers' risk perceptions', *Nicotine & Tobacco Research*, vol 1, ppS123–S130, chapter 21

Weinstein, N. D. (1999b) 'What does it mean to understand a risk? Evaluating risk comprehension', *Journal of the National Cancer Institute Monograph*, vol 25, pp15–20, chapter 21

West Virginia State Board of Education v. Barnette (1943) www.oyez.org/cases/1940-1949/1942/1942_591, accessed 27 December 2009, chapter 12

Wewers, M. E., Ahijevych, K. L., Chen, M. S., Dresbach, S., Kihm, K. E. and Kuun, P. A. (2000) 'Tobacco use characteristics among rural Ohio Appalachians', *Journal of Community Health*, vol 25, pp377–388, chapter 21

Wiener, J. B. (2002) 'Precaution in a multirisk world', in D. J. Paustenbach (ed) *Human and Ecological Risk Assessment: Theory and Practice*, Wiley, New York, chapter 2

Wildavsky, A. and Dake, K. (1990) 'Theories of risk perception: Who fears what and why?', *Daedalus*, vol 119, no 4, pp41–59, chapter 11, chapter 18

Wilkins, L. (1987) *Shared Vulnerability: The Media and the American Perspective on the Bhopal Disaster*, Greenwood Press, Westport, CT, chapter 19

Wilkins, L. and Patterson, P. (1991) *Risky Business: Communication Issues of Science, Risk and Public Policy*, Greenwood Press, Westport, CT, chapter 19

Williams, M. V., Parker, R. M., Baker, D. W., Parikh, N. S., Pitkin, K., Coates, W. C. and Nurss, J. R. (1995) 'Inadequate functional health literacy among patients at two public hospitals', *Journal of the American Medical Association*, vol 274, no 21, pp1677–1682, chapter 20

Willis, H. H., DeKay, M. L., Fischhoff, B. and Morgan, M. G. (2005) 'Aggregate, disaggregate, and hybrid analyses of ecological risk perceptions', *Risk Analysis*, vol 25, pp405–428, chapter 17

Wilson, T. D. and Brekke, N. C. (1994) 'Mental contamination and mental correction: Unwanted influences on judgments and evaluations', *Psychological Bulletin*, vol 116, pp117–142, chapter 4

Wilson, T. D., Lisle, D. J., Schooler, J. W., Hodges, S. D., Klaaren, K. J. and LaFleur, S. J. (1993) 'Introspecting about reasons can reduce post-choice satisfaction', *Personality and Social Psychology Bulletin*, vol 19, no 3, pp331–339, chapter 2

Wilson, T. D., Gilbert, D. T. and Wheatley, T. P. (1998) 'Protecting our minds: The role of lay beliefs', in V. Y. Yzerbyt, G. Lories and B. Dardenne (eds) *Metacognition: Cognitive and Social Dimensions*, pp171–201, Sage Publications, New York, chapter 4

Wilson, T. D., Lindsey, S. and Schooler, T. Y. (2000) 'A model of dual attitudes', *Psychological Review*, vol 107, no 1, pp101–126, chapter 4

Wilt, T. J. and Partin, M. R. (2003) 'Prostate cancer intervention', *Postgraduate Medicine*, vol 114, pp 43–49, chapter 16

Winkielman, P., Zajonc, R. B. and Schwarz, N. (1997) 'Subliminal affective priming resists attributional interventions', *Cognition and Emotion*, vol 11, pp433–465, chapter 7

Winkielman, P., Schwarz, N., Fazendeiro, T. and Reber, R. (2003) 'Hedonic marking of processing fluency: Implications for evaluative judgment', in J. Musch and K.C. Klauer (eds) *Psychology of evaluation: Affective processes in cognition and emotion*, Erlbaum, Mahwah, NJ, chapter 3

Winship, C. (2006) 'Policy analysis as puzzle solving', in M. Moran, M. Rein and R. E. Goodin (eds) *The Oxford Handbook of Public Policy*, Oxford University Press, New York, chapter 12

Witte, K. and Allen, M. (2000) 'A meta-analysis of fear appeals: Implications for effective public health campaigns', *Health Education and Behavior*, vol 27, pp591–615, chapter 22

Wogalter, M. S. and Laughery, K. R. (1996) 'Warning sign and label effectiveness', *Current Directions in Psychological Science*, vol 5, pp33–37, chapter 22

Woloshin, S., Schwartz, L. M., Moncur, M., Gabriel, S. and Tosteson, A. N. (2001) 'Assessing values for health: Numeracy matters', *Medical Decision Making*, vol 21, no 5, pp382–390, chapter 20

World Health Organization (2005) 'Global tobacco treaty enters into force with 57 countries already committed: Parties represent 2.3 billion people', www.who.int/mediacentre/news/releases/2005/pr09/en/index.html, accessed 2 January 2010, chapter 22

Wright, G., Pearman, A. and Yardley, K. (2000) 'Risk perception in the U.K. oil and gas production industry: Are expert loss-prevention managers' perceptions different from those of members of the public?', *Risk Analysis*, vol 20, pp681–690, chapter 15

Wright, W. F. and Bower, G. H. (1992) 'Mood effect on subjective probability assessment', *Organizational Behavior and Human Decision Processes*, vol 22, pp276–291, chapter 8

Yamagishi, K. (1997) 'When a 12.86% mortality is more dangerous than 24.14%: Implications for risk communication', *Applied Cognitive Psychology*, vol 11, pp495–506, chapter 2

Zajonc, R. B. (1968) 'Attitudinal effects of mere exposure', *Journal of Personality and Social Psychology*, vol 9, pp1–27, chapter 3, chapter 7

Zajonc, R. B. (1980) 'Feeling and thinking: Preferences need no inferences', *American Psychologist*, vol 35, pp151–175, chapter 2, chapter 4, chapter 7, chapter 22

Zajonc, R. B. (2000) 'Feeling and thinking: Closing the debate over the independence of affect', in J. P. Forgas (ed) *Feeling and Thinking: The Role of Affect in Social Cognition*, Cambridge University Press, Cambridge, UK, chapter 22

Zajonc, R. B. (2001) 'Mere exposure: A gateway to the subliminal', *Current Directions in Psychological Science*, vol 10, pp224–228, chapter 22

Zechendorf, B. (1994) 'What the public thinks about biotechnology', *Biotechnology*, vol 12, pp870–875, chapter 15

Zikmund-Fisher, B. J., Smith, D. M., Ubel, P. A. and Fagerlin, A. (2007) 'Validation of the Subjective Numeracy Scale (SNS): Effects of low numeracy on comprehension of risk communications and utility elicitations', *Medical Decision Making*, vol 27, no 5, pp663–671, chapter 20

Zimmerman, R. (1993) 'Social equity and environmental risk', *Risk Analysis*, vol 13, pp649–666, chapter 10, chapter 13

| 찾아보기 |